Für alle, die Marbach lieben u. schätzen,
haben wir das Buch geschrieben.

Im Jubiläumsjahr
1972

Eugen Ahorn

Nirgends tritt uns der Geist vergangener Zeiten unmittelbarer
gegenüber als im vertrauten Raum der Heimat und er lehrt uns,
unsere eigene Zeit tiefer zu verstehen.

15. Aug. 1975.

Otto Rheinkraft

Geschichte der Stadt
Marbach am Neckar

Eugen Munz
Otto Kleinknecht

Verlag W. Kohlhammer Stuttgart

Alle Rechte vorbehalten
© 1972 Verlag W. Kohlhammer GmbH
Stuttgart · Berlin · Köln · Mainz
Verlagsort: Stuttgart
Umschlag: Anton Zell; Fotografie Fr. Neumann/Marbach
Gesamtherstellung: W. Kohlhammer GmbH
Grafischer Großbetrieb Stuttgart
Printed in Germany
ISBN 3-17-258331-7

Geleitwort

Mit Freude übergebe ich im Namen der Stadtverwaltung dieses Buch der Bürgerschaft. Seine Entstehung ist veranlaßt durch die Tatsache, daß Marbach vor 1000 Jahren im Jahre 972 zum ersten Mal urkundlich erwähnt ist. Was seither gefehlt hat, eine wohlfundierte Geschichte unsrer Stadt, ist nun vorhanden. Wir verdanken sie in erster Linie dem Forscherfleiß und Spürsinn von zwei Bürgern, den Herren Oberlehrer i. R. Eugen Munz und Amtsgerichtsdirektor i. R. Otto Kleinknecht, die den Ertrag ihrer jahrelangen Arbeit hiermit vorlegen. Die Redaktion des Ganzen lag in den Händen von Pfarrer i. R. Walter Hagen. Den Abschnitt über Schillers Geburt hat Professor Dr. Bernhard Zeller vom Schiller-Nationalmuseum mitgestaltet. Allen diesen Mitarbeitern gebührt herzlicher Dank.

Der beste Dank freilich wäre nun, wenn dieses Buch in möglichst vielen Häusern unsrer Stadt gelesen würde im Gedenken an die Altvorderen, die in oft schwerer Zeit die Voraussetzungen für das heutige und das künftige Marbach geschaffen haben. Das Buch könnte auch eine Brücke sein zum besseren Verstehen von Alt- und Neubürgern.

Bei der Fülle des Gebotenen konnten die vergangenen hundert Jahre nur in einem kurzen Abriß und in der Zeittafel berücksichtigt werden. Es hängt von der Aufnahme des Buches ab, ob in absehbarer Zeit als zweiter Teil eine ausführliche Darstellung der Jahre 1872–1972 folgen kann, was sehr zu wünschen wäre.

Möge dieses Buch zur Stärkung der Heimatverbundenheit beitragen und unserer Stadt Marbach neue Freunde werben!

Marbach, im Herbst 1972

Bürgermeister

Inhalt

(Die mit „Kl." gekennzeichneten Kapitel stammen von Otto Kleinknecht.)

I. Vorzeit und Sage	13
A. *Vorgeschichte und Römerzeit* (Kl.)	13
B. *Zur Geschichte der römischen Funde Marbach und seine Heidenschaft*	17
1. Allgemeines	17
2. Simon Studion (1543–1605)	19
3. Die Erkennungszeichen der Marbacher. Der Waldbewohner, der Wilde Mann, Mars Bacchus	20
II. Vom Königshof und Markt zur Stadt	25
A. *Die Gründung Marbachs* (Kl.)	25
B. *Marbach in der Zeit der Herzoge von Teck (ca. 1250–1301)*	32
1. Die neuen Herren von Marbach	32
2. Die Verlegung des Marktes	33
3. Der neue Markt wird zur Stadt erhoben	34
4. Die Stadt um 1300	34
5. Der Stadt wichtigster Verkehrsweg	35
6. Hie Teck – hie Württemberg	36
III. Marbach in der Zeit der Grafen von Württemberg	37
A. *Marbach wird eine württembergische Stadt*	37
1. Wie die Marbacher unter ihren neuen Herren sparen mußten	38
2. Die Stadt wird ein Eigen der Grafen	38
3. Die Stadt im Reichskrieg (1308–1313)	39
4. Die Stadt im Friedensschluß Graf Eberhards I. mit der Stadt Eßlingen	40
5. Die Übereinkunft Kaiser Ludwigs mit den Grafen von Württemberg	40
6. Die Grafen von Württemberg erwerben Besitz in Benningen	41
7. Graf Eberhard der Greiner und Graf Ulrich IV. treffen ein Übereinkommen	41
8. Die Neckarmühle bei Marbach	42

9. Die wildbewegte Zeit nach 1350	43
10. Die Fehden der Herren sind die Schrecken des armen Mannes	43
11. Der Bund zu Marbach (1405)	45
12. Marbach und Eßlingen verpflichten sich gegenseitig	46
13. Das Amt Marbach (1380)	47
14. Gräfin Henriette von Mömpelgard verschreibt die Steuer von Marbach	48

B. *In der Zeit Graf Ulrichs V. (1433, 1444–1480)* . . . 49

1. Die Teilung des Landes (1441)	49
2. Die Erbauung des Hauses an der Alexanderkirche	50
3. Die kriegerischen Ereignisse des Jahres 1460	51
4. Der Pfälzerkrieg	52
5. Marbach wird pfälzisches Lehen	52
6. Die Stadt in der Gunst des Grafen Ulrich V.	53
7. Errichtung eines Spitals (1470)	56
8. Die herrschaftlichen Steuern und Abgaben aus Stadt und Amt	57
9. Die Badstuben	60
10. Vergleich mit dem Pfalzgrafen	63

C. *Die kirchlichen Verhältnisse im Mittelalter* (Kl.) . . . 64

IV. Unter den württembergischen Herzögen . . . 77

A. *Die erste Regierungszeit Herzog Ulrichs (1498–1519)* . . . 77

1. Kriege und Feste	77
2. Die Pferdewettrennen bei Marbach (1511 und 1512)	78
3. Der Aufruhr des Armen Konrad (1514)	80
4. Des Herzogs strenges Gericht	87
5. Doktor Alexander Seitz – Arzt, Schriftsteller	88

B. *Württemberg unter österreichischer Herrschaft (1519–1534)* . . . 89

1. Marbach huldigt den neuen Herren	90
2. Marbach im Bauernkrieg	90
3. Canz schreibt	95
4. Bis zum bitteren Ende	98
5. Der Stadt ältestes Gebäude- und Einwohnerverzeichnis (1525)	99

C. *Herzog Ulrichs zweite Regierungszeit (1534–1550)* . . . 101

1. Die Einführung der Reformation	101
2. Die Stadt im Schmalkaldischen Krieg (1546)	105

D. *Eine lange Reihe von Friedensjahren (1550–1600)* . . . 107

1. Das Spital der Stadt	108
2. Das Schulwesen	112
3. Die Schulordnung von 1551	114
4. Magister Anastasius Köpff (1584–1644)	116
5. Die Brenn- und Bauholzversorgung	116
6. Allgemeines und Besonderes vom Hartwald	119
7. Die Schweißbrücke	122
8. Die Geistliche Verwaltung	123

	9. Vom Grafenschloß zum herrschaftlichen Amtshof	125
	10. Die Fronpflichten	126
	11. Die Stadtbefestigung	127
E.	*Der Dreißigjährige Krieg (1618–1648)*	129
	1. Die Stadt im Dreißigjährigen Krieg	130
	2. Kriegsschäden und Folgen im Amt Marbach	133
F.	*Vierzig Jahre Friedenszeit (1648–1688)*	133
	1. Das Marbacher Mineralbad	134
	2. Städtische Ämter und Dienste	135
	3. Eilige Schloßbauten	139
G.	*Des Landes und der Stadt Franzosenzeit (1688–1707)*	140
	1. Vorspiele der Katastrophe	140
	2. Die Kriegsnöte des Jahres 1693	142
	3. Auf der Flucht	144
	4. Ein Husarenstück	150
	5. Der Brandschatzungsvertrag von Heutingsheim	151
	6. Die Schäden des Franzoseneinfalls	152
H.	*Jahre des Wiederaufbaus*	156
	1. Der Aufbau der Amtsgebäude	156
	2. Die Sammeltätigkeit im Land und im Reich	160
	3. Von weiteren Aufbauten	161
	4. Die Erbauung der Stadtkirche	163
	5. Das Schulwesen nach 1693	163
	6. Weitere 200 Jahre Marbacher Schulgeschichte (1700–1900)	166
	7. Aus dem Alltagsleben der beiden Schulen	167
	8. Als der Schulmeister gewählt wurde	168
	9. Änderungen im Schulwesen	171
	10. Erbauung eines zweiten Schulhauses	173
I.	*Zwischen der Alten und der Neuen Zeit*	174
	1. Stadt und Amt im Spanischen Erbfolgekrieg (1701–1714)	174
	2. Marbach, die Geburtsstadt von Tobias Mayer (1723–1762)	178
	3. Am Rathausplatz. Die Kalamitäten mit dem Marktbrunnen	179
	4. Der Wiederaufbau des Rathauses	181
	5. Von Malefiz- und anderen Strafsachen	185
	6. Die Marbacher Schützen	187
	7. Der Harnisch	187
	8. Die ersten Gewerbebetriebe am Neckar	189
	9. Vom Handwerk im alten Marbach	192
K.	*Marbach und Friedrich Schiller*	194
	1. Kleine Chronik der unteren Niklastorstraße. Schillers Geburt	194
	2. Die Entstehung der Schillerverehrung	196
	3. Die Schillergedenkstätten	196
	4. Das Schillerdenkmal wird eingeweiht	198
	5. Die Feiern am Geburtstag des Dichters	199
	6. J. G. Fischer, ein Förderer der Schillerstadt (1816–1897)	200

L. *Hunger- und Notzeiten (1816–1817)* 201
    1. Ein Verein für Wohltätigkeit wird gegründet (1817) . . . 203
    2. Auswanderer und Auswanderung 205

M. *Die bauliche Entwicklung der Stadt (1790–1850)* 207
    1. Die Gasse, die seit 1830 Torgasse heißt 208
    2. Die erste Stadterweiterung 210
    3. Am Strenzelbach 212
    4. Der Torturm 214

V. Die königlich württemberg. Oberamtsstadt (1800–1872) (Kl.) 218

A. *Marbach in der ersten Hälfte des 19. Jahrhunderts* (Kl.) 218
    1. Das äußere Stadtbild 218
    2. Die gesellschaftliche Struktur der Marbacher Bevölkerung
       und ihre Lebensweise 220
    3. Die Marbacher Gaststätten 227
    4. Der Verkehr 229
    5. Die Marbacher Presse 230
    6. Die Gemeindepolitik 231
    7. Die Marbacher Oberamtmänner 234
    8. Das Marbacher Amtsgericht 237
    9. Ottilie Wildermuth 240
   10. Die Kirche in Marbach 242
   11. Das Gesundheitswesen 246
   12. Das Marbacher Musikleben und der Anfang des Turnens in Marbach . . . 249

B. *Die politischen Verhältnisse bis 1848* (Kl.) 251

C. *Die Revolution von 1848* (Kl.) 254

D. *Marbach 1848–1871* (Kl.) 260
    1. Die Landwirtschaft 261
    2. Witterung und Naturerscheinungen 264
    3. Gewerbe und Handwerk 265
       Gründung der Oberamtssparkasse. 266
       Gründung des Bezirksgewerbevereins 267
       Gründung der Gewerbebank 268
    4. Der Kampf um die Eisenbahn 271
    5. Vereine, Geselligkeit und Unterhaltung 274
       Gründung des Turnvereins 276
       Gründung der Feuerwehr 277
       Gründung der Lesegesellschaft 278
    6. Gemeinde und Staat 281
    7. Die Kirche und das religiöse Leben 284
       Der Anfang des Methodismus in Marbach. Volkskundliches . . . 289
    8. Der Marbacher Raum während der Zeit des Ringens um die deutsche Einheit 292
    9. Marbach in den Jahren 1870/71 298

VI. Aus den letzten hundert Jahren (1872–1972) 301

VII. Die Markung der Stadt 303
    1. Der Markungsriß vom Jahre 1796 303
    2. Die tausendjährige Geschichte der Markung 304
    3. Von der Markungsgrenze und von Markungssteinen 305
    4. Der Markungsumgang vom Jahre 1825 307
    5. Von den Flurnamen und den dazu gehörenden Namen 308

Anmerkungen 312

Zeittafel 316

Verzeichnis der wichtigsten Quellen und Literatur 321

Bildnachweis 322

Sachverzeichnis 323

Orts- und Personenverzeichnis 325

I. Vorzeit und Sage

A. Vorgeschichte und Römerzeit

Die nähere Umgebung von Marbach gehört zu jenen Gegenden der Erde, wo die Anwesenheit des Menschen schon in frühester Zeit nachgewiesen ist. Bei Steinheim weitet sich das Murrtal zu einem breiten Becken. Hier lagerten sich im Erdzeitalter des Diluviums mächtige Schotterschichten ab, die von der Murr angeschwemmt wurden. In ihnen wurden immer wieder versteinerte Reste der damaligen Tierwelt gefunden, so z. B. im Jahr 1910 das fast vollständig erhaltene Skelett eines Mammuts, des größten, das je in Europa ausgegraben wurde. An wissenschaftlicher Bedeutung wurde dieser Fund aber noch weit übertroffen durch einen Urmenschenschädel, der am 24. Juli 1933, einem heißen Sommertag, in der Sandgrube des Karl Sigrist in der Nähe des Steinheimer Bahnhofs zutage trat. Er lag unter einer bis zu 15 m starken Schicht von Schotter und Steinen, die von einer 6 m hohen Lößschicht überlagert war. Es war Karl Sigrist zu verdanken, daß der wertvolle Fund der Wissenschaft erhalten blieb. Er meldete ihn sofort Dr. Berckhemer, dem Hauptkonservator der Stuttgarter Naturaliensammlung, der alsbald zur Stelle war und dafür sorgte, daß der Schädel sachgerecht geborgen und konserviert wurde. Dieser Schädel, dem leider der Unterkiefer fehlt, gehörte einst einem etwa 20 Jahre alten weiblichen Wesen, das in einer die Rißeiszeit unterbrechenden Wärmeperiode, also vor ca. 200 000 Jahren, gelebt hat. Dieser Homo Steinheimensis bildet heute einen Markstein für die Wissenschaft von der Entwicklung des Menschengeschlechts und ist weltberühmt geworden. Er gab Veranlassung zu der Einrichtung des Urmenschenmuseums in Steinheim im Jahr 1968.

Erst aus der jüngeren Steinzeit etwa 3000 Jahre v. Chr. finden wir wieder menschliche Spuren in unserer Gegend, jetzt aber in sehr beträchtlicher Zahl. Diese Menschen kannten bereits Ackerbau und Viehzucht und siedelten in Dörfern. Ihnen sind zwei Steinbeile zuzuschreiben, welche 1909 oberhalb der Eisenbahnbrücke bei Marbach aus dem Neckarschotter ausgebaggert wurden. Ähnliche Steinbeile wurden auch bei Benningen und Neckarweihingen ausgebaggert. Etwa aus der gleichen Zeit wurde im Mai 1927 bei der damaligen Cichorienfabrik in Marbach zwischen der Bahnlinie und der Rielingshäuser Straße eine Siedlungsstelle entdeckt sowie eine Steinaxt und ein kleines Steinbeil ausgegraben.

Diese erste seßhafte Bauernbevölkerung unserer Heimat ließ sich in verhältnismäßig großer Zahl auf den fruchtbaren Löß- und Lehmböden des Neckartals und des Bottwartals nieder. Man nennt sie nach der Verzierung ihrer Gefäße die Bandkeramiker. Auch südöstlich von Erdmannhausen und in der Marbacher Flur „Eisbühl" an der Grenze zur Erdmannhäuser Markung befanden sich Siedlungen der Bandkeramiker. Neben ihrer Kultur kennt man auch noch andere Kulturen der jüngeren Steinzeit, die im allgemeinen einen etwas primitiveren Eindruck als die bandkeramische machen und vielleicht Zerfallsprodukte der letzteren darstellen, so die Rössener und die Michelsberger. Professor Paret berichtet von Rössener Siedlungen bei Marbach, Siegelhausen und Poppenweiler, während auf dem Hungerberg bei Hoheneck östlich vom „Täle" eine Siedlung des Michelsberger Typs lag. Die jüngere Steinzeit muß in unserem Land mit einer katastrophalen Entwicklung geendet haben, die Paret auf eine Klimaänderung zurückführt.

Aus der früheren Bronzezeit, der sog. Hügelgräber-Bronze-Zeit, ist aus unserer Gegend kaum ein Fund bekannt. Dies ändert sich in der späteren Bronzezeit, der Urnenfelderzeit (ca. 1250 bis 800 v. Chr.), so genannt, weil damals die Toten verbrannt wurden und ihre Asche in großen Urnen beigesetzt wurde. In dieser Zeit muß das Bottwartal ziemlich dicht besiedelt gewesen sein. Auch östlich von Murr lag eine Siedlung. Im Neckar bei Marbach, Pleidelsheim und Neckarweihingen fand man Bronze-Schwerter, welche dieser Zeitstufe zuzurechnen sind.

Der Urnenfeldzeit folgt die frühe Eisenzeit, nach einem berühmten Fundort auch die Hallstattzeit genannt. Nun bestattete man die Toten wieder unter Grabhügeln. Damals saßen bereits die Kelten in unserem Land und ein mächtiger Keltenfürst, der offenbar auch unsere Gegend beherrschte, hatte seinen Sitz auf dem Hohenasperg. Auf Marbacher Markung hat man aus dieser Zeit bis jetzt noch keine Funde gemacht. Jedoch befinden sich im Wald beim Forsthof Gde. Kleinbottwar mindestens 22 Grabhügel und im Wald Brand zwischen Erbstetten und dem Kirschenhardthof mindestens 14 Grabhügel der Hallstattzeit.

Es folgten dann die sog. Latène-Zeit. Die Kelten gingen dazu über, ihre Toten in Flachgräbern zu bestatten, die im Gelände natürlich weniger auffallen als die Hügelgräber und wohl meist dem Ackerbau zum Opfer gefallen sind. Damit mag die geringe Zahl von Funden in unserem Raum zusammenhängen, von welchen solche in der „Au" bei Kirchberg/Murr hervorzuheben sind.

Unter Kaiser Domitian in den Jahren 85–90 n. Chr. erschienen von Westen her römische Legionen am Neckar und machten diesen zur Grenze ihres Reiches. Sie sicherten dieselbe durch Anlegung von Kastellen in ziemlich regelmäßigen Abständen. So erbauten sie zwischen dem Kastell auf der „Altenburg" bei Cannstatt und dem Kastell in Walheim das Kastell auf der „Bürg" bei Benningen unterhalb vom heutigen Bahnhof. Dasselbe wurde schon gegen Ende des 16. Jahrhunderts von dem Marbacher Präzeptor Simon Studion wieder entdeckt, der es jedoch fälschlich als Ruinen einer römischen Stadt deutete. Nähere Feststellungen über die Lage und die Umrisse des Kastells traf die Reichslimeskommission im Jahr 1898. Weitere interessante Aufschlüsse erbrachten die im Frühjahr 1970 durchgeführten Grabungen des Staatl. Landesamts für Denkmalpflege. Aus der Inschrift eines Altars, auf den schon der Benninger Bauer Konrad Hummel in der 2. Hälfte des 16. Jahrhunderts beim Pflügen auf seinem Acker stieß und der darauf von Studion 1583 nach Stuttgart abgeliefert wurde, erfahren wir, daß hier die 24. Kohorte freiwilliger römischer Bürger, eine Truppe von etwa 500 Mann, stationiert war. Ihr Kommandant, der Tribun P. Quintius Terminus, der aus Sicca Veneria im Hinterland von Tunis stammte, hatte den Altar den Schutzgöttinnen des Exerzierplatzes setzen lassen. Die Untersuchungen vom Jahr 1970 ergaben, daß zuerst ein Holzkastell errichtet worden war, das offenbar schon bald zu einem Steinkastell umgebaut wurde. Dasselbe bildete ein Rechteck von 134 × 162 m. Durch Anlage fester Straßen verbanden die Römer ihre Kastelle miteinander. Die vom Cannstatter Kastell herkommende Straße führte auf dem Kamm der Höhe innerhalb des Neckarbogens zwischen Neckarweihingen und Beihingen geradlinig im Zug der heutigen Straße zum rückwärtigen Tor des Benninger Kastells. An dieser Straße lag hinter dem Kastell der Begräbnisplatz und hier entwickelte sich auch eine zivile Siedlung.

Im Jahr 155 verlegten die Römer ihre Grenze weiter nach Osten vor und errichteten den sog. äußeren Limes, der in einer 81 km langen, schnurgeraden Linie von Walldürn bis zum Haghof bei Welzheim führte. An dieser Linie wurden – entsprechend den alten Kastellen am Neckarlimes – neue Kastelle gebaut und die Garnisonen vorverlegt. So kam die 24. Kohorte nun ins Kastell Murrhardt als ihrem neuen Standort. Es wurde eine Straße angelegt, welche das alte Kastell Benningen mit dem neuen Kastell Murrhardt verband. Auf der heutigen Marbacher Markung dürfte diese Straße etwa im Zug der gegenwärtigen Eisenbahnlinie verlaufen sein. Es scheint, daß sie auf einer Brücke den Fluß überquerte, denn etwas unterhalb der Eisenbahnbrücke wurde 4½ m unter der Flußsohle ein Pfahlschuh ausgebaggert. Jedenfalls gehörte nun auch die heutige Marbacher Markung zum römischen Weltreich.

In langer Friedenszeit blühte die römische Zivilisation in unserem Grenzland auf. Die Soldaten, die am äußeren Limes standen, und der rege Durchgangsverkehr brachten Geld ins Land. Mancher eingesessene keltische Bauer mag an Stelle seiner alten, strohbedeckten Fachwerkhütten einen Gutshof nach römischer Art erstellt haben. Viele Einwanderer kamen aus fremden Ländern, so daß ein richtiges Völkergemisch entstand.

Das Kastelldorf bei Benningen bestand nicht nur fort, sondern dehnte sich offenbar in aufgelockerter Form das unterste Murrtal hinauf bis nach Steinheim und auch rechts vom Neckar auf der heutigen Marbacher Markung aus. Wir kennen den Namen dieser Siedlung: Vicus Murrensis, das Murrdorf. Wir ersehen dies aus der Inschrift eines in Benningen gefundenen Altars, den die Dorfbewohner an der Murr dem Vulkan weihten. Eine Kultstätte der Dorfbewohner an der Murr scheint sich bei der Murrmündung befunden zu haben. Die dort gefundenen Altäre und Weihesteine geben uns einen Einblick in das innere Leben im Vicus. Es gab in ihm eine Schiffergilde, deren Genius ein Altar gesetzt wurde, welchen Abraham Holzmann 1799 in seinem Garten auf einem kleinen Hügel über der Murrmündung entdeckte. Außerdem gab es im Vicus einen Verein der Peregrinen, d. h. der Fremden. Einer seiner Mitglieder, Domitius Condollus, hat dem Verein ein Standbild der Viktoria mit einer Basis und ein Severus Meliddatus dem Genius des Vereins einen Altar gestiftet. Beide Bildwerke standen auf der östlichen Seite des Neckars in der Marbacher Flur „Au". Aus den Namen der Stifter ist zu schließen, daß sie keltischer Abstammung waren. In Murr entdeckte man schon 1867 unterhalb der Kelter und 1969 am Haugweg römische Brandgräber. Es ist anzunehmen, daß die Menschen, deren Asche dort ihre letzte Ruhestätte fand, zu den Bewohnern des Vicus Murrensis gehörten. Vielleicht reichte dessen Gebiet bis zu dem Gutshof des Veteranen Lucius Dubidatius Peregrinus hinauf. Die Ruinen dieses Gutshofs wurden in der Nähe des Steinheimer Rathauses in 2½ m Tiefe unter dem heutigen Straßenniveau ausgegraben. Aus der Inschrift eines Votivsteins, den Dubidatius dem Gott Jupiter und dessen Gemahlin Juno setzen ließ, ist zu ersehen, daß er ein Hauptmann der im Benninger Kastell stationierten Kohorte war. Nach seiner langen Dienstzeit hat er sich hier als Gutsbesitzer niedergelassen. Zu erwähnen ist noch der ausgezeichnet erhaltene Ziegelbrennofen, den man 1961/62 beim Bau der neuen Schule in Steinheim gefunden hat.

Auf der heutigen Marbacher Markung wurde vor allem auf der Flur „Au", welche sich von der Einmündung des Strenzelbaches östlich vom Neckar und der Murr bis zur Markungsgrenze gegen Murr hinzieht, zahlreiche römische Spuren entdeckt; vieles mag hier noch unter der Erde verborgen liegen. Das gleiche gilt von dem östlich davon aufsteigenden Weinberggelände, dem „Mäurich", der seinen Namen ohne Zweifel von zerfallendem römischem Mauerwerk trägt, das im frühen Mittelalter dort noch an manchen Stellen zu sehen war. Wie viele Steine von Gebäuden die Römerzeit mögen hier in den Weinbergmäuerchen stecken. Schräg gegenüber von der ehemaligen Häldenmühle am Ausgang eines kleinen, östlichen Seitentals zum Murrtal in der Nähe des dortigen Steinbruchs stand auf einer Terrasse ein römischer Gutshof, der mit einem Bad und einem sog. Hypokaust, d. h. einer Warmluftheizung, versehen war. Letztmals stieß man hier im Januar 1962 auf römischen Bauschutt. Auch am „Alten Markt", wenig nördlich von der Alexanderkirche, wurden Grundreste römischer Gebäude aufgefunden.

Manche der auf der Marbacher Markung gefundenen römischen Bildwerke hat man im Mittelalter in der Stadt irgendwo eingemauert. So hat schon Studion aus der Mauer einer Schusterwerkstätte nächst dem Rathaus eine Reliefplatte herausgenommen, welche den Gott Merkur und 11mal andere Gottheiten darstellte, und sie 1583 mit den anderen Bildwerken aus unserer Gegend nach Stuttgart geschickt, wo sie im Lapidarium noch heute zu sehen ist. Eine hübsche Statuette der Minerva war in einem Haus der unteren Holdergasse eingemauert. Endlich fand man auf Marbacher Markung zu verschiedenen Zeiten insgesamt 26 römische Münzen von Vespasian bis Caracalla. Einen der interessantesten Funde hat man aber am 21. Juni 1967 wenig unterhalb der Stadt und etwas oberhalb der Murrmündung aus dem Neckar gehoben. Es war ein Weihestein, welchen der Kaufmann Licinius Divixtus im Jahr 227 n. Chr. den Casses (Göttinnen, die besonders im Rheinland verehrt wurden) setzen ließ zum Dank dafür, daß er und die Seinen nach einem Schiffuntergang sich wieder guter Gesundheit erfreuten. Der Stein wird an der Stelle, wo sich das Unglück ereignete, gesetzt worden sein, wiederum ein Zeichen des regen Schiffsverkehrs auf dem Neckar in römischer Zeit.

Während die bisher behandelten Spuren aus der Römerzeit sicher irgendwie mit dem Vicus Murrensis in Verbindung standen, ist dies bei einem Gutshof auf der Flur „Bürg", der 2,5 km

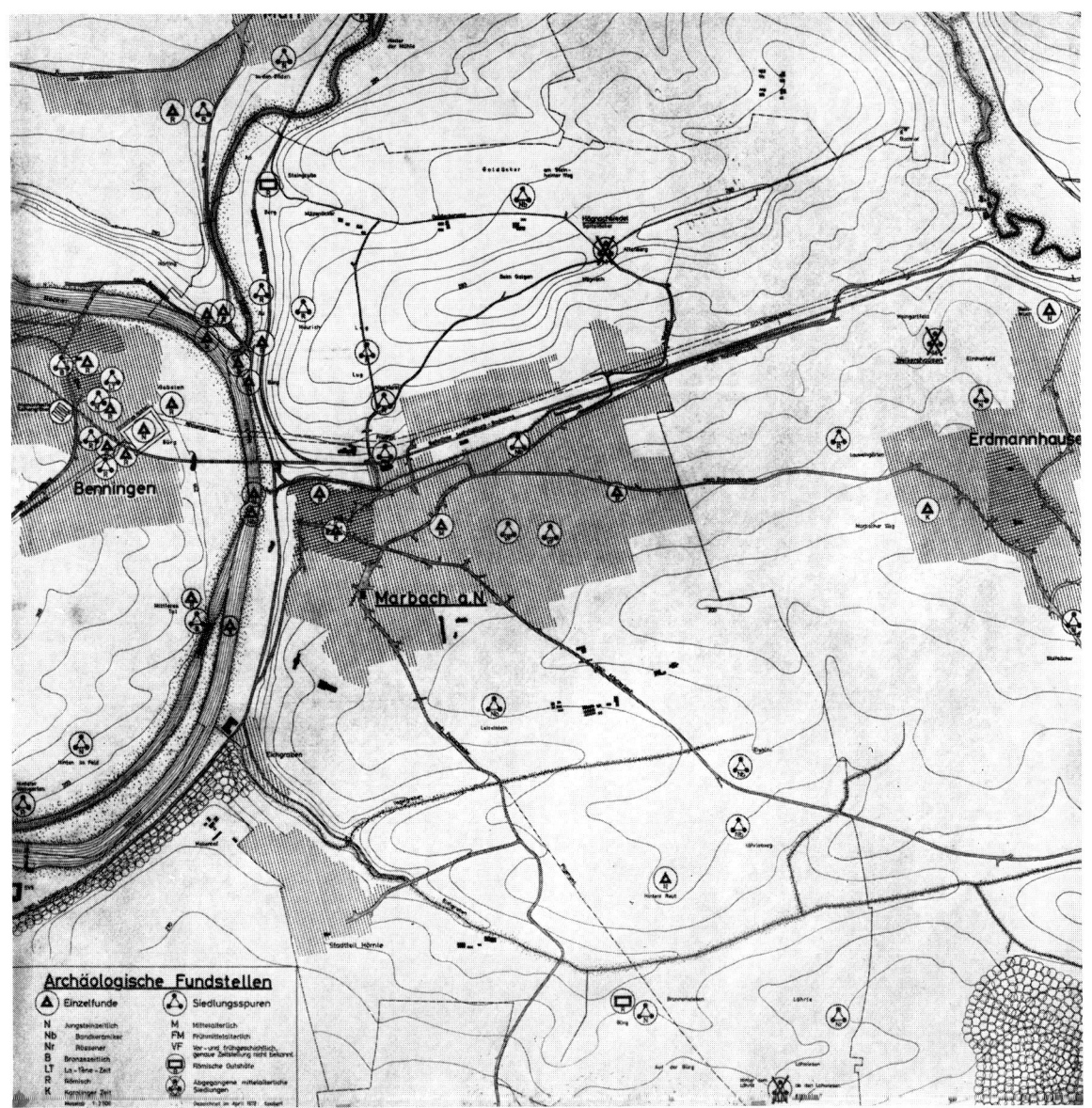

1 Karte über vor- und frühgeschichtliche Funde.

2 Römischer Weihestein, gefunden im Neckar 1967.

südlich von Marbach in der Nähe der heutigen Straße nach Poppenweiler stand, nicht anzunehmen.

Wie sicher man sich hinter dem äußeren Limes fühlte, zeigt die überraschende Tatsache, welche die Untersuchung des Benninger Kastells im Frühjahr 1970 ergab, nämlich daß dieses Kastell noch unter der Römerherrschaft wieder abgebrochen und zum Teil anderweitig überbaut wurde. Anscheinend stellte man die alten Befestigungswerke den Vicani Murrenses als Steinbruch zur Verfügung. Offenbar rechnete man nicht damit, daß die Barbarenvölker einmal über den äußeren Limes einfallen könnten, in welchem Fall dann eine rückwärtige Abwehrstellung im Hinterland von großem Nutzen gewesen wäre. Ein erster Einfall der Alamannen erfolgte jedoch im Jahr 233 n. Chr. Zwar konnten die Feinde nochmals hinausgeworfen werden. Das freundliche Leben im Neckarland fand damals aber ein jähes Ende. Viele Gutshöfe lagen in Asche oder waren verlassen. Wer hier nicht ausharren mußte, verließ das gefährdete Land, bis dann 259/260 n. Chr. dasselbe endgültig in die Hand der Alamannen fiel.

B. Zur Geschichte der römischen Funde
Marbach und seine Heidenschaft

1. Allgemeines

Den ältesten gedruckten Marbacher Fundbericht verdanken wir dem Historiker Chr. Fr. Sattler. In seinem Werk „Geschichte des Herzogtums Württemberg von 1757" schreibt er auf Seite 244: „Es fand damals vor ungefähr 200 Jahren ein gewisser Bürger namens Steeb in seinem Weinberg auf dem Hügel über der Au beim Ausreuten eines Weinbergs einen Boden, so auch mit Kalk und Kiesel und Bruchsteinen verfertigt und sehr künstlich mit allerhand Farben gezeichnet war. Das Zimmer war der hinterlassenen Beschreibung nach nicht hoch, aber sehr geräumig. Unter dem Boden sah man noch viele kleine Säulen in der Höhe von zwei Schuh; davon jede ihr Gesims und Fußgestell hatte. Der bekannte Schulvorstand Simon Studion, der von 1572 bis 1605 Präzeptor an der Lateinschule in Marbach war, nahm vier dergleichen Pfeiler und bediente sich derer als Füße zu einem Tisch in seinem Gartenhaus. Die übrigen wurden verschleift, und man hielt dann dieses Zimmer für eine Höhle, worin die alten Deutschen noch als Heiden gewohnt und sich vor den Römern verborgen hätten, da sie diese Säulen entweder als Tische oder als Sessel gebraucht hätten, wie dann die dasige Gegend noch den Namen der Heidenschaft führt." Dem Bericht nach waren es die Trümmer eines römischen Landhauses; die kleinen Säulen standen in dem Feuerungsraum (Hypocaustum), der unter dem bunten Mosaikboden des Zimmers war. Im

Jahre 1780 bringt das Schwäbische Magazin in einem Bericht des Marbacher Diakons Urbanus Keller, daß der Bürger und Maurer Abraham Holzmann in einem Garten, der auf einer Anhöhe über dem Zusammenfluß des Neckars und der Murr liegt, einen Stein mit folgender Inschrift ausgegraben habe: PRO SAL(UTE) IM(PERATORIS) GEN(IO) NAUT(ARUM) G(AJUS) JUL(IUS) URBICUS D(EDIT) D(EDICAVIT) V.S.L.L.M. (Für das Heil des Kaisers hat der Genius der Schiffergilde Gajus Julius Urbicus den Stein geschenkt und geweiht. Er hat sein Gelübde gelöst froh und freudig nach Gebühr.) „Auf herzoglichem Befehl wurde dieser merkwürdige Stein nach Stuttgart geführt und daselbst im Saal der Herzoglichen Bibliothek aufgestellt." Heute steht er im Lapidarium. Zu weit geht jedoch der Diakon Keller mit seiner Ansicht, wenn er in dem Bericht schreibt, daß die vorbeilaufenden dicken Mauern, Hypokausta, Ringmauern, Altäre, allerlei Münzen vermuten lassen, es sei auf der Au (die Wiesen oberhalb der Murrmündung) eine römische Handelsstadt gestanden. Dagegen ist denkbar, daß der Vicus Murrensis eine Handelsniederlassung, verbunden mit einem Markt in sich schloß. Ein Hinweis auf diese Möglichkeit ist nicht nur im Vorhandensein einer Schiffergilde und eines Collegium Peregrinorum, dem „Verein der Fremden" zu sehen, wobei unter diesen Fremden überwiegend Kaufleute, vielleicht sogar auch Orientalen zu verstehen wären. Vor allem gehört in diesem Zusammenhang die schon im Marbacher Lagerbuch Nr. 1664 von 1557–1575 auftauchende, aber sicher uralte Ortsbezeichnung „Heidenschaft". Dieser Flurname ist sehr selten. In Württemberg kennt man ihn nur noch in Kirchheim/Teck. Vorhanden ist er aber in Wien, Laibach und Sterzing am Brenner, d. h. an lauter vorchristlichen Handelsplätzen auf römischer Grundlage. Die Endsilbe -schaft bezeichnet eine Vereinigung (Gesellschaft, Gemeinschaft) und die Bezeichnung „heidnisch" bedeutet „vorchristlich". Ist dies richtig, dann hätte der alte Marbacher Markt bei der Alexanderkirche seine eigentliche Wurzel in einem Markt, der bis in die römische Zeit zurückreicht und der „in der Heidenschaft" d. h. in der Gegend oberhalb der Au an der uralten Straße von Steinheim her südwärts gelegen wäre.

Eine längliche Reliefplatte, welche früher in einer Mauer beim Rathaus steckte und 1583 in das Antiquarium, heute Lapidarium, gebracht wurde, zeigt in zwei Reihen übereinander elf römische Gottheiten und in der Mitte den Götterboten Merkur.

Da steht in den Hansen-Weinbergen ein gut gemauertes Weinberghäuschen, das wegen seiner sechseckigen Form besonders auffällt. Um 1835 gehörte der Weinberg dem Marbacher Bürger Johann Stolpp. Nun heißt es auf der Seite 135 der Marbacher Oberamtsbeschreibung vom Jahr 1866: Zwei römische Säulen, welche früher das Stolppsche Weinberghäuschen unterstützten, sind nun im Garten des Oberamtsarztes Dr. Schwandner aufgestellt (heute Wildermutstr. 5). Im Jahre 1897 kamen die Säulen in den Besitz eines Kaminfegers Mayer, der sie, als sie ihn nicht mehr interessierten, nicht zerschlug, sondern veranlaßte, daß sie im Jahre 1906 ins Lapidarium nach Stuttgart gebracht wurden. Gegenwärtig sollen die Säulen ein verborgenes Dasein in den unteren Räumen des Stuttgarter Schlosses führen.

Sein besonderes Schicksal hatte ein Stein mit einer Statuette der Minerva, einer römischen Göttin und Schützerin der schönen Künste. Er und sie waren in dem Hause Nr. 39 der Unteren Holdergasse eingemauert. Der Stein wurde im November 1909 entdeckt, von Professor Dr. Gößler, dem Altmeister der Altertumskunde, herausgenommen und für das Lapidarium erworben.

Daß mancher Gedenkstein aus der Römerzeit im Boden steckt und so erhalten bleibt, zeigen die Funde, die immer noch gemacht werden. Der letzte Fund wurde im Jahre 1967 bei der Unterdükerung aus dem Neckarbett gebaggert. Die Inschrift lautet (übersetzt): Zu Ehren des Kaiserhauses. Den Boni Casses (keltische Gottheiten) hat der Kaufmann Lucius Licinus Divixtus, weil er und die Seinen nach dem Schiffsuntergang wieder in Vollbesitz ihrer Gesundheit, den Altar auf Grund seines Gelübdes im Konsulatsjahr des Albinus und Maximus (im Jahre 227 n. Chr.) froh und freudig nach Gebühr aufstellen lassen. Es ist der einzige Stein auf Marbacher Markung, von dem wir zu dem Namen des Stifters auch das Jahr der Aufstellung erfahren. Die Inschrift enthält auch den weiteren Hinweis, daß die Römer auf dem Neckar Schiffahrt getrieben haben.

2. Simon Studion, Präzeptor, Schriftsteller und Altertumsforscher (1543 – frühestens 1605)

In einem Buch der Stadt Marbach darf Simon Studion nicht vergessen werden. Geboren wurde er im Jahr 1543 in Urach. Er studierte Theologie. Wegen eines Sprachfehlers wurde ihm bedeutet, er könne nicht Pfarrer werden. Er bekam eine Stelle am Pädagogium in Stuttgart. Am 8. Februar 1572 wurde er als Präzeptor an die Lateinschule in Marbach versetzt. Bekannt wurde er durch seine schriftstellerischen und poetischen Arbeiten. Auf die Hochzeit des Herzogs Ludwig machte er ein Gedicht von über 10 000 Hexametern. Dieses und ein zweites, das er dem Nachfolger Herzog Ludwigs, dem Herzog Friedrich überreichen ließ, erbrachte ihm eine Besoldungserhöhung von einem Eimer Wein; zu seiner Besoldung gehörten schon vier Eimer Wein.

Bleibende Verdienste erwarb der Präzeptor durch seine Tätigkeit, die vor ihm in Württemberg noch niemand ausgeübt hatte. In Marbach und in der Umgebung suchte er nach römischen Altertümern. Leidenschaftlich ging er dieser Nebenbeschäftigung nach. Bei der jährlichen Schulvisitation wird daher geklagt, „daß er sich der Schul wenig annehme, komme selten darin, wissen die von Marbach nicht, ob er diese ‚licentia' von unserem gnädigen Fürsten habe oder nicht". Eine solche hatte der Präzeptor von seiner Stuttgarter Behörde bestimmt nicht, dafür aber das Wohlwollen der Herzöge Ludwig und Friedrich, die sich für diese Altertümer interessierten. Simon Studion übersandte zwei Wagenladungen seiner Sammlung von Altertümern nach Stuttgart. Herzog Ludwig ließ die Bildwerke und Inschriftsteine in dem neuerbauten Lusthaus aufstellen. Nicht alle blieben für die Nachwelt erhalten. Einige davon sind im Lapidarium der staatlichen

Simon Studion

Altertümersammlung in Stuttgart zu sehen. Der Marbacher Präzeptor hatte einst zu dieser Sammlung den Anstoß gegeben. Er war es auch, der als Erster sich mit den römischen Altertümern beschäftigte.

3. Die Erkennungszeichen der Marbacher

Im Jahre 1597 veröffentlichte Simon Studion ein umfangreiches Manuskript in lateinischer Sprache mit dem Titel „Wahrhafter Ursprung des erlauchtesten Fürstenhauses Wirtemberg nebst einer Abhandlung über römische Denkmale, die auf wirtemberger Boden gefunden wurden".

Ein Abschnitt seiner Ausführungen hat die obige Überschrift. Unter Erkennungszeichen meint Simon Studion die auf dem Marbacher Wappenschild abgebildeten Zeichen, nämlich den rebumkränzten Turm, der auf Mars, den Lenker des Krieges und auf Bachus, den Gott des Weins, hinweise und die drei württembergischen Geweihstangen. Als Schildhalter bringt er eine Zeichnung eines Waldbewohners, den er mit folgenden Worten beschreibt: „Du siehst hier einen

Der Wilde Mann als Schildhalter

Waldbewohner, am ganzen Körper zottig behaart, mit langem und wüst wachsendem Bart, ungepflegt, von ungeschlachter Gestalt, mit finsterer Miene, sich auf einen schweren Knüppel stützend und den Marbacher Wappenschild haltend." Ohne Zweifel diente einmal diese Zeichnung und Beschreibung als Vorlage für die Figur des Wilden-Mann-Brunnens. Simon Studion war es demnach, welcher der Marbacher Sagengestalt Form und Aussehen gegeben hat.

Der Waldbewohner, der Wilde Mann, Mars Bacchus

Auffallend ist, daß Simon Studion diese Sagengestalt „Waldbewohner" nennt (Wttbg. Land. Bibliothek, Cod. hist 7/137). Bestimmt war ihm bekannt, daß die Marbacher Bewohner ihn den Wilden Mann nannten. Auch ist anzunehmen, daß Simon Studion von Martin Crusius, unter dem er im Jahre 1565 die Magisterwürde erlangt hatte, mit der Sage bekannt gemacht wurde, die sich um diese Gestalt rankt. Sie lautet: Vor alten Zeiten, wo jetzt am Neckar die Stadt Marbach liegt, soll ein dicker Wald gewesen sein und ein Straßenräuber, der von Größe wie ein Riese war, gewohnt haben, der alle Vorübergehende getötet und in seiner Höhle gefressen, auch Weinreben um seine Wohnung gehabt, und den Wein in Gefäßen, die aus Menschenbeinen gemacht, aufgehalten und getrunken habe" (Grusius, Schwäb. Chronik II, S. 416).

Wer nun von den einstigen Marbachern in dichterischer Fantasie zum erstenmal zum Ausdruck brachte, daß dieser Waldbewohner oder Wilde Mann der Mars Bacchus gewesen sei und der Stadt den Namen Marbach gegeben habe, kann nicht mehr genau bestimmt werden. Im Jahre 1534 spricht der Marbacher Untervogt Demler in einem Huldigungsgedicht zur Rückkehr Herzog Ulrichs: „In deinem Reich geboren zu sein, einer Stadt, die ihren Namen nach dem Bach des Mars trägt." Georg Hunn, der im Jahr 1586 in Tübingen als Hunnius Marbacensis immatrikuliert ist, bringt in einem lateinischen Gedicht: „Von Bacchus hat es seinen Namen erhalten, von Mars selbst hat es ihn erhalten, fruchtbar an Feldfrüchten und reich an Schätzen." Und Simon Studion schreibt in dem obengenannten Manuskript unter der Überschrift „Warum Mars und Bacchus in einem Namen vereinigt wurden": „Es wurde also Marbach genannt und gedeutet gleichsam als Martinsbach = Martbach, nach diesem Mars, dem Gott des Krieges und des Aufruhrs und nach Bacchus, dem Beschützer des Weins und der Weinseligen. Im Laufe der Zeit kam bei den Bewohnern die Ansicht auf, daß die Sagengestalt Mars Bacchus der Stadt nicht nur den Namen gegeben habe, sondern auch, daß er der Gründer der Stadt gewesen sei.

Noch soll beigefügt werden, wie Chr. Fr. Sattler die Sage zu deuten versucht: „Einige melden, daß es der Mars oder der Bacchus gewesen sei. Weil nun die beiden den Menschenfressern in allweg zu vergleichen sind, indem jener durch den Krieg, dieser aber durch den Mißbrauch des Weins viele Menschen auffrißt und sie auch ihrer Güter beraubt, so scheint es, daß die Alten durch die Fabel haben zu verstehen geben wollen, daß, weil bei Marbach guter Wein wächst, man sich daselbst in acht nehmen solle, damit dem Beutel und der Gesundheit durch vieles Trinken kein Schaden geschehen möge; Mars aber scheinet ihm darum beigesetzt zu sein, weil durch Trunk die Leute gern erhitzt zu werden pflegen, worauf hernach Schlägereien erfolgen."

Falsch war, die Sage als reine Fabel anzusehen. Es ist die Marbacher Heimatsage. Zu ihr haben früheste heimatgeschichtliche Vorgänge und Verhältnisse beigetragen und in ihr volkstümlichen Niederschlag gefunden. Ihre tiefsten Wurzeln reichen zurück in die Zeit, als die Alamannen sich in unserer Heimat niederließen.

Wie bekannt diese Sage einmal war, geht aus der Tatsache hervor, daß Gustav *Schwab*

(1792–1850) sein großes Huldigungsgedicht auf Schillers zehnten Todestag im Jahr 1815 auf ihr aufbaute. Für Schwab ist natürlich Friedrich Schiller der wahre Riese von Marbach. Es ist auch heute noch von Reiz zu lesen, wie der Dichter eines aus dem andern entwickelt. Darum seien die ersten sieben Strophen von den insgesamt vierzehn hier abgedruckt.

Der Riese von Marbach

Seht ihr, wie freundlich sich die Stadt
Im Neckarfluß beschauet?
Wie sie sich ihre Berge hat
Mit Reben wohl bebauet?
Dort, wie die alte Chronik spricht,
Hat vor viel Jahren dumpf und dicht
Ein Tannenwald gegrauet.

Gelegen hat ein Riese drin,
Ein furchtbar alter Heide,
Er bracht' in seinem wilden Sinn
Das Schwert nicht in die Scheide;
Er zog auf Mord und Raub hinaus,
Und baute hier sein finst'res Haus
Dem ganzen Gau zu leide.

Die Steine zu dem Riesenhaus,
Ganz schwarz und unbehauen,
Grub er sich mit den Händen aus,
Fing eilig an zu bauen;
Er warf sie auf die Erde nur,
Daß einer auf den andern fuhr,
Bis fertig war das Grauen.

Es sei der Riese, sagt das Buch,
Aus Asia gekommen,
Ein Heidengötz', ein alter Fluch,
Zum Schrecken aller Frommen:
Mars oder *Bacchus* sei das Wort,
Davon Marbach, der Schreckensort,
Den Namen angenommen.

Die Steine längst verschwunden sind,
Der Wald ist ausgereutet,
Ein Märchen ward's für Kindeskind,
Das wenig mehr bedeutet;
Doch horchet wohl auf meinen Sang,
Der nicht umsonst mit seinem Klang
Es jetzt zurück euch läutet.

Denn ob des Schlosses Felsengrund
Versunken ist in Schweigen,
Wird man doch d'rauf zu dieser Stund'
Euch noch ein Hüttlein zeigen,
Und keine sechzig Jahr' es sind,
Daß darin geboren ward ein Kind,
Dem Wundergaben eigen.

Von gutem Vater war's ein Kind,
Von einem frommen Weibe;
Auf wuchs es und gedieh geschwind,
Kein Riese zwar von Leibe:
Von Geist ein Riese wundersam,
Als ob der alte Heidenstamm
Ein junges Reis noch treibe.

II. Vom Königshof und Markt zur Stadt

A. Die Gründung Marbachs[1]

Nach der Vertreibung der Römer versank unsere Heimat für Jahrhunderte wieder in ein beinahe vorgeschichtliches Dunkel. Die alamannischen Gefolgschaftshaufen, welche 259/60, während das Römerreich sich in einer schweren Krise befand, sich unseres Landes bemächtigt hatten, waren anfangs offenbar nicht gesonnen gewesen, sich hier dauernd festzusetzen. In Italien und Gallien lockte sie reichere Beute. Dort wurden sie aber zurückgeschlagen. Das Römerreich festigte sich noch einmal und konnte noch etwa 200 Jahre lang am Oberrhein, am Hochrhein und an der Donau seine Grenzen gegen die Alamannen halten. Als dann das Weströmische Reich endgültig zusammengebrochen war, gerieten die Alamannen mit einem anderen germanischen Stamm, den Franken, welche den Raum nordwestlich von ihnen beherrschten, in Konflikt. In einer großen Schlacht, die im Jahr 496 stattgefunden haben soll, wurden die Alamannen von dem Frankenkönig Chlodwig entscheidend geschlagen. Ihre nördlichen Gebiete wurden dem Frankenreich einverleibt. Die Grenze zwischen beiden Stämmen wurde durch unsere Gegend gezogen. Sie lief vom Lemberg bei Affalterbach zum Hohenasperg, genauer gesagt, zum Kleinaspergle, einem großen Grabhügel aus der Hallstattzeit etwas südlich vom Hohenasperg. Auch die südlich dieser Grenze sitzenden Alamannen mußten 536 unter fränkische Oberhoheit treten, behielten zunächst aber eine innere Autonomie unter eigenen Herzögen, bis sie schließlich nach mehreren fehlgeschlagenen Aufständen im Jahr 746 auch dieser beraubt wurden.

Die Seßhaftigkeit der Alamannen (gleichbedeutend mit Schwaben) kann in den ersten Jahrhunderten nach der Landnahme nicht sehr groß gewesen sein, zumal sie immer wieder durch Rückstöße der Römer und durch Durchzüge der Hunnen und der Burgunden aus ihren Wohnsitzen aufgescheucht wurden. Diesen Zuständen entsprach es, daß ihre frühesten Siedlungen in dem ihnen bis dahin fremden Land einfach nach der Sippe, die sich an einer bestimmten Stelle niederließ, genannt wurden. So wurden die Ortsnamen auf -ingen kennzeichnend für die frühesten Alamannensiedlungen. Freilich entstanden auch später noch hin und wieder Siedlungen, welche die Ortsnamenendung -ingen trugen. In einem breiten Saum nördlich der um 500 gezogenen Stammesgrenze muß noch eine erhebliche Zahl schon vorher entstandener Alamannendörfer unter fränkischer Herrschaft fortbestanden haben. Jedoch haben dann auch die Franken hier eine planmäßige Kolonisation durchgeführt. Sie hatten bereits eine höhere Seßhaftigkeit als die Alamannen erreicht. Für diese 2., auch noch frühe Siedlungsschicht wurden Ortsnamen mit der

Endung -heim üblich. Diese Benennungen wurden von den nun ebenfalls seßhafter gewordenen Alamannen übernommen und kamen so in Mode, daß die Endung -heim auch oft den alten Ortsnamen auf -ingen nachträglich noch angehängt wurde (vgl. Heutingsheim). So entstanden die gerade in unserem Raum häufigen Ortsnamen auf -igheim (ursprünglich -ingheim). Die Orte, deren Namen auf die Grundworte -hausen, -bach, -feld, -stetten und -weiler endigen, gehören im allgemeinen späteren Siedlungsschichten an. Die sichersten Zeichen für das hohe Alter eines Ortes sind aber Reihengräber mit Beigaben, die bei ihm gefunden wurden. Die Sitte, den Toten Beigaben mit ins Grab zu geben, hörte im Zug der Christianisierung zu Anfang des 8. Jahrhunderts allmählich auf.

Es war erforderlich, diese allgemeinen Bemerkungen vorauszuschicken, um die Vorgänge bei der Gründung Marbachs verständlich zu machen, wobei es unvermeidlich ist, auch eine Anzahl von Orten in der Umgebung von Marbach in den Kreis der Betrachtung mit einzubeziehen.

Marbach wird erstmals in einer Urkunde aus dem letzten Drittel des 10. Jahrhunderts genannt. Die heute im Bad. Generallandesarchiv in Karlsruhe liegende Urkunde ist zwar eine Abschrift aus dem 13. Jahrhundert. Die Historiker zweifeln aber nicht daran, daß sie wörtlich mit der nicht mehr vorhandenen Originalurkunde übereinstimmt. Der Inhalt der Urkunde ist folgender:

Bischof Balderich von Speyer überträgt an einen Diakon Woluald 3 Orte, die anscheinend im Großraum Speyer lagen. Woluald gibt dagegen an das Bistum Speyer: Marcbach und was zu diesem Fronhof gehört (et quidquid ad eandem curtem pertinet). Dann wird dieses Zubehör des Marbacher Fronhofs aufgezählt (soweit sich die Orte identifizieren lassen, werden die heutigen Namen in Klammern beigefügt): Bunninga (Benningen), Binga (Beihingen), Hutingesheim (Heutingsheim), Blidoluesheim (Pleidelsheim), Murra (Murr), Steinheim, Husa, Berckenmareshusa (Erdmannshausen), Affaltrebach (Affalterbach), Ruodingeshusa (Rielingshausen), Aspach und Woluoldesstete. Woluald soll nach dem Vertrag sowohl die Orte, die er erhält, als auch diejenigen, welche er abtritt, solange er lebt, in seinem Besitz behalten. Nach seinem Tod aber soll beides an das Bistum zurückfallen. Dieser Vertrag wurde mit Erlaubnis des Kaisers Otto und seines Sohnes Otto abgeschlossen und zwar in dem Dorf, das Marcbach heißt. Auf Verlangen Bischof Balderichs wurde die Urkunde ausgestellt und dieselbe an den IIII. kalendas Februarias luna X an der Gerichtsstätte in Ingersheim übergeben.

Was bedeutet diese Zeitangabe? In welchem Jahr wird Marbach und werden die anderen in dieser Urkunde genannten Orte erstmals erwähnt? Die Wolualdische Urkunde wurde im 1. Band des Wirtembergischen Urkundenbuchs, der im Jahr 1849 erschien, abgedruckt. Dabei wurde die Bemerkung angefügt, daß Bischof Balderich von Speyer 970–987 regiert habe und daß die in diesem Zeitraum vorkommende Luna X auf den 29. Januar 978 falle[2]. Hier ergab sich nun ein Widerspruch mit dem Urkundeninhalt. Nach demselben wird der Vertrag mit Erlaubnis und Zustimmung des Kaisers Otto I. und seines Sohnes Otto II., abgeschlossen. Otto I., der Große, ist aber 973 gestorben; seit 25. Dezember 967 war Otto II. Mitkaiser. In dem halben Jahrhundert, welches auf die erste Veröffentlichung der Urkunde im 1. Band des Wirtembergischen Urkundenbuchs folgte, ist natürlich die historische Chronologie fortgeschritten und hat subtilere Methoden erarbeitet. So erschien im 11. Band des Wirtembergischen Urkundenbuchs, der 1913 herauskam, eine Berichtigung zu der Anmerkung im 1. Band. Darin heißt es: „In dem Datum IIII kalendas Februarias luna X bedeutet Luna nicht den Mondzyklus, sondern das Mondalter des 29. Januar. Das führt auf das Jahr 972"[3].

Marbach muß somit jedenfalls im Jahr 972 als Dorf schon bestanden haben. Sein Kern und Ursprung war offenbar jener in der Urkunde genannte Fronhof, bei dem sich ein Dorf gebildet hatte. Der Ort hieß Marcbach, d. h. Grenzbach, woraus später Marbach wurde. Man wird kaum fehlgehen, wenn man annimmt, daß der Ortsname auf die wichtige fränkisch-alamannische Grenze Bezug nimmt, die unweit im Süden von Marbach vorbeilief. Marbach kann also erst nach Ziehung dieser Grenze um 500 gegründet worden sein. Marbach war um 972 der Mittelpunkt eines größeren Bezirks und es ist als Fronhof wohl von vornherein als Mittelpunkt dieses Bezirks gegründet worden. Man wird diesen Bezirk, wie er sich um 972 darstellt, am besten als eine Grundherrschaft bezeichnen. Dieselbe stellte geographisch ein relativ geschlossenes Gebilde innerhalb der Murrgaugrafschaft dar, die ihre Gerichtsstätte in Ingersheim hatte. Wenn dieses Gebilde um 972 im Besitz des Diakons Woluald stand, so war in dasselbe doch auch fremder Besitz eingestreut. Sicher wissen wir dies von Besitz des Reichsklosters Lorsch, das schon vorher in mehreren der in der Urkunde genannten Orte Landschenkungen erhalten hatte. Diakon Woluald war also nicht der einzige Grundherr in diesen Orten. Man wird aber annehmen dürfen, daß zur Zeit der Gründung des Fronhofs Marcbach die Besitzverhältnisse in diesem Raum noch weniger aufgesplittert waren. Auffallend ist, daß in der Urkunde von 972 so großer Wert darauf gelegt wird, daß der Kaiser zu den Besitzübertragungen des Woluald seine Zustimmung erteilt hat. Daraus ist zu schließen, daß der Fronhof Marcbach und sein Zubehör nicht Eigengut des Diakons gewesen sind, sondern daß er dieses Gebilde als Reichslehen besaß. Noch in späterer Zeit finden wir nördlich der Stammesgrenze weit verbreitetes Reichsgut; vielleicht wurde anfangs überhaupt das ganze Gebiet, das um 500 die Franken den Alamannen abnahmen, als fränkisches Reichs- oder Königsgut angesehen. Jedenfalls haben wir die besten Gründe, anzunehmen, daß der Fronhof Marcbach als fränkischer Königshof gegründet worden ist.

Marbach ist schon seinem Ortsnamen nach jünger als eine Anzahl der Orte, die als Zubehör seinem Fronhof unterstellt wurden. Der älteste dieser Orte ist ohne Zweifel Murr. Am Nordende von Murr links der Straße nach Steinheim wurde seit 1905 immer wieder ein großes alamannisches Reihengräberfeld angeschnitten. Die Gräber enthielten Beigaben, wie sie nur in den frühesten Alamannengräbern vorkommen. Besonders bemerkenswert ist, daß das Murrer Gräberfeld auch eine typisch spätrömische Keramik ergab. Eine ähnliche Keramik fand man auch in den Reihengräbern bei Walheim und Heilbronn-Böckingen, also ebenfalls bei früheren Kastelldörfern. Danach dürfte in Murr eine Siedlungskontinuität von der Römerzeit bis zur Gegenwart festzustellen sein. Wahrscheinlich lebt im heutigen Ortsnamen Murr der Name des römerzeitlichen Vicus Murrenis fort. Ebenso wurden am Südrand von Benningen (erstmals 779 als Bunningen urkundlich erwähnt), außerdem östlich der Kirche von Beihingen (erstmals 844 als Biginga urkundlich erwähnt) und am Südostausgang von Heutingsheim Reihengräberfelder angeschnitten, die in vorfränkische Zeit zu setzen sind. Bei Pleidelsheim, das 794 als Blidolfesheim in Pago Murrachgowe urkundlich genannt wird, hat man nicht weniger als 4 Reihengräberfelder entdeckt, von denen eines, das 1969 näher untersucht worden ist, nicht später als in den Anfang des 5. Jahrhunderts zu datieren ist. In Steinheim ist es, wenn man die römischen Reste mit den Flurnamen in Verbindung setzt, ziemlich offensichtlich, daß der Ortsname an die römischen Steinruinen anknüpft, welche die ersten Germanen hier antrafen. Es mag dahingestellt werden, ob die Reihengräber, welche man am Ortsausgang von Steinheim an der Straße nach Rielinghausen entdeckt hat, noch aus der Alamannenzeit stammen; jedenfalls können sie nicht später als in die früheste Frankenzeit gesetzt werden. Erdmannhausen muß seinem Ortsnamen nach später als die bisher genannten Orte gegründet worden sein. Auch dort wurden aber Reste aus fränkischer Zeit im Boden gefunden. Eine genaue Untersuchung der Markung und ihrer Flurnamen macht es sehr wahrscheinlich, daß Erdmannhausens Wirtschaftsraum ursprünglich über die heutige Markungsgrenze hinaus nach Westen gereicht hat, daß es somit hier einen Teil seiner Markung an Marbach abgeben mußte. Daraus wäre zu schließen, daß Erdmannhausen schon vor der Gründung des Marbacher Königshofs bestand. Alle andern in der Wolualdschen Urkunde genannten Orte, so Rielinghausen, Affalterbach und Aspach, sind ohne Zweifel später im Zug des inneren Ausbaus des Landes wohl vom Marbacher Fronhof oder von Steinheim aus angelegt worden. Das Husa, welches in der Urkunde erscheint, wird von Willi Müller mit guten Gründen mit einer im Mittelalter abgegangenen Siedlung Weikershausen identifiziert, welche einst dort lag, wo das Gelände von Erdmannhausen zur Bugmühle hin abfällt. Wo der Ort Wolualdestete, offenbar eine Gründung des Diakon Woluald, lag, konnte nicht mehr festgestellt werden.

Daraus ergibt sich für die Gründung Marbachs folgendes Bild: Zu einer Zeit, da die aus vorfränkischer Zeit stammenden Orte Murr, Benningen, Beihingen, Heutingsheim, Pleidelsheim, in denen wohl noch Alamannen saßen, sowie die Orte Steinheim und Erdmannhausen, die vielleicht – was Erdmannhausen anbetrifft, sicher – erst in fränkischer Zeit gegründet wurden, bereits bestanden, errichtete die fränkische Staatsgewalt nahe der Stammesgrenze den Königshof Markbach und unterstellte ihm die genannten Orte gleichsam als Außenwerke. Es entsprang dies offenbar einer im höheren Reichsinteresse liegende Planung. Was war nun der Zweck dieser Neuorganisation? Für die Beantwortung dieser Frage ist es von Bedeutung, daß der Name des neugegründeten Mittelpunktes Marcbach auf die Stammesgrenze Bezug nahm. Es ist auch von Bedeutung, daß das Gebilde, das uns in der Wolualdschen Urkunde entgegentritt, nirgends diese Grenze nach Süden überschreitet, sondern derselben im Norden entlang zieht. Dies alles legt den Schluß nahe, daß das hier in Frage stehende Gebilde mit dem Mittelpunkt Marcbach nicht nur zufällig an, sondern gerade wegen der Grenze geschaffen wurde, nämlich zur Straffung des militätrischen Grenzschutzes gegenüber den immer wieder zu Aufständen neigenden Alamannen. Man hätte dann hier eine Organisation von sog. Königszinsern geschaffen, einer Art von Wehrbauern, wie dies auch sonst häufig an den Grenzen des fränkischen Reiches geschah. Der Königshof Marcbach wurde also wahrscheinlich als Mittelpunkt und Kommandostelle einer solchen Grenzschutzorganisation gegründet. Dies muß in der Zeit zwischen 500 und 746, in welch letzterem Jahr die Alamannen ihre innere Selbständigkeit verloren, womit die militärische Bedeutung der Stammesgrenze aufhörte, geschehen sein, eher in der 2. Hälfte dieses Zeitraums als in der ersten. Das ursprünglich militärischen Zwecken dienende Gebilde verwandelte sich dann in eine Grundherrschaft, die Reichsgut war, aber dem Geschlecht welchem Diakon Woluald angehörte und das ohne Zweifel hochadeligen Standes war, als Lehen überlassen wurde.

Die Königszinser waren in Verbänden organisiert, die unmittelbar dem König unterstanden. Sie waren innerhalb der Grafschaften, in die das fränkische Reich eingeteilt war, autonom und besaßen eigene Gerichte. Nun gab es in unserem Raum den ca. 800 ha großen Hartwald zwischen Steinheim und Kleinaspach, welcher der Gemeinschaft der Hartgenossen in gesamthänderischer Gemeinschaft zustand. Die Hartgemeinschaft, die seit dem 15. Jahrhundert urkundlich bezeugt ist, umfaßt die 7 Hartorte Marbach, Benningen, Beihingen, Pleidelsheim, Murr, Steinheim und Erdmannhausen, also – abgesehen von Marbach – eben die Urorte jener Grundherrschaft, welche Diakon Woluald um 972 an Speyer abtrat. Von ihnen fehlt in der Hartgemeinschaft nur Heutingsheim. Muß man daraus nicht den Schluß ziehen, daß jener Verband mit dem Mittelpunkt Marbach, der von der fränkischen Königsgewalt zwischen 500 und 746 geschaffen wurde, und die Hartgemeinschaft letztlich den gleichen Ursprung haben? Bemerkenswert ist in diesem Zusammenhang, daß eben diese Urorte, nicht aber die offensichtlich späteren Ausbauorte, welche nach der Urkunde von 972 auch zur Grundherrschaft des Diakons Woluald gehörten, an der Hartgemeinschaft teilhatten. Dies wäre leicht damit zu erklären, daß jene Ausbauorte grundherrschaftliche Gründungen waren, welche erst nach Umwandlung des ursprünglichen Grenzschutzverbandes in eine gewöhnliche Grundherrschaft erfolgten. Die Heutingsheimer mögen in der Zeit zwischen dem 8. und dem 15. Jahrhundert ihren Anteil an der Hartgemeinschaft verloren haben, weil sie dem Hartwald am fernsten saßen, während die andern Hartgenossen in ihren waldarmen Gemeinden zäh an diesem für sie wertvollen Besitz festhielten. Wenn die Dinge so liefen, so würde der Gedanke nahe liegen, in dem Hartgericht den Nachfolger eines einstigen Gerichts der Königszinser zu erblicken. Es wurde jedoch auch die Ansicht vertreten, daß die Hartgemeinschaft erst im Zusammenhang mit der Gründung des Klosters Steinheim um die Mitte des 13. Jahrhunderts unter Mitwirkung der Herrschaft Württemberg gebildet worden sei[4]. Tatsächlich wurde bis in die neueste Zeit die Stifterin des Klosters Steinheim, Elisabeth von Blankenstein, auch für die Stifterin der Hartgemeinschaft gehalten. Dies wurde aber inzwischen als Sage erwiesen. Gegenüber der Ansicht, daß die Hartgemeinschaft erst infolge der Gründung des Klosters Steinheim enstanden sei, scheinen dem Verfasser bessere Gründe dafür zu sprechen, daß die Hartgemeinschaft in einer weit früheren Zeit ihre Wurzel hat.

Nach der Woluald'schen Urkunde wird Marbach zum zweitenmal in einer Urkunde Kaisers Heinrich II. vom 17. März 1009 genannt. In derselben bestätigt dieser Kaiser dem Bischof Walther von Speyer in dem Dorf Marcbach, im Murrgau in der Grafschaft des Grafen Adelbert gelegen, den Königsbann, d. h. dort an Stelle des Königs die höchste Gerichtsbarkeit auszuüben, weiter das Marktrecht und das Recht, an diesem Ort Münzen nach der Form, dem Gewicht und dem Gehalt der Speyerer oder Wormser Denare schlagen zu lassen. Der Diakon Woluald war also inzwischen verstorben und die Marbacher Grundherrschaft gemäß dem mit ihm 972 abgeschlossenen Vertrag dem Bistum Speyer angefallen. Das Bistum Speyer, das auch sonst in der Gegend beträchtliches Reichsgut erwarb, war offenbar bestrebt, hier im rechtsrheinischen Teil seiner Diözese um den Mittelpunkt Marbach herum eine Art von Landeshoheit aufzubauen und wurde in diesem Bestreben von der Reichsgewalt unterstützt. Marbach gehört zu den Orten im heutigen Württemberg, wo ein Marktrecht am frühesten nachgewiesen ist. Ob die Speyerer Bischöfe von dem ihnen in Marbach zustehenden Münzrecht Gebrauch gemacht haben, steht allerdings nicht fest.

Wo stand nun dieses Dorf Marbach? In Marbach ging allezeit die Sage, daß Marbach früher nördlich der heutigen Altstadt am „Alten Markt" bei der Alexanderkirche gelegen habe. Die historische Forschung muß dieser Sage recht geben. Marbach ist, urkundlich nachgewiesen, zwischen 1244 und 1282 als Stadt entstanden. Bei der Entstehung der deutschen Städte im Hochmittelalter handelt es sich meist um Neugründungen auf der Markung eines bereits bestehenden Dorfes, dessen Namen die neue Stadt regelmäßig annahm. Für die Aussuchung der Stelle, wo die Stadt gegründet wurde, waren neben wirtschaftlichen Gesichtspunkten vor allem militärische maßgebend, denn die Stadt sollte ja auch eine Festung des Stadtherrn darstellen, gleichsam eine große Burg (daher die Bezeichnung Bürger für die Stadtbewohner). Häufig blieb das alte Dorf neben der neuen Stadt erhalten (vgl. Lauffen-Stadt und Lauffen-Dorf, Altensteig-Stadt und Altensteig-Dorf). Öfters verschwand das alte Dorf oder wurde zur Vorstadt. Fast immer blieb aber die Pfarrkirche des alten Dorfes zunächst außerhalb der Mauern stehen und wurde zur Pfarrkirche der Stadt. Was uns die Sage von dem alten Marbach bei der Alexanderkirche erzählt, entspricht also ganz dem durchweg zu beobachtenden historischen Verlauf einer Stadtentwicklung. Während dann oft der Platz der alten Siedlung den Namen Altendorf oder Altstadt erhielt, bezeichnete man hier die Stelle, wo das alte Dorf gestanden hatte, als den „Alten Markt". War dieses Dorf doch vor anderen dadurch ausgezeichnet gewesen, daß es schon in frühen Zeiten ein Marktdorf gewesen war.

Da die Gründer des Marbacher Königshofs diesen offenbar von vornherein als Mittelpunkt eines größeren Gebiets ausersehen hatten, war dessen Verkehrslage von besonderer Bedeutung. Vom Remstal her führte ein uralter Weg in nordwestlicher Richtung in die Marbacher Gegend. Zwischen Hohenacker und Hochdorf heißt er noch heute die „Hohe Straße". Anscheinend haben von ihm die Orte Hohenacker, Hochdorf und Hochberg ihre Namen erhalten. Von Hochdorf aus lief er, ohne auf Poppenweiler Rücksicht zu nehmen, direkt auf Marbach zu. Die Strecke zwischen Hochdorf und Marbach ist alten Marbacher Bauern noch als der „Pilgerweg" in Erinnerung (1380: „Der Zehnderin Acker im bilgerintal"). Man nannte ihn ohne Zweifel den Pilgerweg, weil auf ihm einst Pilger und Kreuzfahrer ins Heilige Land zogen. Er ist wohl gleichzusetzen mit dem im Mittelalter auf Marbacher Markung genannten Aichweg (1319, 1327, 1368). Nahe der heutigen Markungsgrenze zwischen Poppenweiler und Marbach führte er an dem einstigen römischen Gutshof auf der Flur „Bürg" vorbei. Nach der Durchquerung des heutigen Marbacher Altstadtgebiets überschritt er beim Cotta-Platz den Strenzelbach, um die Höhe zwischen der Strenzelbachsenke und dem Murrtal zu übersteigen. Dort trägt er noch heute den Namen „Alter Markt". Am Westrand des Dorfes Murr überquerte er das Flüßchen Murr. Hier bog der Weg in nordwestlicher Richtung ab und verlief etwa im Zug der heutigen Straße nach Höpfigheim. Dann schlug er eine mehr nördliche Richtung ein. Südlich von Ottmarsheim, das in früheren Jahrhunderten eine wichtige Poststation war, muß er sich gegabelt haben. Der eine Zweig führte zur Neckarfurt bei Kirchheim und weiter durchs Zabergäu an den Rhein. Bei Kirchheim hieß er im Mittelalter der „Speyerer Weg". Der andere Zweig führte in die Heilbronner und Wimpfener Gegend.

Dieser Fernweg muß bei der heutigen Alexanderkirche von der Römerstraße Benningen-Murrhardt gekreuzt worden sein. Es ist nicht zu bezweifeln, daß die alte Römerstraße auch noch in alamannischer und fränkischer Zeit als wichtige Verbindung nach Osten weiter benützt wurde. Am Schnittpunkt dieser beiden Wege wurde also der Königshof Markbach auf einem Gelände, das früher wohl zu Murr gehörte, gegründet.

Für die Bewohner des Dorfes Marbach stellte es einen bedeutsamen Einschnitt dar, als das Dorf Poppenweiler, das bereits südlich der Stammesgrenze lag, gegründet wurde. Daß Poppenweiler, das erstmals 1122 urkundlich erwähnt wird, eine verhältnismäßig späte Siedlung war, ist nicht nur aus seinem Namen, sondern auch aus dem Umstand zu schließen, daß der uralte Fernweg auf seine Lage keine Rücksicht nimmt. Wir erfahren, daß in Poppenweiler die Grafen von Lauffen ein altes Erbgut besaßen, welches von ihnen 1122 ihrem Hauskloster Odenheim bei Bruchsal geschenkt wurde. Nun wissen wir, daß bei den Grafen von Lauffen der ziemlich seltene Name Popo üblich war. Danach kann es nicht zweifelhaft sein, daß Poppenweiler von einem dieser Grafen gegründet worden ist, vielleicht von jenem Grafen Popo, der um die Mitte des 11. Jahrhunderts vor den Württembergern die Grafschaft im Remstal innehatte. Die Grafen von Lauffen waren ein fränkisches Geschlecht[5]. Es scheint, daß nach den mißlungenen Alamannenaufständen zu Anfang des 8. Jahrhunderts hier Gebiete, die schwäbischen Großen gehört hatten, von den Franken konfisziert und Fränkischen Großen übergeben wurden. Nach den Forschungen von Munz ist anzunehmen, daß einst zwischen Marbach und Poppenweiler in der Nähe des einstigen römischen Gutshofs auf der „Bürg" eine abgegangene Siedlung stand, die man, als ihr eigentlicher Name bereits in Vergessenheit geraten war, Altheim genannt hat. So trug auch der obere Eichgraben zeitweise den Namen der „Altheimer Bach". Diese Siedlung mag zur Wüstung geworden sein, weil ihre Bewohner nach Poppenweiler zogen. Jedenfalls wirkte die späte Gründung von Poppenweiler in Markungs- und Weidestreitigkeiten zwischen dieser Gemeinde und Marbach noch lange nach; sie wurden erst im 19. Jahrhundert endgültig beigelegt[6].

Nachdem das Dorf Marbach durch die Kaiserurkunde von 1009 mit so großen Rechten ausgestattet worden war, hätte man annehmen müssen, daß ihm in der Hand der Bischöfe von Speyer eine glänzende Entwicklung bevorstehen würde. Dem war aber doch nicht so. Die Gründe, die diese Entwicklung hemmten, kann man nur vermuten. Am wahrscheinlichsten ist noch, daß sie in dem sog. Investiturstreit zwischen Kaiser und Papst zu suchen sind, welcher in der 2. Hälfte des 11. Jahrhunderts entbrannte. Die Murrgaugrafen, welche sich damals schon nach ihrer Burg Calw nannten, gehörten zu den mächtigsten und entschiedensten Kaisergegnern in Südwestdeutschland, während die Bischöfe von Speyer zu den treuesten Anhängern des Kaisers zählten. In unserer Gegend stießen also die Fronten hart aufeinander und es ist kaum zu bezweifeln, daß hier auch gekämpft wurde. Von dem Besitz des Bistums Speyer in und um Marbach hören wir später nichts mehr; es muß ihn verloren haben. Marbach selbst wird bis 1244 in keiner einzigen erhalten gebliebenen Urkunde mehr genannt. In der 2. Hälfte des 13. Jahrhunderts scheinen hier die Herzöge von Teck die maßgebenden Besitzer gewesen zu sein. Sie waren eine Seitenlinie der Zähringer, ebenso wie die Markgrafen von Baden, die in der Umgegend reich begütert waren und in dem von ihnen gegründeten Stift Backnang ihre Grablege hatten.

B. Marbach in der Zeit der Herzoge von Teck (ca. 1250–1301)

1. Die neuen Herren von Marbach

> „Irmela, die Simlerin, schenkt den Predigern zu Eßlingen ihr Haus zu Marbach, ferner einen Garten vor dem Oberen Tor, auch Äcker, welche sie von dem Herzog zu Lehen hat." (1290)
> *Urkundenbuch der Stadt Eßlingen, Bd. I, S. 89*

Die Geschichte Marbachs seit der Gründung des Marktes bis in die Hohenstaufenzeit liegt im Dunkeln. In keiner Urkunde, in keinem Bericht aus jener Zeit taucht der Name Marbach auf.

Die obige, an sich belanglose Urkunde, auch eine frühere vom Jahr 1247, zeigen, daß Marbach in dem Strom der Geschichte nicht untergegangen ist. Als Lehensherr wird in der Urkunde ein Herzog genannt. Es kann sich nur um einen Herzog von Teck handeln. Dieses Geschlecht taucht um 1180 auf als jüngere Linie der Herzöge von Zähringen, deren Stammburg die Limburg bei Kirchheim/Teck war. Wie und wann die Herzoge von Teck Besitz in und um Marbach erwerben konnten, kann nicht mehr geklärt werden. Es kann auch nicht mehr nachgewiesen

3 Reliefplatte, geweiht dem Gott Merkur und elf anderen Gottheiten; gefunden von Simon Studion 1583 beim Rathaus.

4 Das älteste Siegel der Stadt (1301) mit den Rauten der Herzöge von Teck. Umschrift: S [igillum] in Marpach.

5 Die Wolwald'sche Urkunde vom Jahr 972.

werden, wann ein Bischof von Speyer Marbach und die umgebenden Orte als weltlichen Besitz aufgegeben hat. Daß die Herzoge von Teck zu Stadtherren von Marbach geworden waren, beweist auch das älteste Siegel der Stadt vom Jahre 1301. Es hängt an einer Urkunde des Steinheimer Klosters. Das Siegel zeigt neben einem runden Turm und einer Weinrebe ein Schild mit den Teckschen Rauten. Die Umschrift lautet: „S (IGILLUM) CIVIUM IN M(A)RBA(C)H" (H. StA. St., A 524, Nr. 124).

Weitere Einträge zeigen, daß die Herzoge von Teck nicht im Alleinbesitz von Marbach waren. Vor dem Jahr 1295 heiratete Graf Eberhard I. von Württemberg Irmengard, die Tochter des Markgrafen Rudolf von Baden. Als Mitgift bekam sie Leute, Gut und Zehnten in Marbach. Es ist anzunehmen, daß mit diesem Heiratsgut die Württemberger zu ihrem ersten Besitz in Marbach kamen. (Die Markgrafen von Baden hatten in der Umgebung von Marbach reichen Besitz). Im Jahre 1245 gründeten sie ein Chorherrenstift in Backnang. Harteneck, Hoheneck, ebenso Besigheim, Mundelsheim, Beilstein, Schaubeck und Reichenberg waren altbadischer Besitz. Keine Urkunde und kein Buch berichtet von zwei Vorgängen, die unter Teckscher Herrschaft stattfanden, und die für Marbachs Geschicke bis in die Neuzeit bestimmend waren. Es waren die Verlegung des Marktes und die Erhebung der neuen Marktsiedlung zur Stadt.

2. Die Verlegung des Marktes

Der Zerfall des Stauferreiches in der ersten Hälfte des 13. Jahrhunderts mit den jahrelangen kriegerischen Auseinandersetzungen im Norden und im Süden des Reiches trugen bestimmt dazu bei, daß die damaligen Herzoge von Teck dem Marbacher Markt, aus dem dauernder Nutzen und schöne Erträge flossen, durch eine Verlegung besseren Schutz geben wollten. Vielleicht erforderte auch die Enge des Strenzelbachtales, die eine weitere Entwicklung des Marktes nicht zuließ, eine Veränderung. Der seitherige Platz unten am Dorf wurde daher aufgegeben, und der Marktherr bestimmte, daß der Markt an einem günstigen Platz auf dem Talsporn zwischen Neckar und Strenzelbach errichtet wurde. Es ist nicht schwer, noch nach 700 Jahren festzustellen, welchen Platz der Herzog ausgesucht hatte. Es ist der Platz um das jetzige Rathaus. Er wurde schon seit dem Mittelalter „Markt" genannt. Nachdem dieser nach Lage und Größe vom Marktherren festgelegt war, konnten Hausplätze rings um den Platz an Zuziehende, an Handelsleute und Handwerker gegen eine jährliche Abgabe vergeben werden. Solche „Gulten" wurden erst um die Mitte des 19. Jahrhunderts abgelöst. Graben, Wall und ein Pallisadenzaun bildeten die erste Wehr der neuen Siedlung.

3. Der neue Markt wird zur Stadt erhoben

Die Herzoge von Teck waren stets getreue Gefolgsmannen Kaiser Rudolfs (1273–1291) in den Kämpfen gegen die Störer des Landfriedens, sowie gegen unbotmäßige Landesherren. Welch großes Vertrauen der neugewählte Kaiser in dieses Herzogsgeschlecht hatte, geht daraus hervor, daß er im Jahre 1274 den Herzog Ludwig von Teck wegen der Kaiserkrönung nach Rom zum Papst sandte.

Wenn nun in einer Urkunde vom Jahr 1282 „cives" (Bürger) von Marbach genannt werden, so kann angenommen werden, daß in der Zeit Kaiser Rudolfs, doch vor 1282, der befestigte Marktort auf der Höhe zur Stadt erhoben worden ist. Vielleicht wollte der Kaiser mit dieser Erhebung dem Herzog eine Gunst erweisen und eine frühere Dankesschuld abstatten.

Das Privileg des Kaisers ist, wie von den meisten Städten, nicht mehr vorhanden. Für Marbach war es von größter Bedeutung. Die Bewohner durften sich Bürger nennen, hatten als solche mehr Freiheiten und Rechte als „der Armmann" auf dem Dorfe. Ein aus den Stadtverordneten gewähltes Gericht von 7 Richtern durfte über Blut und Gut Recht sprechen. Außerhalb der Stadt wurde zum Zeichen der hohen Gerichtsbarkeit ein Galgen errichtet. Im Jahre 1760 wird er als „ein auf zwei steinernen Saul quer liegender Balken" beschrieben. Für die Weiterentwicklung des Marktes ergaben sich in der neuen Stadt größere Möglichkeiten, da in der Umgebung noch keinem anderen Ort das Marktrecht verliehen war.

4. Die Stadt um 1300

In früheren Beschreibungen der Stadt wird allgemein die Ansicht vertreten, daß die Stadtmauer, die Wohnplätze und das Gassengefüge, also die Altstadt, aus der Zeit der Gründung stammen. Doch die Altstadt von Marbach ist, wie die anderer Städte, allmählich geworden. Nur wenige Anhaltspunkte gibt es, die auf älteste Teile der Altstadt schließen lassen.

Zu diesen ältesten Teilen muß der „Markt" gerechnet werden, wie man noch bis zur Mitte des vorigen Jahrhunderts den Teil um das Rathaus nannte. Auffallend ist, daß eine ganze Anzahl der dortigen Gebäude als „auf dem Markt" stehend bezeichnet wird. Eingezeichnet in den Stadtplan entpuppt sich der Markt als ein großer, freier Platz, der vermutlich rechteckig war und eine Nord-Süd-Richtung hatte. Platzmangel innerhalb der später gebauten Stadtmauer erzwang eine Überbauung noch vor 1500. Vielleicht war das herrschaftliche Kornhaus, an dessen Stelle jetzt das Rathaus steht, das erste Gebäude, das „in den Markt" gebaut wurde.

Bezeichnend für Alt-Marbach ist das Gefüge der Gassen und Gäßlein. In leichtem Bogen verläuft zu beiden Seiten der Hauptgasse (Marktstraße), die immer den Höhenrücken einhält, je eine Längsgasse. (Die Mittlere und die Untere Holdergasse werden erst nach 1500 genannt). Diese Längsgassen sind durch schmale Wohngäßchen mit der Hauptgasse (Marktgasse) verbunden. Die Untere Marktgasse (Straße) diente ursprünglich nicht zu einem Gassenmarkt, wie heute, sondern die Handelsleute und die Marktbesucher hatten hier Einstellplätze, auf denen sie ihre Fahrzeuge abstellen konnten. Zwei abgegangene Gassen lassen vermuten, wo die erste Stadtbefestigung verlaufen ist und welcher Art sie war. Die „Hintere Gasse", hinter der Strohgasse verlaufend, verdankt ihre Entstehung der Einebnung des Walls und des Grabens, die gegen Süden die junge Stadt schützten.

Eine gleiche Entwicklung und Änderung hat die „Untere Gasse" durchgemacht. Sie verlief unterhalb der „Niederen Gasse" (heute Obere Holdergasse). Einzelne Teilstücke, wie kurze Sackgassen, unüberbaute Stellen, Kellerausgänge sind Anhaltspunkte für das einstige Vorhandensein dieser Gasse. Anzunehmen ist, daß dort die Außenseite der äußeren Häuserreihe, auch ein Graben und ein Wall, die Befestigung auf der Nordseite der Stadt bildeten. Nach Erweiterung der Stadt nach Norden und Erstellung einer Mauer auf der Nordseite konnte die alte Befestigung eingeebnet werden und das gewonnene Gelände als Gasse benützt werden, die dann abging, als die Mittlere und Untere Holdergasse entstanden waren.

Ganz anders war die erste Befestigung gegen Westen. Wall und Graben konnten dort nicht erstellt werden, weil der felsige Untergrund (Auf dem Felsen) das verhinderte. Man errichtete dort eine Zinnenmauer. Noch nach Jahrhunderten hieß dieser Stadtteil „bei der großen Zinnen".

Weitere Einzelheiten der alten Stadtbefestigung kennt man nicht. Doch ergeben die wenigen Anhaltspunkte, daß der älteste Teil der Altstadt eine ovale Form hatte. Es gibt noch andere Städte, die ein ganz ähnliches Gefüge der Gassen und Gäßchen zeigen, die Gründungen der Zähringer sind. Auf ihren Einfluß ist auch die Anlage des Kerns der Marbacher Altstadt mit ihren 3 Toren zurückzuführen.

5. Der Stadt wichtigster Verkehrsweg

Vor 1300 war Marbach noch keine türme- und torenreiche Stadt. Vielleicht war das im Jahre 1290 genannte Obere Tor in den Anfangszeiten der Stadt das einzige Tor, bestimmt aber das wichtigste. Doch es war noch kein Torturm vorhanden, sondern nur ein Durch- und Übergang am Wall und Graben, der durch ein Bohlentor geschlossen werden konnte. Der dortige Weg führte zu der im Süden vorbeigehenden für die Stadt wichtigen Handels- und Verkehrsweg, der aus der Backnanger Gegend kommend, am alten Dorf vorbei, das Finkengäßchen (heute Postweg) benützend, über die „wyler staig" (alte Poppenweiler Steige, heute Verbindungsweg zum Stadtteil Hörnle) auf Neckarweihinger Markung dem Mark-, später Marktweg genannt, folgend die Furt über den Neckar bei Neckarweihingen erreichte. Es war der Weg, den schon in alten Zeiten Fernwege, von Süden nach Norden gehend, bei Marbach kreuzten.

Anzunehmen ist, daß, entsprechend dem Oberen Tor, an der Unteren Gasse ein Unteres Tor war. Durch dieses ging der Kirchweg (heute Niklastorstraße) zur Alexanderkirche, die ja immer

35

die Hauptkirche blieb. Die vermutlich schon damals gebaute Kapelle „Zu unserer lieben Frau" (an der Stelle der Stadtkirche) war für die regelmäßigen Gottesdienste zu klein.

6. Hie Teck – hie Württemberg

Wenn auch nicht alle Marbacher Bürger dem gleichen Herrn steuerten und zehnteten, da ja die Herren von Teck und der Graf von Württemberg Rechte und Besitz in und um Marbach hatten, so lebten sie doch wohl einträchtig beieinander auf ihrer Großburg Marbach, bis die Herren sich befehdeten. Zu Beginn des Jahres 1286 verheerten die Herzoge von Teck und die Grafen von Hohenberg, nahe Verwandte des Kaisers Rudolf, das Gebiet des Württembergers. Seit der 2. Hälfte des 13. Jahrhunderts hatten die Tecker Rechte und Besitz in Nürtingen, die ihnen von Graf Eberhard streitig gemacht wurden. Im August 1286 gelang es dem Herzog Hermann von Teck mit Hilfe Kaiser Rudolfs, der damals in einem zweijährigen Krieg den Grafen bekämpfte, diesem den Nürtinger Besitz zu entreißen.

Für Herzog Hermann war es eine günstige Gelegenheit, den Besitz des Grafen in Marbach und in den umgebenden Orten an sich zu ziehen. Die Tecker waren nun fast alleinige Stadtherren von Marbach geworden.

Im Jahre 1291 starb Kaiser Rudolf. Die Herzoge von Teck konnten das Errungene nicht halten. In einem Brief vom Jahr 1301 beurkundet Herzog Hermann, daß er dem Grafen Eberhard „wieder lassen und haben wieder gelassen unseren Teil an den Guten, die hernach geschrieben stehen: Leut und Güter zu Marbach, Murr, Laufen (vermutlich ein abgegangener Ort) Kirchberg, Rudolfesberg und Neckarweihingen, samt was dazu gehört und was unser Vater (Herzog Konrad, gest. 1292?) uns da hat gelassen". Die Marbacher hatten wieder zwei Herren, jedoch nur für eine kurze Zeit (Joh. Friedr. Kast, Beschreibung der Stadt Marbach, Beilage I.).

III. Marbach in der Zeit der Grafen von Württemberg (1265–1482)

A. Marbach wird eine württembergische Stadt

> „Ich, Herzog Hermann von Teck künden allen, daß wir und unsere Erben zu kaufen gegeben haben dem Grafen Eberhard von Württemberg und seinen Erben die Leute und das Gut zu Marbach, zu Murr, zu Laufen (abgegangen?), zu Kirchberg, zu Rudolfesberg (Rudersberg) und was dazu gehört um 10 000 Pfund Heller".
> *Regest. Nr. 10642* (1. Juli 1302)

10 000 Pfund Heller waren 2 400 000 Silberheller, deren Kaufkraft größer war als die einer Mark. Es überrascht, über welche große Mittel Eberhard verfügen konnte, obwohl einige Jahre zuvor Kaiser Rudolf Stuttgart zweimal belagerte und die Umgebung brandschatzte; zudem hatte sich der Graf seit seiner Regierungszeit (1279) von einer Fehde in die andere gestürzt. Seine Zeitgenossen gaben ihm daher den Beinamen „der Fehdelustige". Sein Leitspruch war: „Jedermanns Feind, nur allein Gottes Freund". Man kann sich kaum vorstellen, daß ihn die Marbacher bei seinem Einzug mit Frohlocken empfangen haben.

Für den Grafen war der neue Besitz von außerordentlicher Bedeutung. Seine Grafschaft reichte nun bis ins untere Murrtal. (Durch seine Heirat mit Irmengard, Tochter des Markgrafen Rudolf von Baden, war es dem Grafen schon früher gelungen, im oberen Murrtal Fuß zu fassen. Als weiteres Heiratsgut verwies der Markgraf seinen Schwiegersohn auf die Burg Reichenberg bei Backnang). Seine Grafschaft war nun durch den festen Platz Marbach gut nach Norden abgeschützt. Die Herzöge von Teck, von jeher und auch später noch seine Gegner, hatte er aus dem Marbacher Raum verdrängt. Seine neuen Nachbarn waren die Markgrafen von Baden, mit denen er verwandt war, und an denen er in schweren Jahren einen starken Rückhalt fand.

Zur Grafschaft Württemberg gehörten damals wenige Städte. Der Satz des Historikers Ch Sattler behält seine Richtigkeit: „Marbach zählt zu den ältesten Städten des Landes."

1. Wie die Marbacher unter ihren neuen Herren sparen mußten

Unterschrieben wurde der Kaufvertrag nicht in Marbach, nicht in Stuttgart, sondern in der Freien Reichsstadt Eßlingen. Es war bei den Herren kein besonderes Ereignis; damals war es üblich, daß man Gut und Leute kaufte und verkaufte wie eine Handelsware, auch ohne die zu fragen, welche es anging.

Nicht zu umgehen war, daß die Stadt ihr seitheriges Siegel änderte. Ein neues anzufertigen, hätte Zeit und Geld gekostet. Man behalf sich und behielt das alte bei, übersiegelte jedoch den Teck'schen Schild mit einem Schild, der die drei württembergischen Hirschstangen zeigt; so geschehen noch im Jahre 1335.

Das Siegel enthält nun alle Zeichen, die das Stadtwappen auch heute noch zeigt. Beherrschendes Siegelbild ist der Turm, damals noch rund. K. Pfaff schreibt darüber, daß dieser an die römischen Altertümer in Marbach und in der Umgebung erinnere. Ob aber im 12. und 13. Jahrhundert, als die Stadtwappen und Siegel aufkamen, diese Altertümer so beachtet wurden, daß sie im Kennzeichen der Stadt aufgenommen wurden, ist zu bezweifeln. Vermutlich deutet ein Turm in einem Wappen auf die Erhebung zur Stadt und auf die damit verbundene Ummauerung an. Ein weiteres Siegelbild ist die Ranke eines Weinstocks. Im allgemeinen wurde nur ein solches Zeichen in das Siegel und Wappen aufgenommen, das für den Ort kennzeichnend war. Demnach war der Weinbau schon damals für Marbach von Bedeutung. Die Weinranke ist somit das älteste Werbezeichen für den Marbacher Wein, wie es ja auch im Lagerbuch vom Jahr 1585 heißt: Marbach hat im Wappen „einen Haydnischen Turm", der mit einem schönen Rebstock „umbgekrümmt ist, da es hatt um die Statt Marbbach einen ziemblichen guotten Weinwachs". Die drei Hirschstangen zeigen die Landesherrschaft an.

2. Die Stadt wird ein Eigen der Grafen

> „Wir Albrecht von Gottes Gnaden (Kaiser von 1298–1308) tun kund, daß wir aus königlicher Gnade und durch Liebe zu unserem lieben Grafen Eberhard von Württemberg haben gelobt, ihn und seine Erben nimmer zu irren an den Käufen und Erwerbungen wie folgt: ... Gut und Leute zu Marbach und was dazu gehört."
> (25. Juli 1304)
> J. Fr. Kast, Beschreibung der Stadt Marbach, 1836 Beil. II.

Als Graf Eberhard im Jahre 1302 von Herzog Hermann von Teck Marbach und was dazu gehörte, kaufte, war er nur Inhaber der Stadt geworden. Als ehemaliges Reichsgut blieb es ein Lehen des Reiches; oberster Lehensherr war der Kaiser. Diese Stadt in Eigenbesitz zu bringen und aus der Lehenshoheit des Kaisers zu lösen, gelang dem Grafen dadurch, daß er den Kaiser Albrecht bei der Sicherung der Krone von Böhmen und Mähren für seinen Sohn mit Geld und Waffenhilfe unterstützte.

Auf Grund der obigen Urkunde verzichtete Kaiser Albrecht auf alle Rechte und Ansprüche, die er als Kaiser und oberster Lehensherr auf Marbach hatte. Die bitteren Erfahrungen, die Graf Eberhard in den Jahren 1286 und 1287 machte, als Kaiser Rudolf die Herausgabe von ungerechtfertigt erworbenem Reichsgut erzwang, hatte er noch nicht vergessen. Das Wort des Kaisers Albrecht schützte den Grafen und seine Erben vor solchen Zu- und Eingriffen.

3. Die Stadt im Reichskrieg (1308–1313)

Kaiser Heinrich VII. hatte den Grafen Eberhard wegen Unbotmäßigkeit in die Reichsacht getan und den Reichsstädten zur Durchführung der Reichsacht und des Krieges für sieben Jahre Befreiung von allen Steuern und Zöllen zugesagt. Wiederum war die Stadt Eßlingen der erbittertste Gegner des Grafen. Auch verschiedene Edelherren, ebenso die Herzoge von Teck waren im Bunde, weil sie sich von Eberhard bedrückt fühlten. Conrad von Weinsberg wurde vom Kaiser mit der Durchführung der Acht beauftragt. Der erste Angriff galt der Stadt Marbach. Der Aufforderung, sich zu ergeben, widersetzten sich die Bewohner. Wahrscheinlich war der Graf herbeigeeilt, um die bedrohte Stadt in ihrem Widerstand zu stärken. Im August 1311 wurde die Stadt erobert. Allem Anschein nach waren die Stadttore und die Stadtmauer noch nicht überall so ausgebaut, um bei einer Belagerung jeden Angriff abwehren zu können. Nach den Berichten wurde die Stadt ausgeplündert und niedergebrannt. Es war Marbachs erste Zerstörung durch Kriegshandlungen.

Der weitere Verlauf des Krieges war für den Grafen äußerst unglücklich. Stuttgart, Leonberg, Backnang ergaben sich den Eßlingern, die ihnen goldene Brücken gebaut hatten. So heißt es in dem Übergabebrief der Stadt Backnang an Eßlingen und an das Reich: „Wir, der Schultheiß, die Richter und Bürger tun kund mit diesem Brief, daß wir dem Reiche und der Stadt Eßlingen geschworen, zu dienen und zu helfen mit Leib und Gut ewiglich." Sogar die Hauptstadt Stuttgart tat kund, daß sie den Rat und die Gemeinde der Stadt Eßlingen auserkoren und sich dem Römischen Reich ergeben. Der Verrat an ihrem Grafen wird ihnen umso leichter gefallen sein; mußte sie doch als Eßlinger Landstadt nur noch 300 Pfund Heller an Steuer bezahlen und nicht mehr 1300 Pfund wie beim Grafen, der den Städtern jeden Heller abzwackte und einen strengen Schultheißen gesetzt hatte.

Als der Graf fast alle wichtigen Plätze seines Landes verloren hatte, flüchtete er auf den Asperg. Doch auch diese Feste konnte sich nicht halten. Der Graf entwich nach Besigheim, das damals dem Markgrafen Hesso, einem Verwandten seiner Frau gehörte. Hier hielt er sich in einem festen Turm verborgen. Das Ende der Grafschaft Württemberg schien gekommen zu sein.

Doch die Lage änderte sich schnell zu Gunsten des Grafen. Kaiser Heinrich VII. starb plötzlich im Jahr 1313. In den entstandenen Wirren bei der Wahl eines Kaisers konnte Eberhard rasch mit Hilfe des Markgrafen von Baden wieder in Besitz seines Landes kommen. Stark zwei Jahre dauerte die Zugehörigkeit Marbachs zu Eßlingen. Wenn man noch berücksichtigt, daß die Stadt schon seit Jahrzehnten mehr Beziehungen zu Eßlingen als zu Stuttgart hatte, das Eßlinger St. Katharinenhospital schon lange Besitz in Marbach hatte, so darf angenommen werden, daß mancher Marbacher Bürger gerne gewünscht und gesehen hätte, wenn Marbach für immer eine Eßlinger Landstadt geblieben wäre.

4. Die Stadt im Friedensschluß Graf Eberhards I. mit der Stadt Eßlingen

Zu Ende des Jahres 1316 verglichen sich Graf Eberhard, Bürgermeister, Schultheiß, Rat und Gemeinde der Reichsstadt Eßlingen wegen des Krieges und der Mißhellung, welche lange Zeit gewährt hatte. Beide Parteien einigten sich auf den Status quo, keine Schadensforderungen zu stellen. Kein Teil solle sich am andern rächen. Steuern und Zinsen, die während des Krieges nicht erhoben wurden, sollten nachträglich nicht gefordert werden.

Zur Unterzeichnung des Friedens beorderte Graf Eberhard je zehn Bürger von jenen Städten, die so schnell zu Eßlingen und dem Reich geschworen hatten (Stuttgart, Leonberg, Backnang, Waiblingen, Schorndorf, Neuffen, Urach) nach Eßlingen. Auch von Marbach mußten zehn Bürger antreten. Vermutlich hatte sich die Stadt den anderen noch angeschlossen und den Schwur zu Eßlingen nachgeholt (Eßling. Urkundenbuch, Nr. 464).

Schnell und gründlich hat dann des Grafen Vogt in Marbach dessen Rechte vertreten, so daß bei keinem Bürger Zweifel bestehen blieben, wer der Herr der Stadt sei; so mancher Einwohner ist damals mit seiner beweglichen Habe nach der freien Reichsstadt geflüchtet, um dort seine künftige Wohnstätte aufzuschlagen. So wurde die freie Reichsstadt die Exilstadt für etliche Marbacher Bürger, die mit den eingetretenen politischen Verhältnissen nicht einverstanden waren.

5. Die Übereinkunft Kaiser Ludwigs mit den Grafen von Württemberg

> „Auf seinem Zug von Frankfurt nach Bayern nahm Kaiser Ludwig Aufenthalt im Marbacher Schloß." (17. März 1346)
> *Chr. Fr. Stälin, Wirt. Geschichte Bd. III, S. 228*

Bestimmt waren die beiden Grafen von Stuttgart nach Marbach herausgeritten, um den hohen Gast willkommen zu heißen. Daß bei diesem Höflichkeitsbesuch auch politische Gespräche geführt wurden, kann daraus geschlossen werden, weil wenige Wochen später (7. April) der Kaiser den Juden zu Kolmar und zu Schlettstatt verbot, die Leute und die Güter der beiden Grafen anzugreifen (sich an ihnen schadlos halten), wegen der Schulden, die ihr Vater bei den dortigen Juden gemacht hatte. Damals durften nur Juden Geld gegen Zins verleihen. Seinen Landvögten im Elsaß befahl der Kaiser, dieses Verbot zu überwachen.

Der Kaiser konnte beruhigt seine Fahrt in Bayernland fortsetzen. Die beiden Grafen schlossen sich den achtzehn schwäbischen Adelsherren nicht an, die sich wider den Kaiser zusammengeschlossen hatten. Diese befürchteten, der Kaiser wolle für seinen Sohn das Herzogtum Schwaben wieder aufrichten. Die Herren hätten dann wieder herausgeben müssen, was sie sich angeeignet hatten.

6. Die Grafen von Württemberg erwerben Besitz in Benningen

(Altwttbg. Urbare aus der Zeit Graf Eberhards des Greiners [1344–1392], Seite 153 von Dr. K. O. Müller).

Benningen ging in der Geschichte nicht mehr denselben Weg wie Marbach. Schon früh waren die Klöster Steinheim, Lorsch, Bebenhausen, auch das St. Katharinen-Hospital zu Eßlingen in Benningen begütert. In der ersten Hälfte des 14. Jahrhunderts gehörte ein Teil des Dorfes einer Katharina, geborenen Gräfin von Veringen, die nach dem Tode ihres Gemahls in wirtschaftliche Schwierigkeiten kam. Im Jahre 1351 überließ sie den Veringerhof mit 81 Morgen den beiden Grafen von Württemberg gegen ein Leibgeding. Der Inhaber des genannten Hofes hatte außer den Gültabgaben an die beiden Grafen 30 Scheffel Frucht an die Kapelle „Zu unserer lieben Frau" in Marbach zu liefern. Diese Kapelle war die Vorgängerin der Stadtkirche. Wir erfahren durch diese Jahreszahl, daß die Kapelle schon vor 1350 gebaut worden war. Sollten die beiden Grafen die Gelegenheit benützt haben, um die Marbacher Markungsgrenze über den Neckar zu verlegen? Erst mit der Kanalisierung wurde der Neckar die Grenze zwischen Marbach und Benningen.

7. Graf Eberhard der Greiner und Graf Ulrich IV. treffen ein Übereinkommen

„1361 haben Graf Eberhard und Graf Ulrich am Heiligen Barbaratag (1. Dezember) miteinander geteilt und hat Graf Ulrich das Schloß Württemberg und das Städtlein Marbach bekommen."
Marbach Altregistratur 5640

Seit 1344 regierten die zwei ungleichen Brüder gemeinsam das Land: Eberhard II., der Greiner, und Ulrich IV. Während Eberhard kühn, zu allem entschlossen, trotzig und gewaltsam war, daher auch Zänker genannt wurde, zeigte sich Ulrich unentschlossen und tatenlos; er konnte sich seinem Bruder gegenüber nie durchsetzen. Noch im Jahr 1352 verpflichtete sich Graf Ulrich, Land und Leute mit seinem Bruder Eberhard gemeinsam zu verwalten. Es kam zu Spannungen. Um eine Teilung des Landes zu verhindern, riß Eberhard die Regierungsgewalt an sich und verwies seinen gleichberechtigten Bruder auf die Stammburg Württemberg und auf die Stadt Marbach, wo er und seine Frau ein standesgemäßes Leben führen konnten. Graf Ulrich behielt sich vor, „in allen Wildbännen zu jagen, in allen Seen und Weihern zu fischen und von den Höfen und Gütern nach seiner Notdurft Hühner und Gänse zu nehmen". Demnach waren Jagen und Fischen, Essen und Trinken seine liebsten Tätigkeiten, die jedoch für die Marbacher billiger waren als die vielen Fehden seines Bruders. Auch wird er die Einkünfte aus den Orten Erdmannhausen, Affalterbach, Wolfsölden, Burgstall und Erbstetten bekommen haben. Alle anderen Orte der Umgebung gehörten damals zur Pflege (Amt) Asperg.

In Marbach wird Ulrich das Schloß bezogen haben. Im Jahre 1311, im Reichskrieg, war es mit der Stadt zerstört, und vermutlich bald wieder aufgebaut worden. Doch darf man sich unter diesem sogenannten Schloß nichts Besonderes vorstellen. Wahrscheinlich war es das ehemalige Haus der Tempelherren, deren Besitz und Haus Graf Eberhard der Erlauchte, als der Orden vom Papst 1308 verboten worden war, sich angeeignet hat.

Ein alter Plan verrät, daß der Graf um das Haus eine Mauer ziehen und einen Graben machen ließ; das Schloß stand noch außerhalb der Stadtbefestigung. Es darf auch angenommen werden, daß er den ersten Marstall erstellen ließ; denn zu seinen Lieblingsbeschäftigungen gehörten genügend Pferde im Stall.

8. Die Neckarmühle bei Marbach

> „Wie diu mülin ze Marpach verliehen ist uf Frytag vor Gregorii MCCCLXXVII."
> (6. März 1377)
> *Württ. Urbare. Stuttgt. 1934. S. 21*

Mit dieser Überschrift wird in den Urbaren aus der Zeit Graf Eberhards die Neckarmühle zum erstenmal genannt. Wenn auch keine Erbauungszeit angegeben wird, so kann doch angenommen werden, daß die Mühle in jenem Jahr oder etwas früher gebaut worden ist.

Als älteste und erste Mühle in Marbach muß die Bachmühle angenommen werden, die unten am Strenzelbach vor seiner Mündung in den Neckar stand. Möglicherweise war sie die Mühle des Dorfes „Am Alten Markt". Sie wird noch im Landbuch vom Jahr 1624 genannt und ist auch auf der Stadtansicht im Kieser'schen Forstlagerbuch eingezeichnet. Die der Verleihung der Neckarmühle zu Grunde liegende Urkunde ist nicht mehr vorhanden.

Mit dem Bau der Mühle und des Mühlgrabens begann die Umgestaltung des Neckartales und des Flußbettes bei Marbach (drei Wehre, drei Inseln). Es war auch der Beginn der Ausnützung der Wasserkraft des Flusses bei Marbach.

Die Erstellung der Mühle erbrachte Änderungen im Gefüge der Stadt. Erst nach dem Bau derselben war ein Ausgang in der Stadtmauer (Neckartor) und ein direkter Weg (Mühlsteige) erforderlich. Auffallend ist, daß „die von Marbach die beiden Brücken am Oberen Tor und Wicklinstor zu ewigen Zeiten im Bau erhalten wollen ohne Beschwerden und Kosten der Amtsorte". Das Neckartor wird nicht genannt.

Eine weitere Folge war die Änderung bei der Gassenführung im südwestlichen Teil der Stadt. Die Marktgasse (Untere Marktstraße) bekam in der Neckargasse (heute Ludwigsburger Straße bis zum Neckartor) eine Fortsetzung und die Strohgasse einen Zugang zu dieser.

9. Die wildbewegte Zeit nach 1350

> „In dieser wildbewegten Zeit gesellte sich zu den staatlichen Wirren noch manch anderer Schrekken, so vor allem die in Deutschland „Der schwarze Tod" genannte Pest."
> *Christ. Friedr. Stälin, Wttbg. Geschichte, Bd. I, S. 513.*

Zum erstenmal war das große Sterben im Jahre 1348; besonders stark wütete die Pest in dem Jahr 1350. Sie nahm den vierten Teil der Bevölkerung weg. Auf dem flachen Land starben ganze Familien aus. Höfe und Einzelsiedlungen veröedeten, weil keine Angehörigen mehr da waren, um das Feld zu bebauen.

Wenn auch für Marbach keine Aufschriebe und Urkunden über diese schreckliche Zeit vorhanden sind, so zeugen doch alte Flurnamen und Teilzelgnamen, alte Weidebriefe und Steuerrechte von einer Entvölkerung damaliger Siedlungen und Veröedung von bewirtschaftetem Boden. (Hägnachsiedel, heute Hospitaläcker; Weikershauser Wiesen gegen Erdmannhausen, Altham gegen Poppenweiler.) Grenz- und Weidestreitigkeiten (mit Poppenweiler von 1585–1832) können nur erklärt werden, wenn man annimmt, daß solche aufgegebenen Siedlungen mit ihren Markungen von den benachbarten größeren Orten, auch von Marbach, einverleibt wurden.

10. Die Fehden der Herren sind die Schrecken des armen Mannes

„Armmann", so nannte sich damals der Mann auf dem Lande, der am meisten unter den Einfällen und Raubzügen der vielen Burgbesitzer leiden mußte. Mit Feuer und Schwert wüteten die

Dienstmannen gegeneinander. Durch Rauben von Vieh, Verwüsten der Felder, Aushauen von Weinbergen wollte man dem Gegner die wirtschaftlichen Grundlagen entziehen. Nur in der Flucht in die befestigte Dorfkirche, in den ummauerten Friedhof konnten sie ihr nacktes Leben retten. Einer der schlimmsten war Eberhard II. Nicht ohne Grund ist er mit dem Beinamen der Zänker, der Greiner, in die Geschichte eingegangen. Kein anderer württembergischer Graf hat so viele Fehden mit anderen Adelsherren, mit Städten und mit Kaisern ausgefochten wie er. So schreibt Gabelkofer in seinen Werken: „Im Jahre 1378 fielen die Reichsstädte, vornehmlich Eßlingen, Reutlingen und Ulm ins Württemberger Land raubend und plündernd ein, lagerten sich vor Stuttgart, hieben hier einen ganzen Tag hindurch die Reben ab und verbrannten innerhalb von 14 Tagen viele Dörfer um Stuttgart". In dem Vergleich der Reichsstädte mit Eberhard im folgenden Jahr wurde unter anderem bestimmt, daß die Gmünder Bürger, die zu Rielingshausen gefangen worden waren, wieder ledig gemacht werden. Im Jahre 1388 raubte Wolf von Wunnenstein nach der Döffinger Schlacht, in der er auf der Seite des Grafen gegen die Städter stritt, auf dem Heimritt den Zuffenhäusern das Vieh von der Weide und ließ es auf seine Burg treiben.

Wenn auch Marbach von den Geschichtsschreibern nicht genannt wird, so ergeben die Vorgänge, daß die nähere Umgebung nicht verschont blieb. So mancher Bewohner auf dem Lande zog es vor, lieber in die Stadt zu ziehen und im Schutz der Stadtmauer zu wohnen.

Die Besitz- und Besteuerungsverhältnisse, sowie gemeinsame Flurnamen zwischen Marbach und Poppenweiler, Marbach und Erdmannhausen und Affalterbach können am einfachsten erklärt werden, wenn man annimmt, daß von diesen Orten und von Einzelhöfen ganze Familien nach Marbach gezogen sind, ihren Besitz jedoch in der alten Markung behalten haben. So kam es, daß um die Mitte des 14. Jahrhunderts bei vielen Städten der seitherige Mauerring hinaus verlegt werden mußte, um Raum für den Zuzug aus den umliegenden Dörfern, Weilern und Höfen zu gewinnen. Es gibt Hinweise, denen entnommen werden kann, daß auch in Marbach eine Stadterweiterung nach der Mitte des 14. Jahrhunderts und noch im 15. Jahrhundert entlang des Kirchwegs (heute Niklastorstraße) stattgefunden hat. Im Jahre 1525 wird der dortige Stadtteil zum erstenmal als Wicklinsvorstadt genannt. Wicklin ist die Kurzform von Niklas – Nikolaus. Im Jahre 1412 hatte der Pfaff Heinrich Blaich, Pfründner auf St. Nikolausaltar sein Pfründhaus in der Niederen Gasse mit einem Haus, das in der neuen Gasse stand, getauscht. In der folgenden Zeit wurde der Brunnen, das Tor und der entstandene Stadtteil nach dem „Wicklin" genannt. (Der Namen „Niklastorstraße" geht auf eine im vergangenen Jahrhundert durchgeführte Straßenbenennung zurück).

Wenn man nun die Namen der Teilzelgen gegen Poppenweiler und gegen Erdmannhausen einer weiteren Betrachtung unterzieht, so ergibt sich, daß die Stadtmarkung im Laufe des Mittelalters besonders gegen diese beiden Orte vergrößert werden konnte. Die Grafen, die zeitweilig in Marbach ihren Wohnsitz hatten, werden dazu mitgeholfen haben. Auch ein besserer Ausbau der Markung fand in jener Zeit statt. Neues Ackerland kam hinzu, wie die Namen

Reut, Hirschplan verraten. Die Neubronnerwiesen, heute Neunbronnen, wurden durch Rodung des Sumpfwaldes gewonnen, dessen Quellwasser in neue Bachbette abgeleitet wurde. Zu der seitherigen Weinbaufläche im Alten Berg kamen neue Weinberge am Neuen Weg und In den Bergen.

11. Der Bund zu Marbach (1405)

„Im Jahre 1405 wurde zu Marbach an des Heilig-Kreuzestag die Freundschaft des Grafen Eberhard des Milden (1392–1417) mit der Stadt Straßburg und anderen schwäbischen Reichsstädten aufs neue und genaueste befestigt, und der Traktat wirklich zu Marbach gesiegelt."
Württ. Regesten Nr. 5393, 14. Sept. 1405

Noch wenige Jahre zuvor standen sich Landesfürsten, Ritterschaft und Reichsstädte in grimmigen Fehden gegenüber. Die Ritterschaft des Enzgaues, des Strohgäus und des Kraichgaues hatten sich, weil sie sich gegen die Großen und gegen die Städte nicht mehr behaupten und durchsetzten konnten, zum Bund der Schlegler zusammengeschlossen. Diesen Namen bekamen sie, weil sie einen kleinen silbernen Schlegel an einem Halsband trugen. Auch in den Besitz des Grafen Eberhard trugen sie Unruhe und Reibereien. Da rückte dieser, unterstützt von den Städtern, vor das Städtchen Heimsheim, in dessen festem Steinhaus (Schloß) drei führende Schlegler mit anderen Edlen versammelt waren. Sie wurden „ausgeräuchert" und gefangen genommen. Im Frieden zu Brackenheim gelobten sie, nicht mehr gegen den Grafen zu kämpfen (1396). Graf Eberhard der Milde hatte sich gegen die Ritterschaft seines Landes durchgesetzt.

Größere Gefahr drohte bald darauf von König Rupprecht von der Pfalz (1400–1410). Er suchte sein Land auf Kosten der Nachbarn zu vergrößern. Die Absichten des Königs zu unterbinden, trafen sich im September 1405 im Marbacher Schloß Eberhard der Milde und Markgraf Bernhard von Baden, der mit seinen Räten von Besigheim herüber geritten war. Erschienen waren auch die Vertreter der Reichsstadt Straßburg und die Vertreter von 17 schwäbischen Reichsstädten, nämlich: Ulm, Reutlingen, Überlingen, Memmingen, Biberach, Ravensburg, Gmünd, Kempten, Dinkelsbühl, Kaufbeuren, Pfullendorf, Isny, Leutkirch, Aalen, Gingen, Bopfingen und Buchhorn. Anführer und Anstifter war Kurfürst Johann von Mainz.

Für die Marbacher war es das Ereignis und die Schau; denn noch nie seit Bestehen der Stadt hatten sich so viele Vertreter von Macht und Ansehen in ihren Mauern eingefunden. Graf Eberhard, der durch das große Vermögen seiner Frau Antonia höfischen Prunk entfalten konnte, tat alles, was zur Hebung des Ansehens seines Hauses und zur Belustigung seiner Gäste beitragen konnte.

Das Ergebnis der Zusammenkunft war ein Zusammenschluß in einem Bund, dessen Mitglieder sich zu gegenseitigem Schutz und Trutz gegen jeden Gegner verpflichteten, und die sich auch nicht von dem König in ihrem Bestreben nach größerer eigener Unabhängigkeit und Selbständigkeit beschränken lassen wollten. Es berichtete auch der Mainzer Bischof an den König von dieser Einigung und versicherte, daß diese in keiner Weise gegen ihn gerichtet sei; sie bitten ihn, daß er sie weiterhin schirme und schütze.

Der König war zu machtlos, um die Auflösung des Bundes zu erzwingen, der letzten Endes seine Macht hemmte und die Einheit des Reiches schwächte. Mit dem Tode des Königs (1410) löste sich der Bund auf.

12. Marbach und Eßlingen verpflichten sich gegenseitig

„Schultheiß Simon von Marbach verspricht am Katharinenabend dem Spitalmeister Berthold vom St. Katharinenhospital in Eßlingen Steuerfreiheit auf alle Güter, die das Eßlinger Spital in Marbach besitzt; Berthold dagegen verpflichtet sich, für alle Marbacher, die des Almosens bedürftig sind, Aufnahme im Katharinenhospital."
(24. November 1351)
(*Eßlinger Urkundenbuch, Bd. I, Nr. 967*).

Zu den ältesten Urkunden, die über Vorgänge in der Stadt berichten, gehören die Schenkungen (Vermächtnisse) von Gütern Marbacher Bürger an das Eßlinger Katharinenhospital. Offenbar haben sich diese mit den Übertragungen einen Platz als Pfründner für ihren Lebensabend im Hospital sichern wollen. Zu welchen Besitzungen das Katharinenspital in der Zeit von 1290 bis 1334 in Marbach kam, ist in dem Urbar 1304, dem ersten Lagerbuch des Spitals, aufgezeichnet. Die Bedeutung dieser Aufschriebe für Marbach liegt darin, daß hier zum erstenmal eine größere Anzahl Marbacher Bürger-, Flur- und Örtlichkeitsnamen genannt werden, so Peter Snider (Schneider), Schultheiss Simon, Richter Konrad und Irmgard, die Simlerin.

Auch nach 1334 wird das Spital weitere Schenkungen bekommen haben. Vielleicht hat es auch freigewordene Güter gekauft.

Ob nun die Stadt den Spitalbesitz steuerlich zu sehr heranzog, vielleicht auf Wunsch der damaligen beiden Grafen, die öfters in einem gespannten Verhältnis zu Eßlingen standen, oder das Eßlinger Spital eine Fürsorge alter, kranker und armer Marbacher für günstiger ansah, kann nicht mehr festgestellt werden. Es kam zu folgendem Vertragsabschluß: Marbach verspricht auf ewige Zeiten auf die Güter des Eßlinger Spitals in Marbach, auch auf die, welche es noch künftig erhalten wird, keine Steuer (Stadtumlage) zu legen und keine zu erheben. Dagegen verpflichtete sich der Spitalmeister, daß das Spital in Eßlingen „alle Siechen und Kranken von Marbach, welche des Almosens bedürftig sind (hilfsbedürftig), und nicht um solches einhergehen können (betteln), in Pflege aufnehmen zu wollen". Es war Marbachs erste und älteste Armen- und Altenfürsorge.

Im 15. Jahrhundert wurde der Vertrag dahin geändert, daß Eßlingen nur noch einen Pfründner von Marbach aufnahm; vielleicht hatte sich Marbach nicht mehr mit der Besteuerung an den Vertrag gehalten. Auch als die Stadt ein eigenes Spital errichten durfte (1470), nahm das Eßlinger Spital weiterhin einen Pfründner auf. Als dann die Stadt Eßlingen im Jahre 1700 in Geldschwierigkeiten kam und den Marbacher Besitz an den Freiherrn von Kniestätt in Heutingsheim verkaufte, schickte Marbach immer wieder nach dem Ableben des seitherigen Pfründners einen andern. Erst im Jahre 1826, als Eßlingen schon längst keine freie Reichsstadt mehr war, löste Eßlingen die Verpflichtung durch Zahlung von 800 Gulden.

Das Eßlinger Spital hatte die Güter nicht selbst bewirtschaftet, sondern an Marbacher Bürger als Lehen gegeben (verpachtet). Die Inhaber solcher Grundstücke mußten die festgelegten Naturalabgaben im Spitalhof abliefern. Dieser stand dort, wo heute die Gebäude Marktstraße 3 und 5 stehen. Nach dem Verkauf der Güter an den Freiherrn im Jahre 1700 ließ dieser die Gült- und Landachtfrüchte (Pacht) in Marbach und in den Nachbarorten bei den Inhabern fassen und auf eigene Kosten fortführen. Der Marbacher Spitalhof hatte ausgedient und wurde dann vermutlich an Bürger verkauft.

13. Das Amt Marbach (1380)

Des Greiners stolzester Tag war die Vermählung seines Enkels Eberhard, Sohn des bei Döffingen gefallenen Ulrichs, mit der reichen Herzogstochter Antonia Visconti aus Mailand, die ein Barvermögen von 70 000 Goldgulden mitbrachte, in jenen Jahren ein außerordentlich großes Vermögen auch für eine Herzogstochter. Noch ist die Liste vorhanden der vielen seidenen Kleider, der Schmuckstücke und der Edelsteine, welche die Braut besaß. Um dieser hohen Dame auch im rauhen Norden ein standesgemäßes Leben zu sichern, mußte ihr Graf Eberhard die Einkünfte aus den Ämtern Zabergäu, Bietigheim und Marbach notariell zuschreiben lassen. Nach den Urbaren (amtliche Listen der Einkünfte) vom Jahr 1380 betrugen diese im Gesamten: 1743 Pfund Heller 18 Schillinge und 10 Heller, 1312 Malter Dinkel, 1367 Malter Haber, 1222 Malter Roggen, 170 Fuder 5 Eimer Wein, 1593 Hühner, 219 Gänse und 4 Fuder Heu. Bis zu ihrem Tode im Jahre 1405 standen ihr somit die Einkünfte der nördlichen Landesteile zu. Bietigheim, das sich der besonderen Gunst der Antonia Visconti erfreute, und das erst 1364 zur Stadt erhoben worden war, verdankt ihr sein erstes Aufblühen – und Marbacher Amtsgelder haben mit dazu beigetragen.

In den Urbaren von 1380 wird das Amt Marbach zum erstenmal „amtlich" genannt. Folgende Orte gehörten damals dazu: Benningen, Oßweil, Erdmannhausen, Murr, Tamm mit Brachheim (abgegangen), Möglingen, Bissingen, Kirchberg, Poppenweiler, Großingersheim, Pflugfelden, Eglosheim, Beihingen, Burgstall und Wolfsölden. Die Einkünfte aus diesen Orten betrugen: 284 Pfund Heller und 6 Schillinge, 711 Malter Dinkel, 578 Malter Roggen, 711 Malter Haber und 6 Eimer Wein. Auffallend ist die kleine Menge des abzugebenden Weines im Vergleich zu den beiden anderen Ämtern Bietigheim und Zabergäu, die zusammen 170 Fuder und 6 Eimer liefern mußten. (1 Malter Roggen etwa 120 Liter; 1 Fuder Wein etwa 22 184 Liter). Es fällt auch auf, daß die Stadt Marbach, nach der doch das Amt benannt wurde, bei der Zusammenstellung fehlte.

Demnach hatte Graf Eberhard (der Greiner) diese Einkünfte dem jungen Paar nicht zuschreiben lassen; ebenso fehlten die Orte Affalterbach, Wolfsölden, Burgstall und Erbstetten, die durch Ulrich IV., an Württemberg gekommen waren. Es sind in der Hauptsache die Orte, die in einem Baulasten-Ablösungsvergleich (18. April 1846) als zum „Alten Amt Marbach" gehörend bezeichnet werden. Das alte und erste Amt Marbach umfaßte demnach nur die Orte Erdmannhausen, Affalterbach, Wolfsölden, Burgstall und Erbstetten. Es wurde gebildet, als Graf Eberhard seinem Bruder Ulrich die Feste Marbach mit Umgebung zur Sondernutzung zuwies.

Eine kartographische Darstellung des damaligen Amtes Marbach zeigt eine ganz zersplitterte Form. Augenscheinlich haben die Kanzlisten in Stuttgart so viele Orte in das Amt hereingenommen, bis die Einkünfte den Ansprüchen der hohen Dame aus Italien genügten. Es sollte nicht der letzte Verwaltungsakt in der Geschichte Marbachs bleiben, hinter dem eine Frau steckte.

14. Gräfin Henriette von Mömpelgard verschreibt die Steuer von Marbach

> „Gräfin Henriette von Württemberg verschreibt dem Grafen Philipp von Katzenelnbogen Marbach, Burg, Stadt und Amt für das Zugeld der Gräfin Anna." (7. Dezember 1421)
> *Wttbg. Regesten Nr. 67.*

Die Gräfin Henriette stammte von Mömpelgard und wurde schon in ihrer Kindheit mit Graf Eberhard dem Jüngeren von Württemberg verheiratet. In die Ehe brachte sie Stadt, Schloß und Orte der Grafschaft Mömpelgard. Bis zum Jahre 1803 gehörte dieses kleine Stückchen von Frankreich dem Haus Württemberg (heute Montbéliard). Die beiden Fische im altwürttembergischen Wappen, das über dem Eingang des Pfarrhauses in der Strohgasse und am früheren Oberamtsgebäude angebracht ist, erinnern an das Mömpelgardsche Heiratsgut.

Der Mann der Henriette starb dreißigjährig, vermutlich an der Pest. Für ihre beiden Söhne übernahm die Witwe die Vormundschaftsregentschaft, wobei sie nicht viel nach ihren Räten fragte. Bei den verschiedenen Fehden mit benachbarten Standesgenossen (Grafen von Zollern, Grafen von Sulz) hatte sie wenig Glück und verlor viel Geld.

Als dann ihre Tochter heiratete (1421), verschrieb sie ihrem Schwiegersohn, dem Grafen Philipp von Katzenelnbogen im Taunus, die Einkünfte von Stadt und Amt Marbach, eine damals übliche Art, den Kindern ein Vermögen zu geben, die von den Untertanen hingenommen wurde, wenn damit keine Verschlechterung oder Erhöhung der Abgaben verbunden war. Es scheint aber, daß die von Marbach in dieser Beziehung Befürchtungen hegten. Doch der Herr von Katzenelnbogen versprach, die Untertanen „in Burg (Schloß) und Stadt Marbach und Zugehör" nicht über Herkommen zu beschweren (Wttbg. Regesten, Nr. 71).

Noch eine andere Heirat brachte die energische Witwe zuwege. Ihr älterer Sohn Ludwig heiratete die Pfalzgrafentochter Mechthild (1434), was zu späteren Erbauseinandersetzungen und zum Unheil für Marbach führte.

B. In der Zeit Graf Ulrichs V. (1433, 1444–1480)

1. Die Teilung des Landes (1441)

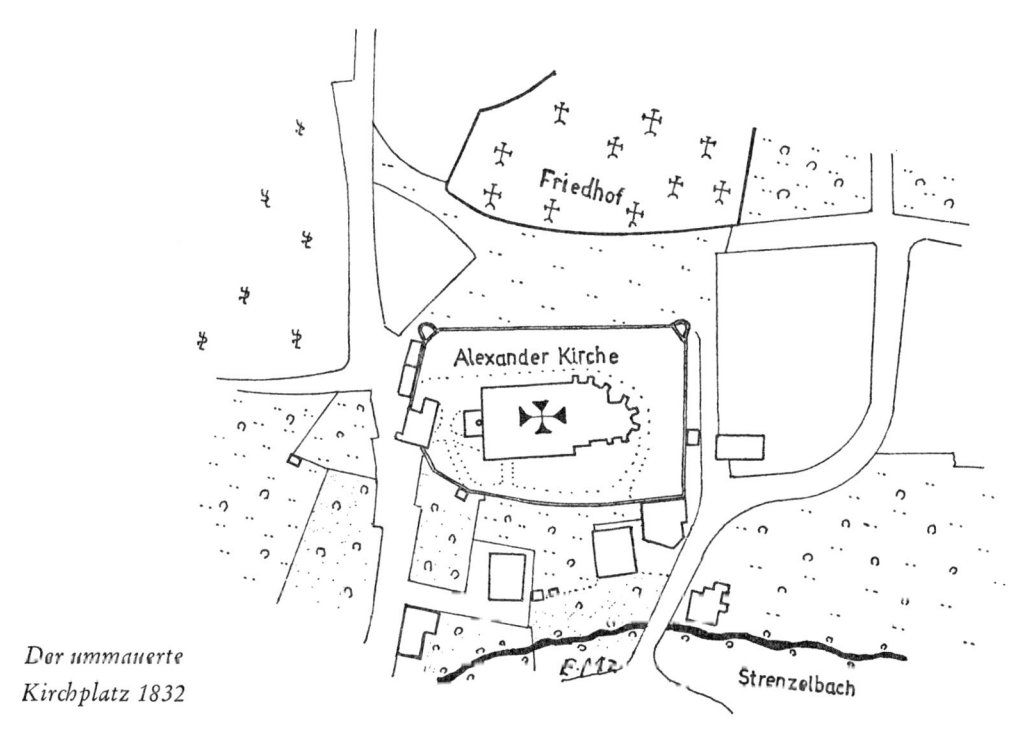

Der ummauerte Kirchplatz 1832

Im Jahre 1426 wurde Ludwig und im Jahr 1440 Ulrich, die beiden Söhne der Henriette, volljährig. In guter Eintracht regierten sie, obwohl sie in ihrer Art grundverschieden waren.

Graf Ulrich verlangte, seine eigene Regierung zu haben. Er wurde in dieser Forderung von seiner Mutter unterstützt. Die beiden Brüder kamen überein, das Land in zwei selbständige Grafschaften zu teilen. Erst ein zweiter Plan vom Jahr 1442 brachte die endgültige Teilung. Die westliche Hälfte kam mit Urach als Hauptstadt an Graf Ludwig; der östliche Teil mit Stuttgart als Hauptstadt an Graf Ulrich V.

Im nördlichen Teil des Landes bildete nach der Teilung der Neckar die Grenze. Eine Folge davon war, daß die Orte des Marbacher Amtes, die links des Neckars lagen und seit 1380 zum Amt gehörten, abgetrennt wurden. Zugeteilt wurden dafür die Orte Pleidelsheim, Hochberg, Rielingshausen und Schöntal.

Während Graf Ludwig seinen Landesteil guten Zeiten entgegenführte, diesem in seinem Sohn Eberhard (im Bart) einen der besten Landesfürsten stellte, brachte Graf Ulrich seinen Landesteil in viel Not und Ungemach. Marbach, das in seiner Gunst stand, und das er gern und oft besuchte, hatte ihm viel Gutes zu verdanken.

2. Die Erbauung des Hauses an der Alexanderkirche

„1440 ist der Anfang des Baus an dem Haus bei der äußeren St. Alexanderkirche gemacht worden."
Denkschrift 1763, Altregistratur 5640

Die Alexanderkirche als Wehrkirche

Damals stand noch die Vorgängerin der jetzigen Alexanderkirche; und es muß schon ein besonderes Haus gemeint sein, wenn seine Erbauung in der Chronik des Stadtschreibers Gottl. Friedr. Canz vermerkt wurde. Der Eintrag bezieht sich auf das „Äußere Seelenhaus", gegenwärtig das Haus des Totengräbers am Aufgang zur Alexanderkirche. Es ist ein Torhaus der zum Teil noch erhaltenen Wehranlage, zu der die mit Schießscharten versehene Kirchhofmauer und zwei runde Ecktürmchen im Nordwesten und im Südosten des Kirchhofes gehörten.

Bestimmt war auch die damalige Alexanderkirche mit einer Wehranlage umgeben. Doch die um 1440 sich anbahnenden Spannungen mit den Kurfürsten von der Pfalz bewogen die beiden Grafen Ludwig und Ulrich, die Wehranlagen zu verstärken. Es ist daher anzunehmen, daß damals nicht nur das Torhaus, sondern auch die feste Mauer und die beiden Ecktürmchen gebaut wurden.

In jenem Jahrzehnt wurden, um die nördlichen Teile des Landes gegen etwaige Angriffe des Pfälzers zu sichern, die Wehrkirchen von Tamm und Eglosheim gebaut, die Stadtmauer von Bietigheim und Markgröningen verstärkt und der Asperg mit einer festen Burg und einem Städtchen versehen.

Auf dem Stadtbild aus dem Kieserschen Forstkartenwerk ist die Wehranlage um die Alexanderkirche, die ja außerhalb der Stadt lag, gut zu erkennen. Beim Bahnbau 1879 wurden die beiden Ecktürmchen und die nördliche Mauer abgebrochen. Erhalten sind noch Teile der West-, Süd- und Ostmauer.

3. Die kriegerischen Ereignisse des Jahres 1460

„1460, am letzten April begab sich, daß die Fürsten, der Pfalzgraf Friedrich und Graf Ulrich von Württemberg um abgesagter Feindschaft bei Wüstenhausen aufeinander stießen."

Graf Ulrichs dritte Gemahlin Margarete von Savoyen war in erster Ehe mit dem Bruder des Kurfürsten Friedrich von der Pfalz verheiratet. Seit Jahren machte Graf Ulrich vergeblich Vermögens- und Erbansprüche geltend. Er glaubte, seine Forderungen mit Waffengewalt durchsetzen zu können und besetzte das damals pfälzische Maulbronn und zwang das Kloster unter seine Schirmherrschaft. Der Kurfürst rückte von Besigheim her den Neckar herauf und schweifte mit seinen Reitern bis in die Gegend von Beilstein. Bei Wüstenhausen kam es zu einem Zusammenstoß. Den Verlauf des Gefechts bringt der Stadtschreiber Canz in seiner kleinen Chronik. Er schreibt: „1460 am Mittwoch nach Misericordias erhub sich zwischen Wüstenhausen und Helfenberg zwischen denen pfälzischen und Graf Ulrichs von Württemberg Truppen, als die Pfälzer etliche Häuser in Brand gesteckt, und die Württemberger das Feuer gesehen, ein Scharmützel, darinnen von beiden Seiten etliche erschlagen und verwundet worden. Von denen auf Seiten Württembergs erschlagenen sind Herr Caspar von Henriet, Hauptmann zu Beilstein, und Herr Caspar Spät, beide Ritter genannt, mit nach Marbach geführt und in der allhiesigen St. Alexanderkirche vor der Stadt draußen in dem Chor ehrlich begraben worden. Beide Wappen sind noch daselbst gemalet und ein alter wollener Kappenzipfel an einer Stangen mit nachfolgender Schrift: ‚Und auf diese Stund wurde dieser Kappenzipfel in Fenlens (dem Fähnlein) Scham den Feinden abgenommen'!" Fresken an der Seitenwand halten die damaligen Vorgänge fest und machen so den Chor zu einer jahrhundertalten Kriegergedächtnisstätte. Doch der Kappenzipfel, der nach der Beschreibung von Canz im Jahr 1763 noch an der Eisenstange hing, fehlt.

Die gefangenen Pfälzer wurden nach Stuttgart gebracht. Im Gasthaus zur Krone mußten sie warten, bis aus der Pfalz das Lösungsgeld eintraf. Der Gegenschlag des Pfälzers kam bald.

4. Der Pfälzerkrieg

„Als Graf Ulrich gegen den Bayernherzog Ludwig, Pfalzgraf Friedrich gegen Graf Ulrich, und dieser gegen den Pfalzgrafen zogen." (1463)

Im Jahre 1462 flackerten die Kämpfe wieder auf. Graf Ulrich kämpfte als kaiserlicher Feldhauptmann im kaiserlichen Heer bei Heidenheim und an der Donau gegen den Bayernherzog Ludwig. Im März drang Friedrich von der Pfalz weit in das Württemberger Land bis vor die Tore Stuttgarts, ließ in den Weinbergen die Rebstöcke abhauen – Wein war die beste Einnahmequelle des Grafen – und trieb den Bauern das Vieh weg. In Eilmärschen kam Graf Ulrich herbei, folgte mit seinen Dienstmannen dem zurückweichenden Pfalzgrafen in dessen Gebiet. Am 26. Juni zog Ulrich vor Bretten und „hat daselbst herum das Korn gewüstet, indem sie nicht allein zu Roß und zu Fuß durch die Früchte zogen, sondern den Pferden auch breite Äste an die Schwänze gehängt, damit sie mit dem Schleifen mehr Schaden tun". Es schlossen sich nun der Markgraf Karl von Baden, Bischof Georg von Metz und der Erzbischof von Mainz mit ihren Truppen dem Zuge an. Unterwegs haben sie nicht allein die Früchte auf dem Felde vernichtet, sondern auch alle Dörfer und Höfe verwüstet.

Siegessicher marschierte Ulrich mit den Bundesgenossen an der Hauptstadt Heidelberg vorbei in die Falle, die ihnen der Pfälzer bei Seckenheim gestellt hatte. Nach verlorener Schlacht wurden Ulrich und seine Bundesgenossen in die Gefangenschaft abgeführt, in welcher sie vom Pfalzgrafen nicht fürstlich und nicht ritterlich behandelt wurden. Er legte den Markgrafen von Baden und Graf Ulrich mit ihren gefangenen Rittern in den Stock und ließ sie in einen großen Saal des Heidelberger Schlosses sperren, „wo sie bei damaliger Winterzeit die strengste Kälte, ohne ihnen einzuheizen, ausstehen mußten". „Weil die Frucht auf dem Felde so jämmerlich und unnütz verderbt, seien sie nicht wert, daß man ihnen Brot vorlege." Erst als die Räte in Stuttgart eine Lösungssumme von 100 000 Gulden garantierten, wurde Ulrich nach neunmonatlicher Gefangenschaft frei. Im ganzen Lande mußte eine Vermögensabgabe erhoben werden, um diesen Betrag aufzubringen. Graf Ulrich verpflichtete sich, sein Lebtag nicht mehr der Pfalz Feind zu sein oder zu werden und seine Gefangenschaft nicht zu rächen (2. Mai 1463).

5. Marbach wird pfälzisches Lehen

Schwere Bedingungen trafen die Stadt und das Amt Marbach. Graf Ulrich mußte sie als Mannlehen von Pfalzgraf Friedrich entgegennehmen. In dem Lehensbrief (gekürzt und in heutigem

Deutsch) bekennt und tut kund Friedrich von der Pfalz, daß Graf Ulrich im Jahr 1463 das untenbezeichnete Lehen empfangen hat, als er durch die Kriegszüge gegen das Kurfürstentum Pfalz in Gefangenschaft gekommen war. Demnach haben wir als Lehensherr dem Grafen Ulrich Marbach, Schloß und Amt mit den Dörfern und Weilern, nämlich Pleidelsheim, Murr, Rielingshausen, Kirchberg, Poppenweiler, Erdmannhausen, Benningen, Affalterbach, Wolfsölden, Burgstall, Erbstetten, Schöntal, Weiler zum Stein und Imsenweiler (heute Gollenhof) mit Gut und Leuten, Rechten, Nutzen, Gefällen, Freiheiten und aller Zugehörung, nichts ausgenommen, als Mannlehen verliehen. Auch die Erben des Grafen sollen Stadt und Amt als Lehen innehaben. Es soll auch der Graf Ulrich und seine Erben wider uns und unsere Erben nicht mit Krieg oder auf andere Weise etwas unternehmen, auch die Lehen nicht aufsagen. Wenn aber die Erben des Grafen Ulrich das Lehen aufsagen wollen, so wollen sie zuvor 30 000 Rheinische Gulden in unsere sichere Gewalt in unserer Stadt Heidelberg als Lösung übergeben."

Am 26. April versprechen dann auch Stadt und Amt dem Pfalzgrafen, gehorsam zu sein, so oft das Lehen nicht rechtzeitig und richtig empfangen wird.

Graf Ulrich hatte durch seine dauernden Fehden sein Landesteil nach zwanzigjähriger Regierungszeit in eine katastrophale Lage gebracht.

In einem wesentlichen Teil war die Oberherrschaft in den Besitz der Pfalzgrafen übergegangen. Die Einkünfte von Stadt und Amt Marbach flossen nach Heidelberg. In Marbach wurde ein pfälzischer Vogt, Dietrich von Anglach, eingesetzt, der auf die Durchführung des Lehenvertrags achtete. Der Totenschild des schon 1464 verstorbenen Vogts hängt rechts über der Sakristeitüre. In der Nähe steht seit der Erneuerung der Kirche im Jahr 1928 auch sein Grabdenkmal. Ein Gutes hatten die verschiedenen Niederlagen des Grafen: er hatte zu Fehden kein Geld mehr; aber auch kein Geld zu dem Bau der Alexanderkirche. Der Kirchenbau mußte eingestellt werden. Baumeister Aberlin Jörg verließ Marbach und arbeitete an der Kirche in Markgröningen, das zum Uracher Landesteil gehörte.

6. Die Stadt in der Gunst des Grafen Ulrich V.

> „Graf Ulrich V. überläßt denen von Marbach, da sie ein neues Rathaus bauen wollen, das alte Kaufhaus mit Fleisch- und Brotbänken, Zinsen und Markzoll gegen jährlich 15 Pfund Heller".
> (13. Dezember 1465)
> *Württ. Regesten Nr. 1536*

In einer Urkunde vom Jahr 1301 wird zum erstenmal ein Marbacher Schultheiß namens Wucherer genannt. Er war der herrschaftliche Amtmann, der später Vogt genannt wurde. Wann in Marbach aus Vertretern der Bürger ein Rat ernannt wurde, ist nicht bekannt. In der Grafenzeit war ein solcher auch nicht erforderlich; denn viel zu beraten überließen die Grafen den Bürgern nicht. Der Schultheiß (Vogt) hatte die Weisungen, die Befehle des Grafen weiter zu geben und darauf zu achten, daß sie ausgeführt wurden. Zur Bekanntmachung wurden die Bürger zusammengerufen, vielleicht auf dem Markt.

Wenn nun die Marbacher ein Rathaus wollten, so ist das ein Zeichen, daß andere Zeiten gekommen waren. Zu diesem Zweck schenkte ihnen der Graf sein altes Kornhaus, vielleicht so genannt, weil hier die abgelieferten Zehntfrüchte aufbewahrt wurden. An anderen Stellen wird das Haus auch „Koffhus" (Kaufhaus) genannt. Noch im 18. Jahrhundert waren im Untergeschoß des Rathauses Verkaufsstellen für Brot und Fleisch, Fleisch- und Brotbänke genannt, eingerichtet, von denen Bankzinse gezahlt werden mußten. Sattler schreibt, daß der Graf das Kornhaus den Marbachern sogar geschenkt habe. Vielleicht war es in einem entsprechenden Zustand. Die Bankzinsen hat er ihnen nicht geschenkt. Dafür mußten die Marbacher dem Grafen jährlich 15 Pfund Heller bezahlen, was ihnen nicht schwerfiel, indem sie die Gebühren erhöhten.

Wie nun dieses erste und älteste Rathaus ausgesehen hat, kann nicht mehr genau festgestellt werden. Auf der Stadtansicht von Merian (1643) ist es ein hoher, schlanker Fachwerkbau, ähnlich dem Rathaus in Beilstein und Großbottwar. Aus späteren Berichten geht hervor, daß ein großer Bürgersaal vorhanden war, in welchem der Rat Empfänge und Zehrungen gab.

Eine Erinnerung an die Bauzeit ist im Lapidarium in Stuttgart zu sehen. Beim Abbruch des alten Kornhauses stieß man beim Ausgraben auf einen ziemlich gut erhaltenen, vierseitigen römischen Altar ohne Inschrift. An den vier Seiten waren nischenartige Vertiefungen, in denen Gottheiten dargestellt waren. Auch darf man annehmen, daß die längliche Steintafel, welche in einer Mauer beim Rathaus steckte und dann im Jahre 1583 nach Stuttgart gebracht wurde, auch einmal aus dieser Schuttmasse ausgegraben wurde. Vermutlich stand auf dem Platze des Kornhauses ein römisches Landhaus.

> „Graf Ulrich der Vielgeliebte verkauft an die von Marbach die Jahresgülten aus dem Brothaus, das Ungeld, Stättgeld, auch mit dem Zoll auf beiden Jahrmärkten an Walpurgi und an Martini um 300 Pfund Heller." (13. November 1466)
> (Wttbg. Regesten, Nr. 1263)

Seit dem Jahr 1302 waren die Grafen von Württemberg die Stadtherren in Marbach, welche von den Händlern den Marktzoll, das Stättgeld (Marktstandgebühren) und andere Abgaben erhoben. Die nochmalige Erwähnung der Abgaben aus den Brotbänken soll wohl besagen, daß der Graf mit dem Verkauf des Marktrechts auch alle Einnahmen, die ihm von jeher aus den Verkaufsstellen im Rathaus zuflossen, abtrat. In dem Kaufbetrag war auch das Ungeld enthalten. Das war eine Art Getränkesteuer. Vom ausgeschenkten Wein gehörte das zwölfte Maß der Herrschaft. Von diesem Jahr an wurde diese Getränkesteuer von der Stadt eingezogen.

Es war eine hohe Kaufsumme. Die Höhe der jährlichen Landessteuer, die von der Stadt aufgebracht werden mußte, betrug 200 Pfund Heller.

Die finanziellen Verhältnisse der Stadt müssen damals ziemlich angespannt gewesen sein; denn nur so können die beiden Schuldaufnahmen erklärt werden. Am 21. Januar 1466 erlaubte der Graf denen von Marbach, eine Schuld von 200 Gulden bei Jopp Heinrich zu Speyer und am 8. Juli 1466 bei Ulrich Lebkücher von Wimpfen eine solche von 500 Gulden aufzunehmen.

Bei diesem Übergang des Marktrechts erfährt man auch, daß damals in Marbach zwei Jahrmärkte abgehalten wurden. Der Walpurgi-Markt war der Frühjahrsmarkt (25. Februar). Der Martini-Markt wurde damals nicht am 10. November, sondern an Alt-Martini, 21. November, abgehalten. Beide Märkte können nun auf über ein halbes Jahrtausend zurückblicken.

Die Zahl der Markttage und die Art der Märkte wurden im Laufe der Zeit bedeutend vermehrt. Vor der Zerstörung der Stadt im Jahre 1693 gab es außer den Jahr- und Wochenmärkten noch Frucht-, Holz- und Viehmärkte.

Die Blütezeit der Marbacher Märkte war um die Mitte des vergangenen Jahrhunderts. Bei den Jahrmärkten wurden über 200 Verkaufsstände aufgestellt. Im Jahr 1838 wurden aus dem Viehverkauf fast 75 000 Gulden erlöst, und im Jahr 1883 wurden über 4 200 Stück Vieh aufgetrieben. Die Märkte haben viel dazu beigetragen, daß Marbach zum wirtschaftlichen Mittelpunkt der Umgebung und seine Bedeutung als Handels- und Marktort gehoben wurde.

„Der Graf fand ein besonderes Vergnügen bei dem Aufenthalt in Marbach. Er hatte ein schönes Schloß daselbst, welches er überall mit Gemälden zierte, welche auf die Jägerei ein Absehen hatten und wovon noch viele übrig waren, als dieses Gebäude im Jahre 1693 von den Franzosen abgebrannt wurde".

Stuttgart und das Grafenschloß zu vergrößern und zu verschönern war ein stetes Anliegen des Grafen. Welche Änderungen er am Marbacher Schloß ausführen ließ, wird nicht berichtet. Vermutlich wurde ein Anbau für eine Küche und für eine Bäckerei gemacht; denn bei seinem Marbacher Aufenthalt wird er seine Hofhaltung wenig eingeschränkt haben.

Wie der Graf die Wohn- und Schlafgemächer im Schloß durch Freskenbilder verschönern ließ, konnte später Simon Studion, der auch ein gewandter Zeichner war, für die Nachwelt in einigen farbigen Abbildungen festhalten. Besonders reich ausgemalt war das Schlafzimmer des Grafen. An einer Wand war der Graf, im Harnisch kniend, vor einer Darstellung des Gekreuzigten mit Maria und Johannes. Ein Schriftband trägt den Text: „O Herr bewahr min Seel und er (Ehre) und doch (durch) die mutter sin, behüt mich vor aller Pin (Pein)." Unter diesem Bild war ein zweites, das den knienden Grafen im Leibrock vor der Muttergottes in der Strahlenglorie zeigt. Das ganze Bild ist mit einer Umschrift gerahmt: „Ulrich Graf zu Württemberg. Anno Domini. Taußend Vier CCCCLXVII. Jar (Jahr) ward diß gemach für sein gnad gezümert (gezimmert)." Ein anderes Doppelbild zeigt den Grafen zu Pferd mit der Hundemeute, seinen Spieß gegen einen sitzenden Bären gerichtet. Auf dem viel umschlungenen Schriftband steht: „Ich Jage, wie gern Ich wöll. Mein Hoffnung Ich Allerzitt (allzeit) Zue Gott Stell." Die untere Hälfte des Bildes zeigt den Grafen als Jäger, mit der Armbrust auf einen anspringenden Hirsch zielend. Auf dem Schriftband steht: „Hürsch Laß Dich nicht verdriessen. Baldt will Ich Unnßer Jeegen (Jagen) Beschlüessen." Auch ein Gedicht ließ der Graf an eine Wand eines Zimmers malen (Wttbg. Land. Bibliothek. Simon Studion, Cod. hist. fol. 57).

Was die Bilder besonders interessant macht, ist die Sprache und die Schrift auf den Bändern. Überwiegend werden mittelhochdeutsche Wortformen verwendet, ein Zeichen, daß um die Mitte des 15. Jahrhunderts noch das Mittelhochdeutsche die Umgangssprache in Marbach war. Doch zeigen auch einige Worte, daß die hochdeutsche Kanzleisprache im Vordringen war.

Außerdem lassen die Schriftbänder erkennen, daß man von der lateinischen Schreib- und Druckschrift abkam und daß sich die deutsche Schrift mit den Spitz- und Langformen durchsetzte.

7. Errichtung eines Spitals

„Graf Ulrich erlaubt denen von Marbach, ein Spital anzufangen und dazu von dem Kirchherrn Hans Gertringer Teile des Kirchenwidums im Tausch gegen andere Einkünfte zu erwerben." (9. November 1470)
(Württ. Regesten Nr. 1617)

Wie dem Stiftungsbrief entnommen werden kann, traten Vogt, Richter und die ganze Gemeinde an den Grafen heran, ein Spital errichten zu dürfen. Ein solches war damals weniger ein Krankenhaus, sondern mehr ein Heim für Alte, Gebrechliche und Verarmte. Bisher hatte man in Marbach für den „ellenden arm man" nur ein Haus in der Stadt. Ein „ellend hus" wird im Lagerbuch vom Jahr 1473 genannt. Es kann auch in Verbindung gebracht werden mit dem Siechenhäuslein, das vor dem Oberen Tor im Siechengäßlein stand, und das noch um 1750 genannt wird.

Daß die Stadt ein Spital errichten will, überrascht; denn sie hatte seit dem Jahr 1351 mit dem St. Katharinenhospital zu Eßlingen einen Vertrag, daß dieses alle Marbacher, die des Almosens bedürftig sind, aufnehmen werde. Wenn nun Marbach ein eigenes Stital plante, so muß man annehmen, daß der Eßlinger Vertrag nicht mehr in vollem galt. Schon im Jahre 1455 hatte sich Graf Ulrich dagegen verwahrt, weil das Eßlinger Spital nur noch einen bedürftigen Marbacher aufnahm. Der Notstand der Stadt Marbach mit seinen Alten und Gebrechlichen war vielleicht eine indirekte Folge der Politik des streitbaren Grafen. Auffallend ist, wie wohlwollend der Graf trotz seiner dauernder Geldnöte das Vorhaben der Marbacher aufnahm. Er stiftete aus den Gülten (Grundsteuer) des Widumgutes (Pfarrgutes) dreißig Malter Frucht (Roggen, Haber und Dinkel). Das Widumgut, der Kirche zur Nutznießung gewidmetes Gut, lag in der Zelg Steinheim. Zu diesem Gut gehörten die Äcker, die heute noch unter dem Namen „Im Zehntfrei"

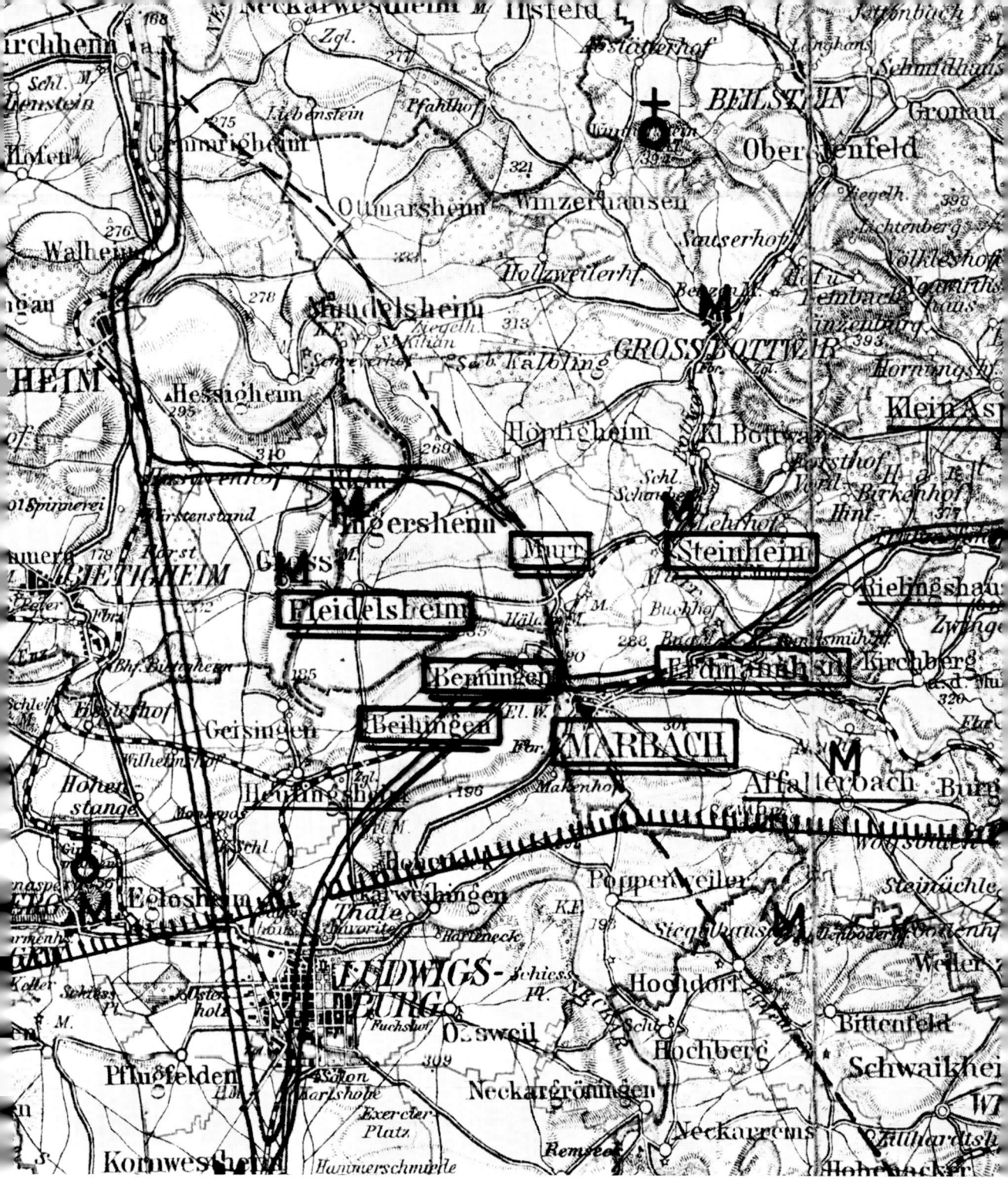

6 Marbach und Umgebung (mit eingezeichneter Römerstraße (=), Stammesgrenze (⊥⊥⊥⊥),
Fernweg (– – –) und Hardtorte.

7–8 Gemälde im Marbacher Schloß.

9 Chor der Alexanderkirche, vor der Erneuerung 1928.

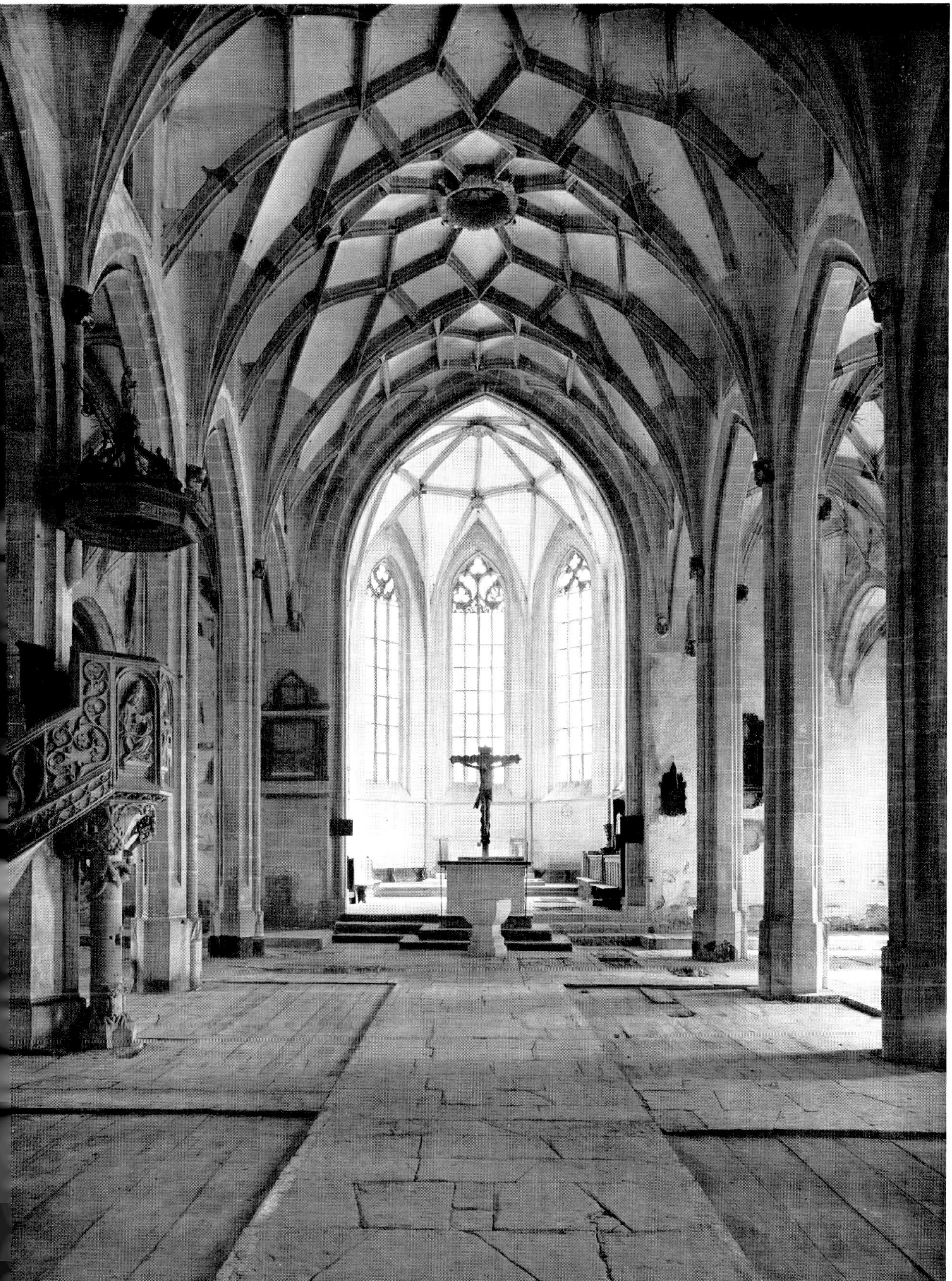

10 Fresken im Chor der Alexanderkirche.

bekannt sind. Sodann bestimmte er, daß der Heuzehnte und fünfzehn Malter dreierlei Frucht, die zur Besoldung des Pfarrherren gehörten, dem Spital zugewiesen wurden. Um eine Schmälerung des Pfarreinkommens zu vermeiden, wurden der Kirche andere Gülten zugewiesen.

Als Spitalbehausung nahm man vermutlich das Innere Selhaus, über das im Jahre 1525 Vogt Demmler nach Stuttgart berichtete, daß allhier vor der Stadt ein „schlechtes huslin (schlichtes Häuslein), genannt ein Selhaus, ungefähr 40 Gulden wert, bisher in keiner Steuer und Beschwer gelegen, darinnen man die fremden Leut, so zu gehen nicht weiter kommen mögen, über Nacht behält." (Das spätere Armenhaus, heute städtisches Haus Am Alten Markt 6.)

Aufschriebe über die Haushaltführung, über die Zahl der Pfründner – der Spitalinsassen – sind nicht vorhanden. Es scheint sogar, daß das erste Marbacher Spital kein gutes Fortkommen hatte. Die Ausstattung war zu gering, obwohl man annehmen darf, daß weitere Geldstiftungen dem Spital zugute kamen. Am 26. Juni 1480 verpflichteten sich die Richter der Stadt, die vom Grafen gestifteten sechs Pfund Heller jährlich aus der Walkmühle an die hausarmen Leute zu verteilen. Sodann quittieren im Jahre 1494 zwölf Städte des Landes, darunter auch Marbach, eine Almosenstiftung des Grafen über 25 Gulden.

8. Die herrschaftlichen Steuern und Abgaben aus Stadt und Amt

> „Zu wissen, daß in dem Jahr, als man zählt tausend vierhundert siebenzig und drei Jahr, Zins, Gült an Geld, Korn, Haber, Gäns und Hühner und anderes erneuert worden sind zu Marbach und in dem Amt daselbst durch Conrad Widmann, genannt Mangold, Vogt, Jakob Hütgen, Keller zu Marbach mit und in Beisein etlicher vom Gericht und Amt."   (1473)
> *Weltl. Lagerbuch, Amt Marbach, H 101/1025.*

So lautet die Einleitung zu dem Lagerbuch vom Jahr 1473. Es ist das amtliche Verzeichnis der herrschaftlichen Einnahmen an gewöhnlicher Steuer, an Grundsteuer und anderer Abgaben, welche von der Stadt und dem Amt zu bezahlen waren.

Bei der Zusammenstellung war die Herrschaft durch den Vogt und den Keller, die Stadt durch Verordnete des Gerichts (Rat) und die Amtsorte durch einige Schultheißen vertreten. Die neuen Listen der Stadt und der Amtsorte wurden gebunden und bildeten dann für viele Jahre als Lagerbuch die allein gültigen Unterlagen für die Steuern, Gülten und Abgaben. Da in diesem Buch nicht nur die Beträge genannt werden, sondern auch Gebäude-, Gassen- und Flurnamen, wird es zu einer der wichtigsten Quellen für Marbach in der Zeit Graf Ulrichs V. Hernach steht als erstes: „Marbach, Item jährliche Steuer: zweihundert Pfund Heller." Eine Umrechnung des Betrags in heutige Geldwerte gibt keinen Vergleich. Die wirtschaftlichen Verhältnisse waren ganz anders. Um aber doch Einblick in die damaligen städtischen Verhältnisse zu geben, sollen kurze Ausführungen zu den einzelnen Posten folgen.

Bei dem Betrag, den die Stadt zu zahlen hatte, handelt es sich um die gewöhnliche Landessteuer, auch Ordinari-Steuer genannt. Der Betrag wurde vom Gericht (Ratsverordnete, dem Stadtbürgermeister, dem das Kassenwesen unterstand) und von dem Stadt- und Amtsschreiber auf die Bewohner nach der Höhe ihres Vermögens umgelegt und an den Keller, der die Steuern, die Grundzinse, die Zehnten aus Stadt und Amt zu überwachen hatte, abgeführt. Im Vergleich zu dem Betrag, den die Stadt aus ihren Märkten abführen mußte, war diese Steuer nicht hoch; doch ist in Betracht zu ziehen, daß die Leute damals in der Hauptsache Naturalsteuern (Zehnte, Gülten) zu zahlen hatten.

Der Betrag der Ordinari-Steuer blieb über Jahrhunderte auf der gleichen Höhe. Nach der Einführung der Guldenwährung (im 16. Jahrhundert) zahlte die Stadt 143 Gulden 40 Kreuzer, was dem Betrag von 200 Pfund Heller entspricht. Erst die Einführung der neuen Finanzgesetze und die Ablösung der Gülten und Zehnten in der ersten Hälfte des 19. Jahrhunderts brachte auch eine Änderung der Steuergesetze.

Die Steuerzahltage waren leicht zu behalten, weil so mancher Kirchenheilige seinen Namen und den Kalendertag dazu hergeben mußte. An Georgi (Frühjahr), an Jakobi (Sommer), an Martini (Herbst) und an Lichtmeß (Februar) war ein Viertel der Ordinaristeuer fällig.

Nicht so regelmäßig wie heute kam es vor, daß die Landessteuer nicht reichte. Dann wurde von den Landständen (Landtag) bzw. Reichsständen eine Sonderumlage genehmigt. Vorhanden ist noch von Marbach die Türkenschatzungsliste aus dem Jahr 1545. Sie bildete das älteste Einwohnerverzeichnis von Marbach. Eingetragen sind 177 Namen; genannt werden schon: Arnold, Bürkelin (Bürkle), Eckstein, Flick, Fink, Holderlin (Holderle), Kodweiß, Link, Merklin (Merkle), Walker. Die heutigen Namensträger gehören somit zu den ältesten Geschlechtern Marbachs.

> „Item (ebenso) die Mühle daselbst sechzig und vier Pfund Heller."
> *Altregistratur Rathaus Marbach, Bündel 1515*

Seit dem Jahr 1377 war die Mühle am Neckar ein Erblehen der Stadt. Von den früheren Verleihungsurkunden ist keine mehr vorhanden. Eine solche aus dem Jahr 1483 (gekürzt und in heutigem Deutsch) lautet: Der alte Lehen- und Bestandsbrief, so die Stadt Marbach in Händen hat und davon eine Abschrift dem Lagerbuch beigeheftet wurde, lautet von Wort zu Wort also: „Wir Eberhard der Ältere und Wir Eberhard der Jüngere, Vettern, Grafen zu Württemberg und zu Mömpelgard, tun kund jedermann mit diesem Brief für uns und unsere Erben, daß wir unsern lieben getreuen Bürgermeistern, Gericht und ganzer Gemeind zu Marbach und allen ihren Nachkommen zu einem rechten Erblehen verliehen haben unsere Mühle zu Marbach an dem Neckar gelegen mit aller Zugehörung mit Grund und Fischnutz (Fischereirecht), was von jeher dazu gehört und Herkommen ist. Und sollen die von Marbach und ihre Nachkommen diese Mühle mit allem Geschirr und Zubehör im rechten Bau halten und haben.

Es sollen auch alle Bürger zu Marbach und auch die armen Leut im Dorf Benningen (Arme Leut = Dorfbewohner) in unserer Mühle mahlen und nicht in einer anderen; es wäre denn, daß die Mahlknechte und Mühlpächter mehr Mahllohn nehmen sollten, als es recht ist. Dann hat unser Amtmann die von Marbach zu bestrafen und zu büßen.

Die von Marbach haben auch alle Brüche (= Schäden) an allen Wehren und Gebäuden auszubessern. Wenn aber Hochwasser und Eisgang solchen Schaden anrichten, daß das Mühlhaus niederfällig oder hinweggerissen würde, so solle es unser Schaden sein und wir das Haus wieder aufbauen.

Weil aber zwischen den Amtleuten und der Stadt vielfältiger Streit wegen der Ausbesserungen entstanden ist, haben wir uns verglichen, daß die von Marbach alle Baukosten innerhalb und außerhalb des Wassers, nichts davon ausgenommen, auf unsere eigene Kosten machen und bauen sollen. Dagegen hat die Herrschaft an dem jährlichen Mühlzins von vierundsechzig Pfund Heller dreißig Pfund Heller nachgelassen.

Auch haben Ihre fürstliche Gnaden auf unser untertäniges Anhalten gnädiglich bewilligt, daß solches Bauholz aus den herrschaftlichen Wäldern gegen Bezahlung gegeben werde, wenn wir solches nicht aus unseren eigenen oder benachbarten Wäldern bekommen können."

Über Jahrhunderte war die Stadtmühle das wichtigste „Kommunwesen der Stadt". Alljährlich wurde beim Ämterwechsel als Betriebsleiter vom Rat ein Mühlemeister gewählt, ein Vertrauensposten, den man nur sehr angesehenen Ratsmitgliedern anvertraute.

Der Bestandsmüller (Pächter), der die Mühle auf drei, sechs oder neun Jahre gepachtet hatte, mußte wöchentlich etwa sechs Scheffel Mühlkernen an die Stadt abliefern. Im Jahre 1764 erbrachte die Mühle einen Reingewinn von über 1000 Gulden. Kleine Ausbesserungen hatte der Beständer zu leisten. Wenn die Mühle wegen höherer Gewalt (Eisgang, Hochwasser) über vier Tage stillgelegt werden mußte, konnte ihm ein Nachlaß an Mühlkernen gewährt werden.

Streng waren die Vorschriften, die den Mühlbann betrafen. Nach dem Verleihungsbrief waren die Bewohner von Marbach und Benningen in die Mühle gebannt; sie durften nur in dieser Mühle mahlen. Wer in einer anderen Mühle mahlen ließ, wurde bestraft. Dem Mühleninhaber war so ein bestimmter Kundenkreis gesichert. Auch für die Bannkunden waren damit Vorteile verbunden. Der Müller mußte das Getreide bei den Bannkunden holen lassen und das Mehl kostenlos bringen. Das Fergengeld hatte der Müller zu bezahlen.

Besondere Vorschriften hatte der Müller einzuhalten. Wenn er mit seiner Frau über eine Nacht wegging, mußte er dem Mühlemeister Mitteilung machen. Der Ertrag des Aalfangs gehörte ihm zur Hälfte; außerdem war er verbunden, den Ratsherren um Pfingsten eine Mahlzeit (Fischessen) zu einiger Ergötzlichkeit zu geben.

Mit ihren sechs Gängen, vier Wasserrädern, zwölf Mühleseln, zwei Eselstreibern war die Mühle wohl die bedeutendste im Amt Marbach. Gegen Ende des 18. Jahrhunderts überstiegen die Ausbesserungsarbeiten der Hochwasserschäden die Einnahmen. Die Stadt mußte eine größere Summe Geld aufnehmen. Tilgung und Zinsen verschlangen über Jahrzehnte jeden Gewinn. Im Jahre 1792 wurde daher die Mühle an einen Privatmann um 17 000 Gulden verkauft. Das weitere Schicksal soll in einem späteren Abschnitt berichtet werden. Nur der Name „Mühlweg", der auch „Eselsweg" hieß, jedoch abgegangen ist, erinnert noch an Marbachs einstige Stadtmühle.

„Item die Walkmühle sechs Pfund Heller."

An die Getreidemühle war die Walkmühle angebaut. Auch sie gehörte der Herrschaft; die Stadt war Inhaber und mußte jährlich sechs Pfund Heller Zins bezahlen.

Ihr Vorhandensein läßt den Schluß zu, daß schon damals die Gerber und die Tuchmacher die am häufigsten vertretenen Handwerker in Marbach waren. Die Verbundenheit Graf Ulrichs V. zeigte sich darin, daß er die sechs Pfund Heller, die von der Stadt als Mühlzins an die Herrschaft zu bezahlen waren, für die armen Leute in Marbach stiftete. Vielleicht haben die Mitglieder des Rats sich nach dem Tode Grafs Ulrichs nicht mehr an den Zweck der Stiftung halten wollen. Am 26. Juni 1480 verpflichteten sie sich, die sechs Pfund Heller, die ihnen der Vogt aus der Walkmühle am Neckar angewiesen hat, stiftungsgemäß unter die hausarmen Leute (weiterhin) zu verteilen (Wttbg. Regesten, Nr. 10687).

9. Die Badstuben

„Item aus beiden Badstuben zwanzig Pfund Heller."

Im alten Marbach gab es zwei Badstuben; die eine, ein Schwitzbad, war vor dem Neckartor neben der Mühlstaffel; die andere, ein Warmwasserbad, war im Hause Cottaplatz 1. Inhaber beider Badstuben war die Stadt, die für die Einrichtungen jährlich zwanzig Pfund Heller an die Herrschaft abführen mußte.

Aus einem Antwortschreiben Herzog Christophs vom 19. Juli 1559 an den Untervogt Emhardt, dessen Grabstein in der Alexanderkirche steht, erfahren wir, daß die von Marbach (Gericht und Rat) willens seien, die Badstube vor dem Wicklinstor zu verkaufen und die andere vor dem Neckartor eingehen zu lassen, weil „wir zwei Badstuben dieses Orts nicht zu erhalten vermögen". Herzog Christoph willigte ein, bestand aber darauf, daß die Stadt den Zins auf sich nehmen und bezahlen solle, „sonst hätten sie unser Zinsgut geschwächt".

Aus einem Eintrag im Kellerei-Lagerbuch vom Jahr 1584 erfahren wir dann, wie die Angelegenheit für Marbach ausgegangen ist: „Gemeine Stadt Marbach zinst jährlich auf Martini in die Kellerei daselbsten von wegen der alten abgegangenen Badstube vor dem Neckartor fürohin aus dem Stadtsäckel (Stadtkasse) einem Untervogt ewig unablösigen Hellerzins von zehn Pfund württembergischer Landeswährung. Auf ewige Zeiten", das heißt, bis zur Ablösung, die erst um die Mitte des 19. Jahrhunderts erfolgte. Der Grundzins von zehn Pfund Heller mußte also von der Stadt noch jahrhundertelang bezahlt werden, obwohl das Bad gar nicht mehr vorhanden war.

Das Bad (haus) vor dem Wicklinstor besaß im Jahre 1584 ein Bader Michel Freisinger, der aus der innehabenden Badstube zehn Pfund Heller an die Stadt, bzw. an den Keller zu zahlen hatte.

Vor dem dreißigjährigen Krieg erlebte das Bad einen Aufschwung; „denn hohe und niedere Standespersonen, unter welchen vornehmlich zu zählen der Durchlauchtige Herr Friedrich I., Herzog zu Württemberg (1593–1628), welcher dieses Bad persönlich zweimal besucht und nützlich gebraucht, darinnen auch mit gutem Begnügen gebadet." (Wttbg. Staatsanzeiger 1886, Nr. 53.)

Im dreißigjährigen Krieg wurde das Haus zerstört, so daß nur noch „altes Gemäuer und ein Steinhaufen dagestanden, und das Wasser vergebens verlaufen".

„Item jährlich Wiesenzins daselbst fünfzig und fünf Pfund Heller."

Die Herrschaft hatte hier in Marbach ausgedehnten Besitz, der ursprünglich zum großen Teil zum Maierhof oder Herrenhof gehörte. Bei der Aufhebung des Hofes im Jahre 1453 wurden die Äcker an die Bauern als Erblehen vergeben. Die Wiesen oder ein Teil von ihnen übernahm die Stadt. Wo diese Wiesen waren, kann an Hand des Lagerbuchs vom Jahr 1584 festgestellt werden. Da heißt es: „Es hat unser gnädiger Fürst und Herr vermög der Kellerei alten Lagerbuchs allda zu Marbach noch mehr eigentümliche Güter gehabt, so zwei Morgen Bomgarten (Baumgarten) vorm Oberen Tor zwischen dem Stadtgraben und dem Finkengäßlein (heute in der Umgebung des Postwegs), item zwei Morgen beim Schafhaus, der Schafgarten genannt, sowie ein Viertel beim Tanzplatz; ferner vierzehn Morgen Rennwiesen jenseits des Neckars und fünf Viertel Wiesen diesseits der Murr, die Amtswiesen genannt." Auch der Banngarten (heute Bangertstraße) wird herrschaftlicher Besitz gewesen sein.

„Item aus dem Laden jährlich sechs Schilling Heller."

Schon im alten Kornhaus, auch Kaufhaus genannt, waren im Erdgeschoß Verkaufsläden der Bäcker und Verkaufsbänke der Metzger. Als dann das erste Rathaus gebaut wurde (1465) richtete man wieder solche Verkaufsstellen ein. Im Mittelalter durften die Bäcker und die Metzger ihre Waren nicht zu Hause verkaufen. Der Zins, der aus diesen Verkaufsstellen an die Herrschaft bezahlt werden mußte, war nicht hoch. Sechs Schillinge Heller waren zweiundsiebzig Heller; von der Mühle mußten 64 Pfund Heller = 15 360 Heller bezahlt werden.

Im Jahre 1693 brannte dieses erste Rathaus ab. Die Bäcker und Metzger verloren ihre Verkaufsstände. Weil sie trotzdem den Bankzins weiterhin zahlen mußten, beschwerten sie sich. (Die Stadt mußte ja den Bankzins auch an die Herrschaft weiter bezahlen). Auf die Beschwerde hin wurden den Bäckern und Metzgern Verkaufsplätze hinter dem abgebrannten Rathaus zugewiesen. Als dann im Jahre 1763 das jetzige Rathaus erbaut wurde, sah man im Erdgeschoß folgende Räumlichkeiten vor: „Eine Metzigbank, worinnen sie beim Feilhaben vor Regen und Wind verwahret wären und für die Bäcker eine ordentliche Brotlaube." Nach der Bürgermeisterrechnung vom Jahr 1777/78 hatten sie folgende Bankzinsen zu entrichten: 27 Gulden 45 Kreuzer von 18 Metzgern; 15 Gulden 52 Kreuzer mit Kuchenzins und Umgeld (Getränkesteuer) von 20 Bäckern. Die Stadt verlangte demnach von den Metzgern und Bäckern einen bedeutend höheren Preis, als sie an die Herrschaft bezahlen mußte. Am Schluß des Eintrags beurkundete der damalige Amtsbürgermeister, daß nicht mehr Bäcker und Metzger das Handwerk hier betreiben. Es waren mehr als heute; damals hatte die Stadt etwa 360 Haushaltungen und etwa 1500 Einwohner.

Von dem Laden ist nichts mehr zu sehen. Als im Jahre 1848 ein Fruchtmarkt in Marbach eröffnet wurde, hat man im untern Teil des Rathauses das erforderliche Lokal herstellen lassen.

„Item aus dem Fahr jährlich sieben Schilling Heller."

Wo heute der Steg über den Neckar führt, war das Neckarfahr. Mit einer Fähre, dem kleinen Personenschiff, wurden die Leute, mit dem großen Schiff die Fuhrwerke durch den Fergen übergesetzt. Inhaber des Fahrs war die Stadt. Sie mußte die erforderlichen Schiffe bauen lassen, wie aus dem Stadt- und Amtsprotokoll (1706) hervorgeht. Darin heißt es: „Herrn Nagel, Zimmermann, hat man wegen Verfertigung eines guten Schiffes zu den vormals verdingten 105 Gulden, weil er sich heftig beschwert und remonstriert, daß er großen Verlust gehabt, noch weitere 15 Gulden verwilligt." (Im Jahre 1693 hatte man das große Schiff versenkt und das Fahr mit beladenen Wagen unpassierbar gemacht, um das Vordringen der Franzosen zu verhindern.)

Bei der jährlichen Ämtervergebung um Martini wurde die Fähre an mehrere Beständer verpachtet. Der Pachtzins betrug zwölf Gulden, „und wollen sie dabei den Kellerzins mit 15 Kreuzern, die den sechs Schillingen vom Jahr 1473 entsprachen, auch 21 Kreuzer für den Marbacher Spital abstatten".

Die Übersetzkosten waren im Vergleich zu hoch. „Wenn ein Bürger auf sein Gut fährt (Rennwiesen) vom Wagen vier Kreuzer; wenn er aber etwas über Land führt, alsdann sollen die Fergen sechs Kreuzer abzufordern haben". Für die Stadt bildete der Fährbetrieb eine gute Einnahmequelle, da ja der herrschaftliche Grundzins nur einen kleinen Betrag ausmachte. Als dann 1846 über die Murr eine Brücke gebaut wurde, ist der Fährbetrieb eingestellt worden. Dabei vergaß man damals, die Ablösung des Grundzinses zu beantragen. Erst um 1900 wurde dies nachgeholt;

die Stadt mußte am 28. Mai 1900 als Ablösungsbetrag sechs Mark und achtundachtzig Pfennig bezahlen.

Im Lagerbuch vom Jahr 1473 wird auch das „vergen huslin" (Fergenhäuslein) genannt, in welchem sich der Ferge aufhielt. Es stand nicht weit vom Ufer weg und wurde immer wieder vom Hochwasser weggerissen. Im Jahr 1833 bat ein Marbacher Bürger um Überlassung der Fergenhütte, da er in derselben Reibzündhölzer machen wolle. Die letzte Fergenhütte, die noch als Ziegenstall diente, wurde 1954, als die Umgehungsstraße gebaut wurde, abgerissen.

> Was als Gült an Geld, Korn und Haber, sowie an Pfeffer, Gänsen, Hühnern und anderes an die Herrschaft gegeben werden mußte:

Für die Nutzung herrschaftlichen Besitzes (Häuser, Äcker, Gärten, Weinberge und Wiesen) mußten Grundzinse oder Gülten in Geld oder Naturalien bezahlt werden. In Marbach waren es kleine Beträge: Zehn Pfund Heller (etwa sieben Gulden), zwei Gänse, sechs Leibhennen, acht Simri Öl und ein Pfund Pfeffer.

Im Lagerbuch wird jeder Inhaber genannt, und sein Besitz nach Art und Größe beschrieben, auch welche Gült darauf lastete. Besonders wertvoll wird das Lagerbuch, weil in diesem alten Steuerbuch weitere Namen der damals vorhandenen Gassen und Fluren aufgezählt werden. Die Namen sind so geschrieben, wie sie damals ausgesprochen wurden. Eine Deutung kann man bei verschiedenen erst finden, wenn alte Wortformen und das Weltliche Lagerbuch vom Jahr 1584 zu Grunde gelegt werden. Eine Gesamtbearbeitung der Flur- und anderer alter Bezeichnungen soll in einem späteren Abschnitt gebracht werden.

10. Vergleich mit dem Pfalzgrafen

> „Im Jahre 1495 hat sich Herzog Eberhard auf dem Reichstag zu Worms mit Pfalzgraf Philipp, dem Kurfürsten, von wegen der Lehenschaft Marbach verglichen."
> *Denkschrift Canz, Altregistratur Nr. 5640*

Am 1. September 1480 starb Graf Ulrich V. in Leonberg auf der Hirschjagd, wozu ihn Graf Eberhard der Ältere, später Herzog Eberhard im Bart genannt, und Landesherr im Uracher Teil, eingeladen hatte. Zur Leichenfeier kamen über 6000 Herren als Trauergäste zusammen. Vierundsechzig Eimer Wein wurden dabei getrunken. An die Armen sollen 21 300 Gesindebrote ausgeteilt worden sein; Stuttgart hatte damals noch keine 3000 Einwohner.

In der Geschichte führt Graf Ulrich V. den Beinamen der Vielgeliebte. Von seinen Untertanen wird er den Beinamen nicht bekommen haben; denn durch die vielen Fehden stürzte er seinen Landesteil in Unglück und Schulden. Stadt und Amt Marbach hatten einen guten Teil seiner verfehlten Landespolitik zu tragen. Doch er war es, der Marbach zu einer Grafenstadt mit bemerkenswerten Bauten gemacht hat. Ihm verdankten die Bürger das Rathaus, die Alexanderkirche, ein Hospital und einen eigenen Markt. Er gab der Stadt im großen Ganzen die Ansicht, wie sie später von Merian dargestellt wurde.

Sein Tod brachte einschneidende Änderungen. Die beiden Söhne waren unfähig, ihren Landesteil zu regieren. Es war ein Glück, daß es Graf Eberhard auf dem Landtag zu Münsingen am 14. Dezember 1482 gelang, die Einheit des Landes wiederherzustellen. Es wurde beschlossen, daß der Uracher und der Stuttgarter Teil samt Mömpelgard auf ewige Zeiten ungeteilt bleiben sollen. Er brachte dann die verworrenen Verhältnisse im Stuttgarter Landesteil wieder in Ordnung.

Im Frühjahr 1495 ritt Graf Eberhard auf den Reichstag zu Worms. Dort mußte er die Lehenschaft des Pfalzgrafen über Stadt und Amt Marbach anerkennen.

Graf Eberhard stand bei den anderen Landesfürsten und bei Kaiser Maximilian in hoher Achtung. Der Kaiser erhob ihn zum Herzog von Württemberg. Er verlieh ihm ein Herzogswappen, in welchem zu den württembergischen Hirschstangen und Mömpelgarder Fischen die Teckschen Wecken und die Reichssturmfahne beigefügt wurden. Solche Wappen wurden noch zu Herzog Eberhard Ludwigs Zeit (1700) zur Kennzeichnung der Staatsgebäude über dem Hauseingang angebracht, so am Pfarrhaus in der Strohgasse. Eine Änderung erfolgte im Jahr 1707. Herzog Eberhard Ludwig nahm in das Wappen den „Heiden" von Heidenheim auf. Diese Ausführung ist über dem Eingang des alten Oberamtsgebäudes zu sehen. Es wurde später als das Pfarrhaus wieder aufgebaut.

C. Die kirchlichen Verhältnisse im Mittelalter[1]

Der Frankenkönig Chlodwig ließ sich nach seinem Sieg in der großen Alamannenschlacht des Jahres 496 taufen, weil er diesen Sieg der Hilfe des Christengottes zuschrieb. Damit begann die planmäßige Christianisierung unserer Heimat. Da die Christianisierung unseres Landes von der Spitze des Frankenreichs, vom König, ihren Ausgang nahm, lag es in der Natur der Sache, daß die frühesten Kirchen, anfangs meist einfache Holzbauten, häufig an Königshöfen gebaut wurden, so z. B. in Lauffen. Der fränkische Adel ahmte diese Beispiele nach, zumal er dadurch seine Loyalität gegenüber dem König unter Beweis stellen konnte. Auf diese Weise entstanden in unserem Raum frühe Kirchen in Ingersheim, wo der Graf des Murrgaus seine Gerichtsstätte und wohl auch seinen Sitz hatte, weiter in Großbottwar und in Steinheim. Alle diese Kirchen in den bisher genannten Orten waren dem hl. Martin von Tours geweiht, der die Rolle des fränkischen Nationalheiligen spielte.

11 St. Wendelin am Chor der Stadtkirche.

12 St. Wendelinskapelle beim Torturm, neu erbaut 1433.

13 Der Stadt Marbach großes Sekretsiegel. Umschrift: Sigillum Civitatis Marppachensis.

14 Titelblatt der Hartordnung vom Jahr 1580.

Auffallend ist, daß auch in Siegelhausen, das schon südlich der Stammesgrenze lag, sich einst eine längst abgegangene Martinskirche befand, welche einen überaus großen, bis in die Winnender Gegend reichenden Sprengel besaß und also aus sehr früher Zeit stammen mußte[2]. Bis 1230 stand Siegelhausen im Besitz der Hochadeligen Herren von Bonfeld[3] im Kraichgau, die offenbar mit den Grafen von Lauffen versippt waren. Danach ist anzunehmen, daß Siegelhausen – wie Poppenweiler – zu einem Gebiet südlich der Stammesgrenze gehörte, das wohl schon zu Anfang des 8. Jahrhunderts in den Besitz fränkischer Großen gelangte, welche die Siedlung anlegten und bei derselben in früher Zeit eine Kirche erbauten.

Das Missionsgebiet östlich des Rheins wurde zunächst dem Bistum Worms unterstellt, das noch in der späteren Römerzeit gegründet worden war und die Völkerwanderung überstanden hatte. Mit der zunehmenden Christianisierung wurde dessen Diözese zu groß. Um 742 scheint deshalb der Murrgau dem neu gegründeten Bistum Würzburg zugeteilt worden zu sein, bei dem es aber nicht lang verblieb, denn offenbar schon gegen das Ende des 8. Jahrhunderts kam der Murrgau an das Bistum Speyer, das sich hier als ein schmaler Schlauch nach Osten vorschob[4]. Das Gebiet südlich der Stammesgrenze gehörte zu dem schwäbischen Bistum Konstanz.

Das alte Dorf Murr, auf dessen Urmarkung anscheinend der Königshof Markbach erstellt wurde, war auch kirchlich von besonderer Bedeutung. Noch um 1244 hieß das Speyerer Landkapitel, zu dem Marbach gehörte, Landkapitel Murr[5]. Nach der Stadtgründung von Marbach wurde dann der Sitz des Landkapitels in die Stadt hineinverlegt. Seitdem wird vom Landkapitel Marbach gesprochen. Dasselbe unterstand dem Archidiakonat St. Guido in Speyer. Die Pfarrkirche von Murr war noch zur Zeit der Reformation besonders reich bepfründet. Auch die Tatsache, daß Murr einen Kelch in seinem Wappen führt, weist auf die einstige kirchliche Bedeutung dieses Ortes hin. Die Murrer Kirche ist dem hl. Petrus geweiht, welcher der Bistumsheilige von Worms war. Dies alles macht es höchst wahrscheinlich, daß die erste Murrer Kirche auf Veranlassung des Bistums Worms gegründet wurde zu einer Zeit, da unser Gebiet noch zu dessen Diözese gehörte.

Und nun zu der Marbacher Alexanderkirche, die noch zur Zeit der Reformation die Pfarrkirche war, obwohl sie draußen vor den Stadtmauern stand! Bei der Renovierung der Kirche im Jahr 1928 konnte festgestellt werden, daß die heutige spätgotische Kirche 2 Vorgängerinnen hatte. Die älteste dieser Kirchen, von der noch ein Fußboden gefunden wurde, der aus kleinen, quadratischen, roten Tonplättchen bestand, dürfte in karolingischer Zeit gebaut worden sein. Sie war – wie die heutige Kirche – streng geostet und hatte die Breite des Mittelschiffs der heutigen Kirche. Ihre Länge und ihr Chorabschluß konnten nicht mehr festgestellt werden. Die 2., romanische Kirche, von der noch einige Bauglieder vorhanden sind, ist zur Hohenstaufenzeit im späteren 12. Jahrhundert erbaut worden; in ihrem Bauschutt fand man einen Heller aus der Zeit um 1170. Diese Kirche hatte für eine Dorfkirche erstaunlich große Dimensionen. Sie war nämlich schon so lang und breit wie die heutige Kirche, wenn man bei der Breite die spätgotischen Seitenkapellen abzieht. Dagegen hatte sie nur einen einfachen, polygonalen Chor[6].

Die Marbacher Alexanderkirche ist die einzige diesem Heiligen geweihte Kirche im Raum des heutigen Württemberg. Wie in vielen anderen Fällen gibt auch hier das Patrozinium wichtige Anhaltspunkte für die Entstehung der Kirche. Alexander war einer der ersten römischen Päpste und soll im Jahr 116 n. Chr. den Märtyrertod gestorben sein. Das Kloster Klingenmünster in der südlichen Rheinpfalz erhielt von Karl dem Großen Reliquien des hl. Alexander, die dort solche Berühmtheit erlangten, daß schon um 853 der hl. Alexander als der Hauptpatron des Klosters bezeugt wird (ursprünglich war es der hl. Michael). Jedenfalls war in der Folgezeit das Kloster Klingenmünster der Ausstrahlungspunkt der Alexanderverehrung in Deutschland. Nun geht aus einer Urkunde vom Jahr 1281 hervor, daß das Kloster Klingenmünster in Marbach Besitz hatte, mit dem es den Grafen Hartmann von Grüningen belehnt hatte. Nachdem dieses Lehnsverhältnis durch den Tod Hartmanns, der 1280 als Gefangener auf dem Hohenasperg verstorben ist, zu Ende gegangen war, belehnt der Abt und der Konvent des Klosters den Grafen Walram von Zweibrücken mit dem Marbacher Besitz. Daß das Kloster diesen Besitz schon in der Karolingerzeit aus Reichsgut erhalten hat, ist durchaus wahrscheinlich. Jedenfalls darf es als sicher gelten, daß der hl. Alexander durch die Einwirkung des Klosters Klingenmünster nach Marbach gekommen ist. Es ist anzunehmen, daß schon der Bau der ersten Kirche an dieser Stelle und die Wahl ihres Patroziniums von diesem Kloster veranlaßt wurde[7].

Die Marbacher Alexanderkirche hatte – soweit wir sehen – nie Filialen; sie war eben die Kirche des dortigen Königshofs. Auch dies ist wiederum ein Anzeichen dafür, daß dieselbe in eine bereits weitgehend besiedelte und kirchlich versorgte Gegend nachträglich hineingesetzt wurde.

Nach der Stadtgründung erbaute man innerhalb der Stadt an der Stelle der heutigen Stadtkirche eine Marienkapelle (1315 „Capelle ze Marpach", 1453 „Capelle Unserer Lieben Frauen"). Es ist anzunehmen, daß sie schon bei der Anlage der Stadt an diesem Platz eingeplant war. Für die Pfründe des Geistlichen an dieser Kapelle gaben die Grafen von Württemberg 20 Scheffel Korn von dem Veringenhof in Benningen, während die „gemeine Stadt" jährlich 10 fl zahlte. Von der mittelalterlichen Kirche sind nur noch die Grundmauern und der Chor aus spätgotischer Zeit erhalten. Offenbar wurde damals eine Kapelle, die schon vorher hier stand, um- bzw. neu gebaut. Die Strebepfeiler des Chores zierten künstlerisch wertvolle Skulpturen. Die eine stellte die Muttergottes, die Titelheilige der Kapelle, dar, eine andere, besonders schöne einen Papst mit der Tiara, eine dritte auf einem Pfeiler der Südseite den hl. Leonhard, kenntlich an der Kette. In einer Nische an der Chorecke bei der oberen Holdergasse ist ein Mann mit Hirtenhut, einer Hirtentasche und einem Hündchen zu Füßen zu sehen. Er wurde mit dem hl. Wendelin identifiziert.

Dieser Heilige, der Schutzpatron der Hirten und Viehzüchter, wurde im späteren Mittelalter in unserer Stadt sehr verehrt. Dies geht schon daraus hervor, daß das dritte mittelalterliche Gotteshaus in Marbach, die Kapelle beim Oberen Tor, dem hl. Wendelin geweiht war. Nach einem Stiftungsbrief aus dem Jahr 1433 haben der Marbacher Bürger Heinz Schmid, genannt

„der reiche Schmid", und seine Frau Beta Vischerin diese Kapelle gestiftet, jedoch nicht nur das Bauwerk, sondern zugleich eine Pfründe für einen Priester, welcher in dieser Kapelle in der Woche 3 Frühmessen lesen und den Pfarrer an der Alexanderkirche unterstützen sollte. Zu einer solchen Pfründe gehörten nicht nur soviele Grundstücke oder Einkünfte aus Grundstücken, daß der Priester davon leben konnte, sondern auch eine Behausung für denselben, ein sog. Pfründhaus, in der Stadt. Der Stifter muß also ein sehr wohlhabender Mann gewesen sein, zumal er dazuhin für die Wendelinskapelle noch 2 Meßbüchlein, „die sind mit Gesang", (d. h. mit Noten), stiftete, die ihn 42 fl. kosteten, was damals der Gegenwert für etwa 12 Eimer Wein war. Als erster Pfründner für diese Stiftung war der Sohn der verstorbenen Tochter des Ehepaars Schmid namens Nikolaus ausersehen, der, damals 17 Jahre alt, Theologie studierte. Die Stifter wollten somit gleichzeitig für eine standesgemäße Existenzgrundlage ihres Enkels sorgen. Die Grafen, von Württemberg, der Pfarrherr, sowie Vogt und Gericht von Marbach genehmigten diese Stiftung. Nach dem Stiftungsbrief stand schon vorher an der gleichen Stelle eine kleinere, wohl baufällig gewordene Kapelle. Die heute erhaltene spätgotische Wendelinskapelle mit ihren Vieleckchörchen und ihren hohen viereckigen Maßwerkfenstern stellt ein kunstgeschichtlich bemerkenswertes, leider sehr profaniertes Bauwerk dar[8].

Das 15. Jahrhundert war auf sakralem Gebiet eine ungeheuer baufreudige Epoche. Die meisten Kirchen Altwürttembergs haben in jener Zeit im wesentlichen ihre heutige Gestalt erhalten. Dies gilt auch für die Marbacher Alexanderkirche. Über ihre Baudaten sind wir gut unterrichtet, denn die gotische Inschrift am Turm gibt an: „Anfang des kors 1450, anfang der kirchen (d. h. des Langhauses) 1463, anfang des Turm 1481." Den Anlaß zum Neubau gab wahrscheinlich der zu klein gewordene Chor der romanischen Kirche. Die Zahl der in Marbach amtierenden Priester war allmählich so angewachsen, daß bei feierlichen Gottesdiensten im Chor ein recht unfeierliches Gedränge entstand. Daß der neue Chor mit seinem klaren, großzügigen Netzgewölbe in meisterhaft gehandhabten traditionellen Formen von dem bekannten württembergischen Kirchenbaumeister Aberlin Jörg, dem auch die Leonhards- und die Hospitalkirche in Stuttgart, die Stadtkirche in Cannstatt und die Bartholomäuskirche in Markgröningen zuzuschreiben sind, geschaffen wurde, bezeugt sein 3mal im Chor angebrachtes Wappen. In der großen Nische an der Südseite außen am Chor war ein Ölberg aufgestellt. Zwischen der Ausführung des Chors und dem Bau des Langhauses ist aber ein Bruch in der Planung festzustellen. Wie es dazu kam, ist nur aus den damaligen politischen Verhältnissen zu verstehen.

Als mit dem Chor der Alexanderkirche angefangen wurde, war die Grafschaft Württemberg zwischen den Brüdern Ludwig und Ulrich aufgeteilt. Marbach gehörte zu dem Stuttgarter Teil, in dem Ulrich regierte, welchen man den Vielgeliebten nannte. Dieser hielt sich gern in Marbach auf und hat dort auch das Schloß innen ausmalen lassen. Im Jahr 1460 ließ er sich aber in einen Krieg mit dem Kurfürsten Friedrich von der Pfalz, dem „bösen Fritz", verwickeln, der nach einem erfolgreichen Gefecht bei Wüstenhausen für ihn sehr unglücklich ausging. Ulrich der Vielgeliebte geriet mit seinen Verbündeten in die Gefangenschaft des Kurfürsten, mußte ein gewaltiges Lösegeld zahlen und außerdem Marbach der Pfalz als Lehen auftragen. Marbach stand nunmehr als 40 Jahre unter pfälzischer Oberhoheit.

Dies hatte aber nicht zur Folge, daß der Bau der Alexanderkirche eingestellt wurde. Jedoch traten nun an die Stelle der württembergischen Bauhütte rheinische Baumeister, welche den Bau nach einer anderen Planung weiterführten. Hatte man anfangs nur eine Ausweitung und eine Neuwölbung der romanischen Kirche ins Auge gefaßt, so riß man diese nun vollständig ab und baute statt dessen eine spätgotische Hallenkirche, wobei die Gewölbehöhen von den Kapellennischen über die Seitenschiffe zum Mittelschiff beträchtlich gesteigert wurden, so daß eine sog. Staffelhalle entstand. Jedem aufmerksamen Beobachter müssen die Rechteckfenster über der Mittelschiffarchitektur auffallen, die ohne Funktion sind und in den dunklen Dachraum führen. Ursprünglich sollten sie ohne Zweifel der Belichtung dienen und es war vorgesehen, die Seitenkapellen mit Walldächern zu decken, über welche die Mittelschiffwände hinausgeragt hätten. Schließlich aber steckte man die ganze Anlage unter die Haube eines riesigen Daches[9]. Daß trotz der verschiedenen Umplanungen in der Alexanderkirche einer der schönsten spätgotischen Innenräume unseres Landes geschaffen wurde, zeugt von der hohen Kunst der mittelalterlichen Baumeister.

Der Stimmungsgehalt, welcher im Mittelalter, als die Glasmalereien der hohen Glasfenster noch erhalten waren[10], diesen Kirchenraum erfüllte, kann nur erahnt werden. Jedoch ist die Bemalung der Rippengewölbe in den ursprünglichen Farben noch vorhanden. Die züngelnden Flämmchen am Gewölbe symbolisieren den hl. Geist, der sich auf die versammelte Gemeinde niedersenken soll. Die Fratzen an den Säulen, welche die Orgelempore tragen, versinnbildlichen die Laster und bösen Geister, die im heiligen Raum gebannt sind und sich knirschend fügen müssen, niedere Trägerdienste zu leisten. Hier vom Westen, von der Nachtseite aus, zieht die Doppelreihe der hohen, schlanken Säulen des Mittelschiffs den Blick nach oben und führt ihn zum Ostchor, wo sich die heilige Handlung vollzieht. Am oberen Ende der Säulen des Mittelschiffs sind die Halbbüsten der 12 Apostel angebracht. Sie, die Fundamente der Kirche, tragen gleichsam das ganze Rippengewölbe. Entsprechend werden die Gewölbe der Seitenschiffe von Engeln und Propheten des alten Bundes getragen. Auf den prächtigen Gewölben des Mittelschiffs sieht man die in gotischer Zeit bevorzugte Darstellung Christi als Schmerzensmann, der Muttergottes und der St. Anna Selbdritt (Maria mit dem Jesusknaben und ihrer Mutter Anna). Der St. Annakult war ein Ausläufer der gesteigerten Marienverehrung des späten Mittelalters. Jede Nacht erscholl in der Kirche ein Salve Regina, das von dem Schulmeister und einem Hilfsgeistlichen gesungen werden mußte; jeden Dienstag wurde ein St. Anna-Amt gefeiert. Im Chor sehen wir auf den Schlußsteinen die Muttergottes, den hl. Alexander und eine Märtyrerin mit Palme. Die Schlußsteine im nördlichen Seitenschiff, auf der Frauenseite, zeigen außer dem Kirchenpatron St. Alexander gekrönte Jungfrauen, während auf den übrigen Schlußsteinen die im späteren Mittelalter in unserer Gegend besonders beliebten Heiligen zu sehen sind: St. Wolfgang, St. Veit im Kessel, die hl. Katharina mit dem Rad, die hl. Barbara mit dem Turm und der hl. Leonhard mit der Kette. Vor dem Chorbogen befindet sich in der Decke eine runde Öffnung, ein sog. Kirchenhimmel, durch die man am Himmelfahrtsfest eine Christusfigur hinaufzog und aus der man am Pfingstfest eine Taube herunterfliegen ließ[11]. Auf der Ostwand des Langhauses ist heute noch das riesige Bild des hl. Christophorus zu sehen. Der hl. Christophorus galt als Nothelfer gegen einen jähen und unvorbereiteten Tod. Besonders in Zeiten, da die Pest umging, jene Geisel der mittelalterlichen Menschheit, pflegte man ihn in großen Dimensionen an die Kirchenwände zu malen. Offenbar stand der hl. Alexander in Marbach auch in dem Ruf, in Krankheitsfällen wundertätig zu sein. So machte 1453 der junge Graf Ludwig von Württemberg, ein Neffe Ulrichs des Vielgeliebten, der an Epilepsie litt, auf Veranlassung seiner Räte ein großes Gelübde, von dem er Genesung erhoffte. Darin gelobte er u. a., dem hl. Alexander in Marbach jährlich 1 fl. zu opfern[12]. Trotzdem starb Ludwig schon im Jahr 1457, ein Glücksfall für Württemberg, denn sein Tod machte seinem Bruder Eberhard im Bart, einem der tüchtigsten Regenten, die unser Land je gehabt hat, den Weg zur Regierung frei.

Sonst sind in der Kirche noch zu erwähnen: Die Weihekreuze an den Wänden, welche die Stellen bezeichnen, an denen einst der Bischof von Speyer die Kirche geweiht hat, die bemalte Sediliennische im Chor, das einfache gotische Chorgestühl, die Sakristeitüre mit dem schönen Eisenbeschlag und die an der Chorsüdwand aufgehängte, kleine mittelalterliche Trägerorgel, eine außerordentliche Seltenheit. Der Fuß der mitten im Langhaus stehenden Kanzel stellt einen kunstvoll gearbeiteten Lebensbaum dar, zu dessen Füßen einst die Figuren von Adam und Eva standen, die weggeschlagen wurden. Auf der steinernen Brüstung der Kanzel sehen wir im Relief den Kirchenpatron Alexander und die mittelalterlichen Kirchenlehrer Ambrosius, Augustin, Hieronymus und Gregor, eine damals sehr häufige Zusammenstellung.

In historischer Beziehung besonders interessant ist das Fresko an der Nordwand des Chors. 2 Ritter knien unter einem Kruzifix. Sie stellen Kaspar Speth und Konrad von Heinriet dar, welche 1460 bei dem Treffen bei Wüstenhausen auf württembergischer Seite gefallen sind, wie die daneben angebrachte gotische Inschrift berichtet. Ursprünglich knieten die Ritter nicht vor dem Gekreuzigten, sondern vor der Muttergottes, deren blauer Mantel noch zu erkennen ist. Nach der Reformation nahm man an dieser Darstellung Anstoß, überpinselte die Muttergottes mit dem Kruzifix und malte die Inschrift von 1565 auf, in welcher der Geist der neuen Lehre zum Ausdruck kommen sollte. Neben dem Fresko sieht man noch einen großen Haken, an dem einst ein „Kappenzipfel" hing, ein Feldzeichen, das bei Wüstenhausen dem Feinde abgenommen und hier als Siegestrophäe aufgehängt wurde. Auf einem Spruchband unterhalb des Hakens ist zu lesen: „und uff diese stund wurd dieser kappenzipfel in Fenlins schaam den feinden abgenommen[13]."

Vor der Reformation stand wohl in jeder der Seitenkapellen ein kostbarer Altar. Diese Altäre waren zu verschiedenen Zeiten von frommen Leuten gestiftet worden. Von dem Schnitzwerk dieser Altäre ist nichts mehr übrig geblieben. Auf Grund eines theologischen Gesprächs zwischen den württembergischen Reformatoren Schnepf und Blarer im Jahr 1537, bei welchem dieselben die Verehrung der Heiligenbilder als Götzendienst erklärten, ordnete die Regierung die Entfernung aller dieser Bilder und Figuren an; jedoch sollte sie auf geordnete Weise geschehen.

Der dem hl. Alexander, dem Kirchenpatron, geweihte Hochaltar stand hinten mitten im Chor, neben ihm, ebenfalls im Chor, ein 1481 genannter Altar der hl. Dreifaltigkeit, an ihn schloß sich ein Altar des hl. Michael und an diesen ein Apostelaltar. Zwischen dem Chor und dem Mittelschiff unter dem Triumphbogen stand der Hl. Kreuzaltar. Seine Mensa, wenn auch des früheren Schmucks entkleidet, befindet sich noch am alten Platz. Das heute auf ihm stehende Kruzifix, wohl aus dem 16. Jahrhundert stammend, wurde später dort angebracht. Das auf der Rückseite der Mensa befindliche Holztürchen führte zu einem Behältnis, in dem Reliquien aufbewahrt wurden. Der Platz des Marienaltars dürfte in jener nördlichen Seitenkapelle gewesen sein, in der heute noch ein weitgehend zerstörtes Fresko zu sehen ist, das anscheinend die Krönung der Maria darstellte. Ein Altar der Apostel Petrus und Paulus stand in der Sakristei; auch von ihm ist noch die Mensa erhalten. Weiter werden in der Alexanderkirche noch Altäre des Evangelisten Johannes und des hl. Nikolaus genannt. Sicher waren die meisten dieser Altäre Kunstwerke von hohem Rang. Praktisch aber noch wichtiger war, daß auf vielen dieser Altäre eine „ewige Messe" gestiftet wurde, so auf dem hl. Kreuzaltar und auf dem Marienaltar, sowie auf den Altären des hl. Evangelisten Johannes, des hl. Michael, des hl. Nikolaus und der Apostel Petrus und Paulus. Dies bedeutete jeweils die Stiftung einer Pfründe, deren Einkünfte zum Unterhalt des Priesters diente, welcher die „ewige Messe" zu lesen hatte, also die Schaffung einer neuen Priesterstelle. Die Hl.-Kreuzpfründe, die Marien-Pfründe und die Nikolaus-Pfründe bestanden schon vor dem Neubau der spätgotischen Alexanderkirche. Ein Bernhard, Kaplan unserer Frauen zu Marbach, wird schon 1319 genannt[14].

Über die Stiftung der Nikolaus-Pfründe sind wir näher unterrichtet. Sie erfolgte 1393/94 testamentarisch durch den Kirchherrn Berthold Blaich. Nach dem Stiftungsbrief sollte der Kaplan wöchentlich 4 Messen lesen und „nach dem offertorio zum Altar gehen". Von dem verstorbenen Blaich fielen der Pfründe u. a. 3½ Morgen Weinberge, „heißen der Gaissinger ob dem Kirchenweingarten" an. Auch andere fromme Leute schlossen sich der Stiftung an; so schenkten Eberhard Luglin und seine Frau Hedel 1 Morgen Weingart „in der Bachmulin" und Heinz Ahelfinger 1 Morgen Acker im „Mussbühel". Das Pfründhaus stand in der „niederen Gasse" (untere Holdergasse) neben dem Pfarrhaus. Im Jahr 1412 tauschte der Inhaber der Pfründe das Pfründhaus mit dem Haus eines Henslin Mutschler beim Wicklinstor. Nach diesem neuen Pfründhaus des hl. Nikolaus trägt offenbar die Niklastorstraße ihren Namen.

Im Jahr 1463 stifteten die Brüder Hans und Heinrich Käs, welche Geistliche an der Alexanderkirche waren, die Peter-und-Paul-Pfründe. Der Altar kam wohl deshalb in die Sakristei, weil damals erst mit dem Bau des Langhauses der Alexanderkirche begonnen wurde und im Chor kein Platz mehr für ihn war. Hans Käs stiftete später, anscheinend im Hinblick auf seinen herannahenden Tod 1481, nochmals eine Pfründe, nämlich die St. Michaelspfründe. Der hl. Michael galt als Geleiter der Verstorbenen ins Jenseits. Im Stiftungsbrief wird bestimmt, daß der Kaplan an seinem Altar wöchentlich 3 Messen zu lesen habe, eine am Sonntag zur Frühmeßzeit, eine am Freitag „vom hl. Kreuz und Leiden unseres Herrn" und eine nach Belieben. Das St. Michaelspfründhaus stand gegenüber von St. Johannes, des Evangelisten, Pfründhaus. Wo dies war, läßt sich allerdings nicht mehr feststellen.

Endlich wurde 1486 an der Alexanderkirche noch eine Predigerpfründe gestiftet. Während die andern Pfründen einem geweihten Priester von der Herrschaft verliehen wurden, hatte die Prädikatur die Stadt zu verleihen. Offenbar hatte sie die Predigerpfründe gestiftet, weil in der Bürgerschaft ein Bedürfnis für einen vermehrten Predigtdienst bestand. Da zur Zeit der Reformation die Pfründe des hl. Evangelisten Johannes nicht mehr bestand, kann vermutet werden, daß sie mit der Prädikatur zusammengelegt wurde. Das Pfründhaus stand „an der Wette", war also offensichtlich das spätere Stadtpfarrhaus, der heutige Sitz der Landespolizei. Zur Prädikatur gehörte auch ein Garten „vor dem oberen Tor beim Siechenhaus".

Über allen diesen Kaplänen und Frühmessern in Marbach stand der eigentliche Pfarrer an der Alexanderkirche, auch Kirchherr oder Pfarrektor genannt. Dazu kam noch ein Helfer des Pfarrers, dem es u. a. oblag, die Verkündigungen von der Kanzel zu verlesen. Diese waren wohl manchmal sehr umfangreich, da man auch Anordnungen der weltlichen Obrigkeit auf diese Weise zu veröffentlichen pflegte. Infolge der vielen Pfründstiftungen gab es allmählich eine unverhältnismäßig große Zahl von Geistlichen. An der Alexanderkirche amtierten, außer dem Pfarrer, dem Helfer und dem Prädikanten, 5 Kapläne. Dazu kamen noch die beiden Frühmesser an der Liebfrauenkapelle und an der Wendelinskapelle, also insgesamt 10 Priester in einer Stadt, die damals etwa 1500 Einwohner gezählt haben mag. Auch der Schulmeister, der schon im 14. Jahrhundert in Marbach genannt wird, scheint ein Kleriker gewesen zu sein. Diese Inflation von unterbeschäftigten Geistlichen war wohl eine der Hauptschäden der spätmittelalterlichen Kirche. Es gab unter ihnen hin und wieder einen hochgebildeten Herrn, der an der Universität studiert hatte, die meisten müssen wir uns aber als recht ungebildet vorstellen.

Es gab fette und magere Pfründen. Zu ersteren gehörte die Pfründe des Pfarrherrn. Außer der Pfarrei Murr stand in dieser Hinsicht keine andere Pfarrei im Amt der Marbacher gleich. Anhaltspunkte dafür, in welchem Verhältnis die Pfründen bezüglich ihrer Einkünfte zueinander standen, ergibt eine Aufstellung aus dem Jahr 1525 über ihre Einschätzung zur Steuer: Die Pfarrpfründe zu St. Alexander 12 fl 15 Kreuzer, die Predigerpfründe 7 fl, die Pfründe Unserer Lieben Frauen 8 fl, die hl. Kreuzpfründe 6 fl, die Peter und Paulspfründe und die St. Michaelspfründe je 5 fl, die St. Wendelinspfründe 4 fl 3 Heller und die Nikolauspfründe 4 fl.

Von dem Pfründvermögen zu unterscheiden war das Widumgut, auch „der Heilige" genannt. Es ging auf den Widumhof samt den zu ihm gehörigen Grundstücken zurück, die bei der Gründung der Pfarrkirche von den Gütern des Fronhofs ausgesondert und für die Ausstattung der Kirche gewidmet worden war. Das Widumgut wurde im Jahr 1510 vom Bischof von Speyer und von Herzog Ulrich mit Zustimmung des damaligen Pfarrherrn Konrad Mettelbach „an den gemeinen Mann stückweise verkauft" und der Erlös „dem Heiligen zum besten angelegt". Es wurde jedoch eine Wiese in den „Neun Bronnen", der Heuzehnten aus einigen Wiesen und ein Weinberg zurückbehalten. Die Wiese und der Heuzehnten wurden dem Kuhhirten „zur Uffenthaltung des Hummels" überlassen. Mit dem Widumhof war nämlich regelmäßig die Pflicht zur Farrenhaltung verbunden, eine Last, die daher rührte, daß sie der Besitzer des Fronhofs auf den von ihm gestifteten Widumhof abgewälzt hatte. Der zurückbehaltene Weinberg wurde zur Nutzung dem Mesner überlassen, welcher dafür den Opferwein anzuschaffen hatte. Die in Marbach sehr stattlichen Einkünfte des Widumguts wurden zum Teil für kultische Zwecke verwendet, so z. B. zur Anschaffung von „Betlichtern", der für den Gottesdienst benötigten Kerzen. Unter den Ausgaben des Heiligen tauchen 1534 so seltsame Posten auf wie „4 fl Sant Hupprechts Bottschaft von den 2 Schlüsseln" und ein größerer Posten „jährlich ainem Hailigen Mann uff St. Alexanders Kirchhof ze warten". Ein Teil der Einkünfte des Heiligen wurde seit 1470 auch für eine Stiftung zugunsten der Armen in Marbach und zum Bau des Siechenhauses an der Straße nach Affalterbach verwendet.

Der Zehnte sollte ursprünglich ebenfalls der Erfüllung kirchlicher Bedürfnisse dienen. Der große Fruchtzehnten war aber in Marbach schon längst in Laienhände übergegangen und stand der Herrschaft zu. Das Widumgut, das ja der Kirche gehörte, war von der Zehntpflicht befreit. Im nördlichen Teil der Marbacher Markung lagen eine Anzahl Grundstücke, die bis in neueste Zeit „im Zehntfrei" genannt wurden. Man kann mit Sicherheit annehmen, daß sie ursprünglich zum Widumgut gehörten.

Auch das Landkapitel hatte ein eigenes Vermögen, das zu einem guten Teil aus Gülten in Murr bestand. Starb ein Priester im Kapitel, so mußten ihm die übrigen eine Messe nachlesen.

In Marbach war schließlich noch eine besondere Stiftung vorhanden, welche man die Quotidian nannte. Auf Grund derselben mußte in der Alexanderkirche jeden Tag ein Hochamt gefeiert und eine Vesper gesungen werden, wobei der Schulmeister mit seinen Knaben mitzuwirken hatte. Im Jahr 1534 trug die Quotidian jährlich 22 Pfund und 8 Heller ein, welche Einnahmen den in Marbach bepfründeten Priestern, dem Helfer und dem Schulmeister zu gleichen Teilen zustanden.

Sehr beliebt war die Stiftung von Totenmessen. Am Jahrtag des Toten mußte für ihn eine Messe gelesen werden. Einen besonders feierlichen Jahrtag hatte ein Meister Hans Mayer gestiftet: er mußte um 1534 von allen Marbacher Priester begangen werden. Noch großartiger wurde der Jahrtag der „Adelheid der alten Vögtin", begangen; an ihm wirkten 15 Priester mit, die offenbar teilweise von auswärts herbeigeholt werden mußten.

Das für solche Zwecke aufgelaufene Vermögen nannte man die Präsenz. Die Einkünfte aus derselben beliefen sich im Jahr 1534 insgesamt auf 82 Pfund 6 Heller und 6 Simmri Roggen und Hafer sowie 4 Sommerhühner. Davon erhielten der Prediger und der Kaplan von St. Michael je 3 Pfund, der Schulmeister 2 Pfund und der Mesner 1 Pfund im voraus; das übrige wurde unter sämtliche Geistliche gleichmäßig verteilt. Als im Jahr 1534 Herzog Ulrich in Württemberg einfiel, um sein Land zurückzuerobern, mußte die Stadt Marbach der österreichischen Regierung für die Kriegsführung ein Hilfsgeld bewilligen. Zur Aufbringung dieses Geldes gewährten die Marbacher Priester der Stadt von Kapital der Präsenz ein zinsloses Darlehen von 300 fl.

Was die Marbacher Pfarrherrn anbetrifft, so hören wir 1244 zum erstenmal von einem Plebanus, d. h. einem Leutepriester von Marbach, der als Schiedsrichter in einem Streit zwischen den Stiften Oberstenfeld und Backnang fungierte[15]. Im Jahre 1257 tritt in einer Urkunde des Grafen Hartmann von Grüningen als Zeuge ein Dekan Burchhardt von Marbach auf; er war also zugleich Dekan des Landkapitels[16]. Im Jahr 1290 streitet ein Kirchherr von Marbach mit dem Spital Eßlingen um ein Wohnhaus in Marbach, das sog. Kunengesäß, aus dessen Besitz der Kirchherr den Spital verdrängt hatte. Er verlor den Prozeß, weil festgestellt wurde, daß das Haus zwar dem verstorbenen Vater des Kirchherrn gehörte, dieser es aber an einen Laien Kimo verkauft und letzterer es dem Spital geschenkt hatte[17]. Von dem Pfarrer Berthold Blaich, welcher 1393/94 die Nikolauspfründe gestiftet hat, war schon die Rede. 1459–1472 stand Hans Gärtringer der Marbacher Pfarrkirche vor. Dieser erklärte sich 1472 damit einverstanden, daß ein Teil der ihm zustehenden Widumgülte zur Stiftung eines Almosens für die Marbacher Armen durch Graf Ulrich den Vielgeliebten verwendet wurde, wofür der Graf dem Pfarrer sein Einkommen aufbesserte. Sehr Übles wird von dem Pfarrektor Johannes Schibling berichtet. Derselbe tötete im Jahr 1498 bei einem Streit den Anton Weber von Löwenstein und wurde deshalb abgesetzt. Bei der Neubesetzung der Stelle mischte sich Papst Alexander VI. mit einem Schreiben an den Bischof von Speyer unmittelbar ein. Dieser päpstliche Eingriff mißfiel dem Dekan des Kapitels, Heinrich Zügel; dieser legte daher unter Berufung auf sein Alter sein Amt nieder[18]. Schließlich ist noch an Konrad Mettelbach zu erinnern, unter dem 1510 das Widumgut verkauft wurde.

In Marbach gab es eine St. Maria- und Urbansbruderschaft[19]. St. Urban war der Schutzpatron der Weingärtner. Für die Bruderschaft wurde in der Kirche jeden Montag und jeden Samstag ein Hochamt und für jeden verstorbenen Angehörigen jeweils der Jahrtag gefeiert. Die Bruderschaft gab dem Widumgut regelmäßig einen stattlichen Beitrag zur Unterhaltung des Farrens, wobei zu bemerken ist, daß ihre Mitglieder wohl fast alle Bauern waren. Das reiche kirchliche Brauchtum des Spätmittelalters durchdrang das ganze Volksleben. So wurden auch auf den Fluren aus verschiedenen Anlässen Bildstöcke gesetzt. Ein solcher muß dort gestanden haben, wo der alte Weg über den Berg nach Murr seinen höchsten Punkt erreicht. An dieser Stelle werden heute noch einige Grundstücke „beim Bildstöckle" genannt. Auch ist noch die Basis eines gotischen Steinkreuzes erhalten. Ursprünglich soll es neben dem Backhaus gestanden haben, das früher an die Stadtmauer beim Schloß südlich vom Oberen Tor angebaut war; es soll an eine Mordtat, die dort einst vorgefallen war, erinnert haben. Wahrscheinlich handelte es sich um ein sog. Sühnekreuz. Der besagte Stein zeigt auf der Vorderseite eine Kreuzigungsgruppe. Auf einer anschließenden Seite ist Maria mit dem Christuskind und einer knienden Frauengestalt, die nicht näher zu deuten ist, zu sehen. Die gegenüberliegende Seite zeigt die hl. Katharina und die hl. Barbara, kenntlich an Turm und Rad. Die Frauengestalt auf der noch übrigen Seite dürfte die hl. Margareta darstellen. Der Stein war lange Zeit auf der Schillerhöhe aufgestellt, wird aber seit einigen Jahren im städt. Bauhof aufbewahrt.

Als ein Anzeichen dafür, daß im späten Mittelalter bei vielen die Ehrfurcht vor religiösen Gegenständen im Schwinden begriffen war, mag vielleicht auch die Tatsache angeführt werden, daß im Jahr 1520 in der Alexanderkirche ein „Mergenbild" (Marienbild), ein „gefleggerter Kranz" samt daran hängendem gelbem „Augstaner Paternoster" (Rosenkranz), ein vergoldetes Kreuzlein und anderes mehr gestohlen wurde. Der Übeltäter, der noch viele andere Kirchendiebstähle auf dem Gewissen hatte, wurde ergriffen, in Heilbronn mit glühendem Eisen gefoltert und gehängt[20].

In Marbach waren im Mittelalter zahlreiche auswärtige Klöster und Stifter begütert, so seit 1245 das Chorherrnstift Backnang, seit 1247 das Chorfrauenstift Oberstenfeld, seit 1270 das Dominikanerinnenkloster Steinheim, um 1340 das Benediktinerkloster Lorch und um 1380 der Spital in Gmünd. Im Lauf des 14. Jahrhunderts erwarben auch die Cisterzienser von Bebenhausen einige Weinberge in Marbach[21]. Solche Besitzungen, die meist auf Schenkungen zurückgingen, wurden regelmäßig an Bauern zu Erbpacht ausgegeben. Die weiter entfernt gelegenen Klöster haben sie im Lauf der Zeit wieder veräußert. Irgend eine religiöse Einflußnahme auf die Marbacher Bevölkerung war mit solchem Besitz nicht verbunden. Anders war dies nur bei den Bettelorden. Das nahe gelegene Dominikanerinnenkloster Steinheim hat zweifellos eine Ausstrahlungskraft auf Marbach ausgeübt, was schon daraus hervorgeht, daß auch Marbacherinnen dort als Nonnen eintraten[22]. Die Eßlinger Dominikaner waren die Berater der Steinheimer Nonnen in geistlichen und weltlichen Angelegenheiten. Im Volk wurden die Dominikaner meist Prediger genannt, weil sie sich die Predigt besonders zur Aufgabe gemacht hatten. Im Jahr 1290 schenkte Irmela die Simlerin den Predigern von Eßlingen ihr Haus in Marbach mit Gärtlein und Küche, der Hälfte der Hülbe vor dem Haus, dem Kämmerlein an der Scheuer, allem Hausgeschirr und Getreide und der Hälfte ihrer fahrenden Habe zum Seelgerät, ferner ihren Garten vor dem Oberen Tor und die Äcker, welche sie von dem Herzog (dem Herzog von Teck) zu Lehen hatte; sie erhielt dies alles wieder auf Lebenszeit zu Lehen gegen 1 Maß Wein im Herbst. Eigentlich handelte es sich also um ein Vermächtnis, das von der Stadt Marbach besiegelt wurde. In dem Haus der Irmela unterhielten die Eßlinger Dominikaner in der Folgezeit eine Herberge. Das vermachte Ackerland war 3 Morgen groß und lag am „Aichweg". Es wurde der Predigeracker genannt. Das Eßlinger Kloster überließ 1319 nach dem Tod der Irmela die angefallenen Güter, unbeschadet seines Rechts, in dem Haus eine Herberge zu unterhalten, dem Vetter der Irmela, Rudolf dem Simler, und seiner Tochter Hilte zur lebenslänglichen Nutzung, ausgenommen den Predigeracker, der 1327 Ludwig dem Swiner, dem Schultheißen von Marbach, und 1368 dem Marbacher Bürger Peter Snider zu Erblehen überlassen wurde[23].

Sehr umfangreichen Besitz auf Marbacher Markung hatte der Eßlinger Spital. U. a. erfahren wir, daß eine Adelheid von Asperg, genannt von Marbach, Grundstücke, nämlich „zu den Bomelin", einen Acker im „Luchelstein" (Leixelstein), sowie Weinberge im „Katzental" und hinter der Kirche von Marbach an einem „Klingen" genannten Ort dem Spital geschenkt hat. Die Erben der Adelheid haben nach deren Tod die Vergabungen angefochten, wurden aber 1295 auf einem Gerichtstag, der in der Dionysiuskirche in Eßlingen stattfand und auf dem der Dekan von Eßlingen das Urteil fällte, mit ihren Ansprüchen abgewiesen[24].

Ein eigentliches Kloster gab es in Marbach nicht. Es wird zwar einmal berichtet, daß sich in Marbach eine „arme Klause" der Franziskanerinnen befunden habe[25]. Diese Nachricht ist aber nicht nachgeprüft. Dagegen gab es in Marbach ein Beginenhaus[26]. Die Beginen waren unverheiratete Frauen, meist aus ärmeren Ständen. Sie legten keine Gelübde ab, führten aber ein gemeinsames, frommes Leben, betätigten sich mit Weben und ähnlichen Heimarbeiten und widmeten sich der Krankenpflege. In der Stadt waren sie offenbar wohl gelitten. Die Stadt war ihr Kastenvogt, hatte also ihre Wirtschaftsführung in Händen. Wir lesen von einem „Schwesternhus uff den Felsen". Später stand das Beginenhaus in der unteren Holdergasse an der Stelle des nachmaligen alten Schulhauses.

Im Jahr 1519 wurde Herzog Ulrich, der in Reichsacht verfallen war, vom Schwäbischen Bund aus seinem Land vertrieben und dasselbe den Habsburgern übergeben. Württemberg war nun 25 Jahre lang österreichisch. In diese Jahre fällt die Wirksamkeit Luthers und die Ausbreitung der Reformation über weite Teile Deutschlands. Die österreichische Regierung suchte die Bewegung in Württemberg zu unterdrücken, konnte aber doch das Eindringen der neuen Ideen nicht verhindern. Alexander Märklin, der spätere Rektor des Stuttgarter Pädagogiums, war lutherisch gesinnt und sammelte in den Jahren 1520–1522 in seiner Vaterstadt Marbach ein Häuflein Gleichgesinnter um sich[27]. Im Jahr 1528 stieg in Marbach ein Albrecht Mörlin von Eßlingen öffentlich auf die Kanzel und vermaß sich, das Gotteswort zu verkündigen," obwohl er als Laie nie nichts studiert" hatte[28]. Im Jahr 1533 kam Martin Beckeler, Schneider und Bürger zu Marbach „umb ettlich Irrsal im Glauben" ins Gefängnis. Er ist aber schließlich doch „etlicher mer verständiger unterweysung freiwilliglich" abgestanden. Nachdem er versprochen hatte, „es wie andere Christenleute zu halten" und der Pfarrer von Benningen und 2 Marbacher Bürger sich für ihn verbürgt hatten, wurde ihm eine weitere Strafe erlassen. Möglicherweise war Beckeler nicht lutherisch gesinnt, sondern hatte sich zu den Wiedertäufern gehalten, die damals in Marbach einen besonders starken Anhang hatten[29].

Im Jahr 1534 konnte Herzog Ulrich sein Land wieder erobern, worauf er sofort die Reformation einführte. Dabei scheint er bei der breiten Masse der Bevölkerung auf keinen ernsthaften Widerstand gestoßen zu sein.

Die Ämter hatten eine Aufstellung der Pfründen, welche die Herrschaft zu verleihen hatte, und ihrer derzeitigen Inhaber der Regierung nach Stuttgart mitzuteilen. Die Pfarrei hatte damals Werner Keller inne. Dazuhin hatte ihm die österreichische Regierung auch noch die Frühmeßpfründe an der Liebfrauenkapelle geliehen. Dort sollte er auf seine Kosten einen Helfer oder Substituten halten. Er tat dies aber nicht, um die Einkünfte allein für sich zu genießen.

Solche Pfründenhäufungen galten als Mißbrauch. Keller schloß sich jedoch sofort dem neuen Glauben an und blieb als evangelischer Pfarrer im Besitz seiner Pfründe. In der folgenden Zeit zeigte er sich als besonders scharfer Gegner der katholischen Kirche[30].

Ein bezeichnendes Licht auf die kirchlichen Zustände im späten Mittelalter wirft die Tatsache, daß die österreichische Regierung die Kaplaneipfründe am Marienaltar in der Alexanderkirche dem Sohn des Junkers Jakob von Bernhausen verliehen hatte, einem 14jährigen Jungen, der natürlich die geistlichen Funktionen nicht ausüben konnte. Es ging bei dieser Verleihung also nur darum, ihn, bzw. seinen Vater in den Genuß des Pfründeinkommens zu bringen. Gegen ein geringes Hilfsgeld wurde der Priester Kaspar Wocher von Benningen beauftragt, für ihn jede Woche 2 Messen am Marienaltar zu lesen. Man muß sich dabei vor Augen halten, daß die mittelalterliche Kirche gar nicht so mächtig war, wie man sich dies im allgemeinen vorstellt. Soweit Pfründen nicht im Besitz von Kirchen und Klöstern waren, hatten weltliche Herren das Recht, die geistlichen Stellen zu besetzen. Sie verfolgten dabei oft genug ihre eigenen Interessen. In Marbach hatte, mit Ausnahme der Prädikatur, die Herrschaft Württemberg sämtliche Pfründen zu vergeben. Dieser Umstand erleichterte Herzog Ulrich hier sehr die Durchführung der Reformation.

Inhaber der Predigerpfründe, welche die Stadt zu verleihen hatte, war zur Zeit der Reformation der aus Leonberg stammende Albrecht Heck. Derselbe hatte im Jahr 1530 im Alter von 67 Jahren ein Testament gemacht, worin er neben zahlreichen kleineren Vermächtnissen dem Almosen in Leonberg 2 große Breviere, die im Chor der Kirche an Ketten angebunden werden sollten, zum Gebrauch der Priester vermacht. Weitere Bücher vermachte er den Minoriten in Leonberg und Bönnigheim sowie dem Kloster Rechentshofen. Während sonst die Prädikanten vielfach zu den Vorkämpfern der Reformation gehörten, hat sich Heck derselben nicht angeschlossen. Er ließ sich 1534 in den Spital in Leonberg aufnehmen und starb dort schon im nächsten Jahr[31].

Abgesehen von der Pfarrpfründe und der Prädikatur wurden alle Marbacher Pfründen nach der Reformation vom Staat eingezogen. Die zahlreichen Pfründhäuser wurden an Bürger der Stadt verkauft, und zwar in den Jahren 1536 und 1537. Unser Frauenpfründhaus um 121 Pfund, das St. Nikolauspfründhaus um 126 Pfund, Unser Frauen Frühmesshaus um 172 Pfund, das St. Michaelspfründhaus um 176 Pfund, in den Jahren 1539 und 1540 gingen das Heiligkreuzpfründhaus um 280 Pfung und ein anderes Pfründhaus um 137 Pfund an Käufer über. Die Käufer machten mit den möglichst früh gekauften Pfründhäusern offenbar gute Geschäfte, denn das St. Niklaspfründhaus wurde schon 1540/41 um 229 Pfund weiter verkauft.

IV. Unter den württembergischen Herzögen

A. Die erste Regierungszeit Herzog Ulrichs (1498–1519)

In keiner Zeit erlebte Marbach mehr Geschichte, und in keiner Zeit war die Geschichte der Stadt mehr verbunden mit der Geschichte des Landes als zur Regierungszeit Herzog Ulrichs (1498 bis 1550) und Herzog Christophs (1550–1568). Mit 16 Jahren war Herzog Ulrich von Kaiser Maximilian mit dem Herzogtum belehnt worden. An die Räte des Landes hatte er geschrieben: „Dies geschehe, weil der Herzog seine Zeit her an seinem Hof getreulich gedient habe und sich als gehorsamer Fürst wohl gehalten, und er ihn zu der Regierung seiner Land und Leute geschickt halte."

1. Kriege und Feste

> „Im pfalzgrafischen Krieg sei ein neu unerhört Maß fürgenommen worden, daran man noch zu dauen habe." (1504)

In den Auseinandersetzungen zwischen Rupprecht von der Pfalz und Herzog Albrecht IV. von Bayern wegen des Erbes von Herzog Georg von Bayern, gestorben 1503, stellte sich Herzog Ulrich auf die Seite des Kaisers und des Bayernherzogs. Ulrich, tatendurstig und eines Erfolgs sicher, sah die Gelegenheit gekommen, die Scharte, welche sein Onkel Graf Ulrich V. durch Pfalzgraf Friedrich im Jahre 1463 erlitten hatte, auszuwetzen und Stadt und Amt Marbach aus der pfälzischen Lehenspflicht zu lösen.

Während das Heer Herzog Ulrichs mit 1500 Reitern und zwanzigtausend Mann Fußvolk bei Illingen aufmarschierte, wurden Bietigheims Befestigungen schnell verstärkt. Es war am meisten gefährdet von Besigheim her, das damals mit Ingersheim und mit Löwenstein zur Kurpfalz gehörte. Anzunehmen ist, daß in jenen Jahren auch die Nordseite von Marbach stärker befestigt wurde. Mit dem Aufkommen der schweren Feuerwaffen verloren die alten, hohen und freistehenden Stadtmauern an Verteidigungswert. Man baute nun niedere Mauern mit Bodenanfüllung auf der Innenseite, eine Befestigungsweise, wie sie an der nördlichen Stadtmauer zu sehen ist. Die festen Gewölbe unter dem Küllinsturm (Haus Niklastorstraße 25) entsprechen der Befestigungsart, wie solche der Herzog in anderen Städten durchführen ließ (Schorndorf). In einem raschen Vorstoß gelang es Ulrich, Maulbronn mit den zum Kloster gehörenden Orten zu besetzen. Das befestigte Bretten konnte er nicht erobern. Er stürzte sich auf Besigheim, das nach heftiger Beschießung eingenommen wurde. Auch andere pfälzische Besitzungen, so Ingersheim, Löwenstein, Neuenstadt und Möckmühl wurden erobert. Als Dank für die Hilfe bekam er von dem Bayernherzog Albrecht die Stadt Heidenheim. Da Kaiser Maximilian dem Herzog Ulrich wohl gesinnt war, durfte er die Eroberungen behalten (Besigheim bis 1529). In kurzer Zeit hatte Ulrich Erfolge errungen wie kein Landesfürst vor ihm. Sein Land reichte nun bis zur unteren Jagst. Marbach war nicht mehr nördliche Grenzstadt. Der größte Erfolg war, daß Stadt und Amt von der pfälzischen Lehenspflicht befreit wurden; doch mußte der Pfalzgraf und seine Angehörigen mit einer hohen Ablösungssumme abgefunden werden. In der Urkunde des Kaisers heißt es (gekürzt): „Wir Maximilian von Gottes Gnaden römischer König... bekennen für uns und unsere Nachkommen öffentlich mit diesem Brief und tun kund, daß Wir dem hochgeborenen Ulrich, Herzog zu Württemberg und Teck... kraft dieses Briefes das Schloß und die Stadt Marbach mitsamt den Dörfern geben, die früher Graf Ulrich von Württemberg und auch Herzog Eberhard von Württemberg diese von der Pfalz zum Lehen getragen haben. Darauf befehlen und verordnen wir, daß solche Lehenschaft ganz tot und kraftlos sei, und daß die Genannten und ihre Nachkommen aller Pflicht und Verbindung ledig und los sein sollen. Gegeben in unserer Stadt Rottenburg am Neckar am ersten Tag des Monats August 1504." (J. Pr. Kast, Beschreibung der Stadt Marbach, S. 125.)

Bestimmt haben die Marbacher dem jungen Herzog zugejubelt, als er siegreich vom Feldzug zurückkehrte. Doch nach zehn Jahren hatte sich das Blatt gewendet. Auf dem Tübinger Landtag 1514 brachten sie vor, daß im pfalzgräflichen Kriegszug ein „neu unerhört Maß vorgenommen worden, daran man noch zu dauen habe." Das Amt Marbach habe damals folgende Kosten gehabt: Drei Monate lang sechzig Söldner gehalten = dreihundertsechzig Gulden. Zu diesem hat die Landschaft (Landtag) eine merkliche Schatzung (Kriegssteuer) beschlossen, zu der das Amt Marbach vier Monate lang jeden Monat 450 Gelden beitragen mußte. Doch die alten Schulden hinderten den Herzog nicht, noch viel mehr neue und größere dazu zu machen.

2. Die Pferdewettrennen bei Marbach (1511 und 1512)

„Wir geben Euch hiemit zu erkennen, daß wir ein Kurzweil und Gesellschaftsrennen mit laufenden Rossen bei unserer Stadt Marbach zu halten vorgenommen haben."

Auch Marbach durfte die Gunst des Herzogs erfahren. Noch im Hochzeitsjahr ging eine Einladung in die deutschen Lande hinaus: Allen und jeglichen Kurfürsten, Fürsten, geistlichen und weltlichen Herren, Grafen, Rittern, Edelknechten, Amtleuten, Bürgermeistern, Bürgern und

Gemeinen, an die unser Schreiben gelangt, entbieten Wir Ulrich von Gottes Gnaden, Herzog zu Württemberg und zu Teck, Graf zu Mömpelgard unsern freundlichen Dienst und Gruß so, wie es jedem nach seinem Stande gebührt. Hochwürdige, ehrwürdige, hochgeborene, wohlgeborene, edle und ehrsame Herren! Oheime, Schwager, und Vettern! Wir teilen Euch mit, daß wir ein Kurzweil und allgemeines Pferdewettrennen von einer Meile zwischen Neckarweihingen und Benningen bei unserer Stadt Marbach am Neckar veranstalten wollen.

Am 3. Mai 1511, sollen die Knappen, so Rennpferde haben, um acht Uhr vormittags auf dem Startplatz in Neckarweihingen sich einfinden. Dem ersten Pferd, das mit seinem Knappen ins Ziel kommt, geben wir zweiunddreißig Gulden an einem silbernen Trinkbecher, dem zweiten eine Armbrust und dem dritten ein Schwert.

Für jedes Rennpferd muß ein rheinischer Gulden hinterlegt werden.

Am Abend sollen die Rennmeister kommen und das eingegangene Geld auflegen, damit die kleinen Gewinne nach dem Rat der Rennmeister aufgebessert werden.

Wir wollen auch an dem angegebenen Tag zwei Stücke Barchenttuch aussetzen, um welche die Männer oder Gesellen und die Weiber wettlaufen dürfen.

Es ist unsere freundliche Bitte und unser Wunsch, zu unserer Freude dieses Vergnügungsfest zu besuchen und mitzumachen.

Gegeben in unserer Stadt Stuttgart mit unserem aufgedrückten Geheimsiegel auf den sechzehnten Tag des Monats Januar nach Christi, unsers lieben Herren Geburt, als man zählt fünfzehnhundertundelf Jahre; (gekürzt).

Wieviele Herren und Edelknechte gekommen waren, hat der Chronist nicht berichtet. Für den Herzog, ja für alle war es bestimmt ein „rechter Kurzweil". Noch höher stieg sein Ansehen, noch größer wurde sein Stolz: es war der erste große gelungene Geländeritt mit Hindernissen in seiner Regierungszeit. Für den einfachen Mann gab es bestimmt viel zu bestaunen und zu erzählen. Ein solches Fest hatten sie noch nicht erlebt, bei dem sie sogar mitmachen durften. Am 11. Mai 1512 wurde dieses Rennen wiederholt, zu dem schon am 21. Dezember 1511 eingeladen wurde.

Da in einem alten Aufschrieb ein „Rennhaus" in Benningen genannt wird, ist anzunehmen, daß seit dem Geländeritt mit dem Ziel bei Benningen die bis zur Neckarkanalisierung zu Marbach gehörenden Wiesen jenseits des Neckars „Rennwiesen" heißen.

> „Bei dem Beilager Herzog Ulrichs mit Sabina von Bayern wurden auch in Marbach unterschiedliche Wettspiele gehalten und endlich alles fröhlich und glücklich vollendet." (1511)
> M. Crusius

Die Erfolge des Feldzuges gegen den Pfälzer Kurfürsten hoben das Selbstbewußtsein des Herzogs gewaltig. In Stuttgart hielt er einen Hofstaat, wie einen solchen nicht einmal die Großen des Reichs halten konnten. Häufiges Bankettieren, großartige Turniere, ausgedehnte Hetzjagden mit zahlreichem Gefolge und kostspielige Reisen ins Ausland, um Pferde und Hunde zu kaufen, verschlangen Geldsummen, die schwer aufzubringen waren.

Aufsehen erregte der lebenslustige Herzog bei allen Landes- und Reichsfürsten, als er im Frühjahr 1511, 24jährig, mit Sabina, einer Tochter des bayrischen Herzogs Albrecht und Nichte Kaiser Maximilians, sein Beilager hielt. Ulrich ritt seiner Braut in Begleitung von tausend Hofleuten bis auf die Prag in Stuttgart entgegen, wie sie, war er in Rot gekleidet, trug einen roten breitkrempigen Hut mit doppeltem Federbusch, Halbstiefeln aus Silberstoff, goldene Sporen und einen mit Edelsteinen besetzten Degen. Zur Belustigung des herbeigeströmten Volkes wurden allerhand Reiterspiele veranstaltet. Sodann zog man vor die Stiftskirche, vor der sich die Stuttgarter Geistlichkeit in langer Reihe aufgestellt hatte. Nach der Einsegnung des hohen Paares durch den Bischof von Konstanz gingen die Getrauten unter Begleitung von Fürsten und anderen Adligen ins Schloß. Der Festball dauerte die ganze Nacht hindurch bis zum frühen Morgen.

Auch in Marbach wurden, wie Crusius berichtet, „unterschiedliche Wettspiele mit Schießen, Rennen, Glückstöpfen gehalten, und endlich alles herrlich, prächtig, liebreich, fröhlich und glücklich vollendet." Am andern Tag war die eigentliche Hochzeitsfeier. Als Vertreter der Stadt Marbach war der Vogt und je ein Vertreter vom Gericht und Rat nach Stuttgart gekommen. An den festlichen Tagen verzehrten die vielen Gäste 130 Ochsen, 1800 Kälber, 570 Kapaunen, 1200 Hennen, 2750 Krammetsvögel, 11 Tonnen (Fässer) Salmen, 90 Tonnen Heringe. Zur Zubereitung der Festessen wurden 200 000 Eier, 3000 Säcke Mehl, 130 Pfund Gewürznelken und 6000 Scheffel Früchte gebraucht. Aus 8 Röhren des Marktbrunnens floß während der Gelage roter und weißer Wein. Mancher aus der Stuttgarter Umgebung und auch von Marbach wird in die Feststadt gewandert sein. Es sollte sich nicht wieder so bald eine Gelegenheit bieten, so billig zu einem schönen Rausch zu kommen. Viele haben sich über diese kostspielige Aufmachung aufgehalten und waren der Ansicht, daß man mit diesen Kosten ein ganzes Land verputzt habe.

3. Der Aufruhr des Armen Konrad (1514)

Herzog Ulrich hatte auf dem Landtag in Stuttgart den Abgeordneten gestanden, daß er während seiner kurzen Regierungszeit zu den alten Schulden noch weitere Hunderttausende gemacht habe und noch mehr Geld brauche. Um diese Schulden zu tilgen und um zu neuen Beträgen zu kommen, wollte er eine Erhöhung der Vermögenssteuer für zwölf Jahre. Es waren die hohen Herren von Stuttgart, führende Männer aus der Ehrbarkeit des Handwerks, die von dieser Steuererhöhung nichts wissen wollten, denen es dann auch gelang, den Herzog auf einen anderen Weg hinzuweisen, der ihn schneller zu Geld kommen lasse. Der Landtag beschloß, eine neue Steuer auf den Verbrauch von Fleisch, Frucht und Wein zu legen. Von den Abgeordneten der kleinen Städte wurde dem entgegengehalten, daß dadurch besonders die Armen belastet werden, „dieweil im Fürstentum Württemberg gar viel mehr Arme denn Reiche sind; die Armen auch gewöhn-

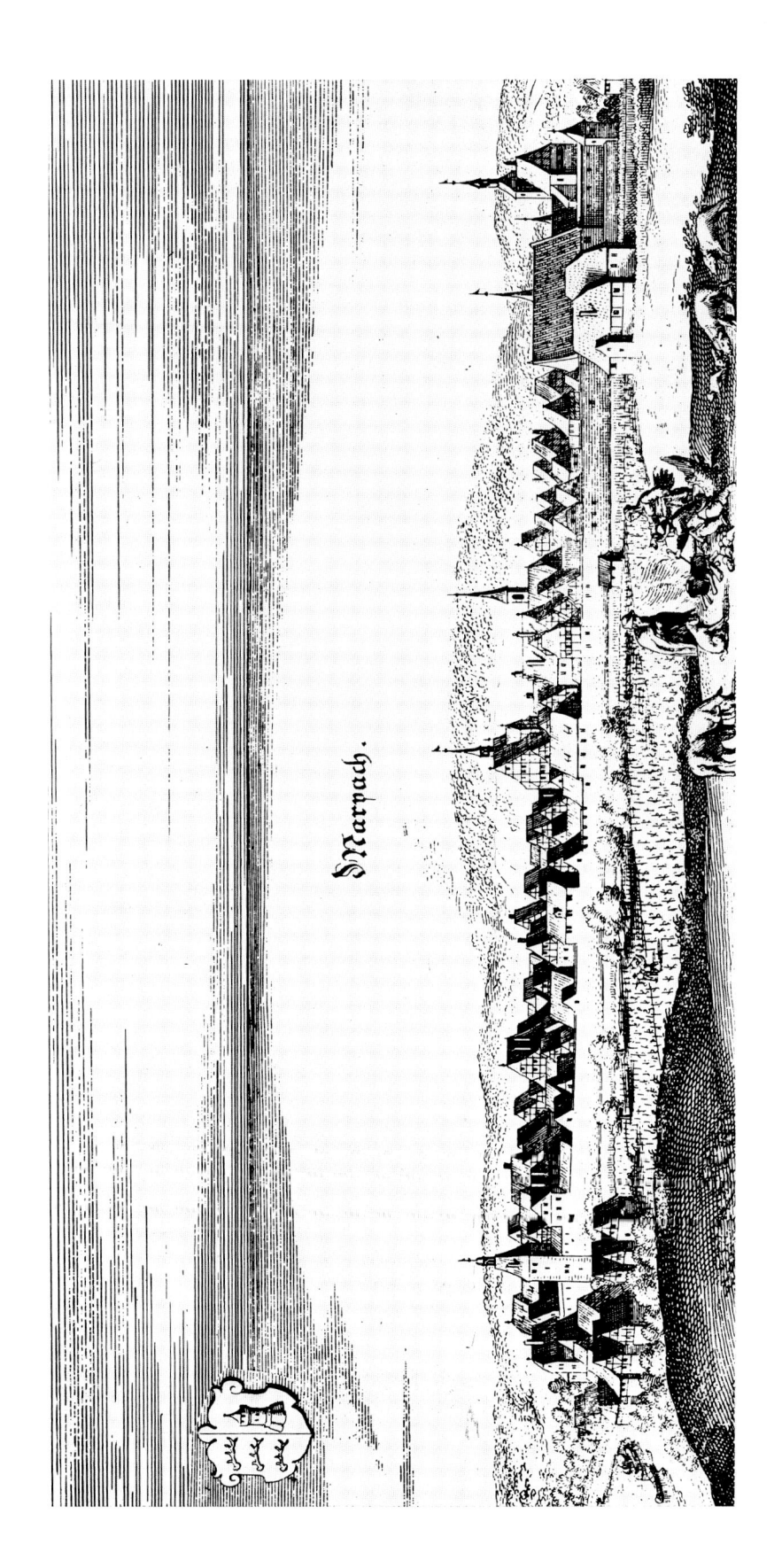

15 Ansicht von Süden. Merian 1643.

16 Nordansicht; gezeichnet von Gg. W. Kleinsträttel, 1664.

lich einen größeren Haushalt mit Kindern denn die Reichen haben; deshalb auch gar viel mehr mit solchem Umgeld beladen wären". Der Herzog erklärte kalt, der Armmann könne Fleisch und Wein entbehren.

Des Herzogs Berater und Finanzmänner hatten einen Plan, wie die Steuer eingezogen werden könne, aufgestellt. Der Bauer, der Handwerker, der Wengerter, der Bürger sollte nach wie vor für Fleisch, Mehl und Wein den seitherigen Preis bezahlen, doch nur neun Zehntel der Ware dafür bekommen. Was Bäcker, Metzger und Wirte dadurch gewannen, sollte als Steuer abgeführt werden. Und „hat der gemeine Mann solches mit Schmerzen zu Herzen gefaßt, das ungezweifelt nicht geschehen wäre, wenn es bei dem ersten Plan mit dem Pfennig-Steuererhöhung geblieben wäre".

Besonders erbitterte den Armmann, daß es den Oberen in Stuttgart gelungen war, alles auf den kleinen Mann abzuwälzen. Freilich, was wußten die Herren von den Verhältnissen draußen auf dem Lande, im Dorfe! Der Winter 1513/14 war bitter kalt gewesen. Im Frühjahr hatten gewaltige Hochwasser Brücken und Stege weggeschwemmt. Der Landmann befürchtete, daß die neuen Steuern seine Drangsale noch vermehren würden.

> „Der Armmann von Stadt und Amt Marbach hat sich in diesem Aufruhr mit Worten und Werken wider seinen gnädigen Herrn und gegen die Obrigkeit viel geübt; auch in Marbach entstand ein Geschrei und Murmel."

Die Remstäler ließen es nicht beim Schimpfen sein. Als im Frühjahr die Fastenzeit zu Ende ging, und der Armmann zum Osterfest für seine Kreuzer nicht mehr ein so großes Stück Fleisch zum Braten bekommen sollte, auch nicht so viel Mehl für die Osterbrezeln, schlug er im Remstal los. Aus den Orten zogen viele Unzufriedene nach Schorndorf und brachten ihre Forderungen auf Aufhebung des ungerechten Ungelds beim Vogt vor. Dieser ließ genügend Brot und Wein an die Unzufriedenen austeilen, worauf sie auf gütliches Zureden des Vogts wieder den heimatlichen Gefilden zustrebten.

Nicht alle beruhigten sich. In verschiedenen Dörfern gab es solche, die vor den Herzog bringen wollten, was sie schon lange in sich hineindrücken mußten. Sie schlossen sich im „Armen Konrad" zusammen. Wie sie auf diesen Namen gekommen sind, ist nicht mehr festzustellen. Vielleicht bedeutet es „kein Rat". Niemand wurde in den Reihen geduldet, der nicht von Schulden gedrückt und geplagt wurde. Von Schorndorf aus schickten sie Briefe in die Nachbarschaft und verkündeten, daß sich in ihrer Stadt eine Bruderschaft des Armmannes aufgetan habe, um die allzu harten Bedrückungen abzuschaffen.

Nach Marbach kam einer von Poppenweiler, der Lux Völter „uff der Stelzen"; so bezeichnete man einen Bauern mit kleinem Besitz und geringem Ertrag. Dieser erzählte den Marbachern von den Remstälern und fand offene Ohren. Wer dann einen Protestmarsch nach Marbach vorschlug und organisierte, ist unbestimmt. Am Marbacher Kirchweihtag – es war ein Sonntag anfangs Mai – strömte viel Volk aus den Dörfern und Städtchen der Umgebung in die Stadt. Bei den

Großbottwarern war sogar ein junger Pfaff, der sie anführte. Von Bietigheim kamen sie mit Handrohren (Flinten), mit langen Spießen, doch in guter Nachbarschaft. Die von Ingersheim zogen mit. Beide Orte waren erst seit 1510 zu Württemberg gekommen. Ihre Liebe zu Herzog Ulrich war noch gering und schwand schnell wieder, als sie von den neuen Steuern hörten „Uff dem Wasen bei dem rennhaus" kamen sie zusammen. Wahrscheinlich war es der ehemalige Schafwasen, heute König-Wilhelm-Platz. Vermutlich stand in der Nähe das später viel genannte Rennhaus, eine Reithalle mit Reitbahn.

Wer dann zu den Aufrührischen gesprochen hat, kann nur vermutet werden. Vielleicht war es der Marbacher Arzt Dr. Alexander Seitz. Auf Grund seiner späteren Schriften und seines späteren Wirkens darf geschlossen werden, daß er der geistige Führer der Aufständischen in der Marbacher Gegend war. Vielleicht hat auch Lux Völter von Poppenweiler von der Schorndorfer Wasser- und Gewichtsprobe erzählt. Harte Worte fielen gegen die reichen Suppenesser in den Städten und gegen die Vögte und Amtleute, die abgesetzt werden sollten. In Markgröningen predigte der Stadtpfarrer Dr. Reinhard Geißlin im Geiste des Armen Konrad so heftig am Osterfest, daß am Montag darauf einige Zuhörer riefen: „Die Köpfe müssen herunter, die Reichen müssen zu den Laden hinausgeworfen und den Kornwürmern gegeben werden." In Marbach war wohl der radikalste Wortführer ein Hemminger aus Kirchberg, der dann einige Wochen später seine Anhänger in den Backnanger Stiftskeller führte und sie dort toll und voll trinken ließ.

Vielleicht wäre auch der Marbacher Kirchweihtag ohne weitere Störungen verlaufen, wenn der Schloßvogt den Aufrührerischen genügend Wein und Brot hätte reichen lassen. Weil sie aber zu wenig getrunken hatten, endete der Tag fast noch blutig. Als die Bietigheimer abends heim kamen, wollten sie in der Nacht ihren Amtmann erschießen. Auch die Ingersheimer fühlten sich stark. Auf dem Heimweg drückten sie den Galgen um. Es muß der Marbacher Galgen gewesen sein; denn die umliegenden Orte hatten nicht das Recht, einen Galgen aufzustellen.

> „Wie die Vertreter von vierzehn Städten des Unterlandes in Marbach dem Herzog eine Ordnung machen wollen."
> *(Dr. W. Ohr, Wttbg. Landtagsakten, 1498–1515)*
> *Land. Bibliothek*

Die Vertreter der reichen Städte, besonders die von Stuttgart und von Tübingen und der Ämter waren gegen die Forderungen der Bauern, bei den Landständen (Landtag) mitberaten zu dürfen. Wenn die Bauern Grund zu Beschwerden hätten, sollten sie diese schriftlich vorbringen. Als sich dann die Kunde verbreitete, daß in der Woche nach Pfingsten Vertreter von vierzehn Städten des Unterlandes zusammenkommen würden, empfand jedermann, daß ein neuer Abschnitt in der „Revolution des Armmannes" beginne.

Wer die Vertreter zusammenrief, ist nicht bekannt. Marbach wird auch nicht als Tagungsort genannt; doch es kamen besonders Marbacher Angelegenheiten zur Sprache, so daß angenommen werden kann, daß die Stadt der Tagungsort war. Auch zeigte sich, daß Marbach durch gewandte und klar sehende Sprecher vertreten war. Ob auch Doktor Alexander Seitz bei der Tagung war, oder ob er mehr im Hintergrund wirkte, was seiner Art mehr entsprach, kann nicht mehr festgestellt werden.

In einundvierzig Artikeln hielten die Vertreter der vierzehn Städte fest, was sie beim Herzog und bei den Landständen in Stuttgart vorzubringen gedachten. Die Einleitung zu dieser Beschwerdeschrift konnte den Herzog nicht sehr erschrecken. Da heißt es: „Wir nachgeschriebene Städte mit Namen Leonberg, Großbottwar, Markgröningen, Marbach, Vaihingen, Bietigheim, Besigheim, Brackenheim, Güglingen, Backnang, Winnenden, Lauffen, Hoheneck und Waiblingen wöllen unsern Herzog Ulrich für unseren gnädigen Fürsten und Herrn haben und erkennen, seiner fürstlichen Gnaden in ziemlichen (was sich ziemt) Geboten und Verboten in aller Untertänigkeit gehorsam und wertig (würdig) zu sein, dazu alles tun, was arme gehorsame Untertanen ihrem Landesherren schuldig sind. Auch dünkt uns, daß nachfolgende Artikel unserem gnädigen Herrn und der Landschaft (Landtag) ehrlich, löblich und nützlich seien"; (zur Ehre, zum Lob und zum Nutzen gereichen werden).

Es waren keine Worte von radikalen Revolutionären, sondern von solchen Männern, die haben wollten, daß der Herzog und seine Räte auch dem Armmann Gehör schenken sollten.

Im ersten Artikel heißt es dann, daß auf dem geplanten Landtag weder Amtleute noch andere Räte unseres gnädigen Herrn im Rate sein sollen. (Es sollen nur Vertreter des Volkes im Landtag sein). Im vierten Artikel heißt es: „Marschall, Kanzler und Landschreiber und ihre Freunde und Anhänger haben unnützlich und übel hausgehalten; deshalb uns nützlich und gut dünkt, daß deren Ämter geändert und mit geschickten und verständigen Leuten versehen werden."

Von den anderen Artikeln soll nur das Wichtigste und besonders, was Marbach betrifft, aufgeführt werden. Allen Räten soll die Annahme von Geschenken verboten und mit hoher Strafe geahndet werden. Ledige Pfründen (freigewordene Stellen mit hohem Einkommen) sollen nur an ehrbare und gelehrte Personen und nicht an ausländische (Nicht-Württemberger) verliehen werden. Fürohin soll jeder Macht (Recht) haben, Wildbret, das er auf seinen Gütern von Ostern bis Michaeli (29. September) antrifft, mit Hunden zu verjagen oder umzubringen, um auf den Feldern Schaden zu verhüten. Er solle deshalb weder an Leib und Gut bestraft werden. Forstknechte und Forstmeister dürfen von niemand Geschenke annehmen, nicht daß die einen Holz, die andern nichts bekommen. Unser gnädiger Herr solle auch die unnützen Kosten am Stuttgarter Hof ändern und zum Teil abtun (Hofhaltung einschränken)."

Die Artikel 21–27 beziehen sich auf Marbacher Verhältnisse und erwecken daher besonderes Interesse. Da heißt es: „Es ist ein besonderes Zureiten in das Rennhaus von vielen Personen, die dann daselbst in unseres gnädigen Herrn Kosten liegen; so auch sonst große merkliche Kosten mit dem Rennhaus auflaufen; begehren wir, daß unser gnädiger Herr das Rennhaus und die Rennbrücke (Reitplatz, Reitbahn) abtun, um solch große unnütze Kosten zu verhüten: Desgleichen sind große unnütze Kosten im Schloß zu Marbach mit den jungen Hengsten (der Herzog hatte aus dem Ausland Zuchthengste kommen lassen); dünkt uns gut und nützlich, dieselben in Stuttgart zu halten. Es scheint uns, daß die vielen Pferde, die im Schloß zu Marbach stehen (Marstall), als ob sie unserem genädigen Herrn gehören. Als man sich erkundigte, stellte sich heraus, daß etliche Pferde dem Marschall (Oberstallmeister) gehörten. Es ist auch viel Zureitens gegen Marbach ins Schloß zum Hengstmeister von fremden Leuten, die auch darin essen, und es dünkt uns, daß diese im vergangenen Jahr bei 14 oder 15 Eimer Wein verbraucht haben. Auch hält der Hengstmeister im Schloß zu Marbach so unvorsichtig Haus, daß ein Kamin in einem Jahr zweimal von Feuer angegangen. Es ist deshalb zu besorgen, das Schloß werde einmal abbrennen.

Auch hält der Hengstmeister viele Hunde, dann Schweine und Kälber, und wir vermuten auf unseres gnädigen Herren Kosten. Er reitet auch täglich mit den Hunden durch die Felder und tut damit den armen Leuten (Untertanen) großen merklichen Schaden. So werden auch die armen Leute (Untertanen) im Amt Marbach merklich und hart beschwert mit der Lieferung und Beifuhr von Holz, so sie hieher dem Hengstmeister tun mußten." (Die Artikel geben einen kleinen Einblick in das Leben und Treiben im Marbacher Schloß um 1514. Man hat den Eindruck, daß Schloßbedienstete und Stadtbewohner genaue Beobachter waren.) In einem Artikel heißt es, daß der Herzog niemand auskommen lassen solle (unbestraft lassen), er sei edel oder unedel, wenn ein solcher Straßenraub treibe oder die Leute niederlege und niederschlage." Vermutlich gab folgender Vorgang Anlaß zu diesem Artikel: Der Ritter Götz von Berlichingen kam im Jahr 1514, begleitet von einigen Reitknechten, nach Marbach. Da erfuhr der Ritter von einem Wirt, daß ein kurmainzischer Rat kurz zuvor durch Marbach gekommen und auf dem Weg nach Ulm sei. Götz, der schon lange eine Scharte an den Kurmainzischen auswetzen wollte, fand die Gelegenheit günstig, den Rat auszuheben (zu überfallen). Später hieß es dann, daß auch Herzog Ulrich seine Hand in dem Spiel gehabt habe.

Der letzte Artikel ist wieder mehr allgemein gehalten: „Unser gnädiger Herr soll ernstlich verhüten, daß die Reisigen (Edelleute mit Gefolge) mit ihren Pferden und Hunden den armen Leuten auf den Feldern keinen Schaden anrichten."

Es fällt auf, daß in den 41 Artikeln die Steuererhöhung, welche doch die Ursache der Unruhen war, nicht erwähnt wird. Vielmehr beschweren sich die Vertreter über Zustände und Vorgänge, die aus einer Zeit vor Herzog Ulrich stammten. Was seither als Recht und Vorrecht der Adligen, der oberen Stände angesehen wurde, wird nun von den Untertanen als einseitige Maßlosigkeiten, als Unrecht und Mißbrauch angesehen. Es ist zum erstenmal, daß der Untertan seine Forderung auf Recht und Gerechtigkeit vorbrachte.

Vermutlich war es der Arzt Alexander Seitz, welcher vom Hintergrund aus der revolutionären Bewegung des Unterlandes Ziel und Inhalt gab.

> „Daß auf dem Lande großer Murmel und große
> Klag von dem gemeinen Mann sich erhebe."

Das Volk wollte, daß der Herzog die Beschwerden höre und dann abstelle. Von den Bauern wollte er jedoch nichts wissen und den Landständen traute er nicht. Die Spannung wuchs. Am

28. Mai 1514 war in Untertürkheim Kirchweihe. Sie wurde zu einer politischen Kundgebung. Aus allen Landesteilen wurde sie von den „Konzischen" (die sich zum Armen Konrad rechneten) besucht. Bauernführer aus dem Remstal stellten die Forderung auf, ein Heer aufzustellen, um der Obrigkeit machtvoller gegenüber treten zu können. Doch aus den Reihen der Versammelten stand keiner auf, um die Sache in die Hand zu nehmen. Es wurde viel geredet und geschrien. Mit heißen Köpfen gingen die Bauern in ihre Dörfer zurück und trugen die Aufregung in die Täler und Flecken des Landes.

In seiner Bedrängnis berief der Herzog die Vertreter der Städte auf den 16. Juni nach Stuttgart. Als erstes berichteten sie den Räten des Herzogs, wie auf dem Lande in den Ämtern großer Murmel und große Klag von dem gemeinen Mann sich erhebe, und daß die Dörfer in der Empörung verharren wollten, wenn man nicht noch zwei Vertreter vom Lande am Landtag teilnehmen lasse. Einer solchen revolutionären Neuerung stellten sich die Räte und die Vertreter der großen Städte entgegen. Sie setzten durch, daß Bauernvertreter nicht zugelassen wurden, weil sie bei den Verhandlungen hinderlich und für die Zukunft dem Herrn schädlich seien. Zuletzt einigte man sich darauf, daß die Bauernvertreter acht Tage nach Beginn eines in Bälde geplanten Landtages vorgeladen werden sollten.

Die Bauern draußen auf den Dörfern wurden immer lauter. Gerüchte gingen herum, daß man in verschiedenen Städten die Amtleute und die Stadtschreiber abgesetzt habe. Ganz entrüstet war der Herzog, weil die Bauern seine Hirsche und Wildschweine abschossen. An Kaiser Maximilian schrieb er: „So schießen sie mir das Wildbret eigens Gewalt mit großen namlichen Haufen, sonderlich sind mir an einem Flecken in zweien Tagen bis in die sechzig Stück, an etlichen Flecken minder oder mehr geschossen worden, das ich Euer kaiserlichen Majestät als meinem gnädigsten Herrn und Kaiser kläglich klage."

> „Wir geben zu erkennen, daß aus obliegenden Ursachen wir einen gemeinen Landtag gen Tübingen vorgenommen haben". (24. Juni 1514)

In Stuttgart einen solchen abzuhalten, unterließ der Herzog, weil die Aufrührerstädte Schorndorf und Leonberg zu nahe lagen. Zweck des Landtages sollte sein, die gestörte Ordnung im Lande wiederherzustellen und die Landesfinanzen wieder in Ordnung zu bringen.

Die Partei des Herzogs war durch seine Räte, Doktoren und Prälaten vertreten; als Vertreter der Gegenpartei können die Abgeordneten der 53 größeren und kleineren Städte angesehen werden. Marbach, Großbottwar und Beilstein waren durch zwei Mitglieder des Rates vertreten. Die Vögte sollten in den Ämtern bleiben, um beruhigend auf die aufruhrerische Bevölkerung einzuwirken.

Nach der Eröffnung brachten die Vertreter als erstes die Beschwerden vor, die das Gestüt mit dem Rennhaus in Marbach betrafen. Das Ersuchen um Abschaffung desselben ließ der Herzog dahin beantworten, „daß wir das abgestellt haben, obwohl wir das zu unserer Lust und nicht auf Kosten des Landes vorgenommen haben. Wegen des Gestüts ist unsere Antwort, daß unsere Voreltern und wir allwegen junge Pferde gehalten, weil solche zu Marbach mit geringeren Kosten als in Stuttgart gehalten werden können. Doch haben wir wegen der Klagen eine Änderung veranlaßt."

Im 2. Teil der Verhandlungen verpflichteten sich die Abgeordneten, die Schulden des Herzogs, die nun fast eine Million Gulden betrugen, auf die Landeskasse zu übernehmen und allmählich durch Erhebung einer Landessteuer zu tilgen. Der Herzog mußte aber auf ein wichtiges Recht verzichten. Er durfte nicht mehr allein über alle Landeseinkommen verfügen.

Ganz verhängnisvoll sollte sich der Schlußabschnitt des Tübinger Vertrags auf die Aufrührer auswirken. Es heißt darin: „Ob sich fürderhin begebe, daß jemand, wer der wäre, einen Auflauf oder eine Empörung machen oder vornehmen würde gegen die Herrschaft, gegen Räte, Amtleute Prälaten, Bürgermeister, Gericht, Rat oder gegen die Ehrbarkeit, so sollte der seinen Leib und sein Leben verwirkt haben und an ihm die verschuldete Strafe vollstreckt werden mit Vierteilen, Radbrechen, Ertränken, Enthaupten, Handabhauen. Alle sollen zu Gott und den Heiligen einen leiblichen Eid schwören, einander getreulich zu helfen, um solchen Übeltäter und Pöbel niederzuschlagen und dämmen und der Obrigkeit mit guter Gewahrsam zu überantworten. In welchen Häusern man erfände, daß wissentlich solches Vorhaben beraten, abgeredet worden, die sollen abgebrochen oder verbrannt und auf selbige Hofstatt zum ewigen Gedächtnis nimmer gebaut, auch zu des Manns erlittenen Strafen noch sein Weib und seine Kinder des Fürstentums verwiesen werden." Der Herzog erließ dann ein Schreiben, daß er in jedes Amt einen seiner Räte und einen Vertreter der Landschaft schicken werde, um sich auf den Vertrag huldigen zu lassen.

Alsbald schickte der Herzog seine Räte ins Land hinaus, um die Huldigung in den Städten und in den Ämtern vornehmen zu lassen. An vielen Orten und Städten waren die Untertanen bereit, zu ihrem angestammten Herzog zu schwören.

In Stadt und Amt Marbach waren die Aufrührischen weniger gesonnen, so schnell alles zu vergessen. Am 15. Juli strömten sie in Marbach zusammen; von Affalterbach, von Poppenweiler, auch von Großbottwar kamen sie auf dem Wasen vor dem Oberen Tor zusammen. Die Kirchberger wurden von Hemminger angeführt. Sie hatten ein Fähnlein machen lassen, zu dem ein jeder einen Kreuzer beigesteuert hatte. Wahrscheinlich war auf das Fahnentuch ein Bauer gezeichnet, über dem die Worte standen: „Der Arme Konrad." Hemminger hatte von den Leonbergern, die schon seit Tagen auf dem Engelberg lagerten, die Aufforderung bekommen, mit der ganzen Marbacher Vogtei nach Leonberg zu kommen, damit diese, mit ihnen vereint, recht stark seien. Doch der Aufforderung Hemmingers: „Auf, zu den Leonbergern!" kamen nur wenig nach. Nur achtzehn Kirchberger seien mit ihm gezogen. Am andern Tag kehrten sie wieder nach Marbach und Kirchberg zurück, weil sie auf dem Engelberg niemand angetroffen hatten. Unterdessen war der Herzog von Stuttgart aus auf den Engelberg geritten. Er gab den Anführern die besten Zusicherungen, worauf alle nach Hause gingen.

Mittelpunkt des Unruhegebietes war Schorndorf geworden. Als der Herzog auf dem Schorndorfer Wasen die Huldigung selbst vornehmen wollte, kam es zu Tumulten und zu tätlichen Bedrohungen gegen den Herzog, so daß er den Platz schleunigst verlassen mußte.

Am 23. Juli zogen Tausende aus Schorndorf und aus dem Remstal auf den Kappelberg bei Beutelsbach. Sie wollten sich dort mit den Gesinnungsgenossen aus dem ganzen Land vereinigen, um ihre Macht zu zeigen.

Auch vom Amt Marbach kamen Männer, aufgefordert von Lux Völter von Poppenweiler. Das Dorf Murr und die Dörfer des Amtes Marbach hatten sich in Erdmannhausen versammelt. Man schickte von jedem Dorf einen oder zwei Männer nach Schorndorf, die erkunden sollten, ob sie dort huldigen oder nicht.

Als der Herzog mit Kriegsknechten und Reisigen von Stuttgart her nahte, hatten die Aufrührer keine Aussichten mehr auf Erfolg. Sie waren bereit, „das, was die von der Landschaft sie heißen, des Vertrags halb zu tun". Der Haufen löste sich auf. In den folgenden Tagen stahlen sich einige hundert Männer fort, weil sie wußten, daß der letzte Abschnitt des Tübinger Vertrags alle Rechte dem Herzog gegen die Aufrührer gab.

4. Des Herzogs strenges Gericht

Am 31. Juli und am 1. August ließ der Herzog durch Tübinger und Stuttgarter Kriegsknechte die Dörfer der Aufrührer und die Stadt Schorndorf besetzen. Die Knechte „erschlugen die Hühner, nahmen die Tiere weg, brachen in die Wohnungen ein und erfüllten alles mit Schrecken".

Über 1600 Männer wurden verhaftet, etwa sechzig in Ketten gelegt, und acht Männern, die man als Rädelsführer herausgegriffen hatte, ließ der Herzog ihre Köpfe vor ihre Füße legen. Drei Wagen mit abgelieferten Waffen wurden auf die Feste Asperg gebracht.

In Marbach sah man mit Bangen dem drohenden Unheil entgegen. Das Schorndorfer Blutgericht war vielen eine Warnung. Sie flohen, als die Untersuchungsrichter nahten. Am 12. September erschienen die herzoglichen Richter. Sie hatten zu untersuchen, ob jemand nicht gehuldigt oder nach dem Tübinger Vertrag gegen den Herzog mit Worten und Werken gehandelt habe. Den Untersuchungsrichtern wurde dann angegeben, daß der Lux Völter von Poppenweiler eine Ursache gewesen, und daß der Hemminger von Kirchberg auf dem Wasen gewesen und mit etlichen seiner Mannen nach Leonberg gezogen sei, worauf der richtende Kommissar befahl, das Fähnlein der Kirchberger herauszugeben. Es ist dann zu St. Alexander aufgehängt worden. Der Kirchberger Anführer Hemminger wurde flüchtig und soll als Spielmann im Lande umhergezogen sein. Auch von Marbach selbst, berichtet der Historiker Steinhofer, „waren viele dergleichen Leute; und unter denselben insonderheit Hans Schlosser, Endris Ramenstein, genannt Muser (Mauser), Hieronymus Welker und Hans Virlay, wegen welchen alsdann die Marbacher selbst gebeten, nachdem sie ausgetreten (geflohen) und nach dem Abzug vom Kappelberg wieder einkommen wollten, man möchte sie und die Stadt mit diesen liederlichen Leuten nicht mehr beschweren. Sie hätten fast das ganze Amt, das sich auf Anmahnung des Kirchbergers unnützen Bürgers an dem Rennhaus zu Marbach versammeln sollte, in Unordnung gebracht". Daß man sie, nachdem der Aufruhr zusammengebrochen war, als Verbrecher hinstellte, ist üblich nach einer mißlungenen Revolte. Ihr weiteres Schicksal ist nicht bekannt. Vielleicht gingen sie auch zu den Ausgetretenen und Landflüchtigen, die schnell vor den Häschern des Herzogs in die Schweiz flohen. Von diesen, die entronnen waren, sagte ein Zeitgenosse, „kamen viele gen Zürich und gen Schaffhausen und begehrten nichts denn das göttliche Recht. Aber ihnen wollte niemand zum Recht helfen. Da mußte mancher fromme und unschuldige Mann von Haus und Hof, von Weib und Kind wider Gott und wider Recht". Nur von einem wissen wir das weitere Schicksal. Doktor Alexander Seitz entwich rechtzeitig in die Schweiz.

5. Doktor Alexander Seitz – Arzt, Schriftsteller

Alexander Seitz wurde um 1470 in Marbach geboren. Von 1488 ab widmete er sich dem Studium der Heilkunde, zuerst in Tübingen, dann wahrscheinlich in Como, sicher in Padua und in Rom.

Nach Beendigung des Studiums ließ er sich in seiner Heimatstadt als Arzt nieder und genoß bald großes Ansehen. Im Jahre 1509 erschien seine erste Schrift unter dem Titel „Ein nützlich regiment wider die bösen Frantzosen mit etlichen klugen fragstücken, beschriben durch den meister Alexander Sytzen zu Marbach." In der Schrift behandelt er in gemein verständlicher Weise die Syphilis, damals französische Krankheit genannt. Diese Seuche hatte er in den italienischen Spitälern genau kennengelernt und beobachten können.

Bei seiner weiteren Tätigkeit übte er nicht nur den Beruf eines Arztes aus. Am Zeitgeschehen nahm er lebhaft Anteil. Bei den Revolten vor dem Marbacher Rennhaus im Jahr 1514 wird er zu den Bauern gesprochen haben und bei der Abfassung der 41 Artikel beim Marbacher Städtetag wesentlich mitgearbeitet haben.

Mit der Schrift „Der thurnier oder adeliche Musterung" zog er sich den Haß der Adligen zu. Seitz floh nach Wildbad. Als er dort in seiner hetzerischen Tätigkeit gegen den Herzog fortfuhr, wollte ihn der württembergische Statthalter in Neuenbürg verhaften. Seitz floh in die Schweiz und ließ sich in Baden, Kanton Aargau, nieder, wo er bald ein gesuchter Bade- und Frauenarzt wurde und wegen seiner Volkstümlichkeit sehr beliebt war.

Im Jahre 1515 veröffentlichte er ein Büchlein über „Die Wildbäder in Baden und deren Gebrauch." Aus dieser Zeit stammt auch „Ein schöner Tractat über den Schlaf und Traum", durchsetzt mit politischen Bemerkungen, deren Spitze sich gegen Herzog Ulrich richtete. In der Schrift heißt es: „Ein Fürstentum ist nichts anders dan (denn) ain groß hausgesinde und der Hausvatter drin ist der Fürste und amptmann Gottes, und der Vater ist erschaffen von wegen der Kinder, dieselben väterlich zu erziehen. Also ist auch ain gemain volg (Volk) im Fürstenthum keineswegs von wegen des Fürsten, sondern der Fürst ist von der gemain wegen verordnet. Darum soll er sich zum höchsten befleißen, haushalten und sein ampt treulich und väterlich zu pflegen, in allweg den gemain Nutzen zu fürdern (fördern), kainsweg sein aigennutz noch wollust darin suchen. Got der almechtig hat uns alle gleichs adels geboren umb ain gleichen pfennig, ja mit seinem byttern leiden und sterben uns christen all erkauft, kain hoher dann den andern, darin ganz kain Unterschaid gehalten, wir sind all unterainander ain hausgesind, ja ein ayninger Leibe, spricht St. Pauls etc." Das Büchlein darf als älteste Programmschrift eines schwäbischen Demokraten gelten. Erst nach 340 Jahren tauchen die Ideen, die Alexander Seitz ausspricht, bei Volksvertretern auf.

Für die vielen Flüchtlinge, die nach der Niederdrückung des Armen Konrad aus dem Lande austraten, wurde Seitz der Verfechter und Wortführer. Durch seine Halsstarrigkeit kam es in den Verhandlungen mit den Abgesandten des Herzogs zu keiner Einigung. Die enttäuschten Flüchtlinge bedrohten Seitz, und als er noch weiter hetzte, wurde er aus der Schweiz ausgewiesen, obwohl die Badener Frauen eine Zurücknahme des Ausweisungsbefehls verlangten.

Nach Vertreibung des Herzogs im Jahre 1519 ging Seitz ins Schwäbische zurück und ließ sich in der Reichsstadt Reutlingen nieder. Als Anhänger der neuen Lehre trat er zum Protestantismus über und hatte lebhaften Briefwechsel mit Zwingli. Als die österreichische Regierung in Stuttgart protestantische Geistliche verfolgte, entfachte Seitz bei den reichsstädtischen Reutlingern einen Entrüstungssturm, der ins Württembergische überzugreifen drohte. Um Unannehmlichkeiten mit dem Kaiser und dem König Ferdinand zu entgehen, wurde Seitz ausgewiesen. Er ging nach Straßburg. Beruflich konnte er dort keinen Fuß fassen. Zwingli verschaffte ihm eine Stelle in Zürich.

Im Jahr 1528 tauchte Seitz in Basel auf. Hier verfaßte er mehrere Schriften, eine über die Wichtigkeit der Arzneikunst und eine andere über geschlechtliche Beziehungen. Wieder wurde er in politische und religiöse Händel verwickelt.

Im Jahre 1550 erschien ein Bühnenstück unter dem Titel „Eine Tragödie, das ist ein Spiel, anfangs voller Freuden, aber mit sehr leidigem Ausgang." Es ist das letzte Lebenszeichen, das von ihm auf unsere Zeit gekommen ist. Wann und wo er starb, ist nicht bekannt (Marbacher Zeitung, 1927, Nr. 11).

B. Württemberg unter österreichischer Herrschaft (1519–1534)

Über Herzog Ulrich wurde vom Kaiser wegen Übergriffen und Unbotmäßigkeiten (Ermordung des Stallmeisters von Hutten, Überfall und Besetzung der Reichsstadt Reutlingen, Bündnis mit dem König Franz von Frankreich) die Reichsacht verhängt. Der Schwäbische Bund, eine Vereinigung mehrerer Reichsstädte zur Wahrung des Landfriedens, marschierte im Lande ein, um den Rechtsbrecher und Störenfried zu bestrafen. Unter Führung des Herzogs Wilhelm von Bayern, einem Schwager Herzog Ulrichs, und des Landsknechtsführers Georg von Frundsberg wurde das Land besetzt. Nach einer Beschießung mit schweren Mörsern mußte sich die Festung Asperg übergeben. Am 7. April 1520 wurde Markgröningen besetzt. Herzog Ulrich floh nach Mömpelgard. Am 7. Februar 1522 übergab Kaiser Karl V. das Land seinem Bruder Ferdinand von Österreich. Er wurde der neue Landesherr.

1. Marbach huldigt den neuen Herren

Am 9. April 1520 fiel Marbach in die Hände des Schwäbischen Bundes. Conrad Bullinger, der alte Vogt, und Hans Adam Schmiedt, Bürgermeister, leisteten für die Stadt und das Amt den Huldigungseid. Weil man immer einen Überfall und die Rückkehr des Herzogs befürchtete, wurden strenge Vorschriften von der Besatzungsmacht erlassen: „Jenen ausgetretenen, bankermäßigen Buben dürfte kein Untertan künftig Nahrung und Aufenthalt gewähren. Wer dabei getroffen werde, sei als treulos und meineidig sogleich ohne alle weitere Rechtfertigung durch Enthauptung oder Augenausstechen zu bestrafen." Auf Befehl mußte die Marbacher Schießstätte, zu der ein Schießhaus und ein Schießgarten gehörten, abgebrochen werden. Beide waren unten bei der Neckarmühle. Als dann die Neckarweihinger Schützen zum Bau einer neuen Schießstätte nach Hoheneck befohlen wurden, beschwerten sie sich, da sie von jeher zur Marbacher Schießstätte gehört hatten. In den Exiljahren des Herzogs Ulrich wurde, wie aus einem Schreiben hervorgeht, das Marbacher Rennhaus, das wenige Jahre zuvor reichlich Anlaß zu Beschwerden gegeben hatte, abgebrochen. Herzog Ulrich schrieb nach seiner Rückkehr an Jakob von Kaltental und an Jakob von Bernhausen: „Nachdem wir unser Rennhaus bei Marbach gelegen, welches wir mit nicht wenigen Kosten zu unserer besonderen Ergötzlichkeit mit allem, was dazu gehört, von Grund auf erbauen (haben), wird uns glaublich berichtet, daß ihr daselbige verrissen, abgebrochen hinweggeführt habt... Deshalb ist unsere ernstliche Meinung, daß ihr unverzüglich unser Rennhaus auf dem Platz, wo ihr das verderbt und abgebrochen habt, in gutem, wesentlichen, wie es vorher gestanden, wiederum erstellt." Wie die Angelegenheit geregelt wurde, wird nicht berichtet. Ein Rennhaus und ein Gestüt wurde in Marbach (Stadt) nicht mehr errichtet. Im Jahr 1575 ließ Herzog Ludwig ein neues Hauptgestüt in Marbach bei Münsingen bauen; doch hat dieser Name nichts mit dem Namen unserer Stadt zu tun.

2. Marbach im Bauernkrieg

Im Frühjahr des Jahres 1525 rotteten sich im Frankenland, im Odenwald, auch im Unterland aufrührische Bauern zusammen. Auf den 1. April hatte Jäcklein Rohrbach die Unzufriedenen zu einer Versammlung in Flein geladen; er wollte ihnen helfen, das Evangelium handzuhaben. Am 2. April warb er für die Sache in Großbottwar.

> Die Landesregierung ruft in Marbach ein Aufgebot als Grenzschutz zusammen.

Die Stuttgarter Regierung befürchtete ein Übergreifen des Aufstandes ins Württembergische. Sie beschloß, ein Landesaufgebot aus den umliegenden Ämtern in Marbach zu sammeln und dieses zur Abwehr der Bauern nach Lauffen zu schicken. Doch die Werbung hatte nur einen geringen Erfolg. Dreißig Landsknechte ließen sich anwerben. In Marbach selbst durften die Werber ihren Werbetisch nicht in der Stadt aufstellen, weil die Bürger befürchteten, daß die Bauern sich rächen würden. Der Werbetisch mußte deshalb außerhalb der Stadtmauern in der Wicklinsvorstadt aufgestellt werden. Als Untervogt Schertlin, der von Marbach stammte, das Landesaufgebot von Großbottwar nach Lauffen führen wollte, verweigerten diese den Abmarsch und verlangten eine Vereinigung mit dem Haufen in Weinsberg, wo am Osterfestmorgen die Adligen von den Bauern durch die Spieße gejagt worden waren.

> Die unruhigen Osterfeiertage im Bottwartal

An demselben Tag zogen die in Großbottwar Versammelten mit Pfeifen, Trommeln und Fähnlein auf den Wunnenstein, der zum Sammelpunkt der Aufrührischen bestimmt wurde. Nachts um zehn Uhr brachten zwei Männer die Nachricht von der Weinsberger Bluttat. Sofort schickte Untervogt Schertlin eine Meldung nach Marbach, damit sie nach Stuttgart an die Regierung weiter gegeben werden konnte.

Matern Feuerbacher, Wirt und Ratsherr von Großbottwar, den die Aufrührer von Anfang an zwingen wollten, die Führerschaft zu übernehmen, glaubte, so großen Einfluß bei den Bauern zu haben, daß er sie vor Auswüchsen zurückhalten und einen Zusammenschluß mit dem Weinsberger Haufen verhindern könnte. Mit dem Marbacher Obervogt Eitel von Plieningen und Vogt Spät von Höpfigheim besprach er sein Vorhaben, zu den Bauern auf den Wunnenstein zu gehen, um seinen Einfluß geltend zu machen. Beide Herren sprachen ihm zu. Am 17. April (Ostermontag) ging er mit dem Großbottwarer Forstknecht Cannstatter, der jedoch zu der Regierung hielt, auf den Wunnenstein. Am Stadttor sagte noch der Untervogt Schertlin zu ihnen: „Lieber Matern und Jörg, tut das Beste, ob ihr es möchtet wieder abbedingen, daß sie wieder heim ziehen!" Noch am selben Abend wurde Feuerbacher zum Hauptmann der Bauern gewählt.

> Auf der Steige zum Wunnenstein finden ergebnislose Verhandlungen statt

Unterdessen hatten sich in Marbach die Abgeordneten aus sechs Landesstädten eingefunden und bildeten einen kleinen Landtag. Auch war es der Regierung gelungen, 1200 Geworbene in die

Stadt zu legen und Marbach zu einem Stützpunkt gegen die Bauern zu machen. Die Hauptleute der Geworbenen rieten den Abgeordneten, mit den Bauern zu verhandeln und es nicht auf eine Auseinandersetzung ankommen zu lassen. Feuerbachers Bestreben ging von Anfang an dahin, eine Verständigung zwischen den Bauern, Adligen und der Regierung in Stuttgart herbeizuführen. Noch am Ostermontag bat er den Untervogt Schertlin, zu den Abgeordneten nach Marbach zu gehen. Von ihnen solle er eine feste Zusicherung der Verzeihung für die Bauern auf dem Wunnenstein erbitten; sie hätten sich ja nur im Guten zusammengetan, um Schaden zu verhüten und um den Weinsberger Haufen abzuhalten.

Die Abgeordneten in Marbach beschlossen, auf den Wunnenstein zu ziehen, um ein Abkommen mit den Bauern abzuschließen. Am 18. April ging ein Teil der Abgeordneten unter Führung des Untervogts Schertlin, darunter ein Jos. Schenwalter, genannt Kantengießer aus Marbach, auf den Berg. Auf der Steige wurde verhandelt. Nach den Plänen und Absichten der Bauern gefragt, antwortete Feuerbacher, daß sie den Weinsberger Haufen abwehren wollten. Die Abgeordneten erwiderten, daß das Landesaufgebot, das in Marbach liege, dasselbe wolle. Man könne sich deshalb zusammenschließen. Feuerbacher wurde nun von den Bauern veranlaßt, den Abgeordneten weitere Gründe ihrer Zusammenrottung vorzutragen. Er brachte vor, sie seien über die Maßen mit Gülten und anderen Abgaben beschwert, daß sie nicht mehr ertragen könnten.

Im ganzen Fürstentum solle das Gotteswort „einmundiglich" verkündet werden. Feuerbacher faßte ihre Forderungen zusammen in dem Satz: „Mir ligendt da, daß mir wöllen recht und gerechtigkeit handhaben, und das evangelium und die wahrheit an tag kom. Sie wollten die Artikel des andern (wohl des Allgäuer) Haufens, besehen und nach ihrem Gutdünken mindern oder mehren."

Die Forderungen, die Feuerbacher vorbrachte, gehen auf die zwölf Artikel der Allgäuer Bauern zurück. Die wichtigsten daraus lauten (gekürzt): „Zum ersten ist unsere demütige Bitte und Begehr, daß wir fürohin Gewalt und Recht haben wollen, einen Pfarrer selbst zu wählen, auch Gewalt haben, denselben abzusetzen, wenn er sich ungebührlich hält. Wir wollen auch den rechten Kornzehnten geben; den kleinen Zehnten wollen wir nicht geben, weil den die Menschen erdichtet haben. Bisher ist der Brauch gewesen, daß man uns für Eigenleute (Unfreie) gehalten hat. In der Schrift finden wir, daß wir frei sind, und wir wollen frei sein; nicht, daß wir keine Obrigkeit haben wollen, das lehrt uns Gott nicht. Es ist im Brauch, daß kein armer Mann das Recht hat, Wildbret, Geflügel oder Fische zu sammeln, was uns ganz unziemlich und unbrüderlich dünkt und dem Wort Gottes nicht gemäß. Die Herrschaften haben sich alle Wälder angeeignet. Wenn der arme Mann Holz braucht, muß er es um das doppelte Geld bezahlen. Die Herren sollen den armen Mann nicht weiter mit Frondiensten beschweren und von ihm umsonst begehren. Viele Güter sind mit Gült belastet, daß sie nicht zu ertragen ist. Wir begehren, die Abgaben so zu bestimmen, daß der Bauer seine Arbeit nicht umsonst tut. Etliche Herrschaften haben Wiesen und Äcker sich angeeignet, die doch einer Gemeinde gehören. Solche Güter sollen wieder der Gemeinde gegeben werden. Der Brauch, genannt der Todfall, soll ganz und gar abgeschafft werden" (den Witwen und Waisen beim Tod des Mannes das beste Stück Vieh oder Kleid wegzunehmen). Zum zwölften ist unser Beschluß und Meinung: „Wenn einer oder mehrere der hier gestellten Artikel dem Worte Gottes nicht gemäß wären, so wollen wir davon abstehen, sobald man es uns mit Grund der Schrift erklärt."

Die Abgeordneten entgegneten den Bauern, daß auch sie unter solchen Beschwernissen zu leiden hätten; sie seien ja ein Ding wie die fünf Finger an der Hand. Doch auch sie hätten nicht das Recht und die Befugnis, die Beschwernisse abzuschaffen. Das könne nur die Landschaft (Landtag) mit allen Abgeordneten. Auf einem solchen Landtag sollen sie ihre Forderungen vorbringen. Bis dahin sollen sie heimgehen. Die Marbacher Abgeordneten sagten noch zu, bei der Stuttgarter Regierung die schnelle Einberufung eines Landtages vorzuschlagen.

Von einer Heimkehr wollten die Bauern nichts wissen. Sie verlangen einen sofortigen Landtag im freien Feld und nicht erst eine Tagung in Marbach. Man hätte vorher auch viel gelandtagt, aber wenig gehalten. Die Abgeordneten versprachen, in ein- bis anderthalb Tagen den Bauern die Antwort der Stuttgarter Regierung zu überbringen.

Weitere Verhandlungen in Gemmrigheim

In der Nacht vom 18. auf den 19. April verließen die Bauern den Wunnenstein und zogen nach Gemmrigheim. Dorthin begaben sich die Abgeordneten am 19. April, um die Antwort der Regierung zu überbringen. Inmitten eines Ausschusses von zwanzig bis dreißig Bauern empfing Matern Feuerbacher die Marbacher Abgeordneten. Sie trugen die Forderungen der Regierung vor: Die Bauern sollen heimgehen; ihre Beschwerden sollen sie vor den Landtag bringen, der sofort ausgeschrieben werde und in fünf oder sechs Tagen in Stuttgart, Marbach oder wo sie wollen, zusammentreten solle. Untersuchung und Abstellung der Klagen wurden zugesagt. Zu dem Landtag dürfe jedes Dorf und jede Stadt Vertreter wählen.

Matern Feuerbacher beriet sich mit seinem Ausschuß und erwiderte: „Wir wollen schlecht (schlicht, einfach) keinen Landtag haben; denn man hat viele Landtage gehabt. Wann man heim ist kommen und gefragt hat, was man bringe, so hat einer gesagt, ich weiß nit; wir müssen aber Geld geben." Zuletzt rief Feuerbacher den Abgeordneten zu: „Wir wollen auch kein Geld mehr geben. Kommt ihr, so sehet ihr uns; kommt ihr nicht, so müsset ihr uns dennoch sehen." – Da die Nacht hereinbrach, wurden die Verhandlungen abgebrochen.

Die Unzufriedenen von Marbach schließen sich dem Haufen an

In Marbach brach unterdessen bei dem Landvolk und bei den Geworbenen der Aufruhr aus. Vielleicht hatte der Drohbrief von Feuerbacher den Funken ausgelöst. In diesem drohte er, das Kind im Mutterleib werde es entgelten müssen, wenn Marbach sich nicht anschließe. Die Landsknechte verliefen sich, weil der Hauptmann kein Geld hatte, den Sold zu zahlen.

Am 21. April schrieben die Marbacher an Feuerbacher, daß sie, sobald die Abgeordneten der Städte fort seien, mit den Bauern gemeinsame Sache machen wollen, „mit ihnen heben und legen, bei ihnen sterben und genesen wollen". Sie fragten an, wohin sie kommen sollten. In voller Stärke würden sie ausrücken. Am Samstagmorgen (21. April) vereinigten sie sich mit dem Haupthaufen, der vor Besigheim lag.

Der Marbacher Haufen zieht feindlich gewehrt in Bietigheim ein

In Bietigheim nahm man an, daß der ganze Haufen von Besigheim nach Maulbronn ziehen werde. Ruhig gingen sie aufs Feld, besetzten aber aus Vorsicht die Stadttore. „Indem kommt unversehens um 10 Uhr ein Haufen von Marbach vor die Stadt, und da man sie nit hat einlassen wellen, und die Bürgerschaft mehrteils außer der Stadt gewesen, so gewannen die Marbacher das Untere Tor mit Gewalt und ziehen feindlich gewehrt herein, also daß die Bürger sich im Heu und anderwärts verborgen. So nun der Weinsberger Hauf das im Fürziehen erfahren und sieht, fallen sie mit ganzer Gewalt greulich ein, fahen und plündern den Vogt und den alten Vogt Heß und andere Bürger, dazu die Priester Meister Ludwig Schönleber, Melchior Lenger und Jeremias Schultheiß, zerschlagen dem Abt zu Hirsau und den Klosterfrauen von Steinheim ihre Behausung, brechen alles Eisenwerk darin ab, schicken es zur Beut den Ihren heim und schreien die gutherzigen (regierungstreuen) Bauern auch für preis (vogelfrei) aus, die sich haben ins Heu eingraben oder bei ihren Trogschweinen bewahren müssen. Der Altvogt Heß, ein alter Mann bei 80 Jahren, entrann ihnen durch ein heimliches Gemach in eine Scheuer ins Stroh. Sie legten des Altvogts und des Vogts Weibern große Schand und Schmach an und suchten Geld bei ihnen. Der Altvögtin brachen sie an ihrem geschwollenen Finger den Ehering und andere Ring ab und trieben dies Wut, Plündern und Zerschlagen die ganze Nacht bis an den Morgen, also daß man den greulichen Schall weit gehört und die auf dem Asperg vermeint, es sei kein Stein mehr auf dem andern". Fast wäre es zu Vorgängen gekommen wie in Weinsberg an den Ostertagen. Radikale Elemente bekamen immer mehr die Oberhand. Sie wollten den Altvogt Heß und einen Kaplan durch die Spieße jagen. Namentlich der Führer des Zabergäuhaufens Hans Wunder drängte auf die Vollstreckung. Doch Hans Kälblin von Marbach und der Stadtschreiber von Markgröningen Georg Sigloch unterstützten Matern Feuerbacher, der erklärte, er wolle lieber selbst erwürgt werden, als daß dem Vogt ein Leids geschehe. Daß nicht alle Marbacher mit diesem Treiben einverstanden waren, geht daraus hervor, daß Hans Kälblin aussagte, er wäre gern daheim geblieben und Feuerbacher dazu äußerte, die Marbacher hätte man ja fast mit dem Kreuze holen müssen.

Am Dienstag, 25. April, zogen die Aufständischen weiter. Auf der Nippenburg und in Schwieberdingen aß man zu Morgen. Dem Junker nahm man Wein und Vieh ab; erklärte ihm, daß alles bezahlt werde. Da immer neuer Zuzug kam, mußten die Ämter bei dem Haufen neu besetzt werden. Feuerbacher blieb erster Oberster. Schultheiß des Haufens wurde der Marbacher

Bürgermeister Wilhelm Eberhard Ruff, genannt Scherer von Marbach. Für die Verwaltung der geforderten Geldbeträge und des Proviants wurden auf Befehl Feuerbachers „Pfaffenschätzer" bestimmt. Diese hatten alles, was aus Klöstern, Fruchtkästen und Kellereien genommen worden war, an die Beutemeister abzuliefern. Ohne Befehl von Feuerbacher durfte nichts abgegeben werden. Über alle Einnahmen und Ausgaben mußte genau Buch geführt werden. Endriß Hugen von Brackenheim und Michael Mehrer von Marbach hatten als oberste Beutemeister eingetragen: Jörg Kiß von Marbach aus etlichem Hausrat in zwei Fässern gefunden, gelöst und überantwortet: 23 Gulden; vom Pfarrer zu Pleidelsheim hat Hans Kälblin und Hans Weißlin von Marbach überantwortet: 24 Gulden. Weitere Einträge der Bauernkanzlei zeigen, daß etliche von Marbach nicht als Mitläufer angesehen werden dürfen.

Weil ein Angriff des bündischen Heeres unter der Führung des Truchseß von Waldburg befürchtet wurde, gingen von der Bauernkanzlei Befehle in das Land hinaus, man solle mit Mannschaft und Kriegsgeräten herbeieilen.

Eine solche Rotte, die auf dem Weg zum Hauptheer war, konnte mit der listigen Ausrede, bei den Vettern in Marbach einen Kirchweihbesuch zu machen, in die Stadt eindringen. Es muß in den ersten Tagen des Mai gewesen sein; denn Kirchweih feierten die Marbacher am Sonntag nach dem Alexandertag, und der ist am 3. Mai.

Dieses Ereignis hat schon früh das Interesse der Geschichtsschreiber erregt. Martin Crusius hat darüber einen Bericht in seine Annales Suevici (Schwäbische Chronik) von 1595 aufgenommen. Auf dieser Grundlage fertigte der Marbacher Stadtschreiber Gottlieb Friedrich Canz im Jahre 1763 eine Darstellung für seine „Denkschrift" (Altregistratur 5640), die hier wenig gekürzt wiedergegeben wird. Sogar der Dichter Achim von Arnim hat diese Episode in seinen 1817 erschienenen Roman „Die Kronenwächter" hereingenommen.

3. Canz schreibt

„1525 wurde die Stadt Marbach von der Gefahr der aufrührischen Bauern durch die Klugheit und Tapferkeit seiner Vorsteher folgendermaßen errettet."

„Zu der Zeit, da es in Württemberg wegen des Bauernkrieges übel und verwirrt aussah, kamen viele Bauern, so bald zwei, bald drei, bald noch mehrere mit Jägerspießen vor die Tore des Städtleins, und als sie von den Torhütern gefragt wurden, was sie im Sinn hätten, antworteten sie, sie wollen zu ihren Vettern und Schwägern auf die Kirchweih, worauf sie ohne weitere Bedenken eingelassen wurden. Als sie aber in der Stadt waren, fand sichs, daß ihrer mehr als 150 an der Zahl gewesen, davon der wenigste Teil bei Freunden eingekehrt, die übrigen hingegen alle auf den Gassen im Kreis herumstanden, die Köpfe zusammengestoßen und miteinander geredet, was den Hütern, die jetzt ihre Augen anfingen aufzutun, verdächtig vorgekommen. Daher sie die Sache dem damaligen Untervogt Michael Demler als gefährlich angezeigt, welcher ihnen befohlen, die nächst an den Toren wohnenden Bürger mit gewehrter Hand zu sich zu nehmen, die Tore zu verschließen und keinen Fremden mehr einzulassen. Ehe aber dieses vollzogen werden konnte, kamen noch mehrere Bauern hinein, daher der Untervogt Demler, welcher wegen des Ausgangs besorgt, gleichbald zu seinem Obervogt, dem Edlen Johann Eitel von Plieningen auf das Schloß gelaufen, ihm von diesen Bauern Nachricht gegeben und die gegenwärtige Gefahr vorgestellt, daß nämlich zu befürchten, sie möchten noch mehr Konspirierte in der Stadt haben; daher man nicht wohl Gewalt anlegen könne, sondern sie nur mit Glimpf und freundlichen Worten zur Stadt hinaus bringen müsse. Auf diese Vorstellung ging er wieder von dem Obervogt weg. Inzwischen wählten die Bauern einige aus ihrer Mitte und schickten selbige an ihn mit folgender Kommission ab. Weil einige von ihnen keine Befreundete in der Stadt hatten, auch nicht alle mit Wein versehen wären, so ließen sie um einige Quantität Wein aus dem Herrschaftskeller bitten. Wenn sie getrunken, werden sie allesamt nach Hause gehen. Sie wollten niemand beschwerlich sein. Der Vogt schlug anfänglich solches ab, weil es wider den Eid liefe, womit er seiner Herrschaft verpflichtet wäre. Weil sie aber inständig anhielten, sagte er, er wolle mit dem Obervogt von der Sache reden. Sie sollten nur indessen ruhig sein. Als er hierauf wieder auf das Schloß ging und das Begehren der Bauern vortrug, hielt der Obervogt für das Ratsamste, ihnen von dem besten Wein genügend zu geben und gedachte, hernach wegen des Ausgangs schon Rat zu schaffen. Diese gültige Resolution und Erlaubnis des Obervogts kündigte der Untervogt den Bauernvertretern an, wofür sie sich gar höflich bedankt und vergnügt bezeugt haben. Als dann aus dem Schloßkeller in vielen Gefäßen teils in die Häuser, teils auf die Gassen Wein getragen wurde, fingen die Bauern samt ihren Verwandten in der Stadt, deren nicht viel waren, an zu trinken und hörten nicht ehender auf, als bis alle toll und voll waren. Indessen ging der Untervogt mit einigen Ratsherren zu Rat, wie man die Bauern mit guter Manier aus der Stadt bringen könnte. Als aber die Bauern diese Zusammenkunft wahrnahmen, lief ein ziemlicher Teil von ihnen auf das Rathaus hinauf, die übrigen blieben unten an demselben stehen und schrieen den oberen zu: Stürzet sie durch die Fenster herab!, worauf die, welche droben waren von dem Vogt, Bürgermeister und Ratsherren begehrten, sie sollen aus der Ratsstube zu ihnen herauskommen. Als diese nicht wollten, sondern die Tür aufs beste vermachten und verriegelten, wollten jene Gewalt anlegen und die Türe mit allerhand eisernen Instrumenten aus der Angel heben; konnten aber mit allen ihren Bemühungen nichts ausrichten, daher sie sich an den Ofen machten und durch diesen einzudringen suchten. Aber auch dieses ging nicht an wegen dem eisernen Gitter, womit der Ofen überzogen und stark verwahrt war und wegen derjenigen, welche sich durch die Ritze des Ofens aus der Ratsstube mit dem Degen gegen sie wehrten, worauf sie von fernerer Gewalttätigkeit abstanden. Inzwischen traktierte der Obervogt diejenigen, welche nochmalen bei ihm um Wein anhielten, ganz liebreich und freundlich, versprach auch, nach Genüge zu geben, soviel sie wollten, wenn nur keine Ungebühr und Unordnung dabei vorginge.

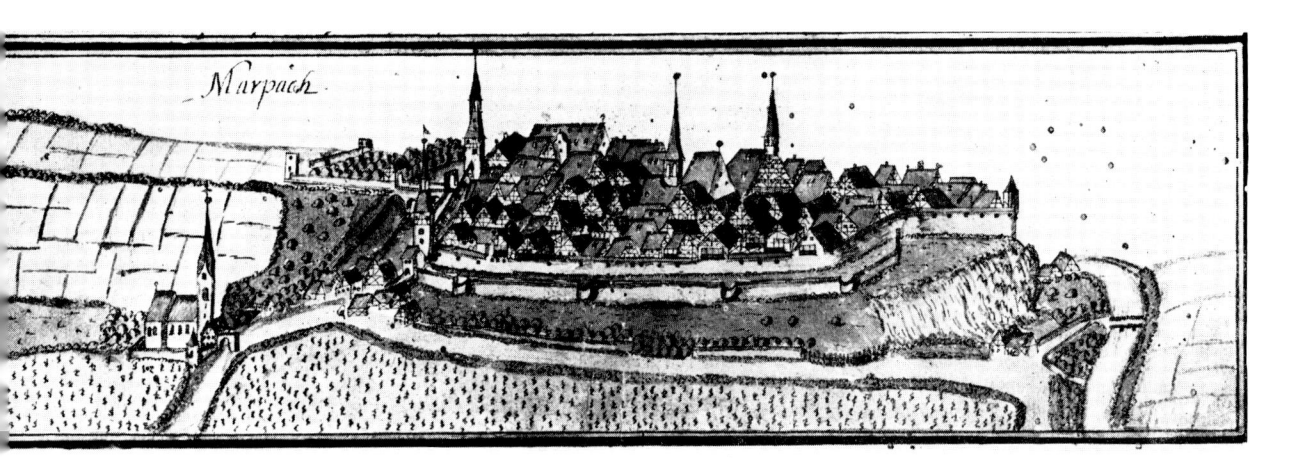

17 Stadtansicht; gezeichnet von A. Kieser um 1680.

18 Siegelhausen; gezeichnet von A. Kieser um 1680.

19 Herzog Ulrich von Württemberg; um 1530.

Als er darauf bei anbrechender Nacht hörte, daß alle Bauern samt ihren Saufbrüdern toll und voll waren, und teils in den Häusern, teils außer denselben auf den Misten in tiefem Schlaf lagen, und von den Obrigkeitspersonen allerhand Anschläge wider sie gemacht wurden, ließ er diese zu sich auf das Schloß kommen und fragte sie, was für getreue Bürger sie wüßten, welche ihres Eides gegen die Obrigkeit eingedenk wären, durch deren Hilfe man dieses Bauernvolk aus dem Städtlein schaffen könnte. Als sie ungefähr sechzig dergleichen nannten, ließ er anfänglich nur einige und hernach durch diese auch die übrigen in der stillen Nacht mit gewehrter Hand auf das Schloß kommen. Diese verpflichteten sich, einander keineswegs zu verlassen, sondern die Bauern auf alle nur mögliche Art auszutreiben. Darüber sagte der Obervogt, man hätte Geschoß und Schützen vonnöten, weil nur zwei Feuermörser, eine kleine Feldschlange und ein Doppelhaken samt einigen Büchsen in dem untern Teil des Rathauses waren, so wurden selbige auf dem hinteren Weg durch die Strohgasse auf das Schloß geführt, und ein anderer Bürger namens Max Spengler, welcher zwar verdächtig, aber ein Konstabler war, und nachdem er mit den Bauern getrunken und den Wein kaum ein wenig ausgeschlafen, von denjenigen, welche ihm zugeschickt worden, mit großer Mühe aufgeweckt und mit Drohworten getrieben und fortgebracht werden mußte, samt einem Trommelschläger berufen. Darauf führte sie der Obervogt Eitel unter Meldung seiner und der Obrigkeit wie auch der Bürgerschaft Pflicht und Eid aus dem Schloß heraus, stellte sie in eine Ordnung und ließ die Stücke (welche nicht mit Kugeln, sondern mit Pulver geladen waren) gegen den Markt richten. Den vorgemeldeten Spengler hieß er mit einer Stange und Londen (Lunde) hinter den Stücken stehen und das, was ihm befohlen wurde, zu verrichten. Dabei drohte er ihm den Tod auf der Stelle, wann er den Bauern nur das geringste Zeichen von den Stücken geben würde und stellte zu diesem Zwecke einen Bedienten mit einer geladenen Büchsen hinter ihn und zwei Gewappnete mit Hellebarden zu seiner Seiten, welche ihn, wenn er nur die geringste Spur einiger Untreue von sich sehen lassen würde, gleich massakrieren sollten. Und weil auch der Trommelschläger wegen des Aufruhrs in Verdacht war, so stellte er auch diesem zwei Gewaffnete mit gleichem Befehl an die Seite.

Sodann ließ er einige oben bei der St. Wendelskirche Achtung geben, damit die Bauern nicht durch die selbigen Gassen hinauf in das Schloß kommen und befahl den Weibern, in ihren Häusern siedendes Wasser in Bereitschaft zu halten und damit die Feinde, wenn es zu einem Treffen käme, wacker zu beschütten und zu brühen.

Als nun der Tag anbrach, ließ er seine Leute unter Trommelschlag in der Ordnung anmarschieren, und als hierauf die Bauern, welche den Rausch noch gar nicht ausgeschlafen hatten, ängstlich zusammenliefen und fragten, was dies wäre, schrie er ihnen zu: „Ihr Treulose und aufrührische Bösewichte! Heut sollt ihr alle von unseren Handen sterben, wie ihr es verdient habt." Diese, als sie so viele Gewaffnete sahen, erschraken und baten um Pardon, welchen ihnen aber der Obervogt nicht gegeben, sondern die Stücke lösen lassen und ihnen Tod und Untergang angedroht, worauf viele aus Schrecken über die Stadtmauer hinausgesprungen. Die übrigen aber wurden auf dem Markt zusammengetrieben, wo sie um Gotteswillen gebeten, ihrer zu verschonen und zu erlauben, daß ein jeder zu seinem Tor hinaus nach Hause gehen dürfte. Sie hätten freilich übel und unvorsichtig gehandelt, wollten aber jetzt ohne allen Tumult und Unordnung heimgehen. Hierauf sagte der Obervogt dem Untervogt ins Ohr, es ist gut, wenn wir den Wolf von uns hinauslassen, damit wir von ihm frei werden, und schrie den Bauern abermals zu: „Hört ihr leichtfertige Bösewichter! Weil ihr eure Missetat selbst bekennet und um Pardon bittet, so soll euch diese Gnad widerfahren. Ihr alle müßt zur ewigen Schande für euch und eure Nachkommen zum Eselstor hinausgehen. Dieses Tor wird zwar sonst das Neckartor genannt und hat niemals das Eselstor geheißen. Jetzt aber nenne ich es euch zum Schimpf „Eselstor", weil die Mülleresel zu demselben aus- und eingehen."

Diese Schmach baten sie sich zwar demütig und fußfällig ab; allein der Obervogt ließ das Tor öffnen, bedrohte sie abermals und sprach: „So wahr ich ein ehrlicher Edelmann bin! Wenn ihr nicht zu diesem Tor hinaus wollt, so sollt ihr alle wie die Hennen von mir geschlachtet werden." Hierauf schwiegen sie stille und gingen voll Bestürzung und Schrecken zum Eselstor hinaus, ein jeglicher seiner Heimat zu. Und auf diese Art wurde die Gefahr von dem Städtlein Marbach rühmlich abgewendet."

4. Bis zum bitteren Ende

Am 4. Mai schrieb der Bauernkanzler an die Adligen des Landes, unverzüglich mit ihren Untertanen in Wehr und Waffen nach Degerloch zu kommen. Am 6. Mai antwortete ihm der Marbacher Obervogt und Peter, Hans und Aberhans von Liebenstein, sie hätten das Schreiben mit der Aufforderung zu kommen erhalten; aber sie seien kaiserlicher Majestät mit Eid verpflichtet und könnten deshalb nicht selbst kommen. Es werde ihnen vielfach schon verdacht, daß sie ihre Untertanen zum Haufen hätten ziehen lassen.

Am 12. Mai vernichtete der Bauernjörg das Heer der Aufständischen. Auf die Fliehenden begann eine Jagd wie auf das Wild des Feldes.

Das Gericht und die Rache

Orte und Städte, die sich den Bauern angeschlossen hatten, wurden bestraft; die fünfzigtausend Gulden, die durch den Krieg entstanden waren, wurden so umgelegt, daß die ungetreuen Städte, darunter Marbach, Großbottwar und Beilstein das Doppelte an Strafgeld bezahlen mußten. Die Ämter Brackenheim, Marbach, Bietigheim, Backnang und Großbottwar mußten an den Junker Ludwig von Nippenburg/Schwieberdingen, dem sie in jüngster bäurischer Aufruhr, als sie zu Schwieberdingen gelegen (25. April), Wein, Vieh und anderes genommen, 110 Gulden bezahlen. Um jeden Abtrünnigen zu erwischen, mußte jeder Adlige eine Anzahl Reiter halten, die, in österreichischer Hausfarbe (schwarz-gelb) gekleidet, in die Dörfer ritten, die Geflohenen fingen und das Landvolk entwaffneten. Hochgewehr (Flinten) und Harnisch wurden den Bauern verboten.

Zu den verurteilten Marbachern gehörte auch der Konstabler Max Spengler, der das Geschütz bedienen mußte, als die eingedrungenen Bauern zur Stadt hinausgejagt wurden. Er war dann doch noch zum Bauernheer gegangen. Ihm wurde vorgeworfen, mit den Bauern hin- und hergezogen und „in vergangen bewirkter empörung ufrurig gewesen zu sein". Nur auf die Bitten einiger Bürger durfte er wieder in der Stadt wohnen, mußte aber acht Tage im Turm büßen. Schwer bestraft wurde ein Scherer von Marbach. Vermutlich ist es der Bürgermeister Wilhelm Eberhard Ruff, genannt Scherer. Er war der Schultheiß des Haufens gewesen, gehörte demnach zur Führerschicht. Weil er „zu Marpach in der nechst vergangenen ufrur vil unmüssige wort und reden gebraucht", kam er in den Turm. Nach seiner Freilassung verließ er mit Weib und Kind das Land. Wer bei dem Aufruhr nur mittat, mußte eine Geldbuße zahlen oder kam in den Turm. Das Recht, Wehr und Waffen zu tragen, wurde ihnen genommen; gestattet war ihnen nur ein abgebrochenes Brotmesser zu tragen. Der Besuch von Veranstaltungen und Zusammenkünften wurde ihnen verboten. Erst im Jahre 1527 wurde Matern Feuerbacher der Prozeß am kaiserlichen Hofgericht in Rottweil gemacht. Fast hundert Zeugen wurden verhört. Unter den Vierzig, die gegen Feuerbacher sprachen, war der Marbacher Jos Schenwalter, genannt Kantengießer. Er war als Vertreter der Stadt Marbach bei den Verhandlungen auf der Steige zum Wunnenstein dabei. Unter seiner Führung schlossen sich die Marbacher dem großen Haufen bis zum bitteren Ende bei Herrenberg an.

Bei den Zeugen, die für Feuerbach eintraten, war der 46jährige Hans Kelblin, auch Kälblin geschrieben. Mit ganzem Herzen war er nicht dabei. Zu Feuerbacher sagte er schon in Bietigheim, daß er gerne daheim geblieben wäre. Von ihm entlehnte der Aldinger Pfarrer Achzenit zehn Gulden, um den Betrag, den die Bauern von den Pfarrern erhoben, bezahlen zu können. Als die Bauern ihren Obersten Feuerbacher durch die Spieße jagen wollten (4.–6. Mai), trat Kelblin für ihn in den Ring und sagte, man solle doch den Buben (Burschen) um Gotteswillen nicht folgen; das sei nicht evangelisch (nach dem Evangelium), den Edlen und Geistlichen das Ihre zu nehmen. Seine und die Aussage von fast 60 anderen trugen dazu bei, daß Feuerbacher nach langer Haft am 13. September 1527 frei gesprochen wurde.

5. Der Stadt ältestes Gebäude- und Einwohnerverzeichnis (1525)

„Anschlag der Hus und Gesezze sampt den Vermögen derer, so kain aigen Wohnhus zu Marppach haben." (1525)
H. St. A. St. A 209 Bü. 1587

So lautet die Einleitung zu einem Verzeichnis, das „Herdstättenliste" heißt. Es ist das älteste Schriftstück, das statistische Angaben von Marbach enthält.

Im ersten Abschnitt werden 218 Namen aufgezählt, die „Hus und Gesezze" (Haus und Nebengebäude – Scheune, Stallungen, Schuppen) haben. Angegeben ist jedoch nur der Anschlagswert. So heißt es bei Alexander Zerweck: 250 Gulden, Claus Kodweiß: 40 Gulden. Irgendwelche Rückschlüsse oder Vergleiche lassen die wenigen Angaben nicht zu. Dreihundert Jahre später gibt der Stadtplan vom Jahr 1832 die Grundlagen, die Zahl der Wohnhäuser (Gebäude mit Hausnummern) innerhalb der Stadtmauern festzustellen. Eine Zählung ergibt 242 Wohnhäuser. Wenn nun die Stadtmauer um 1525 in demselben Umfang bestanden hat, wie sie noch erhalten ist, so müßten innerhalb derselben im Jahr 1525 mehr freie Wohnplätze vorhanden gewesen sein als im Jahre 1832. Da angenommen werden darf, daß es um 1525 im Altstadtkern keine freien Wohnplätze mehr gab, so kann ein weiterer Ausbau nur im nordwestlichen Teil der Altstadt stattgefunden haben. Hier ist auch die Lösung zu sehen, warum die Namen der Mittleren und Unteren Holdergasse erst viel später auftauchen.

Im zweiten Abschnitt sind 45 Namen verzeichnet, die „kain aigen Behusung", jedoch Vermögen hatten. Da keine Berufe angegeben werden, so darf angenommen werden, daß die meisten von ihnen in „Amt und Würden" (Herrschaft, Stadt, Kirche) waren.

In einem dritten Abschnitt werden 14 als „nachgeschrieben" genannt. Vermutlich sind darunter die Besitz- und Vermögenslosen zu verstehen. Die Frage taucht auf, zu welchem Zwecke die Herdstättenliste angelegt wurde. Da in dem Gesamtverzeichnis auch die Listen der Amtsorte enthalten sind, ist anzunehmen, daß sie die Grundlage bildeten zur Festsetzung der Amtsumlage.

Einen weiteren Hinweis gibt die Bezeichnung „Herdstättenliste". Nach der alten Hartwaldordnung (vor 1580) wurde allen bürgerlichen Bewohnern der Hartorte, die häuslich eingesessen und eine eigene Herd- und Feuerstätte besaßen, eine jährliche Holzgabe aus dem Gemeinschaftswald gereicht. Wer Bürger der Stadt war, auch Vermögen besaß, jedoch keine eigene Behausung (Herdstätte) hatte, konnte demnach kein Gabholz bekommen. Es gab also damals zweierlei Bürger in Marbach: Die Herdstättenbürger, die zu den allgemeinen Bürgerrechten auch Nutznießer der Hart waren, und die Vermögensbürger, welche die allgemeinen Bürgerrechte besaßen, aber kein Recht auf Gabholz.

Die Herdstättenliste läßt demnach auf gewisse Spannungen in der Bürgerschaft schließen. Vielleicht wollten sie, die doch bei der Stadtsteuer herangezogen wurden, auch in Besitz der Gabholzrechte kommen. In der Hartordnung vom Jahr 1580 wurde dieser Unterschied beseitigt: Wer Bürger der Stadt war, hatte das Recht auf Gabholz aus der Hart.

C. Herzog Ulrichs zweite Regierungszeit (1534–1550)

In Landgraf Philipp von Hessen hatte Herzog Ulrich einen Freund, Ratgeber und Beschützer gewonnen. Ihm hatte er zugesagt, daß er sein Land reformieren werde, wenn er wieder in Besitz desselben sei. Am 13. Mai 1534 schlug das Heer des Landgrafen bei Lauffen am Neckar den österreichischen Statthalter. Am 15. Mai zog Herzog Ulrich viel umjubelt in das von den Österreichern und ihren Anhängern widerstandslos verlassene Stuttgart ein. Nach 15 Jahren Exil hatte der Herzog sein Land und auch Marbach zurückgeholt. Michael Mehrer, ein geborener Marbacher, der später Untervogt in Marbach war, übersandte dem Herzog ein umfangreiches Gratulations- und Huldigungsgedicht, bestehend aus 141 Zweizeilern. Ein Stein mit den württembergischen Geweihstangen und der Jahreszahl 1534 an einer Eingangstüre des Amtsgerichtsgebäudes läßt vermuten, daß Herzog Ulrich noch im Jahr seiner Rückkehr mit dem Bau eines Amtshofes beginnen ließ. (Zu einem Amtshof gehörte der Kasten (Zehntscheuer) Herrschaftskeller, Kelter.)

Gemäß seiner Zusage begann er auch im selben Jahr mit der Durchführung der Reformation. Nur wenige Hinweise gibt es, die zeigen, daß die neue Lehre in Marbach auch unter der österreichischen Herrschaft Eingang gefunden hatte. Der um 1500 in Marbach geborene Alexander Märklin, der während seiner Studienzeit Melanchton kennen lernte, konnte sich wegen seiner evangelischen Gesinnung als Magister in Stuttgart nicht halten. Er bekam eine Stelle in Eßlingen. Nach der Rückkehr in sein Land holte Herzog Ulrich den Protestanten Märklin nach Stuttgart. Für die neue Lehre wirkte in der Marbacher Umgebung der in Ilsfeld geborene Johannes Gailing. In Wittenberg hatte er Luther kennengelernt. Und wenn die aufrührischen Bauern am 18. April 1525 auf dem Wunnenstein vorbrachten, daß das Evangelium lauter und rein verkündigt werden solle und nimmermehr den „Dimperlein, Damperlein", so hatten sie bestimmt schon von den Schriften Luthers gehört. Der größte Teil der Marbacher Bürger blieb der Kirche treu. Als dann der Herzog durch Verordnungen und mit Befehlen äußere Formen des Glaubens abstellte, fand die neue Lehre immer mehr Eingang.

1. Die Einführung der Reformation

> „Unser ernstlicher Befehl ist, du wolltest ohne Verzug von wegen der Benefizien und Pfründen in Stadt und Amt ein Verzeichnis machen und bei jeder Pfrund angeben, wer der Besitzer derselben ist." (16. Juli 1534)

Mit Pfründen, Benefizien waren Einkommen eines Priesters aus seinem Kirchenamt gemeint. Am 8. März 1535 kam der Befehl des Herzogs, die Inhaber der Pfründen von diesen zu lösen. Unter Gewährung eines Leibgedings wurde ihnen die Pfründe genommen. Wer sich aber den neuen

Verhältnissen anpassen wollte, durfte weiterhin ein kirchliches Amt führen. In den folgenden Jahren wurden die verschiedenen Pfründhäuser in der Stadt an Bürger verkauft.

Einer von den Priestern namens Keller, der sich der veränderten Lage anpassen konnte, war der Inhaber der Pfarrpfründe an der Alexanderkirche. Die Pfründe war ihm von der österreichischen Regierung verliehen worden. Bei der Durchführung der Reformation verstand er es, daß die Pfründe ihm belassen wurde. Er ist somit der erste Pfarrer, der den ersten evangelischen Gottesdienst in der Alexanderkirche gehalten hat. Werner Keller stammte aus Leonberg; er war wohl ein Sohn des dortigen gleichnamigen Vogts. Er soll bis 1552 im Amt gewesen sein. Während des Schmalkaldischen Krieges mußte er die Stadt eine Zeitlang verlassen.

„Wir befehlen euch, die Kirchenornate, wollene, leinene und dergleichen an hausarme Leute, die des notdürftig sind, um Gotteswillen zu verteilen. Die übrigen Ornate sollst du, Vogt, mit etlichen Verständigen vom Rat mit höchstem und bestem Wert verkaufen. Wenn aber namhafte Ornate vorhanden sind, so von gutem, edlen Gestein, lauterem Gold und Silber, so soll jedes Stück aufgeschrieben und an unsere Kammer berichtet werden. Von diesem darf nichts verwendet werden." (3. Februar 1536)

Schon im März 1535 kam ein Bescheid, daß die Ornate und andere Kirchenkleinodien durch die Behörden in die Städte gebracht werden sollen. Der Befehl vom 3. Februar ergänzte den ersten. Weniger wertvolle Kirchengewänder sollten an Arme abgegeben werden. Die wertvollen Ornate, Messegewänder, Kelche und Monstranzen sollen aufgeschrieben und besonders aufbewahrt werden. In Marbach wurden folgende Kirchengeräte in die Liste aufgenommen: zwölf silberne Kelche, ebensoviele Patenen (Kelchteller) alle vergoldet, zwei silberne Kapseln, zwei silberne Opferkännchen, ein silbernes Käpselchen für die Hostien, eine silberne Monstranz, ein silbernes Kreuz; weniger wertvoll waren 10 Zinnleuchter, 28 Messingleuchter, 12 Opferkännchen und drei Rauchfässer aus Messing. An Gewändern wurde aufgeschrieben: zwei grüngemusterte Meßgewänder von Samt, zwei blaugemusterte, ebenfalls von Samt, ein altes Schweizer Meßgewand, zwölf wollene Meßgewänder, ein Meßgewand von Satin, zwei von Atlas-Seide, vier aus Damast, acht aus Seide und dann noch eine ganze Anzahl Gewänder aus verschiedenen Stoffen.

Herzog Ulrich hatte ein besonderes Interesse an den goldenen und silbernen Kirchengeräten. Sie wurden nach Stuttgart gebracht und eingeschmolzen, um alte und neue Schulden zu bezahlen.

„In unserem Fürstentum ist eine große und merkliche Anzahl armer Leute. Damit ihnen besser geholfen werde, soll das Heilig-Almosen desto nützlicher angelegt werden."

Mit der Durchführung der Reformation hörte die Alten- und Armenfürsorge, die von jeher von der Kirche und kirchlichen Einrichtungen ausgeübt wurde, auf. Eine neue Ordnung, der örtliche

Armenkasten, wurde eingerichtet. Alles Geld, das seither auf Messen (Stiftungen), Vigilien, Ewiges Licht, Wachs und Öl verwendet wurde, soll dem Kasten (= Kasse) zugute kommen. Auch was von den Pfründgütern, von der Präsenz, von Brüder- und Pflegschaften vorhanden und eingegangen ist, soll in den Armenkasten gelegt werden. Die Hochzeitsleut und die, welche mit der Leiche gehen (Beerdigungen), sollen ermahnt werden, den Armen etwas beizusteuern.

Über die Verwendung der Mittel wurden genaue Bestimmungen herausgegeben. Wer mit tiefer Armut beschwert ist, dem soll man leihen, ohne daß der Betreffende das Bettlerzeichen „Heiligs Blechle" an seinen Kleidern anstecken muß. Waisen, ganz armen Gesellen, die ein Handwerk anfangen wollen, armen Knaben, um sie zur Schule zu halten, dürfen Mittel aus dem Armenkasten gegeben werden. Wer aber beim Kartenspiel oder in den Wirtshäusern heimlich oder öffentlich beim Wein erwischt wird, soll des Almosens beraubt und so bestraft werden.

Als dann im Jahre 1551 wieder ein Spital gegründet wurde, traf man für den Kasten andere Regeln.

> „So haben wir verordnet, daß alle Bilder und Gemälde in den Kirchen abgetan werden sollten. Ebenso sollen alle Altäre bis auf einen oder zwei zur Reichung des Abendmahles aus den Kirchen getan werden."
>
> (7. Februar 1540)

Schon auf dem Götzentag in Urach im September 1537 hatte man die Entfernung der Bilder und Altäre beschlossen. Doch sollte es nicht mit Stürmen und Poltern, sondern mit Zucht und bei geschlossenen Kirchen wegen Auflaufs und Geschreis geschehen. Vielleicht war es in Marbach schon in einer Art und Weise geschehen, wie die Verordnung vom Februar 1540 es nicht wollte. Übereifrige haben aus der Alexanderkirche, auch aus der Stadtkirche und St. Wendelinskapelle, nicht bloß die Altarbilder zerrissen, sondern auch den Hochaltar, die Nebenaltäre in den Pfeilernischen zerschlagen. In einem kleinen Anbau an der Südseite des Chores war ursprünglich eine Darstellung Jesu mit den Jüngern im Garten Gethsemane. Wahrscheinlich wurde auch sie ein Opfer der Bilderstürmerei. Nur noch einige kleine Scheiben blieben erhalten von den farbigen Chorfenstern, auf denen biblische Szenen dargestellt waren.

Ein Freskenbild im Chor der Alexanderkirche zeigt die letzte Bilderstürmerei in Marbach. Im Jahr 1565 wurde in dem Bild vom Jahre 1460 die segnende Muttergottes, vor der die zwei gefallenen Ritter beten, überstrichen und ein Kruzifix aufgemalt. Es war in der Zeit, als M. Zacharias Etzel hier Spezialis war, und dem die Marbacher Wengerter die Fensterscheiben einwarfen, weil er ihnen im Herbst den Platz vor der Großen Kelter sperren wollte. Auf Befehl des Herzogs wurde eine Mauer vor der Abtsbehausung (altes Oberamtsgebäude) errichtet, welche die Interessensphären der Streitenden abgrenzte. Sie steht heute noch und ist ein jahrhundertealtes Erinnerungsstück an den Streit der Bürger um ihr Recht.

> „Daß Einhelligkeit in Predigt, Amt und Kirchengebräuchen erhalten werden, haben wir für gut angesehen, Synoden (Zusammenkünfte) zu halten, und verordnen wir daher, daß alle Kirchendiener in unserem Fürstentum in 23 Dekanate aufgeteilt werden."
>
> (1. August 1547)

Das Herzogtum wurde in 23 Bezirke = Dekanate aufgeteilt. Zu dem Dekanat Marbach kamen die Orte der Ämter Marbach, Großbottwar und Beilstein. Diese kirchliche Einteilung blieb ohne wesentliche Änderungen bis heute bestehen. Jedes Dekanat unterstand einem Spezialis, der später Dekan genannt wurde. Der zweite Geistliche in der Stadt führte den Titel Diakonus, später Helfer bzw. 2. Stadtpfarrer. Über die alten Pfarrhäuser und ihre Schicksale soll an anderer Stelle erzählt werden.

> „Dieweil die Beginen in den Städten viel Ärgernis und Widerlaufens anstiften, so sollen die Abgeordneten sie ernstlich zu Gottes Wort anhalten und ermahnen, von ihrer Kleidung abzulassen, um Ärgernis zu verhüten, ihnen auch das Sammeln (Milde Gaben) verbieten."
>
> *Aus der Instruktion der Visitationsräte 1546*

Die Beginen waren ältere, alleinstehende Frauen, die, ohne ein Ordensgelübde abgelegt zu haben, in einer „Klause" wohnten, in der Stadt Armen-, Alten- und Krankenpflege ausübten und durch Stricken und Flicken ihren Lebensunterhalt bestritten. Ihre alte und neue Behausung war in der Unteren Holdergasse, wo heute das Alte Schulhaus steht. Die neue Ordnung machten sie nicht mit, blieben von den Gottesdiensten weg und behielten ihre Schwesternkleidung bei. Bestimmt waren sie wegen ihrer Liebestätigkeit bei den Bewohnern der Stadt beliebt; Ärgernis erregten sie wegen ihrer Standhaftigkeit bei den amtlichen Stellen. Erst nach Jahren konnte mit den letzten sechs Beginen eine Übereinkunft erreicht werden. In dieser heißt es (gekürzt): „Da sich die sechs Schwestern in ihrem Alter mit Arbeit trotz täglicher Unterstützung durch fromme Leute nicht mehr durchbringen können, sie jedoch in ihrer vielfältigen Not und Armut niemand beschwerlich fallen wollen, bewilligen wir ihnen ein Leibgeding und Unterkommen in der mit Hilfe der Stadt erbauten neuen Behausung, in welcher nun ein Spital eingerichtet wird." Die sechs Beginen wurden die ersten Insassen des neu errichteten Spitals (1551). Der Beginensaal im Alten Schulhaus erinnert an diese vorreformatorische Frauenvereinigung.

2. Die Stadt im Schmalkaldischen Krieg (1546)

Im Jahre 1531 hatten sich die protestantischen Landesfürsten zusammengeschlossen zum Schmalkaldischen Bund, um sich gegen jeden in Wehr zu setzen, der sie oder ihre Untertanen mit Gewalt vom Wort Gottes drängen wolle. Herzog Ulrich schloß sich nach seiner Rückkehr ins Land dem Bunde an.

Nachdem Kaiser Karl V. in verschiedenen, erfolgreichen Kriegen die außenpolitischen Verhältnisse geklärt hatte, entschloß er sich zum Krieg gegen die im Schmalkaldischen Bund vereinigten Fürsten, um sie „als ungehorsame und widerspenstige Zerstörer des allgemeinen Friedens zu gebührlichem Gehorsam anzuhalten".

> „Weil es das Ansehen habe, als wolle der Kaiser feindlich in Württemberg einfallen, so sei er entschlossen, zur Abwehr des tyrannisch fremden Volkes einen stattlichen Zuzug mit seiner Landschaft zu tun. Daher befehle er ihnen, die früher gemusterte, zur Wehr verordnete und gewählte Mannschaft nebst Wehr und Harnisch unverweilt nach Göppingen zu schicken und hierbei namentlich keinen Büchsenschützen wegzulassen, sondern sie mit Haken- oder Zielbüchsen abzufertigen."
> *(12. Oktober 1546, Ausschreiben des Herzogs an alle Untervögte und Bürgermeister des Landes.)*

Schon am 14. Oktober zogen von Stuttgart, Bietigheim, Großbottwar und Lauffen je ein Falkonet mit 4 Pferden, von Marbach ein Kugelwagen mit 8 Pferden und vom Amt 535 Mann aus nach Göppingen. An der Ostgrenze des Herzogtums wurden die Truppen mit denen der Verbündeten – des Kurfürsten Johann Friedrich von Sachsen und des Landgrafen Philipp von Hessen – zusammengezogen. Ungefähr 9 Wochen sind die Mannschaften „uf der hell und daselbst umb gelegen und von unserem gnedigen Fürsten und Herrn gespeyßt worden".

Über die beiden Verbündeten des Herzogs wurde vom Kaiser die Reichsacht verhängt. Als Herzog Moritz von Sachsen als Vollstrecker der Acht in das Land des Kurfürsten einfiel, trennte sich der Kurfürst am 24. November von seinen Verbündeten und marschierte mit seinen Truppen durchs Remstal in Richtung Heilbronn. Die sächsischen Truppen kamen durch unsere Gegend, wobei sie sich nicht zum besten aufführten. Auch die Hessen zogen über Hall zurück in ihr Land. Im Brenztal suchte Herzog Ulrich mit seinen Württembergern den Einmarsch der kaiserlichen Truppen in sein Land zu verhindern. Diese unterließen den direkten Einmarsch; sie zogen vom Härdtsfeld ins Fränkisch-Hohenloh'sche gegen Heilbronn.

Die beutegierigen Scharen, welche sich auf das reiche Land freuten, machten weite Streifzüge. Wo sie hinkamen, schlugen und stachen sie alles nieder und hausten in den verlassenen Dörfern. Einen Angriff der Kaiserlichen von dieser Seite hatte der Herzog nicht erwartet. Der ungünstige

Verlauf entmutigte ihn, und am 12. Dezember entließ er seine Söldner. Nach Marbach schickte er zum Schutz 200 Reiter, die er jedoch am 22. Dezember auch entließ. Er selbst floh übereilt auf den Hohentwiel und dann nach Schaffhausen, was jedermann „desperierte". Die kaiserlichen Vortruppen unter dem Prinzen von Sulmona plünderten am 22. Dezember Großbottwar. Von dort zogen sie gegen Marbach. Der erste Angriff auf die Stadt wurde mit Hilfe einer kleinen Besatzung, die sich von Neuenstadt hierher zurückgezogen hatte, abgeschlagen. Der Prinz sicherte dann den Marbachern Leib, Leben, Ehre und Gut zu, wenn sie ihm und seinen Truppen kurze Zeit Quartier geben wollten. Die Marbacher trauten seinem Wort, schickten die kleine Besatzung weg und öffneten die Tore (28. Dezember 1546).

Prinz Sulmona kümmerte sich nicht darum, wie sich seine Soldateska in der Stadt aufführte. Er gestattete ihnen jede Ausschweifung. Die Bürger wurden „übel gemartert, gepeinigt, an den Hochbälgen uffzogen, auch ettlichen heraußer gerissen, darzu Frauen und Jungfrauen mit Gewalt zwungen und ir Unzucht mitt Inen verbracht. Ettliche seyen aus Furcht über die Stadtmauern herausgefallen und entloffen". Der Bürgermeister Jäger starb an den erlittenen Mißhandlungen. Drei Tage lang dauerte das Rauben, Schänden und Morden, bis die Mordgesellen ermüdeten und keinen Gegenstand mehr zum Rauben und keine Person mehr zum Morden fanden. Im Januar 1547 ergab sich Asperg. Der Kaiser legte eine spanische Besatzung auf den Berg, die noch sechs Jahre lang der Schrecken der ganzen Umgebung war.

Am 8. Januar 1547 wurde vom Herzog Ulrich der vom Kaiser vorgelegte Heilbronner Vertrag unterschrieben. Der Herzog durfte sein Land behalten. Die schwerste Bedingung war, daß 150 000 Gulden innerhalb von 15 Tagen, und der gleiche Betrag innerhalb von 25 Tagen bezahlt werden mußte. Die erste Hälfte konnte aufgebracht werden. Um die Restsumme bezahlen zu können, rieten die herzoglichen Räte, eine Einberufung des Landtages zu unterlassen wegen des kurzen Termins. Sie gaben den Rat, in die einzelnen Städte zu schicken, um verzinsliche Anleihen aufzunehmen.

Vier herzogliche Gesandtschaften gingen ins Land, um schnell Geld aufzutreiben. Sie fanden überall „Freude wegen des abgeschlossenen Vertrages und geneigten Willen, das Geld entweder zu entlehnen oder umzulegen". Verschiedene Städte, die beim Durchzug der Kaiserlichen (Am 18. Januar 1547 soll Kaiser Karl V. auf seinem Zuge von Heilbronn nach Nördlingen im Marbacher Schloß übernachtet haben) sehr zu leiden hatten, entschuldigten sich. Die Marbacher erzählten „mit kümmerlicher Betrübnis", wie sie erbärmlich Schmach, Blutvergießen, Verderben, Schätzen und Plündern durch die Kaiserlichen erlitten hätten, um alles gekommen, dazu geschmäht und geschändet worden seien. Hiedurch befänden sie sich in augenscheinlicher Not und Armut und müßten, um nur ihre Haushaltungen wieder einzurichten, selbst Geld entlehnen, welches sie nicht einmal bekämen, da man ihnen vorwerfe, sie hätten kein Unterpfand mehr zu geben, welches nicht schon zuvor verschrieben sei."

An diese schrecklichen Tage erinnerte noch nach Jahrhunderten der Flurname „Spannisch Egarten". (Markungskarte vom Jahr 1796.) Auch in den Aufschrieben der Markungsumgänge wird der Name erwähnt: Der 46. Hauptstein steht auf der sogenannten Spanisch Egarten. Eine Rechnung der Geistlichen Verwaltung erklärt die Herkunft des Namens: „Demnach vor etlich Jahrens die drey Morgen Waldts im Lehrlin durch die Soldaten angezündet und so hartt verbrannt worden, daß kein Weidgang im Holz gewesen." Im Jahre 1724 wurde der Wald dort gerodet und an Stelle des historischen Namens trat der Name „Stadtäcker".

Des Herzogs Räte brachten die schuldigen Kriegskosten zusammen. Das Geld wurde am 26. Februar dem Kaiser in Ulm übergeben.

Noch um 1548 streiften die Reiter des Prinzen Sulmona in der Gegend umher, beunruhigten die Leute; die Kontributionen und Fouragelieferungen dauerten noch länger.

Großbottwar mußte besonders viele Lieferungen und Fuhren „prästieren". Marbach blieb anfangs verschont. Allem Anschein nach war es dem Rentkammerrat Demler (vielleicht derselbe, der im Bauernkrieg Untervogt in Marbach war), gelungen, eine „Befreiung" für seine Stadt zu erreichen; „denn die zu Marpach gar allerdings frei saßen und nicht zuefüeren". Eine Bittschrift der Großbottwarer an die Regierung in Stuttgart um Ermäßigung der Belastungen beförderte der Rentkammerrat nicht weiter und unterschlug die Eingabe. Die Großbottwarer sprachen nun selbst beim Kanzler Doktor Johann Feßler in Stuttgart vor. „Wir begerten (begehrten) nit gar frey zu sein. Dieweil aber die Stadt Marpach, so zwölf Gerichtbarer Dörfer im Ampt hat und noch bis uff diesen Tag allerdings gar frey und unbeschwerdt gesessen, und wir nichts dann (denn) das Amt Kleinaspach hatten und so schwerlich mit großen unüberwindlichen Kosten, müh und arbeitt zufüern müssen unnd ander genachparte darneben frey sitzen, so viel Reicher und Stattlicher dann wir seyen, das wer unns ganz unnd gar hochbeschwerlich." Auf diese Beschwerden antwortete der Kanzler: „Mir ist nitt anderst wißend, dann daß Marpach auch Ir angebür zufüeren soll."

Magister Alexander Demler mußte in die Ratsstube kommen. „Die Räth waren aber nit wol zufrieden, hatten nitt anders gewißt, dann Marpach hett Ir Angebür (Anteil) zugefürt." Gleichbald Magister Alexander Demler ußer der Rathstuben zorniglicher geth, gegen uns anspoch (anspie?), kein Wort mit uns redte. Um 1 Uhr zogen wir miteinander Jnn die fürstlich Kanzlei, warten gleich bis drei Uhr. Kam der Herr Kanzler und sagt zu uns ganz freundlich, wir sollen im Namen Gottes hinziehen und weiters nichts mehr gen Weinsberg führen, sondern die von Marbach müßten uns vertreten."

D. Eine lange Reihe von Friedensjahren (1550–1600)

In den großen Geschichtswerken von M. Crusius und von Chr. Fr. Sattler wird Marbach für diesen Zeitabschnitt wenig genannt. Wie reich an Vorgängen und Ereignissen die damalige Stadtgeschichte war, zeigt folgende Zusammenstellung: Über Jahrzehnte bewegte die Bürgerschaft die Spital- und Schulfrage; eine ganz neue Einrichtung war die Geistliche Verwaltung; die Versorgung der waldarmen Stadt mit Holz für den Hausbrand, für die Handwerker mußte sicher gestellt werden. Um den Handel und den Verkehr in die Stadt zu leiten, wurden Brücken- und Wegbauten durchgeführt. Durch Um- und Neubauten im Südwesten der Altstadt entstand der herrschaftliche Amtshof. Verbesserungen und Verstärkungen der Stadtbefestigung erforderten eine vertragliche Festlegung der Baulasten zwischen der Herrschaft, der Stadt und den Amtsorten. Es sind die Jahrzehnte von neuen Ordnungen und Verträgen, die der Stadt Rechte und Aufgaben festhielten. Die folgenden Darstellungen bringen im Zusammenhang, welche Bedeutung diese Einrichtungen für das Gemeinwesen über die Dauer von Jahrhunderten hatte.

1. Das Spital der Stadt

Die richtige Bezeichnung ist „Hospital". Zu ihm gehörte ein Haus, kurz Spital genannt, in welchem Pfründner und Verarmte eine Pflegestätte fanden. Es war eine städtische Einrichtung, in welcher die Einnahmen und Ausgaben an Geld und Naturalien aus dem Spitalvermögen verwaltet wurden. Das Spital unterstand dem Rat der Stadt, der als verantwortlichen Leiter einen Spitalmeister wählte.

Das älteste Marbacher Spital geht auf eine Stiftung Graf Ulrichs V. im Jahr 1470 zurück. Wo das erste Spital-Haus stand, kann nicht mehr genau festgestellt werden. Vermutlich war es das schlichte Häuslein, von dem im Jahr 1525 der Vogt Demler nach Stuttgart berichtete: „Allhier vor der Stadt ein schlechtes (schlichtes) Häuslein, genannt ein Selhaus, ohne Steuer und Beschwer." Das innere Selhaus wurde später das städtische Armenhaus und ist heute das Wohnhaus Nr. 6, Am Alten Markt. Ausgestattet war das erste Spital mit dem Widumgut der Kirche und mit einigen Stiftungen.

Wenn nun die Stadt an Herzog Ulrich und an Herzog Christoph mehrmalig das Ansuchen richtete, das Spitalwesen neu zu ordnen, so darf angenommen werden, daß das alte Spital seine Aufgaben in der größer gewordenen Stadt nicht mehr erfüllen konnte, und daß die Stadt Teile von dem kirchlichen Vermögen, das ja nach der Reformation dem Armenkasten und der neugeschaffenen Geistlichen Verwaltung zufließen sollte, für städtische Zwecke gewinnen wollte.

> „Auf mehrmaliges, untertäniges Ansuchen von Bürgermeister, Gericht und Rat bewilligen wir (Herzog Christoph) die Beginenbehausung zu einem Spital für die Dürftigen, Alten und Kranken zuzurichten."
> (1551)

Die Stiftungsurkunde (Begnadungsbrief) vom Jahr 1551 und der Reversbrief vom Jahr 1556 enthalten in mehreren Abschnitten die Bestimmungen und Pflichten der vom Herzog bewilligten und vom Rat der Stadt angenommenen Spitalordnung. Als Spital-Haus wurde die (neue) Beginenbehausung eingerichtet. Damit das „gottgefällige Werk" bestehen kann, bekam es die Nutznießung von 60 Morgen Egarten, genannnt Hegnachsiedel, das zu Ackerland umgebrochen werden soll. Das Hegnachsiedel gehörte der Stadt (Allmendland) und wurde als Viehweide benützt. Sodann wurden aus dem Kirchenvermögen (Almosen) 104 Pfund 13 Schillinge, an Früchten drei Scheffel Roggen, 9 Scheffel Dinkel, 5 Scheffel Haber und 1 Imi 4 Maß Wein dem Spital zugewiesen; aus kirchlichen Einrichtungen (Bruderschaften, Präsenz, Quotidien) noch 81 Pfund 19 Schillinge und 2 Imi 12 Maß Wein. Zwei fromme und ehrbare Männer vom Gericht und Rat sollen als Pfleger (Spitalverwalter) gewählt werden und für jedes Jahr die Rechnung stellen. Der jährliche Überschuß soll wiederum am nützlichsten für das Spital angelegt werden.

Das Spital in der Zeit von 1551–1692

Aus jenen Jahren sind nur Einzelberichte vorhanden. Im Jahre 1569 genehmigte Herzog Christoph die Verlegung des Spitals in die Lateinschule und diese in das Spital (haus). Doch auch in diesem Haus durfte das Spital nicht bleiben. Im Jahr 1575 kam die Teutsche Schule (Volksschule) in dieses Haus, und das Spital in das Innere Selhaus, in welchem das erste Spital untergebracht war. (Heute: Am Alten Markt, Nr. 6).

In einem Bericht vom Jahr 1638 heißt es, daß des Spitals Einkommen gering sei (30jähriger Krieg!), hat deswegen keine eigene Haushaltung. Demnach nahm das Spital keine Pfründner mehr auf. Das jährliche Einkommen werde auf die Hausarmen verwendet, anderenteils auf Wiedergeben ausgeliehen. Den wirtschaftlichen Niedergang konnte das Spital nach wenigen Jahren überwinden; denn im Jahr 1682 konnte unter dem Spitalkasten (städtisches Kornhaus) hinter dem Rathaus ein großer Spitalkeller gebaut werden. Über den schönen und gut erhaltenen Gedenkstein wird in dem Abschnitt „Das Marbacher Stadtregiment" berichtet werden. Originell ist ein Schlußstein mit dem „Faßreiter" im Gewölbe. Der Faßboden zeigt das Stadtwappen.

Der Gewölbeschlußstein mit dem
„Faßreiterle" im ehemaligen Hospitalkeller

Die Katastrophe im Sommer 1693

Die Zerstörung der Stadt im Jahr 1693 traf das Spital schwer. Die Lateinschule und die Teutsche Schule waren abgebrannt. Vom Spitalkasten blieb nur der Keller erhalten. Im Rechnungsjahr 1693/94 trug der Spitalrechner ein: „Weil um gegenwärtiger beschwerlicher Kriegsläuften willen, und weil viele Censiten (Schuldner) gestorben und verdorben, konnten die Spitalgefäll (Einnahmen) nicht eingebracht werden; es bleiben im Ausstand 2766 Gulden. Alle auf dem Feld gestandenen Früchte sind zu Schanden gegangen; die Getreidevorräte sind verbrannt. Von den 17 Eimer Wein im Spitalkeller fand man nur noch 3 Imi." Alte Lagerbriefe (Grundbucheinträge), Verträge, Schuldverschreibungen waren verbrannt. Jahrelang zogen sich die Auseinandersetzungen mit Schuldnern hin. Aus einer Zusammenstellung wird ein Verlust von 5732 Gulden angegeben (Spitalkasten, die beiden Schulen, Wein, Fruchtvorrat).

Der Aufbau der spitaleigenen Gebäude und der Schulen

Die Rechnungsbücher des Spitals vom Jahr 1693 bis 1701 enthalten ausführliche Einträge vom Aufbau der Gebäude und der dafür aufgebrachten Kosten." Nachdem in der betrübten Invasion anno 1693 alle Gebäu und darunter auch die beiden Schulen durch das Feuer verzehrt worden, hat man in der Not das Armenhaus, so noch aufrecht geblieben, aber sehr ruiniert gewesen, zur Lateinschule richten lassen, welches Nachfolgendes gekostet hat = 72 Gulden". Bis zum Jahr 1700 blieb die Lateinschule im Armenhaus (heute: Am Alten Markt 6).

Das ehemalige Hospital- und Armenhaus am Alten Markt.

Als Armenhaus wurde das Rufsche Haus, das neben der abgebrannten Lateinschule stand, gerichtet, „demnach dieses Haus ziemlich baufällig gewesen und eine unumgängliche Reparation erforderte". Sodann verlangte „die unumgängliche Not", den Hospitalkeller zur Konservierung des Gewölbes, sowie der darinnen liegenden Fässer zu überdecken. Es wurde beschlossen, den Keller mit einem Stock- und Dachwerk zu überbauen und einen neuen Boden zu einer Fruchtschütten in diesen Bau zu legen (193 Gulden). Durch weiteren Ausbau und Zurichtung einiger Zimmer konnte die „Hütte", wie es in einem späteren Eintrag heißt, als Rathaus benützt werden. Die Ratsversammlungen fanden seit der Zerstörung in Erdmannhausen statt. Den Namen „Altes Rathaus" behielt das Gebäude bei den Marbachern bis heute. In der Jahresrechnung 1695/96 ist eingetragen: „Der neu angenommene Schulmeister Joh. Wilh. Winter – er war auch Bäcker – hat in Ermangelung einer Schule sein neuerbautes Haus hergeliehen. Das Hospital hatte ihm einen Baukostenzuschuß in der Höhe von 90 Gulden gegeben, die mit 20 Gulden Miete jährlich abgegolten wurden. Das Haus, 1950 abgebrochen, stand neben dem Geschäftshaus von Messerschmied Maier, Rosengasse 6. Die dort vorbeiführende Gasse trug noch lange den Namen „Bei der ehemaligen Schul'".

Das Spital im 18. Jahrhundert

In der Wendelinskapelle liegen die Jahresrechnungen des Spitals von 1693 bis zur Auflösung desselben im Jahre 1817. Sie sind die besten Quellen, um festzustellen, welche Bedeutung und welche Stellung das Spital für die Stadt und ihre Bürger gewonnen hatte. Es war zum größten Grundbesitzer in Marbach geworden. Ihm gehörten in Marbach über 100 Morgen, in Erdmannhausen hatte es rund 30 Morgen, in Benningen 16 Morgen und in Poppenweiler etwa 2 Morgen. Als Pacht nahm es jährlich rund 44 Scheffel Getreide und etwa 5 Imi Wein ein. Es betätigte sich auch im Getreide- und Weinhandel. Im Jahre 1709 verkaufte es für 246 Gulden Getreide und für 202 Gulden Wein; im Jahre 1704 kaufte es für 252 Gulden Wein. Das Spital war damals das einzige Geldinstitut in Stadt und Amt. Im Jahr des Unglücks (1693) hatte das Spital rund 10 000 Gulden ausgeliehen, davon an die Gemeinden des Amtes 2965 Gulden. Grundstücke, von in Gant Geratenen, zog das Spital an sich.

Regelmäßige Ausgaben bildeten die Besoldungen (Spitalmeister, Rechner, Spitalknechte, Armenvater). Ganz zu tragen hatte das Spital die Kosten für die Kirchenmusik, den Kirchengesang und die Kirchenbediensteten (Präzeptor, Schulmeister, Musikanten, Sänger und Sängerinnen und andere). Ebenso mußte das Spital für die Kosten bei den Kirchen-Examinis, Schulvisitationen und Zehrungen aufkommen. In jeder Jahresrechnung ist der Abschnitt zu finden, in welchem die Beträge stehen, die „auf die Armen" verwendet wurden. Die Kasse sprang ein in plötzlich eingetroffenen Notfällen, bei Krankheiten, gab Unterstützung in Geld und Naturalien bei besonderen Umständen. Das Spital(haus) war endgültig zum Armenhaus geworden, in welchem der Armenvater die Bedürftigen pflegte und verpflegte.

Die Gesamteinnahmen betrugen jährlich durchschnittlich 2500 Gulden, und die Ausgaben rund 2200 Gulden. Seit dem Jahr 1697 konnte das Spital regelmäßig einen Gewinn verbuchen.

Niedergang und Auflösung des Spitals

Gegen Ende des 18. Jahrhunderts überstiegen die Ausgaben der Spitalpflege die Einnahmen. Der Geldmangel und die Armutei um 1780 war so groß, daß das Spital die Almosenpflege unterstützen mußte, und das Spital beim Verkauf von Häusern und Gütern, auf welchen es Schuldverschreibungen besaß, Geld verlor. Bau- und Unterhaltungskosten am Schulhaus, am Alten Rathaus, am Armenhaus schwächten die Kasse so stark, daß das Kapital (Vermögen) angegriffen werden mußte.

Im Jahr 1781 wurde der Spitalkeller, weil ganz entbehrlich, verpachtet; im Jahr 1801 wurde das Gebäude mit dem Keller der Stadt gegen Übernahme von 360 Gulden Steuer- und 300 Gulden Holzschulden überlassen. Das Jahr 1817 brachte die letzte Änderung. Die ganze Armenfürsorge, das Spital und sein Vermögen, alte Wohltätigkeitsstiftungen wurden in der Stiftungspflege vereinigt. Auf den Rechnungsbüchern steht nun „Hospital- und Stiftungspflege." Das Spital hatte als selbständige städtische Einrichtung aufgehört.

Zwei Namen schützen das Spital vor gänzlicher Vergessenheit. Die Äcker östlich des Steinheimer Weges heißen immer noch Spitteläcker oder Hospitaläcker. Im Jahre 1669 fiel der letzte Grenzstein, der die Zeichen H. Sp. trug, der Felderumlegung zum Opfer.

2. Das Schulwesen

Die Stadtschule

Von allen städtischen Einrichtungen sind Urkunden oder Aufschriebe über Anfang und Gründung vorhanden, nicht aber von Marbachs erster Schule; und wenn in einer geschichtlichen Aufzeichnung des Klosters Schöntal aus dem Jahr 1392 ein „Johann Prettach, alter Schulmeister in Marbach" und erst um 1500 ein „hus ob der schul" genannt wird, so geht daraus hervor, daß diese städtische Einrichtung verhältnismäßig frühe in der Landstadt Marbach Eingang gefunden hat.

Vielleicht war diese erste Schule in dem alten Nikolaus-Pfründhaus (Obere Holdergasse 8) untergebracht. Die Behausung war frei geworden, weil der seitherige Priester eine andere beim Wicklenstor beziehen konnte.

Kurtzer und einfältiger Bericht/

Was das Bad-Wasser/ bey der Fürstlich Würtembergischen Ampt-Stadt Marppach vor Mineralien/ ꝛc. bey sich führe/ und welches Gestalt es in mancherley Kranckheiten deß menschlichen Leibs/ inner- und äusserlich heilsam und dienlich.

Auff sonderbares Begehren gestellet
Von
JOHANNE CHRISTOPHORO Eisenmengern/ dem Jüngern/ Med. D. vor der Zeit zehen Jahr daselbsten zu Marppach bestellten Physicum, jetzo Practicum Extra-ordinarium in deß Heil. Röm. Reichs Stadt Heilbronn.

Stuttgart/
Gedruckt bey Johann Weyrich Rößlin/ Fürstl. Würtembergischen bestelltem Buchdrucker.

ANNO M. DC. LXV.

20 Titelblatt des Berichts über das Marbacher Mineralbad, genannt Starrenwadel; 1665.

TOBIAS MAYER

Das kleine Haus unterschied sich kaum von den andern in den Nebengassen. In dem größten Raum, der vermutlich auch Wohn- und Schlafstube war, und der durch Aufstellen von Schrannen (einfachste Sitzgelegenheiten) schnell zu einer Schulstube gerichtet werden konnte, instruierte der Schulmeister die zukünftigen Vögte und Keller, die späteren Bürger- und Zunftmeister, vielleicht auch einige Söhne von benachbarten Adelsfamilien und besonders solche Knaben, die einmal „geistlich" werden wollten.

Die Zahl der Schüler war klein. Sie kamen aus den Familien der ehrbaren Bürger, der wenigen städtischen Patrizier, kaum aus dem „Armmann", wie allgemein die Bevölkerung genannt wurde. Die Mädchen blieben noch ganz in der Obhut der Mütter, weil sie in ihrem späteren Bereich ohne Lesen, Schreiben und Rechnen auskommen konnten.

Vom Schulhalten selbst ist nichts überliefert. Da in den Matrikeln der Universität Tübingen aus der Zeit von 1477 bis 1550 eine Anzahl Studierender, die aus Marbach kamen, eingetragen sind, können wir daraus den Schluß ziehen, daß in der Stadtschule vor allem Latein getrieben wurde; denn an der Universität wurde keiner zugelassen, der die lateinische Sprache nicht bis zu einem gewissen Grade beherrschte. Auch in den Schreibereien wurde keiner angenommen, der nicht lateinische Kenntnisse hatte. Latein war damals die Sprache der Gelehrten, der Juristen und Kanzlisten; lateinisch sang und betete man in den Kirchen. Wenn daher die Stadt- und Pfarrherren haben wollten, daß die Bürgersöhne mehr als nur Lesen und Schreiben lernen sollten, mußten sie Latein lernen. Wie in andern Städten wurden auch in Marbach die Stadtschüler beim täglichen Gottesdienst und besonders zu den Festgottesdiensten herangezogen. Für die Mitwirkung wurde von der Kirche ein bestimmter Betrag bezahlt. Auch nach der Reformation gehörten kirchliche Dienste zu den Pflichten der Schulbediensteten.

So einfach die Schulverhältnisse waren, so gingen aus ihr doch Schüler hervor, die in der Marbacher Stadtgeschichte nicht vergessen werden sollten. Chr. Fr. Sattler nennt in seinem Werk „Topographische Geschichte des Herzogtums Wirtemberg" Georg Hunn, dem die Stadt die Sage vom Wilden Mann zu verdanken hat. Michael Demmler war in Tübingen Professor und lehrte Rechtsgelehrsamkeit. Michael Mehrer, der in Freiburg und Wittenberg studiert hatte, wurde Beisitzer am Hofgericht in Tübingen, dann Vogt in seiner Heimatstadt. Er verfaßte umfangreiche Gedichte auf seine Landesfürsten. In der Zeit von 1477 bis 1600 werden in den Matrikeln der Universität Tübingen 136 Marbacher genannt, von denen man annehmen darf, daß sie die Marbacher Stadtschule besucht haben.

3. Die Schulordnung vom Jahr 1551

Derselbe Begnadungsbrief, in welchem Herzog Christoph bewilligte, daß die Beginenbehausung zu einem Spital eingerichtet werden solle, enthält auch die Ordnung für die Marbacher Schule.

> „So will auch die große Not der wachsenden, blühenden Jugend, daß die Schul mit tüchtigen Personen und Lehrern unterhalten wird."
> (1551)

Die Ordnung bringt folgende Bestimmungen für die Lehrer und für die Schule: Jeder Schulmeister (die neue Bezeichnung „Magister" wird noch nicht verwendet) muß zuerst von den Verordneten der Kirche (Pädagorchat in Stuttgart) geprüft und zugelassen werden. Er darf von der Stadt nur mit Wissen und Verwilligen des Landesfürsten angestellt werden. Als Einkommen des Schulmeisters wird festgelegt: Vom Heiligen (Kirchenpflege): 10 Gulden; vom Spital: 30 Gulden; von der Geistlichen Verwaltung: 30 Gulden. An Naturalien hat die Geistliche Verwaltung zu geben: Roggen: 2 Scheffel; Dinkel: 16 Scheffel; Wein: 3 Eimer. Der Schulmeister hatte aber auch einen tüchtigen Provisor auf eigene Kosten anzustellen.

Als Schulbehausung wurde die Alt-Beginen-Behausung bestimmt. Es war ein kleines Haus an der Stadtmauer. „Da die Schulbehausung gar klein und baufällig, ist unvermeidlich, dieselbe zu erweitern oder bei Gelegenheit ein anderes zuzurichten." Damit eine bessere Schule zugerichtet werden kann, bewilligte der Herzog 100 Pfund aus der Kirchenpflege, sowie eine Beisteuer von der Geistlichen Verwaltung; das Übrige soll von der Stadt erstattet werden. Von ihr soll auch die Schule in Bau und Besserung erhalten werden.

> „So soll von jedem Knaben, so lateinisch lernt, jedes Vierteljahr ein Schilling, und welcher deutsch lernt, jedes Vierteljahr 5 Schilling gereicht und gegeben werden."

Eigentlich erwartet man, daß der „Teutsche Schüler" weniger Schulgeld zu zahlen hatte als der Lateinschüler. Der Herzog wollte, daß möglichst viele Knaben die Lateinschule besuchen sollten. Noch fehlten auf den Dörfern protestantische Pfarrer. Das höhere Schulgeld für die Volksschüler zeigt, daß man noch nicht an eine allgemeine Volksbildung dachte.

> „Als man zählt gewis fürwahr
> Von Christi Geburt uff folgend Jahr
> Fünfzehnhundert siebenzig Zwei
> Entschlief in Gott getrost und frei.
> Der ersem (ehrsame) und recht wohl gelehrt
> Maister Alexander Zerweck wert
> Lateinischer Schulmeister allhie
> Zu Marbach, der mit großer Mie (Mühe)
> Gott zu Ehre, gemeinen Nutz zu gut
> Nicht gespart hat Lieb, Herz und Blut."

Diese Worte auf einem Gedenkstein, der am Chor der Alexanderkirche steht, galten einem Lehrer der Lateinschule, von dem wir mehr als nur den Namen wissen. Von ihm stammt die erste und älteste Marbacher Schülerliste. Sie umfaßt 52 Schüler. Die Marbacher Lateinschule mußte damals einen guten Ruf gehabt haben. In dem Verzeichnis stehen die Namen von drei Schülern aus Murr, 2 von Tübingen; je einer kam von Dürrmenz, Mühlacker und von Benningen. Zerweck war es gelungen, die Schule, wie in der Landesplanung vorgesehen war, zu einer dreiklassigen auszubauen. Auch war die Schule mit einem Internat verbunden.

Aus Zerwecks Zeit stammt auch ein Gesuch der Stadt an Herzog Christoph wegen einer Verlegung der Schule. Man hatte bei der Gründung mit den zugewiesenen Mitteln die alte Behausung ausgebessert; doch für drei Abteilungen und als Internat war sie zu klein. Ohne große Kosten konnte das Haus nicht so umgebaut und erweitert werden, daß es räumlich genügte. Der Herzog wurde ersucht, die zu einem Spital gemachte Beginenbehausung zur Lateinschule machen zu dürfen, da sie etliche Stuben, auch wohl versehene Kammern und einen großen Keller habe. Mit wenigen Kosten könnte dieses Haus zu einer lateinischen Schule gerichtet werden (April 1569). Noch im gleichen Jahr kam die Verfügung des Herzogs, daß die Beginenbehausung (Spital) zu einer beständigen Schule gebraucht und verwendet werden dürfe. (Das Spital kam in die alte Behausung, in der seither die Lateinschule war.)

Nur wenige Aufschriebe über die Teutsche Schule (Volksschule) sind aus jenen Jahren vorhanden. Vermutlich war sie in den ersten Jahren nach 1551 mit der Lateinschule im Alten Beginenhaus und wurde von dem durch den Schulmeister „angenommenen" Provisor versehen. Als die mehrklassig gewordene Lateinschule unter Raummangel litt, mußte sie in einen Behelfsraum ausweichen.

> „Nun haben wir bisher die Teutsche Schule allhier auf der Kornbehausung, am Rathaus stehend, haben müssen, die nur eine Stube, welche wir sonst im Leihweg, besonders wenn man Gefangene peinlich bestrafen will, zu gebrauchen."
> (3. Dezember 1575)

Die damals aus einer Abteilung bestehende Volksschule hatte demnach in einer Stube, in welcher Sträflinge peinlich (Geständnisse durch Foltern zu erpressen) verhört wurden, ein Unterkommen gefunden. Am 5. Dezember 1575 ging ein Gesuch an den Herzog ab, die im Jahr 1569 dem Spital genehmigte Behausung zu einer Teutschen Schule machen zu dürfen. Das Spital könne seine Behausung wohl entbehren. Sie sei auch nicht mehr notwendig, da Pfründner (Spitalinsassen) nicht mehr angenommen werden.

Nach 25 Jahren war in Marbach die erste Schulhausfrage gelöst: Im Jahr 1569 war die dreiklassige Lateinschule in das Spitalgebäude, und im Jahr 1575 die Volksschule aus der Stube im Kornhaus in das alte Haus, in dem seit 1569 das Spital untergebracht war, gekommen. Bis zum Jahr 1693 konnte diese Regelung beibehalten werden.

4. Magister Anastasius Köpff (1584–1644)

Einen Lichtblick in der schrecklichen Zeit des 30jährigen Krieges bildet der Präzeptor M. Anastasius Köpff. Im Jahr 1641 ließ er ein kleines Büchlein mit 262 Seiten in Heilbronn drucken, das heute noch in mehreren Exemplaren vorhanden ist (Schiller-Nationalmuseum). Welche hohe Auffassung er von seinem Berufe trotz des kümmerlichen Lebens hatte, bringt er in der Einleitung des Büchleins. „Seit meiner ersten Lehrbestrebungen habe ich das für meine besondere Aufgabe gehalten, der zu bildenden Jugend nutzbringend und fördernd zu dienen. Kein Amt kann mehr und besser dazu beitragen als das Lehramt, das die Jugend erzieht und ihre Sitten und Anschauungen im Zusammenhang auf die eine große Hauptsache vor Augen führt."

Ausführlich wird auf dem Titelblatt der Inhalt des Büchleins angegeben. Im ersten Teil bringt Köpff eine Zusammenstellung der wichtigsten Sprüche aus den 4 Evangelien in deutscher und lateinischer Sprache. Der 2. Teil enthält 110 Lehr- und Sinngedichte, ausgewählt aus Werken der besten altklassischen Dichter, und im 3. Teil sind bedeutende und denkwürdige Sprüche des römischen Dichters T. Plautus für die studierende Jugend zusammengestellt. Das Büchlein ist das älteste Werk, das ein Marbacher Lehrer geschrieben hat, und das dann gedruckt wurde. In der Marbacher Schulgeschichte darf daher A. Köpff nicht übergangen werden.

5. Die Brenn- und Bauholzversorgung

Die Brennholzflößerei auf der Murr

Die Stadt hatte nur das Löherle etwa 100 Morgen als Gemeindewald. Außerdem gab es noch früher das Hegnacher Hölzle und das Flickenhölzle, kleine Bauernwäldchen. Im Mai 1554 wurde in der Landschaft (Landtag) vorgebracht, daß allerhöchster Mangel und Notstand an allem Holz herrsche.

> „Wir Bürger, Gericht und Rat der Stadt, und ich
> Hans Schertlin, Bürger der Stadt bekennen mit
> diesem Brief, den Kauf des Halbteils meiner
> Floßgerechtigkeit auf der Murr, Lauter und ihren
> Bächen um 2600 Gulden." (1555)
> *H. St. A. St. A 373*

Schertlin hatte die Flößgerechtigkeit von seinem Stiefvater Trautwein Vöginger (Vaihinger), die diesem von Herzog Ulrich im Jahre 1517 verliehen worden war, übernommen. Er betrieb sie mit geringem Erfolg. Im Interesse der Bürger wollte die Stadt die Flößerei und den Holzhandel so ausbauen, daß jährlich über 2000 Meß-Klafter (Meß = 3,15 Raummeter) bis gegen Marbach geflößt werden konnten. Im Jahre 1562 konnte die Stadt die andere Hälfte der Flößgerechtigkeit um 3600 Gulden kaufen.

Der 13. Markungsstein stehet stracks dem Floßhäuslein zu (1584)

Der Eintrag aus der Zeit der ersten Jahrzehnte der Flößerei zeigt, daß die Stadt zur Brennholzflößerei und zu dem damit verbundenen Holzhandel verschiedene Einrichtungen schaffen mußte. Jenseits der Murr auf der Markung des Dorfes wurde ein Floßhäuslein gebaut, dessen Unterhaltung die Stadt und die Herrschaft je zur Hälfte tragen mußten. (Die Herrschaft trieb auch auf der Murr die Brennholzflößerei für ihren Bedarf.) In dem kleinen Haus wurden die Geräte (Picker, um Holz auszuziehen, Äxte, Meßvorrichtungen, Flößerstiefel) untergebracht. An der Floßbrücke wurde in der Zeit des Flößens (Frühjahr) ein Holzrechen angebracht, so daß die Scheiter nicht weiter treiben konnten. An beiden Uferseiten war der Holzgarten mit dem Landrechen. Bei Hochwasser verhinderte dieser das Abtreiben des gestapelten Holzes. Für den Holzgarten mußte die Verwaltung eine Platzmiete von 5 Gulden an die Gemeinde Murr bezahlen. Bei den Mühlen an der Lauter und der Murr mußten Abweisungen in den Fluß gelegt und Floßgassen gemacht werden. Dauernde Kosten verursachte das „Bachräumen", um die „Floßstraße" (Flußbett) frei zu halten. Am Oberlauf verschiedener Bäche wurden Stauseen angelegt.

Leiter des städtischen Floßamtes war der aus der Reihe der Ratsmitglieder gewählte Floßverwalter. Am Ende des Geschäftsjahres mußte er dem Rat die Jahresrechnung vorlegen. Eine große Anzahl solcher Rechnungen liegen in der Wendelinskapelle und bilden die beste Quelle für die Brennholzflößerei der Stadt. Die älteste noch vorhandene Jahresrechnung (1692/93) stammt von dem Bäcker und Floßverwalter Johann Kodweiß (1640–1692). Er war der Urgroßvater von Schiller. (Der Großvater des Dichters Georg Friedrich Kodweiß (1698–1771) hatte es bei der herrschaftlichen Brennholzflößerei zum Holzinspektor gebracht). Zur städtischen Floßverwaltung gehörten 2 Holzmesser (Vermesser). Männer der umliegenden Ortschaften wurden zum Einwerfen, Flößen und Ausziehen im Taglohn genommen.

> „Was ich dieser Verwaltung wegen an Geld, Naturalien und Materialien eingenommen und ausgegeben habe." (1791/1792)

Der 30jährige Krieg hatte die Flößerei fast vollständig gelähmt. Allmählich konnte sie sich zum bedeutendsten wirtschaftlichen Unternehmen der Stadt entwickeln, besonders nachdem die Stadt von der Herrschaft zu Löwenstein einen Wald von über 100 Morgen bei Siebersbach kaufen konnte. Der größte Teil des Flößholzes wurde bei den Bauern der Waldorte in der Nähe des Murr- und Lautertales gekauft. Einige Zahlen, entnommen den Jahresrechnungen, geben Aufschluß über den Umfang des Unternehmens. Nach einem Vertrag vom Jahr 1688 mußte die Stadt als Konzessionsgebühr jährlich 350 Meß (über 1000 Raummeter) ohne der Herrschaft Kosten einwerfen, flößen, am Holzgarten ausziehen und aufbeigen lassen. An manchen Jahren waren 2000 Klafter aufgestapelt. Als Meterholz hätte die Beige zweimal vom Holzgarten bis zum Rathaus gereicht. Im Winter 1692/93 wurden aufgekauft und geflößt: 672 Klafter; verkauft an Marbacher Familien 360 Klafter; nach auswärts verkauft 120 Klafter. Auf Quartier- und Kriegskosten gingen 130 Klafter, an die Gnädige Herrschaft geliefert: 75 Klafter. Im Holzgarten blieb im Sommer noch ein Vorrat von rund 1000 Klafter, die von den Franzosen mutwilligerweise angezündet und verbrannt wurden. Im Rechnungsjahr 1791/92 betrugen die Gesamteinnahmen 5196 Gulden, die Gesamtausgaben 2316 Gulden.

Im Jahre 1792 pachtete die Stadt die herrschaftliche Flößerei dazu. Für jedes im Holzgarten aufgesetzte Meß Holz mußte an die herrschaftliche Generalkasse 1 Gulden und 22 Kreuzer bezahlt werden. Im folgenden Jahr verpachtete die Stadt die gesamte Flößerei auf 6 Jahre an 3 Unternehmer. Durch die verkehrsmäßig bessere Erschließung des Waldgebietes ging die Flößerei immer mehr zurück. An Georgii 1872 verzichtete Marbach auf die Ausübung des Flößrechtes. Im Jahre 1875 wurde das Floßhaus und die steinernen Pfeiler des Landrechens verkauft. Im Frühjahr 1945 wurde die Floßbrücke, die älteste Brücke in der Umgebung gesprengt. Kein Stein und kein Name erinnert noch an das für die Stadt über Jahrhunderte dauernde wichtige Unternehmen.

Gabholz- und andere Rechte am Gemeinschaftswald Hart

Als geschätzte und billige Brennholz- und Bauholzquelle galt bei den Marbacher Bürgern immer der Hartwald.

> „Wenn die Kelter zu Steinheim geschlossen (Herbst), so soll jedes Jahr die Stadt Marbach und jeder Hartort jedem eingesessenen Bürger, auch den Witwen, die bürgerlich sind und eine eigene Feuer- und Herdstätte haben, eine Holzgabe zu Brennholz ausgeben."

Entsprechend der Zahl der dem Hartgericht Gemeldeten wurde der Stadt ein Waldteil zum Hauen des Brennholzes zugeteilt. „Allvorderist soll jeder Kindsbetterin, so vor Martini inclusive bis wiederum selbigen Jahrs auf Martini exclusive ein Kindbettwagen (mit 2 Pferden) voll Brennholz zugeteilt werden. Es sollen aber die Kindbetterinnen diesen Wagen mit Holz als milde Gabe zu ihrem Nutzen brauchen, nicht verschenken und nicht verkaufen."

Im Berichtsjahr 1711/12 meldete Marbach 218 Bürgerlose und 49 Kindbetterinnenlose an. „Zur Bestreitung der mit der Ausgebung des Hartbrennholzes entstandenen Unkosten hat man von uralten Zeiten her von jedem für sein zu empfangen habendes Los 4 Kreuzer eingezogen".

> „Jedem Bürger, so Bauholz braucht, ebenso den Amtleuten, Bürgermeistern und Gerichtspersonen in Stadt und in den Flecken werden Eichenstämme zu Bauholz gegeben."

Der Bedarf an Bauholz, namentlich Baueichen, mußte von jedem Hartort beim Hartgericht angemeldet werden. Die Eichenbalken in den Bürgerhäusern und in den Amtsgebäuden, die nach 1693 erbaut wurden, stammen zum großen Teil aus der Hart. Im Jahre 1712 wurden der Stadt Marbach zur Erbauung des Oberen Tor- und Wächterturms 6 Eichen aus dem Hartwald gratis überlassen. – In der Zeit um 1700 wurde viel Fichtenbauholz aus der Gegend von Freudenstadt auf dem Neckar nach Marbach geflößt. (Marstall – 1688, Zehntscheune, Keltern, Kirchen und Schulen.) Am „Zimmerplätzle", an der Mündung des Eichgrabenbaches, wurden die Stämme ausgezogen. An dieser Stelle sollen auch Flöße, deren Stämme vom Murrhardter Wald stammten, gebunden worden sein.

6. Allgemeines und Besonderes vom Hartwald

> „Statt Marbacher Hartwaltt".
> *Altregistratur Nr. 1560*

So wird der Gemeinschaftswald der sieben Hartorte: Benningen, Beihingen, Erdmannhausen, Marbach, Murr, Steinheim, Pleidelsheim auf einer Karte aus der Zeit 1680–1683 (Kieser) bezeichnet. Nach Überlieferung und Aussagen alter Bürger sei er von Elisabeth von Blankenstein, die um 1250 das Steinheimer Kloster gegründet hatte, den eingesessenen Bewohnern der Hartorte gestiftet worden.

Eine alte Hartordnung läßt vermuten, daß der Hartwald als Gemeinschaftsweidewald schon in der Alamannenzeit bestanden hat. In der Frankenzeit brachte die Ansiedlung der zum Reiter- und erweiterten Wehrdienst-Verpflichteten (Königszinser) im Marbacher Reichshof und in den dazu gehörigen Orten Sonderverpflichtungen, die als Sonderrechte der zweirössigen Bauern noch bis zur neuen Hartordnung 1580 erhalten blieben.

Im Jahre 1580 wurde von Herzog Ludwig eine Kommission berufen, zu welcher der herzogliche Rat Hornmold, der Forstmeister Männer von Reichenberg, der Obervogt Hallweyl von Backnang und der Klostervogt von Steinheim gehörten. Ihre Aufgabe war, da viel Mißbrauch aufgekommen war, eine neue Hartordnung aufzustellen. In dieser wurde festgesetzt: Zur Erhaltung und Hegung des Waldes wird jedes Jahr ein Hartschultheiß und ein Hartgericht gewählt, bestehend aus 3 Personen von Marbach und je 2 Personen aus den Hartorten. Zum Hartgericht gehörte auch als Vertreter der Herrschaft der jeweilige Klosterhofmeister von Steinheim.

Vorgesehen waren jährlich 4 Tagungen. An Georgi sollte das Gericht sich unter der Linde in Murr versammeln. Die Hartlinde in Murr mit den Steinsitzen erinnert an diese Tagungen im Frühjahr. In Marbach wurden zwei Gerichtstage abgehalten, am Weißen Sonntag und an Martini. Die letzte Tagung des Jahres wurde im Spätherbst in Steinheim abgehalten.

Im allgemeinen hatte das Hartgericht Beschlüsse über die Bewirtschaftung des Waldes zu fassen und die Jahresrechnungen abzuhören. Das Gericht hatte auch das Recht, an Rugtagen, Waldfrevler und solche, die wider die Ordnung handelten, zu rügen und zu bestrafen.

Die Bedeutung des Hartwaldes lag darin, daß er den einzelnen Hartgenossen, Bürger der Hartorte, viele Nutzungsrechte gewährte. Jeder Bürger hatte Anspruch auf das jährlich, bzw. alle 2 Jahre zu verteilende Gabholz, mengenmäßig ein vollbeladener Wagen, gezogen von zwei Pferden. Jedem Hartverwandten (Hartgenossen), auch den Hartflecken wurden Eichenstämme zu Bauholz gegeben.

Durchschnittlich wurden fast jedes Jahr 120 Morgen für Gabholz gehauen." Jeder soll sich befleißigen, seine Gab im Zunehmen des Mondes zu hauen, auch vor Georgii heimführen". Im Jahr 1712 wurden insgesamt 1177 Lose ausgegeben. „Wer den Hau nicht rechtzeitig räumt, säubert, und dadurch das Gewächs gehindert wird, hat einen Teil des Gabholzes verwirkt und wird mit einer Waldrügung von 2 Pfund 10 Schilling oder noch höher bestraft."

Vor der Getreideernte wurde an zwei Tagen erlaubt, Erntwieden (zum Binden der Garben) zu schneiden. Im Jahre 1782 machte der Marbacher Oberamtmann eine Eingabe an das Hartgericht: „Da man zur Einbringung des Erntesegens für diese Stadt etwa 60 Mille Erntwieden benötigt, bittet er um gefällige Nachricht, auf welchem Tag, in welcher Zeit und auf welchen Platz die kommen sollen, die zum Schneiden der Erntwieden erwählt worden sind."

Ein weiteres Recht der Hartgenossen war der Viehtrieb. Vom Frühjahr an bis zum Spätherbst wurde das Vieh in die Hart auf die Weide getrieben. Auch durften die Hartgenossen mit der Sichel im Wald grasen. Wenn ein Eckerichjahr war (reichlich Bucheckern, Eicheln und andere Waldfrüchte), durften die Eingesessenen der Hart mit den Trogschweinen den Eckerich nutzen und gebrauchen. Im Jahr 1723 baten die Hartorte den Forstmeister von Reichenberg 450 Trogschweine, im Jahr 1733 sogar 460 Stück, eintreiben zu dürfen. (Der Forstmeister wollte das Eintreiben der Schweine verhindern, weil er eine Schädigung der herrschaftlichen Jagd befürchtete). Um 1720 war ein Schweinehaus für etliche Hundert Schweine gebaut worden, „um sich dessen von Gott bescherten Eckerichs zu bedienen". Weitere Rechte der Hartgenossen waren das Ausgraben von Wildobstbäumen, das Ausnehmen von Bienenvölkern aus hohlen Bäumen, das Laubrechen und das Sammeln von Altholz. „Eine Axt, Beil oder eine andere Waffe darf nicht mit in den Wald genommen werden. Auch ist verboten, zu dem Leseholz Stickel, Seiler und Wied zu hauen."

Das Jagensrecht stand den Bauersleuten nicht zu. Dieses durfte nur vom Herzog ausgeführt werden.

Da der Hartwald mehr ein Weidewald war, waren die Einnahmen von verkauftem Holz gering. Verkauft wurden durchschnittlich 120 Eichenstämme, 2000–3000 Häslin-Reifstänglein (um Holz-Faßreifen zu machen), jährlich 1–2 Buchen, 5–10 Birken und etwa 150 Aspen. Der durchschnittliche Überschuß betrug etwa 100 Gulden – aus einem Wald, der rund 2500 Morgen groß war.

Die angrenzenden Orte Rielingshausen, Kleinaspach, Kleinbottwar, Kirchberg waren der Hartgenossenschaft nicht günstig gesonnen. Gesuche, ihnen das Laubrechen zu erlauben oder das Vieh weiden zu lassen, wurden in der Regel abgeschlagen. Doch von den Einwohnern dieser Orte wurden die Verbote nicht immer geachtet. Der Waldschütz hatte jeden Waldfrevler aufzuzeichnen.

Um 1800 tauchten die ersten Spannungen zwischen dem Hartgericht, der Hartverwaltung einerseits und den Hartgemeinden andrerseits auf, die nicht mehr überbrückt werden konnten. Man suchte nach einem Weg, „den gemeinsamen Wald auf eine schickliche Art zu teilen." Erst im Jahre 1841 konnten sich die Hartorte auf eine von der Vermessungs- und Schätzungskommission vorgeschlagene Teilung einigen. Marbach bekam 608 Morgen, Wert 167 482 Gulden; Pleidelsheim: 396 Morgen – 104 996 Gulden; Steinheim: 317 Morgen – 84 254 Gulden; Erdmannhausen: 304 Morgen – 83 998 Gulden; Benningen: 298 Morgen – 72 473 Gulden; Murr: 372 Morgen – 76 827 Gulden; Beihingen: 260 Morgen – 64 790 Gulden.

In einer Denkschrift, die in der Kugel des Turmes der Alexanderkirche liegt, schreibt Stadtschultheiß Klein (1. Juli 1846): „Die vor 5 Jahren nach vorherig vielfachen Bemühungen zustande gekommene Verteilung des unter 7 Gemeinden gemeinschaftlich gewesenen Hartwaldes von 2557 Morgen, von welchem hiesige Stadt über Abzug der Wege 602 Morgen zukommen, dürfte auch in Zukunft ein Segen für die Stadt bleiben; und wenn wir bei der Verteilung im Wege des Vergleichs mit obiger Morgenzahl uns begnügen und 49 Morgen am Ganzen weniger nahmen, was besonders Murr zugute kam, so hoffen wir, werden uns die Nachkommen nicht tadeln, da wir anerkannt den besten Boden und schönsten Wald dadurch erhielten; glaubet auch ihr Nachkommen, daß wir bei den Holzauszeichnungen immer noch auf Euch blicken, damit der Wald nicht allein Wald, sondern ein schöner Wald bleibe. Was auf der Seite gegen Kleinaspach in Folge früherer Mißhandlungen wirklich an Menge und Stärke der Eichen mangelt, wollen wir Euch nachzuziehen versuchen. – Auch unser Lehrlen hinterläßt die jetzige Generation schöner, als es solches antrat und vermehrte es durch ungefähr drei Morgen, welche der Staat auf der Westseite daran besaß."

Schon vor der Teilung konnte eine bessere Bewirtschaftung durchgeführt werden. Der Laubwald wurde vom Nadelwald zurückgedrängt. Aus dem Weidewald wurde ein Kulturwald, der den Gemeinden regelmäßige Einnahmen brachte. Marbach hob das seit dem Mittelalter bestehende Bürgerrecht auf das Gabholz um das Jahr 1930 auf. Im Jahr 1969 schlossen sich die Hartgemeinden mit der am Rande des Hartwaldes liegenden Gemeinde Rielingshausen zu einer Fortsbetriebsgemeinschaft zusammen, um eine bessere Bewirschaftung der fast 1000 Hektar großen, zusammenhängenden Waldfläche durchführen zu können.

7. Die Schweißbrücke

> „Wir von Marbach bekennen öffentlich mit diesem Brief für uns und unsere Nachkommen, die Schweißbrücke allein auf unsere Kosten in immerwährenden Bau und Wesen zu erhalten."
> *Altregistratur Nr. 3840* (1567)

Die Schweißbrücke, ein Übergang über die Murr zwischen Erdmannhausen und Steinheim, bzw. zwischen Marbach und Rielingshausen war in einem Zustand, daß man nicht mehr ohne Gefahr darüber fahren konnte. Der Herzog ließ sie sperren. Die umliegenden Orte konnten sich wegen der Wiedererbauung nicht einigen. Marbach verweigerte eine Mithilfe, weil es nur verpflichtet sei, alle Brücken, Stege und Wege in seiner Markung zu unterhalten. „In solch währenden Irrungen hat unser gnädiger Fürst Herzog Christoph uns auferlegt, die Brücke wiederum zu bauen mit der Vertröstung, uns dann die Baukosten nach billigen Dingen wiederum erstatten zu lassen." Der Brückenbau kam auf über 500 Pfund Heller. Als die benachbarten Adelsherren ihren Anteil an die Stadt nicht zahlen wollten, drohte der Herzog, ihnen die Brücke zu sperren. Gegen eine Bezahlung von 200 Pfund Heller Hauptgut (Kapital) durch die Herrschaft, verpflichtete sich die Stadt, die Brücke nicht in Unbau und Abgang kommen zu lassen. Der Betrag war so hoch wie die ganze Jahressteuer der Stadt.

Wenn die Stadt auch nicht Anlieger war, so hatte sie doch großes Interesse an einem sicheren Murrübergang. Damals gehörten die Orte Rielingshausen, Kirchberg und Schöntal zum Amt Marbach. Wer sein Gabholz aus dem Hartwald über den Steinheimer Holzweg in die Stadt führte, mußte im Dorf Pflastergeld zahlen. Auch machte in jenen Jahren die Stadt den Steinheimern den Verkauf von Salz, das von Hall bezogen wurde, strittig. Marbach wollte das Monopol des Salzverkaufs im Amt allein.

Bis zum Jahre 1861 hatte Marbach die Bau- und Unterhaltungslast zu tragen, die dann gegen

Bezahlung von 8000 Gulden abgelöst werden konnte. Die einst im Jahre 1567 gebaute Murrbrücke tat ihren Dienst bis zum Jahr 1862.

> „... daß die von Marbach die Brücken vom Oberen und vom Wicklinstor zu ewigen Zeiten in Bau erhalten wollen ohne Beschwerden und Kosten der Amtsorte." (1513, 1573)

Vermutlich wollte die Stadt, daß die Amtsorte an der Unterhaltung der Torbrücken sich beteiligen; denn im Lagerbuch vom Jahr 1473 heißt es: An der Unterhaltung der Stadtmauern samt Graben und der Tortürme hat die Stadt ein Viertel, und die Amtsorte drei Viertel zu bezahlen. Marbach rechnete demnach die Torbrücken zur Stadtbefestigung, zu deren Unterhaltung die Amtsorte beizutragen hatten. Diese dagegen beriefen sich auf den Eintrag im Lagerbuch, daß die Stadt insonderheit alle Brücken, Stege und Wege in der Stadt Markung zu unterhalten habe. Zudem durfte die Stadt „auf unseres Fürsten gnädigster Verwilligung und Zulassen eines Spezialbefehls" von jedem Wagen, der nicht vom Amt Marbach war, 8 Heller, von einem Karren 4 Heller als Weg- und Straßengeld erheben.

Auffallend ist, daß die Neckartorbrücke nicht genannt wird. Es war noch keine Talstraße gebaut. Es fehlte also jeder Durchgangsverkehr am Neckartor. Damals mußte der gesamte Durchgangsverkehr (von Hall, Heilbronn, von Stuttgart her) durch das Wicklinstor und durch das Obere Tor. Von besonderer Wichtigkeit war der alte Poppenweiler Weg, denn er führte auch zur Furt nach Neckarweihingen. Anscheinend hatte die Stadt die Unterhaltung dieses Weges vernachlässigt, weil im Lagerbuch vom Jahr 1582 steht, daß es ihre Aufgabe ist, „den Weiler Weg in Wesen und Bauen zu unterhalten."

8. Die Geistliche Verwaltung

Während Herzog Ulrich über das Kirchengut und über die kirchlichen Einrichtungen als Landesherr selbstherrlich verfügte, bestimmte Herzog Christoph, daß die einzelnen Ortskirchenvermögen genau und gesondert verzeichnet, ohne Minderung und Schmälerung verbleiben, zu ihrem Nutzen angelegt und im Landeskirchenkasten vereinigt werden, aus dem die Bedürfnisse der einzelnen Kirchen und Schulen bestritten werden sollen. Diese Neuordnung erforderte, daß in jeder Amtsstadt eine besondere kirchliche Verwaltungsbehörde, die Geistliche Verwaltung, eingerichtet wurde. Amtsleiter derselben war der Geistliche Verwalter. Mit dem Vogt, dem Dekan und dem Stadtschreiber gehörte er zu den angesehensten Herren der Stadt.

> „Gebauen anno 1696 durch den Herrn Verwalter Johann Sebastian Rathmann. Gott segne das Haus."

Der Gedenkstein über dem hinteren Eingang zum einstigen Dekanatsgebäude, Niklastorstraße 17, zeigt, daß zu den Aufgaben des Geistlichen Verwalters die Erbauung, die Erneuerung der Kirchen, der zur Kirche gehörenden Gebäude (Pfarrhäuser, Pfarrscheunen, Stallungen und Schulen) im Amt gehörte. Sein Amtshaus war vor der Zerstörung der Stadt auf dem Platz, auf dem die Bandscheuer steht. Im Jahre 1700 wurde ein neues Amtsgebäude mit einem Pferde- und Rindstall im Erdgeschoß für den Geistlichen Verwalter gebaut. Es ist das heutige Pfarrhaus in der Strohgasse; und gleich dahinter wurde eine Scheune, ein Waschhäuslein und ein Brennhäuslein gebaut, „welches wegen des herrschaftlichen Hefebrennens ohnumgänglich benötigt wird". Die Scheune und die Nebengebäude wurden um 1850 abgerissen. Sodann gehörte zur Geistlichen Verwaltung die Bandscheuer in der Strohgasse. Es ist die größte Scheune in der Altstadt. In einer Gebäudeliste vom Jahr 1748 ist sie eingetragen als „Der Geistlichen Verwaltung Fruchtkasten, Bandhaus (in dem die Fässer gebunden wurden) und Keller darunter." Gebaut wurde die Scheune im Jahr 1699 „zur mehreren Sicherheit des darunter liegenden Kellers." In ihm konnten über 450 Eimer Wein gelagert werden. Im Rechnungsjahr 1778/79 wurden 3000 Scheffel Früchte 172 Eimer Wein und über 100 Stück Geflügel geliefert.

Das Marbacher Kirchengut

Außer Kirchen und Pfarrhäusern mit ihren Nebengebäuden gehörten in Marbach mehrere Wohnhäuser in der Stadt zum Marbacher Kirchengut. So zinste Schillers Geburtshaus jährlich an die Geistliche Verwaltung eineinhalb Schillinge (3 Kreuzer). Auch die Kloster Murrhardtsche Behausung (ehemaliges Oberamtsgebäude) gehörte zum Kirchengut. An Häuser und Scheunenzins nahm die Marbacher Geistliche Verwaltung jährlich rund 14 Gulden ein (1669/70). Wieviel Ackerland, Wiesen, Weinberge und Gartenland der Geistlichen Verwaltung in Marbach unterstand, könnnte aus den Jahresrechnungen ziemlich genau festgestellt werden. Im Rechnungsjahr 1778/79 wurden (vom Marbacher Kirchengut) 23 Scheffel Roggen, 20 Scheffel Dinkel und 15 Scheffel Haber abgeliefert. Sodann hatte die Geistliche Verwaltung von ungefähr 30 Morgen Wiesen jenseits des Neckars (Rennwiesen), sodann von allen Gras- und Baumgärten, so ungefähr 36 Morgen ausmachen, auch von allen Gärten, so künftig gemacht werden, den Heu- und den Kleinen Zehnten von allerlei Obst, Rüben, Kraut, Hanf und Flachs, Zwetschgen, Erbsen, Linsen und Wicken zu empfangen. Im Jahre 1774 wurde die Regelung getroffen, daß von der Stadt jährlich 40 Gulden an die Geistliche Verwaltung zu bezahlen waren, die dann auf die Einwohner umgelegt wurden. Von diesem Zeitpunkt an brauchten die Marbacher Geistlichen nicht mehr die vielen kleinen Beträge an Naturalien bei den einzelnen Zehntpflichtigen holen lassen.

Im Jahre 1806 wurde das Kirchengut der örtlichen Stiftungspflege zugeteilt und von der Stadtpflege gesondert verwaltet. Die Geistliche Verwaltung hörte auf zu bestehen. Im November 1810 wurde das Geistliche Verwaltungsgebäude (seit Juli 1756) in der Niklastorstraße an den Oberumgelder (Steuerbeamte) Daser verkauft.

In der ersten Hälfte des 19. Jahrhunderts kamen die Ablösungsgesetze. Die Naturalabgaben, die Grundzinse, Bodenzinse hörten auf. Am 30. September 1853 wurde die Bandscheuer an zwei Marbacher Bürger verkauft.

9. Vom Grafenschloß zum herrschaftlichen Amtshof

Vergeblich sucht man auf der Bilderlandkarte von Schäuffelin aus der ersten Hälfte des 16. Jahrhunderts eine Abbildung des Marbacher Schlosses. Auch in den Baukostenverzeichnissen für die Schlösser und Festungen Herzog Ulrichs und Herzog Christophs für die Zeit von 1534 bis 1568 wird Marbach nicht genannt. Das Schloßgebäude zählte damals nicht mehr zu den standesgemäßen Grafenschlössern.

In der Regierungszeit Herzog Ludwigs (1568–1593) berichtet der Obervogt an den Herzog, „daß die Schloßbehausung allhier bisher durch den Obervogt bewohnt und besessen worden, welche Behausung alt und sonderlich an etlichem Gestein baufällig sei." Das Grafenschloß diente damals als Amtswohnung des Obervogts. Dieser, in der Regel ein Adliger, regierte an Stelle des Herzogs im Amt Marbach, Bottwar und Beilstein.

Ein Eintrag im Weltlichen Lagerbuch vom Jahr 1584 lautet: „Das Schloß zu Marbach oben in der Stadt beim Oberen Tor samt dem neuerbauten Kornkasten dabei, Bandhaus und Keller darunter, Pfisterei (Bäckerei), Küche, Stall und ganzer Hofraite, alles an- und beieinander in einem eingeschlossenem Bezirk (von der Stadtmauer und Schloßmauer). Und ist solches Schloß samt allem Zugehör zu erhalten ohne Dienstbarkeit und Fron der Untertanen. Doch führen die von Benningen allen Sand, so jedes Jahr dazu verbraucht wird, in Fron und zahlt die Herrschaft nur den Fergenlohn über dem Neckar." Das wichtigste Gebäude in diesem von einer Mauer umgebenen und mit Schloßbezirk bezeichneten südöstlichen Stadtteil war der Kornkasten und der große Keller darunter. Erbaut wurde der Kasten in der Zeit zwischen 1534 und 1580. Auf den Fruchtböden des Kornkastens wurden die eingenommenen Gültfrüchte und die Frucht von den ausgedroschenen Zehntgarben gelagert. (Der Kasten wurde später auch Zehntscheuer genannt). In dem großen Keller wurde der an der Kelter zu gebende Zehnt-, Boden- und Kelterwein eingelegt. In jener Zeit wurden die Steuern nicht in Geld, sondern in Naturalien bezahlt. Der Kornkasten war somit der Vorgänger des späteren Kameralamtes und Finanzamtes. Verantwortlicher Beamter für die herrschaftlichen Einkünfte (Zehnte, Grundzinse (Gülten) und Geld) war der Keller. Er war auch der Verwalter der herrschaftlichen Güter. Zwar war der Herren- oder Maierhof schon im Jahr 1453 verkauft worden. Doch hatte die Herrschaft auf der Süd- und Nordseite des Schloßbezirkes ansehnlichen Grundbesitz zurückbehalten: In dem Lagerbuch von 1584 ist eingetragen: „Nota, zu gedenken: Es hat mein gnädiger Fürst und Herr allda zu Marbach (außer den Gebäuden im Schloßbezirk) mehr 2 Morgen vorm Oberen Tor zwischen dem Stadtgraben und dem Finkengäßlein (heute Postweg), item 2 Morgen Baumgarten beim Schafhaus, der Schafgarten genannt, ein Viertel Garten beim Tanzplatz (bei der Kreuzung Wildermuthstraße und Charlottenstraße) ferner 14 Morgen Rennwiesen jenseits des Neckars, 5 Viertel Wiesen diesseits der Murr, die Amtswiesen genannt."

Der Keller war ein Bürgerlicher. Vermutlich wohnte er in der Stadt. Erst nach dem Brande vom Jahr 1693 wird eine Behausung des Kellers im Schloßbezirk genannt.

Die wichtigste Person in Stadt und Amt war der Vogt. Er leitete die Sitzungen von Stadt und Amt (Amtsversammlungen), des städtischen Gerichts und Rats (Magistrat). Ihm unterstand auch das Rechnungs-, Verwaltungs- und Gerichtswesen von Stadt und Amt. Seine Amtswohnung hatte er in der Behausung des Murrhardtschen Klosterhofs, dem einstigen Maierhof. Später stand auf diesem Platz das Oberamtsgebäude. (Die Obervögte wohnten im allgemeinen im Schloß.)

Wenn noch beim Armen Konrad (1514) die Marbacher wegen des Treibens des herzoglichen Stallmeisters im Schloß Beschwerde erhoben, so haben sich die Verhältnisse in den folgenden Jahrzehnten ganz verändert. Aus dem Schloßbezirk war ein herrschaftlicher Amtshof geworden.

10. Die Fronpflichten

> „Ohngeachtet mit ihnen zum zweitenmal verhandelt worden, sich der zugemuteten Fron zu angemeldetem Kelterbau halsstärriglich erwidert."
> (1580)

Als im Jahre 1580 an der Großen Kelter gebaut wurde, verweigerten die Marbacher die Fronarbeiten, die ihnen vom Herzog Ludwig zugemutet wurden. Wahrscheinlich waren sie mit dem Bau einer herrschaftlichen Kelter auf Allmend-Boden nicht einverstanden.

Von alten Zeiten her bestanden zwar Fronpflichten für Marbach und die Amtsflecken. Alljährlich hatten sie das Kelterholz zu den 5 Kelterbäumen (Pressen) und das Brennholz für das Kelterstübchen unentgeltlich aus ihren eigenen Waldungen zu geben und herbeizuführen. Im Jahre 1838 wurden diese Fronpflichtigen gegen Bezahlung von 107 Gulden an den Staat abgelöst.

In dem Lagerbuch vom Jahr 1584 werden weitere Fronpflichten der Stadt gegenüber der Herrschaft genannt und beschrieben. So war die Stadt verpflichtet, „bei sonstiger Jagensfreiheit (Die Stadt mußte zu den herrschaftlichen Jagden keine Treiber stellen) die Hunde und die Seilwagen von Marbach bis Großbottwar und wieder zurück und weiter bis Kornwestheim zu führen." Für die Hundeführung mußten 25 Mann und für die Seile 2 Wagen gestellt werden. Bezahlt wurden von der Stadt an einen Hundeführer 20 Kreuzer und für 1 Wagen 3 Gulden.

Gegen weitere Jagdfronen wehrten sich die Marbacher. Sie streikten. Im Jahr 1571 kam ein Schreiben des Herzogs Ludwig an den Vogt zu Marbach, „weil die von Marbach bei der jüngst ergangenen Hirschjagd nicht mit Hundeführen, auch auf dem Jagen nicht vorstehen wollten und ungehorsamlich ausgeblieben sind". Der Vogt mußte sich erkundigen, warum sie sich wiederholt nicht gehorsamlich gezeigt hätten. Er berichtete, daß er den Befehl des Herzogs mit Ernst den Bürgermeistern und dem Magistrat vorgelesen und vorgehalten (habe). Doch die von Marbach gaben an, „ihre Pflicht sei von länger her, als sich Menschengedächtnis erstrecke, und sei auch bei den Eltern und Voreltern so gewesen, die Hunde und die Seilwagen bis Großbottwar und zurück zu führen". Der Herzog gab darauf dem Jägermeister den Befehl, „es hinfüro dabei bleiben zu lassen und nicht zu begehren, sie fernerhin mit weiteren Jagdfrondiensten zu beschweren."

Nach 1800 war diese Jagdfron keine schwere Belastung mehr. Die Jagdausübung hatte sich geändert. Die Stadtverwaltung berichtete an das Kameralamt in Großbottwar, daß es seit unvordenklichen Zeiten nicht mehr vorgekommen sei, der alten Jagdfron nachzukommen. Zur Ablösung dieser Fron mußten im Jahr 1839 nur 11 Gulden 25 Kreuzer bezahlt werden.

Eine weitere Fronpflicht war, vom Marbacher Zehnten (abgeliefertes Getreide) 10 Fuder Stroh (1 Fuder = 80 Bund zu je 20 Pfund) zu führen. Die Stadt bekam von der Herrschaft für jedes Fuder zu führen 1 Gulden dreißig Kreuzer Fuhrlohn; an den Bauern mußte sie mehr bezahlen. Im Jahr 1839 konnte die Stadt diese Strohfuhren gegen Bezahlung von 12 Gulden ablösen.

Nicht bekannt ist, wann die aus dem Mittelalter stammenden persönlichen Hand-, Fuhr- und Jagdfronen gegenüber der Herrschaft von der Stadt übernommen wurden. Vermutlich gab schon im 15. Jahrhundert die Stadt jedem eine Entschädigung, der zu einem Frondienst herangezogen wurde oder solche Arbeiten ausführte.

Stadtrecht war es auch, die Bürger vor ungemessenen Fronen zu schützen.

11. Die Stadtbefestigung

Über das größte Bauwerk der Stadt, die Stadt- und Zwingermauern mit Türmen, Bastionen und Graben sind Aufschriebe und Rechnungen nicht vorhanden. Ein Eintrag im Lagerbuch vom Jahr 1584, die Unterhaltung der Stadtmauern, Zwinger und Gräben um die Stadt, und wer die im Bau und Wesen unterhalten solle, lautet:

> „Die Stadtmauern samt dem Zwinger und dem Graben um die Stadt bauen und erhalten: Stadt und Amt Marbach miteinander insgemein, an welchen Kosten die Stadt das Viertel und die Amtsflecken die 3 Teile zu zahlen. Den Malefizturm und den Bürgerturm, auch Frauengefängnis aber erhält die Herrschaft in ihrem Selbst; Gemeine Stadt insonderheit alle Brücken, Wege und Stege in Gemeiner Stadt Kosten."

Vielleicht bedeutet dieser Vertragsabschluß, daß in der 2. Hälfte des 16. Jahrhunderts die Bauarbeiten an der Stadtbefestigung vollendet und beendet wurden. Die Erstellung und die Erhaltung war eine Gemeinschaftsleistung, zu der die Amtsorte den größten Beitrag zu leisten hatten. Graf Ulrich III. (1325–1344) genehmigte einen Beitrag aus dem Umgeld (Getränkesteuer). Die Unterhaltung des Blockhausturmes (Malefizturm, ein Mauerturm an der Bärengasse), des Bürgerturms (heute Haspelturm) trug die Herrschaft. Die Stadt hatte schon im Jahre 1513 die Unterhaltung der Brücken (vermutlich im Mittelalter Zugbrücken vor dem Niklastor und vor dem Oberen Torturm) übernommen. Der Bau der Stadtbefestigung, ihre Verstärkung und Verbesserung erstreckte sich über eine lange Zeit. In ruhigen Zeiten wurde der Weiterbau eingestellt und in bedrohlichen Jahren schnell weiter geführt. Die überbaute Westmauer dürfte zu den ältesten Teilen der Stadtmauer zählen. Zur Zeit Herzog Ulrichs wurde wohl die niedere Nordmauer erstellt. Die in den Graben gebauten runden Türme: Küllinsturm (Kiliansturm, Keller- und Untergeschoß des Hauses Niklastorstraße 35), das Bürgertürmle und der als Gartenhaus benützte Turm hinter dem Oberamtsgebäude, die Bastionen vor der Nordmauer weisen auf die Bau- und Befestigungsart unter Herzog Christoph (nach 1550) hin.

Der Vertrag über die Unterhaltung der Stadtbefestigung galt bis in die Mitte des 19. Jahrhunderts. Im Jahr 1852 lösten die Orte des alten Amtes (Kirchberg, Murr, Pleidelsheim, Rielingshausen, Erdmannshausen, Weiler zu Stein, Affalterbach, Ebstetten Burgstall durch Zahlung von über 800 Gulden an die Stadt die Baulast ab; Marbach machte sich verbindlich, die Stadtmauer in ihrer ganzen Ausdehnung für alle Zukunft allein ohne Beteiligung der Amtsorte zu unterhalten.

Eine schwere Belagerung über längere Zeit hin erlebten die Mauern nicht. Die Marbacher öffneten die Tore schon vorher. Die Schäden des Brandes im Jahre 1693 wurden in den folgenden Jahren ausgebessert, der Wehrgang mit einem Dachwerk versehen. Damals wurden auch die oberen Teile des Haspelturms und des Blockhausturmes gebaut. Im Jahre 1712 wurde „das Türmchen an dem Schloß in dem Stadtmauereck, so ganz baufällig gewesen, abgedeckt" (überdacht).

Vor der Wende zum 19. Jahrhundert begann die Schleifung der verschiedenen Anlagen. Im Jahr 1794 wurde der Wicklinsturm abgebrochen, und mit dem Schutt die Wette beim Wilden-Mann-Brunnen ausgefüllt. Im Jahr 1811/12 wurde der Neckartorturm abgerissen. An Stelle der abgebrochenen Stadtmauer an der Torgasse wurden 1829 die ersten Häuser gebaut. Im Jahr 1833 wurde ein Torpfeiler des im Jahr 1805 errichteten Stadttores in der Niklastorstraße beseitigt, und im Jahr 1842 wurden beide Torpfeiler des Neckartores entfernt: 1847 wurde am Oberen Marktgäßchen (heute Bärengasse) die Mauer durchbrochen und ein Holzsteg über den 12 Meter breiten Graben gebaut; 1854 kaufte der Staat beim Oberamtsgebäude und beim Oberamtsgericht den Teil des Zwingers und des Grabens, um einen Ergehungsplatz für die Insassen des Oberamtsgefängnisses anzulegen. Nach 1870 erwägten die bürgerlichen Kollegien die Entfernung des Oberen Torturms.

Der Zustand der nördlichen Stadtmauer läßt vermuten, daß so mancher Stein von dort beim Bau eines Schweinestalls oder Hasenstalls neue Verwendung gefunden hat.

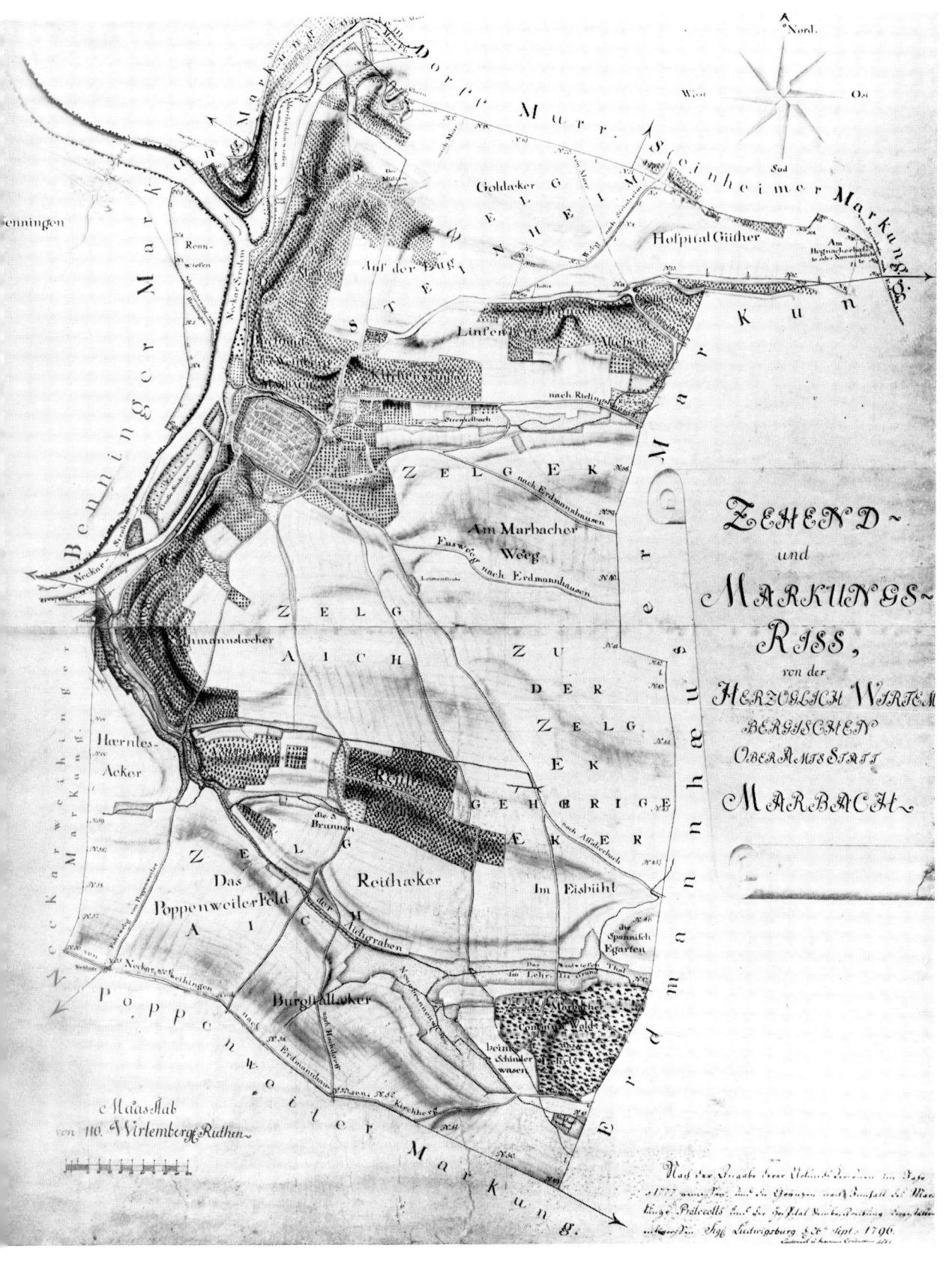

22 Markungsriß von H. Haug, 1796.

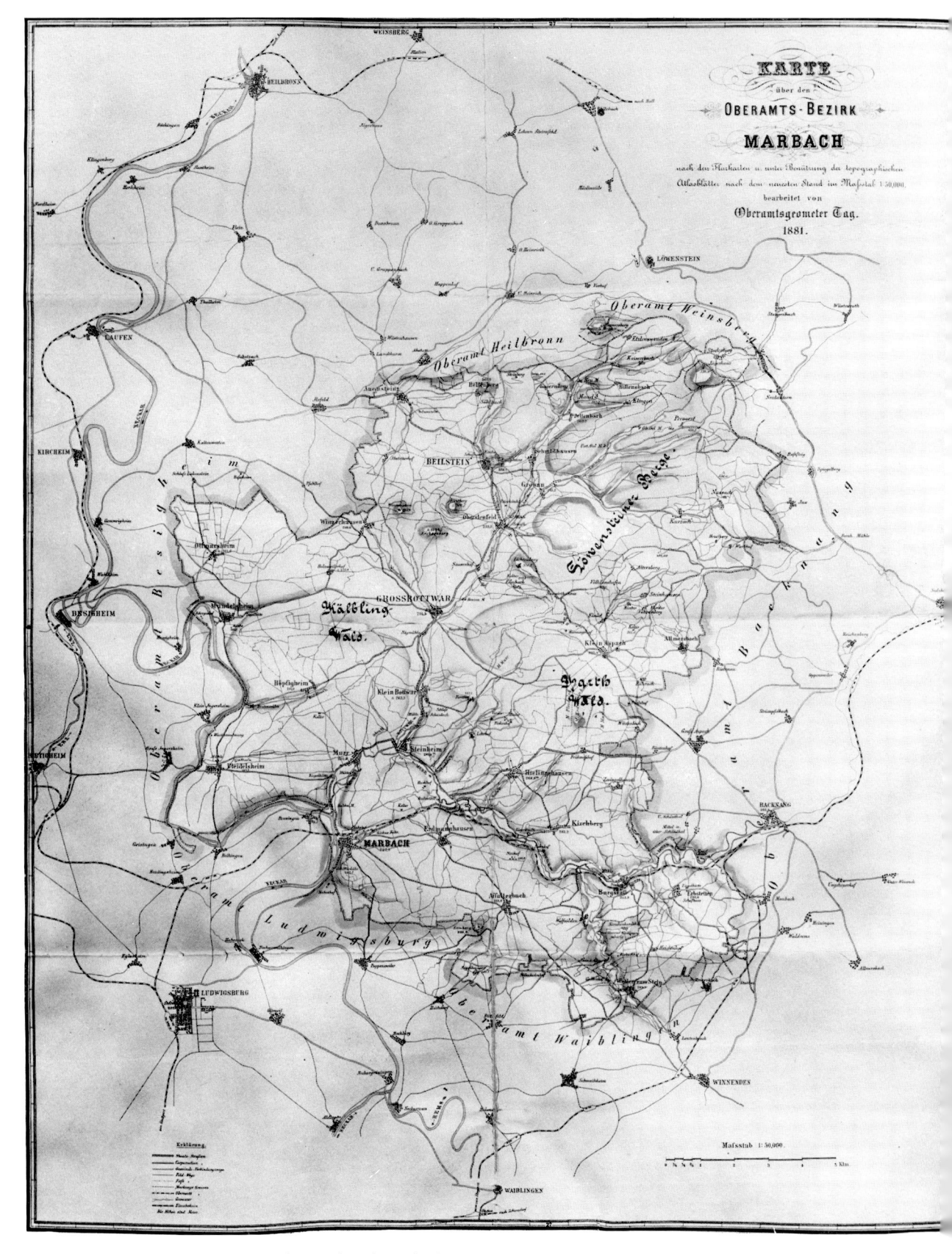

23 Karte vom Oberamtsbezirk Marbach.

Vielleicht wäre auch der Teil der Stadtbefestigung, der noch am besten den früheren Zustand aufweist, am Haspelturm, dem Fortschritt zum Opfer gefallen, wenn nicht das Landesamt für Denkmalpflege eingegriffen hätte. Es gestattete nicht, daß dort der Wehrgang überbaut wurde und drang auf eine Freilegung, wo das schon geschehen war. „Das Stadtbild könnte sehr viel gewinnen, wenn der alte Wehrgang wieder zugänglich wäre, ja zu einer Sehenswürdigkeit und zu einem reizvollen Bild Marbachs werden, wenn etwa der Haspelturm als Aussichtspunkt damit verbunden wäre." (20. September 1926.)

E. Der Dreißigjährige Krieg (1618–1648)

Noch im Jahre 1627 konnte ein Redner in Tübingen rühmen, bei diesem wilden Kriegstoben sei Württemberg fast das einzige Land, welchem die göttliche Gnade Sicherheit und Ruhe mitten unter den Stürmen vergönnt habe.

Nach der Schlacht bei Wimpfen (1622) konnten ins Land eindringende bayerische und spanische Truppen noch abgewehrt werden. Doch das Land hatte bald darauf immer mehr zu leiden unter den Durchzügen fremder Truppen. Die Landbevölkerung mußte immer wieder in die in Verteidigungszustand gesetzten Amtsstädte flüchten. Seuchen und andere Krankheiten verursachten große Verluste unter den Bewohnern.

Im Jahre 1633 verband sich Württemberg mit den Schweden. In der Schlacht bei Nördlingen (1634) siegten die Kaiserlichen über die Schweden; von den 6000 Württembergern war die Hälfte gefallen. Das Land wurde eine leichte Beute der kaiserlichen Soldateska, die sich zwischen Heilbronn und Cannstatt feststetzte. Der Geistliche Verwalter Jakob Steeb von Marbach trug in die Jahresrechnung 1639/40 ein: „Dieweilen durch dieses leidige Kriegswesen die Leut in diesem Amt mehrteils Hungers getötet, viele von Haus und Hof verjagt, die noch wenig übrigen also verderbt worden und noch immer täglich ruiniert werden, daß sie sich des Hungers kaum erwehren können, also ist um dieser Ursach willen das meiste und größte Teil an Zinsgeldern heurigs Jahrs nicht eingebracht worden." Noch war kein Ende dieser Drangsale abzusehen. Dauernde Einquartierungen, Durchzüge von Franzosen, Schweden, Spaniern, Kroaten, Marodeuren und Banden aus aller Herren Ländern erpreßten unter scheußlichsten Torturen den letzten Bissen, so daß die Leute lieber von Haus und Hof ins ungewisse Elend flüchteten. Auch nach dem Friedensschluß von Münster und Osnabrück (24. Oktober 1648, Westfälischer Friede) waren noch Monate lang auf dem Asperg kaiserliche Truppen, lagerten in Heilbronn Franzosen und zogen Bayern durch das Land.

Von Marbach gibt es nur wenige Berichte aus jener Zeit; die Zerstörung der Stadt durch die Franzosen im Jahr 1693 hat alle Akten restlos verbrannt. Erhalten blieben einige Berichte in der Stuttgarter Kanzlei.

1. Die Stadt im Dreißigjährigen Krieg

1625, 17. Februar

„Innerhalb von 14 Tagen sind drei Personen durch obgemeldete Krankheit nacheinander zeitlichen Todes verschieden, nämlich allhiesiger Bürgermeister Melchior Trautwein, dessen Hausfrau und unser gewesener lieber Seelsorger M. Joh. Jäger (von 1617 bis 1625 hier Dekan). So liegt auch an dieser Krankheit jetzo nicht mehr als eine Mannsperson und Frauensperson schwer darnieder. Bei 3–4 Personen ist wieder eine Besserung eingetreten." (Bericht des Vogts wegen einer eingerissenen ansteckenden Krankheit, der Stecher genannt).

1634

Pfarrer Daniel Maier von Benningen flieht in den bösen Jahren 1634/35 von Asperg nach Marbach.

1635–1639

Sind die jährlich an die Geistliche Verwaltung Marbach zu gebenden Gänse in Ausstand geblieben, weil auch heurigen Jahrs wegen des leidigen Kriegswesens die Bauern in den Flecken kein Geflügel aufbringen können. Auch von den je 6 Stück Althühnern und je 35 Martinshühnern ist aus denselben Ursachen wie bei den Gänsen eingebracht worden = nichts.

1638

Der Amtsflecken Weiler zum Stein ist bis zum Jahr 1641 öde und leer geblieben.

1639

Weingartbau: Ist durch das Kriegswesen ganz in Abgang kommen.

1639/40

Besoldungen den Pfarrern und Kirchendienern.

Dem Pfarrer M. Jos. Schlotterbeck allhier	= 0
Dem Diakon M. Jochen Schneider	= 0
Dem Magister Anastasius Köpf, Präzeptor	= 0
Den Pfarrern und Schulmeistern in den Amtsorten	= 0

1641

„Ich bitte von ganzem Herzen, Gott der Vater möge durch Jesum Christum helfen, daß unser niedergeschlagenes Vaterland wieder so erstehe, daß Kirchen, Gemeinwesen und Schulen blühen im Frieden des Staates, daß diesem traurigen, leiderfüllten und tränenreichen Jahren es mit Mund und Herz froh gesagt werden könne: Dem Volke den Frieden, ist Glanz und Glück für alle." (Anastasius Köpf.)

1642, 31. Dezember

Ein französisches, schwedisches Heer mit großem Troß näherte sich der Stadt Marbach und Großbottwar; beide Städte wurden ausgeplündert.

1643, 20. Januar

Zwischen bayerischen, schwedischen und französischen Truppen kam es bei Marbach zu einem größeren Gefecht, bei dem die Bayern zurückweichen mußten. Die ganze Bürgerschaft von Steinheim hatte sich nach Marbach geflüchtet.

1643, 15. April

Pfarrer Daniel Maier, seit 1640 in Beihingen ansäßig, flieht nach Marbach und stirbt daselbst am 15. April.

1644–1648

In diesen Jahren war der Flecken Affalterbach von den Bewohnern ganz verlassen.

1645

Ein französisch-schwedisches Heer suchte die Gegend heim.

1645

Zahl der Einwohner in Marbach: 857; (1622: 1765)

1646, 23. August

Über Marbach zogen französische und schwedische Truppen nach Winterbach im Remstal. Die Lebensmittel wurden aufgezehrt. Von den Amtsorten mußte viel Wein, Vieh und anderes geliefert werden.

1646

Verkauf der nach Marbach geflüchteten Früchte und Wein: „Denjenigen Untertanen, so im Land, sonderlich denen, welche im Amt Marbach verbürget und ihre Früchte und Wein wegen der Kriegsgefahr in die Amtsstadt Marbach geflehnet (geflüchtet) haben, soll frei stehen, selbige gleich anderen in der Stadt wohnhaften Bürgern, so gut wie möglich zu versilbern und zwar ihren dahin geflüchteten Wein auf die Achse zu verkaufen oder gegen Berechnung des ordentlichen Umgelds (Steuer) auszuschöpfen."

1648

„Großbottwar habe von kaiserlichen, Bayern, Franzosen 7 Hauptquartiere gehabt; es sei vielmals rein ausgeplündert worden. Beim ersten Einfall haben die Spanier 70 Männer des Städtchens nieder gemacht. Oftmals sei dasselbe ganz leer gestanden, die Leute in die Wälder wie das Wild umgejagt und getrieben worden, und die Weibsbilder geschändet worden, daß also wenige der Alten übrigen und am Leben geblieben."

1656, Juni

„Mit welch überaus großer Schuldenlast die Marbacher Amtsflecken neben dem meist abgebrannten Städtchen Hoheneck beladen, auch wie es mit den Gebäuden, Wein, mit Äckern, Weingärten und anderen Feldgütern beschaffen ist und wie solches vor der leidigen Landesokkupation (vor 1634) bestanden. Das können Eure Fürstliche Gnaden aus der Beilag ohne ferneres, weitläufiges Erzählen in Gnaden ersehen:

		Affalterbach	Benningen	Erdmannhausen	Kirchberg	Murr
Gemeindeschulden (in Gulden)		7690	3263	4630	2115	5683
Private Schulden		3062	5707	2525	6865	1398
Einwohner	vorher	89	145[1]	107[3]	176	190[3]
	1656	27[4]	43[2]	31	86	45
Gebäude	vorher	92	119	95	129	129
	1656	30	49	35[5]	87	49
Verödete Wiesen und Gärten (in Morgen)		48½	11½	23	17½	27½
Ackerfeld	vorher	1644	875	1331	1244	1120
	1656[7]	557	569	611	991	654
Weingärten	vorher	78	149	129	259	302
	1656[7]	15	57	19[6]	90	84

1 Darunter viele Vermögliche.
2 Jetzt aber zum großen Teil sehr arm.
3 Bei welchen zwei letzteren Orten dieser Fehler ist, weil keine leere Häuser mehr vorhanden, und keiner keines zu erbauen vermag, so daß dieser Ursachen halber kein Bürger mehr bei ihnen einkommen kann.
4 Seien unter den jetzigen Bürgern manchen Orts fast der Halbteil Soldaten oder sonst fremde Leut aus dem Schweizerland, welche nichts als kleine Kinder, mit dem Feldgeschäft noch schlecht fortkommen können und ihren Bettel auf dem Rücken hergebracht, welche sich auch wegen der Zinsgelder wieder wegzuziehen sehnen, als dazubleiben begehren.
5 Poppenweiler: Ihre Mahlmühle ist zugrunde gegangen.
   Erdmannhausen: Ihre Mühle verlustigt.
6 Es seien diesem Ort bei etlich erlittenen Hauptquartieren über 400 fruchtbare Bäume umgehauen und verbrannt worden.
7 Dabei zu beachten, daß vorher der Scheffel Frucht, wann man begehrt, um 2, 3 oder mehr Gulden, der Eimer Wein 20, 30 und auch mehr Gulden hat können verkauft werden. (Geldentwertung); jetzt (1656) für den Scheffel Frucht 24 bis 30 Kreuzer und vom Eimer Wein 6 oder 7, auch 8 Gulden zu erlösen ist. Auch sind die Ehehalten (Dienstboten), Taglöhner und Handwerker jetzt viel kostbarer, als sie vormals gewesen.
8 Es werden auch an Wiesen und Gärten nimmer genossen, welche jetzt in zwanzig Jahren verödet und verwildert sind, daß solche nimmer zu Nutzen zu bringen sind.

2. Kriegsschäden und Folgen im Amt Marbach

In einer Zusammenstellung des Vogtes werden angegeben (1656)

Summe der Bürger vor dem Einfall (1634)	1270 Bürger
Jetzt (1656)	450 Bürger
Ist der Abgang an Bürgern	820 Bürger
Summe der Häuser und Scheunen	1075 Gebäude
Jetzt	509 Gebäude
Abgang oder Mangel an Gebäuden	566 Gebäude
Verwilderte Gärten, Wiesen (in Morgen)	203 Morgen
Summe des vorher gebauten Ackerfeldes	12265 Morgen
Jetzt	7479 Morgen
Abgang und wüste Felder	4786 Morgen

Eine Zusammenstellung bald nach Kriegsende würde bedeutend größere Kriegsschäden aufzeigen.

Schulden der Gemeinden des Amtes	56190 Gulden
Schulden der Bürger	37806 Gulden

1656, 27. März

„Höchste Klag ist, daß die armen Leute wegen solcher Gemeindeschulden und ihren eigenen Schulden solchergestalten gequält werden, daß sie es nimmer länger ertragen können und daß sie wiederum sich dem bitteren Exilio zu ergeben gezwungen sind."

F. Vierzig Jahre Friedenszeit (1648–1688)

Die Wunden, die der 30jährige Krieg geschlagen hatte, waren im Lande noch nicht verheilt, als der französische König seine Heere am Rhein aufmarschieren ließ und neues Unheil für das Reich herauf beschwor. Im Jahre 1680 vereinigte er die Grafschaft Mömpelgard, die seit dem Jahr 1397 den Grafen von Württemberg gehörte, sowie verschiedene Reichsstädte im Elsaß mit Frankreich, und im Jahr 1681 nahm er Straßburg weg. Die Türken ermutigte er zu einem Marsch ins Reich. Sie belagerten Wien, konnten dann 1683 bei Wien vernichtend geschlagen werden. In den Jahren 1688 bis 1714 stürzten französische Heere Stadt und Land wiederum ins größte Verderben. In den Residenzen der großen und kleinen Fürsten und in den Städten des Reiches ahmten hoch und nieder französisches Gebahren und französische Mode nach.

1. Das Marbacher Mineralbad

> „Was das Badwasser bei der fürstlich württembergischen Amtsstadt Marbach an Mineralien bei sich führt und wie es in mancherlei Krankheiten des menschlichen Leibes heilsam und dienlich."
> *Altregistratur Nr. 8080* (1665)

So lautet die Inschrift auf dem Titelblatt eines Büchleins, das der damalige Stadt- und Amtsphysikus Eisenmenger in Heilbronn hatte drucken lassen. Als er um 1660 nach Marbach gekommen war, fand er von dem Badhaus, das vor dem Wicklinstor stand (heute: Cottaplatz 1) nur noch altes Gemäuer und einen Steinhaufen vor. Damals wurde es von dem Marbacher Bürger und approbierten Bader Stadtmann aufgekauft, der das Haus wieder in Stand setzte und sich vom württembergischen Herzog die Konzession geben ließ. In dem Gutachten, das Eisenmenger mit der in jener Zeit weitschweifenden Art aufstellte, erklärte der Physikus, daß das Wasser sich nicht durch Farbe oder Geruch vom gewöhnlichen Brunnenwasser unterscheide, dagegen einen süßlichen Geschmack habe und eine Trückene und etwas Anziehung im Mund und auf der Zunge hinterlasse. Es helfe gegen Kopfweh, Schwindel, Augenentzündung, Hals- und Mundbeschwerden. Es sei auch gut gegen Blutspeien, Husten und verschleimte Brust, wirke bei Herzerkrankungen, gegen Krankheiten der Harnwege, heile Frauenleiden, behebe Gicht, Rheumatismus und Fettsucht.

Einen Erfolg brachte die Werbeschrift nicht; Marbach wurde kein Badeort. Beim großen Stadtbrand 1693 versank das Badehaus bis auf das Untergeschoß in Schutt und Asche; der Badraum blieb erhalten. Um 1700 wurde das jetzige Wohnhaus gebaut. Die Badstube, zu einer Werkstatt gerichtet, geriet in Vergessenheit. Die Belastung mit dem Badzins blieb auf dem Hause stehen. Im Katasterbuch vom Jahr 1824 heißt es „Haus Nr. 225 zinst aus der Badstube der Königlichen Kameralverwaltung oder vielmehr der Stadt als Trägerin 7 Gulden 8 Kreuzer". Als um die Mitte des vorigen Jahrhunderts die alten Gefälle durch Bezahlung des 25fachen Betrags abgelöst werden konnten, hörte die im Jahr 1473 als „ewig ohnablösig" genannte Belastung auf. Nicht vergessen ist, daß das Wasser, dessen Quelle im gegenüber liegenden Bergabhang entspringt, Gesundheitswasser sei. Im Gemeinderatsprotokoll vom 20. April 1889 heißt es, daß mit der Hälfte des Wassers das sogenannte Gesundheitsbrünnele am sogenannten Seelein (beim Eichbrunnen, heute Cottaplatz) gespeist werde.

Die alten Marbacher wissen, daß es nun am Eingang zur Werkstatt Bertele aus einer Röhre fließt, und manche Hausfrau läßt es als gutes Kaffeewasser holen.

2. Städtische Ämter und Dienste

> „Als in Ämtern und im Gericht waren:
> Herr Johann Jac. Amend, Untervogt,
> H. Joh. C. Steinhofer, B. H. Bechthold Winter, B. –
> H. Alb. Joh. Georg Conradi. St. H. Johannes Felger.
> H. Johann Georg Hamp. H. Alexander Sayler
> H. Gottfried Hettler H. Hieronymus Andreä
> H. Josias Fauth H. Joh. Heinrich Wagner
> H. Dieterich Wunderlich. Philipp Friedr. Römer.
> Hab ich in a. 1682 auf deren Gutachten u. Befehlen
> Diesen halben Keller ausgraben, mauern, gewölben und alle Notdurft verfertigen lassen Johann Christoph Lempp, derzeit Spitalmeister und Mitgerichtsverwalter zu Marbach."

Bürgerstolz spricht aus jeder Zeile des Gedenksteins, den der Vorsteher des städtischen Spitals in dem neuerbauten Keller anbringen ließ, der unter dem ehemaligen städtischen Kornhaus hinter dem Rathaus (heute Schlachthaus von Bärenwirt Ellinger) gebaut worden war. In wenigen Jahren wird der Stein 300 Jahre alt; doch er ist mit den eingehauenen Namen noch so gut erhalten wie ehedem.

Seine besondere Bedeutung hat der Stein, weil auf ihm die Namen der Bürger stehen, die im Jahr 1682 in städtischen Angelegenheiten „Gutachten" geben und „Befehle" erteilen konnten. Es waren die Männer, welche als Vertreter der Bürger den Rat der Stadt, den Magistrat bildeten. Die Reihe der Namen eröffnet der vom Herzog auf Lebenszeit als Vorsteher des Marbacher Amtes ernannte (Unter)Vogt. Als Vertreter des Herzogs leitete er die Rats- und Amtstagungen; er war verantwortlich für die Durchführung der herrschaftlichen Befehle in Stadt und Amt. Seine Stellung und Aufgabe entsprach der des späteren Oberamtmanns.

Die Herren vom Rat

Es folgen nun 12 Namen, denen ein „H" vorangestellt ist. Das „H" bedeutet Herr. Diese Anrede stand damals nur solchen Personen zu, die ein herrschaftliches Amt besaßen und solchen Bürgern, die im Rat oder Magistrat saßen und zur Ehrbarkeit gerechnet wurden. Ratsherr zu sein, war eine hohe Ehre. Als solche hatten sie bestimmte Vorrechte. Der Ratsherr war befreit von herrschaftlichen und städtischen Fronarbeiten, mußte nicht unter den Stadttoren Wache stehen. Zu den Sitzungen hatten sie in Ratsherrenkleidung mit Untergewehr (kleiner Degen) zu erscheinen. In der Kirche hatten die Ratsherren Ehrenplätze und auch das Recht, kostbare Kleider zu tragen. Bei besonderen Anlässen hatten sie „ein Mahlzeitlein und einen Trunk zu genießen". So war der Inhaber der Stadtmühle verpflichtet, dem gesamten Magistrat jährlich um Pfingsten eine Mahlzeit zu einiger Ergötzlichkeit zu geben.

Die Mitglieder des Magistrats, auch Ratsverwandte genannt, wurden nicht wie heute von den Bürgern, sondern von den Ratsmitgliedern aus den Reihen der ehrbaren Männer auf Lebenszeit gewählt. Im Rat sollte aber kein Bauer und nur 1 Metzger und Bäcker sitzen, damit die Ernährung der Bürgerschaft nicht not leide.

Das Gericht

Acht Mitglieder des Magistrats bildeten das Stadtgericht. Nach dem Ableben eines Gerichtsverwandten konnte ein Ratsverwandter durch Wahl beim Ämterersatz um Martini in das Stadtgericht aufsteigen. Dem Magistratsgericht stand das Recht der hohen und niederen Gerichtsbarkeit zu. Die Strafbefugnis erstreckte sich auf den Großen oder Blutfrevel (Verletzungen), den Kleinen oder Trunken Frevel, den Frauenfrevel, die ganze Buß für Schmach und Scheltworte. Das Geld von den Bußstrafen verblieb dem Gericht; alle anderen Strafgelder standen der Herrschaft zu. Das Magistratsgericht verhängte auch die Strafen am Pranger und mit dem Gißibel.

Der gesamte Magistrat hatte die Leitung und Verwaltung der Stadt. Bedeutende Rechte standen ihm zu. Vom Magistrat wurde das Bürgerrecht verliehen und verlustig gesprochen. Das Bürgerrecht gewährte damals verschiedene Vorteile. Ein Bürger durfte sein Vieh, seine Schafe, seine Gänse auf die allgemeinen Weideplätze treiben lassen. Er konnte von der Stadt ein Stück Allmend pachten und hatte Vorkaufsrecht vor Auswärtigen bei Häuser- und Güterkauf. Er hatte Anspruch auf eine Holzgabe aus dem Hartwald. Diesen Rechten standen Pflichten gegenüber. Er hatte bei Brandfällen zu helfen, an der Torwache teilzunehmen, bei Feindgefahr seinen Platz auf dem Wehrgang der Stadtmauer einzunehmen, auch eigene Wehr und Waffen zu halten. Über zugezogenen Einwohnern, die das Bürgerrecht noch nicht hatten, konnte der Magistrat das Stadtverbot verhängen. Der Betreffende mußte die Stadt verlassen und sich in sein Bürgerrecht begeben (Geburtsort).

Hinter den Namen der beiden ersten Ratsmitglieder ist ein „B" eingehauen. Es bedeutet Bürgermeister. Diese waren früher nicht Stadtvorstände. Der eine, auch Amtsbürgermeister genannt, hatte die Vermögensverwaltung und die Rechnungsführung in der Stadtverwaltung. Er war der Vorgänger des Stadtpflegers. Der andere, der Bürgermeister vom Rat, hatte allgemeine Verwaltungsaufgaben und war der Vorgänger des Ratschreibers. Beim dritten Namen ist ein „St" beigefügt. Es ist die Abkürzung für Stadtschreiber. Er war eine sehr wichtige Persönlichkeit in der Stadt. Als solcher hatte er die Kauf- und Verkaufsverträge, die Vermächtnisse, Erbteilungen, aber auch Urkunden und Eingaben an die Kanzlei in Stuttgart zu machen. Voraussetzung war bei einem Stadtschreiber, daß er etwas Latein verstand, ebenso die damalige modische Sprache, das Französische.

Im Jahre 1740 schreibt ein „Monsieur le Docteur Geß, Advocat de la Chancellerie et du Dicastere supreme de son Altesse Serenissime Monseigneur le duc regnant de Vürtemberg a

Stougard" (Doktor Heß, Advocat in der Kanzlei und des obersten Gerichts Seiner Hoheit des durchlauchten regierenden Herzogs von Württemberg in Stuttgart) an „Monsieur Canz, Greffier de la Ville et du Bailage à Marbach" (Herrn Canz, Stadt- und Amtsschreiber in Marbach).

Ein weiteres Recht des Magistrats war, als Preisbehörde zu walten. So wurde alljährlich am Tag vor Neujahr die Weinrechnung gemacht. (Der Weinpreis für das kommende Jahr festgesetzt.) Auch die Fleisch- und Brottaxe zu machen, stand den Männern des Rates zu.

Alljährlich wurden aus den Ratsmitgliedern verantwortliche Leiter für die städtischen Einrichtungen und Betriebe gewählt. In der Stadtmühle trug die nötige „Obsicht über die Mühle und über das Gesinde" der Mühlemeister. Jeder eingestellte Mahlknecht mußte zur Beeidigung vor dem Rat erscheinen. In der Brennholzflößerei benötigte man den Floßverwalter, einen Brennholzverwalter und zwei Stadtholzmesser. Seit dem Jahr 1582 hatte Marbach das Handels- und Verkaufsrecht von Salz im Amt. Übertragen wurde das Salzgeschäft einem Salzausmesser. Im Erdgeschoß der Stadtschreiberei (Haushalt-Geschäft Pfund) war das städtische Salzlädlein. Ein Hartwaldrichter, gewählt aus den Magistratsmitgliedern, vertrat die Stadt beim Hartwaldgericht. Eine weitere Amtsperson war der Spitalmeister. Ihm unterstand der Armenvater, der Spitalknecht, der Spitalküfer.

Recht zahlreich waren die Vorkehrungen, die der Magistrat alljährlich traf, um dem Bürger Ruhe und Sicherheit innerhalb der Mauern zu gewähren. Regelmäßig wurden die Torwarte, die in einem Häuschen am Tore wohnten, vorgefordert, um dem Rat über den Verkehr an den Toren zu berichten. Während des Gottesdienstes sorgte die Scharwacht für Ruhe. Als Zeichen ihrer Würde trugen sie einen Spieß. Wie streng man damals war, geht aus einem Antrag der beiden Geistlichen hervor. Sie baten den Magistrat, während der Gottesdienste ober- und unterhalb der Stadtkirche Ketten spannen zu lassen, gleichwie es vor 1693 geschehen sei. Die allgemeine Respektsperson war der Stadtknecht. Er hatte nicht nur Botendienste der Stadtherren zu machen. Überall sollte sein wachsames Auge sein. Die Torwächter hatte er zu kontrollieren. Er war für die Sauberkeit der Stadt verantwortlich, daß die Kloaken (Aborte) rechtzeitig geleert werden, der Dung in den Misten an der Marktstraße nicht zu lange liegen bleibt. Unter den Stadttoren schlug er die Bekanntmachungen an. Ihm beigegeben war der Stubenknecht. Er war der Vorgänger des rühmlichst bekannten schwäbischen Büttels. Wenn die ganze Bürgerschaft zusammengerufen werden sollte, schlug er in den Gassen eine Trommel. Man versammelte sich unter einer großen Linde vor dem Torturm. Auf diesem versah ein Hochwächter die Hochwacht.

Er hatte „die Sturm- oder Feuerfahne, so ausgesteckt wird, wenn Brunsten ausgehen und gesehen werden, desgleichen eine sechseckige Laterne bei entstehender Feuergefahr nächtlicherweil auszuhängen und die Revier der Brunst anzuzeigen". Außerdem hatte er die auf einen herzoglichen Befehl vom Jahr 1738 angeschafften in dem Kirchlein neben der Hochwacht aufbewahrten 28 Flinten, 27 Bajonette und 28 Patronentaschen instand zu halten. Im Jahre 1841 wurde die Hochwacht eingestellt, weil die Amtsorte sich nicht mehr an den Kosten für Licht und Heizung beteiligten. Bewohnt wurde der Torturm bis zum Jahr 1958. Während der Nacht durchstreiften zwei Nachtwächter die Gassen der Stadt, achteten auf Feuer und Licht und auf lichtscheue Gestalten. Ihr Ruf „an gehörigem Ort und zu gehöriger Stunde" gab dem Bürger die Gewißheit, daß er in seiner nächtlichen Ruhe behütet und beschützt wurde. In stürmischen Nächten hatte ein Windwächter die Bewohner auf eingetretene Schäden hinzuweisen. Der städtische Kaminfeger mußte darauf achten, daß schadhafte Kamine innerhalb einer Monatsfrist ausgebessert und große Kaminlöcher beseitigt werden, und daß kein Holz gedörrt wird. Dann gab es die Obereicher, die Gewicht und Maß bei den Metzgern, Bäckern, auch bei Wirten und Handelsleuten prüften und die geprüften Gewichte und Waagen mit dem Stadtzeichen zu stempeln hatten.

Es gab noch viele, die vom Rat in Pflicht und Eid genommen wurden, damit das Gemeinwesen nicht Not leiden solle. Aus den verschiedenen Zünften der Handwerker wurden Schaumeister bestellt. Ihre Aufgabe war, die Waren und Erzeugnisse zu begutachten und zu schätzen. So gab es Schaumeister bei den Schuhmachern, Gerbern, Sattlern. Genannt werden: Ziegel-, Kalk- Zinngrob-, Schweine-, Brot-, Mehl-, Bau-, Leder-, Tuch- und Gewürzbeschauer. Im Mai 1699 wurden die Brotbeschauer vorgefordert und bei ihren Pflichten erinnert, ihrem Amt fleißig nachzukommen und das Brot auch die Wochen hindurch nachzuwägen, damit der arme Mann gleichwohl um sein Geld auch sein Gewicht an Brot haben möge.

An Markttagen trat der Marktmeister, der Platzmeister, sowie die Kornmesser in Tätigkeit. Der Harnisch (bestehend aus 1 Hauptmann und 6 oder mehreren Geharnischten) soll, wenn Markt ist, mit dem Gewehr beim Hauptmann sich einfinden, damit man sie gleich bei der Hand habe, im Fall es einige Ungelegenheiten gebe.

Als Rat einer Bauern- und Weingärtnerstadt verpflichtete er alljährlich einen Kuh- und Schweinehirten. Wichtig war der Stadtschäfer. Weniger angesehen war der (oder die) Gänsehirte(in). Sie hatten nach der Ernte das Federvieh auf die Äcker zu treiben.

Im Jahre 1714 stellte man einen Kuhführer an, damit nicht mehr zu sehen, wenn der „Farren auf offener Straße seinen Dienst abtut". Es gab den Mäuse- und Maulwurffänger, dem alljährlich eine Aspe aus dem Löherle zugewiesen wurde zur Herstellung von Fallen. Um dem Überhandnehmen von Spatzen vorzubeugen, wurde ein Flugschütze eingestellt. Die Feldsteußler hatten auf die Wege und Pfade, die Grenzsteine zu achten; die Feldschützen zeigten auch geringe Diebstähle an. Von den Feldfrüchten mußte der Zehnte gegeben werden. Man brauchte daher den Zehntauszähler, den Zehntsammler.

Wenn im Herbst der Herbstsatz gemacht wurde, mußten zwei Keltermeister, ein Kelterschreiber, mehrere Kelterknechte und 6 Bürgerträger eingestellt werden; 6 Weingartschützen hatten in den Weinbergen auch des Nachts zu bleiben. Die Weinzieher brachten den gekelterten Wein in die Keller, die Faßführer transportierten ihn, auch Wasser zum Löschen bei Brandfällen. Nicht vergessen werden dürfen die Fergen, die mit dem großen Schiff und einem kleinen den Verkehr nach Benningen vermittelten.

Die meisten Ämtlein und Pöstlein haben die neue Zeit nicht erreicht; ein Teil von ihnen wurde vom Kreis oder vom Staat übernommen.

3. Eilige Schloßbauten

Dem 2. Testament des Herzogs Christoph kann entnommen werden, daß er plante, das Marbacher Schloß auszubauen. Seine Nachfolger ließen nur kleine Ausbesserungen vornehmen. Im Jahre 1582 berichtete der Vogt, daß das Schloß etwas alt und an etlichen Stellen baufällig sei, Herzog Ludwig benützte es kaum. Als er auf der Hirschjagd in Marbach war, starb er am folgenden Tag in Stuttgart (8. August 1593).

> „... einen Abriß zu fertigen, wie das Schloß zu Marbach zu einer bequemlichen Wohnung für den Prinzen Ludwig, seinen Bruder, gerichtet werden könne." Herzog Friedr. Karl (1677–1693) an Landesbaumeister Weiß.
> (31. März 1688)

Der Landesbaumeister berichtet am 4. April an den Herzog, daß das alte Haus, worinnen vor alters die Tempelherren sich aufgehalten, ganz baufällig und nicht tauglich zu einer fürstlichen Wohnung für den Prinzen Louis sei; die Stockwerke seien niedrig, und die Zimmer sehr klein. Vom Marstall schreibt er, daß der Stall finster und wenig Luft habe. Weiß schlägt vor, den großen steinernen Fruchtkasten um das Eck an der Stadtmauer zu verlängern, im oberen Stock 8 Stuben und 8 Kammern, im unteren Stock eine große Küche, eine Stube, eine Kammer und eine Dürnitz einzurichten und den Marstall für 25 Pferdestände zu vergrößern. Als Umbaukosten gibt der Baumeister 10 500 Gulden an. Schon am 23. April ergingen Befehle an die Forstmeister in Reichenberg und in Freudenstatt wegen Lieferung des Holzes. Obwohl die Zeit des Holzflößens vorbei war, mußte noch im Sommer das Holz von Freudenstadt hergebracht werden. Der Marbacher Vogt berichtete an die Rentkammer in Stuttgart, daß die Holzrechnung auf über 100 Gulden laute; er aber nicht bezahlen könne, weil er „die nicht habe". Er bekam die Anweisung, aus dem Herrschaftskeller 100 Eimer Wein zu verkaufen. Dasselbe Datum trägt ein Schreiben der Rentkammer an den Herzog, daß „es ihr fast unmöglich fallen täte, die Kosten einer solchen fürstlichen Wohnung zu erschwingen für den Prinzen Lui, der doch im ledigen Zustand ist". Es sollte ja auch noch das alte Haus „zur Logierung der Bedienten und dero Suite" gerichtet werden. Am 7. Juni kam dann der Befehl:

> „Habe in Gnaden resolviert, daß die Erbauung des Marstalls unverzüglich vorgenommen, mit Veränderung des steinernen Fruchtkastens und Erbauung zu einem Schloß dem verfertigten Überschlag und Riß gemäß nach und nach vorgegangen und alljährlich 1000 Reichstaler dazu angewendet werden sollen."
> (Juni 1688)

Während der Sommermonate konnte der Marstall fertig gestellt werden. Auch am Kornkasten wurde gebaut, wie einige Ansätze an der Stadtmauer zeigen. Da kam am 9. Oktober der Befehl:

„Du sollst, weil der Marstall nunmehr fertig, mit dem übrigen Bauwesen bis auf weitere Verordnung inne halten; das Holz aber an sicherem, trockenem Ort in Verwahrung legen." Ereignisse waren eingetreten, die den Weiterbau verhinderten. Fünf Jahre später verbrannte das eilends hergeflößte, nun trockene Bauholz, ebenso der neue Marstall.

G. Des Landes und der Stadt Franzosenzeit (1688–1707)

1. Vorspiele der Katastrophe

Im Frühherbst 1688 überschritten die Franzosen den Rhein und brachen in die westlichen Gebiete des Reichs ein. Landestruppen kämpften im Osten gegen die Türken. An die Bewohner erging von Stuttgart aus die Weisung, „daß man überall das französische Kriegsvolk passieren lassen und sich demselben nicht widersetzen, sondern immer möglichst sie in ihren Forderungen zufrieden stellen und dahin sich bestreben solle, daß man solche nicht erzürne". Der Weg ins offene Land stand dem Feinde offen. Bald streifte französisches Kriegsvolk auch in der Umgebung von Marbach herum.

> „Schon um Martini, da mein Vater in seinen Kirchenweinberg gehen wollte, sah er beim Hochgericht (Galgen) Reiter, die rot und weiß gekleidet waren und den Berg herunter kamen."
> *Johann Jakob Nies*

„Der Mut entfiel ihm, und er kehrte wieder zurück." Die Stadttore wurden stark bewacht und verschlossen, als man die feindliche Reiterei sich nähern sah. Der Offizier, der sie anführte, forderte trotzig die Stadt zur Übergabe auf, als hätte er ein Recht dazu. Allein bald würde er um sein Leben gekommen sein, indem ein Büchsenmacher namens Scherer schon den brennenden Zunder auf sein gezogenes Gewehr gelegt hatte und es eben auf jenen abfeuern wollte, wenn nicht ein anderer Bürger den Zunder abgerissen hätte. Es stund aber wenig Zeit an, so kam ein Schwarm Franzosen nach dem andern und hausten hier greulich. Sie gingen von Haus zu Haus, brachen die Türen ein und plünderten alles. Leute, die sich beklagten, lachte der Oberst aus. Die hilflosen Bürger liefen ihren Wohnungen zu und suchten ihr bestes Geräte in die Gewölber (Keller) zu bringen. Aber wie an warmen Abenden die Schnaken die Menschen Schritt für Schritt verfolgen und um sie herumsumsen, so verfolgten die Franzosen die Bürger rottenweise und hörten nicht eher auf zu summen, bis Haus und Beutel leer waren. Am folgenden Tag zogen noch zwei Regimenter ein, welche vollends reinen Tisch machten.

Im Dezember konnten die Franzosen den Asperg besetzen; der Kommandant hatte den Befehl bekommen, die Festung zu übergeben. Die Festungsanlagen wurden gesprengt, „welches ein solches Krachen verursachte, daß man glaubte, die Erde werde umstürzen". Der französische Kommandant preßte die Umgebung aus. Auch nach Marbach kamen mehrmals Offiziere, die Brandschatzung forderten. Man stellte vergebens den entblößten Zustand vor, in welchen die Stadt wegen schon geleisteter Abgaben gesetzt wäre. Alle Beschwerden halfen nichts; es kam die Antwort, daß, sofern das verlangte Geld nicht bald vorgeschossen würde, die Stadt bis auf den Boden niedergebrannt werden sollte.

> „Philipp Friedrich Römer, als ein Mitglied des Gerichts, so der französischen Sprache wohl kundig, wird zum außerordentlichen Kriegskommissar bestellt." (September 1688)

Als der französische Gesandte in Stuttgart dem Herzog die Kriegserklärung überreichte, verlangte er die Lieferung von mehreren Tausend Zentnern Haber, Heu und Stroh. Auf die nordwestlichen Ämter des Herzogtums wurden 200 Säcke Haber, 4000 Wagen Heu und 50 000 Büscheln Stroh umgelegt, die bis zum 15. Oktober in die Festung Philippsburg geliefert werden mußten. Von der Landschaft wurde der Marbacher Wundarzt und Posthalter Philipp Friedrich Römer mit der Ausführung dieser Kriegslieferungen betraut, weil er französisch konnte. Vermutlich hatte er sich diese Kenntnisse angeeignet, als ihn seine Gesellenwanderungen nach Frankreich führten. Sein Bruder stand sogar in französischen Kriegsdiensten.

Berichte, wie der Kriegskommissar seinen Auftrag ausführen konnte, sind nicht vorhanden. In den folgenden Jahren wurden ihm vom Magistrat noch mehrmals schwere Aufträge anvertraut.

Die Stadt verliert den Schloßbauherren Herzog Friedrich Karl von Württemberg

Im September 1692 rückten französische Truppen gegen die Pfalz vor, überschritten den Rhein und drangen weiter ins Land ein (Pfälzischer Krieg). Herzog Friedrich Karl und sein Bruder Ludwig, für den in Marbach ein neues Schloß gebaut werden sollte, versuchten mit 4 Regimentern das Land vor dem Einmarsch der Franzosen zu schützen. Es kam zu einem Gefecht bei Ötisheim (Mühlacker). Der Herzog wurde gefangen, sein Bruder Ludwig entging nur mit knapper Not diesem Schicksal. Nach der Plünderung der Städte Mühlacker, Neuenbürg, Liebenzell und nach Zerstörung von Calw, Zavelstein und Hirsau zogen sich die Franzosen zurück.

Am 27. September 1692 traf hier, von Ötisheim kommend, Prinz Ludwig ein, „hat die Zehrung für ihn und seine Suite die Stadt bezahlt". Er wird den Herren vom Magistrat eröffnet haben, daß es mit einem Schloßbau in Marbach endgültig vorbei sei.

Am 21. Oktober haben „der hochfürstliche Markgraf von Bayreuth, der Oberkommandierende der deutschen Truppen im Westen, allhier auf dem Rathaus mit bei sich habenden Kavalieren das Nachtlager gehalten und samt den vornehmsten Bedienten auf dem Rathaus gespeist. Die Stadt zahlte dem Bäcker Pfeiffer 30 Kreuzer für 10 Braten zu machen und 6 Kreuzer für ein Achtel Weißmehl, da Ihre Durchlaucht die Markgräfin auch anwesend gewesen."

Es sollte der letzte große Empfang sein, den die Stadt auf ihrem alten Rathaus so hohen Gästen geben konnte.

2. Die Kriegsnöte des Jahres 1693

Im Frühjahr 1693 überschritten wiederum zwei französische Heere den Rhein und marschierten gegen Heilbronn und gegen Pforzheim. Im Juli vereinigten sie sich bei Oberreixingen. Achttausend Franzosen preßten das Land um den Asperg aus. Die Reichstruppen unter dem Kommando des Markgrafen Ludwig von Baden, dem Türkenlouis, und unter dem sechzehn Jahre alten, vom Kaiser mündig gesprochenen Herzog Eberhard Ludwig von Württemberg, der dann später das Ludwigsburger Schloß erbauen ließ, hielten die Franzosen in den vor Jahren befestigten Stellungen östlich des Neckars zwischen Heilbronn und Bietigheim auf. Um einen französischen Einfall zu verhindern, wurden schon im Jahre 1690–1692 an den Hängen des Strom- und Heuchelbergs Erdbefestigungen errichtet, zu denen Marbach 22 Mann (1690) und im Januar 1692 weitere 22 Mann stellen mußte.

Der Feind vor den Toren der Stadt

Reichstruppen, darunter auch Württemberger, lagen schon seit mehreren Jahren in Marbach und in der Umgebung. „Einige Winter hindurch wurde ein Regimentsstab hierher verlegt." Die Offiziere mit ihren Bedienten nahmen die besten Wohnungen. Der Obrist lag im Schloß, welches damals noch „im Stande war". Am 2. Juni kam ein Graf samt dreißig Offizieren und tausend Pferden hier an, welche etliche Tage auf den Neckarwiesen kampierten. Zwei Maß Wein wurden ihm ins Posthaus (Adler) und ein Fäßchen mit drei Imi sowie zwei Scheffel Haber hinausgeführt, heißt es in der Bürgermeisterrechnung. „Als der Graf von der Lippe mit etlichen Regimentern Hessen zu Pferd zwischen Murr und Steinheim gestanden haben, und die Fourage ausgegangen war, haben die Reiter ihre Pferde in die hiesigen Gärten laufen lassen, wobei viele Zäune und Türen verrissen wurden. Die Unverschämtheit dieser Leute ging so weit, die Früchte in den

Aushängeschild in der Marktstraße.

Scheunen sich anzumaßen. Der Oberkommandierende suchte die eingerissenen Unordnungen bei den deutschen Kriegsvölkern gänzlich abzustellen, „womit er nicht eher zustande kam, bis er den Übertretern Nasen und Ohren abschneiden oder wohl auch an den Galgen hängen ließ".

Die Franzosen kommen

Nachdem die Franzosen in der Mitte des Juli 1693 in Beihingen eine Schiffsbrücke geschlagen hatten, begannen sie mit dem Übersetzen ihrer Truppen. Das Hauptquartier wurde nach Pleidelsheim verlegt. Die Front verlief über Höpfigheim nach Großbottwar. Eine Abteilung trennte sich vom Hauptheer und begann das Murrtal zu verheeren (17./18. Juli). In Marbach hatte man zur Vorsicht einige Wägen mit Dung beladen und in die Furt beim Neckarfahr geschoben. Auch sei an dem Tage vor der Zerstörung eine Eule (Käuzchen) bei hellem Tag in der Stadt herumgeflogen und habe an etlichen Häusern zum Fenster hereingeschrieen „Weg! Weg!". Und Magister Rebstock berichtet in seinem Büchlein „Kurze Beschreibung des vorzeiten zwar edlen und herrlichen, nunmehr aber in seinem besten Teil jämmerlich zerstörten Landes Württemberg". „Denkwürdig ist, was vor solchem Brand und Ruin sich bei dieser Stadt zugetragen, daß nämlich an demjenigen Ort, allwo die Franzosen über den Neckar gesetzt und auf die Stadt Marbach zugezogen, zuvor eine große Menge Raupen sich befanden, welche ihren Zug gegen die Stadt nahmen, somit der Feinde Ankunft anzeigten." Als die Bewohner das Nahen des Feindes vom Floßholz (Murrbrücke am Floßgarten bei Murr) und vom Galgen her feststellten, flohen die meisten, nur das Allernotwendigste mitnehmend, kopflos zu Fuß oder mit Wagen zum Oberen Tor hinaus gegen Erdmannhausen.

3. Auf der Flucht

Einen ausführlichen Bericht darüber schrieb Diakon Keller (hier 1762–1781) in das von ihm im Jahr 1780 angelegte Notabilienbuch. Als Vorlage hatte er ein Manuskript des Marbacher Bürgers und Wagners Johann Jakob Nies, der seine Erlebnisse an jenen Unglückstagen aufgeschrieben hatte: „Am Samstag vor Jacobi, da der gewöhnliche Wochenmarkt hier am größten war, kommt die betrübliche Nachricht, die Franzosen seien in starker Anzahl in Anmarsch und nur eine Stunde von hier in Beihingen eingerückt. Gott! Welche Schrecken! So schnell übereilten uns die Feinde und schnitten uns alle Gelegenheit ab, etwas von ihrer Ankunft inne zu werden. Der Neckar trennte uns noch. Der eine taumelte in Schrecken dahin, der andere dorthin. Der eine sprang und wußte nicht wohin, der andere stand erstarrt. Der Schnitter ließ die Sichel in die Ernte fallen, und die Wagen, welche bereit standen, Garben aufzunehmen, wurden mit Kisten beladen. Die Angst verblendete die Hausmutter, daß sie statt wichtiger Geräte nur solche einpackte, die ihr zunächst lagen und von geringstem Wert waren, eben wie es bei Leuten zu ergehen pflegt, welche nie an die Möglichkeit eines Brandes in ihrem Hause gedenken und bei plötzlich entstandener Feuersbrunst gedankenlos nur Lumpen retten.

Der Zug ging Hals über Kopf zum oberen Tor hinaus, den Wäldern zu. Nur in meines Vaters Haus will sich niemand zur Flucht anschicken. Meine liebe Mutter und älteste Geschwistrige waren von der ausgestandenen Krankheit noch matt, und mein lieber Vater erst von ihr befallen. Wir konnten das Elend nicht übersehen, und alle Hilfe schien zerronnen zu sein.

Diesen Abend kam ein Kommando Husaren von der Festung Schorndorf hierher, welcher der dortige Kommandant in der Absicht ausgeschickt hatte, um zu erfahren, was die Franzosen im Schilde führen. Sie sattelten ihre Pferde nicht ab, machten ein Feuer beim Rathaus, und drei von ihnen ritten wechselweise alle drei bis vier Stunden über die Brücke nicht weit von Murr auf die Höhe der Benninger Berge hin, wo sie das Vorhaben der Feinde genau bemerken und sehen konnten, wie sie sich alle Mühe gaben, eine Schiffbrücke über den Neckar zu schlagen.

Ehe sie zustande kam, trug der französische General der Stadt eine Salvegarde (Abteilung zum Schutz) zum zweitenmal an. Allein man hielt diesen Antrag für einen Fallstrick, welchen man wegen einer ehedem verweigerten Brandschatzung legen wolle und schlug sie umso eher aus, als sich schon die obrigkeitlichen Personen aus dem Staub gemacht hatten. Am Montagfrüh kamen die Soldaten vom Erkundigen zurück und versicherten, daß nunmehr die Brücke fertig sei, und die Truppen sie schon passierten. Wir baten unseren lieben Vater, sich Gewalt anzutun und mit uns zu fliehen. Meine Mutter half ihm, die Kleider anzulegen und kam auf den scheinbaren Gedanken, er könne unter unserem Vieh die zahme Kuh führen, und indem er sich an ihr hielt, sich leicht durch sie fortziehen zu lassen. Der Vorschlag fand Beifall. Als aber mein lieber Vater die zahme Kuh bei den Hörnern halten wollte, so lief sie, des Führens ungewohnt, zweimal im Ring herum, worüber mein Vater verdrossen zurückging und sagte, er könne nicht marschieren, es gehe in Gottes Namen, wie es wölle und legte sich wieder zu Bette. Das Vieh wurde wieder

tadtansicht von Westen aus gesehen.

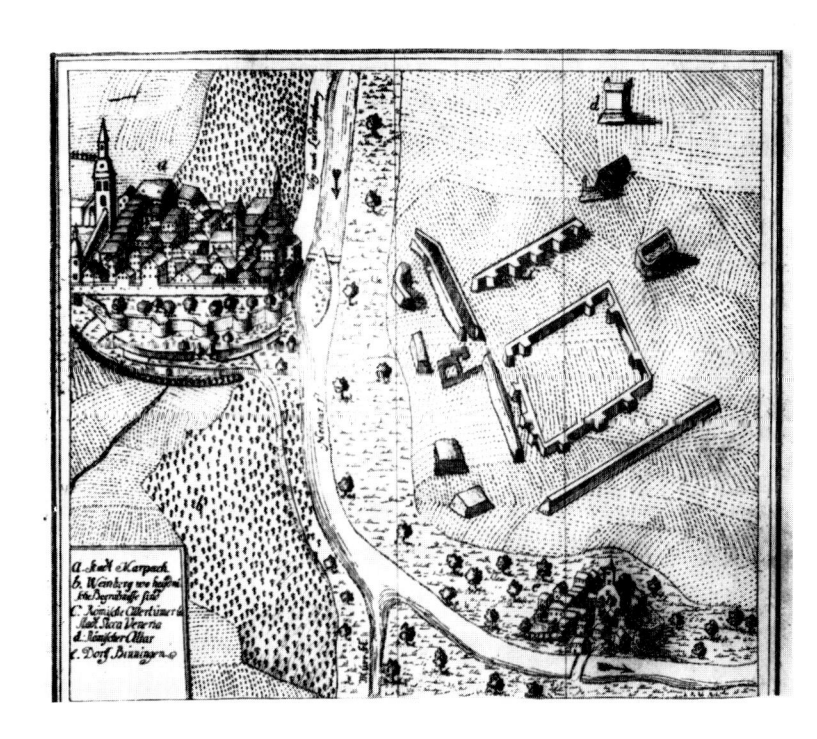

Marbach und Ruinen des römischen
astells in Benningen.

gez. v. L. Maier gest. v. S. Lacey

Marbach

in den Stall geführt. Meine Mutter mußte mit den fünf Kindern allein fortziehen. Wir kamen nach Kirchberg, eine Stunde von hier und bemerkten mit Freude, daß einige von denen, welche mit uns flüchtig geworden waren, wieder zurück nach Marbach gingen, um nach den Ihrigen zu sehen, welches umso nötiger war, als Leute zurück blieben, die nichts zu verlieren hatten, und nur auf die Zeit warteten, wo es drunter und drüber ging, um im Trüben fischen zu können, auch Niederträchtigkeit genug besaßen, dem Feind einige geringere Behältnisse zu verraten, die reichhaltigen aber für sich zum Raub aufzusparen.

Meine bekümmerte Mutter wollte sich Luft schaffen und gebot mir, ebenfalls mit anderen zurückzugehen und ihr von dem Befinden des Vaters baldigst Nachricht zu erteilen. Nachdem ich die Höhe des Erdmannhäuser Wegs erreicht hatte, so sah ich, daß viele Reiter, und darunter auch Husaren, von der Stadt aus dem Hochgericht (Galgen) zu marschierten. Ich wußte nicht, woher diese Reiterei kam, und was ihre Bestimmung wäre. Mein Vater, den ich voll guten Muts antraf, versicherte mir, daß die Hilfsvölker angekommen seien, welche den Übergang über den Neckar verwehren und sie vor den feindlichen Anfällen schützen werde. Was man gerne hat, glaubt man gerne. Inzwischen wärmte ich meinem Vater das Essen, fütterte das Vieh und traf das Leinwand und anderes Hausgerät, das wir in einem Faß im Keller verborgen hatten, noch unversehrt an. Kaum kroch ich aus der Tiefe wieder herfür, so hörte ich jemand die Straße herauf im vollen Laufe reiten, der vor meines Vaters Hause einen Augenblick stille hielt. Es war der hiesige Wilde-Mann-Wirt, der meinem Vater zurief: „Nachbar! Unsere Leute habens, leider! verspielt; es laufe, wer laufen kann. Die Franzosen marschieren schon beim Floßholz herunter." Wer war bestürzter als mein Vater! Er sagte nur: Was soll ich aber tun, ich kranker Mann? Unmöglich kann ich marschieren. Die kurze Antwort des Wirtes war: „Bleibe in Gottes Namen zurück; sie werden ja einem Kranken nichts tun." Die großen Widerwärtigkeiten, die dann meinen Vater betroffen, und wie er jedesmal nach vielen Lebensgefahren unter göttlichem Beistand glücklich entkommen, werde ich hernach melden.

Nun muß ich das Schicksal der Flüchtigen berühren. Meinen Vater ließ ich unter einem Strom von Tränen. Wären meine Schultern stark genug gewesen, würde ich ihn willigst aufgenommen und über Berg und Tal weggeschleppt haben. Ich nahm nur etwas Bettwerk mit, worauf ich dem Oberen Tor zueilte, wo ich noch drei Bürger mit Obergewehr antraf, unter denen der Ratsherr Martini war.

Wir hörten die feindlichen Trompeten und Pauken so nah, als wären sie nur auf den Milzenwiesen. Martini munterte uns zur Verdoppelung der Schritte auf. In dem Tal gegen Kirchberg war es allenthalben schon unsicher. Wir befürchten, wir möchten die Brücke in Tal (Schweißbrücke) nicht zeitlich genug mehr erreichen und daher von Kirchberg und auch von den Unsrigen ausgeschlossen bleiben. Die Angst machte uns leichte Füße, daß es schien, als flögen wir davon.

Ich erreichte meine Mutter glücklich, die sich aber noch säumen und mit Joseph Götzen Gattin zuvor noch einen Salat essen wollte. Ich bat beinahe fußfällig, sie möchten doch eilen. Wir waren noch herwärts von dem Wald auf der Höhe über Kirchberg, so kamen uns Leute nachgesprungen, welche sagten, daß daselbst ins Lemppen Haus schon Franzosen eingefallen seien und Joseph Götzen über dem Salatessen erwischt hätten. Wir hörten einen Flintenschuß nach dem andern. Die Feinde schossen unter die Leute hinein, wenn sie sie springen sahen und unerachtet ihres brüllenden Zurufs: „Halten, bougres!" dennoch nicht stehen blieben. Allein dieser Titel war nicht so reizend, daß man ihn in der Nähe öfters hören mochte. So wenig die Kirchberger französisch verstanden, so merkten sie doch, daß dies nicht die Sprache des Feundes war. Es kam ein hinkender Bote nach dem andern, welcher das Andringen des Feindes verkündete. Johannes Knaupp und seines Vaters Knecht liefen ganz außer Atem hinter uns her und versicherten, daß sie in der größten Not gewesen seien und nimmer geglaubt hätten, dem Feind entrinnen zu können. Diese Nachricht war uns ein neuer Sporn. Wir eilten, so gut wir konnten und erreichten Backnang mit anbrechender Nacht. Hier trafen wir leere Nester genug an. Wenn wir nur da sicher gewesen wären. Ein leerer Schrecken bemächtigte sich der guten Bürger zu Backnang, welcher sie zum Tor hinaus trieb und ihnen nicht Zeit ließ, daß sie nur ihre Schubsäcke gefüllt hätten. Sie sahen eine Partie Husaren in der Ferne und hielten solche für Feinde, da sie doch von den unsrigen und bei dem Übergang der Franzosen über den Neckar in dasiger Gegend zerstreut worden waren. So kann die Angst Flügel machen!

Wir quartierten uns bei dem Nachtwächter in Backnang ein, welcher uns alle Stund überbrachte, was für Spuren man von der Nähe des Feindes habe, und wiefern wir noch sicher seien. Morgens nach 2 Uhr entschloß er sich, seine flüchtigen Mitbürger aufzusuchen. Wir mußten uns gleichen Entschluß gefallen lassen, so sauer es uns ankam.

Es schien, als wären unsere Füße nach Art der Missetäter an eiserne Kugeln gefesselt. Unsere kleinen Brüder machten uns keine geringe Last und Bekümmernis. Ihr unaufhörliches Geschrei war immer: „Heim! heim!" Wir baten, wir versprachen, wir drohten. Allein sie fuhren fort, unter wiederholtem Seufzen ihr ansehnliches Verlangen nach ihrer Heimat zu erkennen zu geben. So erging es auch anderen Eltern mit ihren Kindern.

Überdies mußten wir unseren Weg aufs Geradwohl fortsetzen. Es war eine solche pechschwarze Nacht, daß man keinen Schritt vor sich hinsehen, noch seinen Fuß sicher setzen konnte. Dennoch wollte man niemand gestatten, eine brennende Fackel zu gebrauchen, aus Sorge, unser Aufenthalt möchte dadurch den Feinden verraten werden. Wir stolperten über Dickes und Dünnes hin und waren nicht einmal gewiß, ob wir nicht den räuberischen Händen der Feinde entgegenliefen.

Wir liefen dem großen Haufen nach und wendeten zuvorderst hierbei alle Sorgfalt an, daß wir nicht voneinander getrennt und zerstreut würden. Wir gebrauchten die Vorsicht, beständig miteinander zu reden und die Kleinen nicht von der Hand zu lassen, bis der sehnlichst gewünschte Tag anbrach.

Es gelang uns auch hierin so gut, daß die Kette, welche unsere Familie machte, unzerrissen blieb, daß hingegen viele andere Familien in einem Augenblick getrennt und so zerstreut wurden, daß sie einander erst nach etlichen Wochen wieder gefunden haben, worüber man sich umso weniger wundern wird, da das Gedräng von Mensch und Tier namentlich bei dem Reichenberger Tor so groß war, daß man öfters eilends ausweichen mußte, wollte man nicht Gefahr laufen, unter das Rad eines Wagens zu kommen oder von einem Pferd getreten zu werden.

Mit dem Aufgang der Sonne zogen wir in Zell bei Oppenweiler ein. Hier fanden wir kein Zoar (Zufluchtsstätte), und wir würden weislicher getan haben, wenn wir uns mit anderen auf die Berge geflüchtet und unsern Weg Brüden zu genommen hätten.

Wir folgten wieder dem großen Haufen nach. Schon sollen die Franzosen in Oppenweiler sein, da wir eine Viertelstunde weiter dem Reichenberg gegenüber waren. Unaussprechliche Verwirrung entstand aufs neue. Einige Bauern spannten ihre Pferde aus und ritten leer davon. Andere warfen ihre Bündel weg, um desto bälder aus dem Eisen zu kommen. Ich selbst zog schon den einen Arm aus dem Tragriemen und schleppte den Tragkorb eine gute Weile an dem anderen Riemen fort, ohne entschlossen zu sein, was ich tun wollte.

Unverhofft geschahen in keiner merklichen Entfernung von uns etliche Schüsse, die Husaren und Franzosen aufeinander taten, wodurch das Gedränge noch größer wurde. Das ganze Tal von Reichenberg bis Sulzbach war so voll von Leuten und Wagen, als breit und lang es war.

Wir kamen nach Sulzbach und trafen daselbst etliche Marbacher an, die aber noch unentschlossen waren, wohin sie nun ihren Weg nehmen sollten, den Wegen nach auf Murrhardt oder zu größerer Sicherheit die Berge hinauf.

Wir erwählten die Berge und erreichten glücklich Eschelstrut. Da wir eben zum Weiler eingehen, kommt der Posthalter von Marbach namens Römer mit zehn leeren Pferden in Gesellschaft meiner Mutter Schwestermann hinter uns, welche klagen, daß sie große Angst und Not ausgestanden hätten. Seine Kalesche, darinnen er sich mit den Seinigen auf die Flucht gemacht hätten, war mit vier Pferden und ein Wagen mit 6 Pferden bespannt. Allein sie waren wegen der Tiefe des Morastes in die Notwendigkeit versetzt, die 4 Pferde an der Kalesche aus und an den Wagen zu spannen, um solchen eher retten zu können. Wie sie damit umgingen und die Pferde antrieben, so machte die Nachricht von der Nähe der Schnapphahnen ihnen so bange, daß sie die Stränge abschnitten und leer davon ritten.

Indem sie dieses erzählen, so sehen sie ihrer Sicherheit halber in das Tal zurück, erblicken von ungefähr in dem Land draußen eine Feuersbrunst. Es wird doch nicht in Marbach sein? war der erste furchtsame Gedanke. Der Lage nach ist es in Marbach, spricht ein anderer. Nein, sagt ein anderer, Marbach liegt mehr dorthin. Endlich waren alle einig, dieses Unglück betreffe die Stadt Marbach, was auch leider wahr war.

Die Gesichter entfärbten sich, und aus den klopfenden Herzen stiegen die wehmütigsten Seufzer auf. Der Brand ist heftig. Sinket eine Feuersäule, so erhebt sich eine andere desto höher. Es ist alles hin. Niemand begehrt dem Ungestüm der wütenden Flammen zu widerstehen. Es ist ein Lustfeuer der Feinde.

Mit dem Anbruch des Tages ward das Zeichen zum Abmarsch gegeben. Es wollte aber niemand aufbrechen. Besonders die alten Männer, welche an Wein gewöhnt waren und ihn nun entbehren mußten, konnten ihren Worten nach nicht leben, wenn sie keinen Wein hätten. Sie wollten vorher nach Murrhardt hinüber gehen, um sich dort mit Wein zu versehen; bis zum Mittag wollten sie bestimmt wieder zurückkommen.

Erst nachmittags ging der Zug wieder an, und wir kamen nach 2 Nächten in Hall an. Das Betrübteste war, daß die mitgebrachten wenigen Lebensmittel zu Ende gingen. Meine Mutter hatte nur 2 Gulden mit auf die Flucht genommen, aus Furcht, mehr möchte ihr bei ihrer Wehrlosigkeit genommen werden und sie wohl gar in Gefahr ihres Lebens geraten. Andere hatten mehr Geld bei sich. Da sie aber nicht wußten, wie es ihnen in der Zukunft gehen werde, so behielten sie es als einen Notpfennig.

Was war anders zu machen, als daß ich zu Hall betteln mußte. Wie schwer mich dieses ankam, wieviel Überwindung es mich gekostet hat, ist leicht zu erraten. Als ich wider allen Trieb meines Herzens die ersten Schritte gegen ein Haus tun mußte, sah ich umher, ob mich jemand sehe. Ich klopfte kleinmütig an, so wie ungeübte Bettler zu tun pflegen, und sagte meine Sache, bekam aber zur Antwort, man habe kein „Solz". Dies ist die hällische Aussprache, die ich auch noch bei anderen Häusern hören mußte.

Ich will ja kein Salz, murmelte ich vor mich hin. Doch ließ ich den Mut nicht ganz sinken und ging in eine andere Gasse, wo man mir auf die erste Bitte gleich ein schönes Stück Brot zuwarf. Das setzte mich in volle Freude und machte mir Mut, daß ich noch mehr dergleichen Jagden anstellte, die so glücklich abliefen, daß ich Brot und Geld bekam.

Am dreizehnten Tag unserer Flucht marschierten wir Gaildorf zu und blieben daselbst bei meiner Mutter Schwester. Sie erzählte uns, daß zwei Tage zuvor Joseph Götz von den Gaildorfern als ein Spion der Franzosen in die Stadt eingebracht und ins Gefängnis gelegt worden sei, obwohl er versichert habe, er sei ein Bürger von Marbach und auf der Flucht von den Schnapphähnen ausgezogen worden sei, so daß er wider seinen Willen ihre Kleider hätte anziehen müssen, nur um seine Blöße zu bedecken. Dennoch wollten sie ihn, weil er einem Sundgauer Bauern glich, nicht eher los lassen, als bis einige angekommene Bürger von Marbach, denen sie ihn vorführten, ihn gleich mit seinem Namen genannt haben.

Nach etlichen Tagen geht die Sage, daß die Franzosen nicht mehr bei Marbach stünden, sondern sich über den Neckar zurückgezogen hätten. Einige Mannspersonen beschlossen zurückzukehren. Nach dem Willen meiner Mutter schloß ich mich ihnen an. Wir konnten aber vor der anbrechenden Nacht kaum Affalterbach erreichen. Bei der Kelter konnten wir die französischen Wachtfeuer genau sehen. Wir blieben dann in der Nähe Marbachs auf dem Linsenberg in jenem großen Loch (Franzosenloch?) über Nacht. Der gewünschte Tag brach an. Wir schauten begierig hin und her, konnten aber nichts Verdächtiges bemerken. Mit bangem Herzen näherten wir uns der Stadt oder vielmehr der fürchterlichen Brandstätte. Welch trauriger Schauplatz! Alle Wohnungen sind in Asche gelegt. Auch die Stadtkirche ist ein Raub der Flammen geworden. Nur die Umfassungsmauern stehen noch.

Mit bebenden Knien gehen wir weiter in die Stadt hinein nach der sogenannten Strohgasse.

Gott, was sehen wir! Den Leichnam eines Menschen. Unfehlbar glaubte dieser Mensch, bei diesem Brunnen einen sicheren Platz vor den unerbittlichen Flammen zu haben. Es soll des Küfers Thudichum Großmutter gewesen sein.

In dem Verwaltungskeller waren die Fässer durchlöchert, und die Türlein eingeschlagen, so daß der Wein im Keller ellenhoch stand. Das Stüblein unter dem Oberen Tor war noch unversehrt. Weinle, ein Schneider, war darinnen, der mir sagen konnte, daß mein Vater die vorige Nacht da gewesen sei und hinterlassen habe, er wolle seinen Bruder in der Mühle zu Hochdorf aufsuchen.

Die traurigen Schicksale des Vaters

(Wegen Krankheit blieb er in der Stadt zurück. Die Mutter floh mit den 5 Kindern ohne Mann.) Er berichtet: Als die Meinigen noch keine Viertelstunde von mir weg waren, hörte ich ein starkes Reiten und ein Geschrei dabei, was mich veranlaßte, aufzustehen und an das Fenster zu gehen. Fünf Franzosen ritten die Straße auf und nieder und schrieen aus vollem Halse: „Heraus, ihr Bürger! Macht die Tore zu!" Doch die meisten Bürger waren schon ausgeflogen, welches sie so betrübte, daß einer zu dem andern in deutscher Sprache sagte: „So können wir die Stadt nicht retten!"

Einer davon war ein Marbacher, des Posthalters (Römer) Bruder, der zuvor hier Kaufmann war. Indem aber seine Handlung den Krebsgang ging, er sich überdies mit der Obrigkeit nicht stellen konnte, so verkaufte er sein Vermögen und bekam umso eher eine Stelle als Leutnant in französischen Diensten, als er bei seinem früheren Aufenthalt in Frankreich die Sprache wohl gelernt hatte und ein ganzer Weltmann war. Nun wimmelte es von Franzosen in die Stadt herein. Mir wurde bange. Ich rückte mein Lotterbett vor die Kammertüre, welche jedoch bald geöffnet wurde. Anfänglich schien es, als wollte mir niemand ein Leid antun, da man sah, daß ich krank war. Wenn aber die eine Rotte abging, so kam eine andere, welche eine Geldgabe schon heftiger betrieb.

Unter ihnen war einer, der deutsch stammelte. In der Nacht traten etliche ein, welche dem Faß den Boden einstießen und mit Ungestüm Geld forderten unter der satanischen Bedrohung, sie wollten mir die Fußsohlen aufschneiden und Salz einstreuen, soferne ich nicht reden wolle. Diese Bluthunde machten mir Füße, so schwach ich war, daß ich ernstlich an meine Rettung dachte. Kaum wandten sie der Türe den Rücken, so zog ich mich an, ging mit einer neuen Wagneraxt hinten zum Haus hinaus in des Nachbarn Scheuer und machte oben an dem Rad das Seil los, welches aber ein Klirren verursachte. Ein Franzose, der alsbald in die Scheuer trat, zündete in die Höhe, ohne mich in der Finsternis sehen zu können. Über eine Weile kam ein anderer, der zwischen allen fünf Fingern brennende Lichter stecken hatte und aus dem Geräusch des Rades auf die Anwesenheit eines Menschen schloß; denn er leuchtete lange in die Höhe.

Endlich brachte ich das Seil los, ließ es auf die Tenne fallen, nahm es auf die Achsel und stieg bei des Sussels Haus unterhalb dem Oberen Tor auf die Stadtmauer. Ich hob etliche Ziegel von dem Dach ab, band das Seil an die Latten und warf solches über die Mauer hinaus. Ich selbst schlupfte durch das gemachte Loch hindurch und setzte mich oben auf das Dach der Stadtmauer rittlings hin. Hier saß ich eine gute Weile und hörte mit Entsetzen an, was für ein Klopfen und Gepolter in allen Ecken der Stadt war. Besonders entstand in dem römerischen Hof ein großer Lärm (heute bei Schlosserei Rebmann), wo ich eine große Helle bemerkte und daraus schloß, es brenne im Haus. In dem Augenblick schlug die mitternächtliche zwölfte Stunde auf dem Rathaus.

Es blieb mir nichts übrig; ich mußte das Leben wagen, um so mehr, als ich nicht sah, wie weit das Seil an der Mauer hinunter reichte. Ich betete ein Vaterunser und empfahl meine Seele ihrem Schöpfer, nahm das Seil in die Hände, ließ mich daran hinunter und erreichte den Boden glücklich, obwohl ich wegen der Kürze des Seiles noch einen Sprung in der Finsternis wagen mußte und beide Hände von dem rauhen Seil ganz wund wurden. Nun hatte ich noch eine, nämlich die äußere Mauer am Zwinger zu übersteigen. Etliche Tage zuvor hatte ich einen Bienenschwarm im Zwinger gefaßt, wozu ich eine Leiter gebrauchen mußte, die ich dort stehen ließ, und die mir jetzt trefflich zustatten kam. Ich stellte sie an die Zwingermauer hin, stieg daran hinauf, zog sie mir nach und ließ sie auf der anderen Seite in den Graben hinunter und rettete mich so glücklich.

Noch in dieser Nacht kam ich glücklich zwischen den Dörfern durch, so daß ich bei Anbruch des Tages schon Burgstall erreichte, mithin mehr als zwei Stunden Wegs zurückgelegt hatte. Ich war willens, mich gegen den Wald von Erbstetten rechter Hand zu begeben. Als ich aber drei Kerls von Erbstetten herunterspringen sah, so schloß ich zu meinem Schaden daraus, dort müsse es noch sicher sein, diese Leute würden sonst nicht zurückgehen.

Ich wandte mich daher vom Wald wieder Erbstetten zu. Auf dem Fußweg dahin ritten drei Husaren, die Papier auf ihren Kappen hatten, auf mich zu, zogen mir die Kleider, auch Schuhe und Strümpfe aus, in denen ich einige Dukaten versteckt hatte, welche in ihre Diebeshände fielen. In der Tasche hatte ich mein Schuldbuch stecken, um das ich inständig, aber vergebens bat, indem es ihnen, wie sie sagten, zu Patronen dienlich sei. War ich zuvor guten Muts, daß ich aus der Stadt glücklich entronnen war, so fiel mir wieder eine Zentnerlast auf das Herz. Ich war bis aufs Hemd ausgezogen worden und kam in diesem elenden Zustand nach Maubach, woselbst mir ein mitleidiger Bauer von freien Stücken nicht nur andere Kleidung, sondern auch Fleisch von einem eben geschlachtetem Kalb gab." (Hier endet der Bericht des Vaters).

4. Ein Husarenstück

Die Franzosen hatten jenseits des Neckars bei fünftausend Stück erbeutetes Hornvieh laufen, welches unsere Husaren, deren es etwa 200 waren, bald erfuhren und sie lüstern machte, ihrer habhaft zu werden. Mit dem Anbruch des Tages setzten sie bei dem sogenannten Hummelswört (bei der Lederfabrik Ernst und Meißner) über den Neckar, rannten auf die Schildwachen und Viehhirten los und töteten sie. Das Vieh aber trieben sie in der größten Furie über den Neckar. Die Bauern standen auf der anderen Seite schon bereit und leiteten es dem Murrtal zu. Das Vieh wurde durch das Hetzen der Husaren und das Blinken ihrer Säbel so in Angst und Furcht gebracht und dadurch dergestalt in Bewegung gesetzt, daß es weit heftiger sprang, als man es jemals springen gesehen hatte.

Allein die Husaren übersahen auf der Höhe einen Hüter, der alsbald im französischen Lager Alarm schlug. Ein paar Schwadronen jagten nach und holten einen Teil von dem entführten Vieh am Frühmeßhof ein. Der größte Teil aber, der schon drei Stunden weit bis zum Wüstenbacher Hof getrieben worden war, wurde teils in der Hart, teils im Kirchberger Wald zerstreut, von denen manche in den Büschen durch die Bauern gefunden wurden. Andere dagegen, so die Erdmannhäuser Bauern, hatten kein Glück. Da sie mit ihrem Vieh und Vermögen wieder zurück gekehrt waren, die Zurückkunft der Franzosen nicht vermuten konnten, wurde ihnen von den Franzosen alles geraubt.

5. Der Brandschatzungsvertrag von Heutingsheim (13. August 1693)

Um dem weiteren Plündern und Niederbrennen von Ortschaften und Städten ein Ende zu bereiten, unterzeichnete die Landesregierung in Heutingsheim einen Brandschatzungsvertrag. Durch die Zahlung von 400 000 Reichstalern (= 600 000 Gulden) sollte von nun ab das Land von jeder weiteren Brandschatzung frei, und die Bewohner von jedem Schaden an Leib und Leben verschont bleiben.

Die Franzosen hatten, um eine sichere und pünktliche Bezahlung zu erreichen, die Stellung von 6 Geiseln, 2 herzogliche Räte, 2 Prälate und 2 Bürgermeister verlangt. Da die Bezahlung sich jahrelang hinausschob, wurden die Geiseln von den Franzosen in den dumpfen und schmutzigen Kasematten der Festung Straßburg und Metz in harter Gefangenschaft wie Verbrecher gehalten. Wahrscheinlich war ein Bekannter oder Verwandter des Bürgermeisters Römer bei den Geiseln, sonst hätte er, als er im Jahre 1696 von der Schweiz zurückkehrte, nicht den Umweg über Straßburg gemacht, um diese Geiseln aufzusuchen.

Gegen Ende des Monats August 1693 räumten die Franzosen das Land. Zuvor bereiteten sie der Stadt Vaihingen/Enz dasselbe Schicksal wie Marbach und Backnang.

6. Die Schäden des Franzoseneinfalls

> „Was Stadt und Amt, die Stadt und die Bürger bei dem jüngst erfolgten französischen Einfall verloren haben."
> *Altregistratur Nr. 5640*

Die zurückkehrenden Leute fanden einen einzigen großen Trümmerhaufen vor. Über 400 Häuser waren bis auf die Grundmauern abgebrannt. Noch ist an manchen Gebäuden festzustellen, welcher Teil aus der Zeit vor der Zerstörung stammt. Wenn die Stadt nicht ein einziges Gebäude aus dem Mittelalter innerhalb der Stadtmauern auszuweisen hat, so ist das die Folge dieser Katastrophe. In der Registratur des Rathauses sind Zusammenstellungen, was damals an Häusern und Sachwerten verlorengegangen ist.

Stadt und Amt:	Die Rathausbehausung auf dem Markt stehend	3500 Gulden
	das Physikathaus (heute Marktstr. 53)	1200 Gulden
	2 Torhäuslein mit den Türmen	3000 Gulden
	Das Dachwerk über den Stadtmauern	3500 Gulden
	3 Ecktürme ruiniert	3500 Gulden
Die Stadt:	Das Kornhaus hinter dem Rathaus	1500 Gulden
	Die Stadtschreibereibehausung	1500 Gulden
	Das Stubenknechtshaus	200 Gulden
	Das Schweinehirtenhäusle	100 Gulden
	An der Mühl und Dachwerk ruiniert	300 Gulden
Das Floßamt:	1000 Maß wenigstens Floßbrennholz	3000 Gulden
	Baumaterialien und was zum Rechen gehört	200 Gulden
Salzverwaltung:	80 Scheiben Salz	480 Gulden
	im Stadel waren 10 Scheiben	60 Gulden
	Meßgeschirr, alles aus Kupfer	15 Gulden

Allerhand der Stadt fahrende Güter:

An Silbergeschmeid	0 Gulden
Zinngeschirr (2 Zentner)	66 Gulden
Eichgeschirr aus Kupfer	14 Gulden
Schreinwerk und Bettgewand	140 Gulden
Uhren: 3; die Uhrmacher konnten solche nicht ästimieren	
Glocken: 11 große und kleine Glocken (1 zu 20 Zentner; 2 zu 8 Zentner und 8 zu 2,5 Zentner	3250 Gulden
1 Feuerspritze	300 Gulden
Die Spitalverwaltung: Die Lateinische und Deutsche Schulbehausung	3000 Gulden
	1000 Gulden

28 Eimer Wein	860 Gulden
50 Scheffel Früchte, auf dem Feld fouragiert	300 Gulden
Bücher, Instrumente, Hausrat in den Schulen	228 Gulden
Heiligen-Almosenpflege: Die Stadtkirche samt dem Orgelwerke	6000 Gulden
Ein kleines Kirchlein beim Oberen Tor	200 Gulden
Vergoldete, silberne, kupferne Kelche	46 Gulden
Kanzel-, Altar- und Tauftücher	150 Gulden

„Und ist alles nur ungefähr angeschlagen; besser wäre, wenn es der Baumeister verrichtet hätte."

Eine Zusammenstellung der abgebrannten herrschaftlichen (staatlichen) Gebäude ist nicht vorhanden. Vernichtet wurde damals:

das alte Grafenschloß, das damals vom Vogt bewohnt wurde; der Kornkasten, der zu einer Prinzenwohnung umgebaut werden sollte; der neuerbaute Marstall; die Große und die Kleine Kelter; die Behausung des Kellers.

Die Geistliche Verwaltung verlor:

das Spezialathaus (Dekanat) und das Diakonathaus in der Niklastorstraße; die Amtsbehausung und Scheune des Geistlichen Verwalters in der Strohgasse (heute Bandscheuer).

Unwiederbringlich bleibt der Verlust der alten Marbacher Urkunden, Akten und Aufschriebe. Alte Rechnungen der Stadt, Protokolle, Familienaufschriebe gingen für immer verloren. Die Marbacher mittelalterliche Geschichte wird deshalb immer lückenhaft bleiben. Originalurkunden mit Siegeln aus der Zeit vor 1693, wie solche von andern Städten als kostbarer Besitz aufbewahrt werden, kann Marbach nicht zeigen.

„Kraft ergangenem hochfürstlichem Befehl soll berichtet werden, wie viel Bürger in der Stadt sich befunden haben vor der leidigen französischen Invasion." (24. Februar 1694)

Vor dem leidigen Einfall waren in der Stadt, ohne Berechnung der Witfrauen	253 Bürger
Bis dato durch den Tod hingerafft worden, so man weiß	75 Bürger
vorhanden:	178 Bürger

worunter noch wenigstens 20 begriffen, da man nicht weiß, wo oder ob sie lebendig sind.

Vom 18. September 1693 stammt ein Bürgerzettel (Verzeichnis):

Vor dem Brand wohnten in der Stadt	247 Bürger

Zu dieser Zeit waren noch nicht anwesend und in andern Orten sich aufhaltend:

Erdmannhausen	35 Bürger

Steinheim: 15 B., Poppenweiler: 11 B., Kirchberg: 5 B., Groß-Kleinbottwar: 5 B., Benningen: 4 B., Hall: 3 B.

153

Als weitere Aufenthaltsorte von Marbacher Bürgern werden angegeben: Heidenheim, Grunbach, Winnenden, Besigheim, Beihingen, Geradstetten, Lauffen, Weikersheim, Waiblingen, Balingen und Murrhardt. Ohne einen bestimmten Ort wird genannt: im Oberland, im Frankenland, in Tirol. So mancher wird nicht mehr in seine alte Heimat zurückgekehrt sein, in der ihn doch nur Not und Elend erwarteten. Hans Stolpp drückte seinen Unwillen über die ganze Melderei zu drastisch aus: „Der sagt, er scheiß darein".

> „Wegen erlittener französischer Brand- und anderer Schäden soll durch Eure Stadt- und Amtsschreiber eine Aufstellung gemacht werden."
> (16. Februar 1694)

Der Anschlag bei den Gebäuden, Feldfrüchten, bei dem Wein und Vieh soll nicht zu hoch, sondern nach dem mittleren Wert angesetzt, alle Urkunden müssen im Original beigelegt werden. Die ganze Aufstellung muß so zuverlässig gemacht werden, daß Ihr (Vogt) erforderndenfalls solche mit leiblichem Eid behaupten könnt.

In der Altregistratur des Rathauses liegt noch eine große Anzahl der Schadensmeldungen, auch solcher aus den Nachbarorten. Die meisten zeigen nur die Unterschrift des Geschädigten, können daher nicht näher bestimmt werden. Anders ist es bei den folgenden Schadensmeldungen.

Herr Bürgermeister Dietrich Wunderlich hat bei dem französischen Brand und Plünderung Folgendes verloren:

4 Häuser	2600 Gulden
An Früchten, so bereits in der Scheune gewesen:	
40 Scheffel Haber	160 Gulden
12 Scheffel Haber, so noch auf dem Feld	42 Gulden
42 Scheffel Dinkel, auf dem Feld vom Feind konsumiert	160 Gulden
6 Scheffel Erbsen, Gerste	28 Gulden
An Wein: 8 Eimer 90er Wein	256 Gulden
36 Eimer, 1691er Wein	1152 Gulden
70 Eimer zu 15 Gulden	1050 Gulden
6 Wannen Heu	36 Gulden
An allerhand Mobilien und Kaufmannswaren	1179 Gulden

Ferner hat besagter Herr Bürgermeister Wunderlich erst nach dem Brand in einem Loch von Bürgern und Bauern verloren zu haben angegeben

an Mobilien und Waren mindestens für	1000 Gulden
40 Zentner Eisen	200 Gulden

Bei dem Brand blieben die Grundmauern seines Hauses in der Strohgasse (Nr. 14) und die Inschrifttafel mit einer Halbfigur darüber erhalten. Die Inschrift lautet: Dietrich Wunderlich,

Bürger und Handelsmann allhier. Dessen Hausfrau allhier Anna Margareta, eine geborene Schrollin.

Nach der Zerstörung der Stadt und Rückkehr von der Flucht fand Wunderlich ein Unterkommen im benachbarten Steinheim, „bis er seine in Marbach zu erbauende bereits wieder angefangene Bewohnung möchte besetzen können." Noch vor Fertigstellung des Hauses in der Strohgasse starb er am 10. Juli 1694, und „bald darauf ist die nachgelassene Wittib auch nachgefolgt." (Grabstein an der Südseite der Alexanderkirche.)

Dietrich Wunderlich war wohl der reichste Bürger von Marbach. Der Wert seiner Hinterlassenschaft betrug 30 000 Gulden, trotz des Verlustes von 8000 Gulden durch die Zerstörung der Stadt.

Die Wunderlich waren ein altes ehrbares Marbacher Geschlecht. Ein Alexander und Jochen Wunderlich, jeder mit einem Knecht, werden in der Türkenschatzungsliste vom Jahr 1545 genannt. Beide müssen damals schon größeren landwirtschaftlichen Besitz gehabt haben; denn bei den andern Marbacher Bürgern wird kein Knecht genannt. Um 1600 war ein Jakob Wunderlich Untervogt in Marbach. Er berichtet von Versuchen, bei der Schweißbrücke nach Salzquellen zu graben. Von Daniel Wunderlich, Vater des Dietrich Wunderlich, stammt die Inschrift auf der Innenseite des Kanzeldeckels in der Alexanderkirche. Sie lautet: Gott zu Ehren! Gestiftet von Daniel Wunderlich, Bürgermeister allhier in Marbach und Clara Endrisen in diesem 1668. Jahr.

Im Jahre 1711 erlosch das Geschlecht in männlicher Linie in Marbach. Die männlichen Nachkommen hatten die Stadt verlassen. Im In- und Ausland (Schweiz, Australien) leben noch Nachkommen.

Einblicke in die damaligen Verhältnisse gibt auch die Schadensmeldung des höchsten städtischen Beamten, des Stadtschreibers Albrecht Joh. Georg Conradi. Sie lautet: „Was Subsignierter im Juli dieses 1693. sten Jahres bei dem leidigen französischen Landeseinfall durch Brand, Raub und Plünderung beiläufig berechnet und überschlagenermaßen an seinem Hab und seinen Gütern abgegangen und Verlust möchte erlitten haben:"

Eine Behausung, ganze Scheuer und leider 1 Sechstel an einer Scheuer, zusammen ästimiert	2000 Gulden
Bargeld, Silbergeschmeid	450 Gulden
Kleider, 10 breite Betten, gut und mittelmäßig	225 Gulden
Leinwand, Leinentuch, Garn Flachs Wolle und dergl.	500 Gulden
Tapecereien und gemachtes Zeug	50 Gulden
Zinngeschirr, 3½ Zentner	116 Gulden
Messing-, Kupfer-, Eisen- und Küchengeschirr	120 Gulden
Schreinwerk, Kästen, Züber, Reif, Faßzeug, Hausrat	350 Gulden
10 Stück Rindvieh, große und kleine	130 Gulden
Schwein	10 Gulden
14 Scheffel Dinkel, 2 Scheffel Haber	92 Gulden

Früchte auf dem Feld	355 Gulden
62 Eimer Wein	1965 Gulden
3 Eimer, so an Trauben in den Weingärten abgegangen	60 Gulden
60 Maß Branntwein	90 Gulden
Küchenspeisen, dürres Fleisch, Schinken, Speck, Würst, Salz, Schmalz, Gewürz und andere essenden Waren	90 Gulden
Conradi bringt noch verschiedene Kleinigkeiten. Als Gesamtschaden gibt er an:	6824 Gulden

Die Aufstellung zeigt, daß der Stadtschreiber ziemlich großen Privatbesitz gehabt hatte. Vieh, Schweine, Getreide lassen darauf schließen, daß die damaligen Honoratioren noch ganz landwirtschaftlich ausgerichtet waren. Überraschend ist bei vielen der große Weinvorrat. Dieser bildete die damalige Kapitalanlage. Rechnungen des Arztes, Apothekers, Gebühren beim Stadtschreiber (Vorgänger des Notars) wurden von den Leuten mit Wein beglichen.

Die Marbacher Bürger und mit ihnen noch viele in den zerstörten Städten und Dörfern des Landes warteten vergebens auf eine Entschädigung. Von der neu eingeführten Wein- und Viehsteuer blieben nur die Ärmsten verschont. Im Sommer 1695 beschwerte sich Marbach, weil mit Fortführung der Bagage der hohen Generalität beständig ein Drittel, wenn nicht die Hälfte der Bauernschaft bedrängt werde, und daß dieses Jahr, ohne die Frucht-, Wein- und Reise – und anderer herrschaftlicher Fuhren, allein 76 große, eichene Stämme, der geringste mit 8–10 Stück Zugvieh für den Marbacher Kelterbau ohne alles Entgelt herbeigeführt werden müsse.

H. Jahre des Wiederaufbaus

1. Der Aufbau der Amtsgebäude

> „Als sie wiederum von der Flucht zurückgekehrt und weder Unterkunft noch Lebensmittel gefunden, ist der größte Teil in Kellern und Höhlen elendiglich verdorben und gestorben."

So heißt es in den Sammelpatenten, die der Rat einigen Bürgern ausstellte. Wagner Nieß erzählt: „In der Erntezeit 1693 nahmen wir unsere Wohnung im Stiegler'schen Keller. Im Frühjahr bezogen wir die Hütte, welche über dem Keller der ehemaligen Diakonatsbehausung (heute Landespolizei) stand." Auch andere Bewohner werden sich zwischen den noch stehenden Umfassungsmauern Notunterkünfte gemacht haben.

> „Wie die gänzlich zerstörte Stadt mit Straßen und Gebäu abgesteckt worden und inskünftig der Zier und des Wohlstands nach wieder zu erbauen sein möchte." (Oktober 1694)

Diese von dem Landesbaumeister Matth. Weiß und Hilfswerkmeister Joh. Heimb (Heim) aufgestellte Bauordnung brachte keine grundlegende Änderung in der seitherigen Gassenführung. In der Oberen Marktgasse durfte eine Hofstatt (zwischen Café Winkler und Metzgermstr. Schmierer) nicht mehr aufgebaut werden, um eine breitere Zufahrt zum Amtshaus (Oberamteigebäude) und zur Kelter zu gewinnen. Vorgeschrieben wurde, daß „Häuser, welche irreguliert, das eine fürwärts, das andere rückwärts, gestanden, nunmehr in gerade Linie zu richten" seien. Einschneidend wirkte sich diese neue Baulinie in der Oberen Marktgasse aus. Um eine gerade Baulinie zu erreichen, mußten bei einigen Häusern die Giebelseite zurückgesetzt werden. Einige Häuser konnten weiter nach vorne gebaut werden. Eine weitere Folge der neuen Bauordnung war, daß verschiedene Häuser ihre ursprüngliche rechteckige Form verloren. Ein weiterer Abschnitt enthält die Bestimmungen und Vorschriften, daß die Stockwerke in gleicher Höhe und die Fensterbrusthöhe durchaus gleich geführt werden, „so Maurer und Zimmerleute zu observieren haben". Noch heute kann an beieinander stehenden Häusern in der Marktstraße festgestellt werden, daß diese Vorschrift durchgeführt wurde.

Über den Aufbau der Bürgerhäuser sind kaum Aufschriebe gefunden worden. Auf einfache und billige Art kam Johann Stolpp zu einem Haus, das ihm samt Ziegeln und allem, was ein Nagel hält, 25 Gulden kostete. Es stand zuvor in Hoheneck. Er flößte es auf dem Neckar herunter und schlug es unten beim Wicklinsbrunnen auf, wo es noch steht. Vermutlich ist es das Haus Niklastorstraße 29, das, als Schiller geboren wurde, einem Stolpp gehörte.

Schon im Jahre 1694 durfte der Hauptzoller (Steueramtmann) Melchior Winter auf seine eigene Kosten mit herrschaftlicher Konzession auf dem Platz des abgebrannten Marstalls ein Scheuerlein, eine Stallung samt einer daran befindlichen Wohnung mit allem Zubehör erbauen. (Heute Marktstr. 5). Sein aufwendiger Grabstein an der Südseite der Alexanderkirche, den er Jahre vor seinem Tode anfertigen ließ, verrät, daß er ein reicher und sonderbarer Bürger gewesen war.

Der Wein- und der Fruchtzehnte waren damals die sichersten Einnahmen des Staates. Der Bau einer Zehntscheuer und der Großen Kelter war vordringlich. Von ihr standen noch die Giebel- und Seitenmauern. Die Kelter muß schon um 1696 fertig gewesen sein; denn auf der Stadt- und Amtsversammlung vom 22. Juni 1696 wurde beschlossen, auf ihr eine Uhr und eine Glocke anzubringen.

Der östliche Teil des abgebrannten Kornkastens wurde als Zehntscheuer aufgebaut. Sie wird wohl zur gleichen Zeit wie die Kelter aufgebaut worden sein; denn am 11. April 1698 wurden die Späne von einem Floß verkauft, das zur Erbauung der Zehntscheuer gekauft worden war.

Eine Inschrift auf dem Gedenkstein an der Rückseite des Hauses Niklastorstraße 17 sagt, daß das Haus unter dem Geistlichen Verwalter Rathmann im Jahre 1796 erbaut worden ist (als Wohnung für den Spezial (Dekan). Dieser hatte seinen Sitz nach dem Brande in Kirchberg. Im Jahr 1694 zog er in Marbach auf, wohl in eine Notwohnung. „Zur Abholung sind 4 Wägen bedingt; weilen selbige in der Stadt nicht aufzubringen waren, so wurden sie von Erbstetten übernommen". Im Jahr 1696 kam als Spezial ein M. Käuffelin nach Marbach. Über das neue Haus beklagte er sich bei der Stadt und bei seiner Kirchenbehörde. Er mußte das Futter, Stroh, Holz in den unteren Räumen, wo auch der Kuhstall war, aufbewahren. Auch fehlte ihm ein Plätzchen zu einer Miste. Zwei Jahre später (1698) wurde an der rückwärtigen Seite ein Scheuerlein angebaut, auch konnte um 20 Gulden ein bürgerlicher Platz zu einem Mistplatz gekauft werden. (Der seitliche Anbau wurde im Jahr 1766 gebaut, um Kanzleien für den Geistlichen Verwalter zu gewinnen.)

Im November 1796 war das in München bestellte Glöcklein gekommen. Am 7. Dezember wurde nun beschlossen, dieses nicht auf der Kelter aufzuhängen, sondern auf dem „Schneck" (seitliche Wendeltreppe am Chor der Stadtkirche) und zu diesem Zweck den Schneck zu reparieren und zu erhöhen. Der Maurer Christian Probst, dessen Handwerkszeichen an verschiedenen Häusern Marbachs zu sehen ist, hat mit Stephan Ritz das Türmlein aufgemauert, gedeckt und den Zimmerleuten geholfen, das Bäulein aufzuschlagen. Der in Fachwerk ausgeführte obere Teil der Wendeltreppe war somit der erste Abschnitt, der an der Stadtkirche gebaut worden war. Hier wurde auch die erste Glocke nach dem Brande aufgehängt. Anzunehmen ist, daß bei dieser Gelegenheit auch der Eingang „repariert" worden ist.

Im Januar 1698 reichte Werkmeister Heim den Voranschlag „zur Überbauung des abgebrannten Diakonatsplatzes" ein und „was selbiger neben dem Scheurenplätzlen wiederum auf dem noch brauchbaren steinernen Stock noch zwei hölzerne darauf aufzuführen an Baukosten und anderen Materialien erfordert."

Diakon (2. Geistlicher) war in jenen Unglücksjahren M. Johann Martin Mörleth. Nach der Zerstörung der Stadt fand er eine kümmerliche Wohnung, „die sich bei Sturmwind dergestalt bewegt, daß es mit höchster Lebensgefahr verbunden ist, darinnen zu sein". Die Wohnung schütze nicht vor Hitze, Kälte und Regen und ist „mit ungemein großen Wanzen angesteckt, daß man weder bei Tag noch Nacht vor ihnen Ruhe hat." Nur mühsam konnte er in dieser einzigen Stube seinen Pflichten nachkommen. Untertänigst bittet er, „ihn aus solchem elenden Bestandshaus (Mietwohnung) zu erlösen".

Doch die Marbacher weigerten sich, durch freiwillige Hand- und Fuhrfronen den Platz zu räumen. Erst als die Hochfürstliche Durchlaucht dem Magistrat befahl, den Leuten gütlich zuzusprechen, haben sich diese dahin erklärt, „daß durch Handfröner sowohl bei Abräumung des Platzes als auch bei Aufrichtung des Hauses so viel als immer möglich zur Bezeigung der untertänigen Devotion an die Hand gegangen werden solle". Dem Haus, in dem seit Jahren die Landespolizei ist, sieht man nicht mehr an, daß Werkmeister Heim für den Diakonus im Erdgeschoß eine Stallung und hinten einen Scheurenplatz einrichten ließ.

Die späteren Geschlechter von Marbach haben dem Diakonus Mörleth viel zu danken; denn er hat alle Kirchenbücher neu angelegt. Auf der ersten Seite des neuen Taufbuchs trug er ein: „Auf erlittener höchstbetrübender Flucht und geschehener Wiederkehr zu verlasener Brandstätte sind folgender Eltern Kinder und Gevattern mit allem Fleiß eingetragen worden von dem auch total ruinierten Diakono M. Joh. Martin Mörleth." Der erste Eintrag im Taufbuch nennt Johann Kodweiß, Bäcker und Bürgermeister, geb. 5. April 1640. Er war also schon 45 Jahre alt, als er ins Taufbuch eingetragen wurde. Mörleth hatte von den damals lebenden Marbachern die Daten aus der Zeit vor 1693 erfragt. Seine Aufschriebe im Tauf- Toten- und Ehebuch bilden die ältesten Quellen für die Marbacher Familienforschung.

Die Erbauung des Amtshauses (Altes Oberamtsgebäude in der Strohgasse) zog sich über Jahre hin. Seit 1693 hatte der Vogt seinen Sitz in Kirchberg. „Wie er von Kirchberg hierher gezogen (15. Mai 1695) ist ihm in sein „logament" (Bleibe) eine Flasche Wein, ein Stück Fleisch und Brot verehrt und hingeschickt worden". Im Rechnungsjahr 1697/98 entlohnte der Vogt einen Maurer, der für die Vorderstuben im hiesigen neuerbauten Amtshause Gipssteine in Großbottwar gebrochen hatte. Noch später mußte das herzogliche Wappen angebracht worden sein; denn diese Art der Ausführung mit dem Stammwappen als Mittelbild wurde von Herzog Eberhard Ludwig im Jahr 1707 befohlen. Neben dem Amtsgebäude war ein Pferdestall und eine Scheune. Beide wurden im Jahr 1829 abgerissen. Es wurde dann ein Anbau für Kanzleien errichtet.

Das Pfarrhaus in der Strohgasse wurde, wie die Jahreszahl über dem Hauseingang angibt, im Jahr 1700 als Amtshaus des Geistlichen Verwalters gebaut. In dem ersten Plan des Werkmeisters Heim waren drei Stockwerke vorgesehen. In dem untersten Stock sollten 4 Kammern, eine Back- und Waschküche, sowie ein Pferde- und Rindstall kommen. „Weilen dieses Bauwesen allzu groß und kostbar zu sein anscheinen will", wurde das Haus mit zwei Stockwerken gebaut; die Scheuer, das Wasch-, Back- und Brennhäuslein, „welches besonders um des herrschaftlichen Hefenbrennens ohnumgänglich benötigt wird", wurden nebenhin an die Stadtmauer gestellt. Heute steht dort die Garage des Pfarrers. Vor der Stadtzerstörung hatte der Geistliche Verwalter seine Behausung und Scheune auf dem Platz, auf dem die Bandscheuer steht. Sie wurde als Fruchtkasten mit Bandhaus und großem Verwaltungskeller im Jahre 1699 gebaut. Im Jahr 1835 wurden die Scheune und der Keller an Marbacher Bürger verkauft.

2. Die Sammeltätigkeit im Land und im Reich

> „... Haben wir gnädigst resolviert, daß von den bei der französischen Invasion verbrannten Städten und Ämtern mit einer Sammlung einer Brandsteuer zur Erbauung der öffentlichen Gebäude der Anfang gemacht werden solle."
> (Stuttgart, 6. Juli 1696)

Schon vorher, ehe dieser Befehl des Herzogs einlief, hatte der Magistrat 4 „wohlgewanderte Bürger" erwählt und in das Reich hinaus geschickt. Am 7. Januar 1796 wurde Philipp Friedr. Römer abgeordnet. Er ging in den Schwäbischen Kreis, sammelte in den oberschwäbischen Städten, besuchte St. Gallen, Zürich, Bern, Basel und Schaffhausen. Die Briefe, die er nach Hause schrieb, sind noch vorhanden. Der Wildemannwirt Senner reiste über Neuenstein, Langenburg bis nach Regensburg. Am 25. Mai wurde Bürgermeister Hemminger nach Augsburg abgeordnet. Valentin Hünlein wurde zum Markgrafen von Bayreuth geschickt. Diesem war ja die Stadt Marbach nicht unbekannt. Er empfahl den Sammler bei allen Superintendenten seines Fürstentums. Hünlein hatte von allen Sammlern den größten Erfolg. Er brachte 363 Gulden zusammen. Bei seiner zweiten Reise besuchte er Städte an der Nord- und Ostsee: Lübeck, Hamburg, Wismar, kam auf dem Rückweg nach Hannover, Wetzlar, Butzbach, Friedberg, Hanau und Darmstadt.

Jedem Sammler wurde ein Sammelpatent (Ausweis) ausgestellt. Der erste Abschnitt lautete: „Wir, Vogt, Bürgermeister und Gericht zu Marbach in dem hochlöblichen Herzogtum Württemberg gelegen, geben hiermit wehmütigst zu vernehmen, wie aus sonderbarem höchsten Verhängnis das unglückseligste Städtlein Marbach, nachdem es in den noch immer fortwährenden Kriegswirren unerschwingliche Lasten getragen, endlich leider! leider! so einen steinharten Felsen erbarmen sollte, durch Raub, Brand und Plünderung in gänzliche Verheerung geraten, daß wohl zu glauben ist, daß solange dieser leidige Krieg in Schwange geht, an keinen Orten erschrecklichere Taten geschehen seien als dahier." Mit diesem umfangreichen Schriftstück wanderten die Sammler von Stadt zu Stadt, sprachen auf den Rathäusern und bei den Geistlichen vor. Meistens hatten sie nur geringen Erfolg; auch von anderen zerstörten Städten und Orten waren Sammler unterwegs. Nicht immer waren sie willkommen. Römer schrieb nach Hause: „Man weiset uns teils höhnisch, teils mit solcher verschraubter Manier ab, daß ich mich billig darüber verwundern muß. Die schlimmste Erfahrung habe ich in dem Stift zu Kempten gemacht. Der Fürstbischof ließ mir zur Antwort sagen, es nehme ihn wunder, wie die Herren von Marbach bei den noch andauernden so gefährlichen Verhältnissen des Bauwesens unterfangen wollten, da man ja nicht einmal hieroben im Schwabenland, geschweige in den Orten, welche dem Feind exponiert, doch vor fernerem Brand sicher sei"... „Wenn dann die Zeiten wiederum besser würden, und man alsdann sicher bauen könnte, wollte er auf Wiederansuchen beisteuern." Den gesammelten Betrag ließen die Sammler in ein Büchlein eintragen. Ein Drittel davon durften sie als Reisekosten entnehmen. Größere Beträge schickten sie durch Banken, Handelsleute und durch die Thurn und Taxis'sche Post nach Marbach. Nicht immer wurde der Auftrag angenommen, weil mit feindlichen Überfällen gerechnet werden mußte.

3. Von weiteren Aufbauten

Da ausführliche Berichte und Rechnungen nicht mehr vorhanden sind, kann meistens nur auf Beschlüsse des Magistrates oder der Amtsversammlung hingewiesen werden. Es zeigt sich, daß Jahrzehnte vergingen, bis die gröbsten Schäden beseitigt waren. Am 9. Mai 1697 wurde in Gegenwart des Vogts, des gesamten Magistrats und des Herrn Spezials Käuffelin nach vollbrachtem Gottesdienst beschlossen, die abgebrannte Stadtschreiberei auf dem Markte nach dem Exempel anderer verbrannter Städte und Ämter wieder erbauen zu lassen. Im Frühjahr 1698 war der Bau fertig. Es solle auch „der Stubenknecht (Amtsdiener) sich in der Stadtschreiberei des Tags hindurch anmelden und dem Stadtknecht (Büttel), wenn es viel zu tun gebe, an Hand gehen". In demselben Jahr wurde beschlossen, bei der Stadtschreiberei Hausplatz ein eigenes Salzlädlein bauen zu lassen. Der gesamte Salzhandel in Stadt und Amt solle dem Bürgermeister Hemminger um ein jährliches Bestandsgeld von 15 Gulden überlassen werden. Im Jahr 1709 war das Dachwerk des Neckartors in einem solch schlechten Zustand, daß der Einfall drohte. Ein Handwerker wurde beauftragt, die erforderlichen Reparaturen vorzunehmen. Das Türmlein in dem Stadtmauerneck (Bürgertürmle) war so baufällig geworden. Im Rechnungsjahr 1712/13 wurde es gegen weiteren Schaden abgedeckt (mit einem Dach überdeckt).

Im gleichen Jahr wurde das Dachwerk der Stadtmauer (über dem Wehrgang) von der Lateinschule an bis zum Physikathaus, das im Jahr 1699 erbaut worden war, eingedeckt.

Von der Wendelinskapelle standen nur noch die Umfassungsmauern mit dem schönen Maßwerk der Fenster. Dringlichere Aufgaben schützten die Ruine vor dem Abbruch. Im Jahre 1721 wurde eine neue Feuerspritze für das Amt gekauft. Man versah die Ruine mit einem Dach; bis zum Jahr 1905 diente das „Kirchlein", wie es bei den Marbachern genannt wurde, als Feuerwehrmagazin. Da die Amtstädte verpflichtet waren, immer einen Fruchtvorrat zu halten, wurden im Dachraum drei Fruchtböden eingebaut. Im Jahre 1749 wurde gegen den Willen des Magistrats durch Einfügung einer massiven Zwischenwand ein feuersicherer Raum für das Stadtarchiv gewonnen.

In dem neu gewonnenen Raum sind auf vielen Regalen die alten Protokolle, Rechnungsbücher, Kaufbücher aufbewahrt. In ihnen sind die großen und kleinen Ereignisse der Stadt von mehreren Jahrhunderten festgehalten. Sie bilden sichere und unentbehrliche Quellen zur Erforschung der Stadtgeschichte.

Im Jahre 1906 zog die Technik in den Hauptraum der Kapelle ein. Eine Umformerstation für die Stadt wurde eingerichtet, so daß nun im folgenden Jahr Ströme des Lichts und der Kraft in die Häuser der Marbacher fließen konnten. Daß man mit dieser Lösung nicht zufrieden war, geht aus folgender Zeitungsnotiz hervor: Im Jahr 1932 war noch einmal Gelegenheit geboten, die St. Wendelinskapelle einer würdigeren Verwendung zuzuführen. Man besprach den Einbau einer neu einzurichtenden Stadtbibliothek, eines Leseraums und über eine bessere Aufbewahrung der alten öffentlichen Bücher.

Hinzuweisen ist noch auf die dortige Sackgasse an der Giebelseite der Kapelle. Überliefert ist aus der Zeit um 1700 die Bezeichnung „Kreuzgasse". Vermutlich war an der Kapelle ein Kreuz aufgestellt. Da nun in der ganzen Altstadt von keiner Sackgasse ein Namen überliefert ist, die Quer- und Wohngassen früher mit Gäßchen bezeichnet wurden, ist anzunehmen, daß die Kreuzgasse das Reststück der abgegangenen Unteren Gasse ist, die hier in die Marktgasse einmündete.

Im Jahre 1711 wurde auf des Herrn Vogtes Antrag beschlossen, den Oberen Torturm überbauen und die Hochwacht wieder einrichten zu lassen. Der Stadt- und Amtsschreiber wurde beauftragt, beim Hartgericht einige Eichen zu bestellen, die ungemein groß, dick und stark seien. Im Jahr 1724 wurde auf dem westlichen Teil des abgebrannten Kornkastens (heute Amtsgerichtsgebäude) ein Bandhaus (zum Binden der Fässer) und ein Raum für das Keltergeschirr errichtet. Im Jahre 1746 wurde dieser Teil weiter ausgebaut, um Amtswohnungen und Kanzleien zu gewinnen. Im Rechnungsjahr 1732/33 ging man an die Reparierung des Niklastorturms, der beim Brande so ruiniert worden war, daß nichts als das steinerne Gemäuer stehen blieb. Weil er von oben bis unten ausgerissen und geschlitzt war, wurden Schleudern angebracht (eiserne Umfassungsringe). Für drei Böden und für das Dach wurden 33 Stämme verbraucht. Nicht mehr aufgebaut wurde die alte Schloßbehausung. Von ihm steht nur noch der im Jahr 1594 erbaute Schloßerker, der später als Ortsarrest verwendet wurde. Auch der Marstall wurde nicht mehr aufgebaut. Erhalten blieb bis in die jüngste Zeit die Bezeichnung „Schloßhof" und die Meinung, daß das Amtsgerichtsgebäude auf den Grundmauern des Grafenschlosses aufgebaut worden sei.

Nur an einem Haus ist ein Erinnerungszeichen an die Zerstörung und an das Aufbaujahr angebracht. Auf einem Gedenkstein des Hauses Marktstraße 25 ist zu lesen: „Nach geschehen'm Raub und Brand – Segne Gottes Allmachts Handt. Dazwischen ist die schöne Hausmarke mit

Hausinschrift, Marktstraße 25.

der Jahreszahl 1696 und die Zeichen G E S, darunter C S. Das Haus gehörte dem Handelsmann Georg Ehrenreich Schroll.

4. Die Erbauung der Stadtkirche

Die Alexanderkirche war nicht zerstört worden; jedoch hatten die Franzosen die Glocken geraubt. Dagegen stand nun der Wiederaufbau der Stadtkirche bevor.

> „In 4 Rechnungsbüchern haben die hiezu verordneten Johann Kodweiß und Wilhelm Plouquet über Einnehmen und Ausgeben bei dem Kirchbau die erforderlichen Einträge gemacht."
> *Altregistratur Nr. 5460*

Die noch vorhandenen Rechnungsbücher zeigen, daß namentlich Kodweiß, der Urgroßvater von Schiller die Buchführung machte. Seine ausführlichen Einträge bilden geradezu eine Baugeschichte der Kirche. Wir erfahren, daß das Bauholz von Fürnsal/ i. Sulz im Schwarzwald herunter geflößt wurde. Ein Zimmermann von Schorndorf verfertigte den Turm; von Vorderwestermurr wurden die 15 000 Dachschindeln bezogen und von Rottenburg zwei weitere Glocken. An Lichtmeß 1700 war die ersammelte Bau- und Brandsteuer „schierist verronnen und daher das angefangene Bauwesen keinen Fortgang nehmen wollen". „Mittelst einer beweglichen Erinnerung an die ganze hiesige Gemeinde" gingen an freiwilligen Gaben 229 Gulden ein. Im Juni 1700 wandte sich die Stadt in einem beweglichen Schreiben an den Herzog, um in einigen Städten und Ämtern im Land weitere Bausteuern ersammeln zu dürfen. Erst nach einer 2. Eingabe im Oktober wurden dann vom hochfürstlichen Kirchenkasten 275 Gulden, die in den Ämtern Nürtingen, Göppingen, Blaubeuren und Kirchheim/Teck in den Kirchen geopfert worden waren, überwiesen.

Die letzte große Ausgabe entstand bei der Beschaffung einer Orgel von Heilbronn. „Und weil die Orgelmacher zum Aufstellen der Orgel zu winterlicher Zeit sich hier befunden (haben), genossen sie an Branntenwein, so sie morgens, ehe sie an die Arbeit gegangen, weil sie in der Kälte arbeiten mußten, für 28 Gulden Branntenwein". „Als man im Amtshaus die Kirchenstühle ausgeteilt (versteigert) hatte: 5 Reihen Weiberstühle, wo die Frau Spezialin im ersteren steht, samt dem Türlein; 5 Reihen dergleichen Stühl bei der Kanzel, da die Frau Doktorin im ersten ihren Stand hat; von den 12 Stühlen gegen Abend, wo die Frau Vögtin ihren ersten Stand hat und „ob dem steinernen Schnecken, wo die Herren hinauf gehen", waren auf den Kirchenbau 6425 Gulden verwendet worden; die ersammelten Bau- und Brandsteuern betrugen 4695 Gulden.

5. Das Schulwesen nach 1693

Zwei Jahre mußten die Kinder in die Schule nach Erdmannhausen. Dann wurde beschlossen, das Armenhaus (heute Am Alten Markt 6), „so noch aufrecht geblieben, aber sehr ruiniert gewesen" zur Lateinschule zu richten. Auch für die Teutsche Schule wurde eine Lösung gefunden: Der neu angenommene Schulmeister Joh. Wilhelm Winter, Bäcker, hat in Ermangelung einer Schule sein neuerbautes Haus hergeliehen und solchergestalten offeriert, daß man ihm für den Ausbau einen Baukostenzuschuß gebe. Es war das Haus in der Rosengasse, das im Jahr 1950 abgebrochen wurde und auf dessen Stelle das Geschäftshaus von Messerschmied Maier steht. Die Gasse dort trug noch lange den Namen „Bei der ehemaligen Schul".

„Ohnerachtet die Teutsche Schule bevor separiert gewesen und in einem a parte ohrt gestanden, wurde beschlossen, das Schulbauwesen so einrichten zu lassen, daß nunmehr die drei Schulbedienten sowohl in einem logiament beisammen ihr domicilium haben als auch einer ohngehindert des andern dem Schulwesen in besonderen Schul- und Informationsgemächern abwarten können." (1696)
(Altregistratur, Nr. 1895, Nr. 1521)

Diesem Beschluß zufolge sollte der fürstliche Werkmeister Weiß einen Plan zu einem Sammelschulgebäude anfertigen, in welchem die drei Lehrer wohnen und Schule halten könnten.

Welche finanzielle und materielle Anforderungen beim Bau der „Alten Schule", wie heute das größte Gebäude in der Unteren Holdergasse genannt wird, damals gestellt wurden, geht aus den Einträgen in den Jahresrechnungen des Spitals hervor: Zwei Zimmerleute fuhren nach Wittendorf bei Freudenstadt und akkordierten zwei Flöße (352 Stämme verschiedener Länge, 500 Bretter, 960 Latten, 100 einfache Rahmenschenkel um 451 Gulden). Der Vogt Magirus ließ vom eigenen Wald zukommen: 86 Stämme verschiedener Länge, sowie Bretter, Dielen, Rahmenschenkel. Zwei Wagen Bauholz von Herrn Reicherts zu Kirchberg eingefallenem Haus kosteten 3 Gulden. Gnädigste Herrschaft spendierte 8 Eichen. Im Reichenberg'schen Forst (Staatswald) wurden 32 Eichenstämme, im Vorderwestermurr 20 000 Schindeln und 51 Schulstegentreppen (Tritte) gekauft. Von den beiden Zieglern zu Marbach wurden 10 175 und von einem Ziegler in Kirchberg 11 000 Plattenziegel gekauft. 42 Karren Mauersteine wurden vom Siechenplätzlein herein geführt. Sie stammen von „demjenigen Keller, worauf das Siechenhäuslein gestanden. (Das Siechenhaus stand an der Stelle des 1844 gebauten alten Krankenhauses, Wildermuthstr. 20.)

Nach vollbrachtem Aufrichten wurde auf gerichtlicher ordre (Anordnung des Rates) den Zimmerleuten, Handfrönern und Bauern zu einem Trunk gegeben: 1 Eimer 3 Imi 4 Maß Wein (390 Liter) und 468 Pfund Brot. „Das Tuch zu den Schnupftüchern, so man beim Aufrichten an den Maien (Birke) gehängt, kostete 48 Kreuzer. Ein Kelchlein, woraus der Zimmergeselle getrunken, der den Spruch getan, kostete 6 Kreuzer."

Das Notabilienbuch der Teutschen Schule, angefangen im Jahr 1780 von Diakonus M. Ernst Urban Keller, enthält eine Beschreibung des Gebäudes. Sie ist die älteste, eingehende Beschreibung eines Marbacher Schulhauses, somit auch ein Kapitel Schulhausgeschichte. Diakon Keller schreibt: „Das ansehnliche Schulgebäude ist nicht nur den hiesigen 3 Lehrern, einem jeweiligen Präzeptor, Kollaborator und Schulmeister zur Wohnung bestimmt; es enthält auch die beiden Werkstätten, worin die Jugend zu brauchbaren Gliedern des gemeinen Wesens geschnitzt werden soll. Wahrscheinlich ist dasselbe nach der anno 1693 erfolgten Einäscherung Marbachs den 16. September 1700 aufgeschlagen worden."

In dem untersten Stock des Hauses bei dem Eingang in dasselbe ist die Wohnstube eines Schulmeisters zur Rechten, in welche man durch eine Vortüre tritt. An dieselbe stößt die Küche und die Speisekammer, worauf ein enger Raum erscheint, in welchem die beiden Falltüren liegen, die zu den Kellern der lateinischen Lehrer führen. Nach diesem ist die teutsche Schulstube, die die Länge des Hauses bis zur Stadtmauer vollends einnimmt. Anno 1776 (?) war diese Stube wegen der Zunahme der Jugend gegen die Kellertüren hin eine ziemliche Strecke von der Stubentüre an vergrößert. Zur Linken des Eintritts gehören die beiden Kammern dem Schulmeister, an welchem des Kollaborators Holzkammer, über den Gang hinüber aber des Präzeptors seine befindlich ist. Diese Reihe schließt die Schulstube der beiden lateinischen Lehrer, welche in der Mitte eine bretterne Scheidewand hat und von einem Ofen erwärmt wird. In dem mittleren Stock teilt ein breiter gemeinschaftlicher Gang, der von den Fenstern bis an die Stubentüre des Präzeptors reicht, die Zimmer in zwei Teile. Dem Kollaborator gehört derjenige Teil zu, der gegen Mittag liegt. Neben seiner Wohnstube ist die Küche, in welcher er auch seinen Abtritt findet. Seiner Stube gegenüber hat er seine beiden Kammern, die an der Treppe enden.

Der Anteil des Präzeptors und besonders seine Wohnstube und Stubenkammer liegt gegen Mitternacht. In dem Wohnzimmer ist ein gedoppelter bretterner Verschlag, davon der eine hinter dem Ofen anfängt. Der Präzeptor hatte auch einen Alkoven und eine „liebliche Gaststube". „Zuletzt ist noch der Abtritt angebracht."

Noch Jahre dauerte es, bis das Schulgebäude ganz fertig war. Nachträglich richtete man für jeden Lehrer unter den Treppen einen Hühnerstall ein. Im Jahre 1801 machte der Kollaborator Megenhardt eine Eingabe, in welcher er bittet, ihm zu einer vorteilhaften Einrichtung seiner mit jedem Jahr beschwerlicher werdenden Ökonomie zu helfen und ihn einen Schweinstall erbauen zu lassen. Kirchenkonventlich wurde hierauf beschlossen, weil Herr Kollaborator allzugering besoldet sei, den Stall bauen zu lassen. Im Jahre 1850 genehmigte die Schulbehörde einen größeren Umbau. Die seitherige Wohnung des Schulmeisters wurde in einen Schulsaal umgebaut. Dabei wurde der auf der Südseite gelegene Eingang auf die Ostseite verlegt.

Wie die meisten Häuser in jener Zeit war auch das Schulhaus als Fachwerkbau aufgeführt worden. Im Jahre 1868 wurde es gründlich repariert und leider auch verblendet.

6. Weitere 200 Jahre Marbacher Schulgeschichte (1700-1900)

In den Jahren 1762-1781 war in Marbach als 2. Geistlicher (Diakonus) M. Ernst Urban Keller. Er war ein echter Schulmann. Seine Erfahrungen im Unterricht und in der Erziehung hielt er in dem schon gen. „Notabilienbuch" vom Jahr 1780 fest. Er notierte auch viel „Merk-würdiges" aus dem Schulleben. Nach seinem Tode wurde das Buch von den jeweiligen Schulleitern fortgeführt. Neben den Kirchenkonvents-, Gemeinderats- und Ortsschulratsprotokollen ist das Buch eine ergiebige Quelle für die Marbacher Schulgeschichte.

Schulhaus- und Schulraumsorgen

Nur zu bald sollte es sich zeigen, daß die Schulräume für die schnell steigende Schülerzahl nicht mehr reichte. Während sich die Zahl bei der zweiklassigen Lateinschule beständig um 50-60 hielt, näherte sich die Zahl in der Teutschen Schule immer mehr der Zahl von 200 Schülern. Die Klage des Schulmeisters Fr. von Keutz (1772-1809) beim Kirchenkonvent war allzu berechtigt: „Zwei Lehrer können sich nicht mit allen 183 Schülern (in einer Schulstube) beschäftigen, sondern müssen ihren Unterricht von einer Klasse zur anderen fortsetzen. Aber eben dadurch bleiben viele Kinder müßig sitzen und werden dadurch zum Gähnen und noch mehr zum Schwätzen gereizt."

Im Jahre 1802 konnte eine weitere Schulstube gewonnen werden, indem ein Verschlag eingezogen und eine besondere Türe im Hausgang gemacht wurde. Als Ottilie Wildermuth in die Schule ging, war die Schülerzahl auf 250 gestiegen. Nur durch eine größere bauliche Änderung konnte dem Übelstande abgeholfen werden. Da eine Lehrerwohnung frei geworden war, konnte die Lateinschule in den oberen Stock verlegt werden. Im unteren Stock gewann man durch Entfernung von Zwischenwänden drei große Schulräume.

Im Jahre 1839 wurde für eine 4. Lehrerstelle im Haus des Jakob Walter in der Oberen Holdergasse Nr. 8 ein ganz passendes und geräumiges Zimmer gemietet, weil im Schulhaus kein Platz mehr war. Wie passend dieses Zimmer war, beschreibt später ein Marbacher: „Wie es aber vor 70 Jahren in einer der hiesigen Schulen aussah, möchte ich erzählen. Das Haus zierte an der Vorderseite eine riesige Dunglege. Nach der Hinterseite, gegen Norden, lag eine weitere Dunglege. Die nicht vertäferten Riegelwände waren so schadhaft, daß eines Tages während des Unterrichts zu unserem Ergötzen ein Stück herausbrach und in den Hof hinunterfiel. Wochenlang klaffte das Loch in der Schulstube. Die Wände waren stets feucht, da der Kuhstall sich unter dem Zimmer befand. In dem kalten Winter von 1845/46 war einmal, als wir in die Schule kamen, eine Wand mit dickem Reif beschlagen, den wir mit unseren Linealen abschabten. Wir froren erbärmlich an den Füßen und klagten darüber. Der Lehrer ließ Schrannen um den Ofen stellen, und wir durften abwechselnd unsere Stiefel auf den warmen Ofenstein aufstellen.

Überhaupt war es mit der Heizung gar schlecht bestellt. Der Kollaborator hatte ein bestimmtes Quantum Holz zur Verfügung und die Heizung zu versorgen. Was übrig war, konnte er für seine eigene Haushaltung verwenden. Da es bei dem guten Mann mit der elenden Besoldung und der starken Familie beständig knapp herging, ist es erklärlich, daß das Holz auch noch für die Familie reichen mußte, und die Schüler zu kurz kamen. Wie es mit der Reinlichkeit bestellt war, läßt sich denken. Nach dem Schulschluß ließ die Bäurin ihre Hühner herein, damit dieselben die Brosamen auflesen sollten. Zum Dank ließen diese Verschiedenes zurück, was wir am andern Tag mit unsern Ärmeln und Hosen aufzuputzen hatten. In diesem Raum saßen in drangvoller Enge 2 Jahrgänge Lateinschüler und ein Jahrgang Volksschüler beisammen, welche der Kollaborator gleichzeitig zu unterrichten hatte. Wie er es fertig brachte, ist mir heute noch ein Rätsel."

7. Aus dem Alltagsleben der beiden Schulen

1703

Das Spital erkaufte je 300 Büscheln Wacholderholz für die Lateinische und für die Teutsche Schule zum Räuchern. Im Jahre 1783 wurde das Holz in Oberstenfeld gekauft (Hospitalrechnung 1702/03).

Die Kirchenkonventsprotokolle berichten u. a. folgendes:

1711, 20. August

Es ist vorgekommen, daß Herr Präzeptor M. Koppelmann zu Winterszeit in seiner Wohnstube Schule zu halten pflege. Ist beschlossen worden, ihm zu eröffnen, in Zukunft auch im Winter den Unterricht in der Schulstube zu halten.

1745, 26. Februar

Seit einiger Zeit wird die Säuberung der beiden Schulstuben von der Heiligenpflege (Kirchenpflege) bezahlt. Weil aber dadurch die Kasse geschwächt werde, und doch bekannt ist, daß im ganzen Land die Schulstuben durch die Schulkinder gesäubert werden, wurde beschlossen, daß die beiden Schulstuben im Wechsel von den Schulkindern ausgefegt werden sollen, den Herrschaften aber freisteht, daß dieselben im Namen ihrer Kinder dieses Geschäft durch andere bestellen mögen.

1783

In jenen Jahren fand das Rechnen in der Lateinschule Eingang. Im Jahre 1783 war eine Stunde dafür vorgesehen.

1788

Weil wiederum sehr viele die Schule versäumt haben, wurde beschlossen, daß alle, die keine genügende Entschuldigung vorbringen können, um 15 Kreuzer bestraft werden. Da sich bei dieser Gelegenheit der Friedrich Nußberger sehr grob und unbescheiden vor dem öffentlichen Kirchenkonvent aufführte, ließ man ihn sogleich durch den Stadtknecht in den Turm (Arrest) abführen.

Um 1800

In der Lateinschule und in der Teutschen Schule wurde Unterricht in Geographie und in Geschichte gegeben, Schulmeister Ziegler gibt an der Lateinschule Unterricht im Zeichnen und in der Deutschen Sprache.

1809, April

Bei der gewöhnlichen Schulprüfung wurden mit Vergnügen die Fortschritte durch die von Ziegler neuerlich eingeführte pestalozzi'sche Lehrmethode bemerkt. Weil eine ganz neue Lehre in der Schule eingeführt sei, und man den Kindern von Affen und Bären erzähle, lasse ihr Gewissen nicht zu, ihre Kinder ferner in die Schule zu schicken.

1818, 22. April

Es wurde vorgebracht, daß die Schulzimmer zweimal gefegt werden möchten, anstatt dieses wie bisher nur ein Mal in der Woche geschehe.

1865

Weil die Rechenbücher für die Lehrer mit den neuen Dezimalmaßen noch fehlten, wartete man mit der Einführung noch zu. Der Unterricht in Geschichte, Erdkunde und Naturkunde wird vorgeschrieben.

Dem Ortsschulrat ist zu entnehmen:

1884

An den Viehmärkten wurde bisher eine Anzahl Knaben vom Schulbesuch befreit, um beim Viehzählen behilflich zu sein. Dieser Zustand soll nur noch geduldet werden, solange der zur Zeit bestehende Akkord dauert.

1894, 10. Mai

Da morgen die Bottwartalbahn feierlich eröffnet wird und an die Schuljugend keine Einladung ergangen ist, so beschränkt man sich darauf, die Kinder vom Schulhof aus die einlaufenden und abgehenden Festzüge betrachten zu lassen.

8. Als der Schulmeister gewählt wurde

Als im Jahre 1695 die Schüler in die „Ehemalige Schule" beim Göckelhof einziehen konnten, wurde der Bäcker und Bürger Winter als Schulmeister angenommen. Ihm folgte 1727 als Schulmeister Johann Jakob Knaupp, Ratsverwandter und Rotgerber. Es wird nicht berichtet, warum sie angenommen werden konnten.

Erst aus späteren Eintragungen erfährt man, wie der frühere Schulmeister ausgebildet wurde. Vom Schulmeister Haaga (1824–1840), zu dem auch Ottilie Wildermuth in die Schule ging, wird berichtet, daß er der letzte Marbacher Schulmeister gewesen ist, der Schullehrlinge einlernte. Einer seiner letzten Lehrlinge war der in Marbach geborene Johann Georg Schöffler. Nach einer dreijährigen Lehrzeit konnte ein solcher vor dem Kirchenkonvent seine Gesellenprüfung ablegen.

So heißt es in einem Protokoll vom Jahr 1760: „Also wurde Kodweiß vorgefordert; dessen Handschrift, seine Erfahrung im Rechnen, Wissenschaft im Buchstabieren, im Singen und Unterrichthalten, im Katechismus, Spruch- und Konfirmationsstücklein in abgelegten Proben möglichst genau geprüft, zu allseitiger Zufriedenheit seine Tüchtigkeit erwiesen, daß man durch ihn ohne Anstand wohl versorgt sein werde." Später mußte die Provisoratsprüfung in Stuttgart abgelegt werden.

War dann eine Schulmeisterstelle frei, konnte sich ein geprüfter Schulgehilfe als Kandidat bewerben. Eine ausführliche Niederschrift von einer solchen Schulmeisterwahl ist im Kirchenkonventsprotokollbuch vom Jahr 1809. Da heißt es: „Nach dem Tode des Schulmeisters wurde im Kirchenkonvent beschlossen, daß die Wahl auf Mittwoch, den 26. Juli festgesetzt, und zu dem Ende das Vorhaben in der Cotta'schen und Elbischen Zeitung bekannt gemacht werden soll mit der Bemerkung, daß ein jährlicher Gehalt von mindestens 400 Gulden nebst freier Wohnung zugesichert werden könne".

Am 21. Juli kam man wieder zusammen in der Absicht, die Bedingungen festzusetzen, unter welchen ein neuer Schulmeister gewählt und angenommen werden solle. Es wurde beschlossen, daß der künftige Schullehrer das Gleiche, wie sein Vorgänger, zu genießen habe, in fixem Gehalt:

Vom Bürgermeisteramt	50 Gulden
für den abgeschafften Weihnachtsgesang	12 Gulden
für Haltung der Sonntagsschule	3 Gulden
An Naturalien:	
Mühlkernen	1 Scheffel (1,77 hl)
Wein	4 Imi (75 Liter)
Holz, zur Heizung der Schule	6 Meß (18 Raummt.)
für den Organisten- und Kantorendienst	7 Meß (21 Raummt.)
Von der Heiligen Pflege	
Wegen abgeschafftem Weihnachtsgesang	6 Gulden
Statt einer Holzzulage wegen vergrößerter Schule	25 Gulden
Von der Hospitalpflege	
Wein	4 Imi (75 Liter)
Von zufälligen Einkünften	
Gratial von der Geistl. Verwaltung	
Dinkel	1 Scheffel
Roggen	1 Simri
alle 2 Jahre, 2 Hartlose	
Schulgeld von jedem Kind sommers	11 Kreuzer
winters	15 Kreuzer
Von Hochzeiten und Leichen das Herkömmliche,	
das freiwillige Martinigeld von seiner Klasse.	

Am 26. Juli fand in Gegenwart des hochwohllöblichen gemeinschaftlichen Oberamts, Herrn Diakoni Bahnmaier und des gesamten Magistrats die Wahl statt. Der Akt wurde damit eröffnet, daß die Wahlversammlung aufgefordert wurde, das gemeine Beste vor Augen zu haben und mit Hintenansetzung aller Nebenabsichten demjenigen die Stimme zu geben, welcher in der vorzunehmenden Prüfung alle zu diesem so wichtigen Amt erforderlichen Kenntnisse und Geschicklichkeiten an den Tag legen würde und gute Zeugnisse seines bisherigen moralischen Lebenswandels vorlegen könnte.

Zur Wahl hatten sich 7 Kandidaten, die schon von dem königlichen Oberkonsistorium in Stuttgart examiniert worden waren, gestellt, zum Teil mit vorzüglichen Zeugnissen, mit Empfehlungen und mit Bescheinigungen von besuchten Lehrkursen. Sämtliche Zeugnisse wurden nun öffentlich verlesen und dann zur Prüfung geschritten. Man legte ihnen ein Thema vor, einen Aufsatz darüber zu schreiben und ein Rechenexempel zur Ausarbeitung. Es wurde jedem eine Aufgabe gestellt, mit den Schulkindern zu katechisieren, auch zu zeigen, wie weit sie es mit dem Deklamieren gebracht haben. Auch kamen Übungen des Kopfrechnens vor. Der Diakon prüfte noch besonders in Katechismus und Bibelkunde, und ob sie die wichtigsten Sprüche auswendig können.

Nachmittags begab man sich in die Kirche und setzte die Prüfung in Gesang und Muisk fort, worauf dann endlich zur Wahl geschritten wurde. Jeder Wähler trat einzeln ein, um seine Stimme abzugeben. Nachdem alle abgestimmt hatten, wurde das Ergebnis festgestellt und zur Ausstellung der Ernennung an den Dekan und an das Konsistorium berichtet. Die letzte Schulmeisterwahl in Marbach war im Jahr 1824.

„183 Schulkinder flehen sie an in diesem neuen Jahr um Erfüllung ihrer demütigen Bitte".
(1776)

So begann Schulmeister Kreutz seine Bittschrift an den Kirchenkonvent. Wie in früheren Jahren soll den Kindern vergönnt werden, den Maientag zu feiern. Aus der Spitalkasse soll man ihnen wieder die Mittel gewähren, auf die sie Anspruch zu haben glauben.

Der Name „Maientag" verrät, daß es sich um einen Brauch aus ältester Zeit handelt. Am Tag vor dem 1. Mai zog die Schuljugend mit ihren Lehrern hinaus, um im Löherle den Maibaum, eine Birke und anderes frisches Grün zu holen. In der Jahresrechnung des Spitals ist dann jedesmal eingetragen: Für den Maibaum herbeibringen – 1 Gulden. Gefeiert wurde ursprünglich der Maientag wahrscheinlich auf dem Tanzplätzle, einem freien Platz vor dem Oberen Tor. Mit den alten Wettspielen, mit Reigen und anderen Spielen werden sie alt und jung erfreut haben. Für Preise und Geschenke wurden im Jahr 1772 von der Spitalkasse gewährt: 3 Riß Papier (5 Gulden), 3 Imi Wein (55 Liter, 4 Gulden) und für Brot 37 Kreuzer.

Daß es auf diesem Frühlingsfest nicht ganz so zuging, wie es die Geistlichkeit gerne gesehen hätte, geht aus einer Verordnung vom Jahr 1757 hervor. In ihr werden die Dekane angewiesen, die sündlichen Üppigkeiten, besonders das Tanzen der Kinder, auch die törichten Aufzüge (Festzug) der Kinder abzustellen und die den Kindern nicht mißgönnte Freude in ordentliche Schranken zu leiten.

Ottilie Wildermuth erzählt, daß in ihrer Schulzeit der Maientag auf dem Schelmengrüble, heute Schillerhöhe-Anlagen, abgehalten wurde. Für sie war der Tag „die herrlichste Ausnahme von der Alltagsregel". Es war ja auch das Fest der Kinder, von dem sie sich nicht abbringen ließen. Ein Eintrag vom 15. Mai 1872 lautet: „Der Wunsch, einen Maientag zu halten, ist von den Schülern der Oberklassen schon mehrfach geäußert worden. Die Lehrer sprechen sich dagegen aus, wenigstens die 3 Älteren, aus folgenden Gründen: Einmal, weil die Köpfe der Kinder mehrere Tage lang dadurch verstrickt würden. Zweitens: Weil die Zeiten teuer sind; ein solches Fest aber die Familie zu ziemlichen Auslagen veranlaßt, auch die Stadt und den Schulfonds eine beträchtliche Summe kostet. Drittens: Weil insbesondere auch das eigene Getränke gegenwärtig sehr rar ist. Eher könnte den Kindern die Freude eines gemeinsamen Spaziergangs gemacht werden." Als Tag wurde ein Montag vorgeschlagen, an dem gerade ein Feiertag war. Beschlossen wurde noch, daß ein Wirt von Affalterbach aufgefordert werden soll, Eier, Most und Brot auf den Lemberg zu bringen, um die Kinder dort in Ordnung abzuspeisen. Im Kinderfest dürfen wir wohl die Fortsetzung des Maientages sehen. Abgehalten wurde es noch viele Jahr. Es war das Schulfest, das alle Bewohner der Stadt einmal im Jahr zusammen brachte.

9. Änderungen im Schulwesen

Von der Lateinschule zur Latein-Realschule

Aufgabe und Ziel der Lateinschule war von Anfang an, ihre Schüler für das Studium an den Universitäten vorzubereiten. Aufkommende andere Verhältnisse in Gewerbe und Handel zu Beginn des 19. Jahrhunderts stellten größere Anforderungen in Mathematik, Real- und Formalfächern.

> „Die Bürgerschaft von Marbach bittet um Aufhebung der Kollaboraturschule." (Untere Abteilung der Lateinschule.) (1865)

Die Ministerialabteilung für die Höheren Schulen wollte die Lateinschule beibehalten und empfahl eine Verbindung Latein-Realschule. Dieser Änderung standen aber damals noch zu viele Hindernisse entgegen (räumliche und organisatorische). Im Jahre 1906 schlägt der Verein der Gewerbetreibenden von neuem die Umwandlung in eine Realschule vor. Da organisatorische und fachliche Hindernisse nicht mehr entgegen standen, wurde die Errichtung einer Latein-Realschule genehmigt. Im Jahre 1910 nahm ein Oberreallehrer seinen Dienst in Marbach auf.

Schulen, die den Volksschüler weiter führten. Die Sonntagsschule

Diese neue Schulart wurde im Jahr 1739 angeordnet. Sie sollte eine gute Anstalt zur Erhaltung des in der Schule gelernten Stoffes sein. Alle jungen Leute, welche „aus der Schule" waren, mußten bis zu ihrer Verheiratung abwechslungsweise die ledigen Manns-, dann die ledigen Weibspersonen nach dem Sonntagsgottesdienst zusammenkommen, damit sie das in der Schule Gelernte nicht so leicht vergessen, noch die übrige Zeit an Sonn- und Feiertagen „sonst liederlich oder gar sündhaft zubringen". Trotz empfindlicher Strafen (Arrest und Geldstrafen) mußten die Bestimmungen, die den Besuch der Sonntagsschule betrafen, gelockert werden. Im Jahre 1875 wurde vorgeschlagen, die Sonntagsschulpflicht auf das 17. Lebensjahr herunterzusetzen, „weil bei den älteren Schülern ein mißmutiger Geist herrscht".

Eine weitere Erleichterung brachte die Bestimmung, daß, wer die Gesellenprüfung gemacht hat, vom Schulbesuch befreit ist. Im Jahre 1884 beschloß der Ortsschulrat, daß der Besuch einer Fortbildungsschule vom Besuch der Sonntagsschule ganz befreie.

Die Winterabendschule

Noch während der Besuch der Sonntagsschule Pflicht war, wurde die Winterabendschule eingerichtet. Der Besuch war freiwillig. Ihre Aufgabe war die Fortbildung der nicht mehr schulpflichtigen Söhne und Töchter besonders in praktischen Fächern (Deutsch, Geschäftsbriefe, Rechnen, Raumlehre). Eine gedeihliche Entwicklung stellte sich nicht ein. Im Jahre 1879 brachte der Gemeinderat mit Bedauern zum Ausdruck, daß von 50 Entlaßschülern nur 14 diese Schule besuchen. Durch das Gesetz vom April 1895 wurde die Winterabendschule und die Sonntagsschule in die allgemeine Fortbildungsschule umgewandelt. Der Unterricht wurde im Winterhalbjahr in 80 Stunden gegeben.

Die Gewerbliche Fortbildungsschule

Nach der Auflösung der Zünfte (1862) bildete sich der Gewerbeverein. Er wirkte besonders dahin, daß auch in Marbach eine gewerbliche Fortbildungsschule errichtet wurde. Wohl hatten die interessierten Jugendlichen Gelegenheit, sich im gewerblichen Zeichnen weiter zu bilden. In der Winterabendschule wurde 1 Stunde Unterricht im gewerblichen Zeichnen für Freiwillige gegeben.

Im Dezember 1863 konnte auch in Marbach eine gewerbliche Fortbildungsschule eröffnet werden. Der Unterricht fand an 5 Wochentagen abends von 7–9 Uhr im Rathaussaale statt. Die Schule hatte geringe Erfolge, so daß sie nicht mehr als Gewerbliche Fortbildungsschule anerkannt wurde, und vom Staat der jährliche Beitrag gestrichen wurde. Wegen der nun häufigen Beschwerden sah sich der Gemeinderat veranlaßt, den Gewerbeverein zu ersuchen, bei den Gewerbetreibenden dahin zu wirken, daß sie ihre Lehrlinge und jüngere Gehilfen zum fleißigen Besuch einer solchen Schule anhalten, anstatt, wie so häufig geklagt wurde, solche vom Besuch abzuhalten (1872).

Im folgenden Winter wurde Abhilfe geschaffen, und die Marbacher Schule wurde wieder in die Liste der Gewerblichen Fortbildungsschulen aufgenommen.

10. Nach fast 200 Jahren wird ein zweites Schulhaus gebaut (1887)

Altregistratur Nr. 5030

Im Jahre 1883 waren die Schulraumverhältnisse ganz unhaltbar geworden. Für 370 Schüler gab es 273 Sitzplätze. Die Forderung der Lehrer auf Einbau von Lüftungskanälen war verständlich. Die Schülerzahl stieg von Jahr zu Jahr und hatte im Jahr 1885 die stolze Höhe von 420 Schülern erreicht.

„Der Zustand ist ein entschieden ungesetzlicher. Wenn bis zum nächsten Jahr keine Abhilfe getroffen wird, müßten die Eltern des Rechts ihre Kinder im 6. Jahr in die Schule zu schicken, verlustig gehen."

Das wäre für die Schiller- und Oberamtsstadt doch zu beschämend geworden. Die Drohung des Konsistoriums zwang den Gemeinderat zum Handeln. Man plante, das Alte Schulhaus um einen Stock zu erhöhen, unterließ es aber, „weil man nicht wissen kann, welche Schäden sich während der Bauzeit zeigen werden". Stadtschultheiß Haffner brachte den Vorschlag, durch Umbau des seitherigen Schulgebäudes die Zimmer zu vergrößern; denn „wir dürfen ja bis 90 und noch mehr Schüler einem Lehrer aufbürden; wir müssen eben die Schulzimmer etwas größer machen als bloß für 70 Schüler".

Nach vielen Beratungen kam am 18. Dezember 1885 der Beschluß zu Stande, „ein 4saaliges Schulgebäude" neben der Alten Schule zu bauen. Am 23. April 1887 konnte das Haus eingeweiht werden. Der Postillon berichtete darüber: „Alle sprachen sich über die Schönheit und Zweckmäßigkeit befriedigt aus. Die Stadt hat sich ein schönes Denkmal ihrer Fürsorge für das nachwachsende Geschlecht gesetzt, und die jetzigen Schüler und Lehrer dürfen sich gratulieren in so schönen Räumen lernen und lehren zu dürfen". Auch bezahlt wurde das Gebäude. Die Stadt versilberte, schreibt Stadtschultheiß Haffner, für 33 420 Mark Staatsobligationen.

In das neue Gebäude kam die Volksschule. Der Lateinschule standen nun alle Räume in der Alten Schule zur Verfügung. Nach wenigen Jahren traten wieder Änderungen ein. Im Juni 1913 konnte die Volksschule in das Gebäude am König-Wilhelm-Platz einziehen, und die Real- und Lateinschule in das frei gewordene Schulhaus. Im Jahre 1955 wurde das zu einem Progymnasium aufgerückte Haus zu einer Jugendherberge umgebaut und am 14. Juli eingeweiht.

J. Zwischen der Alten und der Neuen Zeit

1. Stadt und Amt im Spanischen Erbfolgekrieg (1701–1714)

Altregistratur Nr. 5640

Kaiser Leopold I. und König Ludwig XIV. von Frankreich glaubten ein Anrecht auf den verwaisten spanischen Königsthron zu haben. Von 1701 bis zum Jahr 1714 kämpften die beiden Machthaber um das zweifelhafte Erbe.

In den ersten Kriegsjahren hatte der nördliche Landesteil schwer unter den Quartierlasten und unter den durchziehenden Regimentern zu leiden. Das Etappenleben hatte bei der angeworbenen Soldateska bedenkliche Formen angenommen. Im Stadt- und Amtsprotokoll vom 31. Januar 1707 ist zu lesen: „Dato wurde beschlossen, daß Herr Bürgermeister Ph. Fr. Römer nach Pleidelsheim zu Herrn Leutnant Dames abgeschickt werden solle, um bei demselben zu remonstrieren, weil die Stadt wegen der Soldatenweiber überbelegt sei."

Am 22. Mai 1707 gelang es dem französischen General Villars, den Rhein mit seinen Truppen zu überschreiten und „bekam so mithin Gelegenheit, in dieses hochwohllöbliche Herzogtum Württemberg einzudringen."

Die Reichstruppen, Oberstkommandierender war Herzog Eberhard Ludwig, wurden von den Franzosen immer weiter nach Osten gedrängt. Als am 1. Juni 1707 der Generalquartiermeister des deutschen Heeres hier durchzog, erbat man von ihm eine Schutzwache mit der Begründung, „da die deutschen Schnapphahnen allhier eindringen und die Stadtmauern besteigen wollen". Jedem Torwächter wurden 2 Pfund Pulver zugeteilt. Noch waren bei der Bevölkerung die Franzoseneinfälle von 1688 und 1693 nicht vergessen. In Angst und lähmendem Entsetzen sah man dem drohenden Unheil entgegen. Von einer allgemeinen Flucht ist nichts zu lesen. Nur der Hospitalmeister floh wegen der drohenden Invasion mit allen vorhandenen Hospitalakten, Dokumenten, Unterpfandbüchern und Obligationen mit den Seinen nach Schwäbisch Hall. In seiner Jahresrechnung setzte er 1 Gulden für Unkosten ein.

„Bürgermeister Roemer bittet bei General Villars
um eine Schutzwache für die Stadt."

Am 1. Juni räumten die letzten deutschen Truppen die Stadt und die Umgebung. Um eine nochmalige Zerstörung der Stadt zu verhindern, beschloß der Magistrat, bei dem französischen Oberbefehlshaber eine Salve Guardia (Sauvegarde = Schutzwache) auszubitten. „Da mußte Bürgermeister Roemer mit einem Begleitsmann in das französische Hauptquartier nach Pforzheim reisen, um bei dem französischen General Villars eine französische Sauvegarde auszubitten und das weitere Nötige zu besorgen."

In Pforzheim wurden Roemer 2 Schutz-Soldaten zugesagt auf 13 Tage gegen eine Bezahlung von 208 Gulden. Beide Soldaten erhielten zur Belohnung 52 Gulden, den Sekretären wurden auf den Schreibtisch „verehrungsweise" 3 Gulden und den Stallknechten „pro discretione" 1 Gulden zugeschoben.

Auf der Rückreise, „die wegen der französischen Marodeurs (auf Beute ausgehende Soldaten) sehr gefährlich war und man gleichsam Tag und Nacht hat reiten müssen, ließ Roemer den beiden Schutz-Soldaten morgens früh in Vaihingen im Bärenwirtshaus ein Frühstück mit Kalbfleisch und Bratenwürsten, Branntwein und anderen Wein, wie auch Haber für die Pferde reichen".

„Am 2. Tag des Juni sind die französischen Kürassier-Reiter hier angelangt, welche auch sogleich ihr Quartier bei ihm (Roemer) bezogen und 31 Tage bis zum Abmarsch von ihm verpflegt wurden." (Roemer war Posthalter; ihm gehörte das Haus Marktstraße 10, früher Gasthof zum Adler).

Die Stadt und die Bürger ließen es an nichts fehlen, um die beiden Franzosen in guter Stimmung zu halten. Umwechslungsweise wurden zwei Herren vom Magistrat ins Haus von Roemer berufen zur Erhaltung guten Willens der Sauvegarde-Männer. Mitglieder der Schützengesellschaft, sowie der Stubenknecht wurden zum Aufwarten (bedienen) gebraucht. „Daß dann in solcher Zeit durch so viele Mäuler viel konsumiert worden, ist leicht zu erachten", so begründete Roemer seine Forderung von 2 Gulden als tägliche Verpflegungskosten. Für alle, die dauernd bereit sein mußten, und für die beiden Soldaten wurden von der Stadt in der Zeit vom 2. Juni bis 1. Juli über 2 Eimer Wein gegeben.

Da die Schutzbriefe nur für 13 Tage ausgestellt worden waren, wurde dem Bürgermeister Roemer wieder aufgetragen, eine Verlängerung der Zeit in Stuttgart zu erbitten. In Stuttgart erreichte er weitere 11 Tage; 209 Gulden mußte er dafür bezahlen.

> „Ziehen frech durch Feindes und Freundes Land
> Querfeldein durch die Saat, durch das gelbe Korn."

Schwer mußte die Bevölkerung unter der Unsicherheit leiden. Dabei waren die französischen Marodeure so gefährlich wie die deutschen Schnapphahnen. Als in dem letzten feindlichen Einfall anno 1707 das Gerücht erscholl, die Franzosen wollten etliche Orte in der Gegend und darunter namentlich Pleidelsheim mit Feuer heimsuchen, wurde Johann Jakob Zeitter in der letzten Nacht in die Orte gesandt, um die Untertanen zu warnen. Zur selben Zeit kam ein ansehnlicher Geldbetrag hier an. 12 Bürger bewachten das Geld während der Nacht. Am folgenden Tag begleiteten sie den Geldtransport nach Stuttgart.

Am 5. Juni schloß das Land Württemberg mit General Villars in Schwieberdingen eine Übereinkunft, um mit der Bezahlung von 1 Million Gulden die Bevölkerung vor weiteren Bedrückungen und Abgaben zu verschonen. Trotzdem hörten Zwangslieferungen, Plünderungen und Gewalttätigkeiten nicht auf.

Am 23. Juni kam von dem französischen Kommandanten in Schorndorf an Stadt und Amt der Befehl, 36 Scheffel Haber, über 5 Wannen Heu (etwa 60 Zentner), 570 Pfund Brot, über 5 Eimer Wein und 2015 Pfund Fleisch zu liefern. Die Hälfte davon mußte innerhalb einer Woche in Schorndorf sein, widrigenfalls die Exekution durch Soldaten erfolge. Am folgenden Tag, 24. Juni, wurde in einem neuen Schreiben dem Marbacher Vogt bei Strafe der Exekution befohlen, daß er, wenn nicht heute, doch morgen mit anbrechendem Tag 40 Schanzer in Schorndorf stellen müsse, widrigenfalls diese von Soldaten geholt werden. Die Stadt brachte 9 Gemeine und einen Obmann auf. Täglich wurden ihnen 36 Kreuzer bezahlt, „weil teuer zu leben und bei solchen troublen Zeiten fast niemand zu bekommen."

Besonders die Bevölkerung in den Ortschaften war der Willkür der streunenden Soldaten ausgeliefert.

„Folglich niemand ohne Gefahr zu dem Tor hinaus darf."

Am 30. Juni lagerte ein Teil des französischen Heeres zwischen Steinheim und Erdmannhausen. Ein Trompeter wurde geschickt, daß man der „herwärts gegen die Stadt, unfern des hiesigen Hochgerichts" (Galgen) stehenden Feldwache ein Essen verabreichen müsse. Man gab ein Stück gebratenen Fleisches, Suppe und Salat, 5 Imi 5 Maß Wein (etwa 75 Liter) und 2 Scheffel Haber.

Gegen 5 Uhr kam eine starke Abteilung französischer Marodeure vor die Tore und begehrten, eingelassen zu werden. Über die weiteren Vorkommnisse berichtete am 1. Juli 1707 Vogt Magirus an den Herzog: „Die hier gelegenen zwei französischen Sauvegardes schlugen ihnen solches ab, offerierten ihnen jedoch einen Trunk Wein, Stück Brot und Käse hinauszuschaffen. Da hat ein Marodeur auf den einen Sauvegarde Feuer gegeben, so daß er an dem Aug blessiert worden. Worauf die Sauvegardes auch das Gewehr ergriffen, gleich einen über den Haufen geschossen und die Bürgerschaft beordert, ebenmäßig Feuer zu geben.

Da dann beiderseits ziemlich scharf aufeinander gefeuert wurde, so auf Seiten derer in der Stadt außer dem genannten, etwas blessierten Sauvegarde sonst keiner blessiert noch tot geschossen worden. Von den Marodeurs sind aber etliche auf dem Platze liegen geblieben. Erst heute morgen hat man einen, so noch gelebt, in die Stadt gebracht, und in die Kur getan, der nach des Medici Aussagen schwerlich davon kommen dürfte. Dieses ging so schnell zu, daß schon alles vorbei war, als ich, Vogt, und einige Mittelspersonen dazu kamen.

Und weilen die Marodeurs sich noch heute stark um die Stadt herum und in den Ortschaften sehen lassen, folglich ohne Gefahr niemand zu dem Tor hinaus darf, ungeachtet, daß die kaiserlichen Husaren ihnen großen Schaden tun und dem Vernehmen nach zu Hoheneck 20 bis 30 Mann nieder gesäbelt und 12 Mann gefangen und nach dem Amtsflecken Benningen geführt.

So ist bei solcher Beschaffenheit noch nicht zu erkundigen, was hin und wieder an weiterem Schaden geschehen wird. Wir wollen nicht unterlassen, die Sache gründlich zu erkundigen und alsdann über alles vollkommenen, untertänigsten Bericht erstatten."

Noch am gleichen Abend (30. Juni) wurde Roemer, als die französischen Marodeurs mit ziemlicher Mannschaft die Stadt attackiert und zu okkupieren vermeinten, nach Winnenden in das französische Hauptquartier geschickt, um eine Verstärkung zur besseren Verteidigung der Stadt auszubitten. „Als er nun seine Verrichtung ausgeführt hatte und über Schwaikheim und Bittenfeld den Rückweg nahm, ohne die geringste Sorge zu haben, daß ihm ein Leid geschehen könnte, mußte er gewahr werden, daß zwischen dem Lemberg und Lehrlen (Löherle) eine starke Husarenpartei zu linker und rechter Hand aufpaßte und auf ihn und auf seinen Begleitsmann los ging, was er dann bei erbärmlichen Streichen und Rippenstößen, wie solches der Augenschein genugsam zeigt, geschehen lassen mußte, dann ihn und seinen Begleitsmann gänzlich ausgeraubt."

An Geld nahmen sie ihm 5 Gulden ab, ein Messer und eine Gabel, einen neuen Hut, der bei Jakob Kodweiß 1 Gulden und 44 Kreuzer gekostet hatte, dazu ein Paar Pistolen. „Weil diese Pistolen fein gewest und dem Hauptzoller Melchior Winter gehörten, rechnet er dafür 9 Gulden." Roemer ließ sich alles von der Stadt ersetzen. Was er bekam, war gering im Vergleich zu den Kosten, welche die Stadt an die Männer der Bürgerwache in 4 Wochen bezahlte. Es waren 174 Gulden für Wein (etwa 5 Eimer) und 345 Brotleibe zu je 8 Pfund. In den ersten Tagen des Juli räumten die Franzosen die Gegend um Marbach. Die beiden Sauvegarde-Soldaten wurden zur Armee nach Cannstatt geschickt. „Weil sie sich vortrefflich wohl gehalten und großen Schaden abgewandt, wurde ihnen zum erstenmal 8 Gulden und das anderemal verdienter- und versprochenermaßen 4 Goldgulden (12 Gulden 40 x) verehrt."

> „Wird man nicht ermangeln, bei der französischen Generalität alles versuchen, daß den armen Untertanen, was möglich ist, zugute kommen möge".

Ende Juni traf ein Schreiben der Regierung beim Vogtamt ein: Also ist der Befehl, Ihr sollet über folgende Punkte gründlichen Bericht bis spätestens 8. Juli einschicken, was an Wein, Fleisch, Brot und Haber hergegeben wurde, wieviel Zentner Mehl von Stadt und Amt geliefert wurden und was sonst an Schaden verursacht wurde. Am 9. Juli hatte der Vogt seine Kostenzusammenstellung fertig. Sie umfaßte 130 Seiten.

Die letzte Seite lautet:

Summarum   Mehl   1457 Zentner
                    Geld   34800 Gulden

Eine besondere Zusammenstellung mußte gemacht werden, „was von den Marodeuren aus Stadt und Amt an Wagen, Pferden, Rindvieh beim Rückzug weggenommen wurde." Es waren 10 Wagen, 52 Pferde, 329 Stück Vieh. Der Krieg ging in anderen Ländern noch jahrelang weiter. Im Jahre 1714 wurde in Rastatt Frieden geschlossen. Roemer, der in den Notjahren der Stadt so oft für ihre Belange eingesetzt wurde, starb schon im Jahr 1709. Die Inschrift auf seinem Grabstein an der Westseite der Alexanderkirche ist kaum noch zu entziffern.

2. Marbach, die Geburtsstadt von Tobias Mayer (1723–1762)

Unter den Familien, welche die Katastrophe von 1693 überstanden hatten, befand sich auch die des einstigen Stallknechts und späteren Weingärtners Tobias Mayer. Seinem 1682 geborenen gleichnamigen Sohn, einem Wagner und Brunnenwärter, wurde aus seiner zweiten Ehe mit Maria Katharina geb. Fink aus Großheppach am 17. Februar 1723 der Sohn Johann Tobias geboren, dessen Ruhm als Mathematiker und Astronom unter Fachleuten bis heute nicht erloschen ist. Schon im August 1723 bekam der Vater die Stelle des städtischen Brunnenmeisters in Eßlingen, wo er im Jahre 1731 verstarb. Aus diesem Grund kam sein Sohn in das dortige Waisenhaus, von wo aus er die Lateinschule besuchte und sich solide Kenntnisse in den alten Sprachen erwarb. Bei einem Unteroffizier und bei einem Schuhmacher durfte er sich in Mathematik und im Zeichnen weiterbilden. Die Stadt Eßlingen verdankt ihm den ältesten bekannt gewordenen Stadtplan, den er im Jahre 1739 anfertigte. Zwei Jahre darauf erschien eine Druckschrift mit dem Titel: „Neue und allgemeine Art, alle Aufgaben aus der Geometrie mittels der geometrischen Linien leicht zu lösen". Da Eßlingen die Verwirklichung seiner Pläne nicht ermöglichte, entwich Tobias Mayer. In Augsburg und in Nürnberg hatte er Gelegenheit, seine Kenntnisse zu erweitern und zu vertiefen. Seit Ostern 1751 wirkte er als Professor der Ökonomie und Mathematik an der Universität Göttingen. Seine geographischen und astronomischen Untersuchungen und Forschungen, besonders seine Mondtafeln machten ihn weithin bekannt.

Durch die Erfindung und Verbesserung astronomischer Instrumente erwarb er sich weitere Verdienste. Er beteiligte sich an dem Preisausschreiben der englischen Regierung, einen geographischen Punkt auf dem Meere genau zu bestimmen; für eine Lösung hatte sie einen Preis von 20000 Pfund Sterling ausgesetzt. Kurz nach Vollendung seiner Arbeiten starb Tobias Mayer am 20. Februar 1762. Seine Frau sandte die Berechnungen mit den Mondtafeln nach London. Im Jahre 1770, drei Jahre nach dem Tode ihres Mannes, bekam sie vom englischen Parlament 3000 Pfund Sterling als Belohnung.

Aus Anlaß seines hundertsten Todestages, dem 20. Februar 1862, wurde an seinem Geburtshaus, Torgasse 13, eine Gedenktafel angebracht, die in den Abendstunden mit einem Zug durch die beleuchtete obere Marktstraße und einer Feier vor dem illuminierten Hause eingeweiht wurde.

Nach diesen Ausführungen begaben sich die Anwesenden in das Gasthaus zur Krone, wo ein Bild des Forschers, mit Lorbeer bekränzt, aufgestellt und Andenken aufgelegt waren. Auch wurde noch bekannt gegeben, daß die englische Admiralität fast siebzig Jahre nach dem Tode von Tobias Mayer von der Universität Göttingen alle und jede noch aufzufindende ungedruckte astronomische Aufzeichnungen sich erbat, die dann in England in einem Prachtband herausgegeben wurden.

3. Am Rathausplatz. Die Kalamitäten mit dem Marktbrunnen

Seit wann das Wasser des auf Neckarweihinger Markung liegenden Hörnlesbronnen (= Quelle) durch Teuchel (durchbohrte Forchenstämme) zum Marktbrunnen geleitet wurde, ist nicht mehr festzustellen. Dafür gestanden die von Marbach denen von Neckarweihingen die Befreiung vom Weggeld zu. Bei dem Brande 1693 wurde der Brunnen nicht zerstört, aber bald blieb das Wasser aus. Erst nach Jahrzehnten gelang es, „den Brunnen wieder laufend zu machen". Verständlich ist daher das Stoßgebet des Stadtschreibers:

> „Gott gebe, daß das Werk wohl von statten gehe und endlich einmal zu der Stadt und ganzer Bürgerschaft Vergnügen geraten möchte." (1716)

Die folgende Zusammenstellung bringt in zeitlicher Folge Berichte und Einträge aus den Stadt- und Amtsprotokollen.

1. April 1700

Weil in dieser Zeit die Stadt nicht im Stande ist, den Marktbrunnen wieder herzustellen, sollen die Steine abgehebt und in den Kasten getan werden. (Wenn die Steine aufbewahrt [im Kornkasten] werden sollen, kann es kein gewöhnlicher Brunnen gewesen sein).

16. Juni 1701

Also wurde nocheinmal beschlossen, daß der Marktbrunnen abgebrochen und dem Pflaster gleich gemacht werden soll, weil es zur Zeit unmöglich ist, diesen zu reparieren.

20. Juni 1701

Hans Andr. Heß und andere Bürger fragen für sich und ihre Nachbarschaft an, ob der Marktbrunnen unabgebrochen gelassen werden kann, damit solcher bei den Nachkommen in gutem Andenken bleiben möchte.

18. April 1705

Zwischen dem Zimmermann Buchenberger aus dem Allgäu und dem Magistrat der Stadt wird folgender Vertrag abgeschlossen: Der Zimmermann leitet das Wasser des Eichbrunnens und des Badhauses (standen beim Cottaplatz) in Teucheln mit einer Pumpe, die durch ein Wasserrad, das mit dem Wasser des Strenzelbaches getrieben wird, in den Marktbrunnen, daß es mit starkem Trieb aus 2 Rohren läuft. Die Stadt verpflichtet sich, dem Brunnenbauer 300 Gulden, 8 Eimer Wein und zwei Scheffel Dinkel (etwa 7 Zentner) zu bezahlen.

Martini 1705

Das Wasserwerk wird in Betrieb genommen. Der Brunnen lieferte nur einige Stunden Wasser, schwach und stoßweise, je nachdem, ob das Wasserrad schnell oder langsam lief. Buchenberger verklagte die Stadt beim Herzog, weil sie den vertraglich festgelegten Betrag nicht ganz bezahlen wollte; die Stadt brachte beim Herzog vor, „weil wir uns so blamieren lassen mußten, er uns so übel angeführt und mit Absicht betrogen."

14. März 1707

Bürgermeister Reinhard von Stuttgart, Sachverständiger, schlägt vor, das Wasser wie vor dem Brande in einer neuen Leitung aus 385 Teucheln in den bereits reparierten und verkitteten Brunnen auf dem Markt zu leiten. Das Unternehmen konnte nicht durchgeführt werden, weil Stadt und Amt Marbach 40 000 Gulden Kontributionsgelder an die einmarschierten Franzosen zahlen mußten.

20. Februar 1713

Beschluß des Magistrats, den Bürgermeister von Hohenhaslach zu ersuchen, sich hierher zu begeben, damit er mit gutem Rat beistehe, wie die Sache zu Stande kommen möchte.

17. Juni 1715

Wurde wieder über den Marktbrunnen beraten, welcher bisher leer gestanden.

2. März 1716

J. J. Beuttel, Stadtschreiber, und Joh. Jakob Kodweiß, Bürgermeister werden beauftragt, mit dem Brunnenbau fortzufahren, damit selbiger wieder laufen werde.

23. März 1716

Wurde den Herren vom Rat und Gericht die von Schorndorf gekommene Probe von Brunnenkacheln vorgewiesen, für gut befunden und sofort beschlossen, Brunnenkacheln, so viel wie gebraucht werden, zu bestellen.

2. Juni 1716

Da die Frage entstanden ist, woher die Kosten zu nehmen seien, wurde beschlossen, daß jeder Bürger einen Teuchelgraben von 1 Rute Länge (2,80 Meter) zu graben habe.

30. Juli 1716

Dem Rat wurde berichtet, daß die in den Ramshäldenwiesen gelegten Teuchel bei Spannung (Probefüllung) springen, und daher kein Wasser in die Stadt zu bringen ist.

Der Rat wurde daher einberufen, zu beraten, was in der Sache ferner zu tun sei. Herr Bürgermeister Jäger ist der Ansicht, man sollte den Baudirektor Jenisch von Ludwigsburg ersuchen, sich nach hier zu begeben, um seine Ansicht zu hören. (Philipp Jos. Jenisch, hochfürstlicher Baudirektor, geboren in Marbach, hatte die ersten Pläne zum Bau des Ludwigsburger Schlosses gemacht). Daniel Schmid meint, daß man die Kosten für den Baudirektor sparen könne, wenn man das Wasser auf Bockgestellen über den Eichgraben leite (über 30 Meter Höhenunterschied). Wolfgang Rentz hält es nicht für nötig, den Baudirektor zu konsultieren; er schlägt den Zimmermann Niesen von Köngen vor, welcher verschiedene Brunnen gemacht habe.

25. August 1716

Nachdem heute eine Probe gemacht worden war, das Wasser für den Marktbrunnen durch nochmalige Teuchelspannung in die Stadt zu bringen, sind gleich wieder zwei Teuchel gesprungen. Bei abgehaltener Versammlung wurde nach Erwägung aller Umstände beschlossen, vom Hörnlesbrunnen abzusehen und das Wasser vom Viehweg herein zu leiten.

25. Oktober 1717

In der Sitzung wurde vorgetragen, daß in den Marktbrunnen viel Unflat geworfen werde, und das Wasser, womit man das Vieh tränke, verunreinigt werde. Solches unbefugtes Beginnen soll bei 30 Kreuzer Strafe verboten werden.

22. November 1717

Tobias Mayer, Wagner, bittet, ihm wegen Versehung des Marktbrunnens ein Wartgeld neben dem Taggeld und die Personenfreiheit zu gewähren. Es wurde beschlossen, dem Mayer soll zum Taglohn neben der Personalfreiheit (Befreiung vom Botengehen, Wachestehen unter den Toren) an Stelle des Wartegeldes ein Scheffel Mühlkernen gereicht werden. Vierzig Jahre wurde der Marktbrunnen mit dem Wasser vom Riet gespeist. Dann wurde der Zustand unerträglich. „Dieses Froschlaichwasser, welches bei wenigem Regenwetter trüb wie Lehmwasser kam, konnte man weder zum Kochen noch zum Trinken gebrauchen, da man öfters Frösche und anderes Ungeziefer aus dem Brunnenrohr nicht ohne Grausen zergliedert hat ziehen müssen."

Im Jahre 1758 stieß ein Bürger in seinem Garten unweit der Stadt und vor dem Oberen Tor beim Graben auf eine starke Quelle mit frischem, gesundem und kristallhellem Wasser, welches mit Lust zum Kochen und Trinken genossen werden kann. Von der Stadt wurde die Quelle gekauft. Winter 1759/60. Von der Quelle bis zum Marktbrunnen wurde eine Teuchelleitung gelegt.

1811

Von der Königlichen Gießerei in Königsbrunn wurde ein eiserner Brunnen um 1629 Gulden gekauft.

11. April 1871

An Stelle der hölzernen Teuchel wurden eiserne Rohre gelegt.

4. Der Wiederaufbau des Rathauses

> „Als in anno 1693 durch die damals vorgewesene feindliche Invasion der Königlichen französischen Truppen im ganzen Herzogtum Württemberg, leider! der beträchtlichste Teil allhiesiger Stadt abgebrannt, ist auch allhiesiges Rathaus abgebrannt und eingeäschert worden."
> *Altregistratur Nr. 152*

Nach den Stadtansichten von Merian und Kieser war das erste Rathaus aus dem Jahre 1465 ein stattlicher Bau, ähnlich dem Rathaus in Großbottwar und Beilstein. Es war nicht allein das Gebäude, in dem der Rat tagte. Im Erdgeschoß waren die (Verkaufs)läden der Bäcker und die (Verkaufs)bänke der Metzger. Zehrungen (Festessen) wurden alljährlich im Rathaussaal veranstaltet. Im Jahr 1692 war wohl der letzte große Empfang, als der Oberbefehlshaber der Reichsarmee Markgraf Christian Ernst von Brandenburg-Bayreuth mit seiner Gemahlin Sophie Luise, Tochter des Herzogs Eberhard III. von Württemberg „allhier zu Marbach das Nachtlager auf dem Rathaus gehalten und mit bei sich habenden Kavalieren auf dem Rathaus gespeist". Und das Rathaus war für Empfänge und andere Veranstaltungen gerüstet; gingen doch bei dem Brande auch 2 Zentner Zinngeschirr verloren.

> „Die Not zwang die Herren vom Rat, den Platz, auf dem das Städtische Kornhaus gestanden hatte, mit einem Stockwerk und Dachwerk zu überbauen."

Es war der Platz auf dem heute die umgebaute Scheune des Bärenwirts Ellinger steht. In das Stockwerk richtete man 2 Ratsstuben ein. So kam es, daß „der Stadt Rathaus in einer Hütte an einem unansehnlichen Platz und Winkel war, und in den geringsten Dörfern kaum ein solch schlechtes Rathaus anzutreffen war."

Verschiedene Male wurde nach 1700 der Entschluß zum Bau eines Rathauses gefaßt; „aber niemals zu Stand und in Wirklichkeit gebracht", schreibt der Stadtschreiber Canz.

Im Jahre 1737 machte der Landbaumeister Chr. Fr. Weyhing einen Plan für ein Rathaus. Vorhanden sind noch die Bauüberschläge und Kostenvoranschläge für die Arbeiten der Handwerker. An der Vorderseite und an der hinteren Seite waren 3 offene Steinbögen vorgesehen. Diese sollten mit eichenen Toren, deren Kreuzbänder mit Laubwerk verziert waren, geschlossen werden. Vom Rathaussaal sollte man auf eine Altane treten können. Über dem vorderen Giebel wollte Weyhing ein durchsichtiges Türmlein mit einer Kuppel bauen lassen. An allen Fenstern sollten sogenannte Korbgitter angebracht werden. Der Prüfer durchstrich diesen Satz und machte die Randbemerkung: „So teuer tut man nicht und bekommen diese Fenster Läden". Vorgesehen war auch ein Pranger mit einer geschweiften steinernen Bank und ein Quader, „worin die Halseisen gemacht werden". Der Bau kam nicht zur Ausführung. Es fehlten die Mittel. Allein tausend Gulden flossen als Schmiergelder nach Ludwigsburg, um die beiden Orte Benningen und Poppenweiler beim Amt Marbach zu halten. Vielleicht hatte man sich auch an die Trostlosigkeit des Platzes gewöhnt; meinte doch der Amtsschreiber Harttmann von dem seitherigen Behelfsbau: „womit man auch zur Not zufrieden sein könne".

> „Wurde alles in reifem Betracht und Erwartung gezogen und beschlossen, daß mit Erbauung eines Rathauses als einem so notwendigen Stück in solchem 1760er Jahr der Anfang gemacht werde".
> (5. Mai 1760)

Daß der Beschluß von den Ratsherren einstimmig gefaßt wurde, war bestimmt dem Mißfallen des Herzogs Karl Eugen zuzuschreiben. Im April 1759 hatte er „bei dem allhier gehabten Höchsten Sejour (Aufenthalt) und dabei vorgenommener Auswahl (Musterung) mit Befremden geäußert, daß Marbach als eine der ältesten Städte des Herzogtums mit keinem eigenen Rathaus versehen sei". Auch drohten die Metzger und die Bäcker die Bankzinsen nicht mehr bezahlen zu wollen, wenn man ihnen nicht endlich eine ordentliche Metzig und Brotlaube an einem vor Regen und Wind gesicherten Ort erstelle.

> „Nachdem der Herzog die gnädigste Ratifikation (Genehmigung) gegeben hatte, war am 16. Mai wirklich der Anfang, und an diesem Tag die ersten Steine eingeführt." (16. Mai 1760)

Man baute nach einem einfacheren Riß des Marbacher Werkmeisters Jakob Maurer. Weil man „mit dem Gebäu allzuweit in die Marktstraße hineingekommen wäre", wich man 6 Schuh (1,74 Meter) vom alten Fundament zurück. Die im Weyhing'schen Plan vorgesehenen 3 Bögen ließ man weg. Mitten durch das Untergeschoß, in welchem eine Metzigbank und eine ordentliche Brotlaube zum Feilhaben der Waren, sowie ein Salzstadel (Verkaufsraum) gebaut wurden, legte man eine 3 Meter breite Durchfahrt. Im Mai 1761 war der untere Stock, zu dem die Steine im Lemberg gebrochen wurden, fertig.

> „Es bleibt mir daher weiter nichts übrig, fußfälligst zu bitten, sofort zu verordnen, daß das Rathausbauwesen so lange eingestellt wird, bis durch einen Baumeister ein Augenschein genommen ist." (3. April 1761)

So lautet der Schluß der Beschwerdeschrift des Amtsschreibers C. F. Harttmann. Als Amtsschreiber war er mit dem Oberamtmann die wichtigste Person in Stadt und Amt. Sein Haus – das Fachwerkhaus neben dem Rathaus – hatte er von seinen Schwiegereltern übernommen. Gegen den Rathausbau war er von Anfang an. In dem Beschwerdeschreiben brachte er vor, daß der Baumeister sich nicht mit ihm ins Benehmen gesetzt habe, daß eine geschickte Einteilung nicht gemacht worden sei und daß eine große Summe Geldes ohne des Herzogs Entscheid verwendet werde. Was ihn aber am meisten in Harnisch brachte, war, daß ihm durch den Rathausbau die Sicht auf den Markt und auf die Obere Marktstraße verbaut werde, und so sein Haus wenigstens 1000 Gulden weniger wert sei.

Oberamtmann Andler, ein nicht weniger streitbarer Herr als der Amtsschreiber, widerlegte alle Punkte, die der Amtsschreiber vorbrachte, und fertigte ihn mit leichtem Spott ab. Eine Änderung des Bauvorhabens erreichte der Amtsschreiber nicht.

> „Montag, den 1. August 1763, nachmittags 3 Uhr ist diese Schrift verlesen und unterschrieben worden, sofort in eine blecherne Kapsel verschlossen, und diese zusammengelötet worden, darauf in den Knopf (Kugel) getan, und dieser im Namen Gottes auf das Türmle des Rathauses gemacht." (1. August 1763)

Nach 70 Jahren hatte die Stadt wieder ein rechtes Rathaus. Stadtschreiber Canz hat noch ein zweites Exemplar der in die Kugel gelegten Schrift angefertigt. Sie wird bei den alten Akten des

Rathauses aufbewahrt, somit ist uns der Inhalt der Denkschrift bekannt. Mit Genugtuung verzeichnet er, daß „von keinem Bürger oder Einwohner wegen des Baus etwas eingezogen oder auf denselben umgelegt worden". Die Gesamtkosten betrugen 5704 Gulden. Von den Amtsorten wurden 789 Gulden beigesteuert. Steinheim, das damals noch nicht zum Amt Marbach gehörte, gab unentgeltlich 5 Eichen, ebenso die Hartverwaltung. In der Denkschrift heißt es weiter: „Da mir, dem allhiesigen Stadt- und Amtsschreiber Gottl. Friedr. Canz der Auftrag gegeben wurde, ein Verzeichnis über die gegenwärtigen als auch über die alten Merkwürdigkeiten der Stadt für die Nachkommen zu machen, enthält die Denkschrift nicht nur die Baugeschichte des Rathauses, sondern auch eine Beschreibung der Stadt." (Magistrat, Ämter, Einwohner, Arbeitslöhne, Preise der Lebensmittel und der Kleidungsstücke, sowie die Weinpreise vom Jahr 1696–1762.). Dem Stadtschreiber Canz hat Marbach somit seine erste, etwas ausführlichere Beschreibung zu verdanken. Den Schluß der Beschreibung bildet eine kleine Stadtchronik, die er den Werken des Historikers Crusius entnommen hatte.

In den vergangenen 200 Jahren

So manche Änderung mußte das Gebäude über sich ergehen lassen. Im Jahre 1811 war durch eindringendes Wasser das Türmlein so schadhaft geworden, daß es im September abgenommen und wieder ganz erneuert werden mußte. In die Kugel wurde zu der Beschreibung vom Jahr 1763, welche noch ganz unversehrt war, eine weitere gelegt mit dem Merkwürdigsten, was sich inzwischen zugetragen hatte. „Endlich", schloß Bürgermeister Rau seinen Bericht, „wird noch bemerkt, daß in diesem Jahr 1811 auf ein vorzüglich guter Wein zu hoffen ist." Im Jahre 1847 war die Not in Stadt und Land so groß, daß der Stadtrat angegangen wurde, im Rathaus eine Suppenanstalt einzurichten. Die Rathausküche wurde für den Zweck der Suppenanstalt zur Verfügung gestellt dazu die nötigen Geräte, auch 2 Kesseln von angemessener Größe beschafft.

Am 18. April 1848 wurde von der Kreisregierung ein Fruchtmarkt genehmigt. Um den Handel mit den Früchten im Trockenen zu ermöglichen, wurden die Bäckerlauben und die Metzgerbänke entfernt, ein Raum für den Getreidehandel und die notwendigen Einrichtungen geschaffen.

Im Revolutionsjahr 1848 erging an die jungen Leute die Aufforderung zur Bildung eines besonderen Korps mit militärischen Übungen. Bei ungünstiger Witterung wurden die Übungen in dem unteren Rathausgang gemacht.

Eine wesentliche Änderung brachte ein Umbau im Jahr 1934. Die vordere Seite wurde durch einen Arkadengang mit 3 Bögen aufgelockert. Was der Landesbaumeister Weyhing vor 200 Jahren in seinem Plan vorgesehen hatte, wurde nun aus Zweckmäßigkeitsgründen ausgeführt. Zum Schillerjahr 1959 wurde das Äußere des Rathauses erneuert, und die Fassade gefällig und geschmackvoll gerichtet. Das Treppenhaus wurde neu aufgeführt. Der Sitzungssaal ist besonders durch die auf die Bedeutung des Rathauses als Bürgerhaus hinweisenden farbigen Glasfenster zu einem besonderem Schmuckstück geworden.

27 Früherer Neckar mit Wehr.

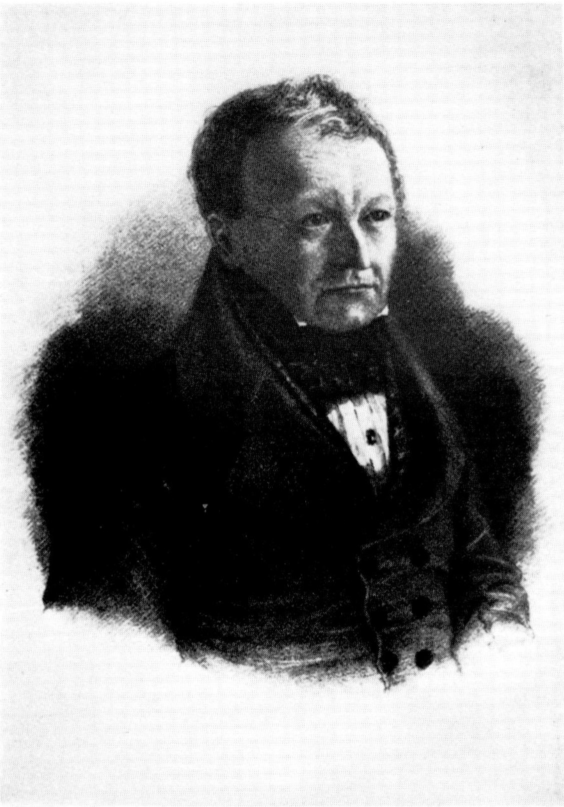
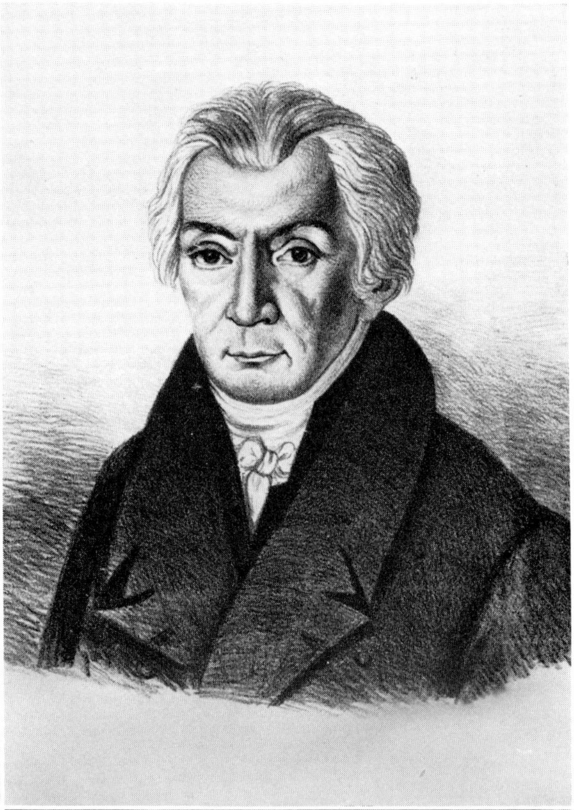
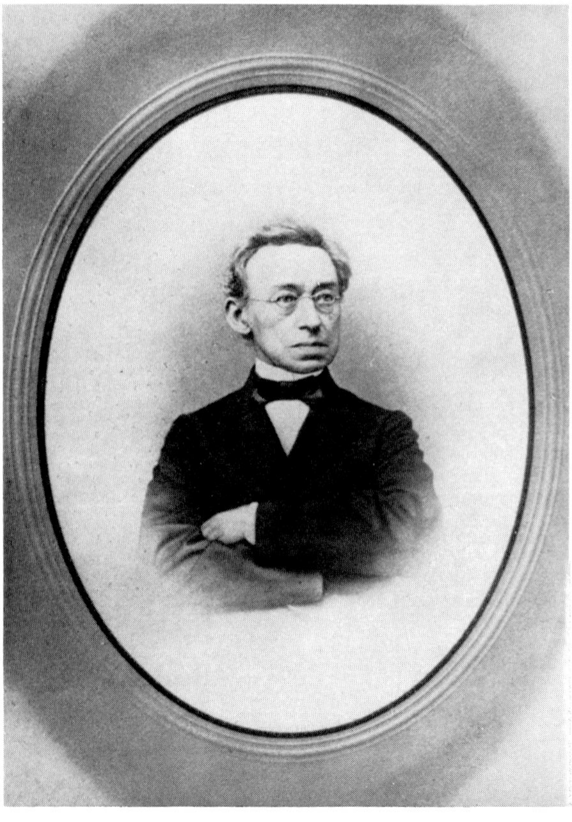
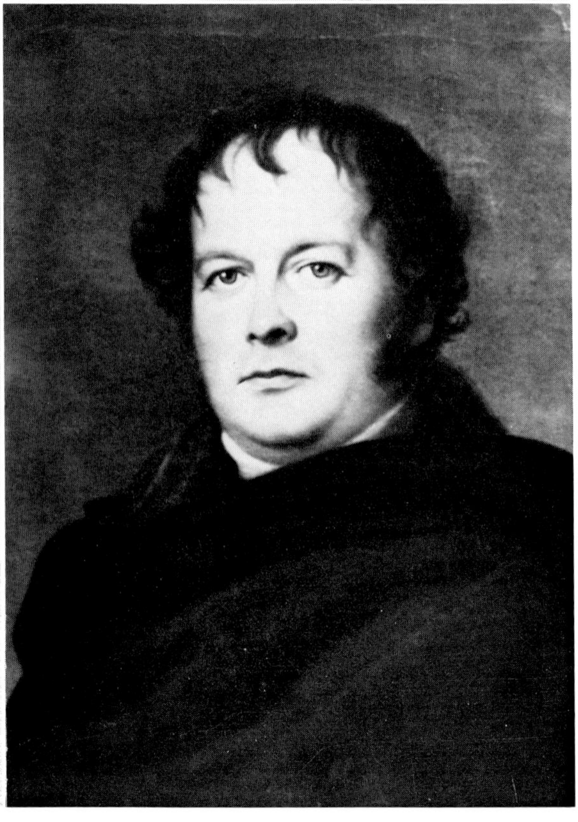

32 Das frühere Oberamtsgerichtsgebäude Wildermuthstr. 5; erbaut 1824. Erster Oberamtsrichter: Gottlob Rooschüz.

33 Das frühere Oberamteigebäude mit dem herzoglichen Wappen über der Eingangstür und Geburtshaus des Rechtsgelehrten Karl Georg von Wächter.

◀ 28–31 Von links oben bis rechts unten: Johannes Nefflen – Johann Gottfried Pahl – Karl Georg von Wächter – Gottlob Rooschüz.

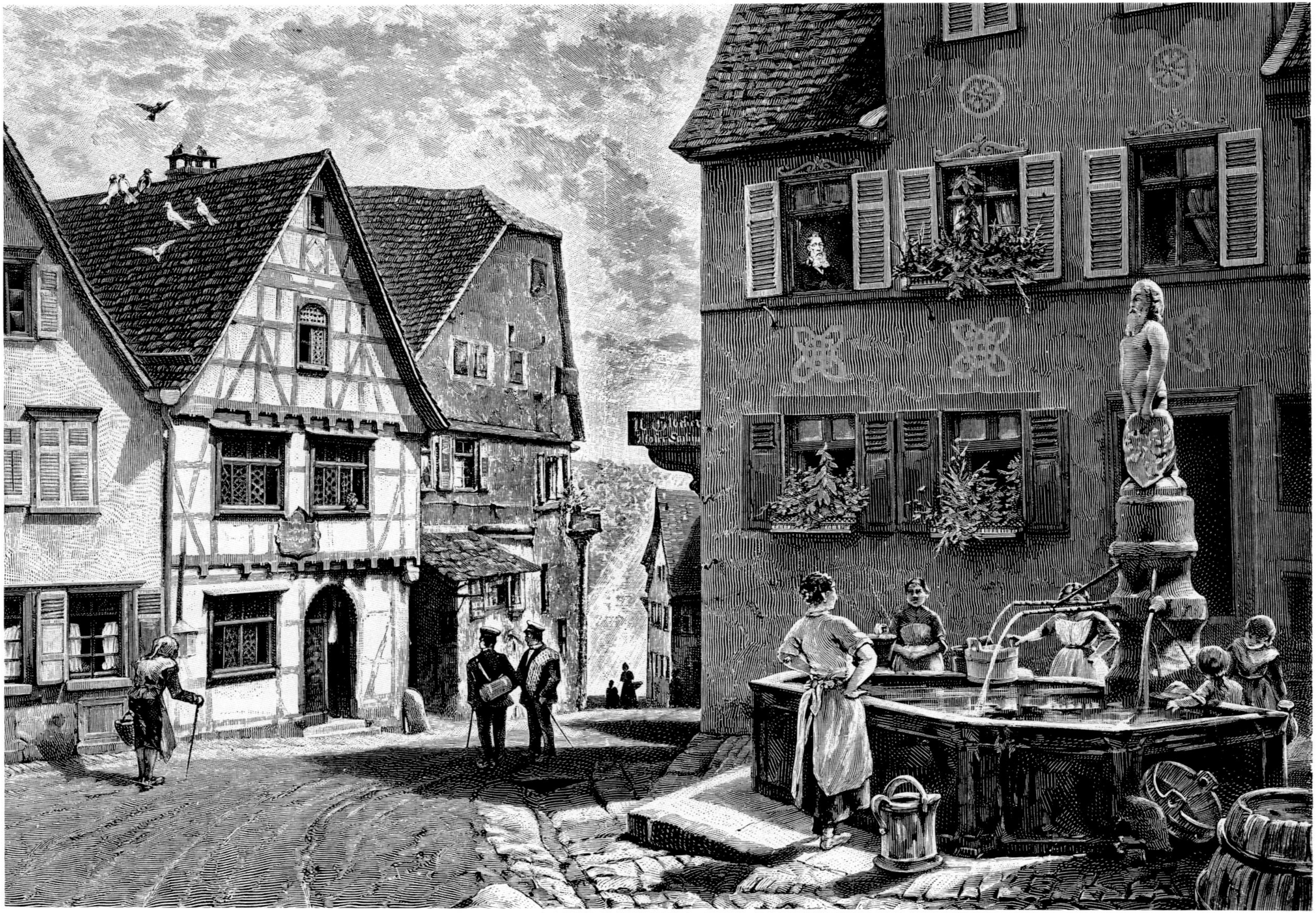

34 Niklastorstraße nach 1860

5. Von Malefiz- und anderen Strafsachen

Man war in Marbach für jede Art von Missetäter gut eingerichtet. Der Malefiz(Übeltäter)turm beim Städtischen Bauhof, auch Blockhausturm genannt (weil die Verbrecher in den Block gespannt wurden), ist noch an der Pechnase zu erkennen. Eine solche war sie zwar nicht, sondern der Ausgang, wenn die Eingesperrten im Innern auf der „Brille" saßen. Als der historische Gefangenenturm gilt in Marbach der Haspelturm. Die Verbrecher seien mit dem Haspel ins Verlies hinunter gelassen worden. In keinem Aufschrieb wird der Turm als Gefängnis genannt, sondern als Bürgerturm. Er war der große Bruder vom Bürgertürmle, das eine Zeitlang als Ortsarrest diente. Der Name Haspelturm ist vielleicht auf die Tätigkeit eines Seilers zurückzuführen, der dort im Wehrgang vor der Witterung etwas geschützt, Seile und Stricke drehte.

Zur Abschreckung, noch mehr jedoch als Zeichen der hohen Gerichtsgewalt war weithin sichtbar der Galgen, auch Justiz genannt, errichtet worden. Im Jahr 1751 war der auf zwei steinernen Säulen querliegende Balken allmählich total faul geworden, so daß er von einem starken Wind leicht heruntergerissen werden konnte. Bei der dringend notwendigen Reparatur wurde das alte Holz heruntergeschmissen und ein neues Stück von 10 Schuh Länge und 1 Schuh Stärke mit dem Flaschenzug hinauf gezogen. Im Jahre 1811 kam von der Landvogtei Enz (Kreisregierung), daß die Galgen zu entfernen seien.

Die Platanen wurden vermutlich im Jahre 1839 gesetzt, als die Schillerhöhe bepflanzt wurde.

> „Wegen der begangenen Mißhandlungen wurden beide Frauenzimmer dem Scharfrichter übergeben. Von demselben wurden sie zur gewöhnlichen Richtstatt geführt, und sie allda zur wohlverdienten Strafe, andern aber zu einem abscheulichen Exempel mit dem Schwert vom Leben zum Tode gerichtet und deren Köpfe neben dem Hochgericht auf Pfählen aufgesteckt."
> *Archiv Ludwigsbg., A 582, Büschel 202*

Johanna M. und ihre Mutter von H. waren wegen eines unehelich geborenen und lebendig begrabenen Kindes dem peinlichen Halsgericht in Marbach übergeben worden. Weil aber beide Frauenzimmer „mit der Wahrheit nicht genügend und in Güte heraus rückten, wurden sie ad locum Tortura im Blockhausturm geführt" (ein Raum, in dem durch Foltern Geständnisse erpreßt wurden). Die Frauen blieben bei ihrer Behauptung, daß das Kind tot geboren wurde. Weil sie nicht gestanden, wurden sie an den auf den Rücken gebundenen Händen aufgezogen und eine halbe Viertelstunde hängen gelassen; während des Hängens haben endlich beide ausgesagt, daß sie beschlossen hätten, das Kind umzubringen und bei Nacht zu vergraben.

> „Eure Hochfürstliche Gnaden haben jüngstens befohlen, daß der hier inhaftierte Gauner aus dem Kraichgau wegen seiner begangenen Verbrechen geradbrecht wird". (Oktober 1752)

Bei dieser qualvollsten Todesstrafe wurden dem Gefangenen mit einem schweren Wagenrad die Gliedmaßen gebrochen, sodann dessen Körper auf ein Rad geflochten und den Vögeln zum Fraß überlassen. Diese Strafe wurde bei diesem Gauner verhängt, weil er eine ganze Reihe von Gewaltverbrechen und Diebstählen gestand, die er im Unterland verübt hatte. Auf eine Anfrage des Vogtes Kornbeck beim Herzog wurde der Verbrecher, weil sein einziges Bitten und Flehen war, daß sein Körper unter die Erde komme, anstatt des Radbrechens, mit dem Schwert zum Tode gebracht und darauf hin am Galgen verscharrt.

Damals gab es noch keine Berufsrichter. Kleinere Vergehen wurden vom Gericht des Rates, der aus 8 Mitgliedern bestand, mit dem Zuchthäuslein (Arrest), mit dem Großen Frevel (etwa 10 Gulden) oder mit einem Kleinen Frevel (etwa 2½ Gulden) bestraft. Felddiebstähle und andere kleinere Vergehen wurden im Beisein von jung und alt unter den Augen des Wilden Mannes gesühnt und so die Verurteilten dem Spott und der Verachtung preisgegeben. So wurde zur wohlverdienten Strafe der Beisitzer (Nichtbürger) Killinger, weil er Weidenstumpen umgehauen hatte, dreimal 24 Stunden in den Turm gesperrt und darauf hin am Samstag um 10 Uhr zum Abscheu aller Felddiebe um den Brunnen herumgeführt und bei Auflegung etlicher Weidenstotzen vom Stadtknecht mit einem Prügel geklopft. Wolfgang Adams Weib war angezeigt worden, daß sie an 2 Tagen Trauben entwendet habe. Sie wurde deshalb etliche Stunden ins Zuchthäuslein, in das Trauben gehängt wurden, gesperrt, weil sie als schwangere Frau nicht höher bestraft werden könne. (Oktober 1735). Am 28. Juni 1708 kam der hochfürstliche Befehl, daß die seit vier Wochen wegen Hehlerei und Stehlerei inhaftierte M. B. aus einem Dorf des Unterlandes, nachdem sie einige Zeit mit dem Halseisen an den Pranger angeschlossen war, auf ewig aus dem württembergischen Land gewiesen werden solle. Doch der Stadtknecht weigerte sich, der Verurteilten das Halseisen anzulegen, weil das die Aufgabe des Schinderknechts oder eines Kleemeisters sei. Weil aber hier kein Kleemeister wohnhaft war und einen auswärtigen beizuholen hohe Unkosten verursacht hätte, blieb nichts anderes übrig, als die vorgesehene Strafe umzuwandeln. Man beschloß, ihr die Geigen anzuschlagen (das Schandbrett um den Hals zu hängen) und sie so um den Brunnen herumzuführen. Dann jagte man sie unter dem Geschrei der Zuschauer zur Stadt hinaus.

In der zweiten Hälfte des 18. Jahrhunderts wurden die Folter- und Prangerstrafen abgeschafft. Als das jetzige Rathaus gebaut wurde, hatte man einen Stein zum Pranger gerichtet, verwendet wurde er nicht.

6. Die Marbacher Schützen

In den Rechnungsbüchern findet sich fast jedes Jahr nach 1700 der Eintrag: „Demnach die hiesige Schuljugend in den Maien geführt und für die Musikanten, Faßführer und Schützen an Brot 50 Kreuzer, an Wein 4 Imi 6 Maß (etwa 84 Liter) gereicht."

Mit diesen Schützen sind nicht die Flur-, Weinberg- und Flugschützen gemeint. Es waren die Schützen, die zur Schützengesellschaft oder Büchsengesellschaft gehörten.

> „Haben auch die Büchsengesellschaft zum Stand angerichtet, wie es in Stadt und Amt Marbach in Brauch gewesen".

So berichtet um 1534 in der Zeit Herzog Ulrichs ein Marbacher Schützenmeister. Schon in einem früheren Abschnitt wurde berichtet, wo die Schützen ihre Schießstatt und ihre Schießhütte hatten.

Die Schützen- oder Büchsengesellschaften sind mit den heutigen Schützenvereinen zu vergleichen. Sie wurden vom Herzog durch Geldzuweisungen gefördert.

Anzunehmen ist, daß in den Amtsstädten alljährlich ein Schützenfest veranstaltet wurde; mußte doch der Schützenmeister ein Verzeichnis, wie oft man geschossen, und wer die Gewinnenden gewesen, einschicken. Zu einem Landesschützenfest im Herbst 1560 stiftete Herzog Christoph einen Preis von 100 Dukaten und für das Nachschießen „einen gemöschten Ox mit einer seidin Deckin bedeckt" (gemästeten Ochsen mit einer seidenen Decke bedeckt). Tausend Schützen nahmen daran teil, allein 755 „gemeine Personen" (nicht Adlige). Nach der Landesordnung vom Jahr 1657 mußten sich alle Untertanen bis zum 60. Lebensjahr im Einschießen üben. Auch wußten Vogt und Magistrat, was die Ehre und das Ansehen der Stadt erforderte. Als im August 1740 der Herr Geheime Rat und Oberjägermeister Geyer von Geyersberg sowie der Herr Geheime Rat Georgii und der Herr Kirchenratsdirektor Korn mit anderen fürstlichen Räten nach einer Waldvisitation hier über Mittag blieben, hat man zur schuldigen Ehrenbezeigung einige Schützen und 2 Korporale unter die Tore kommandiert, um die Gewehre zu präsentieren. Da die Kommandierten um einen Trunk anhielten, hat man von der Stadt für jeden Korporal 1 Maß Wein, einem Schützen aber ein halbes Maß Wein und für einen Kreuzer Brot geben lassen.

Wenn auch über die Tätigkeit der Schützengesellschaft keine weiteren Einträge vorhanden sind, eingeschlafen ist sie nicht. Napoleon bereitete allem ein gewaltsames Ende. Im Jahre 1809 verlangte er vom König, seinem Verbündeten, daß sie aufgelöst werden.

7. Der Harnisch

Neben der allgemeinen Schützengesellschaft hatte die Stadt ihre eigene „Stadtgarde". Nach dem dreißigjährigen Krieg und um 1700 herrschten in manchen Gegenden Deutschlands Zustände, wie sie Schiller in seinem Drama „Die Räuber" darstellte. Auch in Marbach war man genötigt, „nachdem sowohl hier als auch im Amt in kurzer Zeit verschiedene Diebstähle geschehen, zu beschließen, an etlichen Tagen auf der Straße sowie nachts um die Stadt herum streifen zu lassen, um zu sehen, ob von solchem Diebvolk einige ertappt werden möchten."

Diese Sicherheits-Einwohnerwehr wurde zu einer stehenden Einrichtung, die sich „Harnisch" nannte. Aufgabe der Geharnischten war, in Marktzeiten für Ruhe und Ordnung zu sorgen, bei entstandenen Streitigkeiten zwischen den Krämern und Besuchern einzuschreiten und den Marktmeister, der die Aufstellung der Stände beaufsichtigte und das Standgeld einzog, zu unterstützen. Außer dem Taglohn hatten die Geharnischten für den Wachtdienst von allen Marktwaren eine festgesetzte Gebühr zu beanspruchen: für einen Haufen Häfnerswaren 12 Kreuzer und für einen Wagen Holz 4 Kreuzer. Als dann im Jahr 1828 eine neue Schützenvereinigung gegründet wurde, gliederte man den Harnisch ein. (Altregistratur Nr. 4182)

Das Schützenkorps

Mehr dem Wunsch des Königs und der Regierung nachkommend als dem Antrieb der Stadt kam nach anfänglichen Schwierigkeiten im Jahr 1829 eine neue Schützenvereinigung zu Stande, die sich „Schützenkorps" nannte. Es bestand aus einem Hauptmann, einem Leutnant, einem Feldwebel, vier Oberschützen und vierzig Mann. In der Bekleidung richtete man sich nach der Uniform des Stuttgarter Schützenkorps. Der Frack war von dunkelblauem Tuch, hatte lange Stöße. Die übereinander gehenden Klappen konnten mit gelben Knöpfen geschlossen werden. Die Achselstücke waren von grüner Wolle, die Hosen von dunkelblauem Tuch, über die Stiefel gehend. Die Bewaffnung: Gewehr, Säbel, Patronentaschen stellte das Ludwigsburger Militär kostenlos zur Verfügung. In den ausführlichen Statuten ist genau beschrieben, was zu den Aufgaben des Schützenkorps gehörte: Aufwartung und Ehrendienst bei der Anwesenheit der Königlichen Majestät, bei Festlichkeiten, feierlichen Aufzügen zur Erhöhung der Feier mitzuwirken, an den Jahrmärkten die Wache zu übernehmen und bei Unordnungen, bei Volksaufläufen die Ortspolizei zu unterstützen.

Es war für die Marbacher immer ein Erlebnis, wenn das Schützenkorps oder Stadtgarde, wie es bei Ottilie Wildermuth heißt, mit Musik durch die Stadt zog, voran der Hauptmann zu Pferde. Freilich, wenn man in den Statuten von Subordination, von Aufrechterhaltung der Gesetze und von den Pflichten liest, wird klar, daß das Schützenkorps kein Verein sein sollte, sondern eine Bürgermiliz.

Höhepunkt des Schützenkorps war das 25jährige Regierungsjubiläum König Wilhelm I. am 30. August 1841. Die Stadt mußte es sich schon etwas kosten lassen, um die abgetragenen Uniformen wieder auf Glanz zu bringen. Noch sind die bunten Bilder des Festzugs mit den vielen Gruppen von Stadtgarden vorhanden. Doch das Bild der Marbacher Stadtgarde fehlt.

Als im Jahre 1848 in Deutschland die Revolution ausbrach, machte die neu aufgestellte Bürgerwehr der Stadtgarde ein Ende. Im März 1848 wird noch im Postillon zu einem Scheibenschießen auf dem Schießplatz im Hörnle bei gutem Trunk eingeladen. Das endgültige Ende enthält der Eintrag im Gemeinderatsprotokoll vom 22. Januar 1850: „Von der Musik des aufgelösten Schützenkorps sind 7 Uniformröcke und Federbüsche vorhanden, wegen welcher beschlossen wird, solche als entbehrlich zum Verkauf zu bringen."

8. Die ersten Gewerbebetriebe am Neckar

Altregistratur Nr. 8080

Noch stehen am Mühlweg einige Häuser. Sie stammen aus einer Zeit, als dort unten noch mehr Betrieb – im Sinne des Wortes – war. Daß schon in den ersten Jahrzehnten des 14. Jahrhunderts, als die Stadt zu Württemberg gekommen war, die Grafen eine Mahlmühle, verbunden mit einer Walkmühle, bauen ließen, wurde in einem früheren Abschnitt berichtet. Eine Änderung brachte das Jahr 1739.

> „Da das Handwerk in Stadt und Amt mit einer so großen Anzahl von Meistern gefüllt ist, daß sie sich unmöglich von dem Handwerk nähren können, sind wir auf den Gedanken geraten, eine Tuchbleiche anzulegen, wozu die Stadt einen schönen Allmend-Wert (Neckarinsel) hat."
> (1739)

Mit diesem Gesuch wandten sich zwei Marbacher Leineweber an den Herzog, der Grundherr der Insel war. Der Vogt unterstützte das Vorhaben, weil die Bleiche ohne große Kosten errichtet werden könne, und weil „unser armes Stadtwesen es nötig hat, ihm auf alle tunliche Weise aufzuhelfen". Weitere Aufschriebe über das Vorhaben der beiden Leineweber fehlen. Das Unternehmen scheint keinen guten Fortgang gehabt zu haben; denn im Jahr 1780 wurde die Insel wieder an Bürger verpachtet. Vermutlich hat jedoch die größte der drei Neckarinseln von damals den Namen Bleichwert und Bleichinsel behalten. Bald bewarben sich neue Unternehmer um dieses Insel.

> „Seifensieder und privilegierter Tuchmacher Schönemann, Walkmüller Mez, Geometer und Schulmeister Staudenmaier aus Steinheim bitten die Stadt und Überlassung der Insel, um eine Bleichfabrik anzulegen." (1788)

Es ist das erstemal, daß in Marbacher Schriftstücken die Bezeichnung „fabrique" zu lesen ist; es fehlte ihr aber noch die heutige Bedeutung. „Der Anfang der Tuchbleiche läßt auf einen guten

Fortgang hoffen," heißt es in einem damaligen Bericht. In einer Abrechnung werden Tuchfuhren nach Waiblingen, Backnang, Markgröningen, Besigheim, Stuttgart und nach anderen Städten genannt. Auf der Insel wurde ein Bleichhaus, für einen Bleichmeister ein Wohnhaus gebaut (Ludwigsburgerstr. 34). „Leider bekam die Hoffnung ein schnelles Ende," schreibt Staudenmaier. Um 1800 wurde die Bleiche verkauft. Sie wurde von den neuen Besitzern nicht mehr in Betrieb genommen. Das Bleichhaus diente dann lange als Schafstall, dann als Bootshaus des Rudervereins. Im Jahre 1970 wurde es abgerissen, während das Haus des Bleichmeisters noch steht.

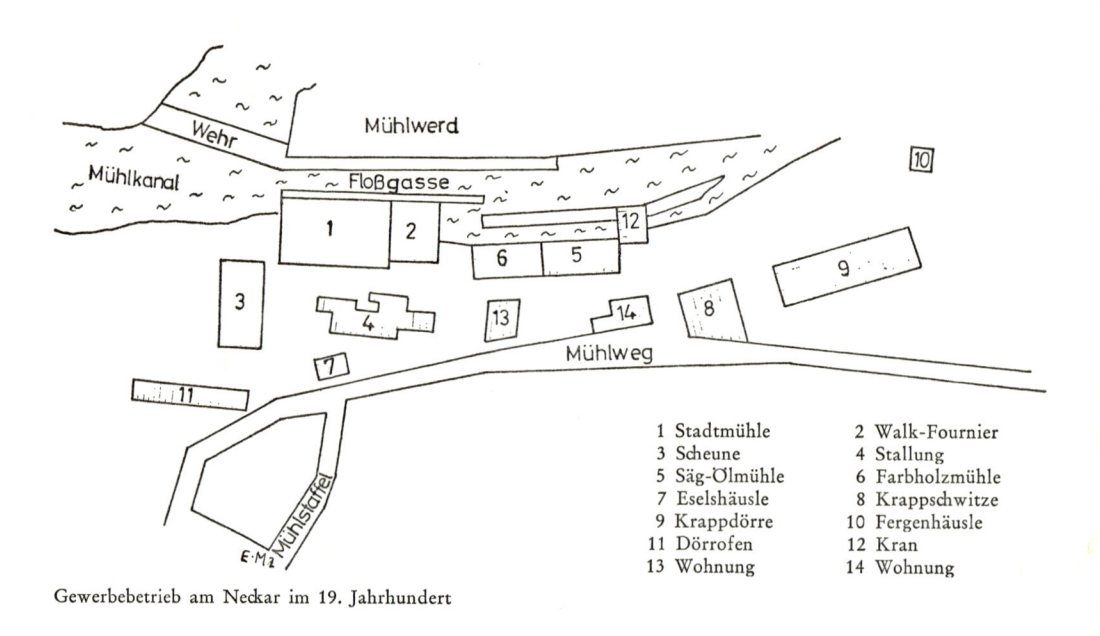

1 Stadtmühle	2 Walk-Fournier
3 Scheune	4 Stallung
5 Säg-Ölmühle	6 Farbholzmühle
7 Eselshäusle	8 Krappschwitze
9 Krappdörre	10 Fergenhäusle
11 Dörrofen	12 Kran
13 Wohnung	14 Wohnung

Gewerbebetrieb am Neckar im 19. Jahrhundert

> „Daß man bei vorgekommenen Umständen die vorhabende Translokation (Verlegung einer Sägmühle an den Neckar) gnädigst geschehen lassen wolle."
> (11. Juni 1787)

Mit diesem Entscheid des Herzogs Karl Eugen ging ein fast zwanzigjähriger Streit zwischen dem Zimmermann Joh. Gg. Schempp und den Rotgerbern, Besitzer der Lohmühle (am Strenzelbach oberhalb der Lederfabrik Oehler), zu Ende. Im Jahre 1770 war dem Zimmermann Schempp vom Magistrat oberhalb der Lohmühle ein Platz zur Errichtung einer Säg- und Schleifmühle gegen Reichung eines Bestandzinses (Pachtzins) überlassen worden. Es kam zu schweren Auseinandersetzungen, weil die Rotgerber immer öfters den Zulauf des Strenzelbaches zu dem Sägewerk sperrten. Das Bächlein war zu schwach, um 2 Wasserräder zu treiben. Nach jahrelangen Auseinandersetzungen, die bis zum Herzog gingen, wurde die Verlegung und der Bau eines neuen Werkes am Neckar unterhalb der Städtischen Mühle vom Herzog gestattet. Am 3. März 1788 konnte vom Oberamtmann Wächter, von der Schiffermeisterschaft, von Walkmüller Metz und von den beiden Sägmüllern Schempp und Albrecht unterschrieben werden, daß die beiden eine Säg- und Schleifmühle am Neckar errichten dürfen. Von der Stadt wurde nichts eingewendet, wenn mit der Sägmühle zugleich eine Ölmühle errichtet werde. Doch wurde von den hiesigen Handelsleuten der Wunsch geäußert, die Ölmühlenkonzession dahin einzuschränken, daß der Besitzer sich mit dem zentnerweisen Ölverbrauch begnügen und sich allen Verkaufs nach Pfunden enthalten soll. Auch soll der jeweilige Inhaber der Sägmühle niemals befugt sein, die schon vorhandene Walk- und Reibmühle, sowie die erst kürzlich hergestellte Schleifmühle zu schädigen.

> „In einem Lande, wo von Seiten der Regierung so viel getan wird, das den Handel, das Gewerbe und den Ackerbau zu heben vermag, darf ich im voraus erwarten, daß mein Unternehmen als das erste im Land mit aller jener Rücksicht und Geneigtheit beobachtet wird."

Im Jahre 1834 ging die Sägmühle an einen Kaufmann Müller über. Dieser richtete eine Farbholzschneide und eine Farbholzmühle ein. Er vergrößerte sein Werk durch den Bau einer Krappschwitze und einer Krappdörre. (Krapp, eine Pflanze aus deren Wurzeln roter Farbstoff gewonnen wurde). Das Farbwerk entwickelte sich zu einem größerem Unternehmen. Über den Mühlgraben wurde an dem Floß- und Schiffkanal ein Kran gebaut. Die folgende Planskizze soll zeigen, welche gewerblichen Betriebe vor und im 19. Jahrhundert entstanden waren.

Von einer Weiterentwicklung der Betriebe in der 2. Hälfte des 19. Jahrhunderts sind keine Aufschriebe vorhanden. Zeitungsanzeigen im letzten Jahrzehnt des vorigen Jahrhunderts lassen vermuten, daß die Werke beim Aufkommen neuer Maschinen und chemischer Verfahren nicht Schritt halten konnten. Im Marbacher Postillon kam die Anzeige, daß wegen Todesfall die Körner'sche Fabrik (Ölmühle, mit Schrotmühle, Farbholzmühle mit Farbholzhackmaschine, 2 Farbholzmahlgänge, ein Pulverisiergang, eine Drogenmühle mit Blocksäge, eine Kreissäge, 2 Fourniersägen, 1 Bandsäge, drei Wasserräder mit 58 Pferdestärken, sowie die Fabrik- und Wohngebäude) zu verkaufen sei. Am 7. Oktober 1891 brachte die Stuttgarter Zeitung „Schwäbischer Merkur" die Nachricht: Vergangenen Freitag ist der Verkauf der hiesigen Neckarmühle endgültig an die Stadt Stuttgart erfolgt; die Stadt ist Käuferin aller hiesigen Wasserkräfte und der von denselben betriebenen Werke. Für die Gesamtwasserkraft bezahlt Stuttgart 270 000 Mark, für die Mühle ohne Inventar 123 000 Mark; für die Schellenberg'sche Sägmühle 62 000 Mark, für die Conz'sche Ölmühle (ohne Einrichtung) 85 000 Mark. Die auf dem Platze betriebenen Fabrikgeschäfte sind vorerst noch verpachtet, da mit der Ausnützung der Wasserkräfte erst in 8–10 Jahren begonnen werden soll.

Die neue Zeit kündete sich mit dem Bau eines Elektrizitätswerkes auf dem Platze der Mahlmühle an. Mit Beginn des neuen Jahrhunderts (1. 1. 1900) wurde das Werk in Betrieb genommen und lieferte den gesamten elektrischen Strom nach Stuttgart.

Zwei Gebäude stehen noch, die Zeugen sind der ersten größeren Gewerbebetriebe Marbachs. Die Krappdörre wurde in ein Wohnhaus umgebaut (Mühlweg 12); die daneben stehende ehemalige Krappschwitze dient noch als Magazin.

9. Vom Handwerk im alten Marbach

Als im Jahre 1960 das Rathaus erneuert wurde, fügte man in die Fenster des Saales Scheiben mit den Zunftwappen der wichtigsten Marbacher Handwerke ein.

Vor 150 Jahren machte die Stadt zwar mehr den Eindruck von einem Bauern- und Weingärtnerstädtchen, weil „die Gewerbeleute, die man hier vorfindet ihre Tätigkeit zwischen dem Feldbau und dem Handwerk teilen, und fast durchgängig findet sich neben der Werkstatt auch der Stall für das Melkvieh und nicht ferne davon der wohlbestellte Acker." Im Jahre 1861 wurden in Marbach noch 47 verschiedene Handwerksberufe mit 166 Meistern und 145 Gehilfen gezählt, bei einer Einwohnerzahl von über 2000 Einwohnern. Eine große Anzahl der in dieser Zusammenstellung genannten Berufe ist verschwunden. Heute finden wir keinen Färber, Kammacher, Kübler, Siebmacher, Seiler, Schirmmacher mehr. Nicht mehr vorstellen können wir uns, wie die Nadler, Nagelschmiede, Seckler, Bortenwirker, Strumpfmacher, die Schriften- und Kannengießer gearbeitet haben. Da gab es noch die Stricker, Schiffer, Tuchmacher, Weber, Tuchscherer und die Knopf- und die Hutmacher. Wie die Zeiten, und mit ihnen das Neckarwasser sich geändert hat, ist daraus zu ersehen, daß damals zwei Fischer und drei Gehilfen am Neckar ihren Beruf ausübten. Auch in den letzten Jahrzehnten machte das Berufsterben weiter. Der Hufschmied und der Küfer, der Wagner und der Pflästerer können nur noch in ihrem Beruf leben, wenn sie in andere Erwerbszweige ausweichen.

Von alten Handwerksmeistern

Von den vielen Handwerksmeistern der vergangenen Jahrhunderte ist der Wagner Tobias Mayer wegen seiner Tüchtigkeit, noch mehr wegen seines berühmten Sohnes nicht in Vergessenheit geraten. Um 1717 war er Brunnenmeister und hatte besonders den neuerrichteten Marktbrunnen zu versehen. Bei diesem Dienst hatte er sich so viele Kenntnisse erworben, daß er von dem Baron von Palm beauftragt wurde, in sein Schlößchen bei Eßlingen eine Wasserleitung zu bauen. Diesen Auftrag, der mit vielen Schwierigkeiten verbunden war, führte er so gut aus, daß ihn die Freie Reichsstadt Eßlingen als Brunnenmeister in Dienste nahm.

Geschätzt mußten früher die Erzeugnisse der Marbacher Kannengießer gewesen sein. So war noch vor dem 2. Weltkrieg im Landesgewerbemuseum in Stuttgart eine vierkantige, zinnerne Schraubflasche, in welcher das Stadtwappen eingraviert war und das Zeichen eines Meisters, der die Flasche im Jahre 1665 gegossen hatte. Eine andere Zinnkanne ist in Besitz des Landesmuseums. Aufbewahrt wird auf dem Rathaus der schöne Geburtsbrief des Zinngießers Benjamin Schöpß aus Dresden, der um 1724 hier Bürger wurde.

Als das Handwerk noch in Zünften zusammengeschlossen war

In Marbach hatten eine ganze Anzahl von Zünften ihre Herberge, Wirtschaften, in denen die Laden (Zunftschreine) aufgestellt waren. Einblicke in das Zunftleben gibt das Protokoll der ersten Zunftversammlung der selbständig gewordenen Rotgerber.

> „Aktum Marbach, 17. August 1719. Nachdem auf erlassenem hochfürstlichem Spezialbefehl vom 16. März 1719 die Meister des ehrwürdigen, ehrvollen Rotgerberhandwerks in Stadt und Amt Marbach die gnädigste Genehmigung erhalten haben, eine eigene Lade (Zunft) bilden zu dürfen, ist an diesem Tag erstmals eine Zunftversammlung gehalten worden."

Den anwesenden Meistern wurde zuerst die neue fürstliche Handwerksordnung vorgelesen, darauf ein Durchgang gehalten, Klagbares vorgebracht, protokolliert und debattiert.

Es waren nicht immer schwerwiegende Angelegenheiten, die zur Sprache kamen. So beschwerte sich bei einer Zunftversammlung ein Meister darüber, daß nicht mehr alle mit dem Mantel zur Versammlung kommen. Er bittet, diese zu bestrafen, damit sie in Zukunft mit besserer Bescheidenheit und Sittsamkeit erscheinen (in vorgeschriebener Zunftkleidung; 28. August 1726).

Gegen den Meister Bozenhardt wird vorgebracht, daß er schlechte Ware auf den Markt bringe. Er wird ermahnt, gute Kaufmannsware anzufertigen. (Von jeder Zunft wurden durch den Magistrat zwei Schaumeister gewählt. Diese hatten die Aufgabe, an den Markttagen die zum Verkauf angebotenen Waren auf Güte zu prüfen. Übertretungen und Beanstandungen wurden von der Zunft selbst geahndet und abgestellt.)

Joh. Gg. Hameleyen untersteht sich, der Zunftordnung zuwider, Häute aufzukaufen und zum Nachteil der übrigen Meisterschaft anderwärts zu verkaufen. Es wurde ihm nahe gelegt, bei hiesigen zünftigen Meistern gerben zu lassen.

Der Besuch der Zunftversammlung war strenge Pflicht. Als ein Meister aus Auenstein sein Wegbleiben mit dem Grund entschuldigte, seine Frau sei Wöchnerin, wurde er mit einer Ungehorsamsstrafe von 15 Kreuzern belegt (23. August 1858).

193

K. Marbach und Friedrich Schiller

1. Kleine Chronik der unteren Nicklastorstraße. Schillers Geburt

1725, 3. März

Georg Friedrich Kodweiß, geb. 4. 6. 1698, der Großvater Schillers mütterlicherseits, kauft von Joh. Gg. Schmid, Strumpfstricker, eine Behausung vor dem Wicklinstor (Niklastorturm). Von Beruf war er Bäcker. Als er das Haus kaufte, war seine Tochter Elisabeth Dorothea sieben Jahre alt (geboren 13. 12. 1732). Der Großvater des Gg. Fr. Kodweiß war Johann Kodweiß (1640 bis 1698). Er wohnte neben der Wendelinskapelle (heute Marktstraße 8). Auch er war Bäcker. Sein Siegel zeigt in einem Schild eine Brezel, darüber eine dreizackige Krone. Über dem Schild ist ein bewehrter Löwenrumpf. Johann Kodweiß war ein sehr angesehener Bürger der Stadt; er war Ratsmitglied, Floßverwalter und Heiligenpfleger. Als Verlust bei der Zerstörung 1693 gibt er 8439 Gulden an; er muß also zu den reichsten Bürgern der Stadt gezählt haben.

Die Kodweiß gehörten zu den ältesten Geschlechtern der Stadt. Ein Fritz Kodwiß wird schon im Jahr 1473 genannt. Nach einer Familientradition soll das Geschlecht aus einer verarmten, adeligen, aus Kottwitz (Norddeutschland) nach Schwaben gekommenen Familie stammen.

1733, 3. Juni

„Zur Prästierung der nötigsten Ausgaben des allbereits angefangenen Hausbaus" nimmt Gg. Fr. Kodweiß bei einem Bekannten Geld auf. In den folgenden Jahren macht er auch Schulden bei Verwandten. In dem umgebauten Haus richtete Kodweiß eine Bäckerei und Wirtschaft ein. Nach dem Familienwappen im Siegelring bekam das Geschäftshaus den Namen „Zum Goldenen Löwen".

Um 1745 bekam Gg. Fr. Kodweiß bei der herrschaftlichen Brennholzflößerei eine Stelle als Holzmesser. Im Jahre 1749 unterschreibt er mit „Herrschaftlicher Holzinspektor".

Als am 14. März 1749 Johann Caspar Schiller, verabschiedeter Eskadronfeldscher des bayerischen Husarenregiments Graf Frangipani, in Marbach einritt, waren die Spuren der Brandkatastrophe weitgehend getilgt, die Stadttore wiederaufgebaut und die Mauern, wenn auch noch ohne Mauerkrone und Dach, wieder in Ordnung gebracht. Handel und Gewerbe hatten sich erholt, vor allem die Jahrmärkte, die an Philippi, Jakobi und Martini abgehalten wurden, waren viel besucht. Dennoch herrschte Armut in der Stadt, und der Acker- und Weinbau wurde nur im kleinen betrieben. „278 burger", d. h. männliche Einwohner mit vollem Bürgerrecht, zählte damals die Gemeinde. Johann Caspar Schiller, der nach seiner Entlassung aus Militär- und Kriegsdiensten zum Besuch seiner mit dem Fischermeister Stolpp verheirateten Schwester nach Marbach gekommen war, stieg zunächst in der Herberge zum Goldenen Löwen ab. Am 11. Juli 1749 bestand er die amtliche Prüfung als Wundarzt, die ihm eine Niederlassung in Marbach ermöglichte, am 22. Juli heiratete er die erst 16jährige Tochter seines Wirts, Elisabeth Dorothea Kodweiß.

Die Trauung vollzog der damalige Diakonus (Helfer) M. Ludwig Joseph Uhland, der Großvater des Dichters Ludwig Uhland. Am 29. Juli 1749 erhielt der junge Ehemann das Bürgerrecht der Stadt.

„Nun trieb ich die Arzneikunst bis zu Anfang des Jahres 1753", schreibt Johann Caspar in seiner Selbstbiographie; dann aber verließ er wieder Marbach. Der Schwiegervater war „durch unvorsichtige Handlungen mit Bauen und Güterkaufen" in Schwierigkeiten geraten. Es muß zu Zerwürfnissen gekommen sein, und, so heißt es in den Erinnerungen, „um der Schande des Zerfalls eines so beträchtlich geschienenen Vermögens auszuweichen", wandte sich Johann Caspar Schiller wieder dem Militärberuf zu. Er diente zunächst als Furier im Infanterieregiment Prinz Louis und ritt als Fähnrich und Adjudant 1757 mit den württembergischen Truppen gegen Preußen in den Siebenjährigen Krieg. Wenige Tage vor dem Ausmarsch kam in Marbach Christophine, sein erstes Kind, zur Welt, und zwei Jahre später, am 10. November 1759, wurde Johann Christoph Friedrich Schiller geboren. Am Tag darauf fand die Taufe statt. Neun Paten, eine für Marbacher Verhältnisse ungewöhnlich große Zahl, verzeichnet das Taufregister der Kirchengemeinde. Der Vater, erneut ins Feld gezogen, konnte an diesem Tag nicht bei seiner Familie sein. In einem sehr viel später niedergeschriebenen Aufsatz aber finden wir das eigenartige, für ihn jedoch sehr bezeichnende Bekenntnis: „Und du, Wesen aller Wesen, dich hab' ich nach der Geburt meines einzigen Sohnes gebeten, daß du demselben an Geistesstärke zulegen möchtest, was ich aus Mangel an Unterricht nicht erreichen konnte, und du hast mich erhört. Dank dir, gütigstes Wesen, daß du auf die Bitten der Sterblichen achtest!"

Nur die frühesten Kindheitsjahre hat Schiller in Marbach in dem kleinen Haus des Secklers Schöllkopf in der Niklas-Torgasse gegenüber dem Wilde-Mann-Brunnen verbracht. Der Vater, inzwischen zum Hauptmann avanciert und nach Beendigung des Krieges als Werbeoffizier in die Reichsstadt Gmünd kommandiert, holte 1764 Frau und Kinder nach und schlug seinen Wohnsitz in Lorch auf. Doch von Ludwigsburg aus, wohin die Familie zwei Jahre später übersiedelte, ist der junge Friedrich Schiller mit seiner Mutter zum Besuch der Großeltern gelegentlich wieder nach Marbach gekommen. Der alte Kodweiß hatte damals den Wärterposten beim Niklastor inne, und noch Jahrzehnte später erinnerten sich alte Marbacher an seinen rothaarigen und sommersprossigen Enkel.

Nur in diese Zeit können Schillers eigene Erinnerungen an Marbach zurückreichen. Als er im September 1785 zum ersten Male die Elbe erblickte, fühlte er beglückt, die „schwesterliche Ähnlichkeit dieser Gegend" mit der heimatlichen Landschaft seiner ersten Jugendjahre. Ob Schiller während seiner Schwabenreise in den Jahren 1793–1794 auch Marbach wieder aufgesucht hat, ist ungewiß, aber die Stadt, die sich rühmen darf, sein Geburtsort zu sein, hat das verehrende Gedenken an ihn und sein Werk mit Stolz und Pietät bewahrt und in getreuer Pflege lebendig erhalten.

1771, 23. Juni

Starb Gg. Friedr. Kodweiß. Wie damals üblich, wurde er bei Nacht auf dem Friedhof bei der Alexanderkirche begraben. Seine Frau starb am 28. Januar 1773.

1794, 22. Juli

Mit dem Auffüllen der Wette vor dem Geburtshaus wird begonnen. Der Wicklingstorturm wird abgebrochen.

1833

„Das Niklastorhäuschen, bei seiner Lage in der Nähe der Wohnung des Stadtschultheißen und für welchen von großem amtlichen Interesse ist, den Amtsdiener in der Nähe zu haben, ist diesem in einem Anschlag künftig zu überlassen."

2. Die Entstehung der Schillerverehrung

Die politischen Verhältnisse nach 1800, die Eigenart der dörflichen Kleinstadt trugen viel dazu bei, daß der Dichter in seiner Geburtsstadt fast vergessen wurde.

Das Oberamtsprotokoll vom 10. Juni 1812

Nur wenige Marbacher lebten noch, die noch etwas von „Schillers" wußten und die bestimmte Aussagen über das Geburtshaus machen konnten. Es ist das Verdienst des Silbergürtlers Franke, eines Zugezogenen aus Sachsen, daß das Wissen dieser alten Leute in einem Protokoll auf dem Oberamt festgehalten wurde. Nach ihren Aussagen war es das Haus, das damals dem Seckler Schölkopf gehörte und das, als die Schillersche Familie in Miete dort wohnte, an der unterdessen zugeschütteten Wette stand.

In Franke dürfen wir den Marbacher Bürger (Franke hatte das Bürgerrecht erworben) sehen, von dem wir wissen, daß er als erster Schillerverehrung trieb. Dadurch, daß er das Geburtshaus der drohenden Vergessenheit entriß, begann er mit der Schillerverehrung in Marbach. Er war es auch, der den Gedanken eines Denkmals im Geburtshaus aussprach.

3. Die Schillergedenkstätten

Ein Verein für ein Schillerdenkmal wird gegründet

Die Marbacher Schillerverehrer waren enttäuscht, weil das erste Denkmal für den Dichter in Stuttgart errichtet wurde, ja, daß Stuttgart der Stadt Marbach das Recht zu einem Denkmal absprach. Ein Glück war es, daß damals in Marbach Männer lebten, die klar erkannten, welche

Verpflichtung der Stadt daraus erwuchs, daß sie die Geburtsstadt des Dichters war. „Wir empfinden lebendig die Schuld, die dem Andenken an unseren großen Mitbürger unseren Herzen auferlegt, und die immerwährenden Vorwürfe, die auf der Geburtsstadt lasten würden, wenn sie durch kein äußeres Zeichen für die Mit- und Nachwelt die Verehrung des Volksdichters zu beurkunden wüßte."

Die Erfolge des Stuttgarter Schillervereins zeigten den Marbacher Verehrern, daß nur eine festgefügte Einrichtung die Stadt dem ersehnten Ziel näher bringen konnte. Der Gemeinderat übergab daher die Schillersache einer Abordnung führender Männer in der Stadt. Diese gründeten am 8. Juni 1835 den „Verein für Schillers Denkmal", der sich später „Marbacher Schillerverein" nannte.

In den Ausschuß wurden berufen: Stadtschultheiß Klein, Stadtpfleger Hauser, Oberamtsrichter Rooschüz, Stadtrat Schwarz, Apotheker Speidel und Rechtskonsulent Veiel. Sehr rührig war von Anfang an im Verein Wilhelm Glocker, Färber. Er wohnte in dem Haus am Wilden-Mann-Brunnen, der nach ihm benannt wurde. Sehr tätig war auch bis zu seinem Wegzug (1839) Diakon (Helfer) Eisenlohr.

Nicht genannt wird Ottilie Wildermuth, die Tochter des Oberamtsrichters Rooschüz und die Frau des Diakons Eisenlohr. Diese beiden sorgten dafür, daß der Verein nicht untätig blieb.

Seine Aufgabe sah der Verein in der Errichtung eines Denkmales. Dieses sollte sich beschränken auf die Aufstellung einer Büste in einer einfachen Halle. Die Halle soll umgeben sein von einem freundlichen Haine, fern von dem Gewühle einer Hauptstadt, aber desto geeigneter für eine stille Weihe des Dichters und für feierliche Versammlungen. Um in Besitz eines weiteren, äußeren Zeichens der Anerkennung zu kommen und um die Verehrung auszudrücken, soll das Geburtshaus aufgekauft werden; „wir haben in den letzten Jahren nicht wenige, selbst ausländische Reisende unter uns gesehen, um das unscheinbare Haus seiner Geburt zu betreten und eine Relique daraus mitzunehmen".

Das Schelmengrüble wird zur Schillerhöhe umgestaltet

„Im Süden der Stadt, in reiner, freier Natur auf einer sehr leicht zu ergehenden Anhöhe, welche eine entzückende Aussicht in eine offene Landschaft, das nahe Neckartal und nach dem nicht fernen Ludwigsburg aufschließt und ausreichenden Raum gewährt für feierliche Zusammenkünfte" war das Schelmengrüble. Verlassene Steinbrüche, Weideplätze machten einen wenig freundlichen Eindruck von dem Platz. Am 22. Juni 1835 beschloß der Gemeinderat, diesen Platz dem Verein für Schillers Denkmal als Eigentum zu überlassen, wenn dort „bei der alten Grube" ein Denkmal aufgestellt werde. Noch hatte das drei Morgen große Stück Land keinen Namen. In den Eintragungen heißt es daher einfach „Schillerfeld". Nach 5 Jahren hatte der Verein den Betrag beieinander, um den Platz zu einem Hain richten zu können. Um Geld zu sparen, waren freiwillige Arbeitskräfte und Spenden besonderer Art gern gesehen. Die Marbacher bewährten sich aufs beste. Zu dem Vorhaben gab auch der geringste Bürger seine Arbeit unentgeltlich, während die Honoratioren die fleißigen Arbeiter durch guten Wein und freundlichen Zuspruch ermutigten.

Über mehrere Jahre zogen sich die Arbeiten hin. Im Frühjahr 1839 konnten die vom Exotischen Garten in Hohenheim bezogenen Sträucher und Bäume gesetzt werden.

Seit über 130 Jahren hat Marbach seine Schillerhöhe. Sie ist ein lebendiges Zeichen des Opferwillens und der freiwilligen Gemeinschaftsarbeit der Einwohner, entsprungen der Liebe und Verehrung zu dem großen Sohn der Stadt. „Sie blieb nicht der freundliche Hain, wo die Marbacher lustwandeln tag für tag." Im Laufe der Jahre wurde sie immer mehr der Platz mit den Weihestätten des Dichters.

Das Geburtshaus wird zu einer Weihe- und Gedächtnisstätte

Wiederum wandte sich der Schillerverein in einem Aufruf um Spenden an die Öffentlichkeit. Unterschrieben war er auch von den Dichtern Uhland, Kerner, Mörike und von dem großen Verehrer Schillers, I. G. Fischer. Die Spenden flossen reicher als nach dem ersten Aufruf. Mit dem eingegangenen Betrag konnte das Geburtshaus um 4000 Gulden gekauft und um 2000 Gulden wieder hergestellt werden.

Noch während des Umbaus im Vorsommer 1859 wandte sich der Schillerverein an die Öffentlichkeit wegen der Ausstattung des Hauses und bat um Überlassung von Gegenständen aus Schillers Besitz, um Originalhandschriften des Dichters. Stifter von besonders wertvollen Erinnerungsstücken sollen in einem Buch verewigt werden. In diesen engen Räumen begann, was später und heute noch in erschöpfender Weise im Schiller-National-Museum weitergeführt wird. Als dann im Vorraum die Kolossalbüste des Dichters aufgestellt werden konnte, war erreicht, was vor einem halben Jahrhundert dem Gürtlermeister Franke vorschwebte: Ein Denkmal und eine Gedächtnisstätte, unvergeßlich und ruhmvoll. Bei der Jahrhundertfeier wurde das Geburtshaus eingeweiht, und auf der Schillerhöhe wurde der Grundstein zu einem künftigen Denkmal gelegt.

4. Das Schillerdenkmal wird eingeweiht

Nach mehreren Beratungen beschloß der Schillerverein, dem Bildhauer Rau die Ausführung einer Schiller-Statue in doppelter Lebensgröße zu übertragen. Das Metall wurde unentgeltlich überlassen und stammte aus Beutestücken des 70er Krieges. Am 9. Mai 1876 konnte das Denkmal im Beisein vieler auswärtiger Gäste und Vereine eingeweiht werden. J. G. Fischer führte in der Festrede aus: „Unzählige Herzen schlagen in der Ferne ihrem großen Liebling entgegen. Dies möge der Stadt Marbach eine Versicherung sein, daß sie in ihrem Mitbürger ein Kleinod verherrlicht, an dem das Vertrauen und die Begeisterung der Nation als einem der größten Bildner festhält." Und Ottilie Wildermuth, die bei der Feier anwesend war, schreibt: „Obgleich ein

Maientag, so war's doch kalt und trübe, als ich, ein altes Marbacher Kind, meiner guten Vaterstadt zufuhr, um mit ergrauenden Haaren den Traum verwirklicht zu sehen, den ich in blonden Locken geträumt."

Das schönste Denkmal für den Dichter

Ein Schreiben König Wilhelms II. vom 9. Mai 1895 an Stadtschultheiß Haffner schloß mit den Worten: „Möge die Feier des hundertjährigen Todestages das Schillermuseum und Archiv in Marbach vollendet und würdig des Dichters vorfinden." Der König hat damit die Entscheidung getroffen, daß nicht eine andere Schillerstadt, sondern Marbach das begonnene Werk der Verehrung und des Gedenkens weiter führen und vollenden soll.

Die Anregungen des Königs fielen auf fruchtbaren Boden. Stiftungen und Zuwendungen aus dem ganzen Reich bewiesen, daß ein solches Museum den Wünschen des ganzen deutschen Volkes entsprach und als eine nationale Aufgabe angesehen wurde. Zur Verwirklichung dieses äußeren Zeichens der Verehrung hat die Stadt Marbach von Anfang an und immer wieder beigetragen.

5. Die Feiern am Geburtstag des Dichters

In den frühen Stunden läutet vom Turm der Alexanderkirche die Schillerglocke

Diese größte und innigste Stiftung verdankt Marbach den Deutschen in Moskau. In der Widmung heißt es: „Der Jubel, von dem am 10. November dieses Jahres (1859) Deutschlands Gaue erbeben, zittert begeisternd, auch in den deutschen Bewohnern der alten Slawenstadt Moskau nach. Ihrem Stammland ein schwaches Zeichen ihrer Pietät darzubringen, haben sie einhellig beschlossen, die Glocke, die der Dichter sang und mit dem Namen ‚Konkordia' taufte, auch plastisch zu gestalten, mit diesem Zeichen ihrer Verehrung eine Kirche der Stadt zu schmücken, in welcher Schillers Wiege stand."

Im August 1860 kam die Glocke auf dem Bahnhof in Ludwigsburg an. Am Sonntag, dem 11. November begaben sich mehrere Gesangvereine in geordnetem Zug vom Rathaus zur Alexanderkirche, wo nach dem Gottesdienst die Weihe vor sich ging. Auf dem Altar standen die aus Riga eingetroffenen Geschenke, ein Abendmahlskelch und ein Oblatenteller. Sieben Frauen aus Riga hatten die Gegenstände als Andenken und bleibende Erinnerung an den Dichter gestiftet.

Seit dem Jahre 1860 wird die Schillerglocke am Geburts- und Todestag des Dichters morgens und mittags geläutet.

Die schlichte Feier des Gymnasiums im Geburtshause des Dichters

Am 9. September 1859 traf von sieben Schülern des Gymnasiums zu Hanau folgende Zuschrift beim Schillerverein ein: „Wir wünschen, daß von dem durch uns eingesandten und gesammelten

Betrag ein kleines Kapital angelegt wird, und aus den Zinsen desselben alljährlich am Geburtstag Schillers ein frischer, an passender Stelle im Innern des Hauses aufzuhängender Lorbeerkranz hergestellt werde." Bis vor wenigen Jahren geschah die Ehrung im Geburtshause. In einer schlichten Feier mit Deklamationen aus Schillers Werken und nach einem Vortrag schmückt ein Schüler die Büste des Dichters.

Am Nachmittag ehrt die Volksschule den Dichter

In einem langen Zug ziehen die Klassen hinaus zum Denkmal. Jeder Schüler trägt einen kleinen Blumenstrauß. Nach einem Lied und nach Deklamationen legt ein Schüler am Denkmal einen Kranz nieder. Je nach Temperament und Geschicklichkeit der kleinen und der größeren Schüler werden die vielen Blumensträußchen am Fuße des Denkmals niedergelegt oder dem Standbild des Dichters zugeworfen.

Nach Einbruch der Dunkelheit huldigen die Sänger

Schon bei der ersten Schillerfeier wirkten die Sänger mit. Seit 1882 ist es ein feststehender Brauch, daß sie abends vor dem Geburtshaus ihre Verehrung durch einige Gesangsvorträge bringen.

Die Schillerfeier in der Stadthalle

Der Tag wird mit einer öffentlichen Feier in der Stadthalle abgeschlossen. Der Dichter wird ganz in den Mittelpunkt des festlichen Abends gestellt. Abschnitte, Darbietungen aus den Werken des Dichters geben der Feier den Inhalt, der des großen Sohnes der Stadt würdig ist.

6. Johann Georg Fischer, ein Förderer der Schillerstadt (1816–1897)

„Als ich im Jahre 1890 durch die Veranstaltung der Ausstellung von Bildnissen und Handschriften schwäbischer Dichter zum erstenmal ein Schaubild der Dichtung aus Schillers Heimatland und den Gedanken eines Museums und eines Archivs für die Dichtung aus Schwaben angeregt hatte, da war es J. G. Fischer, der dem damaligen Stadtschultheißen Haffner in Marbach den Weg wies, der zur Begründung des schwäbischen Schillervereins und zur Erstellung des Museums in Marbach führte."
(Otto Güntter)

Aus den wenigen Worten geht hervor, welche Bedeutung J. G. Fischer für die Stadt Marbach hat. In Otto Güntter, dessen Lebenswerk das Schiller-Nationalmuseum ist, und der ein Schüler

35 Gedenkstein an das Hungerjahr 1817.

36 Die 1696 wiederaufgebaute Große Kelter wurde 1970 abgebrochen.

37 Die Schillerglocke „Concordia" auf dem Turm der Alexanderkirche.

38–41 Von links oben bis rechts unten: Christoph Hoffmann – David Friedrich Strauß – Jonathan Friedrich Bahnmaier – Theodor Eisenlohr.

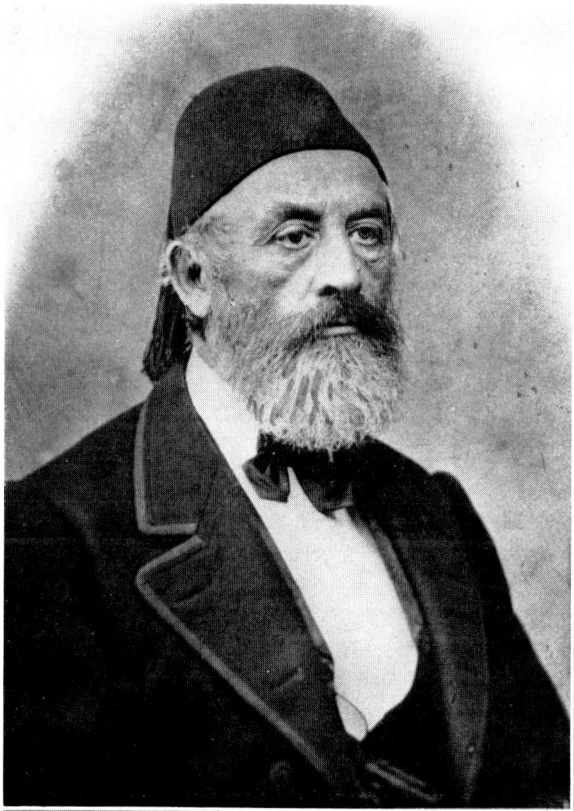
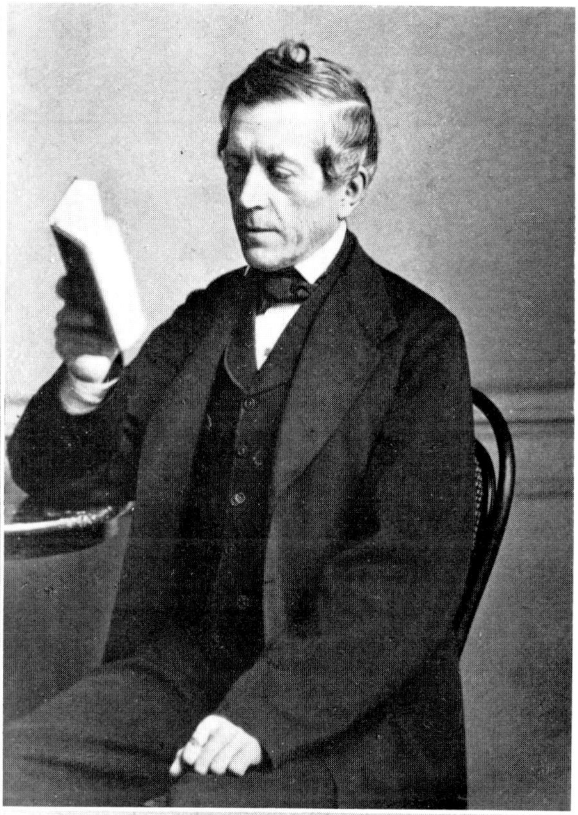
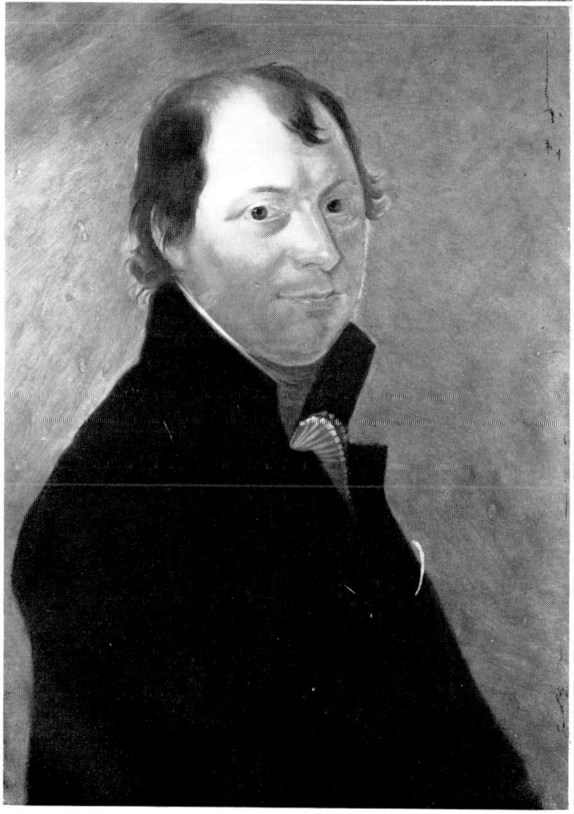
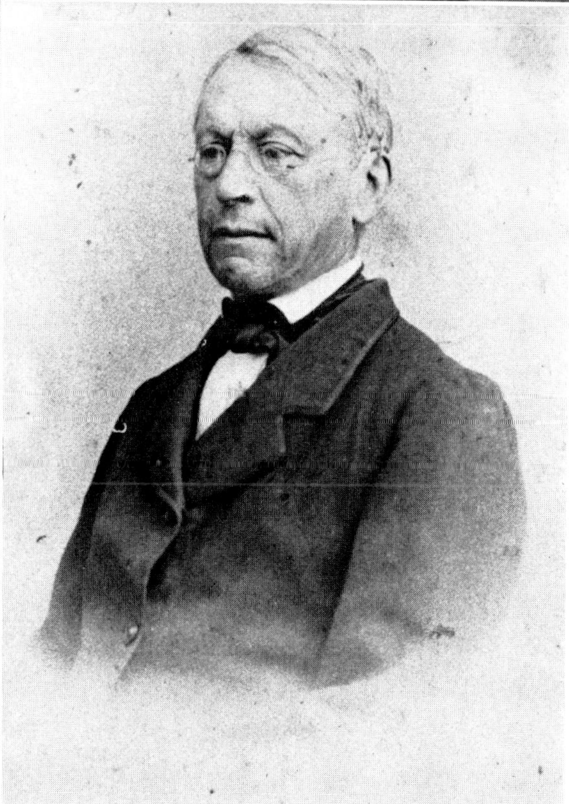

42 Spitalgebäude Wildermuthstr. 20, erbaut auf dem Platz des ehemaligen Siechenhauses.

43 Altes Pfarrhaus in der Niklastorstraße.

und Nachfolger von Fischer in Stuttgart war, weckte dieser die Begeisterung für Schiller und für die deutschen Dichter. Schiller war für Fischer „der Dichter". Einundzwanzigmal hielt er in den Jahren 1849 bis 1893 die Festrede bei den Feiern des Stuttgarter Liederkranzes, die jedes Jahr zum Gedächtnis des Dichters abgehalten wurden. Und als an der Jahrhundertfeier Schillers Geburtshaus zu einer Gedenkstätte des ganzen deutschen Volkes geweiht wurde, war es wiederum J. G. Fischer, der die Rede hielt.

Wegen Errichtung eines Denkmals für den Dichter war Fischer häufig in Marbach. Im Gasthaus „Zur Post" lernte er Berta Feucht, die jüngste Tochter des Besitzers kennen. Im Jahre 1870 führte er sie als Gattin nach Stuttgart heim; die erse Frau Fischers war im Jahr 1867 gestorben. Im „Der Dräumling" hat Wilhelm Raabe für Fischer, seine Frau und für die ersten Schillerfeiern ein literarisches Denkmal errichtet. Am 9. Mai 1876 wurde das Schillerdenkmal enthüllt. Zu Beginn der Feier wurde eine von Fischer gedichtete Kantate aufgeführt. Wieder war er als Festredner gewonnen worden.

In Anerkennung seiner großen Verdienste wurde er im Jahr 1883 zum Ehrenbürger der Stadt ernannt. Eine bleibende Erinnerung an den begeisterten Schillerverehrer und Freund der Stadt ist die J. G. Fischer-Straße.

L. Hunger- und Notzeiten (1816/17)

Altregistratur Nr. 7090

Es kamen schwere Zeiten für die Stadt, für das Land und für das Reich. Im Februar und im März 1816, sowie sich die Sonne blicken ließ, brachen die furchtbarsten Gewitter vielfach mit Hagel aus. Nach jedem Unwetter folgte stets die empfindlichste Kälte. Kein Monat verging, in welchem nicht in vielen Häusern eingeheizt werden mußte. Die Kartoffeln keimten vielfach gar nicht. Die Saatfelder litten noch mehr durch den lang liegengebliebenen Schnee, und die geringe Ernte konnte erst 4 Wochen später als sonst eingebracht werden. Bei Dinkel war die Quantität um 1 Fünftel weniger als sonst, der Qualität nach war die Frucht nicht die Hälfte wert. Der Wein fiel fast ganz aus. In den meisten Weingegenden, auch in Marbach, wurden die Keltern gar nicht geöffnet. Im Juli kamen die ersten beängstigenden Meldungen an das Ministerium in Stuttgart, daß die Bewohner der bittersten Not entgegensehen müßten. An die Ortsvorsteher gingen Anweisungen hinaus.

> „Auftretender Früchtemangel soll durch Aufkauf aus den Fruchtkästen in den Amtsorten behoben werden." (Vorsommermonate 1816)

Jeder Amtsstadt war schon vor Jahrhunderten auferlegt worden, einen Fruchtvorrat zu halten. Da das städtische Kornhaus im Jahre 1693 zerstört worden war, richtete man später in der

Wendelinskapelle 3 Fruchtböden ein. Im Rechnungsjahr 1791/92 lagerten dort 116 Scheffel Getreide. In der Registratur liegen noch die Fruchtvorrats-Rechnungsbücher vom Jahr 1757–1828. Die Stadt hat dann damals aus ihrem Fruchtvorrat 50 Scheffel Dinkel zu dem Gnadenpreis (verbilligt) von 6 Gulden/Scheffel an hiesige arme Bürger abgegeben.

Um den Anschluß an die Ernte zu gewinnen, ging im Juli 1816 die Anordnung hinaus, alle privaten Fruchtvorräte aufzunehmen. Haussuchungen sollten aber nicht stattfinden. Die neue Ernte brachte dann eine Entspannung der Versorgungslage. Die wirkliche Not und Teuerung kam mit dem Winter 1816/17. Der damalige Stadtpfleger Hauser trug in die Stadtrechnung ein: „Die Not und die Teuerung veranlaßte einen sehr bedeutenden Aufwand für die Unterstützung der Armen durch Früchteabgaben, durch Anschaffung von Spinnmaterialien zur Armenbeschäftigung, durch Verarbeitung dieser Erzeugnisse zu Tüchern und durch bare Geldvorschüsse. Meistens mußte dieser Aufwand mit Kapitalaufnahmen gedeckt werden."

Der größte Aufwand entstand für die Stadt, indem sie Brotfrucht aufkaufte und zum Einkaufspreis abgab. Mehl wurde an eine Anzahl Bäcker abgegeben, die für Bedürftige verbilligtes Brot backen mußten.

Seit April 1816 wurden an Hausarme, auf Hilfe angewiesene Bewohner wöchentlich etwa 90 Pfund Brot ausgegeben. Im ganzen wurden 5110 Pfund Brot verteilt.

Große Beträge wurden für ein Spinninstitut ausgegeben, das in den Räumen des Alten Rathauses eingerichtet worden war. Wohl konnten so Kummer und Not in einzelnen Familien gemildert werden. Es sammelte sich aber ein Berg gesponnenen Flachses an, und im Februar 1818 schreibt Bürgermeister Hauser: „Der Verlust läßt sich erst bestimmen, wenn das Fabrikat verwertet ist."

Mehr als 20 Ortsarme erhielten seit April 1816 fast ein ganzes Jahr lang ein wöchentliches Almosengeld von 6 Kreuzern. Die Einträge für „Ausgab-Geld auf die Ortsarmen verwendet" nehmen im Rechnungsbuch 1816/17 annähernd 9 Seiten ein. In früheren Jahren sprang in solchen Fällen die Heiligen-Almosen- und Hospitalkasse ein. Diese Kassen waren alle leer, und so mußte die Stadt jährlich mit 200 Gulden einspringen. Im Herbst sah sich der Magistrat durch den stark einreißenden Felddiebstahl veranlaßt 2 weitere Feldhüter zu den 2 besoldeten Feldschützen aufzustellen.

Im Juni 1816 ließ die Stadt in Ludwigsburg 300 „Armenblechle" anfertigen, die von der städtischen Armenpflege an Bedürftige ausgegeben wurden. Wer ein solches „Blechle" erhalten hatte, durfte am Betteltag (samstags) in der Stadt dieser Beschäftigung nachgehen. Auch an Handwerksburschen, die in der Sadt keine Arbeit finden konnten, wurden solche Bettelausweise von dem Zunftmeister abgegeben. Aufgabe des Bettelvogtes – er war auch Hausverwalter im Armenhaus – und seines Gehilfen war, alle Bettler, die kein Blechle vorweisen konnten, aus der Stadt hinauszujagen. Kinder, die er öfters beim Betteln erwischte, durfte er mit einer Rute züchtigen.

Das ganze Land ging einer Katastrophe entgegen; der Staat konnte die Not und die Teuerung nicht bändigen. Im Oktober 1816 kostete der 8pfündige Brotlaib noch 40 Kreuzer, im Januar 1817 war der Preis auf 56 Kreuzer gestiegen.

Am 3. Januar 1817 wurde vom Magistrat beschlossen, den Fruchtvorrat von 149 Scheffeln durch ein weiteres Quantum zu vermehren. Nach einer Umfrage wurden von hiesigen Bürgern ungefähr 100 Scheffel zugesagt. Eine Liste wurde angefertigt, in der genau festgehalten wurde, wieviel Scheffel und Simri der einzelne leisten wolle. Der Schluß der Liste lautet: „Sodann (haben zugesichert) Herr Schultheiß Ziegler und Bauer Fischer von Siegelhausen für sich und im Namen der übrigen Hofbauern in Siegelhausen, für welche sie beide haften, 40 Scheffel Dinkel und 10 Scheffel Haber." Damals gehörte aber Siegelhausen noch nicht zur Stadt.

1. Ein Verein für Wohltätigkeit wird gegründet (1817)

Es war der Wunsch der Königin Katharina, daß in jedem größeren Ort des Landes ein Wohltätigkeitsverein ins Leben gerufen werden solle. Am 8. Februar 1817 wurde ein solcher auch in Marbach gegründet. Für die Frauen der Herrschaften und der Bürger war es Ehrenpflicht, Mitglied zu werden. Vom 17. Februar ab konnte der Verein aus freiwilligen Gaben wöchentlich 11 Gulden an die Orts- und Hausarmen verteilen. Verdienstmöglichkeiten bot die Stadt den Arbeitslosen durch verschiedene Arbeitsbeschaffungen. Damals wurde die alte Poppenweilerstraße gebaut. Vorher ging der Weg die Steige hinunter über den Eichgraben. Über 450 Gulden kostete der Straßenbau; etwa 350 Gulden wurden „an die dazu verwendeten Arme" ausgegeben.

Der Mai des Jahres 1817 brachte das zweitgrößte Hochwasser des Neckars, wie die Hochwassermarke am Mühlweg anzeigt. Die Überschwemmungen weckten die schlimmsten Befürchtungen. Die Fruchtpreise stiegen auf eine noch nie erreichte Höhe. Rasch griff die Stadt zu, als sie durch Vermittlung des Bäckers Gras 12 Scheffel Roggen zu je 35 Gulden kaufen konnte. Im Jahr zuvor betrug der Preis noch 6 Gulden. Sodann kaufte die Stadt, „um in dem gegenwärtigen Notstand den bedürftigen Teil der hiesigen Bürgerschaft zu unterstützen", Getreide, das aus Rußland und Polen eingeführt worden war. „Weil die Stadt wiederum eine beträchtliche Geldsumme benötigte, mit der sie im Augenblick nicht versehen war", wurde ein Kapital von 3000 Gulden aufgenommen.

> „Jeder Fremde, der zur Stadt mit gekauftem Brot hinaus will, ist anzuhalten und zur Anzeige zu bringen."　　　　　　　　　　　　(8. Juni 1817)

Um dem beständigem Brotmangel, welcher immerwährendes Klagen unter der Bürgerschaft erregte, nach Möglichkeit vorzubeugen, wurde der Verkauf allen Brotes und anderer Bäckerwaren an auswärtige Landleute und an solche, die hier nicht bürgerlich waren, vom Magistrat untersagt. In jedem Stadtviertel wurde ein Aufseher aufgestellt, der jeden Betroffenen aus der Stadt auszuweisen hatte. Doch die Hoffnung auf ein baldiges Ende der Notzeit stieg. Amtspfleger Renz trug in einem Bericht ein: Da die Feldfrüchte sich mit starken Schritten der Zeitigung nähern, und je mehr die Periode der völligen Reife heranrückt, je häufiger die überhandnehmenden Felddiebstähle zu werden drohen, so wird einstimmig beschlossen, durch Aufstellen einer verhältnismäßigen Anzahl von Feldwächtern diesem Übelstand vorzubeugen. Zwölf Männer wurden bestimmt, denen die Bürgerschaft abwechslungsweise die Bewachung der Felder Tag und Nacht zuverlässig übertragen zu können glaubte.

> „Man kam diesen Nachmittag zusammen, um sich miteinander zu besprechen, ob nach dem Vorgang anderer Orte auch hier wegen der bevorstehenden Ernte eine religiöse Feierlichkeit veranstaltet werden und ob solche bei Einführung des ersten oder letzten Fruchtwagens geschehen solle."
> (2. August 1817)

Die Herren einigten sich darauf, daß nicht beim letzten, sondern beim ersten Fruchtwagen eine Feier stattfinden solle, und zwar an dem kommenden Donnerstag. Das hochwohllöbliche Dekanat wurde ersucht, solches öffentlich zu verkünden. Am 19. August konnte der Schreiber ins Sitzungsprotokoll eintragen: Das an allen Orten äußerst ergiebige Ausfallen der Ernte und der an allen Brotfrüchten wieder entstandene Überschuß hat in den Brotpreisen die längst erwünschte günstige Veränderung eines allgemeinen und schnellen Abschlags hervorgebracht. Ende September 1817 war der Brotpreis wieder so weit gesunken, wie er im Frühjahr 1816 war.

Im Januar 1818 verlangte die Regierung eine Zusammenstellung der Unterstützungen an Geld und Naturalien, welche die Gemeinden geleistet hatten. Amtspfleger Hauser berichtete von Marbach: „Der außerordentliche Armenaufwand durch den Früchteeinkauf beträgt 6790 Gulden. Die Abgabe geschah gegen Bezahlung zum Einkaufspreis. Übrigens wird, was sich erst in der Folge bestimmen läßt, beinahe die Hälfte für die Kasse verloren sein, da der größte Teil der Empfänger entweder zum Teil oder ganz zahlungsunfähig ist. Die Beiträge zum Spinninstitut belaufen sich auf 3000 Gulden. Auch hier läßt sich der Verlust erst bestimmen, wenn das Fabrikat verwertet ist. An Unterstützungen aus der Gemeindekasse wurden gereicht 648 Gulden. Die Gesamtausgaben betrugen somit 10 438 Gulden." Es war auch bei Marbach so, wie Schulheiß Pfuderer von Murr an den Schluß seines Berichts geschrieben hatte: „Man weiß weiter nichts anzuführen, als daß der Ort in große Schulden hineingekommen ist, an denen man einige Jahre zu kämpfen hat."

Ein eindrucksvolles Erinnerungszeichen an jene Hungerjahre ist am Staffelaufgang des Hauses Mühlweg 7 zu sehen. Die Inschrift des Gedenksteins lautet:
Merkmal stiftet – Werkmeister Christoph Heinrich Albrecht und Maria Elisabeth Albrechtin;

Den 28. Mai 1817 stieg der Neckarstrom hier auf bis an die Wand. Darauf fiel ein eine große Teuerung im ganzen Land.

1 Scheffel Kernen 84 Gulden	1 Simri Welschkorn, Bohnen 9 Gulden
1 Scheffel Ackerbohnen 64 Gulden	1 Simri Erbsen, Linsen 6 Gulden
1 Scheffel Gerste 48 Gulden	1 Simri Grundbirnen 2 Gulden 48 Kreuzer
1 Scheffel Haber 25 Gulden	1 Simri dürre Zwetschgen 15 Gulden
1 Lot Weck 1 Kreuzer	1 Pfund Brot 15 Kreuzer

2. Auswanderer und Auswanderung

Altregistratur Nr. 6135

Die Not- und Kriegsjahre brachten es mit sich, daß Tausende nur in einer Auswanderung einen Weg in eine bessere Zukunft sahen. Im Jahre 1804 zogen 3067 Personen aus Altwüttemberg nach Südrußland, und im Jahre 1817 wanderten 17 383 Bewohner aus. Marbachs Bevölkerung sank in der Zeit von 1846 bis 1858 um 286 Einwohner auf 2182. Von erbarmungslosen Schicksalen berichten die vielen Aufschriebe und Berichte aus jenen Jahren.

> „Die Bürger C. Märkle, G. Fr. Thumm, Ch. Glock, J. Großmann und Chr. Schaubel werden auf das Oberamt geladen, weil sie, obwohl König Friedrich eine Auswanderungssperre verfügt hatte, Gesuche um Auswanderung eingereicht haben."
> (23. Mai 1807)

Bei der Vernehmung gaben sie nicht zu, von jemand zur Auswanderung verleitet worden zu sein. Als Grund ihres Vorhabens gaben sie an, daß sie bei den gegenwärtigen starken Abgaben und bei dem Mangel an hinlänglichen Erwerbsmitteln nicht im Stande seien, sich mit ihren Familien zu erhalten. – Im Jahre 1815 wurde das Auswanderungsverbot aufgehoben. Zwei Jahre darauf zogen von Württemberg 9394 Personen nach Südrußland in die Küstenländer des Schwarzen Meers. Wer bei der Ankunft noch ein Vermögen von 300 Gulden vorweisen konnte, bekam eine Siedlerstelle zu kaufen.

> „Der zur Ruhe gesetzte, gänzlich vermögenslose M. bittet, ihn nach Algier auswandern zu lassen."
> (1834)

Bei der Beratung im Stadtrat wurde in Betracht gezogen, daß M., vieljähriger Militär, später Stadtschultheißen- und Polizeidiener, sodann Steueraufseher, zu Hand- und Feldarbeiten weder

Geschick besitze, noch hierzu bei seinem vorgerücktem Alter von 55 Jahren und beginnender Gebrechlichkeit fähig sei und nur in Aussicht stehe, daß er künftig immer mehr, wie infolge von Krankheit und Unglücksfällen ohne sein Verschulden durch nicht unbedeutende Kurkosten geschehen, den öffentlichen Kassen zur Last falle, und diese deshalb weit größere Opfer noch für ihn bringen, als jetzt durch seine Auswanderung gebracht werden müßten. Von der Stadt wurde ihm deshalb ein kleiner Betrag zur Auswanderung gewährt.

Die Jahre kurz vor 1850 waren wieder große Not- und Hungerjahre. Staat, Stadt, Familien und Einzelpersonen wußten keinen andern Weg, um aus den schwer zu ertragenden Verhältnissen herauszukommen als auswandern zu lassen.

„Dem Magistrat erscheint es daher wünschenswert, sich der Familie des S. W., welche den öffentlichen Kassen schon mehrfach zur Last gefallen ist, durch deren Auswanderung zu erledigen. Auch besteht die Geneigtheit, diese oder andere Personen auf Gemeindekosten nach Amerika oder Australien auswandern zu lassen."

(19. Januar 1855)

Eine solch günstige Gelegenheit, auf Stadtkosten auswandern zu können, wurde von vielen schnell ergriffen. Am 8. Februar 1855 meldeten sich 34 Erwachsene mit 28 Kindern. Doch nicht die Zahl der Auswanderungswilligen überrascht, mehr noch, was darüber aufgeschrieben wurde: „Diese Personen haben sämtlich die öffentlichen Kassen in Anspruch genommen. Um so mehr liegt auf glatter Hand, daß sie bei vorgerückten Jahren, wie auch bezüglich ihrer teilweisen starken Nachkommenschaft die öffentlichen Kassen noch mehr in Anspruch nehmen werden. Es wird daher von den bürgerlichen Kollegien als auch von der Bürgerschaft überhaupt dafür gehalten, daß das auf diese Personen verwendete Geld recht gut zum Nutzen der Gemeinde angelegt ist, wenn der bedeutende Armenaufwand der öffentlichen Kassen vermindert wird. Es wurde daher beschlossen, genannte Personen auf Gemeindekosten nach Australien befördern zu lassen."

Im Frühjahr des gleichen Jahres arrangierte die Stadt einen weiteren Massentransport. Am 24. Mai 1855 wurde eingetragen, daß nachstehende Personen: 16 Männer, 12 Frauen und 29 Kinder nach Quebek in der englischen Besitzung Neu-Braunschweig auswandern wollen (Halbinsel an der Ostküste von Kanada). Sie haben auf ihr hiesiges Staats- und Gemeindebürgerrecht Verzicht geleistet. Für diesen bereitwilligen Verzicht auf das Bürgerrecht wurden den Auswanderern gut lautende gemeinderätliche Zeugnisse ausgestellt. Es wurde jedem Auswanderer bescheinigt, daß ihm nichts Nachteiliges zur Last gelegt werde, daß er sich längere Zeit nichts zu schulden kommen ließ, er sich keiner Verfehlung gegen fremdes Eigentum schuldig gemacht habe, er in seinen Geschäftskenntnissen gewandt, ihm überhaupt in seinem sonstigen Lebenswandel ein günstiges Prädikat gegeben werden könne.

Ein Agent verpflichtete sich, die Auswanderer bis Mannheim gegen Ersatz der Auslagen zu begleiten. Er leistete für ihre richtige Überlieferung nach Quebek von dem Augenblick an, nachdem er sie hier übernommen, alle Garantie. Im Mai 1855 quittierte er den Empfang von 3268 Gulden 48 Kreuzer Überfahrtsgelder, frei ab Marbach, inbegriffen Verköstigung von Mannheim bis Quebek, ohne Bett und Geschirr. Für einzelne Auswanderer wurde von der Stadt auch das Geschirr angeschafft. Ein Schlossermeister reicht eine Rechnung von 9 Gulden 30 Kreuzer ein für 4 Kisten, neu angeschlagen mit Scharnierband, die 4 Ecken beschlagen samt Nägel. Flaschnermeister Fischer hatte für die Auswanderer gemacht: 25 Teller, 6 Schüssel, 6 Wasserkannen, 3 Kochkessel.

M. Die bauliche Entwicklung der Stadt (1790–1850)

Als mit dem Rathausbau 1763 die letzte Lücke der Zerstörung von 1693 beseitigt war, bot die Stadt mit ihren Türmen, Mauern und Fachwerkhäusern fast das gleiche Bild, wie es uns von Kieser, Kleinsträttel um 1680 überliefert wird. Nur das alte Grafenschloß war nicht mehr aufgebaut worden.

> „Durch einen entstandenen Sturmwind hat der Wicklinstorturm einen solchen Schaden erlitten, daß dessen Einsturz zu befürchten ist." (1794)
> *Altregistratur Nr. 5640*

Der Turm stand dort, wo heute am Haus Daiber (Niklastorstr. 23) der Torpfeiler steht. In der Tagung von Stadt und Amt (18. Juli 1794) wurde der gänzliche Abbruch beschlossen. Ein Bürger machte den Vorschlag mit dem Material des Turmes die ganz entbehrliche, unnütze, schädliche und gefährliche Wette zuzuschütten. (Schillers Geburtshaus stand an der Wette, ein kleiner Teich, 22 Meter lang und 6 Meter breit, zwischen der Straße und dem jetzigen Gebäude der Landespolizei). Im Mittelalter dienten solche Wetten (in Marbach gab es noch zwei weitere: vor dem Neckartor und vor dem Oberen Tor) als Viehtränken, Pferdeschwemmen und als Feuerlöschteiche. Wenn sie längere Zeit nicht ausgeschlämmt wurden, bildeten sie übelriechende Kloaken durch den Zufluß der umliegenden Dunglegen und anderer Abwässer. Doch untertänigste Gemeindedeputierte baten die herzogliche Regierung, die der Stadt unentbehrliche Wette nicht zuzuschütten. Ungezügelte und aufrührerische Stadtgespräche stachelten die Leidenschaften immer mehr gegen den Oberamtmann Wächter und den Amtsarzt auf. Ende Juli befahl die Regierung, mit dem Abbruch des Turmes zu beginnen. Wenn Gegner sich unanständig und ordnungswidrig betragen, so sollten sie ohne weiteres arretiert werden. Noch Jahre blieb der unterste Teil des Turms mit dem Tor stehen. Im Jahr 1805 wurden die letzten Reste beseitigt und ein Staketentor mit 2 Torpfeilern errichtet. Das Jahr 1833 brachte die letzte Änderung. Da „der früher bestandene Zweck, die (Tor)-Schließung der Stadt aufgehört hat, und mit der Vergrößerung der

Vorstädte manche Plagerei für das Publikum verbunden war", wurde das Tor bis auf den Pfeiler, der heute noch am Hause Daiber steht, abgebrochen.

In jenen Jahren wurde auch das Torwartshaus abgebrochen, in welchem Georg Friedrich Kodweiß, der Großvater von Schiller, noch für seine letzten Jahre ein Unterkommen als Torwart gefunden hatte. Nicht abgebrochen wurde der im Zwinger stehende Küllinsturm (= Kiliansturm), der den flankierenden Schutz für das Wicklinstor bildete. Auf ihm wurde um 1830 das Wohnhaus Niklastorstraße 35 gebaut.

1. Die Gasse, die seit 1830 *Torgasse* heißt

Während fast rings um die Altstadt die Stadtmauer erhalten blieb, ist sie auf der kurzen Strecke zwischen Torturm und Niklastor nicht mehr vorhanden. Auf der Stadtansicht von Kieser (1683) ist sie als freistehende Mauer mit überdachtem Wehrgang eingezeichnet. Es war der Teil der Stadtbefestigung, der nicht überbaut war und an dem noch eine Mauergasse entlang lief. Ein Name konnte für die Gasse nicht festgestellt werden. Bei allen Häusern, die auf der Stadtseite standen, heißt es: An der Stadtmauer.

Allem Anschein nach hat man um 1800 den Unterhalt der Mauer vernachlässigt. So mancher wird die Gelegenheit benützt haben, um auf billige Art zu Steinen für den Bau eines Schuppens oder Schweinestalls zu kommen. Um 1830 holte man den „gegenwärtig parat liegenden Schutt der abgebrochenen Stadtmauer, um durch Ausfüllen in der Niklastorstraße eine Steigungsminderung zu erreichen".

Im Jahre 1829 wurden die ersten Häuser an der Stelle gebaut, wo die Stadtmauer verlief. Im Jahr 1830 wurde ein weiteres Haus gebaut. Bei ihm lautet der Eintrag: In der Torgasse.

Im Frühjahr 1831 traten die Besitzer der neuerbauten Häuser an den Stadtrat heran, ihnen zu erlauben, daß sie hinter ihren Häusern gegen die Tiefe des Stadtgrabens Küchengärtlein anlegen dürfen. Beim Stadtrat war man der Ansicht, daß dieses Vorhaben ausgeführt werden sollte, weil der Stadtgraben auf der Seite der Gebäude durch eingeworfenen Schutt ertraglos war. So faßte man den Beschluß, den Besitzern der Häuser für die Quadratrute (etwa 8 Quadratmeter) als Preis 1 Gulden und dreißig Kreuzer anzusetzen. Im Jahre 1867 wurde am unteren Teil der Gasse eine Böschung angebracht und mit Akazien und hochstämmigen Kastanien bepflanzt.

> „Um einem neu entstehenden Stadtteil im Süden eine günstigere Zufahrt und einen besseren Zugang in die Stadt zu öffnen, sei es am zweckmäßigsten, einen Durchbruch durch die Stadtmauer zu machen." (22. Mai 1846)
> *Gemeinderatsprotokoll*

Zwischen dem Spezialathaus (Pfarrhaus in der Strohgasse) und dem Blockhausturm wurde die Stadtmauer abgebrochen. Ein Holzsteg führte über den etwa 9 Meter breiten Stadtgraben. Eine neu zu bauende Straße sollte als Weiterführung des Bärengäßchens in die geplanten Baugebiete bei den Bangert- und Schafgärten führen. Es gelang der Stadt nicht, das dazu erforderliche Gelände zu kaufen. Die Durchbruchstelle blieb für lange Zeit eine unschöne Lücke. Heute bietet der in den dreißiger Jahren gebaute Torbogen mit dem Blockhausturm und der Stadtmauer einen der schönsten Blicke auf die Altstadt.

> „Der Torwart am Neckartor bittet um Erhöhung seines Lohnes, weil er vielmehr Mühe und Unruhe habe, da die Straße nach Stuttgart und mithin der Weg nach Ludwigsburg nicht mehr zum Oberen Tor, sondern durch das Neckartor gehe."
> (1739)

Der Bau der Ludwigsburger Straße um 1730 hatte nicht nur eine Umleitung des Verkehrs zur Folge, sondern auch bauliche Änderungen am Neckartor. Durch Auffüllung des Grabens am Torausgang fiel die Torbrücke weg. Oberhalb der Straßenauffüllung staute sich das Wasser im Stadtgraben, ein Feuersee entstand, „in welchem zahlreiche Frösche sich tummelten, Enten und Gänse sich badeten" (1848).

Auch hier war innerhalb des Tores eine Wette, die beim Bau des Hauses Ludwigsburger Straße 8 zugeschüttet wurde (um 1811). Der Neckartorturm, dessen Zugang nicht mehr ganz ungefährlich war, wurde im Jahr 1811/12 abgebrochen und ein Tor an seiner Stelle errichtet. Im Jahr 1847 war man im Gemeinderat der Ansicht, daß es zweckmäßig sei, wenn die beiden Torpfeiler abgebrochen werden. Stehen blieb als einziges von den drei Torwarthäusern das am Neckartor, heute das Haus Ludwigsburgerstraße 10. An diesem Haus fing die Mühlstaffel an, die kürzeste Verbindung zur Neckarmühle. Sie wurde im Jahr 1843 aufgehoben.

> „... daß die Benützung der Zehntscheuer nicht mehr zugesichert werden kann, da der Plan schwebt, diese zu Oberamtsgefängnissen umzubauen."
> (18. Juni 1850)

Die Gült- und Zehntablösung in der Mitte des vorigen Jahrhunderts führte zur Abkehr von dem Naturalabgabensystem. Nicht mehr in Frucht, Wein, Heu und anderen Erzeugnissen sollte die Steuer bezahlt werden, sondern in Geld. Die Umstellung hatte zur Folge, daß die Zehntsteuer, der Herrschaftskeller unter dem Amtsgericht, die Fruchtböden in den beiden Keltern entbehrlich geworden waren. Ein Kameralamt, Vorgänger des Finanzamtes, wurde im Oberamtsgerichtsgebäude eingerichtet. Der erste Kameralverwalter in Marbach war Chr. Friedr. Scholl, der Großvater mütterlicherseits von Ottilie Wildermuth. Im Jahre 1837 wurde das Kameralamt nach Großbottwar verlegt.

Im Jahre 1854 wurde dann die Zehntscheuer zu Oberamtsgefängnissen umgebaut. Um einen Ergehungsplatz für die Gefangenen zu gewinnen, wurde vom Staat der dortige Teil des Grabens und des Zwingers aufgekauft. Eine Brunnenleitung, die im Graben verlief, wurde in einer Höhe von 5 Fuß und in einer Breite von 4 Fuß (1,40 m : 1,10 m) überwölbt. In ihr floß das Wasser für den Neckar- und für den Holdergassenbrunnen. Hundert Jahre später wurde das Oberamtsgefängnis aufgehoben und in das Gebäude kamen Wohnungen. Aus dem Ergehungsplatz machte man Hausgärten.

Die Ablösungsgesetze hatten noch weitere Änderungen zur Folge. Im Jahre 1838 wurden 5/12tel der Großen Kelter und die Kleine Kelter an die Marbacher Weinbergbesitzer verkauft, im Jahr 1857 erfolgte der Verkauf der restlichen 7/12tel mit den 3 Fruchtböden im Dachstuhl der Großen Kelter. Wer kelterte, mußte von nun an Kelterbenützungsgebühren bezahlen.

Im Jahre 1971 wurde die Große Kelter abgebrochen. Kein Stein und kein Name verkündet einmal den kommenden Geschlechtern, daß hier das Gebäude stand, welches zu Marbachs Namen als Weinbergstädtchen beigetragen hat, und das in seinem Wappen eine Weinrebe zeigt.

Anläßlich der Neuordnung des Königreichs waren die Ämter Marbach, Bottwar und Beilstein zu dem Oberamt Marbach vereinigt worden (1810). Neue Kanzleien wurden erforderlich. Im Jahre 1829 wurde der Pferdestall und die Scheune neben der Kleinen Kelter abgerissen und ein Anbau für Kanzleien erstellt. Nicht abgerissen wurde der runde Bastionsturm hinter dem Oberamtsgebäude im Zwinger, als dort der Stadtgraben zugeschüttet wurde. Er wurde von dem jeweiligen Oberamtmann als „Sommerhaus" benützt.

Im Jahr 1857 verkaufte dann der Staat an die Stadtgemeinde das auf der Stadtmauer stehende Oberamtsgefängnis, den sogenannten Malefiz- oder Blockhausturm, der schon in den Urkunden des 15. Jahrhunderts als Amtsgefängnis genannt wird, sowie das alte Gefängnis in dem mittleren Boden des Alten Rathauses; es war im Jahr 1813 durch den Staat um 600 Gulden der Stadt abgekauft worden. Im gleichen Jahr wurde dann das ganze Anwesen (Altes Rathaus und der Spitalkeller) um 1015 Gulden an Weinschenk Schwäble und Metzger Pfund verkauft. (1907 an Gottl. Ellinger). Der ehemalige Fruchtkasten der Geistlichen Verwaltung, die Bandscheuer, hatte auch ausgedient. Im Jahre 1853 wurde er an die Marbacher Bürger Gottl. Schmidt und Christoph Vordermayer verkauft.

2. Die erste Stadterweiterung

Stadtschreiber Gottl. Friedr. Canz schreibt in einer Denkschrift 1767: „Die Stadt besteht aus 1479 Seelen." Und Stadtschultheiß Klein bringt im Jahr 1848, daß die Bevölkerung 2495 Personen zähle. In fast hundert Jahren hatte sie sich um über 1000 Einwohner vermehrt. Doch die Stadt hatte sich in diesem Verhältnis nicht vergrößert. „Man hinge bis jetzt noch daran, die ohnehin enge Stadt innerhalb der Mauern immer mehr zu verengern." Daß sie sich in den vergangenen 25 Jahren erweitert hatte, ließ er ganz außer Acht.

> „Im Laufe der Zeit hatte sich an der Ostseite die Obere Torvorstadt gebildet, welche den schönsten und angenehmsten Teil der Stadt bildet."
> Beschreibung des Oberamts Marbach, 1866, S. 115

Viele Jahre lang war die zweistöckige Behausung mit einer Schmiedwerkstätte, Scheuer und Stallung das einzige Anwesen vor dem Oberen Tor bei dem Tanzplätzle neben der Straße. Mehrere Vorgänge waren es, die in den drei ersten Jahrzehnten des vorigen Jahrhunderts zu Änderungen (vor dem Oberen Tor) führten. Marbach war im Jahre 1810 Oberamtsstadt geworden. Ein dritter Viehmarkt und Jahrmarkt wurde genehmigt. Im Jahre 1828 wurden 1341 Stück Vieh aufgetrieben (1826 : 954). Die Zahl der Einwohner stieg vom Jahr 1811 bis zum Jahr 1834 um 244 auf 2319." Was das Jahr 1766 noch nicht kannte, Kunststraßen, haben wir seit dem Jahre 1809 nach allen Richtungen entstehen sehen. Im Jahr 1810 wurde die Backnanger Straße, heute Günter-Rielingshäuserstraße, in chausseemäßigen Zustand gebracht und auf beiden Seiten mit fruchtbaren Obstbäumen ausgesetzt. Anschließend wurde die Affalterbacher Straße gerichtet. Im Jahre 1820 wurde die Chaussierung der Poppenweilerstraße fertig. Damals hieß auch die Charlottenstraße noch Poppenweilerstraße. Im Jahre 1838 wurde beschlossen, Ausbesserungsarbeiten machen zu lassen, daß der Weg auf die Schillerhöhe in einen stets gangbaren Zustand komme.

Die im Stadtplan vom Jahr 1832 eingezeichneten 14 Wohngebäude können als Kern und Anfang der Oberen Torvorstadt angesehen werden. Als moderne, von freundlichen Gartenanlagen umgebene Gebäude werden in der Oberamtsbeschreibung vom Jahr 1866 genannt: Das einer Villa gleichende Wohngebäude des Stadtschultheißen Sigel (König-Wilhelm-Platz 1) und das des Oberamtsarztes Dr. Schwandner (Wildermuthstr. 5). Das letztere wurde im Jahr 1824/25 als königliches Oberamtsgericht gebaut. Als dann in jenem Zeitabschnitt eine 2stockige Behausung mit Scheuer, Stallung (heute Hotel Krone) auf dem sogenannten Tanzplätzchen gebaut wurde, war das Ende von Marbachs ältestem Festplatz gekommen. Im Laufe der Zeit entstand als neue Bezeichnung „Krone-Kreuzung".

Auch auf historischen Boden wurde im Jahr 1844 das erste Marbacher Krankenhaus gebaut (Wildermuthstr. 20). Auf dem Platz stand, vielleicht schon im späten Mittelalter, das Siechenhaus (für Leute mit ansteckenden Krankheiten), zu welchem noch ein Siechengarten gehörte. Vermutlich wurde das Haus im dreißigjährigen Krieg oder beim Franzoseneinfall 1693 zerstört. Als das Alte Schulhaus in der Unteren Holdergasse gebaut wurde (1700), holte man die Steine des Kellers vom Siechenhaus.

3. Am Strenzelbach

Das Bächlein, dessen einstige Bezeichnung der Stadt den Namen gegeben hat, ist fast in seiner ganzen Länge in den Untergrund verbannt worden. Die meisten Einwohner werden es noch gar nicht gesehen haben, und nur der Eintrag in Karten und Plänen bewahrt es vor gänzlichem Vergessenwerden. Das kleine Tal läßt noch die ganze Entwicklung erkennen, welche die Stadt genommen hat: Äcker, Wiesen, Weinberge, Obstgärten zu beiden Seiten sind noch nicht ganz von Industrie- und Wohngebäuden verdrängt worden.

Die Untere Vorstadt

So wird in der Oberamtsbeschreibung vom Jahr 1866 das Stadtviertel in der Umgebung des Cottaplatzes genannt. Wieviel Wege dort unten ihren Anfang nahmen, zeigt der alte Stadtplan: Bachmühleweg, Am Alten Markt, Kirchweg, Ziegelgäßchen, der Feldweg zu den unteren Stollenäckern, das Finkengäßchen und die Niklastorstraße.

Verschiedene Häuser, die schon vor dem Brande 1693 nachgewiesen werden können, verraten, daß dort unten ein nicht unwesentlicher Teil des mittelalterlichen und nachmittelalterlichen Stadtlebens sich abspielte. Da war das Mineralbad, auch Badstube und Starrenwadel genannt, das im Jahre 1559 vom Herzog an die Stadt verkauft worden war.

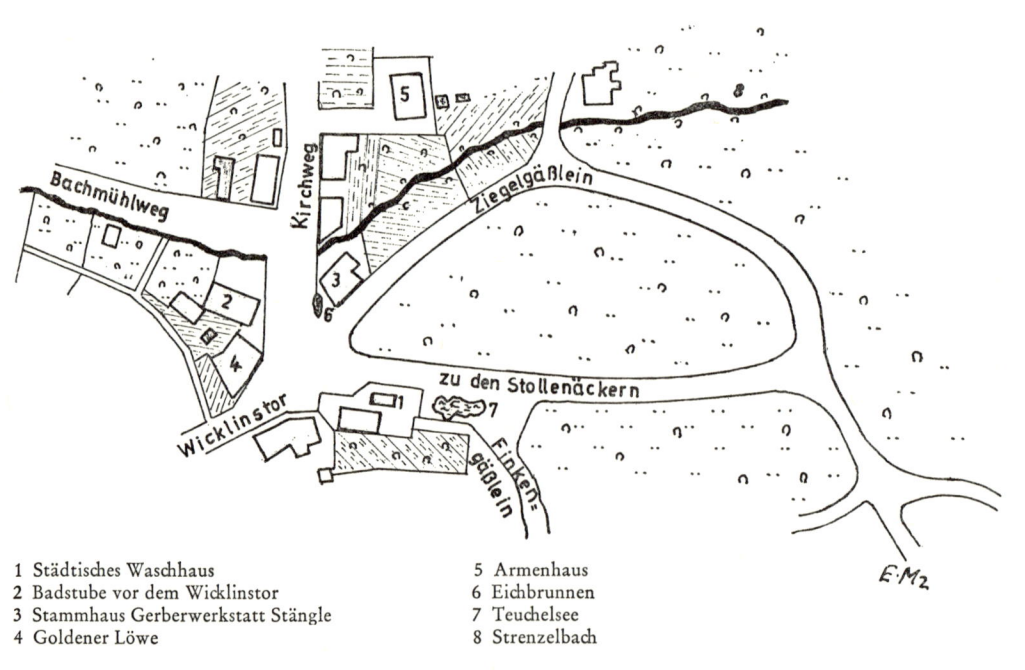

1 Städtisches Waschhaus
2 Badstube vor dem Wicklinstor
3 Stammhaus Gerberwerkstatt Stängle
4 Goldener Löwe
5 Armenhaus
6 Eichbrunnen
7 Teuchelsee
8 Strenzelbach

Die Untere Vorstadt um 1850.

Wahrscheinlich bildete einmal das Innere Seelhaus, später Hospital, Armen- und Bettelhaus genannt, den Mittelpunkt des Dorfes Marbach. Nicht weit weg davon war die Ziegelhütte, die um 1860 einging. Eine wichtige Einrichtung war das städtische Waschhaus. Das Waschen im Haus bei offenem Feuer war streng verboten. Bei der Zerstörung der Stadt ließen die Franzosen mit den Glocken der Alexanderkirche auch den Waschkessel mitlaufen. Nach 1700 hatten die Torwarte auf die waschenden Weiber besonders aufzupassen. „Sie sollten fleißig Obsicht tragen, daß während des Gottesdienstes sonderlichs freitags in den Waschhäusern bis nach dem Gottesdienst mit dem Waschen eingehalten wird; auch wenn unziemliche Gespräche und andere Üppigkeiten, die darinnen vorgehen sollten, ihnen bekannt werden, solches sogleich anzeigen." Auch bei anderen Gelegenheiten hatte man auf die Frauen ein wachsames Auge: „Nachdem sich bei den Hochzeiten dieser Übelstand gezeigt, daß die Weiber und andere ledige Leut auf der Gasse häufig zusammenlaufen, den Kirchgang besehen, aber dennoch nicht in die Kirche gehen, sondern wieder nach Hause gehen, ist dem Stadt- und Stubenknecht, (Büttel oder Stadtpolizist), befohlen worden, auf dergleichen, mutwillige Zuschauer fleißig acht zu geben, und sie heißen hinweg und ihrer Arbeit nachzugehen. Wenn sie aber nicht parieren wöllten, sie bei der Obrigkeit anzuzeigen, die dann jede Person das erstemal um 5 Kreuzer bestrafen werde." Abgegangen ist nun auch der ehemalige Lohmühlsee, auch Gänsgarten und erste Kläranlage der Stadt. In ihm wurde früher das Wasser des Strenzelbaches gestaut, um das Wasserrad der Lohmühle, ein Gemeinschaftsbesitz der Rotgerber, zu treiben. Nicht vergessen werden darf die Bachmühle, die noch auf einer Stadtansicht des Jahres 1686 eingezeichnet ist, und die dem unteren Strenzelbachtal den Namen gab: in der bachmülin (1473). An der Stelle des Cottaplatzes war ein kleiner See und der Eichbrunnen. Die Gerber hätten dort die Häute gewaschen, und die Küfer ihre Fässer geeicht.

Nicht weit weg davon war der Teuchelsee. In ihm wurden die Teuchel, durchbohrte Forchenstämme, gewässert, ehe sie als Wasserleitungsrohre verwendet wurden. (Erst im Jahre 1871 wurde das Wasser in gußeisernen Rohren zum Marktbrunnen geleitet.)

Im Jahre 1741 wurde das Stammhaus der Gerber-Stängle gebaut. Eingetragen ist: Eine neuerbaute Behausung mit einer Gerberwerkstatt vor dem Wicklinstor, stößt vornen auf die Eich oder auf das Seele. Am 28. Dezember 1823 kaufte Christian David Oehler, neu anzunehmender Bürger (er kam von der Beuttenmühle in Höpfigheim) und Rotgerbermeister, eine Gerberhütte nebst einer Behausung und vier Tage Anteil an einer gemeinschaftlichen Lohmühle für insgesamt 800 Gulden. Beide Handwerksbetriebe entwickelten sich zu den im In- und Ausland bekannten Lederfabriken.

Das Ziegelgäßle erhält die gehörige Tauglichkeit (1821)

Das Ziegelgäßle war damals ein schmaler Feldweg, der auch zur heutigen Günttersstraße führte. Vom Königlichen Oberamt wurde vorgebracht, daß das Fahren durch das Niklastor zur Winterszeit gefährlich sei, da die ganze Straße durch den Ablauf des Niklastorbrunnens ganz mit Eis bedeckt sei. Dem könne abgeholfen werden, wenn das um die Stadt führende Ziegelgäßle, das noch nicht die gehörige Tauglichkeit habe, hergestellt und verbreitert werde. Es wurde dann auch beschlossen, das Gäßle so herzustellen, daß es zu jeder Zeit befahren werden könne (1821). Der ausgebaute Teil des alten Wegs heißt heute Ziegelstraße.

Der Cottaplatz wird gerichtet

Im Jahre 1879 wurde Marbach Bahnstation. Im Jahre 1887 wurde die Murrbrücke mit einer damals in Württemberg zweitgrößten Spannweite, sowie die Straße nach Murr gebaut. Eine bessere Straßenverbindung von der Stadt neben dem tief eingeschnittenen Strenzelbach zum Bahnhof war dringend erforderlich. Im Winter 1889/90 wurde die Straßenregulierung durchgeführt. Der untere Teil des Ziegelgäßleins fiel weg. Die Schillerstraße wurde neu angelegt. Zum erstenmal wurde hier in Marbach eine Straße gebaut, die nicht einen alten Weg als Vorgänger hatte. Der Bachmühlweg, nun Bottwartalstraße, wurde zur Schillerstraße weiter geführt. Das Stammhaus der Gerberei Stängle wurde abgebrochen und ein Wohnhaus an der weiterführenden Bottwartalstraße gebaut. Ebenso entstand eine Gerberwerkstatt an der Bottwartalstraße. Der kleine Teich wurde zugeschüttet und der Eichbrunnen abgerissen.

Auf dem Platz des abgebrochenen Hauses und des zugeschütteten Teiches wurde der Cottaplatz angelegt. Der Name geht zurück auf den Freiherren Carl Cotta von Cottendorf auf Schloß Serach bei Eßlingen, „weil Marbach dem Namen Cotta überhaupt und insbesonders auch dem oben genannten Träger dieses Namens zu großem Dank verpflichtet ist"; denn nicht nur ist der Name Cotta mit dem Namen Schiller in unauslöschlicher und rühmlicher Verbindung, sondern es hat auch der obengenannte Freiherr Carl von Cotta sich persönlich Marbachs Dankbarkeit verdient, indem er zum Schillerkultus teils zu Bildungs-, teils zu Wohltätigkeitszwecken 1859 und 1863 2000 Gulden und 1870 2000 Mark stiftete. Am 1. November 1889 wurde zu freiwilligen Spenden für einen Springbrunnen aufgerufen. An Ostern 1890 konnte er in Betrieb genommen werden. Nur wenige Jahre durfte er plätschern. Daß der Platz nicht dem Verkehr weichen muß, verdankt er dem dort gar nicht angebrachten „Gashäusle". (Gemeinderatsbeschluß, 14. April 1890.)

4. Der Torturm

Ihm, der seine Brüder überleben durfte, der alle Türme der Altstadt überragt und der nicht aus dem Stadtbild wegzudenken ist, soll ein besonderer Abschnitt gegönnt sein.

> „Die Beseitigung dieses alten, verkehrshemmenden Turms erscheint angezeigt, umso mehr als dieser Turm auch von anderen Gesichtspunkten aus betrachtet weder eine Notwendigkeit, noch eine Zierde der Stadt bildet."
> *Altregistratur Nr. 1525* (1868 Protokollbuch)

Das Alter hatte sich beim Torturm zu sehr bemerkbar gemacht. Sein oberer Teil neigte sich gegen die Vorstadt um 38 Zentimeter. Im mittleren Teil wölbten sich die Außenmauern bedenklich nach außen, und an seinem Fuße bildeten sich Risse. So war schon in der Mitte des vorigen Jahrhunderts der Turm zu einer Gefahr für die Anlieger und für die Nachbarschaft geworden.

Wahrscheinlich aus dem 14. Jahrhundert stammend, erlebte er die ganze Geschichte der Stadt. Kaiserliche und fürstliche Züge zogen durch sein Tor. Zerstörungen und Brandkatastrophen erlebte er immer wieder. Bei der Zerstörung der Stadt im Jahre 1693 brannte in seiner unmittelbaren Nachbarschaft das herrschaftliche Schloß und das Kirchlein, die Wendelinskapelle, ab. Damals wird auch der obere Teil des Turms den Flammen zum Opfer gefallen sein.

Im Jahre 1711 wurde auf „Herren Vogts sothaner Proposition resolvieret, den oberen Turm und Hochwacht wieder überbauen zu lassen". Im Jahre 1733 wurde an der Stadtaußenseite über dem Torbogen zwei prächtige Wappen aufgezeichnet. Links sah man das herzogliche Wappen, rechts das Wappen der Fürsten von Thurn und Taxis, darüber den Reichsadler. Die damaligen Stadtväter sahen sich veranlaßt, diese Wappen anzubringen zur Verherrlichung des herzoglichen Thronfolgers Alexander, als er mit seiner Gemahlin, einer geborenen fürstlichen Thurn und Taxis, von der Hochzeit in Regensburg kommend, hier durchzog. Beide Wappen wurden zum Schillerfest 1859 „notdürftig von einem zweifelhaften Künstler restauriert".

Als dann in der ersten Hälfte des vorigen Jahrhunderts die beiden anderen Tortürme (Neckar-, Wicklinstor) abgebrochen wurden, an der südlichen Stadtmauer ein Eingang geschaffen wurde (am Bärengäßle), überging die Entwicklung den stärksten Zeugen der mittelalterlichen Stadtbefestigung. Den letzten Daseinszweck verlor er im Jahre 1841. Weil die Amtsorte sich nicht mehr an den Kosten für Licht und Heizung beteiligten, wurde die Hochwacht eingestellt.

Zum erstenmal liest man von einem Abbruch in einem Ruggerichtsprotokoll vom Jahr 1868. Doch die damaligen Gemeindekollegien lehnen den Abbruch ab. Ein neuer Vorstoß in dieser Angelegenheit erfolgte im Jahr 1872. Die bürgerlichen Kollegien haben daher die Frage der Entfernung dieses „unzeitgemäßen, unschönen, verkehrsstörenden und dabei nur Kosten verursachenden Turms in ernste Erwägung zu ziehen, daß sie sich nicht von alten und veralteten Ansichten beherrschen lassen, sondern nur Rücksichten nehmen auf das, was die Zeit und der Verkehr erfordert."

Doch ehe man zu diesem Schritt ging, holte man verschiedene Gutachten ein. Baurat F. aus Ludwigsburg äußerte sich dahin, daß der Turm weder einen besonderen geschichtlichen oder einen architektonischen Wert habe. Der Sicherheit wegen sei aber eine baldige Herstellung geboten, die einen Aufwand von mindestens 5 bis 6000 Mark verursachen könnte. Da dies in einem schreienden Mißverhältnis zu jenem Wert steht, wäre es besser, den Turm auf Abbruch zu verkaufen, wodurch der Verkehr mehr Sicherheit und der oberen Stadt mehr Luft und Licht beschafft werde. Ein Baumeister aus Waiblingen ist auch für den Abbruch. Die Stadt gewinne so ein freundlicheres Aussehen, die Umgebung werde gesünder, dem Verkehr werde Bahn gebrochen, und die Stadt habe keine Ausgaben mehr für Turmreparaturen. Doch im Gemeinderat ist man immer noch gegen den Abbruch – zum großen Mißfallen des damaligen Stadtschultheißen, der das auch zum Ausdruck bringt: ... „auf einen alten, wertlosen, unschönen, Verkehr sowie Licht, Luft und Aussicht hemmenden Turm Tausende von Mark zu verwenden in einer Gemeinde, die vorher mit Ausgaben aller Art und mit Schulden belastet sei, daß man am notwendigsten Pfennig sparen müsse. Die Behauptung, der Turm sei nicht verkehrshemmend, könne er widerlegen und lade die Gemeindekollegien einmal ein, mitanzusehen, wie an Heu-, Getreide-, Obst- und Kartoffelernte, beim Weinherbst innen und außen Reihen von Fuhrwerken stehen".

Als die eingeholten Kostenvoranschläge für die Restaurierung mit fast 8000 Mark vorgelegt werden, machen sich neue Gegner des Torturms bemerkbar und wenden sich beschwerdeführend an den Gemeinderat und an das Oberamt: „Die totale Schadhaftigkeit des Turms und die Gefahr für Menschenleben tritt immer mehr hervor. Nun wollen die Berater dieser Stadt diesen wackligen Turm renovieren – mit großen Kosten natürlich. Die immerwährende Schuldenmacherei führe den ökonomischen Ruin der Stadt herbei." Dagegen protestiere der unabhängige Teil der Stadt, aber auch der größere Teil der Ökonomen (Bauern und Weingärtner). Bürger würden freiwillig Beträge zur Beseitigung des Turms geben. Oberamt und Straßeninspektion sahen in der Turmrestaurierung immer mehr ein Luxusbauwesen; nur durch Versagen einer polizeilichen Genehmigung könne eine Beseitigung erreicht werden. Der Gemeinderat bleibt bei seinem ersten Beschluß. Am 15. Juni 1879 wurde der Beschluß gefaßt, daß das Dach, der obere Dachwerkstock nebst Wohnung neu aufgebaut werden. Die Stadtseite des Turms soll nach Entfernung des Fachwerks von Stein hergestellt werden. Darnach kommt nach drei Wochen vom benachbarten Oberamt: Durch Erkenntnisse des Oberamts wird die erforderliche Genehmigung zur Restaurierung des Turms versagt. Alsbald sind Beschlüsse wegen des Abbruchs vorzulegen.

Nun ging erst recht der Turmkrieg los: Die konservativen Turmerhalter mit dem Gemeinderat gegen die Fortschrittler mit dem größten Teil des Ökonomen. Sogar die Amtskörperschaft ergriff Partei. Als Eigentümerin der Oberamtsgefängnisse und somit Nachbarin des Turms lehnten sie mit 28 : 2 Stimmen die Restaurierung ab, weil der Turm dem Oberamtsgefängnis Luft und Licht entziehe.

„Eine Anzahl von Bürgern erlaubt sich wegen der Obertorturm-Angelegenheit in das Gasthaus zum Adler auf heute abend halb 8 Uhr zu einer Besprechung die hiesige Bürgerschaft dringend einzuladen." (17. März 1881)

Ein Bericht von der Versammlung, von 200 Bürgern unterschrieben, geht an den Gemeinderat. In dem Schreiben heißt es: „Da das Bauwesen die Überschlagssumme überschreiten dürfte, ersuchen die untenstehenden Bürger die bürgerlichen Kollegien dringend, ehe es zu spät ist, um wiederholte Beschlußfassung, es möchte die Sache, die jetzt einen Riß in die Bürgerschaft zu machen droht, dadurch geändert werden, daß der Turm abgebrochen werde." Angeschlossen ist eine Liste von etwa 50 Bürgern, die sich bereit erklärten, über 700 Mark zum Abbruch des Turms beizusteuern. Doch der Gemeinderat blieb bei seinem Beschluß, und am 2. April 1881 ist in Postillon zu lesen: So wären nun die Würfel in der Turmfrage gefallen. Die zähe Ausdauer eines Teils der bürgerlichen Kollegien, welche wahrlich einer besseren Sache wert gewesen wäre, hat gesiegt. Die Bürger, die durch ihr früheres Verhalten die betreffenden Herren in ihrer Ansicht gestärkt haben, mögen nun ihren Teil an der Verantwortung tragen, an einem Werk mitgeholfen zu haben, das schwerlich in der alten und noch weniger in der neuen Welt seinesgleichen finden dürfe . . ."

Unterdessen sind fast wieder 100 Jahre vergangen. Im Jahre 1929 wurden die beiden schon 1880 geplanten, seitlichen Durchgänge geschaffen. Am 4. November 1958 starb Frau Walz, die letzte Bewohnerin des Turms. Seit 1914, über vierzig Jahre ließ sie sich da droben von Stürmen, Schnee, Hagel und Regen umtosen. Im August 1955 wurde der Turm mit einem künstlerischen Adlerwappenschmuck, in welchem sich das Stadtwappen befindet, versehen.

Noch mehr als vor 90 Jahren ist der Turm zu einem Verkehrshindernis geworden; doch zu keinem gefährlichen: Ein Unglück hat er noch nie verschuldet. Niemand wagt auch heute zu sagen, daß er keine Zierde der Stadt ist.

V. Die königlich württ. Oberamtstadt 1800–1872

A. Marbach in der ersten Hälfte des 19. Jahrhunderts

1. Das äußere Stadtbild

Die ersten 1½ Jahrzehnte des 19. Jahrhunderts stellten für ganz Europa und besonders für Württemberg eine Zeit großer Umwälzungen dar. Württembergs Monarch war damals Friedrich, der 1797 als Herzog die Regierung angetreten hatte, 1803 zum Kurfürsten und am 1. Januar 1806 zum König aufstieg, ein tatkräftiger und weitausschauender Mann, dessen selbstherrscherliches Wesen jedoch oft schwer auf seinem Volk lastete. Er hat während dieser Zeit durch Napoleons Gnaden sein Land um mehr als das Doppelte vergrößern und diesen Gewinn auch nach dem Sturz Napoleons festhalten können. Durch die Eingliederung zahlreicher staatsrechtlicher Enklaven erhielt er die Möglichkeit, aus seinem Land einen straff organisierten Einheitsstaat zu schaffen. Dem diente auch eine neue Bezirkseinteilung. Marbach, das schon im Mittelalter eine Amtsstadt gewesen war, wurde nun der Behördensitz eines durch Anschluß der alten Ämter Großbottwar und Beilstein und einiger ritterschaftlichen Gebiete vergrößerten Oberamts. Bis 1812 war es so geschaffen, wie es dann bis zu seiner Auflösung im Jahr 1938 geblieben ist; es umfaßte drei Städte (Marbach, Großbottwar und Beilstein) und 26 Gemeinden.

Das Stadtbild hatte sich seit dem Wiederaufbau nach der Zerstörung Marbachs im Jahr 1693 bis zu Anfang des 19. Jahrhunderts kaum verändert. Weitaus die meisten Einwohner wohnten noch innerhalb der Stadtmauern. Vor dem Wicklinstor stand nur die aus wenigen Häusern, darunter dem „Goldenen Löwen", bestehende untere Vorstadt. Der Friedhof um die Alexanderkirche war noch klein und endigte nach Norden hin wenig oberhalb der heutigen Bahnlinie. Im Osten, an die Friedhofmauer angelehnt, also etwas abseits von der Stadt, stand die Ziegelhütte mit dem Wohnhaus des Zieglers. Die Gegend der Schillerstraße, durch die heute pausenlos der Verkehr rast, war ein stilles Wiesental, durch das gemächlich der Strenzelbach dahinschlich, wenn er nicht bei einem Hochwasser zu einem reißenden Strom anschwoll.

Drunten am Neckar bildete sich am Ende des 18. und zu Anfang des 19. Jahrhunderts im Anschluß an die seit vielen Jahrhunderten bestehende Stadtmühle so etwas wie ein kleines Industriegebiet, womit wir aber nicht die Vorstellungen verbinden dürfen, die wir heute von einem solchen haben (vgl. obiges Kapitel: „Die ersten Gewerbebetriebe am Neckar"). Die technische Verwendung der Elektrizität lag noch in weiter Ferne; so war man auf die Ausnützung der Wasserkräfte angewiesen. Wie lebhaft es dort unten am Neckar zuging, dies beschreibt uns Ottilie Wildermuth in ihren Lebenserinnerungen:

„... silberschäumend stürzt er sich eine künstliche Schleuse hinab, durch die der Horkheimer Schiffer seinen bescheidenen Kauffahrer und der ‚Jockele‘ seinen Floß schwellt. Und wie belebt ist sein Gewässer zur Sommerszeit! Nicht nur durch die stattlichen Enten- und Gänseherden des Müllers, sondern auch durch das lustige Völkchen der ‚Wasserkinder‘, die Sprößlinge der umwohnenden Fabrikarbeiter und Müller, ein fröhliches Nereidengeschlecht, das den ganzen lieben Tag, aller überflüssigen Hüllen beraubt, im Wasser plätschert oder im Uferkies spielt, wenn sie nicht als ungebetene Hilfe das rastlose Schiff des Fährmanns schieben und zum Schreck seiner Passagiere in ihrem Naturzustand unter die anständige Menschheit hineinschlüpfen."

Weiter oben und unten stellte aber das Neckartal, wenn wir von dem lebhaften Floß- und Schiffverkehr absehen, noch eine von moderner Geschäftigkeit unberührte Idylle dar. Hören wir auch dazu die Wildermuth!

„Einmal an einer Biegung (wohl beim heutigen Kraftwerk der EVS) zwischen dunklem Weidengebüsch ... gleicht er (der Neckar) einem stillen, geheimnisvollen See, so unmerklich fließt er dahin, so unbeweglich spiegelt sich das Ufergebüsch in seiner lautlosen Flut. Bald rauscht er gar fröhlich über helle Kieselsteinchen und schlingt sich um die schattige Nachtigalleninsel, wohin im Frühling die romantische Jugend rudert, um Veilchen zu pflücken oder dem Philomenengesang zu lauschen, oder die schöne und vornehme Welt der nahen Garnisonstadt auf buntbewimpelten Schiffen Lustfahrten macht. Leiser zieht er vorüber an der grünen Blaichinsel, und gelbe Seerosen mit saftigen Blättern decken das stille Gewässer; dann fließt er wieder stolz hinaus ins offene Land und achtet nicht der stillen Murr, die durch eine gespenstige Brücke zwischen dunklen Weiden sachte herbeischleicht, um ihr trübes Wasser mit seinem klaren zu vereinen."

Das Marbacher Industriegebiet – wenn wir es so nennen dürfen – zog sich auch noch das untere Strenzelbachtal hinauf. Dort, nahe der Bachmündung, kaufte Christian David Öhler 1823 eine alte Gerberhütte und baute an ihrer Stelle eine Gerberei mit einer Scheuer, das Stammhaus der heutigen Lederfabrik Öhler. Der Strenzelbach war etwas weiter oben, unterhalb der Stadtmauer, zum Lohmühlesee gestaut, an welchem an der Stelle der jetzigen Lederfabrik Öhler die 1722 erbaute Lohmühle stand, wo die Marbacher Gerber ihre Gerberlohe mahlten. Die früher wesentlich kleinere Lohmühle wurde 1835 abgebrochen und in größerem Maßstab neu erbaut. Sie war Gemeinschaftseigentum der Marbacher Gerber. Deren Rechte an ihr wurden in 54 Anteile eingeteilt und je mehr Anteile ein Gerber besaß, desto öfter durfte er in der Lohmühle sein Loh mahlen. Im Jahr 1923 mußte die Lohmühle der Lederfabrik Öhler weichen.

Im Süden der Stadt beim heutigen Wilhelmsplatz lag der Schafwasen mit dem Schafhaus, in dem der Stadtschäfer wohnte. Auf diesem Platz breitete eine uralte Linde ihre Äste aus. Unter ihr pflegten zur Sommerzeit eine Anzahl von Weibern auf hölzernen Ständern mit lautem Geklapper Hanf zu brechen und zu Werg zu verarbeiten. Daneben befand sich eine ausgemauerte Grube, in der ein kleines Feuer unterhalten wurde; über sie wurde auf Pfählen der Hanf gelegt und geröstet. Die besagte Linde wurde bei einem schweren Gewitter am 7. Mai 1865 vom Sturm gefällt. Sonst befand sich zu Beginn des 19. Jahrhunderts vor dem Oberen Tor – abgesehen von der alten Schmiede an der Straßenkreuzung – überhaupt kein nennenswertes Gebäude.

Die Entwicklung Marbachs hatte nach den Katastrophen des 17. Jahrhunderts (30jähriger Krieg und Niederbrennung der Stadt durch die Franzosen) ihren absoluten Tiefstand erreicht. Überwiegend nachteilig wirkte sich in der Folge für Marbach aus, daß ihm zu Anfang des 18. Jahrhunderts in der neugegründeten Stadt Ludwigsburg eine mächtige Konkurrentin erwuchs. Trotzdem erholte es sich im Lauf dieses Jahrhunderts so, daß es 1794 1879 Einwohner zählte, also erheblich mehr als am Ende des Mittelalters. Die dann einsetzenden, an die französische Revolution anschließenden Koalitionskriege, die unsere Gegend zeitweise zum Kriegsschauplatz machten, bewirkten eine gewisse Stagnation. Im Jahr 1804 zählte Marbach 1885 Seelen. Nachdem aber Herzog Friedrich 1802 mit dem siegreichen Napoleon Frieden geschlossen hatte, hoben sich in dem immer größer werdenden Land Handel und Wandel, obwohl man über ein Jahrzehnt lang immer wieder unter Truppendurchzügen zu leiden hatte, wobei es sich jetzt freilich nicht mehr um Feinde, sondern um Truppen verbündeter Mächte handelte. Daß die Zeiten freundlicher geworden waren, zeigte sich auch in Marbach schon bald, um so mehr als die Stadt nun der Mittelpunkt eines größeren Oberamts wurde. Als kleine Anzeichen dafür dürfen gewertet werden, daß man 1810 den Dachreiter auf dem Rathaus erneuerte und 1811 einen neuen Marktbrunnen erstellte, der erst im Jahr 1956 dem heutigen Platz machen mußte. Im Jahr 1811 brach man dann auch das hinderliche Neckartor mitsamt dem dort stehenden Torwärterhäuschen ab. In diesem Jahr war die Einwohnerzahl bereits auf 2148 angewachsen. Das ganze Oberamt zählte damals 25 397 Einwohner; im Jahr 1900 waren es nicht mehr als 25 963.

In der vielgescholtenen Epoche des Vormärz zwischen 1815 und 1848 genoß Deutschland die bis dahin wohl längste Friedenszeit seiner Geschichte. Diese erfreuliche Tatsache spiegelte sich auch in einem kleinen Landstädtchen wie Marbach in einer zwar langsam, aber stetig ansteigenden Entwicklung. Im Jahr 1846 zählte die Stadt 2469 Einwohner (1900 nur 2339). Der zu jener Zeit noch starke Schiffs- und besonders Floßverkehr wurde 1832 durch Einbau einer Kammerschleuse erleichtert.

Das wichtigste Neubaugebiet im ersten Drittel des 19. Jahrhunderts war das Gelände vor dem Oberen Tor, das durch die Chaussierung der Backnanger Straße, der Affalterbacherstraße und der Poppenweiler Straße erschlossen worden war. Hier entstand nun die Obere Vorstadt, das damals vornehmste Wohngebiet der Stadt. Dort wurde 1824/25 das heutige Gebäude Wildermuthstr. 5 (zu Kaufhaus Groß gehörig) vom Staat als erstes Marbacher Amtsgericht erbaut. Im nächsten Jahr folgte das Gasthaus zur Krone. Bis 1840 standen vor dem Oberen Tor etwa 20 Wohnhäuser mit ihren Neugebäuden.

2. Die gesellschaftliche Struktur der Marbacher Bevölkerung und ihre Lebensweise

Noch um die Mitte des 19. Jahrhunderts bestand die Bevölkerung Marbachs zu ²/₃ aus *Bauern und Weingärtnern*. Die Weingärtner waren daneben Kleinbauern und dies traf auch für viele

Handwerker zu. Größere Landwirte, die man als „Roßbauern" von den „Kuhbauern", die keine Pferde hielten, unterschied, gab es nur wenige im Städtchen. Noch 1866 standen 430 Morgen Weinberge im Ertrag, womit Marbach nach Großbottwar mit 605 Morgen Weinbergen die zweitgrößte Weinbaugemeinde im Oberamt war [1]. Im Jahr 1842, das allerdings ein sehr gutes Weinjahr war, belief sich der Gesamtweinertrag auf 900 Eimer, wovon 700 Eimer mit einem Durchschnittspreis von je 35 fl unter der Kelter verkauft wurden. Auch die meisten Handwerker und Beamte besaßen einen Weinberg. Ausgeführt wurde der Marbacher Wein hauptsächlich in die nicht Weinbau treibenden Gegenden Württembergs, ins Oberland, auf die Alb und in den Schwarzwald. Angebaut wurden vorzugsweise Silvaner, Rot- und Weißelben, Ruländer, Veltliner, Clevener und „Welsche", worunter wohl Trollinger zu verstehen sind, aber auch mindere Sorten wie Putscheren und Tokaier. Die Pflege des Weins ließ sehr zu wünschen übrig. Man unterließ es häufig, die verfaulten und unreifen Trauben auszulesen. Die Trauben wurden getreten; meist waren es Buben, die den ganzen Tag mit nackten Füßen in den Bütten auf den gelesenen Trauben herumstampften. Schon 1812 wurde von der Obrigkeit empfohlen, zwecks Verbesserung der Qualität des Weines die gelesenen Trauben statt zu treten, zu raspeln, jedoch ohne daß diese Empfehlung großen Anklang fand. Ein weiterer Mißstand war, daß viele Weingärtner den neuen Wein in ungedeckten Bütten herumstehen ließen, was nicht nur eine Verunreinigung, sondern bei anhaltendem Regenwetter auch eine unlautere Vermehrung desselben bewirkte [2].

Im Laufe der 1. Hälfte des 19. Jahrhunderts trat bereits ein gewisser Rückgang des Weinbaus ein. Die Hauptursache ist in dem Aufschwung des Obstbaus zu suchen. Seit Ende des 18. Jahrhunderts waren die Straßenränder und viele Allmendplätze mit Obstbäumen bepflanzt, auch ungünstige Weinberglagen in Obstgärten und Baumwiesen umgewandelt worden. Das „Mosten" kam in Schwung. Man bediente sich dazu der sog. „Wergelmoste", die aus einem langen Steintrog bestand, in dem man einen Mühlstein hin- und herrollte, der das eingeschüttete Obst zerquetschte. Auch gewöhnte man sich mehr und mehr an das Biertrinken. Stadtschultheiß Klein berichtet in seiner 1846 in den Turmknopf der Alexanderkirche eingelöteten Denkschrift, daß in den letzten 25 Jahren in Marbach drei Bierbrauereien entstanden seien, während es vorher in der Stadt keine gegeben habe [3].

Hinsichtlich der Landwirtschaft ist festzustellen, daß in Marbach die Dreifelderwirtschaft strikt eingehalten wurde. Im Sommerfeld baute man hauptsächlich Hafer und Gerste, im Winterfeld Dinkel an, der gutes Weißmehl lieferte. Der Anbau von Roggen und Weizen war nur geringfügig. Im Brachfeld wurde vor allem Klee angepflanzt; doch waren erhebliche Flächen auch den Kartoffeln, den Rüben, dem Flachs und dem Hanf vorbehalten. Bis zur Revolution von 1848 lasteten auf fast allen landwirtschaftlichen Grundstücken noch die aus dem Mittelalter überkommenen Feudallasten, besonders der Zehnte, welcher auf der Marbacher Markung dem Staat zustand. Der Weinzehnte wurde bis 1828 in natura, teils unter den Weinbergen, teils unter der Kelter vom Vorlaß und Druck erhoben, dann aber in Geldzahlungen umgewandelt. Der Heu- und Öhmdbedarf war noch weit größer als heute. Wurden doch 1865 im Oberamt – abgesehen von sonstigem Vieh – 703 Pferde gezählt. So war denn auch der Wiesenbau von ziemlicher Bedeutung [4].

König Wilhelm I., der Nachfolger Friedrichs, war ein großer Förderer der Landwirtschaft in seinem Land. Von der von ihm gegründeten Landwirtschaftlichen Hochschule in Hohenheim gingen kräftige Impulse zu einer Verbesserung der Anbaumethoden und zur Verwendung modernerer Ackergeräte aus. Im Zusammenhang mit solchen Bestrebungen wurde 1839 der Landwirtschaftliche Bezirksverein für das Oberamt Marbach gegründet, der für viele Jahrzehnte im öffentlichen Leben unserer Stadt eine sehr wichtige Rolle spielte [5]. Sein Vorstand war in den 40er Jahren Oberamtmann Stockmayer, der die Vorstandschaft aber 1847 wegen anderweitiger Geschäftsbelastung niederlegte. Gewählt wurde an seiner Stelle der Gutsbesitzer Ernst von Steinheim, welcher vom Staat die Klosterdomäne Steinheim gekauft und dort einen Musterbetrieb eingerichtet hatte. Der Landwirtschaftliche Bezirksverein hielt seine Mitgliederversammlungen abwechselnd in verschiedenen Orten des Bezirks ab. Alljährlich fand ein Bezirks- und Preisfest statt, bei dem Vieh und Schweine prämiert und Preise an Dienstboten für treue Dienste ausgeteilt wurden. Um Preise zu erhalten mußten Stallmägde mindestens 3 Jahre, andere Dienstboten mindestens 5 Jahre bei der gleichen Herrschaft gedient haben. Im Mai 1846 unternahm man einen gemeinsamen Besuch der Landwirtschaftlichen Hochschule in Hohenheim. Angesichts der bestehenden Verkehrsverhältnisse benötigte man dazu 2 Tage, wobei als besondere Attraktion eine Fahrt mit der 1. württembergischen Eisenbahn von Eßlingen nach Cannstatt eingeplant war. Besonders bemerkenswert ist, daß es in der Einladung von Oberamtmann Stockmayer heißt: Titel und Hüte, mit Ausnahme der 3spitzigen, die besonders willkommen sind, bittet man, zu Hause zu lassen. Recht modern mutet es an, daß der Landwirtschaftliche Bezirksverein damals eine 3 Morgen große Bezirksobstbaumschule anlegte, also eine Gemeinschaftsanlage. Um die hohen Kosten von insgesamt 1700 fl aufzubringen, legte man für die Mitglieder Aktien zu je 5 fl zur Zeichnung auf.

Das typische Marbacher Weingärtnerhaus ließ erkennen, daß hier keine großen Reichtümer angesammelt wurden. Es war meist einstockig; vorn, der Gasse zu, wohnte man. Manche Stuben waren schön holzgetäfert. In der Küche stand der steinerne Herd, auf dem unter dem weit ausladenden Kaminschoß das offene Feuer brannte. Über dasselbe stellte man auf eisernen Dreifüßen die Töpfe und Pfannen. Im Schillerhaus kann man heute noch eine solche alte Marbacher Küche sehen. Im Dachgeschoß wurde das Heu aufbewahrt, das durch einen Laden am Giebel eingebracht wurde. Hinten war der Kuhstall und ein Schuppen angebaut, in dem man die Ackergeräte unterstellte. Den größten Wert legte man auf den Keller. Häufig konnte man ihn nur von außen durch ein rundbogiges Törchen erreichen. Man gelangte dann zuerst in den Vorkeller, in dem das Herbst- und Keltergeschirr, auch Kartoffeln und Rüben lagerten. Von hier führte eine Treppe in den tiefen Weinkeller hinunter [6]. Die sanitären Einrichtungen waren mehr als bescheiden. Manchmal genügte ein finsterer Winkel, in dem man einen Prügel übers Eck nagelte und darunter einen Kübel aufstellte, der zur gegebenen Zeit auf die vor dem Haus liegende Miste entleert wurde.

In den Häusern der Honoratiorenfamilien wohnte man natürlich sehr viel bequemer. Sie waren oft überaus geräumig. Ottilie Wildermuth berichtet, daß in ihrer Jugend die Apotheke das einzige Haus in Marbach war, in dem die Wohnräume tapeziert waren. Sonst wurden überall die Wände „geweißelt". Badezimmer waren bis zu Anfang des 20. Jahrhunderts in Marbach unbekannt. Floß nicht der Neckar frisch und sauber am Städtchen vorbei! Freilich war dies nur eine Badegelegenheit für jüngere Exemplare des männlichen Geschlechts. Die Damen waren in die Badehäuschen verbannt, zu denen der Eintritt ein paar Kreuzer kostete: Bretterbuden, die am Neckarufer aufgestellt waren, und in denen man ein Paar Schritte im Wasser hin- und hergehen konnte. Da sie kein Dach hatten, sah oben der Himmel herein und man konnte sich dann einbilden, ein Freibad genommen zu haben. In der kühleren Jahreszeit war es nicht so einfach, ein Bad zuzubereiten. Man hatte ja noch keine Wasserleitung! So begnügten sich die älteren Marbacher oft damit, von Zeit zu Zeit in einer Schüssel ein Fußbad zu nehmen, und nach solchen symbolischen Waschungen fühlten sie sich wieder rein an Leib und Seele.

Das Feueranzünden war keine so einfache Sache wie heute. Zwar wurden in dem Zeitraum, mit dem wir uns hier beschäftigen, die Reibzündhölzer (Schwefelhölzchen) erfunden. Sie waren aber noch teuer und bürgerten sich erst allmählich ein. Man hatte eine Blechdose, in welcher ein Zunder lag. Mit Stahl und Feuerstein wurden Funken hineingeschlagen, der den Zunder rasch zum Glimmen brachte. Während heute die Haushaltungen mit einer Flut von Papier überschwemmt werden, fehlte es damals noch an solchem. Nur die wenigsten lasen eine Zeitung. So mußte man mit einem Strohwisch oder mit Reißig in dem großen Kastenofen oder auf dem Herd das Feuer entfachen, wobei ein Blasebalg unentbehrlich war. Was die Zimmerbeleuchtung anbetrifft, so brannte in den Bauernstuben die rauchende und stinkende Blechampel. Familien mit höherem Lebensstandard hatten etwas bessere Lampen, welche mit gereinigtem Rapsöl gefüllt wurden. Im übrigen begnügte man sich mit Unschlittlichtern, die in einen Blech- oder Messingleuchter gesteckt wurden, an dem die Lichtputzschere hing, die oft in Bewegung gesetzt werden mußte, um den rauchenden Docht abzuzwicken. Damen, die abends Besuche machten, ließen sich von ihren Mägden mit der sog. „Visitenlaterne" abholen. Bei nächtlichem Feueralarm mußte jeder Bürger eine Laterne zu seinem Haus heraushängen[7]. Eine richtige Straßenbeleuchtung mit Erdöllampen wurde in Marbach erst 1864 eingerichtet.

Bei Nacht machte der Nachtwächter seine Runde durch die dunkle Stadt. Er sang an den dafür bestimmten Plätzen die Stunden an mit Verschen, in denen auf Stellen in der Bibel Bezug genommen wurde. Daß man mit den Leistungen der Nachtwächter nicht immer zufrieden war, zeigt folgende poetische Einsendung an den „Postillon" im Jahre 1847:

Deutlicher möchte der Glockenschlag Euch aus dem Munde erklingen!

Besser als irrische Verse gemacht und unverständlich zu singen.

Der sich alle Stunden wiederholende Gesang des Wächters, der von uns heute wohl als Nachtruhestörung empfunden würde, gab den damaligen Marbachern ein Gefühl von Sicherheit. Als ein Zeichen dafür, daß man diese Einrichtung zu schätzen wußte, ist die Tatsache anzuführen, daß

1845 die Witwe des Stadtpflegers und Kaufmanns Renz eine Stiftung von 300 fl machte, von deren Zinsen warme Kleider für die Nachtwächter angeschafft werden sollten [8].

Die Bauern und Weingärtner trugen noch ihre herkömmliche Tracht. Mit einem schwarzen Dreispitz, einem langen, blauen Rock, schwarzen, gelben oder auch weißen Lederhosen und hohen Stiefeln gingen sie sonntags in die Kirche. Auch das dunkelfarbige oder scharlachrote Brusttuch mit eng aneinander gereihten Rollknöpfen gehörte zur Kleidung. Die ledigen Burschen zeigten sich mit einer Samtmütze, die mit Pelz verbrämt und mit einer Quaste geziert war. Dagegen gingen die „besseren" Herren stets im schwarzen Zylinder aus. Solche Kopfbedeckungen sah man auch bei den Konfirmanden, sofern sich nicht die Bauernbuben einen kleinen Dreispitz auf den Kopf setzten. Sonst trugen die Buben kurze Wämser, lange Hosen und Rohrstiefel. Werktags liefen sie aber in der warmen Jahreszeit barfuß; nur bei den Honoratiorenkindern war dies verpönt. Die Frauen trugen sonntags kleine, schiffartige Häubchen, die bei besonders festlichen Anlässen noch mit weißen Spitzen überzogen wurden. Die Häubchen wurden unter dem Kinn mit einem breiten Band befestigt und ein solches fiel auch hinten bis über den Rücken hinunter. Im allgemeinen wird die Frauentracht in der Marbacher Gegend als ziemlich düster bezeichnet, was mit der pietistischen und puritanischen Geisteshaltung der Bevölkerung zusammenhängen mochte [9]. Die Honoratiorendamen erschienen in modischer Kleidung. Gegen die Mitte des Jahrhunderts drang diese auch in anderen Schichten ein, wobei sich Altes und Neues oft wenig geschmackvoll mischte. Die Frauen waren leichter geneigt, die alte Tracht aufzugeben als die Männer, die Weingärtner leichter als die wohlhabenden Hofbauern draußen auf dem Land, die sie oft mit Stolz als Standestracht noch lange weiter trugen. In der Marbacher Umgebung hat sie sich am längsten in Erdmannhausen gehalten.

In den 20er Jahren gab es – wie Ottilie Wildermuth berichtet – in Marbach nur einen Barbier, den „Manuel", der aber keine Barbierstube unterhielt, sondern zu seinen Kunden ins Haus kam und dieselben gleichzeitig mit Neuigkeiten versorgte. Später arbeiteten 2 Barbiere im Städtchen. An Arbeit fehlte es ihnen nicht, da alle Welt glatt rasiert ging mit Ausnahme von den Bettlern und Landstreichern. Dies änderte sich erst kurz vor der 48er-Revolution, als viele dazu übergingen, aus Protest gegen das Establishment, das man freilich noch nicht so nannte, sich „Demokratenbärte" stehen zu lassen. Es gibt nichts Neues unter der Sonne.

Das Vorhandensein eines zahlreichen *Handwerkerstandes* verlieh Marbach einen städtischen Charakter. Die Gerber galten als die vornehmsten Handwerker, wohl deshalb, weil sie ziemlich viel Kapital benötigten, zumal die Häute oft 3 Jahre und länger in den Gruben lagen und der Umsatz somit sehr langsam vor sich ging. Marbach dürfte es seinem Wasserreichtum zu verdanken gehabt haben, daß es eine richtige Gerberstadt wurde. Zu gewissen Zeiten des 19. Jahrhunderts gab es in Marbach 23 Gerbereien.

Bis in die 60er Jahre hinein bestand die Zunftverfassung. Nur wer zuerst eine meist sehr harte Lehre durchgemacht, sodann als Geselle auf der Wanderschaft seinen Horizont erweitert, schließlich die Meisterprüfung bestanden hatte und sich eines guten Rufs erfreute, wurde in die Zunft aufgenommen und durfte sich als Meister niederlassen. Das System lief darauf hinaus, einerseits einen Handwerkerstand mit guten Qualitäten zu züchten, andererseits durch weitgehende Ausschaltung der Konkurrenz jedem Meister sein Auskommen zu sichern, zugleich aber auch zu verhindern, daß einzelne allzu sehr über den Rahmen des Kleinbetriebs und des Mittelstands hinauswuchsen. Wie sehr das Handwerk spezialisiert war, spiegelt sich in den Zünften wieder. Neben einer Bäckerzunft, einer Metzgerzunft, einer Sailerzunft und einer Sattlerzunft, gab es eine Zunft der Schuhmacher, der Zimmerleute, der Maurer, Steinhauer und Hafner, der Drechsler, Schreiner und Glaser, weiter eine Zunft der Kübler und Küfer, eine Zunft der Schneider, Kürschner und Seckler, eine Zunft der Schmiede, Schlosser, Nagelschmiede und Messerschmiede und endlich eine Zunft der Leinenweber, Wollweber, Tuchscherer, Bortenwirker, Knopfmacher und Strumpfweber. Jede Zunft hatte einen Obmann und ein besonderes Lokal, in welcher die Lade, der Zunftschrein, stand. Schließlich gab es noch eine Handlungsinnung. Die Rotgerber tagten in Marbach in der „Rose", die Bäcker im „Hirsch". Die Handwerker der früheren Ämter Großbottwar und Beilstein hatten zum Teil in diesen Städten noch ihre eigenen Zunftladen. Zu gewissen Zeiten lud der Oberamtmann bestimmte Zünfte zu Zunftversammlungen auf den Rathäusern ein, die unter seinem Vorsitz abgehalten wurden. Zu diesen Versammlungen mußten sämtliche Angehörige der Zunft bei Gefahr einer Bestrafung erscheinen. Dabei wurden die Zunftrechnungen abgehört, die Zunftvorstände gewählt, über das ihnen und den Zunftdienern zu bewilligende Entgelt beschlossen, sowie über die Verleihung des Meisterrechts. Auch sonstige Bestimmungen wurden getroffen, z. B. darüber, ob die Preise hinauf- oder herabgesetzt werden sollten, auch über Beiträge der Gesellen zur Unterstützung erkrankter oder verunglückter Mitgesellen. An solche Beratungen schloß sich dann ein gemeinsames Essen und Trinken im Zunftlokal an, oft mit Musik und Tanz. Die Marbacher Gastwirte berichteten, daß sich dabei die Weber als die hungrigsten, die Schneider dagegen als Schlecker erwiesen hätten; die Schreiner hätten am ausdauerndsten und am lustigsten gefestet, während die Bäcker und Metzger den Hauptwert auf den Trunk gelegt hätten [10]. Zu den Handwerkern war auch der Ziegler Bühl zu rechnen, welcher die Ziegelhütte unter dem Friedhof betrieb.

Schließlich gab es in Marbach auch noch eine Anzahl Kaufleute, die, in einer Handlungs-Innung zusammengeschlossen waren. Sie führten Gemischtwarengeschäfte, in denen so ziemlich alles zu haben war: Spezerei-, Ellen- und Eisenwaren usw. Einige von ihnen müssen recht wohlhabend gewesen sein, hatten städtische Ehrenämter inne und wurden zu den Honoratioren gerechnet, was ein Handwerker kaum jemals erreichte und für einen Bauern und Weingärtner ganz ausgeschlossen war, es sei denn, daß er eine so große Landwirtschaft besaß, daß er selbst nicht mehr Hand anzulegen brauchte und sich Gutsbesitzer nennen konnte. Während Frauen, deren Männer einen Titel hatten, mit diesem Titel angeredet wurden, war es bei den andern noch im letzten Viertel des 19. Jahrhunderts ein Zeichen dafür, daß sie als Angehörige des Honoratiorenstandes galten, daß man sie mit Madame anredete.

Zu Anfang des 19. Jahrhunderts zählte die Familie Renz zu den angesehensten Geschlechtern in Marbach. Als einer derselben tritt der Oberamtspfleger Philipp Friedrich Renz auf, in dessen Eigentum das heutige Haus Ludwigsburger Straße 2 (Geschäftshaus Kübler) stand. Nach dessen Tod verkaufte dessen Witwe dieses Haus 1829 an den Kaufmann Gottlob Conradt, der dann dort ein florierendes Gemischtwarengeschäft betrieb. Wilhelm Friedrich Renz war ebenfalls Kaufmann und zugleich Stadtpfleger. Ihm gehörte das Haus Marktstraße 24 (heute Geschäftshaus Richter), wo er eine Spezerei- und Eisenhandlung betrieb. Derselbe war auch Salzfaktor. Der Salzhandel war nämlich vom Staat monopolisiert und nur diejenigen Geschäftsleute, die ein diesbezügliches Privileg erhielten, durften mit Salz handeln. Die sog. Salzscheuer, in welcher das Mineral gelagert wurde, befand sich in der mittleren Holdergasse (mittlere Holdergasse 11). Nach dem Tod von Wilhelm Friedrich Renz schrieben seine Erben 1847 das Renzsche Anwesen zum Verkauf aus. Es heißt in der Anzeige, daß es wohl das bestgelegene Haus in der Stadt sei; im Keller würden für 48 Eimer Weinfässer lagern! Gleichzeitig wird in der Anzeige aus dem Nachlaß von Renz ein Küchen-Baum- und Grasgarten zum Verkauf ausgeschrieben, „vor dem Oberen Tor an der Straße nach Backnang (heute Güntterstraße) am Ausgang des Ortsetters gelegen, mit Gartenhaus und ganz mit einer Speismauer umgeben". An diese Speismauer, welche sich vom Postweg bis zum Anwesen Ecke Güntter- und Ziegelstraße erstreckte, werden sich manche alte Marbacher noch erinnern. Das Geschäftshaus des verstorbenen Wilhelm Friedrich Renz am Marktpaltz wurde 1854 von dem Kaufmann Carl Ludwig Richter erworben. Der Garten an der Backnanger Straße ging offenbar in den Besitz des Gerbermeisters Friedrich Spoun über.

Ein anderes bekanntes Gemischtwarengeschäft war dasjenige des Kaufmanns Joh. Chr. Pfleiderer (heute Marktstr. 13, Geschäftshaus Spoun). Weitere derartige Geschäfte wurden in der Stadt von den Kaufleuten Gottlob Hagmann, Adolf Brecht und Joh. Matth. Fischer betrieben. Alle diese Kaufleute befaßten sich auch damit, die von den Frauen gesponnene Leinwand anzunehmen und sie zum Bleichen wegzuschicken. Dafür kamen besonders die Blaubeurer, die Weißenauer, die Heidenheimer, die Eßlinger und die Uracher Bleiche in Betracht.

Für ein kleines Städtchen wie Marbach spielte der Fernhandel nur eine geringe Rolle. Von um so größerer Bedeutung waren die *Märkte*[11]. Da strömten die Leute aus der weiteren Umgebung ins Städtchen, teils als Käufer, teils als Verkäufer, und mit ihnen kam Geld herein. Marbach hatte seit alten Zeiten 2-Jahr- oder Krämermärkte, den einen an Philippus und Jakobus im Frühjahr, den andern um Martini im November. Im Jahr 1806 wurde den Marbachern ein 3. Krämermarkt nach Margareten (20. Juli) bewilligt. Gleichzeitig mit diesen Krämermärkten durften Pferde- und Viehmärkte abgehalten werden. Das Vieh – und zwar Pferde, Rindvieh, Schweine und Ziegen – standen gesondert auf dem Schafwasen, am oberen Graben und an der Poppenweiler Straße (heute Charlottenstraße). Der Viehhandel lag zu einem guten Teil in der Hand von Hochberger Juden. 1824 wurde genehmigt, je einen Tag vor den genannten Jahr- und Viehmärkten auch einen Holzmarkt abzuhalten. Was einen Fruchtmarkt anbetrifft, so bemühte man sich im Jahre 1847, obwohl man früher damit keine guten Erfahrungen gemacht hatte, wiederum um einen solchen und erhielt ihn am 18. 4. 1848 auch tatsächlich genehmigt. Für ihn wurde das Untergeschoß des Rathauses zur Verfügung gestellt, das damals mit einem großen scheunentorartigen Eingang versehen war. Der erste Fruchtmarkt fand am 1. Juli 1848, also mitten im Revolutionsjahr, statt. Obwohl Regenwetter herrschte, fuhr an diesem Tag ein Getreidewagen nach dem anderen ins Rathaus ein. Man zeigte sich von diesem Erfolg sehr befriedigt. Aber die Erwartungen, die man in den Fruchtmarkt gesetzt hatte, wurden rasch enttäuscht. In den folgenden 2 Jahren erschienen immer weniger Käufer und Verkäufer und im Jahr 1851 war der Marbacher Fruchtmarkt schon wieder eingeschlafen.

Seit alten Zeiten wurde in Marbach samstags ein Wochenmarkt abgehalten, später auch mittwochs. Diese Wochenmärkte dienten in erster Linie dazu, daß die Einwohnerschaft ihren Bedarf an Lebensmitteln, besonders an Eiern und Gemüse, decken konnte. War anzunehmen, daß dies geschehen sei, so wurde auf dem Markt eine Fahne aufgezogen. Erst dann durften auch die Händler die angeführten Lebensmittel aufkaufen.

3. Die Marbacher Gaststätten

Wenn wir von Marbach im 19. Jahrhundert sprechen, so dürfen wir auch die vielen Gastwirtschaften nicht vergessen, welche es im Städtchen gab. Es sollen insgesamt 36 gewesen sein. Wohl jeder Bäcker und Metzger betrieb nebenher eine Gastwirtschaft. Man unterschied Schildwirtschaften, Speisewirtschaften und Schankwirtschaften. Dazu kamen im Herbst noch die Besenwirtschaften der Weingärtner, die das Recht hatten, um diese Zeit einen Besen vors Fenster zu stecken und vorübergehend ihren eigenen Wein auszuschenken. Der viele Wein, der auf der Markung wuchs, mußte ja auch getrunken werden. In der 1. Hälfte des 19. Jahrhunderts ist der Alkoholkonsum offenbar stark angestiegen, was sicher damit zusammenhing, daß der Most- und Biergenuß immer mehr um sich griff. Stadtschultheiß Klein führt in seiner in den Turmknopf der Alexanderkirche eingelöteten Denkschrift den wachsenden Durst auf die zunehmende Sitte des Tabakrauchens zurück. Man darf dabei auch nicht außer acht lassen, daß die Männer in einer Zeit, da man noch nichts von Kino, Radio und Fernsehen ahnte, im allgemeinen nur im Wirtshaus Unterhaltung und Anregung fanden. In den Wirtshäusern wurde die Geselligkeit gepflegt und wurden die öffentlichen Angelegenheiten besprochen; ja, man kann sagen, daß die angesehensten unter ihnen so etwas wie Kulturstätten waren, denn in ihnen wurden auch Konzerte und Theaterstücke aufgeführt und Vorträge gehalten.

Das vornehmste Gasthaus der Stadt war die „Rose", das Haus Marktstr. 16. Nachdem dort 1842 eine Poststelle eingerichtet worden war und der Rosenwirt Gottlieb Feucht sich „Posthalter" betiteln durfte, bürgerte sich allmählich gegen das Ende der 60er Jahre an Stelle des Namens „Rose" der Name „Post" für dieses Gasthaus ein. Auch nachdem sich dort nicht mehr die Poststelle befand, wurde der Inhaber des Hotels regelmäßig mit „Herr Posthalter" angeredet.

Fast ebenso angesehen wie die „Rose" war der Adler, dessen schönes Wirtshausschild, obwohl die Gaststätte eingegangen ist, immer noch die Marktstraße ziert. Der Adlerwirt Carl Kauffmann verkaufte im Jahr 1856 seine Gastwirtschaft an J. G. Häußermann, der bis dahin „vis-a-vis dem Rathaus" eine Wirtschaft geführt hatte. Letzteres war offenbar in einem heute zum Geschäftshaus Pfund (Marktstr. 34) gehörigen Haus betrieben worden.

Weiter ist der „Hirsch" auf der Nordseite der unteren Marktstraße (heute: Marktstr. 46) zu nennen. Der Hirschwirt Adam Barth zählte zu den wohlhabendsten Leuten in der Stadt. Neben seiner Gastwirtschaft wurde von ihm eine ziemlich große Landwirtschaft betrieben, weshalb Hirschwirt Barth auch im Ausschuß des Landwirtschaftlichen Bezirksvereins eine führende Rolle spielte. Daß nicht nur der Hirschwirt Barth, sondern auch seine Ehefrau in der Stadt ein großes Ansehen genoß, ist daraus zu ersehen, daß ihr nach ihrem Tod im Jahr 1862 im „Postillon" ein langer Nachruf gewidmet wurde, in dem man „ihre Freundlichkeit und unerschöpfliche Herzensgüte" hervorhob und sie als „das Muster einer schwäbischen Hausfrau" rühmte. Nach ihrem Tod übernahm der Sohn Julius den „Hirsch".

Etwas weiter oben auf der gleichen Seite der Marktstraße (heute Marktstr. 37) betrieb Jakob Graß eine Metzgerei und Schankwirtschaft. 1856 erhielt er die Konzession für eine Schildwirtschaft und seitdem hing dort eine Sonne als Wirtshausschild heraus, das erst verschwand, als die Gastwirtschaft im Jahr 1917 einging. Das Gasthaus zur „Sonne" war unter der Familie Graß eines der bestrenommierten Gasthäuser der Stadt. Oft hören wir auch, daß im Graß'schen Garten gewirtschaftet worden sei, ohne daß sich noch genau feststellen ließ, wo derselbe lag.

Als das Gasthaus zur „Krone" 1826 an der bekannten Straßenkreuzung erbaut worden war, stand es noch ziemlich einsam vor dem Oberen Tor[2]. Aber gerade in diese Richtung dehnte sich in den nächsten Jahren die Stadt aus. Der erste Kronenwirt scheint Jacob Binder gewesen zu sein, der 1832 als einer der Mitbegründer des Marbacher Liederkranzes auftritt. In den 40er Jahren gehörte die „Krone" dem Bierbrauer Gottlob Friedrich Berrer, der daneben in der Poppenweiler Straße eine Bierbrauerei betrieb. Im Jahr 1855 wird er noch unter den höchstbesteuerten Bürgern des Städtchens aufgeführt. Dann scheint bei ihm aber ein rascher Vermögensverfall eingetreten zu sein. In den Jahren 1857 und 1858 mußte er sowohl die Gastwirtschaft als auch die Brauerei im Wege der Schuldenliquidation verkaufen. Die Gastwirtschaft wurde dann von Louis Kienzle, der vom Kirchenhardthof stammte, erworben. Gleichzeitig verheiratete sich Kienzle mit der Louise geb. Gall. Unter Kienzle, der ein Vorfahre mütterlicherseits des gegenwärtigen Bürgermeisters Zanker ist, nahm die „Krone" einen bemerkenswerten Aufschwung. Eine Sensation war es für die Marbacher, als 1867 in der „Krone" die Gala-Uniform des verstorbenen Georg Kienzle, offenbar eines Onkels der Kronenwirts, der Missionar und Minister des Kaisers von Abessinien gewesen war, ausgestellt wurde. Der „Postillon" unterläßt es nicht bei der Ankündigung dieser Ausstellung zu bemerken, daß der Verstorbene der Sohn des „sehr gegüterten Hofbesitzers Kienzle vom Kirschenhardthof" gewesen sei. Die Kronenwirtschaft verfügte damals bereits über 10 Zimmer, 3 Küchen, 1 Saal, eine Kegelbahn und eine Gartenwirtschaft. Der Kronengarten, der sich an der Stelle des heutigen Geschäfts von Lichdi befand, war oft der Schauplatz fröhlicher Feste. Nicht selten konzertierte dort eine Militärkapelle.

Bei den 3 Brauereien, die, wie Stadtschultheiß Klein in seiner Denkschrift berichtet, in den verflossenen 25 Jahren in Marbach entstanden waren, handelte es sich – abgesehen von der Berrer'schen – um die Brauerei eines Georg Kunz und um die eines Louis Rommel. Kunz betrieb seine Brauerei in der oberen Vorstadt, konnte aber die Notzeit in der 1. Hälfte der 50er Jahre nicht überstehen; am 1. 9. 1854 wurde ihm vergantet (d. h. er kam in Konkurs). Dagegen war der Rommel'sche Biergarten – „in unmittelbarer Nähe der Stadt auf der Sommerseite der Straße nach Ludwigsburg gelegen" – lange Zeit eine beliebte Versammlungs- und Vergnügungsstätte der Stadt. Die früher Berrer'sche Brauerei an der Poppenweiler Straße kaufte der Bierbrauer Johann Friedrich Strecker, der aber schon im April 1868 verstarb.

Weiter sind noch zu nennen: Die Gastwirtschaft des Michael Scharr (heute Walter Knorpp, Niklastorstr. 12), wo zur Zeit der 48er-Revolution die Demokraten zusammenkamen, und die Weinstube Kopf (heute Holzwarth, Wildermuthstr. 6), welche nach dem Bau des Hauses im Jahr 1825 im Jahr 1839 von dem Bäckermeister Andreas Kopf, dem Großvater des späteren Bürgermeisters Wilhelm Kopf, eröffnet wurde.

Die Geschichte des Gasthofs zum „Bären" und des „Schillerhofs" gehört im wesentlichen einer etwas späteren Zeit an. Welche Bedeutung die Bevölkerung allen diesen Gaststätten beimaß, erhellt die Tatsache, daß die Rosengasse, das Hirschgäßchen, das Sonnengäßchen und die Bärengasse heute noch nach ihnen ihre Namen tragen.

4. Der Verkehr

Die Immobilität der Bevölkerung in einer Zeit, da es noch keine Eisenbahnen und keine Autos gab, können wir uns heute schwer vorstellen. Dafür war das Eigenleben in einem Städtchen wie Marbach noch viel ausgeprägter. Schon seit 1824 fuhr wöchentlich ein Postwagen von Backnang über Marbach nach Ludwigsburg und zurück [1].

Am 1. 10. 1842 wurde eine Poststelle in Marbach eingerichtet. Nun fuhr eine Postkutsche, die Platz für 12 Personen hatte und auch Briefe beförderte, nach einem geregelten Fahrplan täglich einmal zwischen Ludwigsburg und Backnang hin und her. In Marbach konnte man zusteigen. Wenn der Postillon zum Städtchen hinausfuhr, ließ er sein Posthorn erschallen. Seit 1. 6. 1846 bestand auch eine regelmäßige Postverbindung von Stuttgart über Ludwigsburg, Marbach und Großbottwar durchs Bottwartal nach Heilbronn. Man konnte nun an einem Tag eine Reise nach Stuttgart oder Heilbronn machen, was als bedeutender Fortschritt galt. Damals wurde im Oberamt eine 2. Postexpedition in Großbottwar und am 1. Juni 1848 eine 3. in Beilstein eingerichtet. Die Post wurde, wie fast in ganz Deutschland, von den Fürsten von Thurn und Taxis betrieben, von denen sie am 1. 7. 1851 der württembergische Staat übernahm. Auf Vorbestellung konnte man auch mit Lohnkutschen nach Ludwigsburg oder nach Backnang fahren. Die Fahrt nach Ludwigsburg kostete 12 Kreuzer, die Fahrt nach Backnang 24 Kreuzer. Bei besonderen Anlässen wurden solche außerordentliche Fahrgelegenheiten gern benützt, so z. B. beim Einzug des Kronprinzen Karl und seiner jungen Gemahlin (der Zarentochter Olga) in Stuttgart am 2. 9. 1846.

Der Frachtverkehr nach Stuttgart lag in der Hand des Stadtboten Heinrich Eppinger, der mit seinem Planwagen mehrmals in der Woche nach Stuttgart fuhr und dort sein Fuhrwerk im „Rößle" bei der Stiftskirche einstellte. Vorn im Wagen verstaute er die Säcke, Körbe und Pakete, die ihm zur Beförderung mitgegeben wurden. Dahinter konnten, durch die Plane vor Wind und Wetter geschützt, auf harten Holzbänken noch 6-8 Fahrgäste, denen die Postkutsche zu teuer war, um einen billigen Preis mitfahren. Eppinger, der als Sattler gelernt hatte, war ein Veteran des Rußlandfeldzugs des Jahres 1812, einer der wenigen, die aus diesem Feldzug zurückgekehrt waren. Auf der langen Fahrt nach Stuttgart pflegte er seine Fahrgäste damit zu unterhalten, daß er ihnen seine Kriegserlebnisse erzählte. Im Jahr 1854 gab er das ganze Botenwesen nach Stuttgart altershalber an Tobias Mayerlen ab. Als er 1867 hochbetagt starb, nahm die ganze Stadt an seinem Hinscheiden Anteil [2].

Als im Herbst 1845 die erste württembergische Eisenbahn von Cannstatt nach Eßlingen fertiggestellt wurde, brach eine neue Zeit an, die bald auch Marbach näher rücken sollte, denn bereits am 15. Okt. 1846 wurde die Strecke Stuttgart-Ludwigsburg dem Verkehr übergeben. Ab 1. Juli 1847 konnte man diese Strecke täglich 4mal in beiden Richtungen befahren. Den Zeitgenossen erschien das neue Verkehrsmittel als ein beinahe unfaßbares Wunder.

5. Die Marbacher Presse

Nachdem in Württemberg die Pressezensur gelockert worden war, erschien in Marbach am 2. 9. 1845 zum erstenmal eine Tageszeitung, der „Postillon" betitelt, der Vorgänger der „Marbacher Zeitung". Sie wurde von dem Buchdrucker Friedrich Dürr herausgegeben. Dieser war damals 42 Jahre alt und stammte aus Ludwigsburg. Die Druckerei befand sich anfangs im Haus Niklastorstr. 17 (später Gasthaus zur Traube von Wilhelm Brückner, heute Walter Klotzbücher). Der „Postillon" erschien zuerst in wahrer Knechtsgestalt, nämlich im Format von 17 × 24,5 cm an 3 Wochentagen mit einer Auflage von 220 Exemplaren. Bis zum Jahr 1851 zierte den Kopf des Blattes ein Bild des Schillerhauses, wie es im Jahr 1845 aussah; dann sah man links das Schillerhaus, rechts die Alexander-Kirche und in der Mitte eine von 4 Pferden gezogene Postkutsche. Nachdem Dürr im Frühjahr 1849 verstorben war, führte seine Witwe die Zeitung, die rasch an Bedeutung gewonnen hatte, fort; als Redakteur zeichnete jetzt der Buchbinder Th. Funck, geb. 1809 in Stuttgart. 1852 wurde Druck und Verlag von dem in Metzingen geborenen Georg Heinrich Kostenbader aufgekauft. Derselbe erwarb das 1828 von dem Zimmermeister Sausele erbaute Gebäude in der Charlottenstraße, in dem noch heute die „Marbacher Zeitung" ihren Sitz hat.

Kostenbader baute dieses Haus gründlich um, verkaufte jedoch nach dem Tod seiner Ehefrau im Mai 1857 noch in diesem Jahr das Unternehmen an den 1818 in Frankfurt geborenen Philipp Gattinger, wobei er öffentlich in der Zeitung erklärte, daß er „wegziehen und ein stilles Privatleben beginnen" werde. Kostenbader scheint ein etwas unsteter Mann gewesen zu sein. Von der Familie Gattinger ging die Zeitung 1891 an Adolf Remppis über; im Besitz der Familie Remppis befindet sie sich noch heute. Seit 1925 trägt sie den Namen „Marbacher Zeitung".

6. Die Gemeindepolitik

Seit 1819 hatte Marbach als Stadtvorstand einen Stadtschultheißen, der auf Lebenszeit gewählt wurde, und einen *Gemeinderat*, der aus Wahlen hervorging. Wählen durfte nur ein Mann, der das Gemeindebürgerrecht besaß, irgend eine Steuer zu entrichten hatte, sich nicht im Gant (Konkurs) befand und weder für sich noch seine Familie öffentliche Unterstützung bezog. Überdies wurde öffentlich gewählt. So war der Kreis der Wähler beschränkt. Da die Gemeinderäte keine Entschädigung erhielten, konnten im allgemeinen nur wirtschaftlich gut gestellte Männer ein solches Ehrenamt übernehmen. Der Gemeinderat bestand aus 12 Mitgliedern. Wer zum erstenmal gewählt wurde, war nur auf 2 Jahre Gemeinderat; wer dann wiedergewählt wurde, war es auf Lebenszeit. Deshalb pflegten fortschrittlich gesinnte Leute zu empfehlen, einen Gemeinderat nicht wieder zu wählen, um so praktisch die Lebenslänglichkeit abzuschaffen. Nach der 48er Revolution wurde geheim gewählt, und zwar $^1/_3$ der Gemeinderäte auf 6 Jahre und die übrigen auf 2 Jahre.

Außerdem gab es einen *Bürgerausschuß*, dessen Mitglieder in einem rollierenden System auf kurze Zeit gewählt wurden. Seine Zuständigkeit war eng begrenzt. Bei Sitzungen des städtischen Magistrats saßen die Gemeinderäte im Rathaussaal auf Stühlen um den Tisch herum, während die Bürgerausschußmitglieder auf dahinter aufgestellten Schrannen Platz nehmen mußten.

Neben dem Oberamtmann gab es in der Stadt einen Amtspfleger und neben dem Stadtschultheißen einen Stadtpfleger. Zum *Stadtpfleger* wurde während des ganzen 19. Jahrhunderts jeweils ein nicht besonders vorgebildeter, angesehener Bürger der Stadt bestellt. Wie bereits ausgeführt wurde (s. oben Kap. 2), hatten zu Anfang des Jahrhunderts beide Ämter Glieder der Sippe Renz inne. Auf Philipp Friedrich Renz folgte als Amtspfleger Gustav Föhr, der Sohn des Oberamtsarztes Johann Christian Föhr, und auf Wilhelm Friedrich Renz als Stadtpfleger Andreas Hauser, der zuvor Amtssubstitut in Affalterbach gewesen war. Von ihm wird noch weiter die Rede sein. Der Nachfolger von Hauser war Friedrich Schwarz, der, nachdem 1837–1839 das Amtsgericht in das Gebäude verlegt worden war, in dem es sich noch heute befindet, das 1824/25 als Amtsgericht erbaute Haus (heute Wildermuthstr. 5) erwarb. Zur Zeit der 48er-Revolution hören wir von einem Stadtpfleger Rommel, dem etwa um 1855 der Stadtpfleger Jakob Thumm nachfolgte.

Eine gewichtige Persönlichkeit im Städtchen war noch zu Anfang des 19. Jahrhunderts der Herr *Stadtschreiber*. Was so ein Stadtschreiber bedeutete, schildert Ottilie Wildermuth:

„Das war eine gloriose Zeit, als der Herr Döte (Pate) Stadtschreiber noch regierte ... Jetzt gibt es Gerichtsnotare und Amtsnotare, Stadtschultheißen und Ratschreiber, Verwaltungsaktuare und Pfandkommissäre, die allesamt Mühe haben, sich nebst Familie des Hungersterbens zu erwehren. Alle diese Ämter waren dereinst vereinigt unter dem Dach der Stadtschreiberei ..."

Wohl kein anderer Beamter der Stadt konnte sich solcher Einkünfte erfreuen wie der Herr Stadtschreiber, zumal, wenn man noch die Geschenke in Geld und Naturalien in Betracht zieht, die ihm verehrt wurden, denn das „Schmieren und Salben" wurde damals noch mit größter Selbstverständlichkeit betrieben. Die Dienstwohnung und die Amtsräume der Stadtschreiberei befanden sich in einem stadteigenen Gebäude, dem Hause Marktstr. 34 (heute Geschäftshaus Pfund). Der letzte Marbacher Stadtschreiber war Friedrich Günzler (1784–1826)[1].

Der erste Marbacher *Stadtschultheiß* war Johann Heinrich Brecht (1819–1826).

Als Nachfolger von Brecht wurde im Dezember 1825 Karl Ludwig Christof *Klein* zum Stadtschultheißen gewählt. Er hatte einst seine Lehre bei Stadtschreiber Günzler absolviert. Als im Jahr 1846 der vom Zahn der Zeit benagte Turm der Alexanderkirche ausgebessert werden mußte, wofür 300 fl aufgewendet wurden, ließ er eine von ihm verfaßte Denkschrift in den Turmknopf einlöten, in der er über die wichtigsten Ereignisse während seiner Amtszeit berichtete[3]. Er vermerkt den 1834 hinter der Alexanderkirche angelegten neuen Friedhof, der aber noch nicht ummauert war, das große Veteranenfest, das an Johannesfeiertag, den 24. Juni 1839, in der Stadt abgehalten worden war, und vor allem die 1841 abgeschlossene Aufteilung des Hartwalds unter die 7 Hartgemeinden. Weiter wird erwähnt, daß vor 2 Monaten die Straße Ludwigsburg-Marbach-Backnang vom Staat übernommen worden sei und daß täglich 2 Omnibusse der Linie Stuttgart–Heilbronn in Marbach kreuzen würden. Marbach zählte damals 2495 Einwohner, also mehr als am Ende des Jahrhunderts. Klein hätte noch hinzufügen können, daß sich 1828 Siegelhausen, das bis dahin eine selbständige Gemeinde gewesen war, auf eigenen Wunsch an Marbach angeschlossen hatte, und daß unter seiner Amtszeit 1837 ein Markungs-Steuer-Weide- und Grenzausgleich zwischen Marbach und Poppenweiler zustande kam, der jahrhundertelange Streitigkeiten der beiden Gemeinden beendigte. Endlich war auch der Mauerdurchbruch an der Bärengasse im Jahr 1846 Kleins Werk.

Stadtschultheiß Klein genoß in der Stadt außerordentliche Beliebtheit. Um so größere Erregung rief es in der Bürgerschaft hervor, als er am Sonntag, dem 15. November 1846, nach dem Kirchgang eine Bürgerversammlung im Rathaus einberief und in derselben erklärte, daß er sein Amt niederlege. Was war geschehen? In der Amtsführung des Stadtschultheißen, der anscheinend zwar gut, aber übergründlich gearbeitet und dem zeitraubenden Zudrang des Publikums allzu sehr nachgegeben hatte, waren trotz seines Fleißes gewaltige Rückstände angewachsen. Durch Reskript der Regierung des Neckarkreises vom 17. Oktober 1846 war ihm schließlich die Absetzung angedroht worden. Dieser wollte er mit seiner Amtsniederlegung zuvorkommen. In einer sehr eindrucksvollen Rede schilderte Klein in der Bürgerversammlung seine Geschäftsüberlastung; oftmals habe er seine vorgesetzten Stellen um Einstellung von Hilfskräften gebeten, jedoch immer ohne Erfolg. Dann legte er dar, daß die Stadt bei seinem Amtsantritt 37 000 fl Außenstände, 34 000 fl Schulden und nur ein Vermögen von 18 000 fl gehabt habe; heute belaufe sich der Vermögensstand nach Abzug der Schulden auf 30 000 fl. Nachdem er geendigt hatte, erhob sich der Rechtskonsulent Veiel, der damals Landtagsabgeordneter des Oberamts Marbach und mit Klein befreundet war, und widmete diesem überschwengliche Dankesworte. In gleichem Sinn veröffentlichte er im „Postillon" einen Bericht über den Vorgang. Es heißt darin u. a.: „Auf allen Gesichtern las man tiefe Wehmut und bei weitem den meisten der Anwesenden, dem jungen, kraftvollen Mann, so gut wie dem Greisen, standen Tränen in den Augen."

Die Neuwahl des Stadtvorstands fand schon 1 Woche darauf, am 23. November 1846, statt. Gewählt wurde Stadtpfleger *Schwarz* mit 314 von 626 Stimmen. Schwarz war ein guter Nachbar Veiels und ebenfalls mit Klein befreundet. Das Wahlergebnis wurde von Oberamtmann Stockmayer in einer Bürgerversammlung auf dem Rathaus eröffnet. Als Klein hernach vor der Versammlung noch einmal das Wort ergreifen wollte, wurde es ihm von Stockmayer abgeschnitten mit der Bemerkung: „Ich lasse die Komödie, die lange genug in öffentlichen Blättern gespielt hat, nicht weiter zu."

Aber keine 14 Tage nach der Wahl gab es für die Marbacher eine neue Überraschung: Der Neugewählte legte sein Amt nieder unter Bezugnahme auf seinen schlechten Gesundheitszustand. Dies dürfte kein leerer Vorwand gewesen sein, denn schon im März des folgenden Jahres starb Schwarz [4].

So mußte am 12. Dezember 1846 nochmals gewählt werden. Diesmal standen sich Veiel und Robert Sigel (geb. 6. Juni 1820), der erst vor etwa 1 Jahr von Stuttgart her als Gerichtsaktuar in Marbach aufgezogen war, also 2 Juristen, als Kandidaten gegenüber. Sigel muß während seiner kurzen Anwesenheit in Marbach viele Sympathien erworben haben. In Wahlaufrufen wird „sein gerader, aufrichtiger, gemütlicher, wie wissenschaftlich gebildeter Charakter" gerühmt, sowie, daß er „neben großer Geschäftskenntnis eine ungemeine Leutseligkeit und Freundlichkeit gegen jedermann" zeige. *Sigel* ging aus der Wahl als Sieger hervor.

Die Begleitmusik zu diesen Vorgängen gab eine grimmige Pressefehde. Nicht erschüttert wurde durch sie die große Beliebtheit des scheidenden Stadtschultheißen Klein bei der Bevölkerung. Zum Abschied wurde ihm von mehreren Marbacher Frauen und Wittfrauen ein Mutterschaf geschenkt, in welchem – wie sie schreiben – „ein Sinnbild der Geduld und aufopfernden Liebe erblickt und ihre Dankbarkeit kund getan werden sollte". Von zahlreichen Marbacher und Siegelhäuser Einwohnern wurde Klein eine „goldene-Zylinder-Repetier-Uhr, ganz in Edelsteinen laufend, mit goldenem Staubdeckel" verehrt. Noch deutlicher als durch diese Geschenke wird sein Ansehen bei der Bürgerschaft dadurch bezeugt, daß er am 26. März 1847 bei einer Ergänzungswahl mit 247 von 252 Stimmen in den Stadtrat gewählt wurde. Auch in den folgenden Jahrzehnten war er Träger von vielen Ehrenämtern in Stadt und Bezirk.

Sigel war Stadtschultheiß von Marbach bis zu seinem Tod im Jahr 1869. Eine seiner ersten Verfügungen war, daß er den Zudrang des Publikums, der anscheinend seinem Vorgänger zum Verhängnis geworden war, dadurch einschränkte, daß er besondere Amtstage und die Voranmeldung von Gesuchsstellern durch den Amtsdiener einführte. Ihm gehörte das Haus Wilhelmsplatz 1, das lange Zeit als das vornehmste der Stadt galt. Neben seinem Amt als Stadtvorstand übte er eine Rechtsanwaltspraxis aus. Von seiner Betätigung als Politiker soll später gehandelt werden.

Solange Stadtschultheiß Klein der Vorsteher der Gemeinde war, wurde diese von etlichen Unglücksfällen betroffen.

In der Nacht vom 9./10. August 1835 brach zwischen der unteren Marktstraße und der Strohgasse ein Großfeuer aus, das 4 Wohnhäuser und 3 Scheunen in Asche legte. Es war dadurch entstanden, daß ein Fuhrmann in seiner Scheuer eine Stallaterne umwarf. Nach diesem Brand wurde beschlossen, die dort sehr enge Bauweise etwas aufzulockern. Die Brandstelle wird heute noch im Volksmund „der *Brandplatz*" genannt[5].

Am 2. Juni 1840 zog um die Mittagsstunde von Südwesten her ein schweres Gewitter auf. Von mittags 1 Uhr an ging 20 Minuten lang ein Hagelwetter nieder, das die ganze Ernte vernichtete. Marbach berechnete seinen Schaden auf 98 829 fl, wobei nicht in Anschlag gebracht wurde, daß viele junge Obstbäume und alte Weinberge so beschädigt waren, daß sie heraus gehauen werden mußten. Im ganzen Oberamt wurde der Schaden auf 428 125 fl geschätzt. Im Land wurde für die Hagelgeschädigten gesammelt. Von den gesammelten Geldern erhielt Marbach 8000 fl.[6].

Am Nachmittag des 15. Juli 1845 ließ ein Wolkenbruch den Strenzelbach plötzlich derart ansteigen, daß in der Ziegelhütte kaum das Vieh gerettet werden konnte und in der Bachmühle die Straße 5–6 Fuß tief aufgerissen wurde. Im gleichen Jahr verursachte eine Kartoffelkrankheit beträchtlichen Schaden.

7. Die Marbacher Oberamtmänner

Die führende Rolle in der Gesellschaft des 19. Jahrhunderts spielte jene Gruppe, die man als die Honoratioren bezeichnete. In einem Oberamtsstädtchen wie Marbach stand unter ihnen natürlich der Herr Oberamtsmann an der Spitze.

Der erste Oberamtmann Marbachs, dessen Amtszeit in das 19. Jahrhundert hineinreichte, war Johann Eberhard *Wächter* (1781–1807). Er stand noch dem alten, kleineren Amt Marbach vor, war aber eine Persönlichkeit, die weit über dieses Amt hinauswuchs. Er entstammte einer Beamtenfamilie, die es in Württemberg schon zu hohem Ansehen gebracht hatte, und wird als ein guter Jurist geschildert, der sich als Geschäftsmann gleicherweise bewährte. Mit vielseitiger Bildung verband er umfangreiche Kenntnisse in der Verwaltung, Geschäftsgewandtheit und einen ungewöhnlichen Weitblick, mit welchen Eigenschaften ein großer beruflicher Eifer glücklich zusammenstimmte.

König Friedrich, damals noch Herzog, wurde auf ihn aufmerksam und übertrug ihm umfassendere Aufgaben. Die von Württemberg durch den Reichsdeputationshauptschluß erworbenen Gebiete waren überwiegend katholisch; ihre Verbindung mit Altwürttemberg, in dem die staatsbürgerlichen Rechte an das protestantische Glaubensbekenntnis geknüpft waren, schien fast unlösbare Probleme aufzuwerfen. Schon am Entwurf des Religionsedikts vom 14. August 1803, durch welches der König seinen neuen Untertanen Glaubensfreiheit gewährte, arbeitete Wächter mit. Zur Organisation Neuwürttembergs, das der König ohne Mitwirkung der Landstände selbstherrlich regierte, zog er als einzigen Altwürttemberger den Marbacher Oberamtmann heran. Es kam aber dann schließlich zu einer Entfremdung zwischen ihm und dem despotischen König. Nach Abschluß seiner Organisationsarbeiten schied Wächter aus seinem Amte aus. Fortan wurde er von dem Mißtrauen und dem Unwillen des Herrschers verfolgt. Schon als er 1805 zum Landschaftskonsulenten gewählt worden war, hat ihn Friedrich in dieser Stellung nicht bestätigt. Erst nach dem Tode dieses Königs 1816 wurde er von dessen Nachfolger, Wilhelm I., rehabilitiert und erhielt als Leiter des Oberkonsistoriums (1821–1830) wieder eine leitende Stellung [1].

Solange Eberhard Wächter noch Oberamtmann in Marbach war, wurde ihm am 24. Dezember 1797 sein Sohn Karl Georg geboren, dessen Ruhm den seines Vaters noch weit überstrahlen sollte. Es ist hier der Ort, auf diesen bedeutenden Marbacher, an den eine Gedenktafel an der früheren Oberamtei, seinem Geburtshaus, erinnert, etwas näher einzugehen. In seinem 13. Lebensjahr wurde sein Vater von Marbach nach Esslingen versetzt. Als Kind stürzte Karl Georg einmal vom 3. Stock eines Neubaus herunter und brach dabei seinen rechten Arm, was zur Folge hatte, daß er auch die rechte Hand zum Schreiben nicht mehr benützen konnte und sein Leben lang Linkshänder war. Er wurde einer der größten Rechtsgelehrten seiner Zeit. Das juristische Staatsexamen bestand er an der Universität Tübingen mit der Note „vorzüglich" und schon in sehr jungen Jahren wurde er als außerordentlicher Professor an diese Universität berufen. Ab 1835 war er ständiger Kanzler der Universität Tübingen und als solcher Mitglied der württembergischen Ständekammer, die ihn zu ihrem Präsidenten wählte. Nach der 48iger Revolution schüttelte er wegen eines Konflikts mit der Regierung im Jahr 1852 den Staub des Landes von den Füßen. Er übernahm dann eine Professur in Leipzig und gelangte dort als Mitglied des sächsischen Staatsrats zu hohen Ehren. Vom König von Sachsen wurde er in den erblichen Adelstand erhoben. Am 25. Januar 1880 starb er 82 Jahre alt. Auch solange er in Leipzig lebte bezeugte er die fortlaufende Verbundenheit mit seiner Geburtsstadt, so durch mehrfache Besuche in Marbach.

Auf Eberhard Wächter folgten in Marbach rasch aufeinander verschiedene Vorsteher des Bezirks, von denen wir nicht mehr als die Namen mitteilen können: 1807 Oberamtmann Gaisheimer, 1810 Oberamtmann und Regierungsrat Parrot, 1811 Oberamtmann Mutschler und 1817 Heigelin als Amtsverweser [2]. Erst 1819 erhielt der Bezirk in Oberamtmann J. G. Veiel einen Vorsteher, der beinahe 20 Jahre lang an seine Spitze stand.

Veiel war bis 1838 Oberamtmann in Marbach. Was wir von ihm hören, klingt nicht besonders erfreulich. Er scheint sich so recht als ein Beamter der damaligen Reaktionszeit verstanden zu haben. Als solcher geriet er in Konflikt mit dem Pleidelsheimer Schultheißen, Volksmann und Schriftsteller Nefflen, der seit 1832 als erwählter Abgeordneter das Oberamt Marbach in der 2. Kammer des Landtags vertrat. Er verfolgte Nefflen mit Ingrimm und brachte ihn schließlich auch zur Strecke. Bei der Landtagswahl des Jahres 1838 kandidierte Veiels Sohn, der sich als Rechtskonsulent (Rechtsanwalt) in Marbach niedergelassen hatte (S. vorstehendes Kapitel!), gegen Nefflen. Damals soll Oberamtmann Veiel Druckschriften, die für Nefflen warben, „mit der Schere der Zensur unterdrückt" haben; er habe sogar Leute, die solche Druckschriften verbreiteten, verhaften lassen. Tatsächlich wurde dann auch sein Sohn in die Ständeversammlung gewählt. In diesem Jahr trat Oberamtmann Veiel im Alter von 65 Jahren in den Ruhestand. Er lebte noch 1849 als Pensionär in Stuttgart.

Ein Mann ganz anderer Art war Oberamtmann Gustav *Stockmayer*, der aus einer in Württemberg hoch angesehenen Familie stammte. Er ist am 27. Februar 1796 als Sohn eines Oberfinanzrats in Stuttgart geboren und hat sich dort 1822 mit Charlotte geb. Landauer, der Tochter eines wohlhabenden Kaufmanns, verheiratet. Im Juni 1843 trat er sein Amt in Marbach an. Er war nicht nur ein tüchtiger Verwaltungsbeamter, sondern zeichnete sich auch durch eine fortschrittliche und soziale Gesinnung aus. Wie sehr er seinem Zeitalter voraus war, beweist die Tatsache, daß er schon vor 1848 öffentlich dafür eintrat, daß die Beamten außerhalb ihres Amtes nicht mit ihrem Titel, sondern mit ihrem bürgerlichen Namen angeredet werden sollten, Anschauungen, mit denen er bei seinen Vorgesetzten leicht Anstoß erregen konnte. Er war der Mittelpunkt einer kleinen Gesellschaft Gleichgesinnter, die allmonatlich im Gasthaus der Witwe Motzer im Frühmeßhof unter dem Decknamen „Neumond" zusammenkamen. Bei der Bevölkerung des Bezirks muß er recht beliebt gewesen sein. Mitten in der Hochflut der 48er-Revolution wird von ihm in einer Einsendung im „Postillon" gerühmt, daß er keinen Kastengeist habe, sondern leutselig und human sei. Man kann sich denken, daß die Stellung des Oberamtmanns in diesen Revolutionsjahren keine leichte war. Aber auch sonst fielen in seine Amtsjahre Ereignisse die seinen ganzen Einsatz erforderten. So das Jahr 1847, in welchem infolge einer Mißernte eine große Teuerung eintrat. Dann wieder die Notjahre 1851–1954. Oberamtmann Stockmayer setzte sich nach besten Kräften für die ärmeren Volksklassen ein, rief die Wohlhabenden zur Mildtätigkeit auf und regte zur Behebung der Arbeitslosigkeit Notstandsarbeiten an. Auch in seinem Privatleben blieb er von harten Schlägen nicht verschont. Am 14. Juli 1851 starb seine Gattin nach längerer Krankheit im Alter von 49 Jahren und hinterließ dem Witwer 6 Söhne und 2 Töchter. Zu Anfang des Jahres 1866 trat er in den Ruhestand, den er in Eßlingen verlebte. In Marbach hinterließ er ein gutes Andenken. Auch noch als Pensionär praktizierte er sein soziales Empfinden. Schon während des ersten Jahres seines Aufenthalts in Eßlingen entstand dort auf seine Anregung ein Frauenverein, der sich um hilfsbedürftige Kranke kümmerte, sowie ein Armenverein, der nicht ortsangehörige Arme unterstützte. Er starb in Eßlingen am 27. November 1870 [3].

Stockmayers Sohn Eugen gründete als Student in Tübingen die älteste, nicht farbentragende akademische Verbindung Deutschlands, die sich „Gesellschaft Marbachia" nannte.

8. Das Marbacher Amtsgericht

Nachdem in Württemberg die Trennung von Justiz und Verwaltung durchgeführt worden war, wurde Marbach im Jahr 1819 der Sitz eines Amtsgerichts. Der erste Marbacher Oberamtsrichter wurde der aus Nürtingen stammende Gottlob *Rooschüz*, der zuvor Kriminalrat und Gefängnisvorsteher in Rottenburg gewesen war. Durch seine Ehefrau Leonore geb. Scholl hatte er Beziehungen zu Marbach. Sie war die Tochter des Christian Friedrich Scholl, der einst Klosterhofmeister in Steinheim gewesen war und nach Bildung des neuen Oberamts als Kameralverwalter nach Marbach versetzt wurde. Marbach war damals auch Sitz eines Kameralamts (Finanzamt). Das Kameralamt war anscheinend vorübergehend im alten Physikatshaus (Marktstr. 53), dann in dem Gebäude, in dem sich jetzt das Amtsgericht befindet, untergebracht. Die Ehefrau des Kameralverwalters, Dorothea Scholl, starb früh. Es mag sein, daß die Gattin von Gottlob Rooschüz diesen dazu bewogen hat, sich um die Oberamtsrichterstelle in Marbach zu bewerben, um ihrem verwitweten Vater nahe zu sein. Derselbe ist hernach mit der Schwester seiner verstorbenen Ehefrau eine 2. Ehe eingegangen. Als Rooschüz in Marbach aufzog, gab es hier noch kein Gebäude für das Amtsgericht. Die Familie Rooschüz mußte deshalb zunächst in einem alten Haus der oberen Marktstraße gegenüber der Apotheke unterkommen; die Gerichtsverhandlungen wurden offenbar wie früher im Rathaus abgehalten. Nachdem aber 1824/25 vom Staat das Haus „vor dem Tor" „am Kreuzweg" (Wildermuthstr. 5) als Amtsgericht neu erbaut worden war, konnte die Familie Rooschüz dorthin in eine schöne Dienstwohnung übersiedeln, hinter der sich ein großer Garten den Hang hinabzog. Als 1837 das Kameralamt von Marbach nach Großbottwar verlegt[1] wurde, zog das Amtsgericht in die dadurch frei gewordenen Räume ein, in denen es sich noch heute befindet, und auch die Dienstwohnung des Oberamtsrichters wurde dorthin verlegt.

Wenn die Stadt Marbach nach Rooschüz, ihren ersten Oberamtsrichter, eine Straße benannt hat, so hat dies gute Gründe. Die Familie Rooschüz ist aus dem kulturellen Leben Marbachs im 19. Jahrhundert nicht wegzudenken. Rooschüz war nicht nur ein großer Förderer des Marbacher Liederkranzes; er darf auch als einer der Hauptinitiatoren der Schillerverehrung in Marbach gelten.

Nachdem Schiller am 9. Mai 1805 gestorben war, dachte die Einwohnerschaft des damaligen Bauern- und Weingärtnerstädtchens offenbar noch nicht daran, was es für sie bedeutete, daß der berühmte Dichter hier das Licht der Welt erblickt hatte. Als im Jahr 1814 die Russen auf dem Rückmarsch aus Frankreich durch Marbach zogen, sollen russische Offiziere mit ihren Degen vom Gebälk des Schillerhäuschens Späne abgeschlagen und sie als Reliquien mit nach Hause genommen haben. Solche Dinge mögen den Marbachern die Augen dafür geöffnet haben, daß sie als Bürger der Geburtsstadt Schillers die Verpflichtung hatten, den Nachruhm ihres großen Sohnes zu pflegen. Es war dann vor allem Rooschüz, der diese Sache in die Hand nahm. Ihm war es in erster Linie zu verdanken, daß nach der Gründung des Marbacher Schillervereins im Jahre 1835 schon im nächsten Jahr ein längst gehegter Plan verwirklicht wurde: Die Anlage der Schillerhöhe. Dazu wurde ein im Süden der Stadt gelegener Allmandplatz ausersehen, welcher den Namen „Schelmengrüble" trug. Ottilie Wildermuth beschreibt ihn wie folgt:

„Eine Anhöhe, von der man den schönsten Blick auf die freundliche Gegend, auf den hellen blauen Neckar mit seinen grünen Ufern und auf Thürme und Schloß der Stadt Ludwigsburg, einer späteren Heimat Schillers, hat. Um bei der Wahrheit zu bleiben, muß ich zwar gestehen, daß der Platz den prosaischen Namen Schelmengrüble trug ... Es war ein kahles steiniges Heideland, auf dem nur magere Bäume gediehen und nichts blühte als rothe Blutnelken, die wir als Kinder dort häufig gesammelt haben. Aber ein romantisches Plätzchen war es doch, gesucht von allen sinnigen Gemüthern – und auf der alten Steinbank, die einst auf dem schönsten Punkt der Anhöhe ein Naturverehrer errichtete, hat schon manches liebende Paar in die sinkende Sonne geschaut, lang ehe das Schelmengrüble zur Schillerhöhe geworden ist."

Dieser Platz wurde nun, indem man die Steine fortschaffte, gute Erde heranführte und allerlei Bäume und Sträucher einpflanzte, in einen Hain verwandelt. In einer idealen Aufwallung stellten sich Männer aus der Marbacher Bevölkerung für diese Arbeit freiwillig zur Verfügung.

Es entlockt uns heute ein Lächeln, wenn wir bei der Wildermuth weiter lesen:

„Und die gebildete Bevölkerung, die nicht Steine graben und Karren führen konnte, lustwandelte unter den emsigen Arbeitern, um sie durch freundliche Worte zu ermuntern, und spendete in reicher Fülle den guten Neckarwein aus ihren Kellern, um sie bei frischem Muth zu erhalten."

Es war geplant, auf der Schillerhöhe alsbald ein Schillerdenkmal zu errichten, wozu an der Stelle, wo es heute steht, schon ein Rondell angelegt wurde. Man dachte an einen kleinen, von Säulen umstandenen Rundtempel, in dem eine Schillerbüste aus weißem Marmor aufgestellt werden sollte. Man warb um Spenden für ein solches Denkmal in ganz Deutschland. Indessen hatte sich aber auch in Stuttgart ein Schillercomitée gebildet, dem u. a. Gustav Schwab angehörte. Bereits am 18. Juni 1835 erschien in der „Außerordentlichen Beilage der Allgemeinen Zeitung" ein Aufruf, in dem das vom Marbacher Gemeinderat eingesetzte Schillercomitée zu Spenden für „die Errichtung eines unserem Schiller geweihten Denkmals in seiner Geburtstadt" aufrief. In der gleichen Nummer dieser Zeitung erschien aber auch eine Erklärung des Stuttgarter Comités, in der heftig dagegen Sturm gelaufen wird, daß das Denkmal nach Marbach kommen sollte. „Ein Nationaldenkmal setzt man nicht in einen von jeder Hauptstraße abgelegenen Ort, in ein unbedeutendes Städtchen von ackerbau- und wirtschaftstreibenden, wenn auch noch so achtbaren Bewohnern." Es kam zu einem heftigen Konkurrenzkampf zwischen beiden Städten, in dem natürlich Marbach den kürzeren zog. Im Jahre 1839 wurde Thorwaldsens Denkmal auf dem Schillerplatz in Stuttgart eingeweiht, und es war für die Marbacher ein schwacher Trost, daß dabei ihr Liederkranz an der Spitze des großen Festzugs marschieren durfte. Jahrzehntelang fühlte man sich in Marbach wegen dieser Sache von Stuttgart geprellt. Infolge der Enttäuschung flaute die Schillerbegeisterung im Städtchen sehr ab. Erst das Herannahen der Feier des 100. Geburtstags Schillers im Jahre 1859 hat sie neu entfacht.

Am 11. November 1841 traf den Oberamtsrichter Rooschüz ein schwerer Schlag. Sein Sohn Eduard, der in Tübingen Medizin studierte, wurde in der Ruine Reussenstein tot aufgefunden;

offenbar hatte er seinem Leben selbst ein Ende bereitet. Von diesem Zeitpunkt an zeigte sich in der Persönlichkeit seines Vaters eine merkliche Veränderung. Hatte er vorher ein aufgeschlossenes Wesen an den Tag gelegt (er war auch der Besitzer einer ansehnlichen Gemäldesammlung) und ein gastfreies Haus geführt, so war er jetzt oft launisch und rücksichtslos, worunter auch seine Familie zu leiden hatte. Von jeher war er nur mit halbem Herzen Jurist gewesen. Jetzt genügte er auch seinen beruflichen Pflichten immer weniger. Im Frühjahr 1844 ging er in Pension und verzog mit seiner Gattin nach Stuttgart, wo er am 2. Juni 1847 verstorben ist.

Der Nachfolger von Rooschüz war Oberamtsrichter *Fleischmann*, der am 7. Mai 1866 nach schwerem Leiden verstarb.

In Marbach gab es auch *Rechtsanwälte,* die freilich noch nicht so bezeichnet wurden. Im Jahre 1803 lesen wir von einem Juristischen Practicus und Kanzleiadvokaten namens Karl Ludwig Beuerlin in Marbach.[2] Später nannte man die Rechtsanwälte Rechtskonsulenten. Als solcher praktizierte in den 30er und 40er Jahren jener Sohn des Oberamtmanns Veiel, der 1838 zum Landtagsabgeordneten gewählt wurde, offenbar ein intelligenter und redegewandter Herr. Veiel war der Verteidiger der Nanette Christiane Ruthardt, an welcher am 27. Juni 1845 die letzte öffentliche Hinrichtung in Stuttgart vollzogen wurde.[3] In Marbach wohnte er vor dem Oberen Tor. Im Frühsommer 1849 verzog er nach Stuttgart und hatte dann dort sein Büro am Marktplatz.

Eine mehr tragische Figur war der aus Wildbad stammende Rechtskonsulent Hermann Reyscher, der sich nach dem Wegzug von Veiel hier niederließ. Neben ihm übte auch Stadtschultheiß Sigel diesen Beruf aus. Schon nach kurzer Zeit verlegte Reyscher seine Praxis nach Ludwigsburg. Dort hatte er offenbar wenig Erfolg, denn 1854 kehrte er wieder nach Marbach zurück und wohnte dort im Haus des Silbergürtlers Francke beim Rathaus. Die Rechtskonsulenten pflegten sich damals oft auch als Geldvermittler und Grundstücksmakler zu betätigen. So auch Reyscher. Im Jahr 1855 veröffentlichte der Marbacher Gemeinderat im „Postillon" eine Erklärung, daß Reyscher kein Vermögen besitze und sich trotzdem mit dem Ausleihen von Kapitalien befasse. Nachdem das Haus des Gürtlers Francke nach dessen Tod verkauft worden war, wobei Reyscher als Grundstücksmakler mitwirkte, nahm Reyscher bei dem Kammacher Flick Wohnung. 1858 war er so fußleidend, daß er das Haus nicht mehr verlassen konnte. Er empfahl sich aber immer noch als Verfasser von Schriftsätzen und Eingaben bei Behörden. Kurz darauf muß er gestorben sein.

In Marbach machte dem Rechtskonsulenten Reyscher ein Winkeladvokat Konkurrenz. Solche Leute hieß man in Württemberg im Volksmund „Entenmeier". Es war dies Christian Reisser, ein ehemaliger Tuchscherer, der beim Oberen Tor wohnte und sich als Commissionär bezeichnete. Seine lange Praxis endigte damit, daß er zu einer 3monatigen Arbeitshausstrafe verurteilt und im Jahre 1866 steckbrieflich verfolgt wurde.

Seit der Auflösung der Stadtschreiberei war Marbach auch der Sitz eines Notars, der im Unterschied zu den Amtsnotaren den Titel *Gerichtsnotar* führte. Der erste scheint der Gerichtsnotar John gewesen zu sein, welcher ein 2stöckiges Haus in der Affalterbacher Straße besaß. Dort lebte er lange Jahre hochgeachtet im Ruhestand. Er starb im Juli 1854.

9. Ottilie Wildermuth

So sehr die Verdienste von Oberamtsrichter Rooschüz um das kulturelle und gesellschaftliche Leben unserer Stadt zu würdigen sind, so ist er doch vor allem als Vater der Ottilie Wildermuth einer weiteren Öffentlichkeit bekannt geworden. War sie doch eine der beliebtesten Schriftstellerinnen des 19. Jahrhunderts in Deutschland und vor allem in Württemberg! Nicht nur durch ihre Werke, sondern auch durch ihre Beziehungen zu dem damaligen schwäbischen Dichterkreis kommt ihr eine besondere literaturgeschichtliche Bedeutung zu.

Als die Familie Rooschüz in Marbach einzog, war Ottilie 2 Jahre alt. Ihre schönsten Jugendjahre verbrachte sie in dem neu erbauten Amtsgericht an der Kronenkreuzung und zeitlebens betrachtete sie Marbach als ihr Heimatstädtchen, an dem sie mit Treue und Liebe hing. Ottilie wird als ein nicht besonders hübsches, aber phantasiebegabtes Mädchen mit natürlichem Wesen geschildert. Ihre Begeisterung galt vor allem den Dichtern und es ist anzunehmen, daß ihr Vater bei dem, was er für die Schillerverehrung in Marbach tat, auch von seiner Tochter nicht zu unterschätzende Impulse erhielt. In den Jahren 1838/39 scheint sie eine schmerzliche Enttäuschung erlebt zu haben. Ihre aussichtslose Liebe soll ihrem Vetter Karl Gerock, dem späteren Hofprediger und Dichter der „Palmblätter", gegolten haben. Sie suchte Trost in der Religion und bereitete sich auf ein einsames Leben vor. Da wurde David Wildermuth, der 1807 geborene Sohn einer Pleidelsheimer Kleinbauernfamilie, auf sie aufmerksam gemacht. Derselbe war zuerst Volksschullehrer gewesen, wobei seine Begabung auffiel. Er studierte dann noch in Tübingen und erhielt nach einem Studienaufenthalt in England 1837 eine Stelle am Tübinger Lyceum für Mathematik und neuere Sprachen. Es glückte ihm, mit der Oberamtsrichterfamilie Kontakt aufzunehmen und am Christfest 1842 war er ihr Gast. Dieser Besuch scheint infolge der Ungewandtheit des Freiers ein Mißerfolg gewesen zu sein. Rooschüz, aus einer ausgesprochenen Honoratiorenfamilie stammend, konnte sich nicht mit dem Gedanken befreunden, einen Bauernsohn zum Schwiegersohn zu erhalten. Einen Werbebrief Wildermuths vom Neujahrsfest 1843 würdigte er zunächst überhaupt keiner Antwort. Ottilie selber schwankte in ihren Gefühlen, ließ sich aber doch in einen lebhaften, auf hohem Niveau stehenden Briefwechsel mit Wildermuth ein, in dem sie eine kühle Reserve wahrte. Schließlich entschloß sie sich zu einem Besuch in Tübingen, wo sie sich vom 19.–22. Februar 1843 aufhielt. Hier trat bei ihr die entscheidende Wende ein. Auch Rooschüz, dessen Gattin die Heiratspläne unterstützte, hielt nun nicht länger mit seiner Einwilligung zurück. An ihrem 26. Geburtstag war Ottilie die Braut Wildermuths. Am 5. September 1843 fand in Marbach die Hochzeitsfeier statt und Rooschüz mußte die bittere Pille hinunterschlucken, daß dabei die Verwandten seines Schwiegersohnes aus Pleidelsheim in Bauerntracht erschienenen [2].

Ottilie Wildermuth führte mit ihrem Gatten in Tübingen eine harmonische Ehe. Finanziell war sie bei dem schmalen Gehalt ihres Ehemanns zunächst nicht auf Rosen gebettet. Um ihr Haushaltsgeld etwas aufzubessern, scheint sie mit der Schriftstellerei angefangen zu haben, wobei ihr ein unerwarteter Erfolg zuteil wurde. Bei ihrer wachsenden Familie fiel es ihr oft nicht leicht, sich die Muse für ihre schriftstellerische Tätigkeit abzuringen. Sie wurde jedoch von ihrer Mutter, die nach dem Tod des Oberamtsrichters zu ihr nach Tübingen zog, im Haushalt kräftig unterstützt. In Tübingen pflegte sie mit Ludwig Uhland und seiner Frau enge freundschaftliche Beziehungen und, als sich Justinus Kerner nach dem Tod seines Rickele alt und vereinsamt fühlte, entspann sich zwischen ihm und ihr ein reger Briefwechsel.

An den Ereignissen in Marbach nahm sie auch nach ihrem Wegzug nach Tübingen großen Anteil. So warb sie im Jahre 1857 in einem längeren Artikel im „Postillon", in dem sie ihre Jugenderinnerungen auffrischte, für den Erwerb des Schillerhauses durch den Marbacher Schillerverein. Ihr gebührt auch das Hauptverdienst daran, daß in Marbach eine Kleinkinderschule eingerichtet wurde. Sie warb unermüdlich für diesen Plan und setzte für die Verwirklichung desselben ihre weitreichenden Beziehungen ein. Dabei wurde sie in der Stadt von dem Helfer Knapp und dem Apotheker Dr. Rieckher unterstützt, während die Stadt, deren Kasse sich durch ständige Leere auszeichnete, so gut wie nichts dafür tat. Im Jahre 1873 war es dann so weit, daß man für die Kinderschule im Anwesen Knorpp am Schafwasen ein Lokal mieten konnte. Erst im Jahr 1879 wurde unter der Aufsicht des Oberamtsbaumeister Dillenius ein eigenes Gebäude erstellt, das heutige ev. Gemeindehaus in der Steinerstraße [3]. Ottilie Wildermuth hat dies nicht mehr erlebt. Sie starb in der Nacht vom 8./9. Juni 1877 in Tübingen an einem Schlaganfall.

Wohl nirgends findet die Biedermeierzeit in Württemberg eine so warmherzige Schilderung wie bei ihr. Dies gilt vor allem für Marbach. Welche andere Stadt unseres Landes kann sich einer so lebendigen Darstellung der Verhältnisse der damaligen Zeit erfreuen, wie sie Ottilie Wildermuth in ihren „Genrebilder aus einer kleinen Stadt" von Marbach gegeben hat! Eugen Munz konnte noch mehrere darin vorkommende Personen und Gebäude identifizieren [4]. Die „Jungfer Mine" war die Tochter des früheren Marbacher Stadtschreibers Canz. Ihr gehörte das heutige Haus Charlottenstr. 1 (Geschäftshaus Jochim). Der daneben liegende Garten (heute Anwesen von Dr. Hermann Remppis) war im Besitz von Oberamtsrichter Rooschüz. Der alte Frey hieß in Wirklichkeit Christian Stolpp und seine Mutter war eine Schwester von Schillers Vater. Das Haus, in dem er wohnte, stand an der Mühlstaffel und wurde 1843 mit dieser abgerissen. Der Conditor Protzel, in dessen Familie sich das „unterbrochene Hochzeitsfest" ereignete, hieß in Wirklichkeit Pressel und hat das Haus Wildermuthstr. 1 (heute Volksbank) erbaut. Ihrer Großmutter, der 1. Frau des Kameralverwalters Scholl, hat Ottilie Wildermuth in der Erzählung „Das Dörtchen von Rebenbach" und ihrer Freundin, der jungen Frau des Marbacher Helfers Eisenlohr, in der Erzählung „Auguste" ein Denkmal gesetzt. Endlich hat sie die Gestalt des „Dakter" geschildert, wie in Marbach der Silbergürtler Gottlob Francke aus Chemnitz genannt wurde, der zu Anfang des 19. Jahrhunderts in Marbach zuzog. Als neu Zugezogener gab er keine Ruhe, bis das Oberamt im Jahr 1812 durch die Vernehmung von 15 Zeugen genau feststellte, in welchem Haus Schiller geboren wurde. Ohne den „Dakter" gäbe es in Marbach kein Schillerhaus. Er befaßte sich mit vielen Dingen, die fernab von seinem eigentlichen Beruf lagen. Durch sein gewandtes Auftreten gelang es ihm, trotz des Mißtrauens der Marbacher gegen „Hereingeschmeckte" und vollends gegen „Ausländer", sogar in Honoratiorenfamilien halbwegs Eingang zu finden und als seine 2. Frau die Tochter eines einstigen Stadtschreibers heimzuführen, welche ihm das neben dem Rathaus gelegene Haus Marktstraße 54 beibrachte [5]. Seine Geschäftigkeit schlug ihm aber offenbar wirtschaftlich nicht zu Buche, denn als er 1857 gestorben war, mußte seine 3. Frau als Witwe das Haus und die vorhandenen Grundstücke verkaufen, um die hinterlassenen Schulden zu decken.

10. Die Kirche in Marbach

Marbach wie auch sein ganzes Oberamt waren im 19. Jahrhundert so gut wie rein protestantisch. Im Oberamt gab es im Jahr 1811 39 Katholiken. In Marbach taucht erstmals 1808 1 Katholik auf; 1841 waren es deren 7. Von 1828 bis 1857 gab es im ganzen Oberamt nur evangelische Trauungen. Von 1811 bis 1864 wohnte in diesem Gebiet nicht ein einziger Jude [1]. Hat man das alte Herzogtum Württemberg manchmal etwas überspitzt einen evangelischen Kirchenstaat genannt, so war diese Verfassung, nachdem in der napoleonischen Zeit weite, rein katholische Gebiete an Württemberg angeschlossen worden waren, nicht mehr aufrecht zu halten. Unter dem absolutistisch regierenden König Friedrich wurden die Kirchen in Staatskirchen umgewandelt. Die Dekanatsbezirke wurden den weltlichen Oberämtern angepaßt. Die Geistlichen galten als Staatsbeamte und während des ganzen 19. Jahrhunderts sprach man von dem gemeinschaftlichen Oberamt, dem der Oberamtmann und der Dekan gemeinsam vorstanden. Die geistliche Schulaufsicht bestand in Württemberg bis ins 20. Jahrhundert hinein. König Friedrich ließ sich bei seinen Reformen von der damals in Europa herrschenden Geistesströmung der Aufklärung leiten. Dabei stieß er auf den hartnäckigen Widerstand des Pietismus, der in den Volksmassen Württembergs tief verwurzelt war. Aus ihm ging in den ersten Jahrzehnten des 19. Jahrhunderts die sog. Erweckungsbewegung hervor, welche sich gegen die Ideen der Aufklärung richtete und von chiliastischen Erwartungen erfüllt war; man erwartete die nahe Wiederkunft Christi.

In Marbach gab es 2 Geistliche. Der erste Geistliche, der Dekan, stand zugleich dem Dekanatsbezirk vor, der räumlich mit dem Oberamt zusammenfiel. Zu Beginn des 19. Jahrhunderts führte der erste Geistliche noch den Titel Spezialsuperintendent und wurde mit „Herr Spezial" angeredet. Die Dekanatsbehausung war bis zum Bau des neuen Dekanats, Uhlandstr. 13, im Jahr 1930 das heutige Stadtpfarrhaus, Strohgasse 13. Den 2. Geistlichen hieß man Diakon oder Helfer; erst gegen das Ende des Jahrhunderts erhielt er den Titel Stadtpfarrer. Das Helferhaus war bis zum Umzug in die Strohgasse das jetzige Gebäude der Landespolizei in der Niklastorstraße an der Einmündung der unteren Holdergasse. Den dort abfallenden Teil der Niklastorstraße hinter der Mauer, der alten „Schandbühne", nannten die Marbacher noch lange das „Helferbergele".

1795–1804 war der Spezialsuperintendent Mag. Johann David *Kurrer* das geistliche Oberhaupt der Stadt[2]. Die uns zur Verfügung stehenden Quellen erlauben es nicht, ihn näher zu charakterisieren. Mehr wissen wir von dem Nachfolger Kurrers, dem Dekan Johann Friedrich *Roos* (1804–1828), dem Sohn des Prälaten Magnus Roos von Aufhausen, der als Pietist bekannt war[3]. Dekan Roos muß ein begabter Mann gewesen sein, denn es wird von ihm berichtet, daß er 1779 das Diakonatsexamen mit der Note „ausgezeichnet" bestanden habe. Er wird als ein „sanfter und alles zum Besten lenkender" Geistlicher bezeichnet. Offenbar hat er wie sein Vater der pietistischen Richtung zugeneigt, was bei seinem Sohn Wilhelm, der 1825 Pfarrer von Ossweil wurde, in noch ausgesprochenerem Maß hervortrat. Derselbe war der vertrauteste Freund Ludwig Hofackers, welcher 1826–1828 als Pfarrer in Rielingshausen amtierte. Diese 2 Jahre, in denen Hofacker als gewaltiger Prediger im Sinne der Erweckungsbewegung wirkte, genügten, um Rielingshausen zu einem Wallfahrtsort zu machen, zu dem Leute von nah und fern pilgerten, um den Worten Hofackers zu lauschen. Seine Ausstrahlung auf das geistige Leben Marbachs kann kaum hoch genug angeschlagen werden. Hofacker starb als noch junger Mann 1828 in Rielingshausen. Im gleichen Jahr starb auch Dekan Roos in Marbach im Alter von 69 Jahren. Sein Grabstein, auf dem er als „der ehrwürdige Führer seiner Gemeinde" bezeichnet wird, steht noch auf dem Friedhof bei der Alexanderkirche. Seine Witwe kaufte nach seinem Tod das Marbacher Stadtschreiberhaus auf dem Marktplatz[4].

Der Nachfolger von Dekan Roos war August Ludwig *Schelling*, der drittälteste Bruder des berühmten Philosophen[5]. Er scheint ein ruhiger, zurückhaltender Mann gewesen zu sein. In die Wirren der 48er-Revolution ließ er sich nicht verstricken, im Unterschied von Stadtpfarrer Burk in Großbottwar, Pfarrer Dierlamm von Ottmarsheim und Pfarrer Luz von Auenstein, die in der Öffentlichkeit mit Nachdruck den konservativen Standpunkt verfochten. 1851 trat Schelling in den Ruhestand. Im Jahr 1860 ist er im Alter von 79 Jahren in Marbach verstorben.

Was die Marbacher *Diakone* anbetrifft, so wird zu Anfang des 19. Jahrhunderts hier Imanuel Friedrich *Gamm* genannt. Er kann aber nur kurze Zeit in Marbach gewesen sein. Gamm wird als guter Prediger von leidenschaftlichem Temperament geschildert. Letztere Eigenschaft führte dazu, daß er bei seinen Vorgesetzten anstieß. Das Konsistorium liebte ihn jedenfalls nicht. Um so beliebter war er bei König Friedrich, der ihn 1805 als Hofprediger nach Ludwigsburg berief[6].

Unter Dekan Roos wirkte seit 1805 in Marbach der Diakon Dr. Jonathan Friedrich *Bahnmaier*, der zu den bedeutendsten Theologen seiner Zeit in Württemberg zu zählen ist[7]. Er wurde 1744 als Sohn des Ortspfarrers und Stiftspredigers in Oberstenfeld Johann Christoph Bahnmaier geboren. Nachdem er Stiftsrepetent in Tübingen gewesen war, machte er eine ausgedehnte Ausbildungsreise, die ihn von der Schweiz bis zur Nordsee führte. In Marbach lebte bei ihm seine Mutter Regina Katharina Bahnmaier, die hier verstarb. Hier hat er sich als Diakon mit Luise Spittler, der Schwester seines Freundes verheiratet. Bahnmaier wird als ein Mann von hoher, schlanker Gestalt mit schmalem Gesicht, scharfgeschnittener Nase und lebhaften Augen geschildert. Während seiner Marbacher Zeit widmete sich Bahnmaier, der in der Schweiz mit Lavater bekannt geworden war, vornehmlich der Jugenderziehung. Damals hatte Johann Gottfried Pahl 1808–1814 die Pfarrstelle von Affalterbach inne, ein Mann, der sich auch als Historiker und Politiker einen bedeutenden Ruf erwarb. Obwohl Pahl einer gemäßigten Aufklärung, Bahnmaier aber mehr der pietistischen Richtung zugetan war, verbanden beide Männer freundschaftliche Beziehungen. Pahl gab von der Persönlichkeit Bahnmaiers folgende Darstellung:

„Bahnmaier gehörte schon als Diakonus der Elite unserer jüngsten Geistlichkeit an; er war ein sehr guter Kopf und voll Feuereifer für den heiligen Beruf der Kirche und Schule, dem er sein Leben geweiht hatte ... Er gab mehreren Zöglingen des Schulstands in Marbach einen methodologischen Cursus, dessen Übungen ich öfters beiwohnte und jedesmal mit Achtung gegen den Geist und die Gewandtheit, mit welcher der Lehrer sein Werk betrieb, erfüllt wurde ... Er war kein Verstandesmensch und besaß mehr praktisches als spekulatives Talent."

Der spätere Lebensgang Bahnmaiers war durch Wechselfälle gekennzeichnet. 1810/11 wurde er von Marbach nach Ludwigsburg versetzt, 1815 übertrug man ihm die neu errichtete 4. theologische Professur für Pädagogik und Homiletik an der Universität Tübingen. Seines Bleibens daselbst war freilich nicht lange. Nach der Ermordung des Schriftstellers Kotzebue durch den Studenten Sand im Jahr 1819 tat er eine Äußerung, die von König Wilhelm mißverstanden und als Billigung dieses politischen Attentats aufgefaßt wurde. Bahnmaier wurde deshalb als Dekan nach Kirchheim/Teck zurückversetzt, wo er 1841 sein Leben beschloß. Bahnmaier hat den Volksliederkomponisten Friedrich Silcher in Ludwigsburg kennen gelernt, wo dieser bis 1815 Provisor war. In Tübingen hat sich Bahnmaier dann als eifriger Förderer desselben betätigt.

Auf Bahnmaier folgte in Marbach der Diakon Karl Gottl. *Mörike* (1810–1819)[8] und auf diesen Friedrich Eberhard *Wächter* (1819–1833), der Ottilie Wildermuth den Konfirmandenunterricht erteilte[9]. Unter Dekan Schelling hatten die Marbacher das Glück, nacheinander 2 junge Diakone zu haben, deren Begabung das Durchschnittsmaß weit überstieg und die mit ihren Ehefrauen anregend auf das kulturelle Leben des Städtchens einwirkten.

Als Nachfolger Wächters trat am 14. September 1833 Theodor *Eisenlohr*[10] seine erste ständige Stelle als Helfer in Marbach an, nachdem er zuvor Stadtvikar in Stuttgart gewesen war. Sein Vorgesetzter, Dekan Schelling, berichtete 1838 über ihn:

„Er predigt mit Leichtigkeit, Lebendigkeit und Gründlichkeit, ist ebenso ein gewandter und denkender Katechet, läßt sich die gewissenhafte Verwaltung aller Teile des geistlichen Amtes und besonders den Religionsunterricht der Jugend sehr angelegen sein."

Eisenlohr war ein für vielseitige Interessen aufgeschlossener und auch organisatorisch begabter Mensch. In Marbach hielt er Abendvorträge allgemeinbildender Art und setzte sich warm für die Schillerverehrung ein. Es gelang ihm auch hier, den maßlos betriebenen Kinderbettel völlig abzustellen und eine geordnete Armenpflege in Gang zu bringen. Daß ihm in Marbach die Oberleitung der von Bahnmaier hier gestifteten Industrieschule übertragen wurde, war wohl nicht ohne Einfluß auf seine spätere Lebensrichtung, die sich schließlich ganz auf die Schule, vornehmlich auf die Lehrerbildung konzentrierte. Seine junge Ehefrau Auguste war die vertraute Jugendfreundin von Ottilie Wildermuth. Sie war die Tochter des Pfarrers Feuerlein von Wolfschlugen, dessen Haus die Wildermuth in ihren „Schwäbischen Pfarrhäusern" als „das humoristische Pfarrhaus" geschildert hat. Von dem Nachfolger ihres Gatten, Palmer, wird August als „äußerst belebt, ja genial, und dann doch liebenswürdig" beschrieben. Sehr beschattet wurden die Marbacher Jahre des jungen Ehepaars Eisenlohr durch ungünstige äußere Verhältnisse. Das Helferhaus war feucht und im Winter ohne Sonne. Die Familie wurde immer von Krankheiten heimgesucht; ein Kind starb 1836, eines verlor 1837 ein Auge. Zudem war das Marbacher Diakonat, was die Besoldung anbetraf, eines der geringsten im Lande, so daß die Einkünfte allmählich nicht mehr ausreichten, um die rasch wachsende Familie zu ernähren. So meldete sich Eisenlohr auf die 2. Diakonatsstelle in Tübingen, die ihm 1838 übertragen wurde. Von 1843 bis zu seinem Tod 1869 war er Rektor des Schullehrerseminars in Nürtingen. An der 48er-Revolution nahm er regen Anteil und ließ sich als Abgeordneter in die Frankfurter Nationalversammlung wählen. Er befand sich auch unter den Abgeordneten, die sich 1849 in Stuttgart als Rumpfparlament versammelten und von der Regierung mit Gewalt auseinander gesprengt wurden. Von der Regierung wurde ihm diese Tätigkeit sehr verübelt. Eisenlohrs Gattin Auguste war viel kränklich. Nichtsdestoweniger hat sie ihrem Ehemann 11 Kinder geboren. 1857 ist sie verhältnismäßig früh gestorben.

Nach dem Weggang von Eisenlohr zog wieder ein junges Ehepaar in das alte Helferhaus in der Niklastorstraße ein. Der neue Helfer, Christian *Palmer* (geb. 1811), muß ebenfalls ein vortrefflicher Geistlicher gewesen sein. Auch zwischen diesem Helfersehepaar und Ottilie Wildermuth knüpften sich bald enge Freundschaftsbande. Sie schreibt über den neuen Helfer:

„... Palmer war es, der gleich mit seiner ersten Predigt alle Herzen gewann, und der mit seiner herzenswarmen, lebensfrischen jungen Frau sich bald heimisch und lieb machte in unserer kleinen Stadt."

Palmer war aber nicht nur ein guter Prediger. Er und seine Gattin waren auch sehr musikalisch. Durch ihre Mitwirkung im Liederkranz haben sie viel zum Aufblühen des jungen Vereins beigetragen. Später war Palmer Dekan in Tübingen. An die dortige Universität wurde er im Jahr 1852 als Professor auf den Lehrstuhl für praktische Theologie berufen. Als solcher hat er ein Werk geschrieben, das lange Zeit für die Katechetik grundlegend war [11].

Von den Diakonen, die nach Palmer in Marbach amtierten, sei noch der Helfer *Kornbeck* genannt, welcher die 48er-Revolution hier erlebte.

Im übrigen ist hinsichtlich der kirchlichen Angelegenheiten in dem Zeitraum, der uns hier beschäftigt, zu erwähnen:

In den Jahren 1826/27 wurde die Orgel in der Stadtkirche neu hergerichtet [12].

In einem Universallexikon von Württemberg, das im Jahr 1841 erschien, heißt es über unseren Bezirk: Dieses Oberamt zählt sehr viele Pietisten.

Am 18. Februar 1846 wurde Luthers Todestag mit einem „sollenen" Kirchgang in die Stadtkirche begangen, zu dem sich vormittags 9 ½ Uhr der Gemeinderat und der Bürgerausschuß geschlossen im Ratssaal versammelten, woraus zu ersehen ist, wie sehr sich die Bürger der Stadt noch als eine konfessionelle Einheit fühlten.

In den ersten Nummern des „Postillons" lesen wir öfters die Ankündigung, daß der „Reiseprediger" Werner in der Stadtkirche religiöse Vorträge halte. Es war dies niemand anders als der bekannte *Gustav Werner*, der Gründer des Reutlinger „Bruderhauses", welcher frühzeitig die durch den aufziehenden Kapitalismus hervorgerufenen Notstände erkannte und ihnen durch Errichtung genossenschaftlicher Betriebe auf christlicher Grundlage zu begegnen suchte.

11. Das Gesundheitswesen

Marbach war schon seit langer Zeit der Sitz eines Amtsphysikus, der über das Gesundheitswesen in Stadt und Amt zu wachen hatte. Ihm stand in dem stadteigenen Physikatshaus (heute Marktstraße 53) eine Dienstwohnung zu. Im Jahr 1795 zog der aus Stuttgart stammende Amtsphysikus Johann Christian Föhr in Marbach auf, der seit 1810 den Titel Oberamtsarzt führte. Dieser kaufte im Jahr 1802 das heutige Haus Marktstraße 5, das sich auch jetzt noch im Besitz der Familie Föhr befindet[1]. Er begründete in Marbach eine Arzt-Dynastie, die über 130 Jahre lang in der Stadt auch für das kulturelle Leben eine wirksame Tätigkeit entfaltete. Johann Christian Föhr verheiratete sich mit Amalie Scholl, der Schwester von Ottilie Wildermuths Mutter. Am 26. Juli 1828 ist er verstorben. Sein Grabmal ist auf dem Friedhof südlich von der Alexanderkirche noch zu sehen. Johann Christian Föhrs Sohn Gustav (1806–1883), der im Besitz des elterlichen Hauses blieb, wurde freilich nicht Mediziner, sondern Amtspfleger in Marbach. Er wurde 1846 auch in den Stadtrat gewählt und spielte im öffentlichen Leben Marbachs eine bedeutende Rolle. Sein Bruder Adolf blieb dem väterlichen Berufe treu und ließ sich als Stadtarzt in Großbottwar nieder, wo er schon im Jahr 1856 verstarb[2].

Der Nachfolger von Johann Christian Föhr als Oberamtsarzt war Dr. Palmer. Nach Aufhebung der Stadtschreiberei bemühte sich derselbe vergeblich, das frühere Stadtschreibereihaus auf dem Marktplatz zu mieten. Da ihm dies nicht gelang, baute er sich 1830/31 ein eigenes Haus, das heutige Gebäude Wildermuthstr. 16. Nach seinem Tod folgte ihm 1847 der Oberamtsarzt Dr. Roos und diesem 1863 Oberamtsarzt Dr. Schwandtner. Letzterer genoß in Marbach ein solches Ansehen, daß ihm, als er 1888 im Alter von 73 Jahren in den Ruhestand trat, die Würde eines Ehrenbürgers der Stadt verliehen wurde. Er war im Besitz des einst als Amtsgericht erbauten Hauses Wildermuthstr. 5, das früher dem Stadtpfleger Schwarz gehört hatte. Ein Enkel des Oberamtsarzts Schwandtner war Dr. Wolfgang Reuß, der bis zu seinem Tod im Jahr 1949 in Marbach als Arzt praktizierte.

Auf Dr. Schwandtner folgte als Oberamtsarzt Dr. Hermann Föhr (geb. 10. Oktober 1837), ein Sohn des Amtspflegers Föhr. Nachdem er seit 1860 in Marbach praktiziert hatte, wurde ihm 1889 die Oberamtsarztstelle übertragen. Auch er erfreute sich bei der Bevölkerung als „Baura-Doktor" großer Beliebtheit. 1905 wurde er mit dem Titel eines Medizinalrats ausgezeichnet und bei seinem Eintritt in den Ruhestand im Jahr 1908 von der Stadt ebenfalls mit der Verleihung des Ehrenbürgerrechts geehrt. Ottilie Wildermuth, seine Base, war zu ihren Lebzeiten in seinem Haus in Marbach oft zu Gast. Als er am 3. August 1915 im Alter von 79 Jahren starb, folgte ihm sein Sohn Hermann als letzter Marbacher Oberamtsarzt nach [2].

In der 1. Hälfte des 19. Jahrhunderts stand die Medizin den Infektionskrankheiten noch ziemlich hilflos gegenüber. So brachen immer wieder Epidemien aus. Im Jahr 1832 starben in Steinheim 22 Kinder und 13 Erwachsene an Brechdurchfall und 1834 grassierte in unserer Gegend die Ruhr, der in Großbottwar 74 Menschen zum Opfer fielen. Wie stark in diesen beiden Jahren Marbach von den Seuchen in Mitleidenschaft gezogen wurde, kann nicht mehr festgestellt werden. Immerhin wurde in den 40er Jahren bereits gegen Pocken geimpft, wenn auch noch kein strenger Impfzwang bestand. Damals praktizierte in Marbach ein zweiter Arzt, Dr. Kürner. Dieser, der seit 1846 im neuen Haus des Oberfeuerschauers Joos in der oberen Vorstadt wohnte, muß ein recht streitbarer Mann gewesen sein. Als nun im Winter 1848/49 einige leichtere Pockenfälle auftraten, gab dies Oberamtsarzt Dr. Roos Veranlassung, die Bevölkerung aufzufordern, sich impfen. bzw. sich wiederimpfen zu lassen. Dr. Kürner wandte sich öffentlich gegen den Oberamtsarzt und behauptete, es handle sich bei den aufgetretenen Fällen um „modifizierte Pocken", bei denen eine Impfung unwirksam sei. Der Streit zwischen den beiden Ärzten wurde im „Postillon" ausgetragen, und zwar von Dr. Kürner in gehässiger Form. Im Frühjahr 1849 brachen dann die Pocken in 15 Gemeinden oder Teilgemeinden des Bezirks mehrfach in bösartiger Form aus; eine Anzahl der Befallenen starben. Oberamtsarzt Dr. Roos, der von 3. Seite als „ein ruhiger, ehrenhafter Charakter" geschildert wird, suchte gegen die Angriffe von Dr. Kürner um die Entscheidung des kgl. Medizinalkollegiums nach, welche am 30. Oktober 1849 zu seinen Gunsten ausfiel. In dem Schreiben des Kollegiums an Dr. Roos, das dieser im „Postillon" veröffentlichte, wird mit Dr. Kürner scharf abgerechnet und werden demselben „grundlose und hämische Tadelsucht, wenn nicht unlautere Motive" zum Vorwurf gemacht. Dr. Kürner ist bald darauf von Marbach weggezogen. Wir hören nun von Dr. Paulus als dem 2. Arzt in der Stadt.

Unter Oberamtsarzt Dr. Palmer wurde in Marbach 1844 ein Krankenhaus erbaut, das heutige Haus Wildermuthstr. 20. Schon im Mittelalter hatte an dieser Stelle ein Siechenhaus gestanden, wohl ein sog. Sondersiechenhaus, in welchem Aussätzige Unterkunft fanden; solche Sondersiechenhäuser baute man der Ansteckungsgefahr wegen vorzugsweise weit draußen vor den Toren. Die Krankenwärterstelle an dem neuen Krankenhaus wurde 1846 dem bisherigen „Armenvater" übertragen. Von 1854 an ist der Anbau eines Irrenlokals ein ständiger Beratungspunkt der Amtsversammlungen, bis es endlich 1862 fertiggestellt werden konnte. Das Krankenhaus in Marbach war für die Patienten billig: Man bezahlte für die Verpflegung täglich 6, für die Verköstigung 16, für die Heizung bei Tag und bei Nacht je 12 und für den Haus- und Bettzins 8 Kreuzer. Das Krankenhaus war aber auch danach. Als 1908 das neue, moderne Bezirkskrankenhaus „König Wilhelm" eingeweiht wurde, schilderte Medizinalrat Dr. Föhr die Zustände im alten Krankenhaus wie folgt [3]:

„Früher hatte Marbach noch keine Wasserleitung und das Krankenhaus keinen Brunnen, so mußte alles Wasser göltenweise von dem entfernten Pumpbrunnen bei Frau Kaufmann Fischers Haus herbeigeschleppt werden, es wurde deshalb das Wasser so gespart, daß, wenn z. B. ein warmes Bad verordnet wurde, ... die Badewanne nur etwa handhoch mit Wasser gefüllt, der Patient hineingesetz und einfach abgewaschen wurde... Bei Wäschen, Reinigen von Geschirr, Böden u. s. w. wurde ebenso das Wasser möglichst gespart, das die alte Ricke mit ihren bösen Füßen mühselig herbeischleppen mußte. Badewanne war nur eine vorhanden... Ein Badezimmer fehlte. Die ganze West- resp. Giebelseite des Hauses war feucht. Die an diese Wand gestellten Gegenstände wurden sporig, was daher rührte, daß die Abortgrube längst undicht war und der flüssige Inhalt derselben in den Boden neben dem Fundament versickerte... es fehlte an einer Leichenkammer, ein Sektionslokal und... eine Waschküche. Als Leichenkammer, Sektions- und Badezimmer diente das kleine Stübchen unten rechts zu ebener Erde, in welchem auch ein Bett stand, das bei Mangel an Raum belegt wurde. Zuweilen kam es vor, da das Leichenhaus beim Kirchhof noch nicht bestand, daß stinkende Wasserleichen in dieses Lokal gebracht wurden, welche dann das ganze Haus verpesteten. Alle schmutzige Wäsche wurde in einer Ecke der kleinen Küche aufgestapelt und blieb tagelang dort liegen, bis sie auf dem Küchenherd gekocht und im Küchenraum vollends gewaschen wurde... Ein anständiger Leibstuhl oder Bettschüssel war nicht vorhanden. Die Fußböden in den Krankenzimmern waren zum größten Teil schadhaft, desgleichen die alten Öfen... Da ein Operationstisch und ein Operationszimmer fehlten, mußten Operationen und Verbände oft in Anwesenheit anderer Kranker im Bett des Patienten gemacht werden. Ein Behälter, Kästchen oder dergleichen für Verbandstoffe fehlte, eine schmutzige Tischschublade mußte diesem Zweck dienen... Der Hausvater war ein alter Schnapser und Schnupfer, dem meist ein braunes Tröpfchen an der Nasenspitze hing, die Hausmutter war kränklich, die Hausmagd und Köchin dumm, schmutzig und schlampig, hatte überdies immer offene Füße. Die Kost war derart, daß die Patienten möglichst bald wieder fortzukommen suchten[4]."

Es waren wohl nur arme, alleinstehende Personen, die in diesem Krankenhaus Zuflucht suchten.

Dem allgemeinen Kinderreichtum jener Zeit steht die große Kindersterblichkeit gegenüber. Genauere Zahlen können wir erst einem Bericht des Oberamtsarztes Schwandtner vom Jahr 1868 entnehmen. Er stellt darin fest, daß im Jahr 1865 im Oberamt von 1136 Lebendgeborenen im ersten Jahr 438, darunter in den ersten 3 Monaten 271, im Jahr 1866 von 1217 Lebendgeborenen im ersten Jahr 300, darunter in den ersten 3 Monaten 177, und im Jahr 1867 von 1140 Lebendgeborenen im ersten Jahr 356, darunter in den ersten 3 Monaten 238, gestorben sind. Schwandtner führte die hohe Kindersterblichkeit vor allem darauf zurück, daß die Mütter während der Stillzeit zu viel arbeiten müssen. Wir dürfen mit Sicherheit annehmen, daß diese Zustände während der 1. Häfte des Jahrhunderts nicht besser waren als in den 60er Jahren. 1868 wurde in Marbach eine 3. Hebamme angestellt, die beim weiblichen Geschlecht auch schröpfen durfte.

Neben den akademisch gebildeten Ärzten gab es fast in jedem Ort des Bezirks einen Wundarzt, der nach Ablegung eines Examens vor dem Medizinalkollegium als solcher praktizieren durfte. Diese Wundärzte wurden von den Gemeinden angestellt. In Marbach war der Sitz eines Oberamtswundarztes. Auch diese Herren genossen im Städtchen ein beträchtliches Ansehen. In den 40er Jahren hören wir öfters von dem *Oberamtswundarzt* Friedrich Gläser, der dem Stadtrat angehörte und am Marktplatz ein 2stöckiges Haus besaß. 1857 ließ sich der „Wund- und Hebarzt" Büchelen in Marbach nieder, der im folgenden Jahr nach Affalterbach übersiedelte, jedoch 1859 nach Marbach zurückkehrte, nachdem ihm nach dem Tod von Dr. Paulus die Oberamtswundarztstelle übertragen worden war. Büchelen stammte aus Heuchlingen auf der Schwäb. Alb. Er hat lange Zeit in Marbach seine Praxis ausgeübt und trat im gesellschaftlichen Leben der Stadt stark hervor. Von ihm wurde das Haus Wildermuthstr. 16 erbaut.

44 Ottilie Wildermuth.

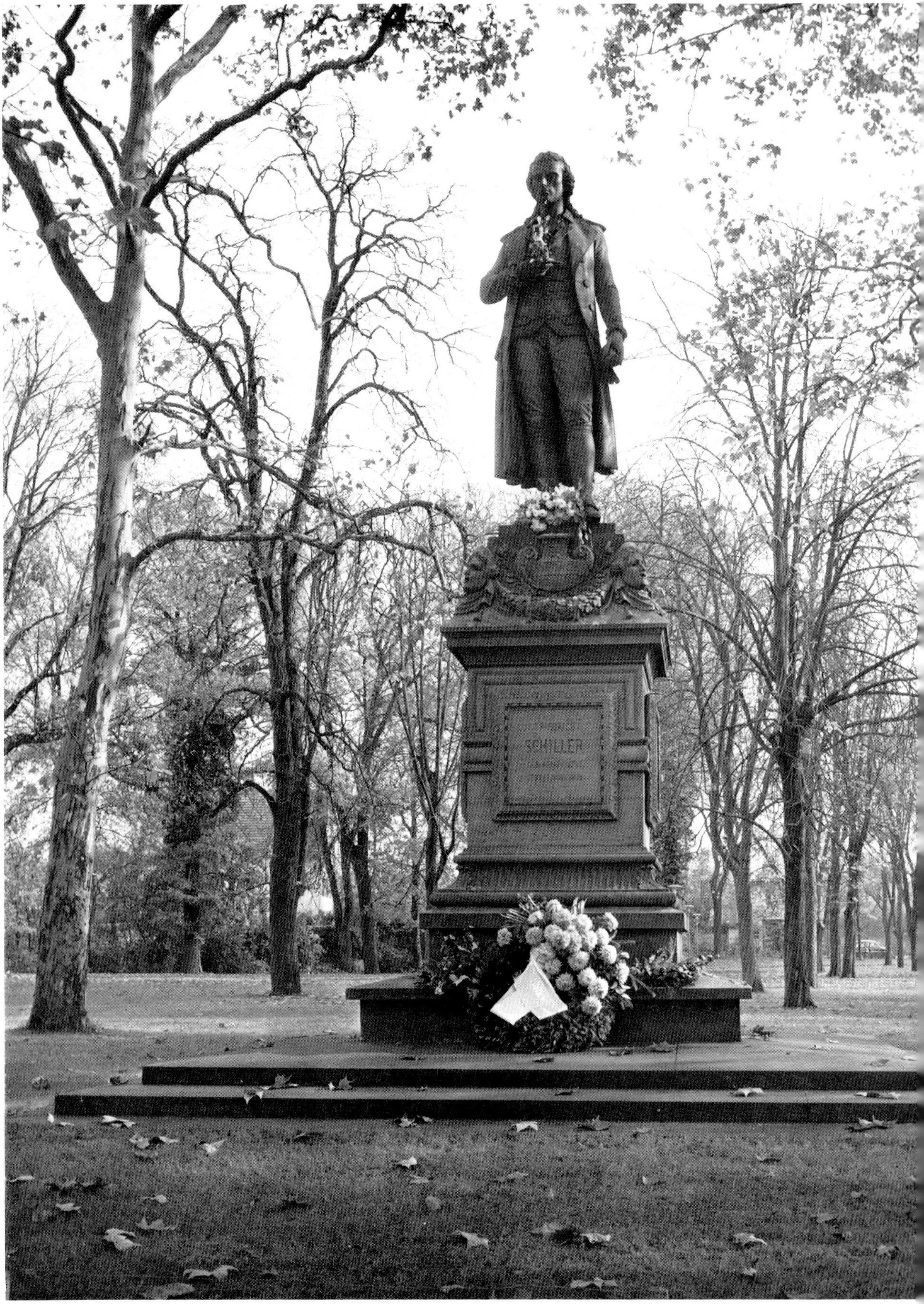
SCHILLER

46 Schillers Geburtshaus.

47 Gaststätte „Goldener Löwe", Niklastorstraße 39, Geburtshaus von Schillers Mutter.

◀ 45 Das Schillerdenkmal.

48 Hotel Post, 1908.
Posthalterei, 1842,
Wilde-Mann-
Herberge 1525.

49 Der Cottaplatz
um 1880 mit Spring-
brunnen.

Der Sitz des Oberamtstierarzts war in Großbottwar. Aber auch in Marbach gab es einen *Tierarzt*, der freilich nur nebenberuflich als solcher tätig war. Er konnte dies, wenn er an der Tierarzneischule des Landes nach längerem Kurs ein Examen bestanden hatte. Der Tierarzt Gottlob Friedrich Döpping hat 1839 das Haus Wildermuthstr. 1 (heute Drogerie) erbaut. Nach seinem Tod folgte ihm 1847 der Schmied und Oberzunftmeister Theilacker als Tierarzt nach.

Zu den Honoratioren gehörte natürlich auch der Herr *Apotheker*. Im Jahr 1788 hatte Heinrich Ludwig Speidel die Apotheke von seinem Schwiegervater Johann Heinrich Wolter übernommen. Von Speidel übernahm sie 1821 sein Sohn Christian Friedrich und von diesem 1837 dessen Vetter Eberhard Ludwig. 1847 bis 1887 war Dr. Theodor Rieckher der Besitzer der Apotheke, ein Mann, der als Naturwissenschaftler einen über Deutschland hinaus gehenden Ruf genoß. Er starb am 17. Januar 1888. Nachdem dann die Apotheke kurz nacheinander durch 2 verschiedene Hände gegangen war, erwarb sie der aus Wildberg im Schwarzwald stammende Apotheker Paul Sattler. Seit 1912 befindet sie sich im Besitz der Familie Palm [4].

12. Das Marbacher Musikleben und der Anfang des Turnens in Marbach

Der Marbacher Liederkranz [1] kann sich rühmen, der älteste der jetzt noch bestehenden Vereine in der Stadt zu sein und überhaupt einer der ersten jener Liederkränze, die in Württemberg im 19. Jahrhundert aufblühten und Schwaben zu einem Land der Sänger machten. Er wurde im Jahr 1832 gegründet. Sein 1. Direktor war der damalige Besitzer des Gasthauses zur „Krone" Jacob Binder. An dessen Stelle trat 1837 der Stadtmusikus Mensch. Dieser Mann stellte lange Zeit den Mittelpunkt des regen musikalischen Lebens in unserem Städtchen dar. Er war Junggeselle und wohnte zusammen mit seiner Mutter und seinem Bruder, der Uhrmacher war, auf dem Oberen Torturm. Er organisierte und dirigierte die Stadtkapelle und gab daneben Unterricht in Gesang, Klavierspielen, Flötenspielen und Zitherspielen. Als er 1867 starb, sank mit ihm ein stadtbekanntes Faktotum ins Grab. Was den Liederkranz anbetrifft, so erlebte der junge Verein nach einer glanzvollen Fahnenweihe im Jahr 1838 im folgenden Jahr einen Höhepunkt, als er bei der Enthüllung des Schillerdenkmals in Stuttgart den riesigen Festzug mit 26 Sängern eröffnen durfte, was für ein Städtchen wie Marbach in jener Zeit eine recht stattliche Zahl bebedeutete. Ein eifriger Förderer des Liederkranzes war Oberamtsrichter Rooschüz. Seine Tochter Ottilie und die junge Helfersgattin Auguste Eisenlohr bestickten die Vereinsfahne. Bei der Fahnenweihe machte ein Mitglied des Liederkranzes auf die Fahne und die Stickereien der beiden Damen ein Gedicht, das aus 8–10 Strophen zu je 4 Zeilen bestand. Es ist zum Teil noch erhalten und beweist mehr die Begeisterung als das Talent des Dichters. Bei den Marbachern fand es aber solchen Anklang, daß es in Töne gesetzt und anläßlich der Fahnenweihe nicht nur vor der Wohnung der Oberamtsrichterstochter und der Helfersgattin ganz abgesungen, sondern dann nochmals bei der abendlichen Feier im Saal des Hirschwirts von einem Lehrer deklamiert wurde.

Der 1. Dirigent des Liederkranzes war der Schulmeister Graze. Ottilie Wildermuth schreibt über den jungen Liederkranz:

„Trotz der schönen Fahne, die wir unserem Liederkranz gestickt, und Herrn Grazes, des Schulmeisters, eifriger Bemühung, hatte derselbe es noch nicht sehr weit gebracht. Erst Palmer, er war seit 1838 Helfer in Marbach, weckte die schlummernden Kräfte, und im Verein mit einer liebenswürdigen Fabrikantenfamilie, die unten am Neckar sich angesiedelt, bildeten sich jetzt Musikchöre und Gesangsaufführungen, also, daß sich unser Städtchen über sich selbst wunderte [2]."

Dem glanzvollen Auftritt des Liederkranzes bei der Enthüllung des Stuttgarter Schillerdenkmals folgte aber ein Niedergang auf dem Fuß. Im Juni 1840 spaltete sich der Verein, indem die Brüder Mensch einen neuen Gesangverein gründeten, welcher sich „Harmonie" nannte. Während die „Krone" das Vereinslokal des Restliederkranzes blieb, hielt die Harmonie ihre Übungsstunden auf dem Oberen Torturm ab, woraus zu ersehen ist, daß die Zahl der Sänger nicht groß gewesen sein kann. Oberamtsrichter Rooschüz ärgerte sich mächtig über diese Vorgänge und ließ sich schriftlich wie folgt vernehmen: „Bei ferneren Vereinen dieser Art in Marbach werde ich fernerhin ohne besonderen Anlaß keinen Anteil nehmen."

In den folgenden Jahrzehnten war das musikalische Leben in Marbach durch eine große Zersplitterung gekennzeichnet. Abgesehen vom Liederkranz und der Harmonie hören wir von einem „Bürgerverein", einem „Bürgerliederkranz", einem „Männergesangverein" und einem „Musik- und Gesangverein", wobei dahingestellt bleiben mag, inwieweit es sich dabei wirklich um besondere Vereinigungen oder nur um verschiedene Benennungen gehandelt hat. Aber auch nachdem sich 1861 schließlich der Liederkranz und die Harmonie unter dem alten Namen „Liederkranz" wieder zusammengefunden hatten, vegetierte derselbe zeitweise recht kümmerlich dahin. Im Jahr 1877 zählte er nur 7 Mitglieder. Erst als 1882 Präzeptor Kautter an seine Spitze trat, wurde ein neuer Aufschwung eingeleitet, der sich nun als dauerhaft erwies.

Im übrigen spielten im musikalischen Leben des alten Marbach, besonders soweit die geistliche Musik in Betracht kommt, die Lehrer, die ja zum Organistendienst in der Kirche verpflichtet waren, eine führende Rolle. So gab am 27. Juli 1847 das Kirchenmusik-Personal zusammen mit dem Schullehrergesangverein unter der Leitung von Schullehrer Kicherer eine große „Produktion" in der Alexanderkirche. Am 25. März 1852 wurde in die Alexanderkirche zu einem großen Oratorium eingeladen, aufgeführt von 40 französischen Bergsängern, die sich angeblich auf einer Welttournée befanden (Billets 15 Kreuzer, Kinder zahlen nach Belieben).

Als Marbachs Turnvater muß Präzeptor Johann Fr. Richter bezeichnet werden [3]. Vor 1842 eröffnete er hier eine private Turnanstalt, wozu er seinen eigenen Garten zur Verfügung stellte. In diesen Bestrebungen wurde er von seinem Sohn, der damals Vikar in Murr war, kräftig unterstützt. Im Jahr 1844 überließ die Gemeinde das Grundstück am Schafwasen, auf dem 1903 die Turnhalle erbaut wurde, der Jugend zum Turnen. Zur Einweihung dieses Turnplatzes erschien sogar der erst seit 1 Jahr bestehende Stuttgarter Turnverein. Bereits um jene Zeit interessierte sich die Schulbehörde für die von Richter eingeführte Neuerung. Ein regelmäßiger Turnunterricht wurde aber an der Lateinschule erst 1872 und an der Volksschule erst 1883 eingeführt. Nachdem Vikar Richter 1847 von Murr wegversetzt worden war, löste sich die Marbacher Turngesellschaft, welche sich um ihn gebildet hatte, wieder auf. Präzeptor Richter starb im Jahr 1853. Wie sehr er von seinen früheren Schülern verehrt wurde, zeigt die Tatsache, daß solche am 1. Oktober 1868, aus verschiedenen Teilen des Landes kommend, in großer Zahl in Marbach zusammenkamen und sich um das Grab ihres einstigen Lehrers versammelten. Nach dem Tode des Präzeptors Richter fanden sich immer wieder einige junge Männer nach Feierabend auf dem verwaisten Turnplatz ein, um dort die Leibesübungen zu pflegen. So blieb der Boden für die Gründung eines Marbacher Turnvereins vorbereitet.

Die Marbacher Honoratioren trafen sich in einer geselligen Vereinigung, die sich Casino nannte. Man kam alle 14 Tage in der „Rose" zusammen, manchmal zu Metzelsuppen oder zu Tanzveranstaltungen. Hin und wieder wurden auch musikalische „Produktionen" geboten. Eine besondere Attraktion war es, als 1846 Apotheker Rieckher im Casino Versuche mit der neu erfundenen Schießbaumwolle vorführte. Im Jahr 1853 bildeten Stadtschultheiß Sigel, Dr. med. Paulus und Apotheker Rieckher den Ausschuß dieser Gesellschaft. Das letztemal hören wir im Jahr 1865 vom Casino.

B. Die politischen Verhältnisse bis 1848

Die Kriege, welche sich an die französische Revolution anschlossen, und die Kriege Napoleons ließen auch Marbach nicht unberührt. Im Jahr 1796 lagen kaiserliche Truppen in unserer Stadt, die sich offenbar nicht immer einwandfrei aufführten. Von 2 sächsischen Dragonern wurde der Marbacher Diakon verwundet. Der Kurfürst von Sachsen ließ ihm deshalb im folgenden Jahr ein Geldgeschenk von 240 fl überreichen. Es dürfte sich bei dem Marbacher Geistlichen wohl um den Diakon Röder (1791–1799) gehandelt haben [1]. Am 22. und 23. Juli 1796 zogen sich die Reichstruppen aus unserer Gegend zurück und nun erschien die französische Revolutionsarmee, in welcher die Mannszucht stark gelockert war. Ende 1796 zog ein französisches Heer von 12 000 Mann durch Marbach; es soll dabei – abgesehen von einigen Plünderungen – kein Schaden angerichtet worden sein [2]. Nachdem die Franzosen wieder hatten weichen müssen, erschienen sie im November 1799 aufs neue. Während in den Amtsorten viel geplündert wurde, hören wir solches von Marbach nicht. Immerhin berechnete das Amt Marbach im Jahr 1797/98 Einquartierungskosten in Höhe von 84 000 fl und im Jahr 1800 in Höhe von 49 188 fl. Durch die Truppendurchzüge wurde die Rinderpest in unsere Gegend eingeschleppt. Da es der württembergische Herrscher verstand, sich immer rechtzeitig auf die Seite der siegreichen Partei zu stellen, hatte das Land in der folgenden Zeit nicht mehr unter Feindbelästigungen zu leiden. Als im Dezember 1813 russische Kosaken auf dem Marsch nach Frankreich in unserer Gegend lagen und auch durch Marbach zogen, kamen sie als Bundesgenossen.

Das absolutistische Regiment König Friedrichs ließ keine Kritik zu. Dies bekam auch Johann Gottfried Pahl, der 1808-1814 Pfarrer von Affalterbach war, zu spüren. Derselbe gab seit 1801 ein Wochenblatt mit dem Titel „Nationalchronik der Teutschen" heraus, das 1809 verboten wurde, weil er darin eine Sympathie für Österreich und eine Gegnerschaft gegen Napoleon erkennen ließ. Obgleich er einen derben Verweis vom König bezogen hatte, traf Pahl sich regelmäßig in Marbach im Gasthaus zur „Rose" mit höher gestellten Persönlichkeiten von Ludwigsburg, die ebenso wie er gesinnt waren. In diesem vertrauten Kreis äußerte man sich freimütig über die Bedrückung durch einheimische und fremde Gewalten und gab der Hoffnung auf einen Umschwung der Dinge Ausdruck. Derartige Zusammenkünfte waren damals für die Teilnehmer nicht ungefährlich [3].

Am 30. Oktober 1816 starb König Friedrich. Bei dem aus diesem Anlaß angeordneten Trauergeläute zersprang die kleine Glocke auf dem Kirchturm in Steinheim [4]. Nun brach unter seinem Sohn, König Wilhelm I., für Württemberg eine neue Ära an. Im Jahr 1819 wurde für das Land eine Verfassung beschlossen. Der Landtag oder die Ständeversammlung, wie man meist sagte, bestand aus der Kammer der Standesherren und aus der Volkskammer, in der aber nicht nur gewählte Volksabgeordnete saßen, sondern auch solche, die von der Regierung berufen wurden. Überdies wurde nach einem Klassenwahlrecht gewählt, das die wohlhabenden Klassen sehr begünstigte. Immerhin war es ein Schritt zur Demokratie hin, dem gegenüber viele andere deutsche Staaten noch weit nachhinkten.

Als Vormärz bezeichnete man im allgemeinen die Zeit zwischen dem Wiener Kongreß 1815 und der 48er Revolution, besonders unter politischen Gesichtspunkten. Es war in unserem Land eine politisch stille, geistig aber sehr regsame Zeit.

Als Vertreter in den neuen Landtag, zu dem jedes Oberamt einen Abgeordneten entsandte, wurde vom Oberamt Marbach 1819 der Marbacher Stadtpfleger Andreas Hauser gewählt. Er war eigentlich ein „Reingeschmeckter", denn er stammte aus Wittlingen bei Urach, wo er 1770 geboren wurde. Nachdem er einige Jahre als Amtssubstitut in Affalterbach zugebracht und sich mit der Marbacherin Luise Dörner verheiratet hatte, kam er als Stadtpfleger nach Marbach, wo er bald eine angesehene Stellung einnahm. Hauser hatte sich durch Lektüre und Selbststudium eine recht beachtliche Allgemeinbildung angeeignet. Wie er in Affalterbach in enger Freundschaft mit dem Pfarrer Pahl gestanden hatte, so verband ihn in Marbach ein lebhafter geselliger Verkehr mit dem Marbacher Diakon Eisenlohr und mit dessen Nachfolger Palmer. Es zeugt von der Hochachtung, die er in Marbach genoß, daß er trotz seines stillen Wesens in den Landtag gewählt wurde. Er blieb bis zu seinem Ende in Marbach, wo ihm nach dem Tod seiner Ehefrau im Jahr 1837 seine Tochter Lotte den Haushalt führte. Er selbst starb 1860, 90 Jahre alt [5].

Die französische Julirevolution 1830 gab den freiheitlichen und nationalen Strömungen in unserem Land einen Auftrieb. Diese Stimmungen hefteten sich dann vor allem an den Aufstand der Polen gegen das Zarenreich im Jahr 1831. Daß sich die damalige Polenschwärmerei auch in Marbach bemerkbar machte, dafür gibt uns wieder die Ottilie Wildermuth ein Zeugnis. Sie berichtet, daß man allenthalben gesungen habe „Noch ist Polen nicht verloren" und daß viele Frauenhände für Polenbazare und Lotterien geschäftig gewesen seien [6].

Die durch die Julirevolution ausgelöste Stimmung fand in den Landtagswahlen um die Jahreswende 1831/32, welche eine oppositionelle Kammermehrheit brachte, ihren Niederschlag. Der offenbar mehr konservativ eingestellte Hauser unterlag dabei Johannes Nefflen. Im „Hochwächter", dem Organ der liberalen Opposition in Württemberg, war zu diesem Wahlergebnis zu lesen:

„Die Leut, welche in Marbach wohnen,
machten verschiedene Machinationen,
sie zogen und zogen, aber statt Herrn Hauser
zogen sie zum Glück den Nefflen außer."

Die politisch führende Persönlichkeit in unserem Bezirk war nun Nefflen, der 1789 als Sohn eines Stiftsküfers in Oberstenfeld geboren und seit 1815 Schultheiß von Pleidelsheim war. Nefflen, der sich als aufrechter Demokrat bewährte, setzte sich in Wort und Schrift in orgineller Weise für die Interessen der kleinen Bauern und Weingärtner ein und erlangte eine über seinen Wahlkreis weit hinausgehende Bedeutung. Wie wir bereits gehört haben, zog er sich die unversöhnliche Feindschaft des Marbacher Oberamtmanns Veiel zu, vor allem wohl deshalb, weil er im November 1832 im „Hochwächter" einen Artikel veröffentlichte, betitelt „Der Marbacher Verwandtenhimmel", worin er die „Vetterleswirtschaft", die anscheinend in diesem Bezirk herrschte, bloßstellte. Ein anderer Artikel, „Die Kaffeevisite", nahm offenbar auch Marbacher Verhältnisse aufs Korn. Nefflen mußte 2mal wegen Beamtenbeleidigung Haftstrafen auf dem Hohenasperg verbüßen. Als es nun 1838 zu einer neuen Landtagswahl kam, entdeckte Veiel eine 14 Jahre zurückliegende Verfehlung Nefflens. Dieser hatte sich damals bei der Verschaffung eines Kredits unlauterer Mittel bedient. Er wurde nun deshalb zu 20 Monaten Festungshaft verurteilt. Damit war Nefflen, der inzwischen von Pleidelsheim nach Stuttgart übergesiedelt war, nicht nur politisch, sondern auch wirtschaftlich ein ruinierter Mann. An der 48er-Revolution nahm er jedoch regen Anteil. Nach ihrer Niederschlagung floh er nach Straßburg, von wo er noch im gleichen Jahr nach Amerika auswanderte, wohin ihm ein Sohn vorausgegangen war. Nachdem er die Sicherheit erlangt hatte, daß ihm in der Heimat kein Strafverfahren mehr drohte, wollte er zurückkehren, starb aber während der Vorbereitung für seine Rückwanderung am 6. Januar 1858 in Cumberland (Maryland) [7].

Der Rechtskonsulent Gottlieb Adolf Veiel, der Sohn des Oberamtmanns, wurde 1838 an Stelle von Nefflen zum Landtagsabgeordneten des Oberamts Marbach gewählt und ebenso im Jahr 1843. Politisch schlug er im Gegensatz zu seinem Vater eine gemäßigt liberale Richtung ein.

An dieser Stelle soll ein Besuch König Wilhelms I. in Marbach im Jahr 1823 erwähnt werden, von dem wir nichts wüßten, wenn ihn nicht Ottilie Wildermuth in ihrer schalkhaften Weise beschrieben hätte. Das Königspaar war auf vormittags 11 Uhr in Marbach angemeldet. Es wurde alles für einen möglichst feierlichen Empfang vorbereitet. Die Väter der Stadt, die Oberbeamten, die Geistlichen, die Veteranen und die Lehrer mit ihren Schulkindern sollten sich zur gegebenen Stunde vor dem Rathaus aufpflanzen und dort den Monarchen erwarten, während gleichzeitig mit allen Glocken geläutet und vom Stadtzinkenisten ein Choral vom Turm geblasen werden sollte. Das Königspaar erschien aber schon morgens 8 Uhr, was eine große Bestürzung auslöste. Hören wir weiter dazu die Wildermuth:

„Der König hatte seinen Reiseplan geändert ... Aus Unkenntnis des Weges führte der Kutscher ihn durch das untere Stadttor, wo keine Seele ihn erwartete, während weiter oben die schönsten Ehrenpforten aufgerichtet waren. Eine ehrbare alte Witwe, ‚die alte Stadtschulzin‘, war die einzige Unterthanin, die im Unterrock, das Sonntagskleid, nach dem sie in der Eile gegriffen, unter dem Arm, dem Wagen voranschritt und den Majestäten den Weg zeigte [8]."

C. Die Revolution von 1848 in Marbach

Die 48er-Revolution vollzog sich in Marbach in sehr gemäßigten Formen. Es lag in unserer Gegend keine revolutionäre Situation vor. Als die Revolution in Frankreich ausbrach und alsbald auf Deutschland und auf fast ganz Europa übergriff, wurde man bei uns von den Ereignissen offenbar überrascht. Das gebildetere Bürgertum begrüßte in seiner Mehrheit zunächst die Bewegung. In diesen Kreisen war man vorwiegend liberal eingestellt. Man wünschte völlige Presse-, Rede- und Versammlungsfreiheit, die Abschaffung der aus dem Mittelalter überkommen und immer noch fortbestehenden Bindungen auf landwirtschaftlichem und gewerblichem Gebiet und vor allem ein einiges Deutschland. Lebte man doch in einem Zeitalter, in dem sich der Gedanke des Nationalstaats überall in Europa siegreich durchsetzte! Ein Streben nach einer grundlegenden Umwälzung der gesellschaftlichen Zustände und nach einem Sturz der Monarchie lag diesen geistig führenden Kreisen, die hauptsächlich den Honoratiorenschichten entstammten, fern. Man hatte in König Wilhelm I. einen tüchtigen Regenten und die Dynastie war in den altwürttembergischen Gebieten fest verwurzelt. Die breiten Volksmassen waren im allgemeinen politisch desinteressiert und wurden vom Pietismus in konservativem Sinn beeinflußt. Einzelne, welche als aktivistische, radikale Demokraten auftraten, gingen meist aus jenen sozialen Schichten hervor, die zwischen den Honoratioren und den Massen der Bauern und Handwerker einen etwas unsicheren gesellschaftlichen Standort hatten.

Zu letzteren gehörte in unserem Bezirk der Wundarzt Conrad Friedrich Kissling von Kleinaspach. Er stammte aus Murr und war unzweifelhaft ein nicht unbegabter und vielseitig interessierter Mann, dem es freilich an einer gediegenen Allgemeinbildung mangelte. Sein Freund war der Buchdrucker Dürr, der den „Postillon" herausgab. So begleitete Kissling die Zeitereignisse in diesem Blatt mit seinen bissigen Ergüssen, in denen er sich besonders mit der Geistlichkeit und den Pietisten herumschlug. Im Frühjahr 1848 behauptete er, die Marbacher Pietisten hätten gedroht, ihn zu steinigen, wenn er sich in ihrer Stadt blicken lasse. In der nachfolgenden Reaktionszeit scheint in seinem beweglichen Geist ein religiöser Gesinnungswandel eingetreten zu sein. Als er 1858 im Alter von erst 46 Jahren nach langem Leiden unter Hinterlassung von 8 Kindern starb, erklärte jedenfalls seine Witwe in der Todesanzeige, daß er „all sein Wissen hinter sich geworfen und sich an den gehalten habe, der auch für ihn gestorben ist".

Nach Ausbruch der Revolution erging am 5. März 1848 eine „Adresse der Marbacher Bürger" an den König „um Anhörung längst gehegter Volkswünsche". Wie diese Adresse zustande kam, kann nicht mehr festgestellt werden. Es ist aber zu erkennen, daß sie von intelligenten und gebildeten Männern abgefaßt worden sein muß. Ohne Zweifel steckte der Abgeordnete Veiel dahinter. Es wird darin ausgeführt, daß „die oberste Bundesbehörde schon durch die Art ihrer Zusammensetzung noch nie Vertrauen einzuflößen vermocht" habe. Sie müsse „mittels freier Volksvertretung durch ein deutsches Parlament gefestigt werden". Ein treues Zusammenhalten und Zusammenwirken sei das einzige Mittel für uns Deutsche, unsere Nationalität und unsere Selbständigkeit zu bewahren. Sodann werden die damals üblichen Forderungen der Liberalen auf unbedingte Freigebung der Presse, auf das Recht der freien, ungehinderten Besprechung politischer Angelegenheiten und auf Einführung von Schwurgerichten erhoben. Als besonderen Wunsch legt die Marbacher Adresse der Regierung noch die Unterstützung der kleinen Gewerbe ans Herz.

Nachdem inzwischen vom König das liberale Märzministerium Römer eingesetzt worden war, wurde in Marbach am 16. März im Gasthaus zum „Adler" eine Bürgerversammlung abgehalten. Sie wurde von Stadtpfleger Rommel eröffnet, worauf Stadtschultheiß Sigel den König hochleben ließ. Anschließend hielt der Abgeordnete Veiel eine Rede, in welcher er darlegte, daß ein einiges Deutschland „eine achtunggebietende Macht, eine Bürgschaft für den Weltfrieden und im Krieg mächtig" sein werde. Am Schluß ließ er die neuen Minister hochleben, was bei der Versammlung stürmischen Beifall hervorrief.

Offenbar unter dem Druck der öffentlichen Meinung erklärten am 17. März die 8 auf Lebenszeit gewählten Mitglieder des Stadtrats ihren Rücktritt. Die übrigen 4, nicht auf Lebenszeit Gewählten schlossen sich dieser Erklärung an, was aber bei letzteren von der Kreisregierung nicht genehmigt wurde, weil ihre 2jährige Dienstzeit noch nicht abgelaufen sei. Bei der Neuwahl wurden sämtliche Stadträte wiedergewählt mit Ausnahme des früheren Stadtpflegers Hauser und des Hirschwirts Barth, die sich nicht mehr zur Wahl gestellt hatten.

Auf Grund eines am 1. April 1848 erlassenen Gesetzes über die Bildung von Bürgerwehren forderte am 7. April 1848 das Stadtschultheißenamt alle selbständigen Einwohner männlichen Geschlechts, welche körperlich tüchtig sind, Waffen zu tragen, auf, sich in die „Bürgerwache" einzureihen. „Der Sammelplatz ist bei guter Witterung auf der Schillerhöhe, bei schlimmer im Rathaus." Junge Leute vom 16. bis zum 24. Jahr sollten ein „besonderes, abgesondertes Corps mit militärischen Exercitien" bilden. Anfangs Juni war die Marbacher Bürgerwehr aufgestellt. Sie bestand aus insgesamt 176 Mann, welche in 2 Kompanien eingeteilt waren. Die eine wurde von dem ehemaligen Stadtschultheiß Klein, die andere von dem Fabrikanten Körner kommandiert. Die Chargen wurden von den Wehrmännern gewählt. Ein Musikkorps von 14 Musikern und 4 Tambours sorgte für die nötige Lautstärke. Im übrigen wurde die Bürgerwehr auf Gemeindeebene organisiert und einem Verwaltungsausschuß des Gemeinderats unterstellt.

Anfangs Mai trat in Marbach, wie in den meisten Städten, ein „Vaterländischer Verein" zusammen, dem ca. 40 Mitglieder beitraten, deren Zahl bis anfangs Juni auf 73 anwuchs. An seiner Spitze stand um diese Zeit Veiel, welcher aber am 3. August 1848 wegen der Inanspruchnahme durch sein Landtagsmandat die Vorstandschaft an den Stadtschultheißen Sigel abtrat.

Zunächst überschattete nun die Wahl zur Frankfurter Nationalversammlung alles andere. Sie war die erste Wahl in Württemberg, die auf Grund eines wahrhaft demokratischen, allgemeinen und gleichen Wahlrechts vorgenommen wurde. Der 6. Wahlkreis des Neckarkreises wurde von den Oberämtern Ludwigsburg und Marbach, letzteres jedoch ohne Auenstein, Gronau, Burgstall, Erbstetten und Nassach gebildet. Das Comité des patriotischen Vereins von Ludwigsburg stellte David Friedrich Strauß als Kandidaten für den Wahlkreis auf. Strauß, von Hause aus Theologe, war durch das von ihm verfaßte Buch „Das Leben Jesu", in dem er die Gottheit Jesu in Frage stellte, weithin bekannt geworden, zugleich aber mit der Landeskirche in Konflikt geraten, jedenfalls eine umstrittene Persönlichkeit. Ihm stellten die Konservativen Christoph Hoffmann gegenüber, der seit 1837 das bekannte Paulus'sche Knabeninstitut auf dem Salon in Ludwigsburg leitete und als ein Haupt der Pietisten im Land galt. So wurden die Wahlen in unserer Gegend ganz auf das religiöse Gebiet hinübergespielt. Veiel trat für Strauß ein. Wenn Strauß als Wahlredner nicht in der Oberamtsstadt auftrat, sondern in Steinheim, so wohl deshalb, weil er für sich dort eine bessere Resonanz erwartete als in dem stark pietistisch eingestellten Marbach, wobei er sich auch nicht getäuscht hat. Am 3. Mai wurde das Wahlergebnis bekannt gegeben: Hoffmann 5831, Strauß 3365 Stimmen. Die Pietisten hatten gesiegt.

Für die Neuwahl zum Landtag am 3. Juni 1848 kandidierte wieder der bisherige Abgeordnete Veiel. Die Kirchberger aber hoben gegen ihn den noch jungen Bauern Ludwig Schwaderer von Burgstall auf den Schild. Schwaderer erklärte, bisher hätten nur Staatsdiener und Gelehrte die Ehre gehabt, gewählt zu werden. Jetzt sollten die Wahlmänner einen Mann aus ihrer Mitte wählen. Den Bauern müßte durch Erleichterung der Abgaben, dem Gewerbe durch Schutzzölle geholfen werden. Schließlich forderte er ein Einkammersystem, das nur aus gewählten Volksabgeordneten bestehe. Veiel hatte seinen Anhang besonders in Marbach und Großbottwar, sowie in den Gemeinden „hinter der Hardt". Von Beilstein, wo überhaupt eine radikalere Atmosphäre herrschte, kamen Gegenstimmen, welche auf die ominösen Umstände, unter denen Veiel 1838 gewählt worden war, hinwiesen. Unmittelbar vor der Wahl sprach Veiel noch einmal in Marbach in einer Versammlung im Rommelschen Garten vor dem einstigen Neckartor und von einem Fenster seiner Wohnung aus. An diese Reden erinnerte man sich in Marbach noch lange. Veiel wurde gewählt. Schwaderer konnte aber immerhin mehr als 1/3 der Stimmen auf sich vereinigen. Hätte man bei dieser Wahl nicht nach dem alten Klassenwahlrecht gewählt, so wäre sie für Veiel sicher noch schlechter ausgegangen.

Nach dieser Wahl schien die revolutionäre Welle in Marbach bereits völlig abgeebbt zu sein. Wenn man liest, wie in Marbach am 27. September 1848 der Geburtstag des Königs gefeiert wurde, so hat man nicht das Gefühl, in einem Revolutionsjahr zu stehen. In einem Festzug zog man morgens in die Kirche, wo der Helfer Kornbeck eine „treffliche" Kanzelrede hielt. Dann wurden nach altem Brauch die Veteranen des Krieges 1814/15 zu einem Mittagessen im Gasthaus zum „Hirsch" eingeladen. Dort brachte einer der Veteranen nach einer überschwenglichen Rede, in welcher er den König als den „Gegenstand unserer höchsten Verehrung und unseres gerechten Stolzes" bezeichnete, einen jubelnd aufgenommenen Toast auf den Monarchen aus. Ein 2. Toast galt dem Kronprinzen Karl und ein dritter endlich „der Einigkeit und Freiheit unseres engeren und weiteren Vaterlandes, herbeigeführt auf dem Weg der gesetzlichen Ordnung". Wie es allmählich mit dem Vaterländischen Verein bestellt war, zeigt eine „Privatbekanntmachung" Sigels im „Postillon" vom 24. November 1848, in welcher er zu einer Zusammenkunft in der „Rose" einlädt: „Die neuesten Zeitereignisse lassen mich glauben, daß ein nochmaliger Versuch zur Wiedererweckung des hier eingeschlafenen Vaterländischen Vereins nicht ohne Erfolg ist." Tatsächlich war zu Ende des Jahres die Revolution in den großen Staaten Europas, in Frankreich, in Preußen und in Wien bereits niedergeschlagen.

Im Frühjahr 1849 hofften aber die Demokraten in den süddeutschen Kleinstaaten, das Schicksal doch noch wenden zu können. Sie sammelten sich in den Volksvereinen. Am 10. Februar 1849 wurden die Bürger Marbachs zur Gründung eines Volksvereins aufgerufen, der sich dann auch bildete. Am 5. Mai 1849 richtete der Marbacher Volksverein einen Aufruf an den Verwaltungsrat der Bürgerwehr, in dem es heißt, daß diese in Marbach „zu einem wahren Spiel herabgewürdigt" sei; alle waffenfähigen Männer müßten sich ohne Verzug in den Waffen üben, „damit das Volk in seiner Freiheit Schutz hat und etwaigen Angriffen auf solche von Unten, als hauptsächlich von Oben, mit Kraft begegnen" könne. Der Verwaltungsrat werde ersucht, Anordnungen zu treffen, „daß das Exercitium der ganzen Bürgerwehr unverzüglich wieder beginne und mit angemessenem Ernst gehandhabt werde". In diesen Maitagen spitzten sich die Dinge auch in unserer Stadt mehr und mehr zu. Am 10. Mai stellte die Stadt dem Volksverein den oberen Rathaussaal zu einer außerordentlichen Versammlung zur Verfügung, wodurch dieselbe einen halboffiziellen Anstrich erhielt, wohl die Folge einer Einschüchterung der Stadtverwaltung und des Stadtrats durch den Volksverein; brach doch gerade in jenen Tagen in Baden der Aufstand los, der zur Verjagung des Großherzogs und zur Ausrufung der Republik führte. Es ist nicht zu bezweifeln, daß zwischen den Volksvereinen in unserem Land, in denen sich freilich auch gemäßigtere Elemente befanden, und den badischen Aufständischen Querverbindungen bestanden.

Damals lief in unserer Stadt das anscheinend haltlose Gerücht um, im Hause des Kaufmanns Conradt, der als Pietist galt, liege eine Zustimmungsadresse zur Unterschrift auf, die auf einen Artikel Bezug nahm, welcher im Schwäb. Merkur erschienen war und sich gegen die Bestrebungen der Volksvereine wendete. Der Marbacher Volksverein drohte darauf in einer öffentlichen Erklärung in der Zeitung mit „täthlichen Demonstrationen". Wie andere derartige Erklärungen richtete sich auch diese besonders gegen den Pietismus. Der Landesausschuß der württembergischen Volksvereine rief auf die beiden Pfingsttage (27. und 28. Mai) eine Massenversammlung in Reutlingen ein, die den Anschluß Württembergs an den badischen Aufstand bezweckte. Auch vom Marbacher Volksverein wurde dieselbe beschickt. Für unsere Gegend wurde der Pfingstmontag 1849 wohl der aufregendste Tag der ganzen Revolutionszeit. An diesem Tag eröffnete der Sternwirt Schuler in Großbottwar an der Straße nach Beilstein eine Gartenwirtschaft. Zu der Eröffnungsfeier marschierte die Bürgerwehr von Beilstein bewaffnet heran, um sich in dem Biergarten mit der ebenfalls bewaffneten Bürgerwehr von Großbottwar zu treffen. Es ist hier zu bemerken, daß in Großbottwar wie in Marbach offenbar die mehr konservativen Elemente die Oberhand hatten, während von Heilbronn her, das in der 48er-Revolution als ein besonderer Unruheherd im Lande galt, die Wellen kräftig nach Beilstein herüberschlugen. Trotzdem bleibt es zweifelhaft, ob das, was jetzt geschah, wirklich einen politischen Hintergrund hatte. Jedenfalls kam es bei dem erwähnten Treffen in Schulers Biergarten zu Streitigkeiten zwischen den beiden Bürgerwehren, die schließlich zu einem richtigen Gefecht ausarteten. Es wurde Sturm geläutet. Am Ende zählte man 20–25 Verwundete, hauptsächlich durch Bajonettstiche. Die Großbottwarer rühmten sich, 2 Gefangene gemacht und 8 Gewehre erbeutet zu haben. Zur Wiederherstellung der Ordnung in Großbottwar wurde die Marbacher Bürgerwehr alarmiert. Sie kam aber erst in der Nacht auf der Walstatt an, als alles vorüber war.

Der Regierung Römer gelang es, das Übergreifen des badischen Aufstands auf Württemberg zu verhindern. Aus Einsendungen an den „Postillon" gewinnt man den Eindruck, daß der weit überwiegende Teil der Marbacher Bevölkerung „badische Zustände" in unserem Land nicht wünschte. Tatsächlich war diese Erhebung, nachdem in den wichtigsten Staaten Deutschlands bereits die Reaktion gesiegt hatte, zum Scheitern verurteilt. Preußisches Militär marschierte in Baden ein und warf den Aufstand rasch nieder.

Auf 1. August 1849 wurden Wahlen zu einer verfassungsgebenden Landesversammlung in Württemberg ausgeschrieben. Diesmal wurde nicht mehr nach dem alten Klassenwahlrecht, sondern nach einem wirklich demokratischen Wahlrecht gewählt. Wiederum kandidierte Veiel. Aber bald zeigte es sich, daß die Stimmung im Oberamt zu seinen Ungunsten umgeschlagen war. Es entbrannte ein heftiger Wahlkampf. Zu einer Wahlversammlung in Steinheim sollen sich etwa 2000 Wähler eingefunden haben, für die damalige Zeit eine ganz gewaltige Zahl. Ein besonders einflußreicher Mann im Oberamt war Schultheiß Helfferich von Pleidelsheim, der, wie Stadtschultheiß Sigel von Marbach, neben seinem Amt als Ortsvorsteher als Rechtskonsulent praktizierte. Er war ein entschiedener Demokrat. Bei der letzten Wahl hatte er sich noch für Veiel eingesetzt. Jetzt trat er als scharfer Gegner desselben auf und warf ihm Untätigkeit vor. Vor allem verübelte man es Veiel, daß er sich bei der Auflösung des Rumpfparlaments in Stuttgart auf die Seite der Regierung gestellt hatte. Sein Gegenkandidat war der Gutspächter Albert Krauss vom Lichtenberg. Er verfügte über eine volkstümliche Beredsamkeit. In seiner Programmrede in Steinheim führte er aus: Die unbefriedigenden Zustände im Lande seien darauf zurückzuführen, daß sich die Ständeversammlung in der Hauptsache aus Beamten, Gelehrten und Advokaten zusammensetze. Er wolle keine „badischen Zustände" herbeiführen, aber die Geltung der Frankfurter Reichsverfassung und die in ihr zugesicherten Grundrechte verwirklichen. Weiter wolle er sich für eine Verminderung der Beamtenzahl und für die Abschaffung der Beamtenpensionen einsetzen. Das Gewerbe solle durch Schutzzölle geschützt werden. Dann machte er noch den merkwürdigen Vorschlag, Staatsleihkassen einzurichten, durch welche den Landwirten und Handwerkern Gelegenheit gegeben werde, in Zeiten des Preisverfalls durch Gewährung von Darlehen ihre Erzeugnisse zurückzuhalten und auf ein Wiederanziehen der Preise zu warten. Damit hatte er die Landwirte, die weitaus die Überzahl der Wähler im Bezirk ausmachten, für sich gewonnen. Welche Stimmung im Oberamt vorherrschte, zeigen verschiedene Wahlaufrufe, die im „Postillon" abgedruckt wurden. Davon hier 2 Kostproben:

> „Unsre theure Advokaten
> Die schmachten stets nach den Dukaten,
> Drum wollen wir Gelehrte schonen
> Wir wählen einen Ökonomen;
> Wir wählen eben unsren *Krauss*
> Der fechtet unsre Rechte aus!

Und die andere:

> Wählt nur keinen Schreiber;
> Keinen Advokaten, denn diesen
> Ist es nur um die Dukaten –
> Wählt aber auch keinen
> Theologen, denn diese drei
> Haben uns schon längst belogen."

Krauss wurde mit 1670 von 2810 Stimmen gewählt; Veiel erhielt nur 212. Man kann aus diesem Ergebnis ersehen, daß die Ereignisse des letzten Jahres nun doch auch die breiten Massen in Bewegung gebracht und selbstbewußter gemacht hatten. Bei Anwendung eines demokratischen Wahlrechts konnten sie ihren Willen stärker als bisher zum Ausdruck bringen. Jedenfalls war es mit dem Honoratiorenparlament zunächst vorbei.

Man kann sagen, daß diese Wahlen in unserem Land den Schlußstrich unter die Revolutionsepoche zogen. Wenn nun auch die Linke mit einer starken Mehrheit in den Landtag einzog, so änderte dies nichts an der Tatsache, daß die alten Mächte wieder fest im Sattel saßen und daß die Reaktion das Feld beherrschte. Diesen Wandel der Dinge bekam der Marbacher „Postillon" zu spüren. Nachdem der Herausgeber Dürr im Frühjahr 1849 verstorben war, führte seine in politischen Dingen offenbar ganz unerfahrene Witwe zusammen mit dem Buchbinder Funck das Unternehmen fort. Nach wie vor konnte der Freund ihres verstorbenen Ehemannes, der Wundarzt Kissling von Kleinaspach, die Zeitung zu seinem Sprachrohr machen. Nach wie vor griff er in ihr die Geistlichkeit an und ließ vor allem gegen den Pfarrer Dierlamm von Ottmarsheim, welcher der hervorstechendste Repräsentant der konservativen Richtung im Bezirk war, grobes Geschütz auffahren. Schließlich startete Dierlamm eine Gegenaktion. Am 9. November 1949 versandte er ein Rundschreiben an sämtliche Geistliche des Dekanats, in dem er dem „Postillon" vorwarf, daß er alles herausgreife, was die Regierung in den Augen der Leser herabsetze, und daß er überdies das sittliche Gefühl verletzen und der Sittlichkeit schaden würde. Eine solche Zeitung tauge nicht zum Amtsblatt für den Bezirk. Er werde um eine Diözesanversammlung nachsuchen, in welcher diese Angelegenheit besprochen werde. Die Behauptung, die Marbacher Zeitung würde das sittliche Gefühl verletzen, muß man als eine glatte Verleumdung bezeichnen. Der Angriff Dierlamms war aber gefährlich für den „Postillon". Wäre ihm die Eigenschaft als Amtsblatt entzogen worden, so hätte er sich wohl nicht mehr halten können. Soweit kam es jedoch nicht. Dem „Postillon" wurden aber die Zähne ausgebrochen. In den folgenden Jahren stellte er sich als eine politisch ganz farblose Zeitung dar.

Quellen: „Der Postillon" (Marbacher Zeitung 1848-1849).

D. Marbach 1848-1871

War auch die 48er Bewegung in ihrer politischen Zielsetzung gescheitert, so bedeutete sie doch einen wichtigen Einschnitt. Von den Auswirkungen der nachfolgenden Reaktion auf die Bevölkerung einer Kleinstadt wie Marbach darf man sich keine übertriebenen Vorstellungen machen. Sehr viel schwerer lastete die Wirtschaftskrise in der ersten Hälfte der 50er Jahre auf den unteren Schichten. Nachdem sie überwunden war, machte sich eine rege Anteilnahme weitester Kreise an den öffentlichen Angelegenheiten bemerkbar, als diese je zuvor der Fall gewesen war, was vor allem in dem aufblühenden Vereinsleben einen Niederschlag fand. In den 60er Jahren kündete sich dann immer deutlicher das aufziehende technisch-industrielle Zeitalter an. Sowohl auf dem Gebiet der Landwirtschaft als auch auf dem des Gewerbes trat eine Liberalisierung an die Stelle der alten Bindungen. Gleichwohl blieb unser Marbach noch lange Zeit ein verkehrsfernes Landstädtchen, dessen Gesicht von Kleinbauern, Weingärtnern und Handwerkern geprägt wurde und in dem die Honoratioren wie bisher die gesellschaftlich führende Rolle spielten.

1. Die Landwirtschaft

Für die Landwirtschaft brachten die Ablösungsgesetze der Jahre 1848/49 eine sofort wirkende Befreiung von althergebrachten Bindungen. Die auf Grund und Boden ruhenden Lasten, bei denen es sich in Marbach im wesentlichen nur um die hier dem Staat zustehenden Zehnten handelte, wurden nun von den Grundstücksbesitzern innerhalb eines Zeitraums von 8–13 Jahren durch regelmäßige Geldzahlungen abgelöst. Als Zehntrechner, welcher die auf den einzelnen Besitzer entfallenden Zahlungen auszurechnen und zu kassieren hatte, wurde der Geometer Wilhelm Kleinknecht angestellt, der als der beste Mathematiker im Städtchen galt. Im Jahr 1854 empfahl er sich für einen Lehrkurs „in reiner und angewandter Mathematik, besonders Stereometrie, analitischer Geometrie, ebener und sphärischer Trigonometrie". Ob sich zu diesem Kurs viele Teilnehmer gemeldet haben, muß bezweifelt werden. Später gab Kleinknecht an der Lateinschule Geometrieunterricht. Nachdem er selbst an einem Kurs in Hohenheim teilgenommen hatte, durfte er sich als Wiesenbautechniker bezeichnen und wirkte nun auch jahrzehntelang im Landwirtschaftlichen Bezirksverein mit.

In einem fast ganz landwirtschaftlichen Bezirk wie dem Oberamt Marbach kam an Bedeutung keine andere Vereinigung dieser gleich. Nachdem der Gutsbesitzer Ernst von Steinheim weggezogen war[1], wurde 1853 der Gutsbesitzer Ludwig Christian Schwaderer von Burgstall, der 1862–1868 das Oberamt auch als Abgeordneter im Landtag vertrat, zum Vorstand gewählt und hatte dieses Amt mit kurzen Unterbrechungen bis 1870 inne. In Marbach betätigten sich während dieser Zeit besonders der ehemalige Stadtschultheiß Klein als Sekretär und der Hirschwirt Adam Barth als angesehenes Ausschußmitglied im Landwirtschaftlichen Bezirksverein. Als am 7. September 1853 wieder einmal bei schönstem Wetter und unter großer Teilnahme ein Bezirks- und Preisfest in Marbach stattfand, zog vormittags ein Festzug mit Musik und Fahnen durch die beflaggte und mit Girlanden geschmückte Marktstraße vom Hirsch zum Schafwasen, wo eine Tribüne für die Ehrengäste errichtet war und die vorgeführten Tiere gemustert und prämiert wurden. Auch eine Obstausstellung war mit dem Fest verbunden.

Wenn man die alten Nummern des Marbacher „Postillons" durchliest, so ist man beeindruckt von den unermüdlichen Bestrebungen des Landwirtschaftlichen Bezirksvereins, die Landwirte zur Einführung fortschrittlicher Einrichtungen und Betriebsmethoden anzuleiten. Dies geschah durch Veröffentlichung von Artikeln in der Zeitung, die meist von dem Vorstand Schwaderer stammten, durch Vorträge und durch Besichtigung von Musteranlagen. Auf diese Weise wurden die Landwirte mit den aufkommenden, modernen Ackergeräten bekannt gemacht. So wurde bei dem Hauptfest in Marbach im Jahr 1853 ein amerikanischer Wendepflug und eine Handsämaschine ausgestellt. Ein großes Ereignis war es, als am 18. Januar 1859 die erste im Bezirk, nämlich bei dem Landwirt Gottlieb Schwaderer im Gollenhof, aufgestellte Dreschmaschine von etwa 100 Mitgliedern des Landwirtschaftlichen Bezirksvereins besichtigt wurde. Nachdem man den Anwesenden die Maschine und ihre Leistungen vorgeführt hatte, waren sie so begeistert, daß sie spontan ein „Hoch" auf den Hersteller ausbrachten. Im Jahr 1864 war bei dem Gutspächter Aldinger auf Schaubeck eine „transportable" Dreschmaschine und im Jahr 1865 im Heidenhof eine Dreschmaschine „mit Locomobil" im Betrieb. Der Antrag, eine Aktiengesellschaft zwecks Anschaffung einer Dreschmaschine für den Bezirk zu gründen, wurde aber im Landwirtschaftlichen Bezirksverein abgelehnt.

Man scheute auch vor Experimenten nicht zurück. Mit Verwunderung lesen wir, daß der Verein in dem Krisenjahr 1853 den notleidenden Landwirten durch Einführung von Maulbeerpflanzungen und Seidenraupenzucht aufzuhelfen suchte. Dieser Versuch scheiterte. Besseren Erfolg hatte man mit dem Tabakanbau, für den schon 1854 Prämien ausgesetzt wurden, desgleichen mit dem Zuckerrübenanbau. Letzterer wurde dadurch gefördert, daß die Zuckerfabrik Heilbronn Akkorde mit den Bauern abschloß. Eine Ablieferungsstation für Zuckerrüben aus dem ganzen Bezirk wurde in Marbach am Neckar gegen Neckarweihingen zu eingerichtet. Man wählte diesen Platz, weil von hier aus die Rüben günstig per Schiff auf Talfahrt nach Heilbronn transportiert werden konnten. Interessant ist, daß zu dieser Zeit auch der Hopfenbau in unseren Bezirk Eingang fand. Die Gutsverwaltung Helfenberg hatte 1867 eine 14 Morgen große Fläche mit Hopfen angebaut. In Marbach besaß der Bierbrauer Strecker noch 1868 in der Nähe vom Schafwasen einen großen Hopfengarten. Auf die Dauer konnte sich diese Kultur in unserer Landschaft aber nicht halten. Anders verhielt es sich mit dem Cichorienanbau, der seit Ende der 60er Jahre auf Anregung der Fa. Franck, Söhne, in Ludwigsburg aufkam. Vor allem aber wurde der Obstbau gefördert, der infolge des immer mehr um sich greifenden Mosttrinkens gute Absatzmöglichkeiten bot.

Ein für die Landwirtschaft in unserer Gegend maßgebender Mann war der Adlerwirt Christian Friedrich Hermann von Ottmarsheim (1825–1891), der, obwohl er keinerlei besondere Schulung genossen hatte, mannigfache zweckmäßige Neuerungen ersann und einen landwirtschaftlichen Musterbetrieb auf die Beine stellte, der nicht nur in unserer Gegend anregend wirkte, sondern auch darüber hinaus berühmt [2] war. Auf Grund eines Vertrags, den der Landwirtschaftliche Bezirksverein mit ihm abschloß, legte er in Ottmarsheim eine Bezirksrebschule an.

Ein ständiges Thema bei den Versammlungen des Landwirtschaftlichen Bezirksvereins war die Beseitigung der Überfahrts- und Trepprechte und die Anlegung von Feldwegen, die jedem Bauern den unmittelbaren Zugang zu seinen Grundstücken ermöglichen sollten. Auf weite Sicht zielte man auf die Abschaffung des Flurzwangs ab. Bis diese Wünsche im Zug der Feldbereinigung in Erfüllung gingen, hatte es aber noch gute Weile. Der Übergang zur Erdölbeleuchtung brachte allmählich den Rapsanbau zum Erliegen. Im Jahr 1864 war man aber der Ansicht, daß er sich immer noch lohne. Als „vornehmstes Kulturgewächs" galt um diese Zeit in der Marbacher Gegend noch der Flachs. Trotz eifriger Bemühungen, landwirtschaftliche Fortbildungsschulen einzuführen, bestanden solche 1865 nur in 2 Orten des Oberamts. Es fehlte an Mitteln, Lehrkräften und Lokalen.

Im Jahr 1867 besuchte der Vorstand des Landwirtschaftlichen Bezirksvereins Schwaderer die Pariser Weltausstellung und berichtete nachher in einer Artikelserie im „Postillon" eingehend über seine Eindrücke. Er zeigte sich dabei enttäuscht darüber, wie extensiv die Landwirtschaft – abgesehen vom Elsaß – in Frankreich betrieben wurde. Auch der dortige Arbeitskräftemangel auf dem Land und die Mißachtung der Sonntagsruhe fielen ihm auf. Übrigens wurde auf dieser Weltausstellung 1 Flasche „Brüssele", Jahrgang 1846, prämiert. In den folgenden Jahren zeigte sich im Landwirtschaftlichen Bezirksverein eine wachsende Opposition gegen den Vorstand Schwaderer. Er ging von den Bottwartalgemeinden aus, die sich durch seine Geschäftsführung benachteiligt fühlten. Schließlich führte dies dazu, daß er und Klein im Verein ihre Ämter niederlegten und der Marbacher Oberamtmann Klett zum Vorstand gewählt wurde.

Die geschilderten technischen Fortschritte in der Landwirtschaft kamen in der Hauptsache den größeren Bauern draußen auf dem Land zugute. Die Marbacher Kleinbauern und Weingärtner vermochten damit nicht Schritt zu halten. 1866 besaß der vermöglichste Bürger in Marbach 55 Morgen Feld; die meisten Bauern und Weingärtner hatten aber nur einen Grundbesitz von 6–12 Morgen. Die 1. Futterschneidmaschine in der Stadt wurde 1863 vom Hirschwirt Barth um 100 fl angeschafft. Um dem Landhunger der Marbacher Kleinbauern abzuhelfen, rodete man ein 60 Morgen großes Wäldchen im Süden der Markung, das früher oft das Ziel von Spaziergängen gewesen war. So entstanden die Löhrlesäcker. Im Jahr 1865 wurden dieselben von der Stadt in Stücken von je ½ Morgen auf 9 Jahre verpachtet.

Von großer Bedeutung für die Zukunft war, daß in dem Zeitraum, der hier besprochen wird, Güter- und Servitutenbücher, die Vorläufer der Grundbücher, angelegt wurden. In Marbach begann 1856 der Güterbuchkommissär und spätere Verwaltungsaktuar Schreiber diese Arbeiten. Am 14. März 1861 war das Güterbuch fertiggestellt. Anschließend wurde das Servitutenbuch angelegt. Am 14. Dezember 1861 erging an diejenigen, denen Grunddienstbarkeiten zustanden, die öffentliche Aufforderung, ihre Rechte binnen 4 Wochen anzumelden.

An Getreide wurde immer noch hauptsächlich Dinkel angebaut. Die Brache war fast ganz angeblümt, meist mit Klee. Der Tabakbau, der vorübergehend auch in Marbach betrieben worden war, kam rasch wieder in Abgang. Von viel größerer Bedeutung als heute war damals der Wiesenbau; gab es doch 1866 im Oberamt 703 Pferde. Außerdem nahm die Viehzucht zu. Die Schafweide wurde nebst der Benützung einer geräumigen Wohnung und eines Schafstalls von der Stadt jeweils auf 3 Jahre verpachtet. Der Gemeindeschäfer weidete um die Mitte der 60er Jahre im Vorsommer 250–300 und im Nachsommer 500–600 Schafe auf der Marbacher Markung[3]. Im Jahr 1871 wurde im Namen von 200 Marbacher Landwirten gefordert, die Schafweide zu beseitigen. Dem wurde jedoch entgegengehalten, daß dadurch die Gemeinde erheblicher Einkünfte verlustig gehen würde. Von anfangs Mai an wurden die Gänse in den Gänsegarten beim Lohmühlsee getrieben. Wenn der Gänshirt während der Zeit, da der Gänsegarten geöffnet war, innerhalb Etters frei laufende Gänse antraf, so durfte er sie fangen und brauchte die Gans nur gegen Bezahlung von 4 Kreuzern wieder an ihren Besitzer zurückgeben. Außerhalb Etters sich herumtreibende Gänse und Hühner wurden vom Flurschütz erschossen.

Die gegen 40 Morgen Allmenden der Stadt waren bis 1866 fast vollständig mit Obstbäumen

263

ausgesetzt (s. oben Anm. 3). 1861 wurden 1200 und 1869 800 Simri Allmendobst geerntet. Der Gesamtwert der Obsternte wurde in Marbach im Jahr 1867 auf 12 000 fl geschätzt.

Obwohl schon in der 1. Hälfte des 19. Jahrhunderts in Marbach ein gewisser Rückgang des Weinbaus eingetreten war, so standen hier 1866 doch noch etwa 350 Morgen Weinberge im Ertrag. Was den Wert der Weinernte anbetrifft, so stand freilich Mundelsheim mit seinem geschätzten „Käsberg" weit vor Marbach.

So wird z. B. der Gesamtbetrag des Weinherbstes 1868 in Marbach mit 37 971 fl, in Mundelsheim mit 91 930 fl und im Jahr 1869 in Marbach mit 11 719 fl, in Mundelsheim mit 20 000 fl angegeben. In Marbach erzielte man 1868 Preise für den Eimer zwischen 48 und 33 fl, im Mittel 38 fl, und im Jahre 1869 Preise zwischen 50 und 44, im Mittel 47 fl, in Mundelsheim dagegen 1868 bis zu 65 fl und im Jahr 1869 bis zu 70 fl. Es wird berichtet, daß Marbacher Weingärtner, um besondere Preise zu erzielen, ihren Wein manchmal nach Mundelsheim führten und ihn dort heimlich als Mundelsheimer verkauften. Im Vergleich zu den genannten Weinpreisen verkaufte man 1858, das allerdings ein sehr gutes Weinjahr war, in Marbach den Eimer Apfelmost um 8 fl. Ein Maß Bier kostete im Jahr 1860 8 Kreuzer. Besonders schlechte Weinjahre waren 1851, 1853 und 1854 sowie 1865 und 1866; im letztgenannten Jahr erzielte man nur einen Gesamtertrag von 50 Eimern. Als Wunderjahr wird 1858 mit 1176 Eimern gerühmt; 1868 brachte man es sogar auf 1294 Eimer. Häufig hatte man Absatzschwierigkeiten. Sehr oft wurde zu früh gelesen.

Bei einer Weingärtnerversammlung am 25. Juni 1863 wurde gelobt, daß in Marbach der Weinbau die untauglichen Lagen verlassen habe, dagegen getadelt, daß man die Sorten vermenge. In einer andern Weingärtnerversammlung am 13. Oktober 1867 wurde beraten, ob man in Marbach einen Weingärtnerverein gründen solle. Dazu kam es aber erst im Jahr 1895.

2. Witterung und Naturerscheinungen

In der 1. Hälfte der 50er Jahre herrschte häufig eine abnorme Witterung, was Mißernten und eine allgemeine große Teuerung zur Folge hatte. In dem Jahrzehnt 1843–1853 lagen die Niederschläge 8mal über dem langjährigen Mittel. Milden, schneearmen Wintern folgten rauhe und späte Frühjahre; die Blüte und die Heuernte litt meist unter naßkalter Witterung. Die Winter 1850/51 und 1851/52 waren „beispiellos" mild. Im letztgenannten Winter konnte man im Dezember nochmals Erdbeeren ernten. Damals ging sehr die Grippe um. Im Herbst 1853 stand ein Komet am Himmel, den man für die herrschende Mäuse- und Fröscheplage verantwortlich machte. Vom Jahr 1855 an erfreuten sich die Marbacher besserer Jahrgänge. Im September 1857 wurde ein 83 Jahre alter Marbacher Bürger auf dem Feld vom Blitz erschlagen.

In den letzten Tagen des Jahres 1860 ließ ein 3 Tage fortdauernder Regen den Neckar und die Murr derart ansteigen, daß die Postverbindungen von Marbach nach Ludwigsburg, Großbottwar und Backnang vollständig unterbrochen wurden. Vom 2. Januar 1861 an lag so hoher Schnee, daß Bahnschlitten eingesetzt werden mußten. Dagegen litt man im Herbst 1861 unter großer Trockenheit, die während des milden Winters anhielt, und im Januar 1862 zu einem sehr empfindlichen Wassermangel in der Stadt führte. Am 14. Dezember 1862 sah man ein Nordlicht am Himmel. Im Jahr 1865 wurde Marbach nach einem lang anhaltenden Winter am 9. Mai von einem schweren Unwetter betroffen. Abends zog von Süden her ein Gewitter auf. Ein Wolkenbruch ging nieder, der in kurzer Zeit den Strenzelbach in einen reißenden Strom verwandelte. Nur mit knapper Not konnte in der Ziegelhütte das Vieh gerettet werden; ein Schwein ertrank. Weiter unten wurden die Gemüsegärten verwüstet. Am heutigen Cottaplatz war das Haus des Leimsieders Mack vom Einsturz bedroht. In den benachbarten Gerbereien wurden die Gruben verschleimt und die Lohkässtände weggerissen. Bei der Lohmühle riß das Wasser die erst vor 2 Jahren hergerichtete Straße 4–5 Fuß tief auf. Die neue Schießhütte im Eichgrabental wurde zerstört. Schon im Jahr 1859 hatte Färbermeister Glocker im Landwirtschaftlichen Bezirksverein vergeblich eine Korrektur des Strenzelbachs angeregt. In mehreren Teilen der Markung richtete auch der Hagel erheblichen Schaden an.

Hingegen blieb Marbach ziemlich verschont, als am 23. Juli 1867 weite Gebiete des Oberamts vom Hagel verheert wurden. Das Gewitter kam von Westen her und bestrich zwischen 4 und 5 Uhr nachmittags die Markungen von Pleidelsheim, Höpfigheim, Murr, Steinheim, Klein- und Großbottwar, Hof und Lembach, Kleinaspach und Allmersbach. Der Schaden wurde mit insgesamt 399 592 fl beziffert. Am schlimmsten hauste das Unwetter in Höpfigheim, das in den vergangenen 7 Jahren schon 5mal durch Hagel geschädigt worden war. Dort fielen hühnereigroße Hagelkörner und schlugen zahlreiche Fensterscheiben ein. In Marbach hatten nur einige Weinberglagen im Norden der Markung Schaden gelitten. Nach dieser Unwetterkatastrophe wurde Marbach von Bettlern überlaufen, die meist behaupteten, Hagelgeschädigte von Allmersbach zu sein. In Marbach sammelte man sogleich für die Hagelgeschädigten im Bezirk. Zu ihren Gunsten wurde am 29. September 1867 in der Alexanderkirche ein Konzert und im Januar 1868 eine Hauskollekte veranstaltet. Aus dem ganzen Land liefen Spenden ein. Mit Rührung liest man, daß die Hohenhaslacher der Gemeinde Höpfigheim 67 fl übersandten mit der Bemerkung, daß auch sie bei einem Hagelschlag im Jahr 1838 von den Höpfigheimern reich bedacht worden seien. Man vergaß damals nicht so schnell wie heute.

Am 10. Februar 1871 wurde in Marbach und Kirchberg ein heftiger Erdstoß verspürt.

3. Gewerbe und Handwerk

In der Oberamtsbeschreibung von 1866 lesen wir: „... etwa die Hälfte der Einwohnerschaft (von Marbach) treibt neben der Landwirtschaft Gewerbe. Fleiß und Sparsamkeit wird ziemlich allgemein getroffen. Was die Vermögensumstände betrifft, so gehört die sehr überwiegende Mehrzahl dem sog. Mittelstande an, neben ihm gibt es auch Wohlhabende, denen aber eine größere Zahl Armer gegenübersteht."

Anläßlich der Wahl zur Ständeversammlung am 26. August 1855 werden die *höchstbesteuerten Bürger*, die direkt wählen durften, aufgezählt. Es waren dies: Gottfried Theurer, Gutsbesitzer; Hirschwirt Barth; Gottlob Schmidt; Dr. Theodor Rieckher, Apotheker; Gottlieb Feucht, Posthalter; Gottlob Conradt, Handlungsvorsteher; Ph. Ulrich Thumm, Zimmer-Oberzunftmeister; Jakob Graß, Metzger und Speisewirt; Kaufmann Pfleiderer; Bauer Jakob Walther; Bauer Johannes Vogel; David Öhler, Rotgerber-Oberzunftmeister; Metzger und Speisewirt Scharr; Johann Friedrich Spoun, Gerber; Conrad Ernst, Gerber; J. Matth. Fischer, Kaufmann; Kaufmann Hagmann; Friedrich Bühl, Ziegler; Melchior Stängle, Bauer; Gottlob Friedrich Berrer, Kronenwirt; Johann Stängle, Bauer; Carl Kauffmann, Adlerwirt; Ludwig Zwink, Metzger; Wilhelm Glocker, Färbermeister: Freihardt, Rotgerbermeister.

Im Jahre 1843 wurde in der Amtsversammlung erstmals der Plan besprochen, eine *Oberamtssparkasse* zu gründen[1]. Eine solche Einrichtung wurde noch durchaus unter dem Gesichtspunkt der Wohlfahrtspflege für die ärmeren Klassen betrachtet. Sie sollte minderbemittelten Landleuten durch Gewährung kleiner Darlehen über vorübergehende Notstände hinweghelfen und Dienstboten die Möglichkeit eröffnen, ihre Ersparnisse verzinslich anzulegen. Die Schultheißenämter zeigten sich aber uninteressiert. Erst die Notzeiten in der 1. Hälfte der 50er Jahre brachte die Sache wieder in Fluß. Nachdem der Bezirkswohltätigkeitsverein beschlossen hatte, eine Sparkasse für den Bezirk zu gründen, wurde von der Amtsversammlung am 7. Juni 1854 der Begründungsbeschluß gefaßt. Die Amtskorporation übernahm eine Garantie bis zu 1000 fl. Als Kassier wurde vom Bezirkswohltätigkeitsverein der pensionierte Gerichtsnotar John gewählt. Als dieser aber starb, bevor das Institut ins Leben getreten war, wählte man an seiner Stelle den Kaufmann und Gemeinderat Pfleiderer. Für jede Gemeinde des Bezirks wurde ein Sparpfleger bestellt. Am 20. Oktober 1854 eröffnete die Bezirkssparkasse ihre Tätigkeit und bis 6. März 1855 wurden insgesamt 120 Einlagen gemacht mit einem Gesamtbetrag von 1436 fl (davon in Marbach 92 fl 42 Kreuzer). Im Jahr 1859 beliefen sich die bis dahin angewachsenen Einlagen auf 12 080 fl (in Marbach 3839 fl). Sie wurden ab 1. September 1859 nur noch mit $3\,^{1}/_{3}\,\%$ verzinst. Die Entwicklung der Sparkassengeschäfte befriedigte aber offenbar nicht. Am 10. Dezember 1863 beschloß die Amtsversammlung auf Antrag des Schultheißen Weith von Kleinbottwar, zu prüfen, ob wegen des durch die Haftung übernommenen Risikos der Weiterbestand der Kasse ratsam erscheine. Besonders die Bottwartalgemeinden waren für die Auflösung. Die Mehrheit schloß sich ihnen an. Nach einigem Hin und Her wurde die Oberamtssparkasse durch den Amtsversammlungsbeschluß vom 9. Juli 1869 für aufgelöst erklärt. Es fehlte jedoch nachher nicht an Stimmen, welche diesen Beschluß für übereilt hielten. Erst im Jahr 1898 wurde die Oberamtssparkasse in Marbach neu errichtet.

Während die 48er-Revolution der Landwirtschaft die Befreiung von den Zehnten und Feudallasten gebracht hatte, war das Gewerbe immer noch an die alte *Zunftverfassung* gebunden. Sie wurde aber mehr und mehr als ein Anachronismus empfunden. Wenn man die neuen technischen Erfindungen ausnützen wollte, so erforderte dies die Schaffung eines freien Marktes und die

Entstehung größerer, fabrikmäßiger Gewerbebetriebe. Für Fleisch und Brot bestanden Festpreise und in gewissen Abständen wurde öffentlich bekannt gemacht, welche Taxen Gültigkeit hatten. Nachdem die Fleischtaxe aufgehoben worden war, bestand die Brottaxe unverändert fort. Dies hatte 1858 zur Folge, daß die Bäcker unter Hinweis darauf, daß die Fruchtpreise gestiegen seien, die Brotherstellung so einschränkten, daß die Bevölkerung in Marbach nicht mehr ausreichend mit diesem wichtigen Nahrungsmittel versorgt werden konnte. Darauf lesen wir im „Postillon", „patriotische Bäcker" seien so selten wie ein Regenbogen. Am 1. Mai 1862 wurden endlich in Württemberg die Zünfte aufgehoben und die *Gewerbefreiheit* eingeführt. Damit waren durchaus nicht alle Handwerker einverstanden. Am 1. April 1862 heißt es in einer Einsendung der beiden Marbacher Seifensieder an den „Postillon": „Die Gewerbefreiheit bringt schon goldene Früchte hervor, indem schon seit einigen Wochen von Frau Schulmeister Kicherer Seife verkauft wird." Es fanden nun die letzten Zunftversammlungen statt, in denen vor allem darüber beschlossen wurde, zu welchem Zweck das vorhandene Zunftvermögen verwendet werden sollte. Dasselbe war im allgemeinen gering, bei der Zunft der Schuster, Schneider, Seckler und Kirschner aber beträchtlich. Meist wurde das Zunftvermögen teils dem in Gründung begriffenen Gewerbeverein, teils der ebenfalls im Aufbau befindlichen Feuerwehr zugewandt. Anläßlich der letzten Versammlung der Müllerzunft, die einen wertvollen silbernen Becher besaß, am 13. November 1862 erfahren wir, daß zum Ladenbezirk Marbach die Müller von Marbach, Wolfsölden, Erdmannhausen, Höpfigheim, Kirchberg, Mundelsheim, Murr, Pleidelsheim und Steinheim und zum Ladenbezirk Großbottwar die Müller von Großbottwar, Hof und Lembach, Kleinbottwar, Kleinaspach, Oberstenfeld, Gronau, Auenstein Schmidhausen, Burgstall und Weiler zum Stein gehörten. Im ganzen vollzog sich die Auflösung der Zünfte doch recht schmerzlos.

Nach einer vorbereitenden Versammlung in Steinheim am 14. August 1862 wurde am 21. Februar 1863 in einer Versammlung im Rathaus in Steinheim der *Bezirksgewerbeverein* gegründet[2], welcher im Gegensatz zu den spezialisierten Zwangszünften einen freien Zusammenschluß der Gewerbetreibenden darstellen sollte. Zum Vorstand wurde einstimmig der Fabrikant Eugen Müller von Burgstall gewählt. Er besaß das größte industrielle Unternehmen im Oberamt, eine Wollspinnerei, die 1835 als Zweigbetrieb der Fa. Hägele & Söhne in Winnenden gegründet worden war und unterhalb von Burgstall in der heute sog. Neumühle betrieben wurde; im Jahr 1866 beschäftigte er 30 männliche und 15 weibliche Arbeitskräfte. Im Jahr 1871 wurde dieser Betrieb von Burgstall nach Ötlingen bei Kirchheim/Teck verlegt. Am Pfingstmontag 1863 hielt der Bezirksgewerbeverein, der indessen 104 Mitglieder gewonnen hatte, seine 1. Versammlung in der Post in Marbach ab, die wegen schwacher Teilnahme etwas enttäuschend verlief. Dies änderte sich aber bald. Die Eintritte von Mitgliedern nahm ständig zu. Der Gewerbeverein erhielt von der Amtsversammlung eine jährliche Zuweisung von 100 fl. Als 1. Aufgabe setzte er sich die Einrichtung von gewerblichen Fortbildungsschulen zum Ziel. Schon am 1. Dezember 1863 traten in Marbach, Großbottwar und Beilstein, Oberstenfeld und Pleidelsheim solche Fortbildungsschulen ins Leben; die Marbacher zählte 35 Schüler. Wie gut sich der Bezirksgewerbeverein schon entwickelt hatte, trat bei der Eröffnung einer von ihm im Rathaus in Marbach am 11. Mai 1866 veranstalteten Ausstellung in Erscheinung. Man versammelte sich im Hirsch und zog gemeinsam zum Rathaus, wo Stadtschultheiß Sigel eine Begrüßungsansprache hielt und sodann der Vorstand Müller und Oberamtmann Klett sich in weiteren Reden an die Versammelten wandten.

Das Jahr 1866 war überhaupt für das Gewerbe in der Oberamtsstadt und im Bezirk ein besonders wichtiges. Es war vor allem der Anregung durch Schulmeister Schnaufer von Großbottwar zu verdanken, daß am 30. November 1866 Mitglieder des Gewerbevereins im Gasthof zum Hirsch in Marbach eine *Gewerbebank* gründeten[3]. Sie war die erste in Württemberg, welche ihre Tätigkeit auf einen ganzen Bezirk erstreckte. Ihr Hauptsitz war Marbach; eine Filialkasse wurde in Großbottwar eingerichtet. Als Vorsitzender wurde Fabrikant Adolf Planck von Marbach, als Kassier Kaufmann Carl Richter von Marbach und als Kontrolleur Kaufmann Jakob Stängle von Marbach gewählt. Außerdem arbeiteten im Vorstand der Marbacher Stadtpfleger Thumm und Färbermeister Glocker mit. Der Anfang war mehr als bescheiden. Die Gewerbebank startete mit einem Kapital von 100 fl, welches der Gewerbeverein der Gewerbebank zur Verfügung stellte. Man begann mit 50 Mitgliedern; der Eintritt kostete 30 Kreuzer; der monatliche Mitgliedsbeitrag belief sich auf 15 Kreuzer. Bis 1869 hatte sich aber die Mitgliederzahl auf 163 erhöht und der Umsatz belief sich zu diesem Zeitpunkt bereits auf 110 772 fl. Die Gründung der Gewerbebank kam offenbar einem starken Bedürfnis entgegen. Hatte bisher ein Geschäftsmann einen Kredit benötigt, so hatte er sich mit der Bitte um ein Darlehen an einen privaten Geldgeber wenden müssen, was mit mancherlei Demütigungen verbunden war. Jetzt, so heißt es im „Postillon", könne jemand von einer Anstalt, bei der er selbst Mitglied ist, Geld bekommen, „ohne das Käpplein unter den Arm nehmen zu müssen."

Seit Januar 1866 wurde beim Amtsgericht ein Handelsregister geführt, aus dem wir entnehmen können, welche *Handelsfirmen* damals in Marbach ihren Sitz hatten. Die Krappfabrik am Neckar war zu Anfang der 50er Jahre eingegangen. An ihre Stelle war die Körnersche Fabrik getreten. Sie stellte Farben und Drogen her und betrieb am Neckar eine Farbholzmühle, eine Farbenmühle in Verbindung mit einer Fournierschneidemühle und außerdem eine Sägwarenhandlung; auch eine Obstmahlmühle und eine „großartige" Obstdörre wurden angegliedert. 1866 beschäftigte die Körnersche Fabrik aber nur noch 8 Arbeiter. Der Fabrikant Körner war vor 1857 gestorben und seine Witwe Louise geb. Lotter hatte sich mit dem Kaufmann Adolf Planck wieder verheiratet. Seit 1864 betrieben beide Eheleute das Unternehmen in der Form einer OHG. Die Gemischtwarengeschäfte von Gottlob Conradt, Joh. Chr. Pfleiderer und Gottlob Hagmann bestanden 1866 immer noch. Conradt hatte aber sein Geschäft, das sich 40 Jahre lang in seinen Händen befunden hatte, 1862 seinem Neffen Friedrich Wangner übergeben. Joh. Chr. Pfleiderer verkaufte als Witwer 1868 sein Geschäft an Ludwig Bäuerle, der vorher 6 Jahre lang bei ihm angestellt gewesen war. Bäuerle, der sich mit einer Tochter des Gerbermeisters Friedrich Spoun verheiratete, führte das Geschäft mit guten Erfolg fort. Das Haus am Marktplatz, in dem einst der Stadtpfleger und Salzfaktor Friedrich Renz sein Geschäft geführt hatte, wurde 1854 von dem 27 Jahre alten Kaufmann Carl Ludwig Richter erworben, der am 17. Mai 1827 als 5. Kind des bekannten Präzeptors Richter in Marbach geboren worden war [4]. Er hatte seine Lehre bei dem Kaufmann Conradt durchgemacht. Außerdem ist das Gemischtwarengeschäft des Joh. Matth. Fischer zu nennen. Neu hinzu kam zu Ende der 50er Jahre das rasch aufblühende Geschäft des Kaufmann Johann Jakob Stängle, welcher 1861 das Haus am Marktplatz kaufte, in dem sich vormals die Stadtschreiberei befunden hatte. Insgesamt gab es in Marbach 1866 9 Kaufleute und Krämer, die sich mit Spezerei-Ellen- und Eisenwarenhandel befaßten [5].

Im Jahr 1846 eröffnete Karl Feeser am Marktplatz (heute Marktstr. 28, Papiergeschäft Single) ein Geschäft, in dem Tuche hergestellt und verkauft wurden. Feeser ist hier schon deshalb zu erwähnen, weil er sich in der Folge an dem öffentlichen Leben in der Stadt rege beteiligte. Zu nennen ist auch der Steinhauer und Steinbruchbesitzer Jakob Vogel. Er erbaute das heutige Haus Steinerstr. 1 (Kaffee Vogt) und fertigte in den 70er Jahren den Sockel des Schillerdenkmals.

1868 eröffnete Uhrmacher Friedrich Gruber sein Geschäft im Hause Marktstr. 8. Sein Vater hatte 1856 das Gasthaus z. Rad in Kleinbottwar übernommen. Sein Sohn war der spätere Dekan Gruber von Marbach.

Nach wie vor war in Marbach die Gerberei das meist betriebene Handwerk. Der Gerber Friedrich Spoun trat im öffentlichen Leben der Stadt als Gemeinderat und Stiftungspfleger stark hervor. Nach seinem Tod übernahm sein Sohn Imanuel 1863 das väterliche Geschäft. Derselbe stand jahrzehntelang als Stadtpfleger im Dienst der Stadt. Aus der Gerberfamilie Ernst gingen mehrere bedeutende Persönlichkeiten hervor. Unter ihnen ist besonders auf Viktor Ernst hinzuweisen, der 1871 als eines der 11 Kinder des Gerbermeisters Friedrich Ernst geboren wurde. Er studierte Theologie, wandte sich dann aber der Landesgeschichte zu und wurde 1903 Professor am Statistischen Landesamt in Stuttgart. Als Geschichtsforscher gehörte er in unserem Land zu den angesehensten seiner Zeit [6]. Aus der Marbacher Gerberfamilie Haffner stammte der 1853 geborene Stadtschultheiß Traugott Haffner, welchem Marbach sein Schillermuseum zu verdanken hat. Von den Marbacher Gerbereien haben nur 3 die große Strukturkrise, die um die Jahrhundertwende diesen Gewerbezweig betraf, überstanden: Die Fa. Ernst und Meißner, die Fa. Öhler und die Fa. Stängle. Christian David Öhler kaufte 1823 eine alte Gerberhütte am unteren Strenzelbach und baute an ihrer Stelle eine Gerberei mit einer Scheune, das Stammhaus der Fa. Öhler. Gottlieb Stängle übernahm 1855 von seinem Schwager Graß dessen Gerberei am heutigen Cotta-Platz, die schon seit 1741 bestand. Dieses Stammhaus der Fa. Stängle mußte 1888 der Anlage der Schillerstraße und des Cotta-Platzes weichen. Nur die alte Scheune mit den Holzaltanen, auf denen die Häute getrocknet wurden, steht dort noch als letzter Zeuge des einstigen Gerberhandwerks in Marbach.

Für die Benninger war es immer ein Ärgernis gewesen, daß sie in die Marbacher Mahlmühle gebannt waren. Seit der 48er-Revolution war dieser Zwang weggefallen. Im Jahr 1862 erbaute nun der Zimmermeister Jakob Weiß von Benningen auf der Marbacher Markung „am rechten

Ufer des Murrflusses" die Häldenmühle. Zunächst sollte es sich nur um eine Sägmühle handeln. Bis Ende April 1863 hatte er aber auch eine Mahlmühle eingerichtet. Die alte Marbacher Mahlmühle befand sich ebenfalls seit längerer Zeit im Besitz einer Familie Weiß, die aber anscheinend zu jenem Jakob Weiß in keinen verwandtschaftlichen Beziehungen stand. Vielleicht hing es mit dem Bau der Häldenmühle zusammen, daß der Marbacher Müller Weiß im Frühjahr 1864 abzog. An die Marbacher Mahlmühle war am Mühlkanal eine Fournierschneide und eine Schleifmühle angebaut. Sie gehörten einem Auditor Graner von Ludwigsburg, der sie verpachtet hatte. In der Nacht zum 1. März 1857 brannte dieses Gebäude zum größten Teil nieder. Die abgebrannte Fournierschneide wurde 1858 an die Gebrüder Gabler von Schorndorf verkauft, welche dort eine Fingerhutfabrik einzurichten beabsichtigten, das Anwesen aber 1863 verpachteten. 1866 wurde die Fa. Friedrich Schellenberger, Fournierschneiderei, Holzhandlung und Ölschlägerei, ins Handelsregister eingetragen.

Obwohl Marbach noch nicht an das Eisenbahnnetz angeschlossen war, machte sich die Umwälzung der Verkehrsverhältnisse doch auch hier bemerkbar und wirkte auf das Wirtschaftsleben ein. Es war nun möglich, Waren, die in unserem Land nicht erzeugt werden konnten, aus ferneren Gegenden einzuführen. Hatte man bisher ausschließlich Holz verfeuert, so erfolgte in den 60er Jahren weitgehend der Übergang zur Steinkohle. Mit dem Steinkohlenhandel befaßte sich in Marbach zuerst der ehemalige Schiffer Louis Müller. Nach dem Wegzug von Weiß übernahm er die Marbacher Mahlmühle und gab 1871 den Steinkohlenhandel auf. Er war ein Großvater des späteren Bürgermeisters Kopf. Im Jahr 1864 setzte der Gewerbeverein denjenigen Handwerkern, die Steinkohlenfeuerung einrichteten, Prämien aus. In diesem Jahr wurde auch im Marbacher Rathaus Kohlenheizung eingeführt; die alten Kastenöfen wurden zum Verkauf ausgeschrieben. Daß auch viele Privathaushaltungen diesen Übergang vollzogen, kann daraus ersehen werden, daß die Marbacher Kaufleute, die mit Eisenwaren handelten, laufend im „Postillon" ihre neuen Kohlenöfen anpriesen. Eine weitere Folge der neuen Steinkohlenheizung war, daß die Holzpreise fielen, worüber 1862 in der Zeitung berichtet wird. Dies hatte Auswirkungen auf die Brennholzflößerei auf der Murr. Nachdem das seit 1864 bestehende Pachtverhältnis mit Friedrich Knorpp abgelaufen war, fand die Stadt keinen Pächter mehr für die Brennholzflößerei auf der Murr, weshalb diese 1872 zu Ende ging. Die Langholzflößerei auf dem Neckar hatte wohl unter der Konkurrenz der Eisenbahn, nicht aber unter dem Übergang zur Steinkohlenfeuerung zu leiden. 1865 passierten jährlich noch 359 Flöße die Marbacher Floßgasse.

Parallel mit dem Übergang von der Holz- zur Kohlenfeuerung ging in der Beleuchtung der Übergang vom Rapsöl zum Erdöl. Auch in dieser Hinsicht wurde durch den Gewerbeverein der Fortschritt dadurch gefördert, daß er Preise „für ungefährliche Erdöllampen in Stallungen" aussetzte. Natürlich setzten sich alle diese Neuerungen nur langsam durch. Dies gilt auch von der Einführung der Reibzündhölzer. Anfangs fürchtete man von ihnen eine Erhöhung der Feuersgefahr. So erging schon 1853 eine scharfe Anordnung über „Bereitung, Aufbewahrung und Versendung der neuerlich in Gebrauch gekommenen Reibzündhölzer". Damals drang nach Marbach auch die Kunde von der Erfindung der Nähmaschine. „Man muß es sehen, um zu glauben", heißt es in einem Bericht im „Postillon". Gleich darauf erschien jedoch ein anderer Artikel, in dem behauptet wird: „Die Nähmaschine, von der man so viel Wesens macht, bewährt sich durchaus nicht."

Allmählich setzte auch das Sterben der handwerklich betriebenen Ziegelhütten ein. Der Ziegler Friedrich Bühl in Marbach verkaufte 1867 die Ziegelhütte nebst seinem neu erbauten Wohnhaus und seinen Grundstücken. Zu letzteren gehörte auch der sog. Ziegelgarten, auf dem 1952/53 die katholische Kirche zur „hl. Familie" erbaut wurde. Der Betrieb in der Ziegelhütte hörte auf.

4. Der Kampf um die Eisenbahn

Die Eisenbahn war in der 2. Hälfte des 19. Jahrhunderts der wichtigste Motor des Wirtschaftslebens. Entlang der Bahnlinie siedelten sich die für die damalige Zeit modernen Industriebetriebe an. Nachdem 1845 die erste württembergische Eisenbahn gebaut worden war, entstand in den nächsten 15 Jahren ein Eisenbahnnetz, das sich bereits über fast das ganze Land erstreckte. Für die Marbacher Gegend war die Linie Stuttgart–Ludwigsburg–Heilbronn die nächstgelegene. Das Oberamt Marbach glich noch einer verkehrsfernen Insel. Nun war die Frage, wie die Bahn von Backnang aus weitergeführt werden sollte. Dafür gab es 2 Alternativen: 1. Eine Bahn von Backnang über Winnenden nach Waiblingen, wo sie Anschluß an die bereits bestehende Remstalbahn erhielt. 2. Eine Bahn durch das untere Murrtal mit dem Anschluß an die Bahn Stuttgart–Heilbronn. Hier gab es wieder 2 Möglichkeiten: Entweder eine Bahn über Marbach nach Ludwigsburg oder eine direkt nach Westen laufende Linie mit dem Anschluß in Bietigheim. Jedenfalls tauchte jetzt auch für Marbach die Hoffnung auf, eine Bahnstation zu werden. Die Marbacher scheinen ziemlich spät die Gelegenheit, die sich hier bot, erfaßt zu haben. Im „Postillon" erschien 1864 ein Artikel, in dem es hieß, das Projekt Backnang–Waiblingen sei nur der „Lauheit des Marbacher Gewerbestands" und „unserer Schläfrigkeit" zu verdanken. Am 11. September 1864 fand dann wegen dieser Angelegenheit eine zahlreich besuchte Versammlung in der „Rose" in Marbach statt, in welcher Schultheiß Weith sprach. Derselbe war, nachdem er seit 1857 Verwaltungsaktuar in Großbottwar gewesen war, seit 1860 Schultheiß von Kleinbottwar. Er betätigte sich auch in der Folgezeit als eifriger Agitator für die Murrtalbahn. In der erwähnten Versammlung wurde ein Comité eingesetzt, das die Eisenbahnsache weiter verfolgen sollte. Ihm gehörten von Marbach Stadtschultheiß Sigel, Färbermeister Wilhelm Glocker, Oberamtswerkmeister Cleß und Stadtschultheiß a. D. Klein an. Stadtschultheiß Sigel sprach darauf zusammen mit dem Abgeordneten des Bezirks Schwaderer, Schultheiß Weith und dem Oberbürgermeister von Ludwigsburg bei dem zuständigen Minister von Varnbühler in Stuttgart vor. Varnbühler äußerte sich der Deputation gegenüber dahin, daß die Regierung bis jetzt noch keiner der oben angeführten

Alternativen den Vorrang gegeben habe. Darauf fand am 15. Januar 1865 in der Krone wieder eine Versammlung statt, bei der „alle Räume dicht besetzt" waren. In dieser Versammlung wurde die Gründung eines Eisenbahnvereins beschlossen, dem sogleich 150 Mitglieder beitraten (von Marbach 73). Zu seinem Vorstand wurde der Fabrikant Planck gewählt. Den Schultheiß Weith beauftragte man mit der Ausarbeitung einer Denkschrift, die anfangs Juni in 400 Exemplaren verbreitet wurde. Weith hat übrigens kurz darauf sein Schultheißenamt in Kleinbottwar niedergelegt und eine Stelle als Polizeikommissar in Eßlingen angenommen.

In einer Versammlung in der „Sonne" am 3. Februar 1867 erläuterte Geometer Kleinknecht den Zuhörern, daß im Falle des Baus der Linie Backnang–Ludwigsburg es für den Ort des Marbacher Bahnhofs darauf ankomme, ob die Bahn unterhalb von Marbach oder oberhalb von Marbach bei Hoheneck den Neckar überqueren werde. Im ersteren Fall müsse der Bahnhof in die Nähe der Ziegelhütte, im anderen Fall in die Nähe des Schafwasens kommen.

Indessen war in der Eisenbahnsache ein heftiger Streit zwischen den Städten Marbach und Winnenden entbrannt. Die Marbacher machten geltend, daß Winnenden ohnehin mit besseren Straßen als Marbach versorgt sei. Zwar sei seit der Eröffnung der Remstalbahn der Personenverkehr in Winnenden stärker, der Frachtverkehr jedoch in Marbach. Auch der Personenverkehr würde sich in Marbach infolge der Schillerverehrung zusehends steigern. Demgegenüber bemerkten die Winnender, in einer Eingabe an die Regierung am 11. Januar 1865: „Was den Grund anbetrifft, den Marbach von der Wiegestätte Schillers herleitet, so glauben wir uns nicht zu irren, wenn wir vom Besuch der Heilanstalt Winnenthal einen weitaus größeren Zufluß von Eisenbahnreisenden erwarten als von dem Schillercultus, der ohnehin wohl mit dem Aussterben der gegenwärtigen Generation sein Ende finden wird." Die Marbacher unterlagen. Am 2. Februar 1868 wurde von der württembergischen Kammer der Antrag des Abgerodneten Schwaderer, die Murrtalbahn noch in das Eisenbahngesetz aufzunehmen, abgelehnt. Die Linie Backnang–Winnenden–Waiblingen erhielt den Vorrang.

Dem Eisenbahnverein wurde darauf von Teilen der Bevölkerung Untätigkeit vorgeworfen. Die Amtsversammlung gemeinsam mit dem Gewerbeverein und dem Landwirtschaftlichen Bezirksverein machten 1869 eine Eingabe, in der sie baten, die Murrtalbahn wenigstens in den Jahren 1870–1873 in Angriff zu nehmen. Es tauchte auch der Plan auf, eine Privatbahn zu bauen, der jedoch von den Ausschüssen der Amtsversammlung, des Gewerbevereins und des Landwirtschaftlichen Bezirksvereins abgelehnt wurde. Innerhalb des Bezirks erhob sich nun ein Streit über die künftigen Anschlußstellen. Pleidelsheim und Mundelsheim verlangten bei einer Versammlung im Rathaus in Steinheim am 15. Januar 1870, zu der ein gewaltiger Andrang herrschte, stürmisch den Anschluß in Bietigheim. Die Vertreter Marbachs, die natürlich für Ludwigsburg plädierten, wurden niedergeschrien. Diese Vorgänge waren für das Murrtalbahnprojekt nicht vorteilhaft. Nach der Beendigung des 70er-Krieges wurde 1871 ein ganz neuer Vorschlag zur Debatte gestellt, der ohne Zweifel von den Bottwartalgemeinden ausging: Man solle eine Bahn von Heilbronn über Beilstein, Großbottwar, Kleinaspach und Großaspach nach Backnang bauen. Für diese Linie

50 Stadtansicht mit Lohmühle, Gerberhütten um 1900.
51 Der Markt und obere Marktstraße um 1905.

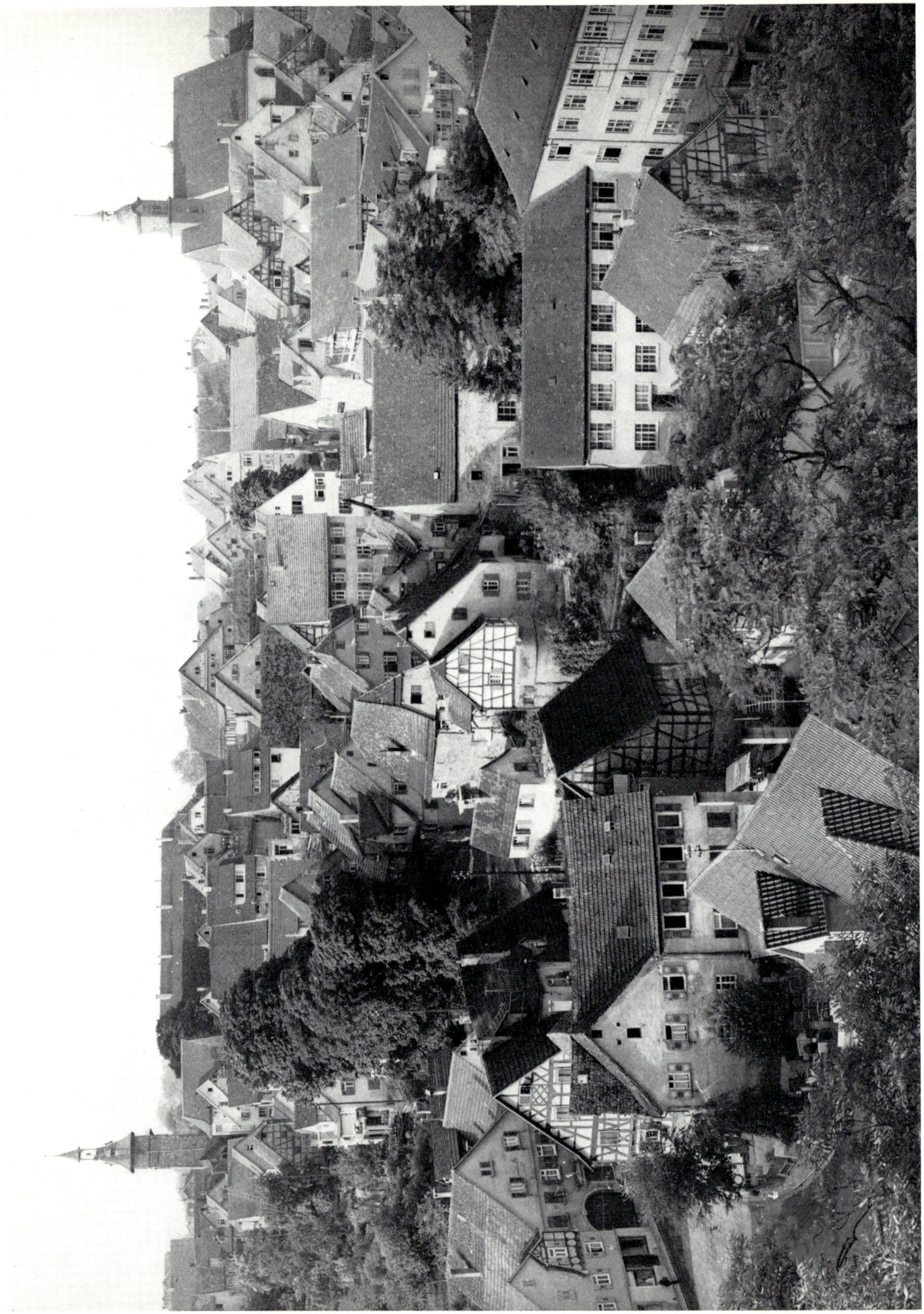

spreche, daß sie durch volksreichere Gegenden als die geplante Murrtalbahn führen würde. Jedenfalls mußte Marbach noch bis 1879 warten, bis es an das Eisenbahnnetz angeschlossen wurde.

Bis dahin mußte man sich mit der Postkutsche behelfen. Immerhin hatten sich auch in dieser Hinsicht zwischen 1846 und 1866 die Verhältnisse erheblich gebessert. Ein Eilwagen kam täglich 6mal an und ging 6mal ab; überdies war eine Ruralpost (Landpost) eingerichtet und kamen täglich Boten von 12 Orten in die Stadt. 1869 trat der Postexpeditor Feucht „wegen körperlichen Leidens" in den Ruhestand und wurde mit dem Titel eines Postmeisters ausgezeichnet.

Am 25. August 1863 wurde in der Post in Marbach eine *Telegraphenstation* eingerichtet.

Der Verkehr von Marbach nach auswärts wurde in den 60er Jahren durch mehrere *Straßen- und Brückenbauten* erleichtert. Wichtig war in diesem Sinn der Neckarübergang zwischen Neckarweihingen und Hoheneck. Nachdem die dort im Zuge der Gründung des Schlosses und der Stadt Ludwigsburg schlecht erbaute Brücke schon im Jahr 1741 durch ein Hochwasser zerstört worden war, hatte man sich seit 1758 mit einer Schiffsbrücke beholfen, die man oberhalb der heutigen Brücke eingerichtet hatte. Dieselbe war aber bei Hochwasser, Niederwasser oder Eisgang oft nicht passierbar. Nun wurde eine feste Steinbrücke erbaut, zu der man die Quadersteine von den Marbacher Brüchen holte. Am 19. Mai 1860 erfolgte der erste Spatenstich. Am 6. Juni 1861 schrieb der „Postillon", daß die Arbeiten gut fortschreiten würden und daß beim Bau ein Locomobil verwendet werde, dessen schrille Pfiffe das stille Neckartal mit Lärm erfüllten. Am 25. April 1862 besichtigte der König persönlich die Arbeiten und am 17. November des genannten Jahres fand die Einweihung der Brücke statt. Die alte Schiffsbrücke wurde den Gemeinden Pleidelsheim und Großingersheim überlassen und von denselben am 8. Dezember 1862 aufgestellt. Es zeigte sich aber bald, daß sie keine große Freude an dieser Erwerbung erlebten.

Im Jahr 1867 beschloß dann der Marbacher Gemeinderat eine Korrektur der zu schmal angelegten Straße nach Ludwigsburg, die mit vielen „Stichen" dem „Hörnlesrain" entlang führte. 1869 wurde rechts dieser Straße ein Gehweg angelegt und an demselben von der Stadt bis etwa zur heutigen Umgehungsstraße eine Pappelreihe gepflanzt. Manche alten Marbacher werden sich an dieselbe noch erinnern können. Schwierig war vor allem die Ausfahrt aus der Stadt in Richtung Ludwigsburg. Dort war nach der Kurve von der Marktstraße in die Ludwigsburger Straße die Fahrbahn durch verschiedene Gebäude sehr verengt. Außerhalb des einstigen Neckartors führte die Straße in einem gefährlichen Stich steil abwärts. Der frühere Straßenzug ist dort noch heute deutlich zu erkennen. Am 17. Februar 1870 beschloß der Gemeinderat an diesen Stellen eine gründliche Verbesserung vorzunehmen. Am 23. Mai 1871 wurde ein Magazin und ein 2stöckiges Haus, welche die Verengung bewirkt hatten, auf Abbruch verkauft und die Straße so aus der Stadt hinausgeführt, wie dies heute noch der Fall ist. Damit war eine gute Verkehrsverbindung von Marbach nach Ludwigsburg hergestellt.

Was den Verkehr von Marbach nach Backnang anbetraf, so benützte derselbe immer noch die 1583 erbaute Schweißbrücke über die Murr. Diese befand sich unterhalb der heutigen Schweißbrücke. Wenn man von Rielingshausen her kam, mußte man auf einem steil nach unten abfallenden Weg, der sog. „Roßscherre", zur Brücke hinunterfahren. Wie gefährlich der Übergang über diese Brücke sein konnte, zeigt folgender Vorfall:

Am 5. Februar 1852 fuhr der Sohn des Salzfuhrmanns Wolf von Großaspach, von Ludwigsburg kommend, mit einem 4spännigen Wagen heimwärts. Auf dem Wagen ließ er einen 18jährigen Burschen und eine junge Frau mitfahren. Die Murr führte um diese Zeit ein rasch ansteigendes Hochwasser und war vor der Schweißbrücke bereits aus den Ufern getreten. Wolf hoffte mit seinem Fuhrwerk noch hinüber zu kommen. Als er die Brücke beinahe erreicht hatte, wurde das Fuhrwerk plötzlich von den Fluten mitgerissen und versank im Strudel. Mit knapper Not konnte sich der Fuhrmann schwimmend ans Land retten. Der junge Bursche und die Frau klammerten sich an Erlenbüschen, die aus dem Wasser ragten, fest. Es dauerte über 1 Stunde, bis von Marbach ein Nachen auf einem Wagen zur Rettung herangeführt wurde. Indessen hatten den jungen Mann seine Kräfte verlassen und er war ertrunken. Die Frau konnte halb bewußtlos gerettet werden, wobei sich der Schiffer Haag aus Marbach durch besonderen Mut auszeichnete. Der Salzfuhrmann Wolf verlor seine 4 guten Pferde.

1863/64 wurde eine neue Schweißbrücke gebaut, nachdem die Bauunterhaltungslast für diese Brücke, welche Marbach seit Jahrhunderten zu tragen hatte, am 2. Juli 1861 mit 8000 fl abgelöst worden war. Im Juli 1864 war sie fertiggestellt. Es gab aber auf dieser Straße in der Nähe von Marbach, wohl bei der heutigen Ochsenwegbrücke über die Eisenbahn, noch einen „schmalen, beschwerlichen Stich". Dieser wurde 1868/69 mit einem Aufwand von 3000 fl, den der Staat trug, beseitigt.

5. Vereine, Geselligkeit und Unterhaltung

Man kann das 19. Jahrhundert das Zeitalter der Vereinsgründungen nennen. Darin spiegelt sich der Aufstieg des Bürgertums. Die alte Feudalgesellschaft konnte nichts Entsprechendes aufweisen.

Die Geschichte der beiden ältesten Vereine Marbachs, des Liederkranzes und des Marbacher Schillervereins, wurde schon behandelt. Neben der Schillerverehrung wurde von den Marbachern aber auch die Ehrung anderer Großen des Geistes nicht vergessen. So wurde am 20. Februar 1862 des 100. Todestages des in Marbach geborenen Astronomen *Tobias Mayer* festlich gedacht.

Im Jahr 1862 starben Ludwig Uhland und Justinus Kerner. Am 14. Dezember 1862 wurde im überfüllten größten Saal der „Rose" eine Ludwig-Uhland-Feier abgehalten.

Trotz der Spaltung des Liederkranzes und der dadurch eingetretenen Zersplitterung herrschte in der Stadt auch in der Folgezeit ein reges *musikalisches Leben*. Ja, es gab geradezu eine Überfülle von „musikalischen Produktionen", wie man damals sagte. So wurden im Jahr 1853 nicht weniger als 5 solcher Produktionen, teils in der „Rose", teils im „Adler", teils im „Hirsch" dargeboten; dazu im Sommer 2 auf der Schillerhöhe, wobei zu einer derselben ausdrücklich nur die Honoratioren eingeladen wurden. In den Jahren 1858 und 1859 konzertierten der Liederkranz und der Musikverein im Garten des Sonnenwirts Graß. Fragt man sich, was bei solchen Produktionen zu hören war, so lesen wir öfters von „türkischer Musik". Bei einer großen Gesangsaufführung des Liederkranzes mit Instrumentalbegleitung am 10. Mai 1857 in der Alexanderkirche sang man außer geistlichen Gesängen auch „Schon die Abendglocken klangen", „O Schutzgeist alles Schönen" und „Stumm schläft der Sänger". Daneben konnte man hin und wieder eine Militärkapelle hören, so am 26. Juli 1859 die „vollständig besetzte Musik" des 1. Infanterie-Regiments auf der Schillerhöhe und am 12. September 1869, also bereits nach dem 66er-Krieg, ein Konzert von 9 Mann der österreichischen Militär- und Musikgesellschaft im Kronengarten.

Eine gewichtige Persönlichkeit im Musikleben der Stadt wurde seit Anfang der 60er Jahre Madame Pfahler, welche sich mit ihrem Gatten Immanuel Pfahler, der sich als Sprachlehrer bezeichnete, in Marbach niederließ. Sie wirkte als Klavierlehrerin und als Klaviervirtuosin. Am 11. August 1863 gab sie mit ihrem Bruder Elser, welcher Direktor des Konservatoriums in Dublin war, in der „Rose" ein Konzert, das allerdings dadurch etwas gestört wurde, daß in dieser Nacht das Militärrenthaus in Ludwigsburg abbrannte, zu welchem Brand auch die neu gegründete Marbacher Feuerwehr ausrücken mußte.

Ohne den Einsatz der Lehrerschaft wäre in einer kleinen Landstadt wie Marbach die intensive Pflege des Gesangs und der Musik nicht denkbar gewesen. Hier ist der Schulmeister Kicherer zu nennen, der lange in Marbach wirkte und überhaupt ein tüchtiger Schulmann gewesen sein muß. In der Kirchenmusik war er führend. Nachdem er im Februar 1865 seine Frau durch den Tod verloren hatte, trat er im Herbst dieses Jahres in den Ruhestand und zog zu seiner Tochter nach Ludwigsburg. Anläßlich seiner Pensionierung wurde ihm vom König die goldene Zivilverdienstmedaille verliehen und auf dem Rathaus feierlich überreicht. Im Jahre 1871 ist er in Ludwigsburg verstorben. In seine Fußstapfen trat der 1818 in Marbach geborene Johann Georg Schöffler. Nachdem derselbe schon als Unterlehrer hier gewirkt hatte, wurde ihm 1846 der ständige Schuldienst in Untergröningen übertragen. 1860 kehrte er in seine Vaterstadt zurück und übernahm nach der Pensionierung Kicherers dessen Stelle. 1890 trat er in den Ruhestand und 1898 ist er in Marbach gestorben. Neben seiner Mitwirkung im Liederkranz machte er sich hier besonders als Förderer der Kirchenmusik verdient. Der Orgelchor und das ihm angegliederte Singkränzchen standen unter ihm offenbar in schöner Blüte. Außerdem leitete er den unteren Sprengel des im Oberamt bestehenden Schullehrergesangverein.

Die große deutsche Sängerbewegung des 19. Jahrhunderts sowie die beinahe alle Maße übersteigende Verehrung Schillers im ganzen Volk kann nur im Zusammenhang mit dem Erwachen des deutschen Nationalbewußtseins voll verstanden werden. Die politisch und konfessionell gespaltenen Deutschen fanden hier Werte, um die sich alle scharen konnten. Wohl noch stärker traten diese Gesichtspunkte in der Turnbewegung in den Vordergrund. Die Volksbewaffnung in der 48er-Revolution hatte in weiten Kreisen eine Wehrbereitschaft entstehen lassen, die auch nach Auflösung der Bürgerwehren nicht verschwand. Schließlich haben in Marbach die großen Schillerfeiern des Jahres 1859 ohne Zweifel aufmunternd in nationalem Sinn gewirkt.

Die Gründung des Marbacher *Turnvereins*[1] fand im Frühsommer 1861 im Lokal des Metzgermeisters Scharr statt, der schon in der 48er-Revolution als Demokrat stark hervorgetreten war. Der Verein, der zunächst nur aus 9 Turnern unter Leitung des Provisors Baitinger bestand, erließ am 23. Juli 1861 in der Zeitung einen Aufruf zum Beitritt: Es gehe um die Einheit der deutschen Nation; man brauche geübte und gewandte Männer zur Abwehr fremder Angriffe auf das gemeinschaftliche Vaterland; in Winnenden und Backnang würden schon große Vereine bestehen. Der Besuch der Turnvereine von Bietigheim und Winnenden anfangs April 1862 und der Durchmarsch von einigen 100 Mitgliedern des Schwäbischen Turnerbundes, die sich auf einer Wunnensteinfahrt befanden, am 26. Oktober 1862 gaben der Sache weiteren Auftrieb. Es hieß, der Rückstand unserer Stadt gegenüber anderen Städten sei für Marbach „eine wahre Schande". Vorstand des Vereins wurde nun der Lehrer Grundgeiger. Er erließ am 13. August 1863 nochmals einen Aufruf an Eltern und Lehrherrn, ihre Söhne und Lehrlinge zum Turnen zu lassen. Vor allem für die Schüler der Lateinischen Schule sei das Turnen notwendig, wenn bei ihnen nicht ein verhocktes Wesen entstehen sollte. Jünglinge zwischen 14 und 18 Jahren dürften nur am Turnen und an Turnfahrten, nicht aber an geselligen Veranstaltungen teilnehmen. Diese Agitation erzielte einen durchschlagenden Erfolg. Schon am 21. September 1863 konnte der Turnverein seine Fahnenweihe feiern und zwar, obwohl es an diesem Tag unaufhörlich regnete, unter größter Anteilnahme der Bevölkerung. Der Vorstand des Ludwigsburger Vereins, Weihenmayer, stellte in seiner Festrede den Gedanken in den Vordergrund: Wenn Gefahr drohe, gelte es für das Vaterland in die Schranken zu treten. Bezeichnend ist es, daß sich der Turnverein auch Turn- und Wehrverein oder Turnerwehr nannte, und daß nach dem Sonntagsnachmittagsgottesdienst auf dem Turnplatz regelmäßig Exerzierübungen und von Zeit zu Zeit auch Gewehrvisitationen stattfanden. Offenbar stellte die Stadt dem Turnverein die noch vorhandenen alten Musketen der Bürgerwehr zur Verfügung. Der Krieg von 1866 scheint eine etwas lähmende Wirkung auf die Turnsache ausgeübt zu haben. Eine um so größere Begeisterung löste bei den Turnern der siegreiche Krieg 1870/71 und die Gründung des Deutschen Reiches aus. Am 21. August 1871 fand in Marbach bei schönstem Wetter ein großes Gauturnfest statt, an dem 12 auswärtige Turnvereine mit gegen 250 Mitgliedern teilnahmen. Im Festzug gingen 42 weißgekleidete Ehrenjungfrauen mit grünen Eichenzweigen als Haarputz mit. Sie trugen schwarz-weiß-rote Schärpen; bei der Fahnenweihe im Jahr 1863 waren es noch schwarz-rot-goldene gewesen.

Gleichzeitig mit dem Turnverein trat 1862 in Marbach eine *Schützengesellschaft* mit ähnlicher Zielsetzung ins Leben. Bei der Gründung in der „Krone" traten sogleich 18 Mitglieder bei. Ihr Vorstand war Stadtschultheiß Sigel. Bereits im folgenden Jahr besaß sie eine Schießstätte im Eichgraben, die freilich bei dem Unwetter im Jahr 1865 wieder völlig zerstört wurde.

Nachdem man in Württemberg das straffe preußische Militärwesen übernommen hatte, trat bei den Turnern der Gesichtspunkt der militärischen Ausbildung in den Hintergrund. Die körperliche Ertüchtigung an sich wurde mehr und mehr der Hauptzweck des Vereins. Daneben pflegte man den Gesang und die Geselligkeit. Der Turnverein war auch der erste der Marbacher

Vereine, der seit 1864 eine jährliche Weihnachtsfeier abhielt, bei der ein Weihnachtsbaum mit brennenden Kerzen aufgestellt wurde.

Zu Anfang der 60er Jahre war man in Marbach auch daran, eine Freiwillige *Feuerwehr* zu gründen [2]. Bisher war die Brandbekämpfung die Sache der ganzen Bürgerschaft gewesen. Wenn die Feuerglocke auf dem Oberen Torturm ihr unterbrochenes Gebimmel hören ließ, war jeder einsatzfähige Bürger verpflichtet, mit Kübeln, Gölten und Butten zur Brandstelle zu eilen, beim Löschen zu helfen. Pferdebesitzer mußten sich mit angespannten Wagen, auf welche Wasserfässer geladen waren, auf dem Marktplatz einfinden. Als im Jahr 1857 bei Nacht die an die Mahlmühle angebaute Fournierschneide und Schleifmühle niederbrannte, zeigten sich deutlich die Mängel dieses Systems einer Feuerwehr mit ungeübten Mannschaften. Zwar besaß die Stadt 2 Feuerwehrspritzen, die in der Wendelinskapelle untergestellt waren. Sie wurden damals mit Pferden auf die Mühlinsel hinüber gezogen und bekämpften von dort aus den Brand, während auf der anderen Seite des Mühlkanals von einer Stelle, die einige 100 m unterhalb lag, Wasser in Gölten und Bütten herangeschleppt wurde. Ein Marbacher Zimmergeselle wurde durch zusammenstürzende Balken schwer verletzt. Viele Männer, die löschen sollten, waren ohne Feuerkübel und sonstiges Geschirr am Brandplatz erschienen. Überdies zeigte es sich, daß 1/4 der Kübel das Wasser nicht hielten.

Es ist verständlich, daß nach solchen Erfahrungen der Vorschlag, eine freiwillige Feuerwehr zu gründen, beifällig aufgenommen wurde. Man dachte zunächst an die Gründung einer Bezirksfeuerwehr. Aber für eine solche waren den Gemeinden die Kosten zu hoch, zumal sie nicht zu unrecht fürchteten, daß im Ernstfall eine Bezirksfeuerwehr nicht schnell in einem abgelegenen Ort erscheinen könnte. So überließ man die Schaffung einer freiwilligen Feuerwehr den einzelnen Gemeinden. An Freiwilligen mangelte es in Marbach nicht. Gleich bei der ersten Besprechung wegen Bildung einer Feuerwehr am 10. März 1860 gingen 24 Meldungen Marbacher Bürger ein. Bei einer weiteren Besprechung 10 Tage später in der „Sonne" lagen bereits 70 Meldungen „rüstiger Bürger" vor und schon am 31. März schritt man in der „Krone" zur Wahl des Kommandanten; Oberwerkmeister Cless wurde gewählt. Trotzdem war die Feuerwehr noch nicht einsatzfähig, da die Stadtkasse nicht über die 1000 fl verfügte, die für die erste Einrichtung, insbesonders für die Anschaffung der Geräte, notwendig waren. Endlich hatte man die Geldsumme beisammen und am 16. September 1862 konnte der Gemeinderat die Gründung der Marbacher Feuerwehr bekannt geben. Es wurde ein Verwaltungsrat gebildet, dem der Stadtschultheiß und der Kommandant angehörten. Die Marbacher Feuerwehr setzte sich 1863 aus 135 Mann zusammen, die in 3 Kompanien eingeteilt waren. Dazu kam noch eine 6stimmige Blechmusik. In der Folgezeit wurde die eingekleidete Feuerwehr manchmal auch zu Repräsentationszwecken herangezogen und trat insoweit an die Stelle des einstigen Schützenkorps, dessen Uniformen mit ihren Federbüschen von der Stadt versteigert worden waren. Am 25. März 1863 fand die 1. Übung am Magazin der Körner'schen Fabrik statt. Schon am 14. August 1863 trat der erste Ernstfall ein, nämlich ein Brand in Benningen, dessen Bekämpfung der Marbacher Feuerwehr ein öffentliches Lob vom Schultheißenamt Benningen eintrug. Das Spritzenlokal in der Wendelinskapelle wurde damals mit dem Fruchtmarktlokal im Erdgeschoß des Rathauses vertauscht, das frei wurde, weil der Marbacher Fruchtmarkt wieder eingeschlafen war. 1868 schaffte die Stadt eine Saugfeuerspritze an, die am 16. März unter Leitung des Fabrikanten Magirus von Ulm ausprobiert wurde. Mit Verwunderung stellten die Marbacher fest, daß sie einen Wasserstrahl ausstieß, der angeblich höher als der Obere Torturm gewesen sei.

Am 29. Januar 1859 wurde in der „Krone" die *Lesegesellschaft* gegründet, die 74 Jahre lang eine für das kulturelle und gesellige Leben in Marbach wichtige Vereinigung darstellte. Kurz nach ihrer Gründung übernahm Verwaltungsaktuar Schreiber die Vorstandschaft. Er wurde 1864 von dem Sprachlehrer Pfahler und später von dem Oberamtswundarzt Büchelen abgelöst. Man richtete in der „Krone" ein Lesezimmer ein; 1867 wurde jedoch das Vereinslokal in den „Hirsch" verlegt. Am 16. Juli 1863 veranstaltete die Lesegesellschaft im Kronengarten eine musikalische Abendunterhaltung, wobei die festliche Beleuchtung mit Erd- und Schieferöllampen, die von Gesellschaftsmitgliedern überlassen worden waren, besonders hervorgehoben wurde. Im Sommer 1865 gab es eine gemeinsame Schiffahrt nach Hoheneck, die freilich durch niederen Wasserstand etwas behindert wurde. Sonst gehörten sommers Ausflüge in irgend ein benachbartes Dorf und winters gemeinsame Schlittenfahrten zu dem geselligen Programm der Lesegesellschaft. Solche Schlittenfahrten, bei denen ein mehr oder weniger langer Zug klingender Schlitten durch die beschneite Landschaft fuhr und als deren Ziel ein gut renommiertes Wirtshaus in der Umgegend bestimmt war, stellten auch sonst zur Winterszeit eine sehr beliebte Vergnügung dar; besaß doch fast jede besser situierte Familie eine Schlittenkutsche mit dem dazu gehörigen Gespann. Die Lesegesellschaft beteiligte sich auch an den jährlichen Schillerfeiern in hervorragender Weise. Der Vereinsdiener trug allwöchentlich den Mitgliedern eine Lesemappe ins Haus. In ihr befand sich jeweils eine Nummer der „Leipziger Illustrierten Zeitung", Hackländers „Über Land und Meer", der humoristischen „Fliegenden Blätter" und des „Kladderatsch", einer politisch-satirischen Zeitschrift von sehr zahmem Charakter.

Der „Herbst", d. h. die Weinlese, wurde in Marbach wie ein allgemeines Volksfest gefeiert. Viele Weinbergsbesitzer luden dazu ihre Bekannten in ihren Weinberg ein und den ganzen Tag knallten die Freudenschüsse, die man aus alten Pistolen abfeuerte. Im ersten Drittel des 19. Jahrhunderts lebte in Marbach eine Hebamme mit dem Vornamen Hanne, die ihre hilfreichen Dienste besonders in den Honoratiorenfamilien leistete und sich bei ihnen großer Beliebtheit erfreute. Im Herbst lud die Hanne diese Herrschaften in ihren Weinberg im „Oberen Banmüller" ein. Diese „*Hannenherbste*" bürgerten sich so ein, daß sie auch noch nach dem Tod der Hanne fortgesetzt wurden. Nun nahm die Lesegesellschaft diese Sache in die Hand. Schon 1867 hielt dieselbe „oberhalb der Hansenweinberge" eine Herbstfeier ab, wobei die Mitglieder aufgefordert wurden, das Mitbringen von Feuerwerk nicht zu vergessen. Im Jahr 1868 fand diese Herbstfeier im Weinbergplatz des Hirschwirts Barth im „Oberen Bachmüller" statt und endigte mit einem Ball im „Hirsch". In ähnlicher Weise und am gleichen Ort wurde dann bis zum 1. Weltkrieg alljährlich der Hannenherbst abgehalten. Die Honoratioren stellten dort – wie übrigens auch beim Maien- oder Kinderfest – ihre eigenen Tische auf. Während des Nachmittags wurde im Freien gegessen und getrunken und in der Dämmerung ein Feuerwerk abgebrannt. Die Leute aus dem Volk wirkten dabei mehr als Zaungäste mit. Nach Einbruch der Dunkelheit zog man mit Lampions ins Städtchen, wo sich in einem der besseren Wirtshäuser die Jugend noch mit einem Tänzchen vergnügte. Der 1. Weltkrieg und die ihm folgende Notzeit brachte den Hannenherbst zum Erliegen. Im Jahr 1931 ließ man ihn noch einmal aufleben. Aber dann war es mit ihm zu Ende. Die Lesegesellschaft wurde 1933 von den neuen Machthabern aufgelöst.

Weitaus die meisten Marbacher bezogen ihre Informationen aus dem „Postillon" und wenn man dessen Nummern aus dem in Frage stehenden Zeitraum durchliest, so muß man zugeben, daß sie von dieser kleinen, aber beneidenswert eigenständigen Lokalpresse gar nicht schlecht unterrichtet wurden. Es gab politisch besonders interessierte Leute, denen dies doch nicht genügte und die daneben auch noch eine Stuttgarter Zeitung bezogen, freilich der Kosten wegen oft nicht allein, sondern zusammen mit andern. Immer wieder werden im „Postillon" solche Mitleser gesucht. Dabei rangierte der „Schwäbische Merkur" weit an der Spitze. Hin und wieder wünschte sich auch einer den „Beobachter". Den braven Staatsbürgern galt dieses Demokratenblatt aber als anrüchig.

Wohl jede Familie war im Besitz einer Bibel, meist daneben noch eines alten Andachtsbuchs. Fragt man sich, was die alten Marbacher an weltlicher Literatur verschlungen, so ist man, wenn man die Angebote des Buchdruckers Kostenbader liest, davon nicht gerade erbaut. So werden 1854 von ihm angepriesen: „Taten des berüchtigten Juden Süß Oppenheimer" (9 Kreuzer). „Die Mordnacht auf dem Erlenhof und die Prophetin von Ravensburg" (6 Kreuzer), „Merkwürdige Prophezeiungen für die Jahre 1855–1874" (3 Kreuzer), „Die Raubmörder Fuchs und Mühleisen und der Verwandtenmörder Ersinger, Hingerichtet am 21. und 22. April 1854, vollständiger und getreuer Bericht der Schwurgerichtsverhandlung mit Porträts der Verurteilten und Abbildung der württembergischen Enthauptungsmaschine" (6 Kreuzer), „Schilderung Edwins Kindheit, zur Förderung eines lebendigen Christenglaubens" (18 Kreuzer) und „Briefsteller für Liebende" (9 Kreuzer).

Im Jahr 1866 erschien die vom Statistisch-topographischen Büro herausgegebene „Beschreibung des Oberamts Marbach, die noch heute lesenswert ist und 1962 neu herausgegeben wurde.

Von Zeit zu Zeit gastierte auch eine umherziehende Schauspieltruppe in Marbach und brachte in einem Wirtshaus Theaterstücke zur Aufführung. So wurden im Februar 1860 von einem Direktor Nesselsohn und seiner Gesellschaft in der „Krone" folgende Stücke aufgeführt: „Der Gang ins Nonnenkloster" oder „Alte Liebe rostet nicht", „Der Dorfbader" oder „Neckereien auf dem Land", "Er ist eifersüchtig" oder „So kuriert man die Launen einer jungen Frau" und „Die beiden Professoren" oder „Einer muß heiraten" (6 Billets zu 1 fl 48 Kreuzer). Öfters zog ein Bärentreiber mit einem Tanzbären und ein Paar Äffchen durch die Stadt. Im Jahr 1856 wurde eine Zeitlang ein „großartiges" Schlachtpanorama im Schloßhof aufgestellt, das durch Erwachsene um 6 Kreuzer und durch Kinder um 3 Kreuzer besichtigt werden konnte. Im Winter wurden von einem auswärtigen Tanzlehrer Tanzkurse in Marbach abgehalten. Im „Postillon" bot er seine Dienste den „Lusttragenden" an.

Eine Sensation für die Marbacher war es, als im August 1858 zum erstenmal ein Photograph namens Brutscher für einige Tage im „Adler" Quartier nahm und sich erbot „photographische Porträts" aufzunehmen. „Preis: 1 fl 30 Kreuzer: für jede weitere Person auf derselben Platte werden nur 3 Kreuzer berechnet."

In der 2. Hälfte der 50er Jahre kamen in Marbach die Krinolinen auf. Im Jahr 1858 wird im „Postillon" angeprangert, daß „Reifrock-Grenadiere", d. h. junge Mädchen mit Krinolinen, auf der Schillerhöhe schöne Blumen abgerissen und mit nach Hause genommen hätten. Im gleichen Jahre erschien im „Postillon" ein Spottgedicht auf die Krinolinen. Aber es ging, wie es meist mit Modetorheiten geht: Man schimpft auf sie und macht sie schließlich doch mit. Es half auch nichts, daß I. G. Fischer in seiner Rede bei der „Glockenfeier" im Jahr 1860 darüber klagte, daß die deutschen Frauen diese vom französischen „Erbfeind" ersonnene, unnatürliche Mode nachahmten. Noch am 10. April 1866 empfiehlt Kaufmann Eitel von Großbottwar in der Zeitung Krinolinen mit 6, 7, 8 und 10 Reifen zu niedersten Preisen. Es wird um diese Zeit in einem Artikel im „Postillon" die fehlerhafte Erziehung der weiblichen Jugend gerügt. Man bringe den jungen Damen mehr Einbildung als Bildung bei. Nicht selten komme es vor, daß ein Vater infolge der Aufwendungen für die Kleider und die übertriebenen Aussteuern seiner Töchter sich finanziell ruiniere. Mancher Mann bleibe lieber Junggeselle, als sich ein solches Luxuspüppchen zur Ehefrau anzuschaffen. Diese Erscheinungen dürfen aber sicher nicht verallgemeinert werden. In der breiten Masse der Bauern und Weingärtnern hatte man andere Sorgen und auch sonst ließen noch viele züchtige Jungfrauen ihre Spinnrädchen sausen.

Nach den großen Schillerfeiern des Jahres 1859 nahm der Fremdenbesuch in Marbach, der hauptsächlich dem Schillerhaus galt, zu. So kam am 11. Juli 1863 ein schön dekoriertes Schiff mit 60 Personen von Cannstatt in Marbach an und am Pfingstmontag des nächsten Jahres machte ein Wiener Vergnügungszug einen Abstecher von Stuttgart nach Marbach. Auf recht abenteuerliche Weise statteten 1865 2 junge Engländer, die sich in Cannstatt in Pension befanden, der Schillerstadt einen Besuch ab. Sie fuhren in einem Kahn ohne Ruder, nur mit Spazierstöcken ausgerüstet, auf dem angeschwollenen Neckar, landeten aber dennoch wohlbehalten in Neckarweihingen und gelangten dann zu Fuß nach Marbach. Als man sie dort über ihr waghalsiges Unternehmen zur Rede stellte, äußerten sie sich dahin, sie seien von England größere Wasser gewöhnt.

Der Neckar hatte seine Bedeutung als Verkehrsweg noch nicht verloren. Die in ihm aufgestellten Badhäuschen bildeten sommers eine willkommene Nebeneinnahme des Schleusenwärters, der im Bleichhaus wohnte. Wie fischreich der Fluß war, zeigt die Tatsache, daß in ihm der Fischer Döbele von Hoheneck am 28. Januar 1854 7–8 Zentner schönster Barben fing. Im Jahr 1864 wurde in Marbach bekannt gemacht, daß, wenn der Neckar das Gestade erreicht, jeder Marbacher zum Fischen berechtigt ist; jedoch von jeder Familie nur eine Person und nur von Land aus und nicht bei Nacht. Die dabei gefangenen Fische durften nicht verkauft oder verschenkt werden.

Schließlich sei noch erwähnt, daß 1869 im Hardtwald der letzte Hirsch erlegt wurde, anscheinend von einem Wilderer.

6. Gemeinde und Staat

Äußerlich hat sich Marbach im 3. Viertel des 19. Jahrhunderts wenig verändert. Die Notzeiten in den 50er Jahren und die damit zusammenhängende starke Auswanderung ließen die Bevölkerungszahl fallen. Dazu kam noch die schlechte Verkehrslage und als Folge davon das Fehlen größerer Industriebetriebe. Hatte Marbach im Jahr 1846 einen Höchststand von 2468 Einwohnern erreicht, so sank die Zahl bis 1858 auf 2182 herunter. Das Marbacher Oberamt war zu jener Zeit derjenige württembergische Bezirk, der prozentual die meisten Auswanderer stellte. In den 60er Jahren stiegen die Einwohnerzahlen vorübergehend leicht an. 1864 waren es 2216 und 1868 2226; Großbottwar mit 2353 Einwohnern war immer noch etwas größer. Am 12. Januar 1871 hatte Marbach aber wieder nur noch 2186 Einwohner, wovon 1418 in Marbach selbst und 734 im übrigen Württemberg, die meisten davon in unmittelbarer Nähe der Stadt, geboren waren.

Stadtschultheiß Sigel, der seit 1846 der Stadt vorgestanden hatte, starb am 17. August 1869 nach längerem Leiden. Als sein Nachfolger wurde Eduard *Fischer,* der seit vielen Jahren das Amt des Ratschreibers inne gehabt hatte, mit 317 gegen 92 Gegenstimmen gewählt. Die Ratschreiberei hat man nun wieder mit dem Stadtschultheißenamt verbunden.

Nach dem Gesetz von 1849 wurden die *Gemeinderäte* teils auf 2, teils auf 4, teils auf 6 Jahre gewählt und zwar in geheimer und unmittelbarer Wahl. So fanden sehr häufig Wahlen statt, meist im Dezember. Im Jahr 1861 wird über die geringe Wahlbeteiligung und darüber geklagt, daß bei der Gemeinderatswahl so oft Familienrücksichten den Ausschlag geben würden, auch darüber, daß der Stadtpfleger zum Gemeinderat gewählt werden konnte.

Im Jahr 1859 beschlossen die bürgerlichen Kollegien (Gemeinderat und Bürgerausschuß) hinsichtlich der Hartnutzung die Gleichheit aller Bürger einzuführen. Aber auch in den nächsten Jahren standen die „Hardtrevenüen" immer wieder zur Debatte. Im Jahr 1866 wurde ein Vorstoß unternommen, die Polizeistunde abzuschaffen, weil sie eine „kränkende Bevormundung des Bürgers" darstelle. Ein solcher Antrag wurde aber vom Gemeinderat abgelehnt. Im Jahr 1859 ließ die Stadt endlich die 1834 vorgenommene Erweiterung des Kirchhofs mit einem Aufwand von 1064 fl ummauern. Im Jahr 1864 wurde in Marbach die Straßenbeleuchtung mit Erdöllampen eingeführt und man war sich einig darüber, daß sie ein schönes und starkes Licht geben. Backnang und Murrhardt waren Marbach mit dieser Neuerung um 1 Jahr voraus.

Wohl die bedeutendste Aufgabe, deren sich die Stadt in diesem Zeitraum unterzog, war die 1867 beschlossene und bis 1871 durchgeführte Korrektur der Ludwigsburger Straße und besonders die Beseitigung des Engpasses bei der Einbiegung der Marktstraße in die Ludwigsburger Straße. Die Kosten für diese Maßnahmen wurden auf die beträchtliche Summe von 18 000 fl veranschlagt. Nun führten diese Neuerungen unversehens zu einem Angriff auf den Oberen Torturm. Als am 3. November 1867 der Geometer und Stadtrat Wilhelm Kleinknecht in einer Versammlung in der „Sonne" über die Eisenbahnfrage sprach, benützte er diese Angelegenheit, um den Abbruch des Turmes vorzuschlagen. Die Verbesserung der Durchfahrt durch die Stadt in der Straße bleibe eine halbe Maßnahme, wenn man nicht gleichzeitig die Verengung durch den Torturm beseitige. Der alte Torturm war damals bereits etwas baufällig geworden. Sogleich wandten sich im „Postillon" Einsender gegen den Vorschlag Kleinknechts. Der größte Heuwagen könne ungehindert den Torturm passieren. Wenn er abgebrochen würde, unterscheide sich Marbach nicht mehr von einem Dorf. Überdies würde der Abbruch hohe Kosten verursachen. Vor allem fehle es dann in Marbach an einer Uhr und an einer Schlagglocke. Wir erfahren dabei, daß die Türme des alten Wiklingstors und des alten Neckartors kaum halb so hoch wie der Obere Torturm gewesen seien und daß sich auf dem Neckartor eine Schlagglocke befunden hatte. Kleinknecht entgegnete: Als Techniker sehe er in der Erhaltung des Oberen Torturms, der keinem praktischen Zweck mehr diene, einen alten Zopf. Eine Stadt unterscheide sich nicht durch Türme von einem Dorf sondern durch ihren Gewerbebetrieb, wobei er auf das Beispiel von Göppingen hinwies. Im übrigen könne man auf dem „Kirchle" (der Wendelinskapelle) einen Dachreiter mit einer Uhr anbringen. Als Kleinknecht darauf im Gemeinderat den Abbruch des Oberen Torturms beantragte, erlitt er eine glatte Abfuhr. Die Marbacher hingen an ihrem Torturm. Der entscheidende Kampf um denselben entbrannte freilich erst 13 Jahre später.

Das *Oberamt* Marbach war in den ersten 50 Jahren seines Bestehens eng zusammengewachsen; es hatte sich eine Art von Bezirkspatriotismus entwickelt. Jedoch bat 1866 die Gemeinde Ottmarsheim, vom Oberamt Marbach losgetrennt und dem Oberamt Besigheim zugeteilt zu werden, was freilich abgelehnt wurde.

Nach der Pensionierung des Oberamtmanns Stockmayer trat im April 1866 *Oberamtmann Klett,* der vorher diesen Posten in Vaihingen/Enz bekleidet hatte, seine Nachfolge an. Im Jahr 1871 trat Oberamtspfleger Föhr, der seit 1832 dieses Amt innegehabt und sich besonders um den Marbacher Schillerverein verdient gemacht hatte, mit einem Ruhe-Gehalt von jährlich 400 fl in den Ruhestand. An seiner Stelle wurde am 15. Mai 1871 der Amtsversammlung Stadtschultheiß Fischer zum Oberamtspfleger gewählt der nun Stadtvorstand, Ratschreiber, Stadtpfleger und Amtspfleger in einer Person war.

Um die Mitte des Jahrhunderts war in Marbach der Oberamtswegmeister und Oberfeuerschauer Carl Joos, der sich auch als Architekt bezeichnete, eine angesehene Persönlichkeit. Er erbaute vor dem Oberen Tor ein 2stöckiges Haus, „unmittelbar an der Kreuzstraße von Ludwigsburg-Backnang und Waiblingen äußerst freundlich gelegen", an das sich ein Garten anschloß, der „zum Nutzen und zum Vergnügen" angelegt war. Umso größer war das Erstaunen unter der Einwohnerschaft, als diesem Herrn im Jahre 1853 vergantet wurde. Offenbar ist Joos im Zusammenhang damit heimlich aus Marbach verschwunden unter Hinterlassung zahlreicher Landesvermessungskarten, welche den Gemeinden des Oberamts gehörten. Es wurde nun der Vorschlag gemacht, die Stellen eines Oberamtswegemeisters, eines Oberfeuerschauers und eines Mühlschauers zu vereinigen und sie einem Bezirkstechniker mit besserer Besoldung zu übertragen. Es dauerte aber noch eine Reihe von Jahren, bis man eine derartige Stelle schuf, nämlich die eines Oberamtswerkmeisters. Sie wurde dem Zimmermeister Friedrich Cless übertragen. Die Marbacher hatten ihm vor allem den Aufbau ihrer Freiwilligen Feuerwehr zu verdanken. Seit 1. Juli 1871 gab es dann einen Oberamtsbaumeister. Der erste war Ferdinand Eugen Dillenius.

Zu den angesehenen Leuten im Städtchen gehörten auch die Verwaltungs-Aktuare, welche die nicht besonders ausgebildeten Ortsvorsteher draußen auf dem Land, die sog. Bauernschulzen – und dies waren die meisten – bei ihren Verwaltungsgeschäften zu unterstützen hatten. In Marbach ist hier der Verwaltungsaktuar Schreiber zu erwähnen, kurz Schreiber-Schreiber genannt, der zu Ende der 50er Jahre zuerst als Güterbuchkommissär hierher kam. Erst während des 1. Weltkriegs ist er über 90 Jahre alt gestorben.

Oberamtsrichter Fleischmann, der 1843 Rooschüz im Amte nachgefolgt war, muß ein fleißiger Richter gewesen sein, trat aber sonst im öffentlichen Leben nicht hervor. Neben dem Amtsgericht, das damals bereits samt der Dienstwohnung des Oberamtsrichters im gleichen Gebäude wie heute seinen Sitz hatte, befand sich unter demselben Dach eine alte Zehntscheuer. Nachdem im Zuge der 48er-Revolution die Zehnten abgelöst worden waren, hatte sie keine richtige Zweckbestimmung mehr. Nun wurden im Jahr 1855 in diese Zehntscheuer oberamtsgerichtliche Gefängnisse und eine Wohnung für den Gerichtsdiener eingebaut. Der Kostenvoranschlag belief sich auf 14 402 fl. Die Pläne scheinen hauptsächlich von dem Zimmermeister Cless entworfen worden zu sein, offenbar demselben, der später zum Oberamtswerkmeister avancierte. Bis dahin hatte als Gefängnis das sog. „Blockhaus" gedient, das neben dem heutigen Törchen an der Bärengasse auf der Stadtmauer aufsitzt. Zu Ende der 60er Jahre wurde dann der obere Teil des Grabens zugeschüttet und dort ein fest ummauerter „Ergehungsplatz" für die Gefangenen angelegt. Auch das Oberamt wollte sich auf die Dauer mit dem alten Blockhaus nicht begnügen. So wurde 1865, also noch zur Amtszeit von Oberamtmann Stockmayer, ein Haus des Steinhauermeisters Haug gekauft und in dasselbe 5 Polizeigefängnisse nebst einer Dienstwohnung für den Oberamtsdiener eingebaut. Das Bürgertürmle wurde noch bis weit ins 20. Jahrhundert hinein als städtisches Gefängnis benützt. Viele Bettler und Landstreicher haben mit diesem tristen Lokal Bekanntschaft gemacht und mancher, den der Alkohol seiner Sinne beraubte, hat dort seinen Rausch ausgeschlafen.

Nach dem Bau des Amtsgerichtsgefängnisses wurde Oberamtsrichter Fleischmann im Jahre 1856 mit einem Orden ausgezeichnet. Wie der Marbacher „Postillon" dies den Gerichtseingesessenen des Bezirks bekannt machte, wirft ein bezeichnendes Licht auf den Geist jener Zeit:

„Unser Gerichtsvorstand ist von Seiner Majestät, unserem vielgeliebten König, dessem scharfen Auge kein Verdienst verborgen bleibt, für sein vieljähriges, treues und emsiges Wirken mit dem Ritterkreuz des Friedrichsordens bedacht worden." Es wird dann die „enorme Geschäftstätigkeit" dieses Richters hervorgehoben und daran die Mahnung an das Publikum geknüpft: „Um auch unsererseits ihm einige dankbare Anerkennung zu zollen, soll man ihn künftig nicht mehr mit unnötigen Prozessen behelligen." Zu Anfang des Jahres 1866 ging Fleischmann in Pension. Er durfte aber seinen Ruhestand nicht lange genießen; am 5. Mai starb er nach schweren Leiden. Sein Nachfolger war *Oberamtsrichter Lamparter*. Im Jahr 1866 trat also sowohl in der Person des Oberamtmanns als auch in der Person des Oberamtsrichters ein Wechsel ein.

Nachdem man 1848 Schwurgerichte eingeführt hatte, war Ludwigsburg das für den Marbacher Bezirk zuständige Schwurgericht gewesen. Als dann am 1. Februar 1869 in Württemberg eine neue Gerichts- und Prozeßordnung in Kraft trat, wurde das Oberamt Marbach dem Kreisgericht Heilbronn zugeteilt. Diese Gerichtsordnung führte auch die Öffentlichkeit der Strafverfahren ein. Die erste öffentliche Verhandlung fand in Marbach am 4. Februar 1869 unter dem Vorsitz von Oberamtsrichter Lamparter statt. Es fand sich bei ihr jedoch kein Publikum ein. Bei dieser Gelegenheit erfahren wir, daß damals die Gerichtsverhandlungen nicht im Amtsgerichtsgebäude, sondern im oberen Saal des Rathauses abgehalten wurden.

Als 2. Beamter des Oberamts fungierte ein Oberamtsaktuar, als 2. Beamter des Amtsgerichts ein Gerichtsaktuar. Stadtschultheiß Sigel übte die Tätigkeit als Rechtskonsulent im Nebenberuf aus. Der Nachfolger des Gerichtsnotars John war der Gerichtsnotar Nädelin, welcher mit der Tochter des Hofkammerrats von Klemm verheiratet war. Derselbe trat 1852 in den Ruhestand und zog von Marbach weg. Nachfolger Stroh starb am 19. Oktober 1860. Ihm folgte Gerichtsnotar Bass, der 1871 nach Tübingen versetzt wurde.

7. Die Kirche und das religiöse Leben

Der alte Dekan Schelling trat 1851 in den Ruhestand und am 26. Oktober dieses Jahres erfolgte die Einsetzung seines Nachfolgers Dr. Kling, der vorher Pfarrer in Ebersbach, Dekanat Göppingen, gewesen war. Dr. Kling starb schon am 8. März 1862[1]. Auf ihn folgte wieder ein Dekan Schelling, ein Neffe des früheren. Er war der älteste, 1815 geborene Sohn des Philosophen aus dessen 2. Ehe mit Pauline Gotter[2]. Obwohl er noch jung war – er hatte sich kurz zuvor verheiratet –, starb er bereits am 18. August 1863 ganz unerwartet. Die Erschütterung seiner Gemeindeglieder über diesen jähen und frühen Tod fand in einem Gedicht, das im Marbacher „Postillon" erschien, seinen Niederschlag. Es werden darin die sanfte, friedliche Gemütsart des Verblichenen, seine Weisheit und seine schöne Sprache gerühmt. Als dessen Nachfolger wurde am 26. Oktober 1863 der Stadtpfarrer Merz von Schwäb. Hall ernannt. Diesem Marbacher Dekan stand aber eine noch höhere Laufbahn bevor. Am 9. Februar 1869 wurde ihm die Stelle eines Konsistorialrats für das Volksschulwesen übertragen. Auch wurde er im gleichen Jahr zum landesherrlichen Mitglied der Landessynode für die Jahre 1869/70 ernannt. 2 lange, schwülstige Gedichte, die aus diesen Anlässen im „Postillon" abgedruckt wurden, zeigen, wie sehr sich die Marbacher durch die Ehrung ihres Seelenhirten selbst geehrt fühlten. Es wird der „sowohl wissenschaftliche als auch energische Sinn" des Scheidenden hervorgehoben, unter dem „der Schlendrian in den Schulstuben gewichen" sei. Als Nachfolger von Dekan Merz zog Dekan Härlin auf, der vorher Helfer in Nürtingen gewesen war. Am 15. Juni 1869 fand bei strömendem Regen seine „sollenne Einholung" durch die geistlichen und weltlichen Behörden des Bezirks und durch die bürgerlichen Kollegien von Marbach statt, woran sich ein Zusammensein im „Bären" anschloß, der damals unter dem fortschrittlich gesinnten Metzger und Wirt Pfund einen starken Aufschwung nahm. Ein Sohn von Dekan Härlin, Berthold Härlin, wurde in den 90er Jahren des Jahrhunderts Amtsrichter und dann von 1910 bis 1918 Oberamtsrichter in Marbach.

Von den Diakonen bzw. Helfern, die nach Palmer hier amtierten, seien folgende erwähnt: Der Helfer Kornbeck, welcher die 48er-Revolution in Marbach miterlebte, muß ein national gesinnter Mann gewesen sein, denn als im Sommer der Aufstand der Schleswig-Holsteiner gegen die Dänen ausbrach, leitete er sogleich im ganzen Bezirk eine Sammlung für die Aufständischen ein. Wie er stand auch sein Nachfolger Schmoller der Marbacher Industrieschule vor. Solche Industrieschulen bestanden fast in jedem Ort des Bezirks. Ihr Vorbild war wohl die 1796 in Marbach gegründete „Spinnanstalt" „zum Besten der Armen und der Industrie", in der arme Erwachsene und Kinder das Wollspinnen erlernen sollten [3]. Später befaßten sich diese Industrieschulen mit der Ausbildung von Mädchen in allerlei weiblichen Handarbeiten. Der württembergische Zentralverein für Wohltätigkeit gab für sie regelmäßig Zuschüsse. Durch Verkauf ihrer Erzeugnisse sammelten sie selbst kleine Kapitalien an, die gegen Zins ausgeliehen wurden und zu ihrer Unterhaltung dienten.

An der Marbacher Industrieschule war eine Hauptlehrerin, welche die Kinder im Sticken und Häkeln, und eine Hilfslehrerin, die sie im Nähen ausbildete, tätig. Gleich nach seinem Aufzug in Marbach wollte Diakon Schmoller hier eine Volksbibliothek einrichten; ob es wirklich dazu kam, läßt sich nicht mehr feststellen. Auch der Helfer Kern, der 1863/64 dem Diakon Schmoller nachfolgte, bemühte sich um die Hebung der Volksbildung, indem er winters öffentliche Vorträge über die Blütezeit des deutschen Kaisertums hielt. Die Wahl dieses Themas hing ohne Zweifel mit der damaligen Volksbewegung, die ein einiges Deutschland erstrebte, in Zusammenhang.

Die kirchliche Sitte blieb während des ganzen 19. Jahrhunderts in unserer Stadt noch ziemlich intakt. Nur wenige waren es, die sich von den sonntäglichen Gottesdiensten ausschlossen. Dazu kam die obligatorische Christenlehre in der Kirche für die Heranwachsenden. In der Familie wurde der „Morgen- und der Abendsegen" von der Hausmutter oder dem Hausvater aus einem alten Andachtsbuch vorgelesen. Die Tischgebete waren durchaus üblich. Wenn bei Eintritt der Dämmerung die „Betglocke" läutete, mußten sich die Kinder und Halbwüchsigen zu

Hause einfinden. Es war streng verpönt, daß sie sich später noch auf der Gasse herumtrieben. Während des Läutens der Betglocke pflegten die Hausgenossen, meist stehend, das Lied zu beten: „Ach bleib bei uns, Herr Jesus Christ..."

Was im übrigen das kirchliche Leben anbetrifft, so ist zu berichten:

Am Sylvesterabend 1850 hielt Dekan Schelling erstmals in der Stadtkirche eine Jahresschlußandacht ab, die solchen Anklang fand, daß sofort der Wunsch ausgesprochen wurde, man möge diese Andacht doch jedes Jahr wiederholen. Im Sommer 1864 hielten die Marbacher und die Benninger gemeinsam ihre Gottesdienste in der Alexanderkirche ab, weil damals die Benninger Kirche längere Zeit wegen Ausbesserungsarbeiten nicht benützt werden konnte[4]. Mit der fortschreitenden Entdeckung und Kolonisierung überseeischer Länder erwachte auch bei uns der Gedanke der Heidenmission. Die wichtigste Anregung ging dabei von der Basler Mission aus. Seit 1853 wurde im Dekanatbezirk Marbach alljährlich ein Missionsfest abgehalten, meist in Marbach, manchmal auch in Großbottwar. Am 18. Dezember 1868 wurde des 300. Todestags von Herzog Christoph in einer kirchlichen Feier gedacht. Die Schuljugend zog unter Vorantritt der Lateinschüler mit ihrer Fahne, ein vaterländisches Lied singend, in die Stadtkirche, wo Dekan Merz einen Vortrag hielt. Man kann ja diesen Herzog als den eigentlichen Begründer des protestantischen, altwürttembergischen Staates bezeichnen, in dem die Landeskirche eine so bevorzugte Stellung einnahm.

Die enge Verquickung von Kirche und Staat, die in Württemberg immer noch bestand, trat besonders in den Stiftungspflegen in Erscheinung, die in jeder Gemeinde eingerichtet waren und in denen das weltliche und das kirchliche Stiftungsvermögen gemeinschaftlich verwaltet wurde, wobei letzteres auch das aus dem Mittelalter stammende Kirchengut mit umfaßte. Der Dekan und die Gemeinde bestellten gemeinsam den Stiftungspfleger, einen dafür tauglich erscheinenden, angesehenen Bürger der Stadt. Bis 1859 war dies Metzgermeister Hiller, der in der oberen Marktstraße wohnte, nach dessen Tod Gerbermeister Friedrich Spoun. Allmählich kamen aber doch Tendenzen auf, die nach einer größeren Autonomie der Kirche strebten.

Ein bescheidener Anfang in dieser Richtung war es, als König Wilhelm I. nach langem Zögern 1851 der Einführung von Pfarrgemeinderäten und 1854 der Einführung von Diözesansynoden zustimmte. Bei der 1. Pfarrgemeinderatswahl im März 1852 stimmten in Marbach von 345 Wahlberechtigten nur 151 ab. Die Rechte des Pfarrgemeinderats waren geringfügig. Seine Tätigkeit beschränkte sich im wesentlichen darauf, der „Zuchtlosigkeit der Jugend", dem „raschen sittlichen Verfall" und der Sonntagsarbeit entgegen zu wirken und den Handwerksmeistern anzuempfehlen, ihre Lehrlinge und Gesellen zum Kirchenbesuch und zur Hausandacht anzuhalten. Im übrigen widmete er sich karitativen Aufgaben. Die Verwaltung des Kirchenvermögens stand den Pfarrgemeinderäten nicht zu. Im Jahr 1856 wurde aber in einer Bekanntmachung des gemeinschaftlichen Oberamts angeordnet, daß den Pfarrgemeinderäten von den Stiftungsbehörden das Kirchenopfer von etlichen Sonntagen zur kirchlichen Armenpflege überlassen werden sollte.

Der Einfluß des Pietismus war in Marbach, wie überhaupt in seinem Oberamt, überaus stark.

Wenn man die religiösen Zustände in unserer Stadt während des 19. Jahrhunderts verstehen will, kann man deshalb an der Entwicklung des Pietismus in Württemberg nicht vorübergehen. Die in ihm von Anfang an vorhandenen separatistischen Tendenzen wurden zu Beginn des Jahrhunderts durch das Eindringen aufklärerischer Ideen in Staat und Kirche nochmals kräftig belebt. Besonders die von König Friedrich I. angeordnete Taufliturgie wurde der Ansatzpunkt für die Aufsässigkeit der Pietisten. Für die großen Auswanderungszüge aus unserer Gegend in den Jahren 1816/17, die sich nach Südrußland richteten, wo den Auswanderern Religionsfreiheit zugesichert wurde, waren religiöse Motive mindestens ebenso wichtig wie die damals im Lande herrschende wirtschaftliche Not. Man erwartete die baldige Wiederkunft Christi und wollte um seines Seelenheiles willen mit der verweltlichten Staatskirche nichts mehr zu tun haben. In den folgenden Jahren trat ein rascher Umschwung ein. Die Kirche und der Pietismus kamen aufeinander zu, und der Pietismus wurde zu einer erzkonservativen Macht. In unserer Gegend waren in der 48er-Revolution die Demokraten und die Pietisten die eigentlichen Gegenspieler. Noch im Jahr 1853 werden in einem Artikel des „Postillon" die „Stundengenossen" als eine „Sekte" angeprangert, die geistiger Selbstgenügsamkeit dahinlebe und einen religiösen Kastengeist pflege. Die Pietisten würden glauben, sich den Himmel sichern zu können, und würden schon durch ihre frommklingenden Gespräche, ihr subtiles Auftreten und ihre halblaute Sprechweise auffallen. Dabei würden kommerzielle Verbindungen für ihren Zusammenhalt keine geringe Rolle spielen. Besonders wird dann ihre „geistige Herrschsucht" und ihre „mittelalterliche Intoleranz" gegen Andersdenkende getadelt.

In Marbach wurde sogar eine pietistische Kindergemeinschaft gebildet, die sich im Bäcker Ritz'schen Haus zu „Stunden" zusammenfand. Der Erfolg scheint in diesem Fall aber nicht ganz den Erwartungen der Urheber entsprochen zu haben. Im Jahr 1853 werden nämlich Beschwerden darüber laut, daß die Kinder nach Beendigung der „Stunden" teils Hosianna-Rufe ausstoßend, teils Gassenhauer singend durch die Gassen getollt seien.

Vom Pietismus ausgehend breitete sich in unserer Stadt ein extrem puritanischer Geist aus. Das Maien- und Kinderfest, das alljährlich auf der Schillerhöhe gefeiert wurde, war eine der beliebtesten Veranstaltungen. Dabei pflegten die Schulmädchen unter der Leitung der Lehrer und in Anwesenheit ihrer Eltern Reigentänze aufzuführen. Im Jahr 1858 protestierten die Unterlehrer Roth und Schnirring vor dem Fest in einer öffentlichen Erklärung im „Postillon" gegen dieses Tanzen der Mädchen und drohten „für den Fall der Beeinträchtigung ihrer Grundsätze ihre Teilnahme zu verweigern". „Wir können es mit unserem Gewissen nicht vereinbaren, die unserer Leitung anvertrauten Kinder, welche wir dem Herrn zuführen sollen, selbst dem Weltgeist in die Arme zu führen." Diese Erklärung spickten sie mit zahlreichen Bibelstellen. Die Sache wirbelte in der Stadt viel Staub auf und Stadtmusikant Mensch, der offenbar die Musik zu dem Kinderreigen zu machen hatte, wandte sich in einer Gegenerklärung an die Öffentlichkeit. Die Angelegenheit endigte mit einem Beleidigungsprozeß des Unterlehrers Roth gegen Mensch.

In vielen Marbacher Wohnungen hing früher ein Bild, betitelt „Der breite und der schmale

Weg"; man kann es noch heute hin und wieder finden. Am Anfang des breiten Weges, auf dem die Sünder zum höllischen Feuer wandern, steht ein stattliches, mit Masken behängtes Haus, an dem, um jeden Zweifel auszuschließen, ein Schild mit der Aufschrift „Theater" aufgemalt ist. Man kann sich denken, daß die geistige Haltung, die hier zum Ausdruck kommt, mit der Schillerverehrung in Marbach in Konflikt geraten mußte. Dies ist auch tatsächlich geschehen. Nachdem 1836 die Schillerhöhe angelegt worden war, verlegte man den Schauplatz des Maienfests vom Schafwasen dorthin. Anscheinend kurz, nachdem zum erstenmal das Kinderfest auf der Schillerhöhe gefeiert worden war, verheerte das Hagelwetter vom 2. Juni 1840 die Marbacher Fluren. Viele Marbacher sahen darin eine Strafe des Himmels für die Menschenvergötterung, die, wie sie meinten, die Schillerverehrer trieben. Auf offener Straße wurden grimmige Rufe in diesem Sinn ausgestoßen, so daß es Stadtschultheiß Klein für nötig fand, am 14. Juni 1840 eine Bürgerversammlung einzuberufen, in welcher er sich scharf gegen jene wandte, die das Unglück, das die Stadt betroffen hatte, mit der Schillerverehrung in Verbindung brachten. Auch die Geistlichen suchten von der Kanzel aufklärend auf die Bevölkerung einzuwirken [5].

Nach der 48er-Revolution drang der Pietismus mehr und mehr auch in die württembergische Kirchenregierung ein, natürlich nicht in der geschilderten grobschlächtigen Form. Immerhin kritisierte Prälat v. Kapff am 8. Oktober 1859 in einer Predigt das Übermaß von Menschenverehrung, das bei den Vorbereitungen zur großen Schillerfeier im November 1859 in Erscheinung trete. In den nicht pietistischen Kreisen Marbachs wurde diese Predigt mißfällig aufgenommen. Immerhin hörte man noch zu Beginn unseres Jahrhunderts manchen alten Marbacher Bauern von dem Schillerfest des Jahres 1859 als von einem „Götzenfest" sprechen.

Im Lauf des 19. Jahrhunderts verschärfte sich die konfessionelle Spannung in Deutschland und in Württemberg erheblich. Als im Jahr 1860 bekannt wurde, daß König Wilhelm I. mit Rom ein Konkordat abschließen wollte, meldete sich das protestantische Selbstbewußtsein der Altwürttemberger stürmisch zu Wort. Die Pietisten standen hier in einer Front mit dem von ihnen sonst so hart bekämpften Liberalismus, dessen Geist im gebildeten Bürgertum vorherrschend war. Eine Flut von Eingaben gegen das Konkordat ging beim Landtag ein. Auch im Oberamt Marbach wurden in den Gemeinden Listen aufgelegt, in welche sich die Gegner des Konkordats eintragen sollten. Es wird berichtet, daß in einer Gemeinde alsbald sämtliche Bürger unterschrieben hätten. Die Diözesansynode Marbach ließ durch den Prälaten Sigel eine besondere Eingabe gegen das Konkordat der Ständeversammlung vorlegen. Der Konkordatsentwurf wurde dann auch am 26. März 1861 von der Kammer abgelehnt.

In der Stadt Marbach gab es 1864 28 und 1900 48 Katholiken, im Oberamt 1864 118 und 1900 149 Katholiken. Diese wenigen Katholiken waren, soweit sie nördlich von Großbottwar wohnten, nach Talheim, soweit sie in Affalterbach wohnten, nach Öffingen und die in den übrigen Orten nach Ludwigsburg eingepfarrt. Bis nach dem 2. Weltkrieg gab es im Gebiet des Oberamts Marbach kein einziges katholisches Gotteshaus.

Die aktivste kirchliche Vereinigung in Marbach und im Bezirk war der Gustav-Adolf-Verein,

53 Erker des 1693 abgebrannten Schlosses.

54 Pfeiler des 1833 abgebrochenen Wicklinstores.

55 Teil der Stadtmauer gegen Süden mit Blockhaus, auch Malefizturm genannt.

56 Der Wilde-Mann-Brunnen.

welcher die Protestanten in den katholischen Diaspora-Gebieten unterstützte. Sein Leiter im Dekanat war Pfarrer Schumann in Murr und seit 1867 dessen Nachfolger Roller. Die Kirchenopfer im Advent wurden seit 1859 regelmäßig diesem Verein zugewendet.

Mehr als jede frühere Epoche zeigt das 19. Jahrhundert individualistische Züge. Die konservative und restaurative Staatskirche paßte nicht recht zu diesem Zug des Zeitalters. Manche Kreise standen der etablierten Staatskirche mit Mißtrauen gegenüber. Dieses schon zu Anfang des Jahrhunderts im Separatismus und in der Erweckungsbewegung virulent gewordene Mißtrauen wirkte trotz der inzwischen erfolgten Annäherung von Kirche und Pietismus fort. Die Neigung, sich von der offiziellen Kirche und ihrer Theologie aus religiösen Gründen abzusondern, nahm um die Mitte des Jahrhunderts auch in unserer Gegend sichtlich zu. Kennzeichnend ist dafür der Lebensgang von 2 Männern, die auch in Marbach großen Einfluß ausübten: Gustav Werner und Christoph Hoffmann. Werner wurde 1852 wegen seinen abweichenden theologischen Ansichten das Auftreten in der Kirche verboten. Er scheint aber auch weiterhin in der Stadt eine beträchtliche Anhängerschaft gehabt zu haben. Es wurden von ihm nun häufig Vorträge in einem Privathaus, nämlich „im mittleren Stock des Baader'schen Hauses am Marktplatz" gehalten. Im Jahr 1853 trat er hier nicht weniger als 7mal auf. Christoph Hoffmann, der 1848 als gewählter Abgeordneter des Marbacher Bezirks und als Vertreter der konservativen, pietistischen Richtung in die Frankfurter Nationalversammlung eingezogen war, wurde schließlich zum Sektierer. Er verrannte sich immer mehr in den Gedanken, es müßten im Hinblick auf die von ihm bald erwartete Wiederkunft Christi im hl. Land „reine" Gemeinden nach dem Vorbild der Urkirche gegründet werden. 1859 wurde er aus der Landeskirche ausgeschlossen. Schon 1856 hatte er den Kirschenhardthof bei Erbstetten um 40 000 fl gekauft und dort seine Anhänger, welche sich „Jerusalemsfreunde" oder „Der Deutsche Tempel" nannten, um sich gesammelt. 1868 zog er mit ihnen nach Palästina und bewährte sich dort als umsichtiger Kolonisator[6]. Das Unternehmen Hoffmanns und seine Ideen haben sicher auch in Marbach die Gemüter stark bewegt. Am Himmelfahrtsfest 1865 hielt sein aus Eglosheim gebürtiger Freund Hardegg in der „Sonne" in Großbottwar und im „Ochsen" in Oberstenfeld Vorträge über das Thema „Die Hauptmittel, die deutschen Angelegenheiten in einen besseren Stand zu setzen, nämlich über die Aufrichtung eines Heiligthums und die, welche darin dienen". Diesen Vortrag wiederholte er eine Woche darauf in Steinheim und im Jahr 1866 sprach er in Beilstein über „Die bedenkliche Lage Deutschlands und den Kampf und den Sieg des Tempels über das Tier aus dem Abgrund".

Ohne Zweifel war es vor allem das Mißfallen weiterer Kreise an der verbeamteten Staatskirche, welches um die Mitte des 19. Jahrhunderts dem *Methodismus* Zugang in unseren Raum verschaffte. In Marbach schloß sich erstmals im Jahr 1857 eine kleine methodistische Gemeinde um den 23jährigen Hutmachergesellen Gustav Hauser, der in Heilbronn mit Methodisten bekannt geworden war und sich ihnen angeschlossen hatte, zusammen. Diese Methodisten scheinen zunächst selbst ihre Versammlungen als eine Art von Pietistenstunde betrachtet zu haben und auch so angesehen worden zu sein. Nachdem Hauser dem Dekan Merz versichert hatte, daß er ein lutherischer Christ sei und bleibe, erhielt er die Erlaubnis zu Vorträgen unter der Bedingung, daß er sich einen bejahrten, dem Pfarrgemeinderat genehmen Christen zur Seite stelle und die ledigen Mädchen in eine schon länger bestehende Stunde eines älteren Mannes überweise. Mit den Erfolgen der Methodisten verhärteten sich aber die Fronten. Am 25. Juli 1865 wurden sie im „Postillon" in einer Abhandlung „Über das unlautere Methodistenwesen" scharf angegriffen. Es wird darin ausgeführt, die Methodistenprediger wollten die Leute aus der Kirche abziehen. Sie würden behaupten, daß sie nicht für Lohn predigen, seien aber in Wirklichkeit gut besoldet und ließen sich herumfüttern. Es handle sich um ein amerikanisches Handelsgeschäft mit den einfältigen Schwaben. Sodann wird ein angeblicher Bericht, den ein Prediger Class im September 1861 an die wesleyanische Mission in England erstattet haben soll, abgedruckt. Darin soll Class geschildert haben, welche geradezu lebensbedrohenden Anfeindungen er bei seiner Missionstätigkeit in den Löwensteiner Bergen ausgesetzt gewesen sei. „Kanibalen hätten nicht feindseliger sein können." Gleichwohl würden in Prevorst, Gronau, Schmidhausen und Etzlenswenden die Bewohner in die Methodistenversammlungen strömen. Dem Abdruck wird die Frage angefügt: „Wäre nicht Veranlassung gegeben, einem solchen Berichterstatter und Verdächtiger der Bewohner das Handwerk zu legen?" Trotz solcher Querelen wurzelte sich der Methodismus in unserem Raum fest ein und bereits 1867 wurde die Methodistenkapelle in der Wildermuthstraße in Marbach gebaut. Der hier aufgezogene Prediger Härle weigerte sich, ein ihm von Dekan Merz vorgelegtes Protokoll zu unterschreiben, in dem er sich verpflichten sollte, sich an die Ordnungen der Landeskirche zu halten und das hl. Abendmahl nicht auszuteilen. Aus den Jahren 1867/68 wird berichtet, daß regelmäßig etwa 200 Personen aus der Stadt die Gottesdienste der Methodisten besuchen, bei welchen allerdings das weibliche Element stark überwiege [7]. Jedenfalls mußte sich die Landeskirche mit der Existenz dieser Freikirche abfinden und allmählich wurden die Beziehungen zwischen beiden zunehmend freundlicher.

Wenn wir in diesem Kapitel das kirchlich-religiöse Leben behandelten, so darf hier auch noch ein Abschnitt über die *Sagen, Volksbräuche und abergläubischen Vorstellungen* im alten Marbach angehängt werden.

Vom romantischen Lebensgefühl ihrer Zeit ausgehend, schreibt Ottilie Wildermuth 1857: „Es gibt zahlreiche alte Sagen und Hexengeschichten, geheimnisvolle, spukhafte Häuser mit vergrabenen Schätzen und verschütteten unterirdischen Gängen – fast jedes Gäßchen, jeder einsame Wiesengrund oder buschige Hügel hat seine eigenen gespenstigen Bewohner."

So soll z. B. vom ehemaligen Beginenhaus, das an der Stelle des alten Schulhauses in der unteren Holdergasse stand, ein unterirdischer Gang ins Kloster Steinheim geführt haben, durch den die beiderseitigen Klosterinsassen „einen sündhaften Umgang" miteinander gepflegt hätten [8]. Diese Sage kann erst nach der Reformation entstanden sein. Bei der Geschichte von Mars-Bacchus, jenem ungeschlachten Riesen, der in Urzeiten in einem Wald bei Marbach sein Unwesen getrieben habe, handelt es sich offensichtlich um eine gelehrte Sage aus der Renaissance-Zeit.

Das geistige Klima in Marbach war der Erhaltung alter Volksbräuche nicht sonderlich günstig. Der Mummenschanz zur Fasnachtszeit galt als sündhaft. Der Karfreitag wurde als sehr heiliger Tag gehalten. Während man sonst die Fastengebote der katholischen Kirche entschieden ablehnte, aß man an diesem Tag auch im protestantischen Marbach keine Fleischspeisen. Dagegen sollte der Hausvater am Karfreitag ein Gansei verzehren; dies würde Reichtum ins Haus bringen. Von Karfreitag bis Ostersonntag, also an den Tagen, an denen Christus im Grabe lag, sollte nicht in der Erde gegraben werden; sonst mußte im kommenden Jahr ein Familienmitglied sterben. Flog eines der Käuzchen, die auf dem Turm der Alexanderkirche nisteten, auf das Dach eines Hauses und ließ dort in auffallender Weise sein „Kiwit-kiwit" hören, so bedeutete dies, daß der Tod in dieses Haus einkehren werde. Im November kam der „Pelz-Märte" zu den Kindern; jedoch wurde dieser Brauch in Marbach nur vereinzelt geübt. Allgemein war die Sitte, daß am „Klöpfelestag" im Dezember [9] die Buben, denen man an diesem Tag ausnahmsweise eine solche Freiheit gönnte, nach Einbruch der Dunkelheit durch die Gassen streiften und Erbsen gegen die Fenster warfen.

Geister gingen hauptsächlich im Mäurich, am alten Markt, bei der Alexanderkirche und besonders im „Spittel" um. Immer wieder sah man in der Dämmerung einen Mann mit dem Kopf unter dem Arm eine Ackerfurche entlang rennen. An manchen Stellen scheuten die Pferde und war das Zugvieh einfach nicht mehr weiter zu bringen, weil, wie man glaubte, die Tiere einen Geist wahrnahmen, der den menschlichen Augen noch verborgen blieb. Geisterverseucht waren auch der „Hörnlesrain" und die Lemberggegend. Hier ging der Rometsch um, am Hörnlesrain das Strobelhannele. Auch auf der Schillerhöhe war es nachts nicht geheuer. Unversehens wurde ein Mensch zu Boden geworfen von einem unsichtbaren Unhold, der sich nur durch sein Lachen zu erkennen gab. Weit verbreitet war der Glauben an das Muotesheer, das in Sturmnächten heulend durch die Lüfte brauste. Freilich wußte niemand mehr, daß es sich dabei um den Heidengott Wodan und sein Geistergefolge handelte. Wie fest muß einst dieser Glaube in den Köpfen der alten Germanen gesessen haben, wenn ihn das Christentum in Jahrtausenden nicht vertreiben konnte!

Tief verwurzelt war auch der Hexenglauben; es wimmelte in der Stadt geradezu von Hexen. Öfters wurde erzählt, daß ein Bauer, wenn er morgens seinen Stall betrat, seine Pferde unruhig und schweißgebadet vorgefunden habe. Die Mähnen und die Schweife der Tiere seien so fest in kleine Zöpfchen geflochten gewesen, daß man sie kaum habe auflösen können. Also ein offenkundiges Hexenwerk! Noch zu Anfang des 20. Jahrhunderts gab es in Benningen einen Hexenbanner, der auch von Marbachern zu Rate gezogen wurde. Erst der 1. Weltkrieg und die ihm folgenden Umwälzungen brachten die geschilderten abergläubischen Vorstellungen allmählich zum Verschwinden.

Bis nach dem 1. Weltkrieg wurde den Marbachern von ihren Umwohnern der Spottname „Biete" beigelegt. Sie selbst bezeichneten so einen tölpelhaften Menschen. Schon Ottilie Wildermut schreibt von einem „Biete" in Marbach[10].

8. Der Marbacher Raum während der Zeit des Ringens um die deutsche Einheit

Auf die 48er-Revolution folgte eine Zeit der Reaktion. Die erneute Einschränkung der Pressefreiheit bekam der Marbacher „Postillon" zu spüren. Ein anderer Niederschlag der Reaktionszeit ist in folgendem Erlaß zu erblicken, den das Marbacher Oberamt am 20. Juni 1853 in der Zeitung veröffentlichen mußte:

> „Einzelne Studenten lassen sich beigehen, wenn sie sich nicht in der Universitätsstadt befinden, insbesondere in Vakanzen, schwarzrothgoldene Bänder und Abzeichen zu tragen, obwohl bekanntlich die Burschenschaftsverbindung, deren Farbe notorischerweise die angegebene ist, durch die Verordnung vom 14. März 1853 aufgelöst worden ist... Es erhalten die Ortsvorsteher den Auftrag, hierauf besonderes Augenmerk zu richten, in vorkommenden Fällen aber Studierende, welche diese Abzeichen tragen, sofort festzunehmen und behufs der Einleitung der Untersuchung an das Oberamt einliefern zu lassen."

Die württembergische Ständeversammlung, welche man am 1. August 1849 auf Grund eines allgemeinen, gleichen und direkten Wahlrechts gewählt hatte, war eine verfassunggebende; sie sollte eine neue Verfassung für das Land beschließen. Nachdem aber jetzt die alten Gewalten wieder fest im Sattel saßen, konnte eine solche nur durch ein Einverständnis zwischen der vom König eingesetzten Regierung und dem Parlament zustande kommen. In der Ständeversammlung hatte die demokratische Opposition die absolute Mehrheit. Zu ihr bekannte sich auch der vom Oberamt Marbach gewählte Abgeordnete, der Gutspächter Krauß vom Lichtenberg. Der Opposition ging es vor allem darum, daß sich die neue württembergische Verfassung auf den Boden der von der Frankfurter Nationalversammlung beschlossenen, demokratischen Reichsverfassung stelle. Eben dem aber widerstrebte König Wilhelm I., weniger aus absolutistischen als aus dynastischen Motiven. Er fürchtete, daß von der Nationalversammlung einmal ein Hohenzoller zum Reichsoberhaupt berufen werden könnte und einem solchen wollte er sich keinesfalls unterwerfen. Dies wollten freilich auch die Demokraten nicht; aber an der Reichsverfassung und besonders an den in ihr proklamierten Grundrechten klammerten sie sich fest. Als sich in der Kammer kein Kompromiß abzeichnete, löste der König die Kammer schon nach 3 Wochen wieder auf und schrieb auf 19. Februar 1850 Neuwahlen aus. Diese änderten nichts an den Mehrheitsverhältnissen in der Landesversammlung; auch in unserem Bezirk wurde Krauß wieder gewählt. Das Spiel wiederholte sich. Die neue Landesversammlung wurde wieder aufgelöst und im September 1850 fanden nochmals Wahlen statt. Wieder ging Krauß glänzend als Sieger hervor. Auch im Landesdurchschnitt hatte sich nichts Wesentliches geändert. Krauß sprach sich gegen die Wiedereinführung des Zweikammersystems aus und erklärte, was die Reichsverfassung anbetreffe, müsse man am Rechtsstandpunkt, also an der in Frankfurt beschlossenen Reichsverfassung, festhalten, selbst wenn zur Zeit keine Aussicht bestehe, praktisch damit durchzudringen. Immerhin wird im „Postillon" nun auch die Ansicht laut, beide Teile, sowohl die Regierung als auch die demokratische Kammermehrheit, sollen nicht so starr auf ihren Standpunkten beharren. Der neuen Landesversammlung ging es nicht anders als den vorhergehenden. Auch sie wurde aufgelöst und auf 26. April 1851 wurden wiederum Neuwahlen ausgeschrieben. Diesmal wurde aber wieder nach dem alten, indirekten Klassenwahlrecht gewählt. Von mehreren Wahlmännern in Marbach wurde „unser ehrenwerther als auch uneigennütziger und unparteiischer" Stadtschultheiß Sigel in Vorschlag gebracht. Krauß, der sich jetzt wohl seiner Sache nicht mehr so sicher fühlte, verzichtete zugunsten Sigels auf seine Kandidatur. Als Gegenkandidaten traten Schultheiß Luithle von Ottmarsheim und Schultheiß Müller von Kleinaspach auf. Es standen sich also lauter Ortsvorsteher gegenüber. Mehr und mehr schälte sich Sigel als Favorit heraus. In einem Gedicht, das unmittelbar vor der Wahl im „Postillon" erschien, heißt es: „Wählt den Mann der Volkspartei! Sigel hoch! Die Wahl ist frei!" Und das Ergebnis der Wahl: Von 821 Stimmen erhielt Sigel 535. Im Lande war diesmal das Wahlergebnis für die Regierung günstiger ausgefallen. Es blieb in der Folge bei der württembergischen Verfassung von 1819 mit ihrem Zweikammersystem; erst die Revolution von 1918 hat sie endgültig beseitigt.

Man wundert sich, mit welchem Gleichmut die Bevölkerung in unserem Raum alle diese Ereignisse hinnahm. Nur die Tatsache, daß die privilegierten Standesherren wieder Anspruch auf ihre Repräsentation in der 1. Kammer, welche im Strudel der 48er-Revolution versunken war, erhoben, brachte die Gemüter etwas in Wallung.

Als im Jahre 1855 wieder gewählt werden mußte, lehnte Sigel seine Wiederwahl „aus Familienrücksichten" ab. Mehrere Wahlmänner schlugen den Schultheißen Helfferich von Pleidelsheim als einen „Mann mit echt deutscher Gesinnung, der die Interessen des Volkes gegen feindselige Bestrebungen vertreten würde", als Abgeordneten vor. Dieser aber trat zugunsten des Rechtskonsulenten Dr. Wilhelm Murschel von Stuttgart, eines Führers der Liberalen in Württemberg, zurück. In der Agitation gegen denselben wurde hervorgehoben, daß Murschel in Marbach unbekannt sei und daß man nicht wieder einen Gelehrten, sondern einen im Bezirk ansässigen Landwirt wählen solle. Murschel wurde mit 375 gegen 336 Stimmen, die freilich zersplittert waren, gewählt. Es ging damals vor allem um die Forderung des Adels auf eine Nachtragsentschädigung für die 1848/49 abgelösten Feudallasten, die auch noch in den folgenden Jahren das Landvolk in unserem Bezirk tief erregte.

Bei der nächsten Wahl im Januar 1862 wurde Murschel abgewählt, obwohl sich Sigel und Helfferich und eine ganze Anzahl von Schultheißen für ihn eingesetzt hatten. Man warf ihm vor, daß er in 6 Jahren nur einmal seinen Bezirk besucht und nichts für den Straßenbau im Oberamt getan habe. Gewählt wurde der Gutsbesitzer Christian Ludwig Schwaderer von Burgstall, der langjährige Vorstand des Landwirtschaftlichen Vereins, allerdings nur mit knapper Mehrheit vor Murschel. Die Stimmung der Bevölkerung, die ihn zum Erfolg führte, spricht sich wohl in folgender Stelle eines Gedichts aus, das nach dem Wahlsieg Schwaderers im „Postillon" veröffentlicht wurde: „Du hast den Sieg errungen, das Advokatenjoch zerbrochen und bezwungen!"

Immer mehr spielte nun auch in unserem Bezirk, besonders in den Städten, die deutsche Frage in alle politische Entscheidungen hinein.

In der 48er-Revolution war es nicht nur um die Freiheit, sondern mindestens in gleichem Maße um die Einheit der Deutschen gegangen. Besonders entzündete sich das Nationengefühl an dem

Freiheitskampf, den die Schleswig-Holsteiner seit Sommer 1850 gegen die Dänen führten. In Marbach rief der Helfer Kornbeck zur Sammlung von Geld, Charpie und Leinwand „für die tapferen Brüder im Norden" auf. Für eine Sammlung zum gleichen Zweck wandte sich auch der Färbermeister Wilhelm Glocker in einem Aufruf im „Postillon" an seine Mitbürger. Sein schwungvoller Aufruf schloß mit der letzten Strophe des damals viel gesungenen Liedes Schleswig-Holstein meerumschlungen: „Schleswig-Holstein, stammverwandt! Harre aus mein Vaterland!" Dabei unterlief dem „Postillon" ein ärgerlicher Druckfehler, indem er statt „Harre aus!" druckte „Haare aus!"

Zwar war im März 1849 in Frankfurt eine Reichsverfassung beschlossen worden, welche die deutsche Einheit begründen sollte. Ihre Verwirklichung scheiterte am Widerstand der Landesfürsten. Die Sehnsucht nach der deutschen Einheit bewegte aber weiterhin die Gemüter. Zu Anfang des Jahres 1850 wird im „Postillon" die Losung ausgegeben: „Kein Preußen, kein Österreich! Ein einiges Deutschland! Die Grundrechte und die Reichsverfassung!" Dies blieb allezeit das Ideal der Volksparteiler. Man dachte sich aber diese Einheit bei uns als eine föderative und wollte möglichst viel von seiner württembergischen Eigenart erhalten. Solange Baden von preußischen Truppen besetzt war, erschienen im „Postillon" die Nachrichten aus Baden unter der Rubrik: „Preußische Provinz Baden". Damit wollte man ohne Zweifel den Ärger darüber zum Ausdruck bringen, daß hier die Souveränität eines deutschen Mittelstaats durch Preußen verletzt wurde. Allmählich gelangte man doch zu der Erkenntnis, daß in einem einigen Deutschland die Hegemonie entweder von Österreich oder von Preußen nicht zu umgehen sein werde. So schieden sich die Geister in Großdeutsche und Kleindeutsche. Die Volksparteiler, die in unserem Bezirk eine starke Stellung inne hatten, waren entschiedene Preußengegner. Diese Stimmung wurde durch die Niederschlagung des badischen Aufstands durch Preußen und durch das nachfolgende Wüten preußischer Standgerichte in Baden gegen die 48er-Demokraten noch weiter angeheizt. Preußen galt nun den württembergischen Demokraten als der „Junkerstaat" und als der Hort der Reaktion. Damit fanden sie in der breiten Masse des Volkes viel Zustimmung. Was die Abneigung gegen Preußen anbetrifft, so standen insoweit die Demokraten durchaus in einer Front mit König Wilhelm I. von Württemberg, welcher am 25. Juni 1864 nach langer Regierung in hohem Alter starb. Sein Nachfolger war König Karl, eine wenig profilierte Persönlichkeit.

Freilich hatte auch Preußen in unserer Gegend seine Anhänger, wenn diese auch eindeutig in der Minderzahl waren. Solche fand man vor allem in der wohlhabenden, gebildeten Oberschicht, bei den Liberalen. Es waren vielfach wirtschaftliche Einsichten, die sie in diese Richtung wiesen. Auch manche kirchliche Kreise und viele protestantische Geistliche fühlten ein Unbehagen bei dem Gedanken, daß die katholischen Habsburger an die Spitze eines geeinten Deutschlands treten könnten. So wandte sich schon im Herbst 1849 Pfarrer Dierlamm von Ottmarsheim in einem Artikel im „Postillon" gegen den „unvernünftigen Preußenhaß". An deutschem Nationalbewußtsein standen die Großdeutschen aber keineswegs hinter den Kleindeutschen zurück.

Im Jahre 1859 rüttelte der Krieg zwischen Napoleon III. und Österreich die patriotischen

Leidenschaften auf. In Österreich sah man den Vertreter der deutschen Sache, und das Prestige Preußens sank, weil es Österreich in seinem Kampf gegen den „Erbfeind" im Stich gelassen habe. Für Württemberg bestand Kriegsgefahr und die Regierung ordnete eine Mobilmachung an. Auch Marbach erhielt Einquartierung. Am 5. Mai mußten die Landwehrpflichtigen des Bezirks auf dem Rathaus in Marbach erscheinen „mit rein gewaschenem Körper und reiner Wäsche". Die allgemeine Wehrpflicht war in Württemberg recht durchlöchert. Vor der Musterung fand eine Losziehung statt. Grundsätzlich mußten nur diejenigen dienen, welche das Los traf. Aber auch für sie gab es noch mancherlei Ausnahmen. Abgesehen davon, daß höhere und mittlere Beamte sowie Theologen von vornherein freigestellt waren, konnten sich vermögliche Männer einen „Einsteher" kaufen, der gegen Bezahlung einer größeren Summe für sie den Militärdienst übernahm. Im Jahr 1859 werden in der Zeitung immer wieder Einsteher gesucht, und die Preise für solche stiegen auf das Doppelte an. Dies zeigt immerhin, daß bei vielen jungen Leuten der Patriotismus doch nicht soweit ging, daß sie Lust verspürten, mit ihrem Leben für das Vaterland einzustehen.

Im Jahr 1859 rief Stadtschultheiß Sigel „alle, die Deutschland einig, frei und mächtig wollen" zu Spenden für ein Denkmal für Ernst Moriz Arndt, „den ganz deutschen Mann", auf. Im Jahr 1863 wird in Marbach für das Hermannsdenkmal im Teutoburger Wald gesammelt. Es war damals eine sehr denkmalsfreudige Zeit.

Im Jahre 1863 war die 50-Jahr-Gedenkfeier an die Völkerschlacht von Leipzig ein Anlaß, der die nationalen Wogen hoch schlagen ließ. Der Tag der Feier, der 18. Oktober, begann mit Choralblasen vom Oberen Torturm, mit Glockengeläute und Böllersalven. Um 10 Uhr bewegte sich ein Festzug zur Alexanderkirche in folgender Ordnung: 1. Steiger der Feuerwehr, 2. die männliche Jugend mit ihren Lehrern, 3. Turner, 4. Gesangverein, 5. Träger der deutschen Fahne, 6. Veteranen, 7. die Oberbeamten, 8. Gerichtsbeisitzer, 9. der Pfarrgemeinderat, 10. die bürgerlichen Kollegien, 11. der Schützenverein, 12. Feuerwehr ausschließlich Steiger, 13. Lesegesellschaft, 14. Schillerverein, 15. Landwirte, 16. der Gewerbeverein, 17. sonstige Teilnehmer. In der Kirche hielt Diakon Schmoller eine „ausgezeichnete Predigt". Der Tag endigte mit einem Fackelzug auf den Galgen oder, wie man damals offiziell zu sagen pflegte, auf die „Steinheimer Höhe", wo man von einem Zug Steinheimer, deren Ortsvorsteher und Veteranen an der Spitze, mit Gewehrgeknatter empfangen wurde. Ein Freudenfeuer wurde entfacht. Auf den Höhen im weiten Umkreis konnte man 50 solche zählen.

Als sich die Krise um Schleswig-Holstein erneut zuspitzte, bildete sich in Marbach schon Ende 1863 ein Unterstützungsverein für die Schleswig-Holsteiner, der, als im Februar 1864 der Krieg mit Dänemark ausbrach, sich auf das ganze Oberamt ausdehnte. An seiner Spitze standen in Marbach Stadtschultheiß Sigel, der ehemalige Stadtschultheiß Klein und Färbermeister Glocker. Insgesamt wurden von dem Verein 1000 fl gesammelt, davon in Marbach 254 fl. Besonders eifrig zeigten sich Dekan Merz und einige Geistliche des Bezirks. Im Jahr 1865 lesen wir im „Postillon" eine Reihe von Einsendungen mit höchst unfreundlichen Äußerungen über Preußen und Bismarck, denen keine gegenteilige gegenüberstehen.

Gleichwohl war die Begeisterung offenbar recht gering, als Württemberg anfangs Juni 1866 an der Seite Österreichs in den Krieg gegen Preußen eintrat. Daß jetzt Deutsche gegeneinander kämpften, wurde allgemein bedauert. Am 7. Juni gab Schwaderer, der Abgeordnete des Bezirks, im „Postillon" die Erklärung ab, er stimme gegen die Erhöhung der Militärausgaben, weil er sich im Falle eines Sieges von einer Zertrümmerung Preußens auch nichts Gutes verspreche. Die in Marbach und Erdmannhausen einquartierten Soldaten rückten am 17. Juni in Richtung Frankfurt zum Kriegsschauplatz ab. Der Verlauf des Krieges war nicht dazu angetan, die Stimmung zu heben. Schon am 27. Juni ladet Stadtschultheiß Sigel, der offenbar mit der kleindeutschen Partei sympathisierte, zur Unterzeichnung einer Eingabe von Landtagsabgeordneten an den König ein, welche 3 Tage im Hause des Kaufmanns Richter aufliege. Darin wurde zu Friedensverhandlungen mit den deutschen Brüdern aufgefordert. Die fernere Teilnahme südwestdeutscher Truppen an dem Kampf koste nur unnütze Opfer. Die Aufhebung der Verbindung der südwestdeutschen Staaten mit dem deutschen Norden wäre ein wirtschaftliches und politisches Unglück. Ganz andere Worte hörte man nach Abschluß des Waffenstillstands auf einer Landesversammlung der Volkspartei in Stuttgart. Die Friedensagitation der Kleindeutschen, heißt es da, die in der Angst um gefährdeten Besitz und in konfessioneller Enge ihren Grund habe, steigere nur die Ansprüche Preußens. Eine Verbindung mit Norddeutschland um den Preis einer preußischen Oberherrschaft wird abgelehnt und ein Südbund „auf volkstümlicher Grundlage" propagiert. Das einzige ernsthafte Gefecht, in das die Württemberger 1866 verwickelt wurden, hatte bei Tauberbischofsheim stattgefunden; in ihm wurden auch 3 Marbacher verwundet. Die nördlichen Gebiete Württembergs wurden von preußischen Truppen besetzt. Anscheinend erstaunt berichtet der „Postillon", daß sich diese als kirchlich gesinnte Christenmenschen aufführen würden.

Wenn man jedoch meint, die Niederlage im Krieg von 1866 sei bei uns in der Masse der Bevölkerung der Hinneigung zu Preußen förderlich gewesen, so täuscht man sich sehr. Schon im Februar 1867 luden in Marbach „einige Bürger, die nicht preußisch werden wollen", zu einer Versammlung in der „Sonne" ein, die sich offenbar eines recht guten Besuches erfreute. In ihr erhob Färbermeister Wilhelm Glocker wiederum die alte Forderung der Demokraten: In einem deutschen Reich die Wahl der Volksvertretung nach dem Gesetz vom 1. Juli 1849! Im Oktober 1867 referierte der Landtagsabgeordnete Schwaderer in einer Versammlung in der „Krone" über die Verträge, welche nach dem 66er-Krieg von Württemberg mit Preußen abgeschlossen worden waren, und legte dar, daß diese Abschlüsse notwendig gewesen seien, da sonst Preußen aus dem Zollverein ausgetreten wäre. Einwendungen aus der Versammlung richteten sich besonders gegen die Übernahme des straffen preußischen Militärwesens durch Württemberg und gegen die vorgesehene 3jährige Dienstzeit bei der Infanterie. Als im Frühjahr 1868 das neue Rekrutierungsgesetz angewendet wurde und im Oberamt Marbach von 272 Militärpflichtigen 101 eingezogen wurden, verübte ein Teil der Rekruten in Großbottwar grobe Exzesse, wobei wir freilich nicht erfahren, inwieweit dieselben politische Hintergründe hatten.

Politisch recht bewegt war das Jahr 1868. Im Frühjahr fanden die Wahlen zum Zollparlament

57 Der Obere Torturm.
58 Alte Ruhebank beim Galgen.

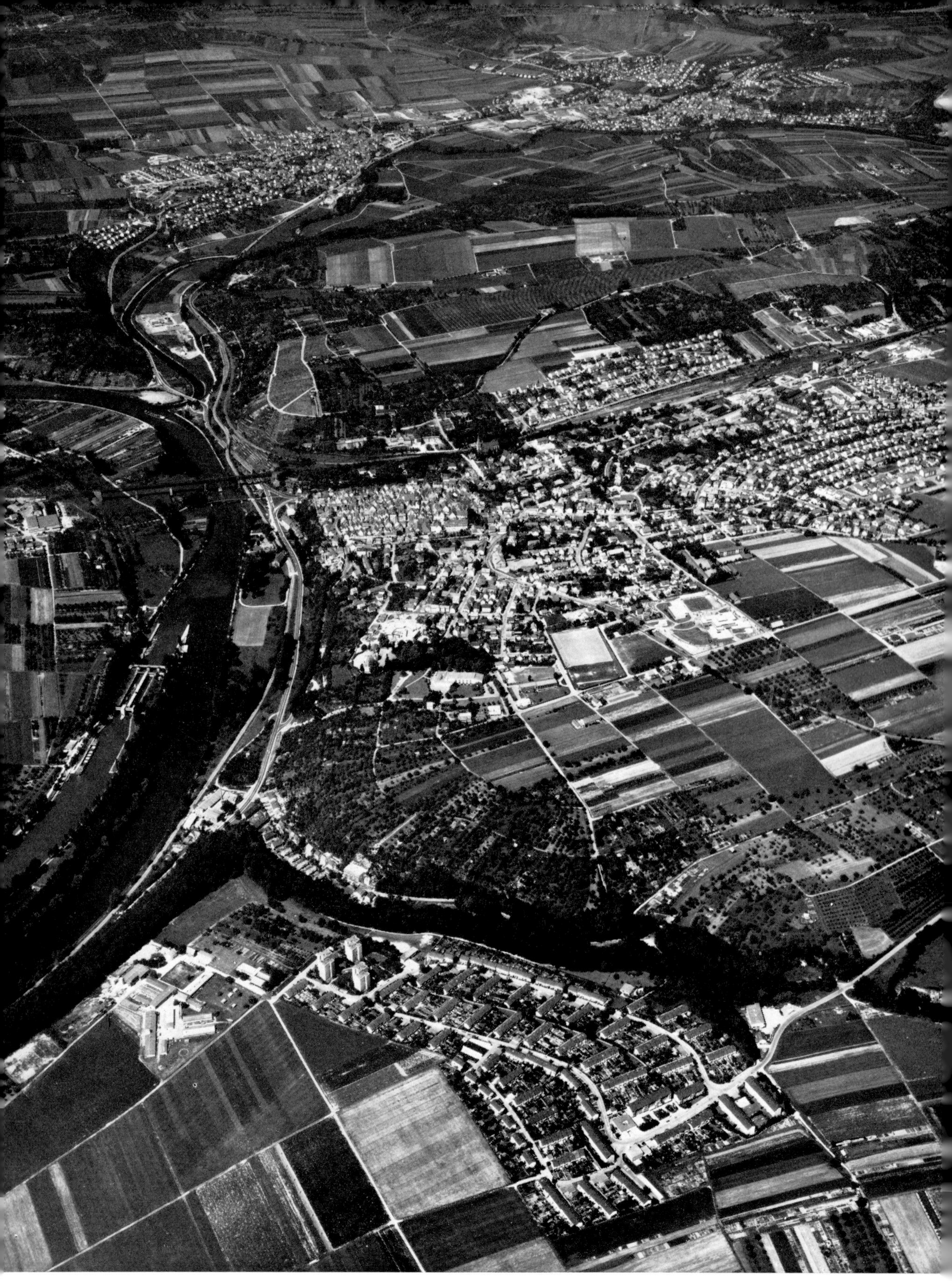

60 Das Schiller-Nationalmuseum.

◀ 59 Luftbild Marbach und Umgebung.

61 Hallenbad.

62 Stadthalle.

63 Friedrich-Schiller-Gymnasium.

statt, das vom Norddeutschen Bund und den süddeutschen Staaten gemeinsam beschickt wurde und über die Zölle und Verbrauchssteuern im ganzen Gebiet zu beschließen hatte. Hier standen sich wieder die großdeutsche und die kleindeutsche Richtung gegenüber, auch in dem Wahlkreis, zu dem Marbach gehörte. Für den großdeutschen Kandidaten erklärten sich in Marbach öffentlich: der frühere Stadtschultheiß Klein, Verwaltungsaktuar Schreiber, Wilhelm Glocker, Hirschwirt Barth und Kaufmann Stängle; für den kleindeutschen traten ein: Stadtschultheiß Sigel, Fabrikant Planck, Apotheker Rieckher und Kaufmann Richter. Die Großdeutschen errangen im ganzen Land einen gewaltigen Wahlsieg.

Nach dem Krieg von 1866 hatten sich die Anhänger der Kleindeutschen in Württemberg zur sog. „Deutschen Partei" formiert. Ihnen warfen die Großdeutschen im „Postillon" vor: Sie nennen sich national und wollen die österreichischen Brüder nicht!" Die deutsche Partei hingegen versuchte die Sympathien der Wähler dadurch für sich zu gewinnen, daß sie den großdeutsch gesinnten Demokraten vorhielten, sie ließen sich von den Ultramontanen den Segen geben.

Im September 1868 fanden Wahlen zu einem neuen Landtag statt, und zwar die ersten seit 1850, bei denen nicht mehr nach dem alten Klassenwahlrecht, sondern nach einem gleichen und direkten Wahlrecht gewählt wurde. Sie spiegeln also die Stimmung der ganzen Bevölkerung getreu wieder. Mit dem bisherigen Landtagsabgeordneten Schwaderer war man nicht mehr so recht zufrieden. Er habe in der Ständeversammlung nie den Mund aufgemacht, hieß es. Zunächst trat ihm der Fabrikant Eugen Müller von Burgstall gegenüber, der für den Anschluß an Preußen plädierte und sich vielen durch seine kirchliche Gesinnung empfahl. Dann aber wurden 2 weitere Kandidaten aufgestellt, welche mit den Großdeutschen sympathisierten: Der Schultheiß Pantle von Oberstenfeld, der zugleich Bauer, Zimmermeister und Rentamtmann der Herren von Gaisberg auf Helfenberg war, und der frühere Schultheiß Weith von Kleinbottwar, der seit einigen Jahren Polizeikommissär der Stadt Eßlingen war, jedoch wegen seiner Agitation für die Murrtalbahn in unserem Oberamt noch in guter Erinnerung stand. Nun gingen die Leidenschaften hoch. Weith war ein entschiedener Demokrat und ein ebenso entschiedener Preußenhasser. Er setzte sich für einen deutschen Südbund, für ein dem Schweizerischen ähnliches Milizsystem und für die Abschaffung der Lebenslänglichkeit der Schultheißen ein. Obwohl in der Presse stark für Müller geworben wurde und obwohl man zur Sprache brachte, daß gegen Weith in Eßlingen ein Strafverfahren wegen Veruntreuung von Amtsgeldern eingeleitet worden sei, lautete das Wahlergebnis wie folgt: Weith 1468 Stimmen, Pantle 764 Stimmen, Müller 752 und Schwaderer 714 Stimmen. Es mußte eine Stichwahl stattfinden. Dabei erhielt Weith 2001 und Pantle 1514 Stimmen. Man war sich nachher darüber einig, daß Weith seinen Wahlsieg vor allem der Tatsache zu verdanken hatte, daß keiner so scharf wie er gegen die Preußen vom Leder gezogen hatte.

Wer hätte damals geahnt, wie schnell ein Stimmungsumschwung erfolgen sollte! Ihn führte der deutsch-französische Krieg 1870/71 herbei.

Quellen: „Der Postillon" (Marbacher Zeitung), Jahrgänge 1850–1870.

9. Marbach in den Jahren 1870/71

Als im Sommer 1870 der Krieg mit Frankreich ausbrach, schlugen auch in unserem Raum die Wogen des Nationalgefühls hoch. Es bestand offenbar die einhellige Meinung, daß man jetzt verpflichtet sei, an Preußens Seite in den Krieg einzutreten. Selbst ein so ausgesprochener Preußenfeind wie der Landtagsabgeordnete Weith erklärte im „Postillon" seinen Wählern: So sehr er den Krieg verabscheue, werde er für die Bewilligung der Kriegskredite stimmen, weil es jetzt gelte, mit voller Kraft gegen die Feinde zu kämpfen. Man muß dabei in Betracht ziehen, daß seit dem 30jährigen Krieg alle feindliche Einfälle, unter denen Württemberg zu leiden gehabt hatte, von Frankreich ausgegangen waren. Die Niederbrennung Marbachs durch die Franzosen im Jahr 1693 war in unserer Stadt noch nicht vergessen. So flammte nun in unserer Heimat eine Kriegsbegeisterung auf, wie man es sicher noch nie zuvor erlebt hatte. Es klingt uns heute beinahe wie eine Blasphemie in den Ohren, wenn wir von diesem Krieg als einem heiligen Krieg lesen.

Jedermann wollte etwas für das Vaterland und die Soldaten tun. Am 23. Juli werden im „Postillon" „alle deutsch und christlich gesinnte Frauen und Jungfrauen der hiesigen Stadt" zu einer Vorbesprechung im Dekanatshaus darüber eingeladen, wie man gemeinsam Verbandszeug und Charpie anfertigen wolle (Charpie wurde durch Zerzupfen von Leinwandstreifen hergestellt und diente damals als Watte). Am 24. Juli fand in Marbach eine Pferdemontierung statt, bei der 400 Pferde zur Ausmusterung vorgeführt wurden; alle Hauptstraßen standen voll von Gefährten. Am 31. Juli wurde in Marbach ein Ortsverein des württembergischen Sanitäts- und Hilfsvereins gegründet, der die private Hilfstätigkeit für die Truppen organisierte. Sein Vorstand war Dekan Härlin, sein Kassier Kaufmann Richter. Im August wurden von ihm Lebensmittel gesammelt, weil sich bei den Truppen ein Mangel an solchen eingestellt habe. Im gleichen Monat wurde in Marbach ein Reserve-Lazarett eingerichtet, wofür die Methodistengemeinde in ihrer 3 Jahre zuvor erbauten Kapelle einen Saal zur Verfügung stellte. Das Lazarett blieb aber zunächst unbelegt.

Am 21. August wurden wegen der Siege bei Metz die öffentlichen Gebäude und einige Privatgebäude beflaggt. Am 3. September, vormittags 10 Uhr, ging die telegraphische Nachricht von der Schlacht bei Sedan und von der Gefangennahme des Kaisers Napoleon ein. Sie wurde in den Straßen angeschlagen und durch berittene Boten in den Amtsorten, die noch keine Telegraphenstationen hatten, bekannt gemacht. Sie rief eine Begeisterung ohnegleichen hervor. Alsbald prangte die Stadt in Flaggenschmuck. Mit dem alten Böller der Stadt, „der wohl durch einen besseren ersetzt werden sollte", wurde Viktoria geschossen. Abends 9 Uhr entfachte der Turnverein auf dem Galgen unter Gewehrsalven und patriotischen Gesängen ein Freudenfeuer. Gleichzeitig wurde auf dem Marktplatz ein bengalisches Feuer abgebrannt, während Oberamtmann Klett vom Rathaus aus eine „treffliche" Rede hielt und der Liederkranz die „Wacht am Rhein" und das Lied „Kommt, kommt, den Herrn zu preisen..." sang. Bei Sedan fiel der Marbacher

Bürger Chr. Hn. Haufler, der Sohn eines Webers, das einzige Todesopfer, das Marbach in diesem Krieg zu beklagen hatte.

Am 22. September wurden in Marbach 65 2spännige Fuhrwerke für den Vorspanndienst nach Frankreich gemustert. Die Kapitulation von Straßburg gab am 29. September wiederum Veranlassung, die Stadt zu beflaggen.

Seit 6. November waren in Ludwigsburg 2000 und auf dem Hohenasperg 800 gefangene Franzosen untergebracht. Zahlreiche Marbacher wanderten nach Ludwigsburg, um sie zu besichtigen, wobei vor allem die fremdartigen Gestalten der Turkos und Zuaven, welche Frankreich in Algerien ausgehoben hatte, Verwunderung erregten. In der Nacht zum 2. Januar 1871 entsprang ein an Typhus erkrankter französischer Gefangener im Fieberwahn dem Lazarett in Ludwigsburg und kam barfuß in bitterkalter Nacht bis nach Steinheim, wo er mit erfrorenen Händen und Füßen aufgefunden wurde. Er wurde ins Marbacher Krankenhaus (in der heutigen Wildermuthstraße) verbracht, wo er alsbald verstarb. Am 8. Januar wurde er in einer vom Turnverein veranstalteten Bestattungsfeier, an der zahlreiche Marbacher teilnahmen und bei der Helfer Kern eine zu Herzen gehende Rede hielt, auf dem Marbacher Friedhof zu Grabe getragen. Das „Franzosengrab" stellte dort noch viele Jahre so etwas wie eine Sehenswürdigkeit dar. In Marbach wurden 20 fl für einen Ehrensäbel für General von Werder gesammelt, weil er Süddeutschland vor den Franzosen geschützt habe. Am Sonntag, dem 30. Januar 1871, wurde die Kapitulation von Paris in Marbach mit Beflaggung, 50 Böllerschüssen und Illumination des Schillerhauses gefeiert. Am Mittwoch, dem 22. Februar, wurden endlich 18 Leichtverwundete und Rekonvaleszenten in das längst bereitgestellte Reserve-Lazarett gebracht, wo sie von Mitgliedern des Turnvereins betreut wurden. Am 20. März verließen sie schon wieder Marbach, nachdem ihnen ein Abschiedstrunk gereicht worden war.

Am Sonntag, dem 6. März 1871, wurde in Marbach das Friedensfest und gleichzeitig der Geburtstag des Königs Karl von Württemberg gefeiert. Nach einer Ansprache des Oberamtmanns im Rathaus, die damit abschloß, daß er dem Soldaten Müller von Erbstetten das Eiserne Kreuz an die Brust heftete, bewegte sich ein schön geordneter Zug unter Musik, Gesang, Glockengeläute und Böllersalven zum Gottesdienst in die Stadtkirche, wobei die Feuerwehr Spalier bildete. Um 1 Uhr versammelten sich – wie üblich beim Geburtstag des Königs – die Honoratioren zu einem Bankett im Postsaal. Dabei mangelte es nicht an Toasten, die diesmal nicht nur auf Seine Majestät, den König, sondern auch auf den deutschen Kaiser ausgebracht wurden; Stadtschultheiß Fischer ließ die tapferen Soldaten und Oberamtmann Klett die deutsche Einheit hochleben. Nachmittags 3 Uhr zog die Schuljugend mit dem Turnverein und dem Liederkranz zur Schillerhöhe, wo wiederum gesungen und Reden gehalten wurden. Daran schloß sich ein Tanz auf der Schillerhöhe an, der jedoch wegen eines kurzen, aber starken Regengusses vorzeitig beendigt werden mußte. Nach Einbruch der Dunkelheit erfolgte die Illumination der Stadt, die viele Menschen aus den umliegenden Dörfern anlockte. Freilich erschwerte ein starker Wind die Beleuchtung und ließ sie teilweise gar nicht zur Ausführung kommen. Trotzdem heißt es im Bericht des „Postillon":

„Die Marktstraße glich einem Feenpalast". Am Rathaus und an einigen Privathäusern war ein Bild der Germania, an andern, so z. B. am Gasthaus zum Adler, waren Bilder des Kaisers aufgestellt. Auch „sinnreiche" Transparente in Wort und Bild waren an manchen Häusern angebracht. So konnte man an der Post lesen:

„Seid uns gesegnet Kaiser und Reich
Und machet die Deutschen alle gleich;
Gedenket der Landschaft, auch der Stadt,
Welche den Schiller geboren hat,
Damit man's nicht so leicht vergißt,
Daß da außen im Reich auch Jemand ist."

Auf einem anderen Transparent, das am Hause eines Arztes angebracht war, wurden die geschlagenen Franzosen in nicht gerade geschmackvoller Weise verspottet.

Im Dezember 1870 wurde ein neuer Landtag gewählt. Schon dabei trat klar in Erscheinung, welchen Stimmungsumschwung die Siegesbegeisterung zu Wege gebracht hatte. Der bisherige Landtagsabgeordnete Weith, der Preußengegner, verschwand in der Versenkung. Gewählt wurde der preußenfreundliche Fabrikant Müller von Burgstall. Er erhielt 2296 Stimmen, während sein Gegenkandidat, Schultheiß Gock von Großaspach, es nur auf 421 Stimmen brachte. Bei der ersten Reichstagswahl am 3. März 1871 siegte der von der deutschen Partei aufgestellte Professor Reyscher von Cannstatt in seinem Wahlkreis, der die Oberämter Ludwigsburg, Waiblingen, Cannstatt und Marbach umfaßte, mit 10150 von 10195 abgegebenen Stimmen. In Marbach hat er alle Stimmen auf sich vereinigt mit Ausnahme einer einzigen, die für Bismarck abgegeben wurde.

Im April 1871 machte ein Einsender im „Postillon" den Vorschlag, auf der Steinheimer Höhe eine Friedenslinde zu pflanzen und diese Höhe fortan nicht mehr den Galgen, sondern den Friedensberg zu nennen. Darauf ging man nicht ein. Die Bürgerlichen Kollegien, der Gemeinderat und der Bürgerausschuß faßten aber am 25. Mai den Beschluß, zum Andenken an die Wiederherstellung des Deutschen Kaiserreichs auf der Steinheimer Höhe eine Eiche zu pflanzen und die Höhe in Zukunft „die Höhe bei der Kaisereiche" zu nennen. Die Bevölkerung machte jedoch diese Umbenennungen nicht mit, und so steht denn die Kaisereiche auf dem Galgen und verlor schließlich auch den ihr zugedachten Namen.

„Der Postillon" (Marbacher Zeitung), Jahrgänge 1870 und 1871.

VI. Aus den letzten hundert Jahren (1872–1972)

In diesem Schlußabschnitt unserer Stadtgeschichte kann der große Wandel der Zeit für Marbach innerhalb der letzten hundert Jahre nur in einem kurzen Abriß gebracht werden. Stand die zweite Hälfte des vergangenen Jahrhunderts landauf, landab im Zeichen der zunehmenden Industrialisierung, so hat diese hier erst verhältnismäßig spät und nur zögernd eingesetzt. Man kann den Zeitpunkt genau bezeichnen: im Jahr 1876 wurde in der Lederfabrik Ernst u. Meißner die erste Dampfmaschine aufgestellt. Damit begann für Marbach der Übergang vom Bauern- und Handwerkerstädtchen zur kleinen Industriestadt, in der besonders die Leder- und Möbelindustrie, aber auch die Metallindustrie vertreten sind. Seit etwa einem Jahrzehnt gibt es im Osten der Stadt ein Industriegebiet.

Mit dem der Stadt Stuttgart gehörenden Elektrizitätswerk wurde im Jahr 1900 für die damalige Zeit eine der großartigsten Wasserkraftanlagen des ganzen Landes in Betrieb genommen. Im Jahr 1939 wurden, als der Bau des Neckarkanals in Marbach begann, die drei Wehre gesprengt und das alte Werk außer Betrieb gesetzt. Ein neues Wasserkraftwerk wurde im Jahr 1941 am Stauwehr fertiggestellt. Nach über zwölfjähriger Bauzeit wurde 1951 das Dampfkraftwerk der Energieversorgung Schwaben vollendet, und im März 1971 konnte das Gasturbinenkraftwerk II, das größte dieser Art in ganz Europa in Betrieb genommen werden.

Die Industrialisierung brachte bis zum Zweiten Weltkrieg ein langsames, danach ein rasches Anwachsen der Einwohnerzahl. Nach dem Krieg haben 1850 Heimatvertriebene in der Stadt eine neue Heimat gefunden. Im Jahr 1958 konnten die ersten Familien in dem völlig neuen Stadtteil Hörnle einziehen. Im Herbst 1970 wurde mit der Wohnsiedlung „Erdmannhäuserweg" begonnen. Das Bauvorhaben umfaßt 375 Wohneinheiten. Marbach wird immer mehr zu einer Wohngemeinde.

Deutlich kommt der in den letzten Jahrzehnten eingetretene Wandel in der Zahl und Art der Beschäftigten zum Ausdruck. Vor dem ersten Weltkrieg war der größte Teil der Einwohner in der Landwirtschaft und im Handwerk beschäftigt. Mit der Industrialisierung stieg die Zahl der in unselbständiger Arbeit Stehenden von Jahr zu Jahr. Der größte Teil von ihnen sind Pendler in das Stuttgarter Ballungsgebiet.

Durch den Bau der Bahnlinie Bietigheim–Backnang im Jahr 1879 bekam Marbach Anschluß an die wichtigen Verkehrslinien Stuttgart–Heilbronn und Stuttgart–Ulm. Im Jahr 1894 wurde die Bottwartalbahn bis Beilstein eingeweiht. Die ungünstige Verkehrslage der Stadt konnte durch neue Straßen- und Brückenbauten behoben werden. Mit der Einrichtung von Omnibuslinien wurde Marbach noch mehr zum Verkehrsmittelpunkt des unteren Murr- und Bottwartals vor den Toren Ludwigsburgs und vor Stuttgart.

Immer neue Aufgaben kamen auf die aufstrebende Stadt zu. Seit 1887 ließ sie 5 Schulgebäude errichten. Der Bau des Schillergymnasiums behob die dauernde Schulraumnot. Die Verwirklichung eines Marbacher Bildungszentrums stellt die Stadt vor weitere, schwere Aufgaben. Die Erbauung der Stadthalle (1957), des Hallenbads (1964), die Schaffung von Anlagen und Parkplätzen zeigen, daß Marbach für eine moderne Entwicklung aufgeschlossen ist.

Die Schillergedenkstätten geben dem Geburtsort des Dichters ein besonderes Gepräge. Das vergangene Jahrhundert hat gezeigt, daß Marbach sich dieser Verpflichtungen bewußt ist und ihnen mit der Stiftung des Marbacher Schillerpreises würdig und mit Stolz nachkommt. Im Landesentwicklungsplan ist Marbach als Unterzentrum eingestuft. Mit einer wirtschaftlichen und kulturellen Bedeutung, wie es ein Mittelzentrum erfordert, kann die Stadt das zweite Jahrtausend seiner Geschichte beginnen.

VII. Die Markung der Stadt

Am 31. Dezember 1965 betrug die Gesamtmarkungsfläche 1266,35 ha (mit Feld, Wiesen, Wald, Gewässer, Straßen, Wegen, Wohn- und Hausplätzen). Sie bildet keine geschlossene Fläche, sondern umfaßt drei abgegrenzte Teile: Die Stadtmarkung mit 894,51 ha, den Stadtteil Siegelhausen mit 176,64 ha und den Anteil am Hartwald mit 195,20 ha. Auf den Quadratmeter 4 Personen gestellt, könnten fast alle Bewohner der Bundesrepublik einen Stehplatz bekommen. Die Länge der Markungsgrenze beträgt über 30 Kilometer; und es wird wenige Gemeinden geben, die an so viele Nachbargemeinden grenzen.

1. Der Markungsriß vom Jahr 1796

Gezeichnet wurde die Karte von H. Haug. Er war Offizier auf dem Asperg und wohnte in Marbach. Aufgabe der Abteilung, zu der Haug gehörte, war, sorgfältige Kartenaufnahmen des Landes zu machen. Vermutlich hat er dann für Marbach eine zweite angefertigt. Da es die älteste vorhandene Gesamtdarstellung der Stadtmarkung ist, hat sie für Marbach eine besondere Bedeutung. Die vielen Namen in Verbindung mit bildlichen Darstellungen machen die Karte zu einer anschaulichen Quelle für die heimatlichen, wirtschaftlichen und kulturellen Verhältnisse in Marbach vor 200 Jahren.

Noch ist die Altstadt nicht über den Mauerring hinausgewachsen. Die mit Sorgfalt in Reihen gezeichneten Obstbäume zeigen, daß die Stadt auf drei Seiten mit Gärten umgeben war (Bangert-Banngarten, Schafgärten, obere, äußere, mittlere, nähere und hintere Gärten). In ihnen wurden namentlich solche Früchte angebaut, von denen der Kleine Zehnte gegeben werden mußte. (Hülsenfrüchte, Grundbirnen, Zwiebeln, Hanf und Flachs). Die Hausgärten hießen damals Wurzgärtlein. Vom Ackerfeld waren die Gärten durch den Etterzaun getrennt. Durchlässe in demselben konnten durch Schranken, Werren genannt, gesperrt werden. Die am öftersten genannte Werre war am Anfang des Reutpfädleins.

Das Ackerfeld war in 3 Teile eingeteilt: Zelg Steinheim, Zelg Eck und Zelg Aich. Diese Dreiteilung ging auf frühmittelalterliche Zeit zurück und war durch die bis gegen Ende des vorigen Jahrhunderts streng eingehaltene Dreifelderwirtschaft bedingt. Sommer-, Winter- und Brachfeld wechselten in festgelegter Reihenfolge. Dieser Flurzwang verbot dem einzelnen Bauern jedes Abweichen. Auch die Zehnt-, Weid- und Überfahrtsrechte – es gab noch keine Feldwege – standen einer Lockerung des Flurzwangs entgegen. Ertragsreichere Sorten, andere Feldfrüchte, bessere Bodenbearbeitung, Ablösung der Grundrechte drängten zu einer freieren und zu einer Abkehr von dieser tausendjährigen Bewirtschaftung. Die Felderbereinigung beseitigte dann die letzten Reste des Flurzwangs.

Auffallend ist, wie ausgedehnt vor 200 Jahren der Weinbau in Marbach war. Wo heute meistens Obstgärten sind, waren vor 200 Jahren Weingärten. Nur der Kirchenweingart ist mit diesem Namen eingezeichnet.

Das damalige Wegnetz kannte nur Fußwege und Fahrwege. Es verlief anders wie das heutige Straßennetz, das erst im vorigen Jahrhundert ausgebaut wurde.

2. Die tausendjährige Geschichte der Markung

Wenn man die Besiedlungsgeschichte des Marbacher Raums überdenkt, darf angenommen werden, daß in der Zeit vor 500 n. Chr., Benningen, Murr, Steinheim, vielleicht auch Erdmannhausen als kleine Dörfer bestanden haben. Fest steht, daß es um diese Zeit Marbach als Siedlung noch nicht gab. Wo sich die Markungen dieser alten Orte in unserer Gegend berührten, wo die Grenzen, wenn es solche gab, verliefen, kann nicht mehr festgestellt werden.

Der Bezeichnung „Curtis" in der Wolwald'schen Urkunde kann entnommen werden, daß aus politischen Gründen auf Anordnung des fränkischen Königs und des Gaugrafen im 7. Jahrhundert auf der rechten Talseite des Strenzelbaches, und wo alte Verkehrswege vorbeigingen, ein Königshof, auch Herren- und Fronhof genannt, als eine Art befestigte königliche Domäne angelegt wurde. Zu einem solchen Herren- und Fronhof gehörte das Herrenhaus des vom Gaugrafen bestimmten Hofherren, sowie verschiedene Wohnbehausungen und Wirtschaftsgebäude. Angesiedelte freie und namentlich hörige, unfreie Bauern bewirtschafteten das zugeteilte Acker-, Wiesen-, Wald- und Weideland. Es wird im großen Ganzen den Zuflußbereich des Strenzelbaches, der zu jener Zeit Marbach genannt wurde, umfaßt haben und darf als Kern und Ursprung der Marbacher Markung angesehen werden. Vielleicht dürften die Flurnamen „Alter Markt" (alte Mark) und „Luchelstein" (Grenzzeichen), heute Leiselstein, als älteste Markungsgrenzzeichen angenommen werden.

Daß diese erste Markung, als in der Zeit von 700 bis 1300 aus dem Fronhof ein Dorf, Marktort, eine Stadt geworden war, vergrößert werden konnte, entsprach der wachsenden Bedeutung, die Marbach erlangt hatte. Urkunden, die auf diese Vorgänge hinweisen, gibt es nicht.

Es gibt jedoch alte Flurnamen, die verraten, daß sich in dieser Zeitspanne auf den Markungen der Nachbarorte kleine (Tochter)siedlungen mit eigener Markung gebildet hatten. (Hegnach, Weikershausen, Tiefental, Rottwil, Altheim). Seuchen, Pest, Raubzüge, Kriege im 12. und 13. Jahrhundert hatten zur Folge, daß diese kleinen Orte und Weiler verlassen wurden, ganze Familien unter Beibehaltung ihres Besitzes in die Nachbarorte und nach Marbach zogen. Ihre Markungen wurden aufgeteilt und der benachbarten Markung zugeteilt. Über Jahrhunderte zogen sich dann zwischen den Orten und mit Marbach Streitigkeiten wegen Weid-, Besteuerungs- und Nutzungsrechten hin. Andere Flurnamen lassen sich nur erklären, wenn man annimmt, daß Teile von benachbarten Markungen an Marbach gekommen sind (Zelg Steinheim, Marbacher Weg, zur Zelg Aich gehörig, Weiler Feld). Vielleicht ist dieser Zuwachs auf Zuzug zurückzuführen, oder Bewohner, die leibeigen waren, mußten auf Druck des Landesherren ihr Heimwesen in die Stadt verlegen. Einträge in den Lagerbüchern ergeben, daß um 1580 die Marbacher Markungsgrenze so verlaufen ist, wie sie auf der Karte vom Jahr 1796 eingezeichnet ist.

Das 19. Jahrhundert brachte verschiedene Änderungen. Im Jahr 1828 kam die Markung des Weilers Siegelhausen mit rund 176,64 Hektar zur Stadtmarkung, und im Jahr 1840/41 bekam die Stadt bei der Teilung des Hartwaldes einen Anteil von 195,20 Hektar.

Eine größere Änderung brachte der Markungsausgleich mit Poppenweiler im Jahre 1837. Die Markungsgrenze wurde als Steuer- und Weidgrenze bestimmt; 51 Morgen mußten an Poppenweiler abgetreten werden.

Die letzten Änderungen wurden durch den Bau des Neckarkanals und des Dampfkraftwerkes verursacht. Zwischen Marbach und Benningen wurde der Neckar die Markungsgrenze. Eine Ausgleichsverfügung des Landratsamtes Ludwigsburg vom 28. Oktober 1950 beendete das jahrelange Ringen zwischen Marbach und Neckarweihingen. Das Hörnle (Wald) und der Makenhof kamen wieder zu Neckarweihingen.

Daß bei den verschiedenen Markungsänderungen die freund-nachbarlichen Beziehungen leiden mußten, ist immer wieder zwischen den Zeilen zu lesen. So wirft Poppenweiler der Stadt M. vor, daß sie nicht diejenigen seien, welche die Stadt in ihrem Weidgang stören wollten, sondern Marbach habe schon 1550 das Recht strittig zu machen versucht. Erdmannhausen führte im Weidvertrag vom Jahr 1609 an, daß sich Irrungen und Späne (Meinungsverschiedenheiten) zugetragen haben, die zu großer Weitläufigkeit und Verbitterung führten. Benningen stellt in einem Gesuch (1754) allgemein fest, „daß die Stadt mit seinem nachbarlichen Amtsflecken gern strittig ist".

Auf eine einfachere Art und Weise wurden im frühen Mittelalter solche Grenzfälle erledigt. Der Flurname „Mautenhämmerle" beim Viehweg auf Erdmannhäuser Markung erinnert an die Zeit, als man durch Werfen eines Holzhammers die Markungsgrenze auf sportlich-demokratische Art festlegte.

3. Von der Markungsgrenze und von Markungssteinen

Den Verlauf der Markungsgrenze zeigten seit ältesten Zeiten die Markungssteine. In einem Steinbuch vom Jahr 1583 werden 63 Hauptsteine genannt; die gleiche Anzahl ist auf dem Markungsriß vom Jahr 1796 eingezeichnet. Demnach sind Grenzänderungen in der Zeit von 1583 bis 1796 nicht vorgenommen worden.

Jeder Hauptstein hatte außer der Nummer als Kennzeichen auf der Marbacher Seite eine aufrecht stehende oder drei liegende Geweihstangen und ein in den Stein gehauenes „M". An der Außenseite war der Anfangsbuchstabe des benachbarten Ortes und das Ortszeichen eingehauen. Wichtiges Beweismittel, daß der Stein noch auf seinem alten Platz stand, waren die Zeugensteine. Darunter verstand man einen zerbrochenen Ziegelstein, der so beim Setzen des Markungssteines unter den Stein in den Boden gelegt wurde, daß die Bruchstellen zusammenpaßten. Wenn bei einer Nachprüfung diese Zeugen nicht aufgefunden wurden, wurde der Standort nicht anerkannt. Daß man diesen Zeugnissteinen mehr Beweiskraft als schriftlichen Urkunden gab, zeigt der Verlauf eines Streites, der jahrelang die Gemüter von Benningen und Marbach erhitzte.

Der Streit um den 63. Markungsstein

Auf einer Egarten vorne an der Hörnlesspitze stand der 63. Marbacher Markungsstein. Insofern war es ein besonderer Stein, weil er die Marbacher und die Neckarweihinger Grenze schied und auch für Benningen den Verlauf ihrer Markungsgrenze durch ein eingehauenes Zeichen anzeigte. Nun wurde im Jahr 1754 dieser Stein von Leuten von Benningen, die dort einen Steinbruch hatten, „wider alles Verwarnen, recht boshaft, mutwillig und in höchst strafbarer Weise dergestalt untergraben, daß er umfallen mußte und auch daselbst auf kein festes Terrain mehr konnte gestellt werden".

Benningen verlangte nun, daß bei der Neusetzung seine Untergänge zugezogen werden, weil der Stein mit dem ersten Stein ihrer Markung „korrespondiere". Marbach wehrte sich dagegen, daß Benninger Untergänger zugezogen und daß Benninger Zeugensteine beigelegt werden sollten. Benningen suchte nun in seiner neuen Amtsstadt Ludwigsburg Rechtshilfe. Im Jahre 1757 kam der Bescheid, daß Benningen zur „Verzeugung" zuzulassen sei. Auch Neckarweihingen bringt nun Bedenken vor, weil der Stein wegen Abgrabung nicht mehr in sein altes „logement" gesetzt werden könne. „Wenn es auch im Marbacher Protokoll stehe, können wir es keineswegs zugestehen, weil die Schriften mit der Zeit durch Brand oder anderes Unglück zu Grunde gehen können; die Steine aber bleiben."

Zwischen den 3 Orten entstand ein umfangreicher Papierkrieg. Im Jahr 1758 kam ein herzoglicher Befehl, die Streitsache zu beenden und den Stein zu setzen. Am 17. Februar 1759 begaben sich nun die Vorsteher und die Untergänger von den 3 Orten zum Steinsatz an die Hörnlesspitze. In einem Protokoll wurde der Vorgang festgehalten: Die Marbacher und die Neckarweihinger Zeugschaften blieben, wie solche vorher gelegt waren, unverändert liegen, und die von Benningen legten ihre Zeugschaft in der Art in den Boden, daß sie auf der Seite des Steins gegen den Neckar hinsah.

4. Der Markungsumgang vom Jahr 1825

Im Abstand von einigen Jahren fand früher der Markungsumgang statt. Auf einem solchen wurden alle Markungssteine nach Standort, Aussehen, Abstand vom nächsten geprüft und kleinere Anstände gleich beseitigt. Der letzte Markungsumgang wurde am 10. Mai 1825 durchgeführt. Von der Stadt gingen Einladungsschreiben an die Herren Geistlichen, an die weltlichen Beamten, an alle Lehrer und an die angrenzenden Orte, denen die Zeit und Stelle des Zusammentreffens mitgeteilt wurde.

Von Marbach beteiligten sich: Der Stadtschultheiß, der Stadtschreiber, vom Stadtrat als Untergänger 5 Herren, vom Bürgerausschuß 13 Herren, von den beiden Schulen 5 Lehrer und 36 Knaben, 6 junge Bürger und 11 ledige Burschen, sowie 1 Feldmesser, 1 Stangenschießer, zwei Maurer, zwei Ratsdiener und zwei Feldschützen. Nicht fehlte der Stadtmusikus Mensch und 6 Musiker.

Gegen Mittag marschierte der Zug unter Vorantritt der Musikanten vom Rathaus ab. Nachdem die Teilnehmer durch die Fergen und Fischer mit dem Wagenschiff über den Mühlgraben gebracht waren, begann auf der Bleichinsel der Umgang. Die Schuljugend sang einige Verse und Präzeptor Richter hielt eine Ansprache über den Zweck und die Bedeutung des Umgangs. Am Schluß seiner Rede wandte er sich an die Jugend: „Ihr, die ihr noch in jungen Jahren steht, seid zu der Teilnahme an der heutigen Feierlichkeit besonders deswegen berufen, damit ihr die Grenzen bezeichnet seht. Ein anderer Zweck und Vorteil des Umgangs ist auch der, euch die Marksteine als etwas Unverletzliches, Unantastbares vorzustellen. Es ist euch schon bekannt, welche Greuel es in den Augen Gottes ist, einen Markstein zu verletzen. Aber auch die weltliche Gerechtigkeit straft einen solchen boshaften und mutwilligen Frevler mit unnachsichtlicher Strenge. Eine unauslösliche Beschimpfung und Schmach trifft den, der gewissenlos wäre, seine Nebenmenschen zu übervorteilen. Ihr werdet dieses jetzt bedenken und nicht nur selbst diese Marksteine als etwas Heiliges ansehen, sondern auch, wenn ihr von anderen eine solche Ruchlosigkeit höret, dieselbe soviel als möglich zu verhindern suchen."

Nach der Ansprache ging der ganze Zug entlang der Markungsgrenze. Im Beisein von Untergängern der benachbarten Gemeinden wurde jeder Stein nach den eingehauenen Zeichen und nach der früheren Beschreibung genau geprüft. Der Markungsstein Nr. 1 konnte meistens nicht gesehen werden, weil an der Stelle, wo er sein sollte, große Kiesbänke waren. Man hatte deshalb an dieser Stelle einen hohen eichenen Pfahl mit einer auf dem Kopf befindlichen Kappe gesetzt.

Einige Untergänger gingen mit den Feldschützen voraus und machten die Markungssteine von der sie umgebenden Erde, vom Moos und von den Flechten frei, damit die eingehauenen Zeichen gut zu sehen waren. Der Feldmesser und der Stangenschießer prüften die Entfernungen zum vorhergehenden Stein. Am ersten Tag erreichte man die Erdmannhäuser Straße. Abends 8 Uhr zog man in geordnetem Zug mit klingendem Spiel vors Rathaus. Dort wurden die Teilnehmer nach einem Gesang entlassen.

Am folgenden Tag begann man schon um 7 Uhr. Gegen Mittag kam der Zug an das Stadtwäldlein Löherle, und man ließ sich zur Einnahme eines kleinen Mahles um so lieber von ihm aufnehmen, weil die Hitze drückend und lechzend war.

Die südwestliche Spitze des Wäldchens war zum Versammlungsort bestimmt. Nach kurzer Zeit glich der Platz einem Lager. Für die Familien standen Tische parat. Der Marketenderwagen spendete Labung, Wirte aus der Stadt reichten Erfrischungen. Musik und Tanz stimmte alles zur Fröhlichkeit, welche noch durch die Teilnahme der hiesigen Herren Oberbeamten und anderer Herren erhöht wurde.

Die Schuljugend belustigte sich unter Leitung ihrer Herren Lehrer durch Springen nach kleinen Preisen, welche für sie in Papier und Kielen (Federkiele) ausgesetzt waren. Um 3 Uhr nachmittags machte sich der funktionierende Teil der Gesellschaft auf, um die Grenzen der Orte Poppenweiler und Neckarweihingen zu untersuchen. Abends um halb 8 Uhr gelangte man an der Straße am Hörnlesrain an, wo sich alles wieder vereinigte, um dann in geordnetem Zug nach Absingen einiger Liederverse vor dem Rathaus auf den Schafwasen vor dem Oberen Tor zu gehen, wo dann der Abend vollends unter Fröhlichkeit durch Tanz, Gesang und Huldigung an Gott Bacchus endete.

5. Von den Fluren und den dazugehörenden Namen

Ein Verzeichnis derselben im Bereich der Stadtmarkung und der Stadt umfaßt über 350 Namen, und wenn man noch die Zusammensetzungen, Änderungen und alten Formen dazu nimmt, sind es nocheinmal so viele. Viele davon sind abgegangen, viele leben nur noch in der Umgangssprache. Wenige sind in der Neuzeit entstanden. Sie alle in alphabetischer Reihenfolge aufzuzählen, zeigt nicht, welche Bedeutung sie für die Heimatgeschichte haben. Man würde ihnen das nehmen, was sie vom Leben und Denken der Vorfahren erzählen.

Der älteste urkundlich genannte Name ist Marcbach (972). Auffallend ist doch, daß diese junge Siedlung den Namen von einem Bächlein angenommen hat, das wahrscheinlich nur in der Frankenzeit so genannt wurde. Der ursprüngliche Name ist bestimmt Strenzelbach (strinzeln = sprenzen). Vor 1000 Jahren muß er demnach lebhafter geflossen sein. Von jeher wird Marbach mit Grenzbach erklärt, obwohl eine Grenze nicht nachgewiesen werden kann, und die alamannisch-fränkische Grenze einige Kilometer weiter südlich verlief. Das unbedeutende Rinnsal kann aber auch der Bach in der Mark gewesen sein, und Mark bedeutete zur Zeit Karls des Großen Grenzland = Grenzgebiet. Das Wort hat in jener Zeit einen Bedeutungswandel durchgemacht. Als die Wolwald'sche Urkunde geschrieben wurde, bedeutete „marc (a)" mehr Markung, und noch im Jahr 1551 wird statt Markung oft Mark geschrieben.

Aus Mark wurde mehrfach in der Umgangssprache Markt. (In Neckarweihingen wird ein Flurname Markweg auch Marktweg geschrieben.) Der Flurnamen Alter Markt in Marbach ist daher mit „alte Mark" zu erklären. Vermutlich wurde die Marbacher Urmarkung von der Murrer Markung abgetrennt.

Daß sich dagegen die Bezeichnung „Am Alten Markt" auf den ersten Marktplatz des Dorfes bezieht, darf als sicher angenommen werden. Unklar bleibt, was mit dem „Am" gemeint ist. Daß ein Lageverhältnis zu dem 350 Meter weiter oben liegenden „Alter Markt" ausgedrückt werden soll, ist unwahrscheinlich. Klar ist das „am" in der Bezeichnung „Küchengärtlein am alten Markt". Doch diese Form des Namens taucht erst um 1700 auf. Vermutlich ist dann die ursprüngliche Bedeutung, daß der Weg am alten Markt(platz) vorbei führt. Sicher fand das erste Marktgeschehen außerhalb des Dorfes statt; wurden doch die ersten Märkte auf einem eingefriedigten Platz abgehalten.

Ganz vergessen ist der Markt, ein freier Platz beim Rathaus. Die Marktstraße, früher Marktgasse, sowie die Marktgäßchen (Sonnen- und Bärengasse) wurden so genannt, weil sie zum Markt(platz), dem wichtigsten Platz der Stadt führten. Im Mittelalter war es noch kein Straßenmarkt wie heute.

Auf früheste Zeiten ist der Name Aich zurückzuführen, der in Verbindung mit Zelg Aich, Aichweg, Aichgraben, heute Eichgraben, genannt wird. Zunächst denkt man an den Waldbaum Eiche, früher auch Aiche geschrieben. Der Flurname Aich stammt wie der Name Neckar, Murr aus vorgermanischer, keltischer Zeit. Die Wurzel des Worts hängt mit Ach, Aach, lateinisch aqua, zusammen und bedeutet Wasser.

Ehe der Cottaplatz angelegt wurde (1889), stand dort der Eichbrunnen. Die Küfer „eichten" da den Inhalt der neuen Fässer. Mitten im alten Neckarbett, zwischen dem Fischer- und dem Bleichwert (Insel) stand ein Eichpfahl. Auf das eingeschlagene Zeichen an dem Pfahl achtete besonders der Stadtfischer, daß die Müller auch genügend Wasser über die Wehre ablaufen ließen.

Mit dem Marcbach sind noch nicht alle Bachnamen auf der Markung genannt. Da gab es noch den Ramsbach in der Ramshälden (Rams = Rabe); der Bach ist noch in dem Markungsriß vom Jahr 1796 eingezeichnet. Abgegangen sind die Namen Kobelbach und Grönbach.

Recht zahlreich waren in der Markung die Brunnen. In den alten Zeiten bedeutete Brunnen (Bronnen) soviel wie Quelle und Quellbach. Genannt wird der Milzenbrunn (mulzig = sumpfiger Boden), das Niedere Brönnele, der Junge Brunn, Dreibronnen. Er hatte drei Quellbäche; aber in den Neunbronnenwiesen steckt das alte „niuwe Brunnen", was neuer Brunnen bedeutet. Es ist anzunehmen, daß das ganze Gelände dort einst zum Lembergwald gehörte. Um Wiesen zu gewinnen, wurde das Gelände entwässert. Aus der Form „niuwe" kann geschlossen werden, daß die Entwässerung vor 1500 durchgeführt wurde. Auch der neue Weg oberhalb des Krankenhauses ist ein alter Weg; denn die älteste Form heißt „Wingart am niuwen weg". Vielleicht wurde der Weg gebaut, als man mit den Weingärten mehr in die steilen Abhänge ging. Diese Neuanlagen wurden dann Weinberge genannt.

Ganz verschwunden sind die Seen. Früher gab es einen Stadtsee, und die Äcker dort hießen Seeäcker, auf alt-marbachisch: Saiäcker. Gespeist wurde der See von den Dreibronnen. Wo der Postweg in die Schillerstraße einmündet, war der Teuchelsee. In ihm wurden die Teuchel, durchbohrte Forchenstämme, gewässert, ehe sie bei Brunnenleitungen verwendet wurden. Wo die drei

Reutseele waren, die durch Erdaushub für die Reutwengert entstanden waren, ist nur noch etwas Buschwerk und Gerümpel zu sehen.

Innerhalb der Stadttore waren kleine Teiche, Wetten genannt. Sie dienten als Feuerlöschteiche, auch zum Tränken des Viehs.

Häufig waren die Flurnamen in Verbindung mit Tiernamen. Da gab es den Eselsrain am Mühlweg. Vielleicht wurde auch das Neckartor bei den Leuten Eselstor genannt. In der Nähe stand das Eselshäusle für die Mühlesel. Die kürzeste Verbindung zwischen Erdmannhausen und Murr bildete das Eselspfädle; heute heißen die Äcker am Galgen noch „am Pfädle". Hirschplan und Hasensprung sind mit früherer Jagdausübung in Verbindung zu bringen. Nicht zu klären ist, ob der Vogelgraben mit einem Personennamen oder mit dem Fang von Vögeln zusammenhängt. Katzenbusch, Katzental, Katzentäle und Katzenloch könnten auf den Namen eines Besitzers oder als Bezeichnung für schlechten Boden (für die Katz) erklärt werden. Auf dem Viehweg wurde das Weidevieh ins Hegnach getrieben, als die Spitaläcker (Hospitaläcker) als Viehtrieb (Viehweide) dienten, und das Gelände von einem Hag (Hecke) gegen das Ausbrechen des Weideviehs umgeben war (umhegt war). Von der Hummelswiese und vom Eberacker hatte der Bauer die Nutzung, der das Faselvieh (Zuchttiere) der Gemeinde hielt. Der Wurmberg bekam diesen Namen, weil sich dort viele Würmer aufgehalten haben; doch früher wurden mit Wurm die Ottern, Schlangen und dergleichen Tiere bezeichnet.

Flurnamen, die sich auf die Geländeform beziehen, gehören zu den ältesten. Die Eck leitet ihren Namen nicht von den zwei Ecken (Winkeln) her, welche dort von der Markungsgrenze gebildet werden. Der Name bedeutet langgestreckter Höhenzug, der auch auf Erdmannhäuser Markung so heißt. Auf eine Steigung, erhöhte Lage und nicht auf einen eigentlichen Berg weisen die verschiedenen Flurnamen in Verbindung mit Berg hin. Ältestes Weinbaugebiet war bestimmt der Kirchenweinberg, der früher Kirchenweingart hieß, und der Altenberg. Als neue Wengert (= Weingart) angelegt wurden, nannte man sie nur noch – in den Bergen. Der Widerspruch, der in dem Namen Lochweinberge steckt, wird nicht mehr empfunden. Nicht zu erklären sind Scherberg an der Markungsgrenze gegen Steinheim. Der Silberberg hat vielleicht seinen Namen bekommen, um den Gegensatz zu den Goldäckern hervorzuheben. (Silber = anstehender Gipskeuper.) Daß der Linsenberg seinen Namen dem Anbau von Linsen zu verdanken hat, ist anzunehmen; nicht aber daß der Krähberg etwas mit Raben zu tun hat. Die alten Schreibweisen (Kröwenberg, Kreenberg, Krehberg) lassen eine solche Deutung nicht zu. Bei den alten Marbachern gab es überhaupt gar keine Krähen, sondern alles waren „Krappen". Abhänge werden vorwiegend mit Hälde bezeichnet: Murrhälde, Ramshälde. Eine Besonderheit war der Kremper, der Steilabfall hinter der Schillerhöhe. Der Stamm des Wortes ist noch in Hutkrempe erhalten und bedeutet Rand. Hohrain, Hörnlesrain, auf dem der Stadtteil Hörnle gebaut wurde, sind Grundstücke, die einer hochgelegenen Markungsgrenze entlanggehen.

Talnamen sind nur zwei vertreten. Das Tiefental ist aber keines, sondern nur die Flur, die zu dem tiefen Tal (Eichgraben) hinzieht. Die Bezeichnung kommt auch als Ortsname vor; vielleicht steckt, wie bei Hegnachsiedel, Rotwils(loch) eine abgegangene Kleinsiedlung dahinter. Auf Wallfahrer und Wandergesellen ist der abgegangene Name Pilgertal zurückzuführen.

Erde für die Weinberge, Lehm und Steine wurden von jeher viel gebraucht. Solche Stellen wurden mit Gruben bezeichnet. Es gab „zu Rottelsloch die osser steingrubben" (die äußere Steingrube). Früher wurden die Steine nicht gebrochen, sondern auf der Höhe gegraben, wie noch die verlassenen Steinbrüche in der Steingrube zeigen. In den letzten Jahren wurde auch die Lehmgrube an der Affalterbacher Straße überbaut. Ob es noch dieselbe war, die schon 1472 als „laymgrube am ziegelhuser" eingetragen ist, weiß man nicht. Rotmannslöcher, Franzosenloch waren ehemalige Kiesgruben. Der Name Schelmengrube läßt annehmen, daß dort Schelme, Gauner und fahrende Leute lagerten.

In verschiedenen Flurnamen spiegelt sich die Heimatgeschichte wieder. Die Namen Neckar, Murr und Aich stammen aus einer Zeit, als unsere Heimat von den Kelten besiedelt war. (400 v. Chr.–100 n. Chr.) An die Römerzeit (100–260 n. Chr.) erinnern die Namen Badstube, Kalkofen, Bürg (Burgstall) und Holderbüschle. Vielleicht ist das Hexengäßle, heute Postweg, ein ehemaliger römischer Weg, weil am unteren Ausgang römische Schleuderkugeln gefunden wurden.

Wenige Flurnamen deuten auf die Alamannenzeit (260–496 n. Chr.) hin. Lug (lugen = spähen), Strenzelbach, Wasen (Schafwasen, Schinderwasen) sind schwäbische Wörter. Aus der Frankenzeit stammt Marbach (Marcbach). Auf kirchlichen, vorwiegend vorreformatorischen Besitz weisen verschiedene Namen hin: Zehntfrei (befreit von Abgaben an die Kirche), Bildstöckle, Seizenbild, Nonnenbüchle (kleiner Wald, den Nonnen von Steinheim gehörend), Kuttenberg (die Mönche trugen Kutten), Kirchenäcker, Kirchenweinberge, Abtshofwiesen (zum Klosterhof Murrhardt gehörend), Pfarrlehen, Helferwiesen. (Der Helfer war der zweite Geistliche; Helferbergele, am ehemaligen Helferhaus, heute Landespolizei).

Nicht immer gibt die heutige Schreibung eines Flurnamens auch die richtige Deutung. Die Grillenäcker haben nichts mit dem Insekt zu tun, sondern gehörten einmal einem Laux Kröll. Der Leiselstein hat verschiedene Änderungen mitgemacht: Leichselstein, Leuchselstein und Luchelstein und bedeutet Grenzstein. Sollte dort einmal die Urmarkung des Dorfes Marbach aufgehört haben? Das Lei(n)sebäumle und das Lauerbäumle gehen auf die Personennamen Leins und Lauer zurück. Die Ramerschlöcher sind die Rotmannslöcher, ganz früher Rothmarslöcher. Der Flurname Fegenseckel ist nicht obszön. Was man dort bei dem nassen Boden im Riet zusammenfegen kann, geht in ein kleines Säcklein hinein; der Seckler war vor Jahrzehnten ein ehrenwerter Beruf. Ob Starrenwadel, der Name des früheren Mineralbades, nur der Starenschwanz sein soll, ist zu bezweifeln.

Eine ganze Anzahl von Namen und Bezeichnungen wie: Possenhauer, Dockengarten, Hußret, Käßbecher, Mußbühl, Sturn, Ger, Ochsenplatten u. a. können nicht mehr erklärt werden. Sie zeigen, wie die Vorfahren Besonderheiten und kleine Begebenheiten in einem Flurnamen festhalten wollten.

Anmerkungen

Zu II. A. Gründung von Marbach

1 Vgl. vom Verfasser: „Zur frühesten Geschichte des Murrgaus" in „Ludwigsburger Geschichtsblätter" 1967, S. 32 ff. und die dort angegebene Literatur.
2 Anmerkung zu „Wirtembergischen Urkundenbuch" Bd. 1, S. 222.
3 Berichtigung zu vorstehend bezeichneter Anmerkung in „Wirtembergischem Urkundenbuch" Bd. 11, S. 572.
4 Kies: „Zur Geschichte der Hart bei Steinheim an der Murr" in „Ludwigsburger Geschichtsblätter" 1968, S. 112 ff.
5 „Das Königreich Württemberg", 1904, Bd. I, S. 444 und Weller: „Württembergische Kirchengeschichten bis zum Ausgang der Stauferzeit", 1936, S. 194.
6 Munz: „Weidestreit zwischen Marbach und Poppenweiler" in „Marbacher Zeitung" 1953, Nr. 32 vom 7. Februar 1953.

Zu III. C. Die kirchlichen Verhältnisse im Mittelalter

1 Der 1871 in Marbach geborene Prof. Dr. Viktor *Ernst* war bei seinem Tod im Jahr 1933 gerade dabei, eine neue Oberamtsbeschreibung von Marbach zu schreiben. Dazu hatte er bereits eine umfangreiche Materialsammlung vorbereitet, als ihm der Tod die Feder aus der Hand nahm. Seine Witwe hat im Jahr 1936 die von Ernst hinterlassenen Notizen aus Archiven dem Verfasser zur Auswertung überlassen. Der Verfasser hat nach Anfertigung von Auszügen die Manuskripte zurückgegeben. Wo keine anderen Quellen angegeben werden, liegen diese Aufschriebe dem nachfolgenden Kapitel zugrunde.
2 „Die Martinskirche in Siegelhausen" in „Die Heimat" 1933, Nr. 4; Bossert „Die württembergischen Urpfarreien" in „Blätter für württembergische Kirchengeschichte" Bd. 1 (1886), S. 41; Stenzel: „Waiblingen in der deutschen Geschichte" in „Vierteljahrshefte für Landesgeschichte" 1933, S. 170/171.
3 Hess: „St. Martin am Lemberg" in „Hie gut Württemberg" 1952, Nr. 10, S. 64. Stälin: „Wirtembergische Geschichte" Bd. II, S. 376, Fußnote 1; Wirtembergisches Urkundenbuch" Bd. IV, S. 449.
4 Sailer: „Studien zu den Anfängen der Pfarrei- und Landesdekanatsorganisation in den rechtsrheinischen Archidiakonaten des Bistums Speyer", 1959, S. 47 ff. und 52.
5 „Wirtembergisches Urkundenbuch" Bd. 4, S. 82.
6 Dr. Fichter: „Die Alexanderkirche in Marbach".
7 Wie oben Anm. 4, S. 87, 131, 163.
8 Munz: „Das Kirchlein beim Torturm" in „Marbacher Zeitung" 1968, Nr. 39.
9 Dr. Köpf: „Die Alexanderkirche in Marbach a./N.", hrsgeg. von der ev. Kirchengemeinde Marbach. „Die Baukunst der Spätgotik in Schwaben" in Zeitschrift für württ. Landesgeschichte, 1958 I. S. 53 ff.
10 Otto: „Alte Glasmalereien in der Alexanderkirche" in „Hie gut Wirtemberg", 1959, Nr. 3, S. 11.
11 Otto: „Der Kirchenhimmel" in „Hie gut Wirtemberg" 1960, Nr. 6, S. 44.
12 Stolz: „Das große Gelübde des kranken Grafen Ludwig II. von Württemberg" in „Vierteljahreshefte zur Landesgeschichte" 1934, S. 65.
13 Otto: „Wandgemälde in der Alexanderkirche zu Marbach" in „Hie gut Württemberg", 1964, Nr. 1/2, S. 4.
14 Württembergische Geschichtsquellen. Urkundenbuch der Stadt Eßlingen I, S. 231.
15 Wirtembergisches Urkundenbuch, Bd. IV, S. 82.
16 Wirtembergisches Urkundenbuch, Bd. V, S. 152 und 198.
17 Württ. Geschichtsquellen. Urkundenbuch der Stadt Eßlingen, I. S. 90.
18 Blätter für Württ. Kirchengeschichte, 1904, S. 144.
19 Ernst in Vierteljahrshefte für Landesgeschichte, 1933, S. 163.
20 Württ. Geschichtsquellen. Urkundenbuch der Stadt Heilbron, III, S. 552.
21 Neuscheler „Die Klostergrundherrschaft Bebenhausen" in Württ. Jahrbücher 1928.
22 Stein: „Geschichte der Ortschaft Groß- und Kleiningersheim, 1903, S. 45.
23 Württ. Geschichtsquellen, Urkundenbuch der Stadt Eßlingen, Bd. I, S. 89 und S. 231/232.
24 Württ. Geschichtsquellen. Urkundenbuch der Stadt Eßlingen II, S. 82 und 117.

25 Blätter für württ. Kirchengeschichte, Bd. 23, S. 96.
26 Wiedmann: „Fromme und tugendhafte Weibsleut, so die Armen kleiden", in „Hie gut Württemberg" 1959, Nr.11/12, S. 71.
27 Rauscher: „Württembergische Reformationsgeschichte" 1934, S. 59.
28 Rauscher: „Württembergische Reformationsgeschichte", S. 59.
29 Urfehde-Akten und Müller: „Die Wiedertäufer-Bewegung in unserem Kreis" in „Hie gut Württemberg" 1951, Nr. 8, S. 61.
30 Wie Anm. 29, S. 158.
31 Wunder: „Die Leonberger Bevölkerung im späten Mittelalter" in Zeitschrift für württembergische Landesgeschichte, 1967, S. 220.

Zu V. Die Königl. württ. Oberamtsstadt (1800–1872)

Soweit es sich um Vorgänge in der Zeit von 1846–1871 handelt, beruht die Darstellung – wenn nichts anderes angegeben ist –, im wesentlichen auf den Jahrgängen des Postillons 1846–1871.

A. Marbach in der ersten Hälfte des 19. Jahrhunderts

2. Die gesellschaftliche Struktur der Marbacher Bevölkerung und ihre Lebensweise

1 Beschreibung des Oberamts Marbach, 1866, S. 65 und 130.
2 Munz: „Ein Jahrtausend Weinbau in Marbach" in „Marbacher Zeitung" 1963, Nr. 152 ff.
3 Zink: „Der Turmknopf der Alexanderskirche" in „Die Heimat", Beilage zur „Marbacher Zeitung", 1929, Nr. 9.
4 Vgl. oben Anm. 1, S. 72, 129 und 131.
5 „Förderer der Landwirtschaft im Bezirk Marbach" in „Die Heimat" vom 13. September 1929.
6 Vgl. oben Anm. 2.
7 Jubiläumsausgabe des „Postillon", Weihnachten 1920.
8 Vgl. Munz: „Die Ausscheidung des Kirchenvermögens in Marbach" in „Marbacher Zeitung" 1966, Nr. 98.
9 S. oben Anm. 1, S. 52/53.
10 Vgl. Munz: „Handwerk und Zünfte im alten Marbach" in „Marbacher Zeitung" 1960, Nr. 128 ff.
11 Munz: „Aus der Vergangenheit der Marbacher Märkte" in „Marbacher Zeitung" 1963, Nr. 15 ff.

3. Die Marbacher Gaststätten

1 Vgl. oben Kap. 2, Anm. 3.
2 Vgl. Munz: „Von Gassen und Gäßchen, von Plätzen und Winkeln im früheren Marbach" in „Marbacher Zeitung" 1966, Nr. 10 ff.

4. Der Verkehr

1 „Unsere Heimat", Beilage zur „Backnanger Kreiszeitung" 1958, Nr. 2.
2 „Ein Gang durch Marbach vor 110 Jahren" in „Marbacher Zeitung" 1958, Nr. 258 ff.

5. Die Marbacher Presse

1 „Jubiläumsausgabe der „Marbacher Zeitung" vom 10. Oktober 1970.

6. Gemeindepolitik

1 Vgl. Munz: „Die ehemalige Marbacher Stadtschreiberei" in „Marbacher Zeitung" 1967, Nr. 189 ff.
2 Kast: „Beschreibung der Stadt Marbach und ihrer Umgebungen, 1836."
3 S. oben Kap. 2. Anm. 3.
4 Sein neugotischer Grabstein steht noch an der westlichen Friedhofmauer.
5 Württembergische Jahrbücher 1835, S. 240.
6 Württembergische Jahrbücher 1840.

7. Die Marbacher Oberamtmänner

1 Max Miller: „Organisation und Verwaltung von Neuwürttemberg unter Herzog Friedrich" in „Württembergische Vierteljahreshefte für Landesgeschichte" 1931, Nr. 27, S. 283 ff.
2 „Beschreibung der Stadt Marbach und ihrer Umgebungen, 1836."
3 Die Daten aus dem Leben Oberamtmanns Stockmayers und seiner Familie verdankt der Verfasser den freundlichen Mitteilungen von Pfarrer a. D. Walter Hagen in Marbach und von Frau Annemarie Koch in Stuttgart.

8. Das Marbacher Amtsgericht

1 Württembergische Jahrbücher, 1893.
2 „Marbacher Adreßbuch vor 150 Jahren" in „Marbacher Zeitung", Jahrgang 1953.
3 „Stuttgarter Zeitung" 1970, Nr. vom 27. Juni 1970, S. 25.

9. Ottilie Wildermuth

1 Vgl. Ottilie Wildermuths Lebens.
2 „Marbacher Zeitung" 1953, Nr. 130 ff und 1951, Nr. 13 ff.
3 „Ottilie Wildermuth und die Marbacher Kleinkinderschule" in „Marbacher Zeitung" vom 30. Januar 1959.
4 Vgl. Munz „Von Gassen und Gäßchen, von Winkeln und Plätzen im früheren Marbach in „Marbacher Zeitung" 1960, Nr. 10 ff.
5 Wildermuth: „Bilder und Geschichten aus Schwaben", 6. Ausg. Bd. II, S. 65 und Munz: „Das Haus hinter dem Marktbrunnen" in „Marbacher Zeitung" 1969.

10. Die Kirche in Marbach

1 Oberamtsbeschreibung 1866, S. 43/44 und S. 125.
2 Wie oben Kap. 9, Anm. 2.
3 Leube: „Stammbuch der pietistischen Gruppe im Tübinger Stift" in „Blätter für Württembergische Kirchengeschichte" 1949, S. 92 und 164; Schmid: „Aus dem Leben württ. ev. Pfarrer" in „Blätter für Württembergische Kirchengeschichte" 1942, S. 92; Blätter für Württ. Kirchengeschichte Bd. VIII, S. 128.
4 Oben Kap. 7, Anm. 1.
5 Beilage zum Staatsanzeiger für Württemberg, 1932, Nr. 139.
6 „Blätter für Württembergische Kirchengeschichte" Bd. 24, S. 29.
7 „Zeitschrift für Württembergische Landesgeschichte" 1963, Bd. II, S. 290 und „Blätter für Württembergische Kirchengeschichte" 1948, S. 55–71.
8 Wie oben Kap. 7, Anm. 2.
9 Ottilie Wildermuths Leben S. 45.
10 Schmid: „Theodor Eisenlohr (1805–1869)" in „Zeitschrift für württembergische Landesgeschichte" 1941, S. 390 ff.
11 „Ottilie Wildermuths Leben", S. 112 ff. und Schäfer: „Kleine württembergische Kirchengeschichte", S. 140 ff.
12 „Als man in der Stadtkirche eine neue Orgel baute" in „Marbacher Zeitung" 1968, Nr. 158.

11. Das Gesundheitswesen

1 Vgl. oben Kap. 10, Anm. 4.
2 Mitteilungen von Dr. Volkhardt Föhr, Marbach.
3 Dr. Föhr: „Das Marbacher Krankenhaus vor 45 Jahren" – „Postillon" von 1908, Nr. 191.
4 Palm: „Aus der Geschichte der Apotheke" in „Marbacher Zeitung" 1952, Nr. 297.

12. Das Marbacher Musikleben und der Turnverein

1 Festschrift zum 100jährigen Bestehen des Marbacher Liederkranzes, 1932; „125 Jahre Dienst am deutschen Lied" in „Marbacher Zeitung" vom 30. Mai 1958.
2 „Ottilie Wildermuths Leben", S. 109/110.
3 Festschrift „100 Jahre Turnverein Marbach a/N 1861 e.V."

B. Die politischen Verhältnisse bis 1848

1 Bausinger: „Pfarrer Röder 1790–1799" in „Hie gut Württemberg", Beilage zur „Ludwigsburger Kreiszeitung" 1964, Nr. 5/6, S. 17, Nr. 7/8 S. 25 und Nr. 9/10, S. 33.
2 Kast: „Beschreibung der Stadt Marbach und ihrer Umgebungen, 1836."
3 Schmid: „Johann Gottfried Pahl 1786–1839" in „Zeitschrift f. Württ. Landesgeschichte" 1937, S. 189 ff.
4 „Steinheim a. d. Murr", Jubiläums-Festschrift, 1953, S. 118.
5 „Stadtpfleger Andreas Hauser" in „Die Heimat" 1931, Nr. 11.
6 „Ottilie Wildermuths Leben" S. 50–52.
7 Gaese: in „Hie gut Württemberg" 1956, S. 27 und 37, S. 70 und 1957, S. 5 und S. 14.
8 „Ottilie Wildermuths Leben" S. 22–24.

D. Marbach 1848–1871

1. Die Landwirtschaft

1 S. oben Abschnitt A, Kap. 2.
2 Baum: „Christian Friedrich Hermann, Ottmarsheim" in „Die Heimat", Beilage zur „Marbacher Zeitung" 1933, Nr. 1.
3 Vgl. „Beschreibung des Oberamts Marbach, 1866", S. 129–131, 42.

2. Gewerbe und Handwerk

1 Festschrift: „Sparkasse Marbach am Neckar 1854, 1898, 1951".
2 Nr. Remppis: „Der Bezirksgewerbeverein Marbach" in „Marbacher Zeitung" vom 29. November 1963.
3 „100 Jahre Volksbank Marbach" in „Marbacher Zeitung" vom 3. Dezember 1966.
4 Jubiläumsschrift „1854–1954, 100 Jahre Carl Richter, Marbach a/N".
5 „Beschreibung des Oberamts Marbach, 1866" S. 132.
6 „Württembergische Vierteljahrshefte für Landesgeschichte" 1933, S. 358 ff.

5. Vereine, Geselligkeit und Unterhaltung

1 S. oben Abschnitt A, Kap. 12, Anm. 3.
2 „100 Jahre Freiwillige Feuerwehr Marbach a/N" in „Marbacher Zeitung" vom 28. September 1962.

7. Die Kirche und das religiöse Leben

1 Kling muß ein gelehrter Mann gewesen sein, denn er war vorher Professor in Göttingen und Bonn (vgl. Leube: Stammbuch der pietistischen Gruppe im Tübinger Stift" in Blätter für württembergische Kirchengeschichte 1949 S. 164 ff.). Wie er von der akademischen Laufbahn abgekommen ist, konnte vom Verfasser nicht festgestellt werden.
2 Hesselmeyer in der literarischen Beilage zum Staatsanzeiger für Württemberg 1932, S. 139.
3 Württembergische Jahrbücher 1829, S. 359.
4 Otto: „Die Benninger Emporebrüstungsbilder" in „Hie gut Württemberg" 1971, Nr. 1, S. 4.
5 Festnummer der „Marbacher Zeitung" vom 7. November 1959.
6 Streng in „Hie gut Württemberg", 4. Jahrgang, Nr. 12, und Hoffmann „Vor 100 Jahren entstand die Tempelgesellschaft" in „Marbacher Zeitung" vom 10. Juni 1961.
7 Fritz: „Das Eindringen des Methodismus in Württemberg" in „Blätter für württembergische Kirchengeschichte", Sonderheft 2, 1927, S. 47.
8 Notabilienbuch für die deutsche Schule in Marbach.
9 Bausinger in „Hie gut Württemberg" 1959, Nr. 11/12, S. 65 und „Weihnachts- und Neujahrsbräuche im Kreis Ludwigsburg" in „Hie gut Württemberg" 1962, Nr. 10, S. 57.
10 Wildermuth: „Genrebilder aus einer kleinen Stadt" in „Bilder und Geschichten aus Schwaben", 1857, Bd. I, Kap. IV, S. 33 ff.

Zeittafel

Um das Jahr 85	Die Römer dringen vom Rhein her gegen den Neckar vor und sichern die neue Reichsgrenze in unserer Gegend durch das Kastell Benningen.
Um das Jahr 150	Die Römer bauen eine Brücke über den Neckar (unterhalb des Stegs) und eine Straße zum Kastell Murrhardt. Unsere Heimat wird römisches Zehntland.
233–260	Die Alamannen überrennen die römischen Grenzbefestigungen und machen unsere Heimat zu germanischem Siedlungsland.
496	Nach der Schlacht bei Zülpich kommt unsere Heimat unter die Herrschaft der Franken und grenzt im Süden an das Land der Alamannen.
972	Der Diakon Woluald trifft die Vereinbarung, daß das Dorf, welches Marcbach genannt wird, und alles, was zu diesem Fronhof gehört, nach seinem Tode an das Bistum Speyer fallen solle. (Marbach zum erstenmal urkundlich genannt).
1009	Kaiser Heinrich II. bestätigt dem Speyrer Bischof das Marktrecht zu Marbach und verleiht das Recht, daselbst Münzen zu schlagen.
1187	Die Herzoge von Teck erben von den Herzogen von Zähringen Teile der Stadt und mehrere Orte der Umgebung.
1282	In einer Urkunde werden „cives (Bürger) de Marbach" genannt. Marbach ist Stadt der Herzoge von Teck geworden.
1295–1302	Gegen Ende des 13. Jahrhunderts gewinnen die Grafen von Württemberg durch Kauf und Heirat von den Herzogen von Teck und von den Markgrafen von Baden Leute, Güter und Zehenten in Marbach.
1301	Noch zeigt das Stadtsiegel mit der Umschrift „S(igillum) IN MARPACH" rechts einen Schild mit den Rauten der Herzoge von Teck, in der Mitte einen runden Turm und links eine Ranke.
1302	Marbach ist eine württembergische Grenzstadt geworden.
1311	Im Reichskrieg wurden Stadt und Schloß durch Conrad von Weinsberg zerstört, weil Graf Eberhard I. von Württemberg gegen den deutschen Kaiser trotzte.
1316	In dem Frieden, den Graf Eberhard I. mit der Stadt Eßlingen schließt, unterzeichnen je zehn Bürger der acht bedeutendsten Städte Württembergs, darunter auch Marbach.
1317	Zu Marbach versprechen Graf Ulrich von Württemberg, Markgraf Rudolf von Baden und Graf Conrad von Vaihingen allen Bürgern und Kaufleuten zu Regensburg, in ihren Gebieten sicheres Geleit zu geben gegen zu entrichtenden Tribut.
1320	Der Rat der Stadt Speyer beurkundet, daß zur Weihe des Domes Bürger aus Ulm, Eßlingen, Stuttgart und auch von Marbach gekommen waren.
1335	Das Siegel zeigt rechts einen Schild mit den württembergischen Geweihstangen, in der Mitte den runden Turm und links eine Ranke.
1346	Kaiser Ludwig der Bayer erließ bei seinem Aufenthalt in Marbach dem Grafen Eberhard dem Greiner und dem Grafen Ulrich IV. alle Schulden, welche ihr Vater in Colmar und Schlettstatt gemacht hatte, und hielt sie so von anderen 18 schwäbischen Territorialherren ab, die sich gegen den Kaiser verschworen hatten.
1405	Graf Eberhard III. von Württemberg, Kurfürst Johann von Mainz, Markgraf Bernhard von Baden, die Stadt Straßburg und 17 schwäbische Städte schließen den Marbacher Bund zu gegenseitigem Schutz und Trutz gegen jeden Gegner, selbst gegen den Kaiser.

1433	In die von neuem erbaute St. Wendelinskapelle vor dem Oberen Tor stiftete Heinz Schmid, genannt der reiche Schmied, und seine Ehefrau Beta eine reiche Pfründe an Frucht und Wein.
1450	Unter Aberlin Joerg wurde der Chor der Alexanderkirche, im Jahre 1463 das Langhaus und 1481 der Turm von Pfälzer Baumeistern gebaut.
1465	Graf Ulrich der Vielgeliebte erlaubte der Bürgerschaft, auf dem Platz seines alten Kornhauses, das er ihnen geschenkt hatte, ein Rathaus zu bauen. Auch überließ er der Stadt seine Marktrechte gegen eine jährliche Bezahlung von 15 Pfund Heller.
1467	Graf Ulrich der Vielgeliebte läßt das Marbacher Schloß herrichten und mit Bildern ausschmücken.
1511	Als das Beilager Herzog Ulrichs mit Sabina von Bayern stattfand, wurden auch zu Marbach unterschiedliche Wettspiele mit Schießen, Rennen, Glückstöpfen gehalten.
1512	Für den Mai schreibt Herzog Ulrich ein Pferdewettrennen mit Preisen bei unserer Stadt Marbach aus. „Wir wollen auch die Mannen und die Weiber um zwei Stück Barchent laufen lassen. Ist unsere freundliche Bitte, unsere Kurzweil und Gesellschaft zu besuchen."
1514	Mannbare Söhne der Stadt Bietigheim, auch von Großbottwar, Kirchberg, kommen im Mai mit Handröhren (Flinten) und langen Spießen in guter Nachbarschaft auf die Marbacher Kirchweih, stießen laute Drohungen gegen die reichen Suppenesser aus und verlangten, daß andere Räte, Amtleute, Schultheißen und Richter werden müssen. (Bauernaufruhr des Armen Konrad.)
1514	Beim Marbacher Städtetag im Juni fassen die Vertreter von zehn württembergischen Städten ihre Beschwerden und politischen Forderungen gegen Herzog Ulrich und seine Regierungsweise in 41 Artikeln zusammen, weil es ihnen „bedunckt, daß nachfolgend artikel unserm gnädigen herrn und gemainer Landschaft (Landtag) erlich (nützlich) sind."
1514	Am 15. Juli versammelten sich Kirchberger, Affalterbacher, Großbottwarer, auch Männer von Poppenweiler, auf dem Wasen vor dem Rennhaus unter Führung von Lux Völter, einem Mann von Poppenweiler auf der Stelzen, und verweigerten die Huldigung auf den Tübinger Vertrag.
1515	Der Marbacher Arzt und Schriftsteller Alexander Seitz setzt sich für die Belange des Volkes ein. Sein Büchlein „ein schöner Tractat von Art und Ursach des Traums" ist die älteste Programmschrift eines schwäbischen Demokraten. Er mußte wegen seiner politischen Tätigkeit in die Schweiz fliehen.
1525	Mitte April kommen in Marbach die Abgeordneten aus sechs Städten des Landes zusammen, um durch Verhandlungen mit den aufständischen Bauern auf dem Wunnenstein die Ausbreitung des Aufruhrs zu verhindern.
1525	Die Stuttgarter Regierung sammelt 1200 Geworbene in Marbach und will die Stadt zu einem Stützpunkt im Bauernkrieg gegen den Wunnensteiner und Weinsberger Bauernhaufen machen.
1525	In der Woche der Marbacher Kirchweih (anfangs Mai) bemächtigt sich eine Rotte von aufrührerischen Bauern der Stadt. Durch kluges Handeln des Obervogtes und mit Hilfe der Bürger werden die betrunkenen Bauern zum Eselstor (Neckartor) hinausgejagt.
1534	Einführung der Reformation.
1547	Am 18./19. Januar übernachtet im Schloß der geplünderten Stadt Kaiser Karl V. nach siegreicher Beendigung des Schmalkaldischen Krieges auf seinem Zug von Heilbronn nach Nördlingen.

1572	Der Präzeptor Simon Studion legt durch seine Ausgrabungen römischer Altertümer in Marbach und Umgebung den Grund zur heutigen staatlichen Altertümersammlung in Stuttgart.
1594	Das Hofkammergericht flieht wegen der Pest aus Tübingen und wird in das Marbacher Schloß gelegt.
1595	Martin Crusius bringt in der Schwäbischen Chronik die Sage vom Wilden Mann, der Mars Bacchus geheißen habe, und von dem die Stadt ihren Namen habe.
1597	Herzog Friedrich I. von Württemberg sucht Heilung im Marbacher Mineralbad, das Starrenwadel hieß.
1618–1648	Dreißigjähriger Krieg.
1642	Mit der Plünderung der Stadt durch ein französisch-weimarisches Heer am 31. Dezember kamen die Schrecken des 30jährigen Krieges auch nach Marbach.
1665	In einer Schrift weist der damalige Badearzt von Wildbad, Dr. Eisenmenger, auf das seit unerdenklichen Jahren zum Baden mit gutem Nutzen gebrauchte Mineralbad in Marbach hin.
1671	Als Sohn eines Schnitt- und Wundarztes wurde Philipp Joseph Jenisch geboren, der später auf Geheiß des Herzogs Eberhard Ludwig den Plan zum Fürstenbau des Ludwigsburger Schlosses entwarf.
1688	Die Stadt pachtet von der Herrschaft das Flößen des Brennholzes auf der Murr und Lauter.
1693	Nach einer Plünderung durch französische Truppen vernichtet eine Feuersbrunst das alte Marbach mit über 400 Gebäuden.
1698–1700	In diesen Jahren werden die wichtigsten öffentlichen Gebäude: Zehentscheune (heute Amtsgericht), Dekanat, Stadtkirche, altes Schulhaus wieder aufgebaut.
1723	In der Torgasse, Haus Nr. 13, wurde Johann Tobias Mayer geboren. Durch Selbststudium wurde er ein ausgezeichneter Mathematiker und einer der tüchtigsten Astronomen des 18. Jahrhunderts.
1732	Im Goldenen Löwen wurde Schillers Mutter Elisabeth Dorothea Kodweiß geboren.
1749	Caspar Schiller, der Vater des Dichters, kehrt im Goldenen Löwen ein und lernt seine spätere Frau kennen.
1753	Caspar Schiller gab sein Chirurgenamt in Marbach auf und nahm wieder Militärdienste.
1759	In dem Hause des Secklers Schöllkopf an der Wette vor dem Wicklinstor wurde am 10. November Friedrich Schiller geboren.
1763	An Stelle des 1693 abgebrannten Rathauses wurde das jetzige erbaut, nachdem Herzog Karl Eugen im Jahre 1759 mit Befremden geäußert hatte, daß „allhiesige Stadt mit keinem eigenen Rathaus versehen ist."
1794	Nach monatelangen Auseinandersetzungen wird die Wette vor dem Geburtshaus Schillers mit den Steinen des baufälligen Niklastorturms zugeschüttet.
1797	Am 24. Dezember wurde im Oberamtsgebäude der berühmte Rechtsgelehrte Karl von Wächter geboren.
1829	In der Stadtgarde erstand wieder die alte Marbacher Schützengesellschaft, deren Schießhaus schon 1519 am Mühlrain stand.
1833	Das letzte Stadttor, das Niklastor, wurde bis auf den noch stehenden Pfeiler abgebrochen (Neckartor 1811/12).
1835	Am „Brandplatz", Strohgasse 14, brannten in der Nacht vom 9./10. August vier Gebäude, drei Scheunen und mehrere Stallungen ab.
1835	Das Schelmengrüble, ein freier Platz über dem Neckartal, wurde auf Anregung von Oberamtsrichter Rooschüz, Vater der Dichterin Ottilie Wildermuth, zur Schillerhöhe umgestaltet.

1842	An die neuerrichtete Postexpedition werden die benachbarten Orte angeschlossen.
1860	Die von Verehrern Schillers in Moskau zum 100jährigen Geburtstag des Dichters gestiftete Glocke „Konkordia" läutete am 11. November erstmals auf dem Turm der Alexanderkirche.
1866	Im Interesse des Gewerbestandes im Bezirk Marbach wurde eine sogenannte Handwerker- oder Ersparnisbank (Gewerbebank) mit dem Hauptsitz in Marbach errichtet.
1870/71	Deutsch/französischer Krieg.
1876	Am 9. Mai wurde das Schillerdenkmal eingeweiht. Marbach wird immer mehr der Mittelpunkt der Schillerverehrung in Süddeutschland.
1879	Der Oberamtsbezirk und die Stadt erhielten in diesem Jahr ihre erste Eisenbahn (Bietigheim-Backnang).
1879	Bei der Einweihung des Gebäudes für die Kinderschule wurde ein Bild der Dichterin Ottilie Wildermuth an einem Ehrenplatz aufgehängt. Sie war die Stifterin der ersten Marbacher Kleinkinderschule.
1887	Eine Brücke über die Murr und die Straße an der Häldenmühle vorbei zur Murrer Höhe werden gebaut.
1892	Drei Inseln und einige Gebäude am Neckar kommen in den Besitz der Stadt Stuttgart.
1894	Die Bottwartalbahn wird bis Beilstein in Betrieb genommen.
1895	Marbach bekommt eine Wasserleitung.
1897	Als erster Teilnehmer wird der Schwäbische Schillerverein an die am 6. März der Öffentlichkeit übergebene Telefonstelle angeschlossen.
1900	Mit dem der Stadt Stuttgart gehörenden Elektrizitätswerk in Marbach wurde damals eine der großartigsten Wasserwerksanlagen des ganzen Landes und ein Meisterwerk der modernen Technik in Betrieb genommen.
1903	An Schillers Geburtstag wurde unter Anwesenheit des Königs und der Königin das Schillermuseum eingeweiht. Es ist die bedeutendste Dichtergedenkstätte in Westdeutschland.
1910	Das Postgebäude in der Güntterstraße wird bezogen.
1911	Das König-Wilhelm-Krankenhaus wird gebaut.
1913	Das Schulgebäude am König-Wilhelm-Platz, in dem seit 1955 das Progymnasium ist, wurde eingeweiht.
1914–1918	Erster Weltkrieg.
1938	Der Oberamtsbezirk Marbach wurde aufgelöst und die Stadt dem Kreis Ludwigsburg zugeteilt.
1939–1945	Zweiter Weltkrieg.
1947	Mit der Errichtung eines Stegs über den Neckar zwischen Marbach und Benningen geht ein langgehegter Wunsch der Bevölkerung in Erfüllung.
1951	Das Dampfkraftwerk Marbach der Energieversorgung Schwaben, ein Musterwerk auch unter der heutigen modernen Schau und repräsentativen Technik, wurde vollendet.
1952	Durch Errichtung einer Kläranlage trägt Marbach als eine der ersten Gemeinden des Kreises bei, daß der Neckar nicht ganz verliert, was Sänger und Dichter an ihm preisen.
1952	In dem neuen Teil des erweiterten Friedhofes wurde eine Leichenhalle erstellt.
1953	Am 22. November fand die Weihe der katholischen Kirche zur Heiligen Familie statt.
1954	Im April konnte das höchstgelegene, öffentliche Gebäude der Stadt, die neue Volksschule, bezogen werden.
1954	Auf der Schillerhöhe wurde ein Gedenkstein, der Erde aus Deutschlands Osten birgt, enthüllt.

1955	Das seitherige Gebäude des Progymnasiums in der Unteren Holdergasse wird zu einer Jugendherberge umgebaut.
1955	Der Neckarkanalabschnitt Gemmrigheim–Marbach wird in Betrieb genommen.
1956	Das Schiller-Nationalmuseum wird zu einem Literaturarchiv erweitert, das der Sammlung, Bewahrung und Erschließung literarischer Nachlässe deutscher Dichter und Schriftsteller dienen soll.
1956/57	Der neue Marktbrunnen mit dem Mann und dem Fisch ist eine Zierde des Marktplatzes.
1957	Marbach bekommt in der Stadthalle auf der Schillerhöhe eine würdige Stätte für kulturelle Veranstaltungen.
1957	Auf Marbacher Markung wird eine Umgehungsstraße als erstes Teilstück einer dem Schnellverkehr dienenden Neckartalstraße dem Verkehr übergeben.
1958	Im Oktober ziehen die ersten Familien in den neuen Stadtteil „Hörnle".
1958	Eine Gartenanlage, die wirkungsvoll Bahnhof und Stadt verbindet, wird im November fertiggestellt.
1959	Bei der Gedenkfeier zum 200. Geburtstag des Dichters wurde zum erstenmal der Marbacher Schillerpreis für eine hervorragende Arbeit auf dem Gebiete der Landeskunde von Württemberg verliehen.
1963	Im August wurde die Erlöserkirche der Methodistengemeinde ihrer Bestimmung übergeben.
1965	Auf ihrer ersten Deutschlandreise besuchte Königin Elisabeth von England und Prinzgemahl Philipp Marbach und die Schiller-Gedenkstätten.
1966	Am 20. Juli konnte Bürgermeister Zanker den zehntausendsten Bürger der Stadt begrüßen.
1966	Das im Jahr 1551 als Lateinschule gegründete Gymnasium wird Vollanstalt und bekommt den Namen „Friedrich-Schiller-Gymnasium".
1967	Mit dem Bau einer Schwimmhalle geht ein großer Wunsch der einheimischen Bevölkerung in Erfüllung.
1969	Der Anschluß an die Landeswasserversorgung bewahrt die aufstrebende Stadt vor einer möglichen Wasserverknappung.
1969	Die Stadt sieht es als Pflicht und Aufgabe an, den „Goldenen Löwen", das Geburtshaus von Schillers Mutter Dorothea Kodweiß, zu übernehmen, um auch diese Schillergedenkstätte der Nachwelt zu erhalten.
1970	Das Gruppenklärwerk Häldenmühle, ein richtungsweisendes Gemeinschaftsunternehmen der Städte Marbach, Steinheim und Großbottwar, sowie der Orte Benningen, Murr und Kleinbottwar kann nach vierjähriger Bauzeit mit einem ersten Bauabschnitt in Betrieb genommen werden.
1970	Am 25. April wurde der Grundstein zum Bau des Deutschen Literaturarchivs gelegt. Mit dem Schiller-Nationalmuseum wird es eine Herberge für die deutschen Dichter und zu einer Stätte weltweiter Begegnungen werden.
1970	Die Wohnsiedlung „Erdmannhäuser Weg" wird begonnen. Das Bauvorhaben umfaßt 375 Wohneinheiten und wird in verschiedenen Bauabschnitten durchgeführt.
1970	Der im Jahr 1968 begonnene Bau eines 18klassigen Gymnasiums wird fertiggestellt. Mit dem Einzug im Herbst erhält das Gymnasium nach vielen Wechseln eine würdige Bildungsstätte.
1970	27. Sept. Einweihung der neuen Kelter an der Affalterbacher Straße.
1971	Febr. Abbruch der alten Großen Kelter.
1972	1. Juli Eingemeindung von Rielingshausen mit 1650 Einwohnern. Marbach hat nun 12 211 Einwohner.

Verzeichnis der wichtigsten Quellen und Literatur

Gedruckte Quellen

Altwürttembergische Urbare aus der Zeit Graf Eberhards des Greiners (1344–1392) von K. O. Müller, Stuttgart–Berlin, 1934
Kast, Joh. Friedr., Beschreibung der Stadt Marbach, 1836 (Urkunden)
Das Eßlinger Urbar von 1304 von Herb. Raisch, Stadtarchiv Eßlingen. Urkundenbuch der Stadt Eßlingen, Stuttgart 1899–1905
Wirtemberg, Urkundenbuch, Band I u. folgende. Stuttgart 1849–1913
Württembergische Regesten von 1301–1500, und dazu gehörende Urkunden. Stuttgart 1916–1940
Württembergische Landtagsakten, 1498–1515 von W. Ohr und E. Kober, Stuttgart 1913

Ungedruckte Quellen und Literatur
Hauptstaatsarchiv Stuttgart:
Auswanderung F 182
Bauernkrieg H 54
Forstamt Reichenberg F 112, A 561
Forst-Waldsachen A 227
Geistliche Lagerbücher A 261–476
Geistliche Verwaltung A 285
Hartgerichtsprotokolle, A 306
Kellerei Marbach A 304
Kirchenrat, ältere A 284
Kiesersches Forstlagerbuch H 107
Oberrat A 206–209, A 227
Religion-Kirchensachen A 63
Rentkammer A 248–252
Repertorium der Geistlichen Verwaltung A 273, 384, 374
Repertorium Oberamt Marbach
Schmalkaldischer Krieg H 55
Stadt und Amt Marbach A 582
Weltliche und Geistliche Ämter A 373–374
Weltliche Lagerbücher, H 1–5
Landeskirchliches Archiv: Synodus Protokolle
Rathaus Marbach, Altregistratur
Auswanderung
Bürgermeisterrechnungen, 1693 und folgende
Denkschrift Rathausbau 1763
Denkschrift Alexanderkirchturm 1846
Frucht-Vorratsrechnungen
Gemeinderatsprotokolle, ältere ab 1819
Gebäude-Kataster 1824–1861
Jahresrechnungen: Brennholzflößerei
Jahresrechnungen: Marbacher Hospital
Jahresrechnungen: Hartgenossenschaft
Markungsausgleiche
Mühlakten
Schulhausbauten
Stadt- und Amtsprotokolle
Steuerbücher 1700–1710

Hauptschule Marbach: Notabilienbuch 1780
Evangelisches Pfarramt Marbach: Kirchenkonventsprotokolle
Literatur:
Beschreibung des Oberamts Marbach 1866
Bossert, Gustav. Der Bauernoberst Matern Feuerbacher, Stuttgart 1924–1926
Bossert, Gustav. Das Interim in Württemberg 1895
Crusius, Martin. Schwäbische Chronik
Egger, Alois. Schiller in Marbach, 1868
Feger, Otto. Auf dem Weg vom Markt zur Stadt, 1958
Grube, W. Der Stuttgarter Landtag 1457–1957
Gründer, Irene, Studien zur Geschichte der Herrschaft Teck, Stuttgart 1963
Haug, Werner. Das St. Katharinen-Hospital der Reichsstadt Eßlingen
Hermelink, H. Geschichte des altwürttbg. Kirchengutes, 1903
Heyd, Ludwig, Friedr. Ulrich, Herzog zu Wirtemberg, 1811–1841
Jänichen, H. Markung und Allmende und die mittelalterlichen Wüstungsvorgänge, Stuttgart
Keinath, W. Orts- und Flurnamen
Öhler, Heinrich. Der Aufstand des Armen Konrad im Jahre 1514, Stuttgart 1932
Paret, Oskar. Urgeschichte Württembergs, Stuttgarts 1921
Rauscher, J. Württemberg. Reformationsgeschichte, Stuttgart 1934
Römer, Herm. Geschichte der Stadt Bietigheim, 1956
Sattler, Christ. Friedr. Topograph. Geschichte des Herzogtums Württemberg
Sattler, Christ. Friedr. Historische Beschreibung des Herzogtums Württbg.
Sattler, Christ. Friedr. Geschichte des Herzogtums Württemberg unter der Regierung der Grafen und der Herzöge
Schmid, E. Geschichte des Volksschulwesens in Altwürttemberg 1927
Schwab, Gustav. Urkunden über Schiller und seine Familie, Stuttgart 1840
Schwäbische Lebensbilder, Band VI, Stuttgart 1957 (darin: W. Hagen, Simon Studien)
Stälin, Christ. Wirtemberg. Geschichte, Stuttgart–Tübingen, 1841–1870
Steinhofer, Joh. Ulrich, Neue wirtembg. Chronik, Tübingen–Stuttgart 1744–1755
Württembergische Vierteljahrshefte
Württembergische Jahrbücher
Zimmermann, W. Allgemeine Geschichte des Großen Bauernkrieges, 1843

Bildnachweis

Amtsgericht Marbach 30
Badisches Generallandesarchiv Karlsruhe 5
Besch, H., Marbach 37
Foto Gräber, Marbach 10
Hahn, W., Marbach 32
Hauptstaatsarchiv Stuttgart 4, 16, 17, 18, 29
Kleinknecht, O., Marbach 1, 6, 27
Kreiszeitung Ludwigsburg 28
Landesbibliothek Stuttgart 7, 8, 20, 24, 38, 40, 41
Landesmuseum (Lapidarium) 3
Munz, E., Marbach 9, 11, 36, 42, 47, 48, 49, 50, 51, 53, 54, 55, 58
Neumann, Fr., Marbach 12, 33, 43, 46
Paret, O., Ludwigsburg 2
Schiller-Nationalmuseum Marbach 19, 21, 26, 31, 34, 39, 41, 44, 45, 60, 61
Stadt Marbach 13, 14, 15, 22, 23, 25, 46, 52, 56, 57, 59, 61, 62, 63

(Die Auswahl der Bilder besorgte E. Munz, Marbach)

Sachverzeichnis

(Die Zahlen geben die Seiten an, auf welchen die Bezeichnungen vorkommen.)

Abgaben 57
Ablösung 63
Ämter 135
Aichweg 31
Alexanderkirche 35, 50, 51, 65, 68, 69
Almosen 46
Altäre 70
Altertümer 20
Altes Rathaus 111
Amt Marbach 47, 48
Amtsflecken 132
Amtsgebäude 156
Amtsgericht 283
Amtshof 125
Apotheke 249
Arme Konrad 80, 81
Armenfürsorge 112
Armenhaus 57, 110
Auswanderung 205, 281

Bachmühle 42, 213
Badstuben 60, 212
Bandkeramiker 13
Bandscheune 210
Bannmühle 59
Bankzinsen 62
Bauernkrieg 90
Bauordnung 157
Beginen 74, 108, 115
Beilager 79
Benefizien 101
Beschreibung (Oberamt) 279
Besitz (Herrschaft) 61, 125
Beutemeister 95
Biedermeierzeit 241
Biete 291
Bleiche 189, 280
Blockhausturm 185
Brandgräber 16
Brand (1693) 147
Brandplatz 234
Brennholzflößerei 116, 270
Bronzezeit 14
Brotlaube 183
Bruderschaft 73
Brücken 43, 123, 273, 309
Brunnen 179, 210, 213
Büchsengesellschaft 187
Bürgerrecht 206
Bürgertürmle 203

Bürgerwehr 189, 256, 258
Bund zu Marbach 45

Chorherrnstift 33
Concordia 199
Curtis 304

Denare 30
Dekanat 104, 158
Demokraten 257, 294
Denkschrift 184
Deutsche Einheit 294
Diakonat 158, 242
Dienste 137
Diluvium 13
Diözese 65, 286
Döffinger Schlacht 44
Dreifelderwirtschaft 303
Dreißigjähriger Krieg 129

Eilwagen 273
Einkünfte 47, 72, 174
Einwohner 220, 301
Eisenbahn 230, 271, 301
Eisenzeit 14
Elektrizität 192, 301
Erbfolgekrieg 174
Erkennungszeichen 20
Eßlingen, Friede 40
EVS 301

Fahr 62
Familiennamen 58
Farbwerke 191
Fernweg 31
Feudallasten 266
Feuerwehr 277
Flucht (1693) 144
Flurnamen 308, 311
Flurzwang 303
Freier Markt 266
Freskenbilder 55
Friedensfest 299
Fronhof 27, 304
Fronpflichten 126
Fruchtmarkt 184, 278
Funde 17, 19

Gabholz 100, 118
Gärten 203
Galgen 105

Gaststätten 227
Gebräuche 291
Gedenkstein 204
Gefängnisse 283
Geiseln 151
Geistl. Verwaltung 123
Geister 291
Gemeinderat 231, 281
Gericht 136, 284
Gewerbebetriebe 189, 265
Gewerbefreiheit 267
Gewerbeverein 267
Graben (Stadt) 209, 283
Grabbeigaben 27
Grafenschloß 125
Grenze 27
Großdeutsche 294, 297
Grundherrschaft 29
Grundzinse 58, 63
Gülten 56
Gustav-Adolf-Verein 288
Gymnasium 199

Häldenmühle 270
Hagelwetter 288
Hallstattzeit 187
Handlungsinnung 225
Handelsregister 268
Handwerker 192, 225, 265
Hannenherbst 278
Harnisch 187
Hartgenossenschaft 29, 118
Hartwald 28, 100, 119
Haspelturm 185
Heidenschaft 17, 18
Heilbronner Vertrag 106
Heimatsage 19, 22
Herbstfeiern 278
Herdstättenliste 99, 100
Hexen 291
Hohe Straße 30
Hospital 108, 111
Hügelgräber 14
Hungerjahre 204
Hypokaustum 17

Industrie 301
Industrieschule 285
Investiturstreit 32

Jahrmärkte 55

323

Kaisereiche 300
Kameralamt 209
Kappenzipfel 51
Kapelle 41, 66, 161
Kastell 15, 17
Katharinenhospital 46
Kaufhaus 53, 54
Kellerei 58, 60
Keltenzeit 16
Kelter 210
Kennzeichen 38
Keramik 27
Kieser (Lagerbuch) 42
Kinderschule 241
Kirchengut 124
Kirchenkonvent 166
Kirchenornate 102
Kirchenstühle 163
Kirchenvermögen 286
Kirchhofmauer 50, 281
Kirchplatz 49, 51
Kleindeutsche 294, 297
Klosterbesitz 66, 74, 123
Königsbann 30
Königsbesuch 254
Königzinser 29
Konkordat 288
Kornhaus 54, 157
Krankenhaus 211, 247
Kriege 77, 129, 296, 298
Kriegsnöte 142
Kriegsschäden 133, 152
Küllinsturm 208

Laden 61
Lager 151
Landesaufgebot 91
Landesfürsten 45
Landessteuer 58
Landesversammlung 258, 292
Landtag 300
Landwirtschaft 261
Lateinschule 20, 115 163, 171
Lazarett 298
Lehen, pfälzisches 52, 78
Leibgeding 102
Lesegesellschaft 278
Liederkranz 249, 274
Limes 15
Lohmühle 190, 213, 219
Ludwigsburger Straße 273, 282

Magistrat 135
Maientag 170
Maierhof 126
Malefizturm 185
Marbacher Haufen 94
Marbacher Kirchweih 81
Marbacher Schillerverein 197
Marbacher Städtetag 82
Marbacher Zeitung 230, 260

Markt 33, 226, 309
Marktbrunnen 159
Marktplatz 309
Marktrecht 30
Markung 303, 305, 307
Marodeure 175, 178
Marstall 42, 84, 139
Martinskirche 65
Methodismus 288, 290
Metzigbank 183
Mineralbad 134
Mondzyklus 27
Mühlbann 59, 269
Mühle 58, 189, 270
Münzrecht 30
Murrgau 27, 65
Murrhardt. Klosterhof 126
Musikverein 275

Nachtwächter 223
Nationalversammlung 292
Naturerscheinungen 264
Neckarbad 219, 223
Neckarlimes 15
Niklastorstraße 44
Niklastorturm 162
Notabilienbuch 166
Notjahre 201

Oberamtmänner 234
Oberamtsgebäude 159
Oberamtsgefängnisse 210
Oberamtsprotokoll 196
Oberamtssparkasse 266
Oberes Tor 35, 162, 282
Ochsenwegbrücke 274

Pariser Weltausstellung 262
Peregrinen 15, 18
Pest 43
Pfalz 51 ff., 68
Pfarrgemeinderat 286
Pfarrhaus 70, 71
Pfründen 71, 75 ff., 101 ff.
Physikatshaus 152, 237, 246
Pietismus 242 ff., 245, 254, 256 ff., 287 ff.
Pilgerweg (Pilgertal) 31, 311
Polen 253
Poppenweiler Straße 211, 220, 226, 238 ff.
Possenhauer 311
Post (Gasthaus) 227, 267, 299
Post (Verkehrsmittel) 227, 229, 273
Posthaus 142
Postillon (Zeitung) 217, 223, 228, 230 ff., 255, 259 ff., 261 ff.
Postweg 126, 226, 309
Präsenz 72, 103
Predigeracker 74

Predigerpfründe 71
Preise 137, 203, 205, 267
Preußen 257 ff., 294 ff.
Priester 71

Ramsbach 309
Ramshälden 309
Rat 53, 135, 137
Rathaus 16, 33 ff., 61 ff., 96, 111, 135, 142, 152, 181 ff., 210, 220, 227, 237, 242, 256, 270, 278, 284
Ratschreiber 281
Reformation 75 ff., 101 ff.
Rennhaus 82 ff., 85, 90
Rennwiesen 62, 126
Reut 45
Reutpfädlein 303
Revolution v. 1848 254 ff.
Richter 34
Riese von Marbach 23
Rinderpest 251
Römer 14 ff., 25
Rössener Siedlung 14
Rom 88
Rose (Gasthaus) 204, 225, 227 ff., 251, 257, 275
Rosengasse 164
Rotmannslöcher 311
Rotwilsloch 311
Russen 237, 252

Salzhandel 122, 137, 226
Schafgärten 123, 209, 303
Schafhaus 219
Schafwasen 219, 226, 241, 250, 261 ff., 272, 288, 308, 311
Schafweide 263
Schandbühne 242
Scharwacht 137
Schelmengrübe 171, 197 ff., 238, 311
Scherberg 310
Schießhütte 265, 276
Schiffergilde 15, 17
Schillerdenkmal 197 ff., 238, 269
Schillerfeiern 199 ff., 280
Schillerglocke 199
Schillerhaus 157, 195 ff., 222, 230, 237, 241, 280
Schillerhöhe 185, 197 ff., 210, 238, 256, 274, 280, 288, 290, 299, 310
Schillerhof (Gasthof) 229
Schillermuseum 199, 269
Schillerpreis 302
Schillerstraße 214, 218, 269, 309
Schillerverein Marbach 237, 282
Schinderwasen 311
Schlegler 45
Schleifmühle 270, 277

Schleswig-Holstein 285, 294 ff.
Schloß 42, 55 ff., 83 ff., 97, 123, 139 ff., 141, 142, 153
Schmalkaldischer Krieg 102, 104 ff.
Schützen 187
Schützengesellschaft 276
Schützenkorps 188
Schule 104, 109, 110 ff., 112 ff., 114, 152, 166 ff., 210, 290, 302
Schwäbischer Bund 89 ff.
Schweißbrücke 145, 273 ff.
Seelhaus 50, 57, 108, 109, 213
Seizenbild 311
Separatismus 289
Siechenhaus 56, 71, 72, 164, 211, 247
Siegel 33, 38
Silberberg 310
Sonne (Gasthaus) 228, 277, 282
Spanischer Egarten 106 ff.
Speyerer Weg 31
Spezialathaus 153, 209, 242
Spinnanstalt 285
Spital 41, 46, 56 ff., 73, 74, 104, 108 ff., 116, 135, 137, 212
Spitaläcker (Spittel) 11, 310
Spitalhof 47
Stadtäcker 107
Stadtbefestigungen 127 ff., 152
Stadtgericht 136
Stadtgraben 209 ff.
Stadtkirche 66, 103, 153, 158, 162, 162 ff.
Stadtknecht 137, 161, 167
Stadtpfarrer 104, 242
Stadtpfleger 231
Stadtplan 34 ff., 157
Stadtschreiber 136 ff., 152, 155 ff., 161, 167, 232, 239, 243, 307
Stadtschultheißen 211, 231 ff., 233 ff., 281
Stättgeld 54
Starrenwadel 212, 311
Steinheimer Höhe 295, 300

Steinheimer Urmenschenschädel 13
Steinzeit, jüngere 13 ff.
Steuern 57 ff.
Stiftungspflege 112
Stollenäcker 212
Straßenbeleuchtung 223
Strenzelbach 16, 31, 33, 42, 190, 212, 214, 218 ff., 234, 265, 269
Strohgäu 45
Strohgasse 35, 48, 64, 149, 154, 159, 209, 234
Stromberg 142
Stubenknecht 137, 152, 161, 175, 213

Tabakanbau 262 ff.
Tanzplatz 61, 126, 170, 211
Telegraphenstation 273
Tempelherrn 42
Templer 289
Teuchelsee 212 ff., 309
Teutoburger Wald 295
Tiefental 310
Tierärzte 249
Tirol 154
Titel 222, 225, 236
Tore 35, 123, 128, 137, 140, 152, 209, 214 ff., 220
Torgasse 128, 178, 208
Tracht 224
Tübinger Vertrag 86 ff., 211
Tunis 15
Turnen 250
Turnverein 176, 299

Umgeld 54, 131
Untere Gasse 35, 162
Untere Vorstadt 211 ff.
Urbansbruderschaft 73
Urnenfelderzeit 14

Vaterländischer Verein 256 ff.
Veringer Hof 41, 66
Verkehr 229, 232, 271 ff., 273 ff., 301

Viehtrieb 120
Viktoria (röm. Göttin) 15
Vogt 53, 126 ff., 135
Volksvereine 257 ff.
Vulkan (röm. Gott) 15

Wappen 20, 38
Walkmühle 57, 60
Waschhaus 212 ff.
Weikershäuser Wiesen 53
Weinbau 130, 137 ff., 210, 220 ff., 264, 278
Wendelinskapelle 66, 97, 103, 117, 153, 161, 202, 215, 278, 279, 282
Werren 303
Wette 71
Wicklinstor 42, 44, 60, 70, 123, 128, 134, 207, 212 ff., 215, 218
Wicklinsvorstadt 44, 91
Wiedertäufer 75
Wilder Mann 20, 22, 128
Wilder Mann (Gasthaus) 145, 160
Wilhelmsplatz 219
Witterung 201, 264 ff.
Wochenmarkt 144, 227
Wohltätigkeitsverein 203 ff.
Wundärzte 248, 254
Wurmberg 310
Wyler Staig 310

Zabergäu 31, 48
Zehnten 58, 92, 127, 209, 221, 261
Zehntfrei 56, 311
Zehntscheuer 157, 210
Ziegelgäßchen 212 ff., 226
Ziegelhütte 213, 218, 225, 234, 271, 272
Zimmerplätzle 119
Zinnen, auf der hohen 35
Zollparlament 296
Zuckerrübenanbau 262
Zwinger 128, 150, 210

Orts- und Personenverzeichnis

Aberlin 53, 67
Aichweg 31
Alamannen 25, 29
Albrecht 4
Alexanderkirche 31
Altheim 31
Alter Markt 30
Andler 183

Anglach, v. 53
Asperg 39, 141

Bacchus 20, 22
Backnang 32, 33
Baden, von 32, 33, 37
Bahnmaier 170, 243
Balderich 26

Bayern, von 6
Bayreuth 160
Benningen 29, 41, 79
Besigheim 39
Blankenstein, von 29
Bleich 11
Bretten 52
Bürg, Flur 31

325

Calw, von 32
Canz 95, 184, 210
Chlodwig 25
Christoph, Herzog 60
Cleß 283
Conradi 155
Cottaplatz 214
Cottendorf, von 214
Crusius 22, 95

Demler 23, 96, 107

Eberhard, im Bart 63
Eberhard I. 33, 36, 37
Eberhard, Greiner 41, 44
Eisenlohr 197, 241, 244, 249
Ernst 5
Eßlingen 38, 39, 40, 46

Feuerbacher 91
Fischer 198, 200
Föhr 246
Franke 241
Franken 25, 31
Franzosenloch 148
Friedrich, König 252
Friedrich, Pfalzgraf 77
Frundsberg 90, 98

Gabelkofer 44
Gertringer 56
Großbottwar 258

Haaga 168
Hägnachsiedel 43
Haffner 199
Harttmann 183
Hauser 202, 252
Heck 74
Helfenberg 51
Hesso 39
Heinsheim 45
Heinrich VII. 39
Hemminger 86
Henriette, von 48
Henriet 51
Höpfigheim 31
Hofacker 243
Hoffmann 289
Holdergasse 19
Hunn 22

Ingersheim 26
Irmela Simlerin 32

Juden 41

Kappelberg 87
Karl V. 106
Katharina 203
Katzenelnbogen 48

Keller 18, 164
Kerner 6
Kirchheim 32
Kirchweg 35
Klein 9
Kleinknecht 10
Knapp 11
Kniestädt, von 47
Kodweiß 117, 163, 194, 195, 208
Köpff 116

Lateinschule 20, 115
Lauffen, von 31
Limburg 32
Lorsch 27
Ludwig 20
Ludwig, Kaiser 40

Mars Bacchus 20, 22, 23
Marbach 26, 30, 32, 218
Marcbach 26, 42
Märklin 75, 101
Maximilian, Kaiser 78
Mayer 178
Mehrer 101
Mensch 249, 287
Minerva 19
Mömpelgard 48
Mörleth 159
Murr 27, 31
Murrgau 27
Murrtal 13

Neckartor 98, 209
Nefflen 253
Nippenburg 94

Oehler 213, 219
Ötisheim 141
Ottmarsheim 31

Padua 88
Pahl, Johann Gottfried 244, 252
Palmer, Christian 245
Palmer, Dr., Oberamtsarzt 247, 252
Paret, Oskar 14
Paris 299
Parrot, Oberamtmann 235
Paulus, Dr., Arzt 247 ff., 251
Petrus und Paulus, Apostel 70
Pfahler, Imanuel, Sprachlehrer 275
Pfahler, Klaviervirtuosin 275
Pfeiffer, Bäcker 142
Pfleiderer, Kaufmann 226, 266, 268
Pflugfelden 47
Pforzheim 142
Pfullingen 45
Philipp, von Katzenellnbogen 48

Philipp, Kurfürst von der Pfalz 63
Philipp, Landgraf von Hessen 101, 105
Planck, Adolf, Fabrikant 268, 272, 297
Pleidelsheim 14, 26, 28, 53, 95, 119, 121, 128, 174 ff., 236, 240, 253, 258, 267, 272 ff., 293
Plieningen, Eitel Hans, Obervogt 91, 96 ff.
Poppenweiler 14, 17, 30, 31 ff., 35, 43, 44, 47, 53, 65, 81, 86, 111, 123, 132, 153, 232, 305, 308
Popo, Graf von Lauffen 31
Publius Quintius Terminus 15

Quebek 206

Raabe, Wilhelm 201
Rammenstein, Endris 87
Rathmann, Geistlicher Verwalter 123, 158
Rau, Bürgermeister 184
Ravensburg 45
Rebstock, Magister 143
Regensburg 160, 215
Reichenberg 33, 37, 139, 147
Reinhard 180
Reißer, Christian 239
Remppis, Adolf 231
Remppis, Dr., Hermann 241
Renz, Philipp Friedrich, Oberamtspfleger 226
Renz, Wilhelm Friedrich, Stadtpfleger 224, 226, 231, 269
Reuß, Wolfgang, Arzt 246
Reußenstein, Ruine 238
Reutlingen 44, 45, 89
Reyscher, Hermann, Rechtskonsulent 239
Reyscher, Professor 300
Richter, Carl, Kaufmann 269, 296 ff., 298
Richter, Johann Friedrich, Präzeptor 250, 269, 307
Rieckher, Dr. Theodor, Apotheker 241, 249, 251, 266, 297
Rielingshausen 26, 28, 53, 121 ff., 128, 243
Röder, Diakon 251
Römer 135, 141, 147, 149, 151 ff., 160, 174 ff.
Rohrbach, Jäcklein 90
Rommel, Bierbrauer 229, 257
Rommel, Stadtpfleger 231, 255
Roos, Johann Friedrich, Dekan 243
Roos, Magnus, Prälat 243
Roos, Dr., Oberamtsarzt 246 ff.

Roos, Wilhelm, Pfarrer 243
Rooschüz, Eduard 238
Rooschüz, Gottlob, Oberamtsrichter 197, 237 ff., 241, 249 ff.
Roth, Unterlehrer 237
Rottenburg 163, 237
Rottweil 99
Rudolf, Kaiser 34, 36, 39
Rudolf, der Simler 74
Rudolfesberg 36 ff.
Ruff, Wilhelm Eberhard, Bürgermeister 95, 99
Rupprecht, von der Pfalz 45, 47
Ruthardt, Nanette Christine 239

Sabina von Bayern 80
Sattler, Historiker 17, 22, 37, 54, 107, 113
Sattler, Paul, Apotheker 249
Sausele, Zimmermeister 230
Savoyen, Margarete von 51
Schaffhausen 88, 106, 160
Scharr, Michael 229, 266
Schaubeck (Burg) 33
Schellenberger, Friedrich 270
Schelling, August Ludwig (Bruder des Philosophen), Dekan 243 ff., 284, 286
Schelling, Dekan (Sohn des Philosophen) 284
Schempp, Joh. Georg 190 ff.
Scherer 99, 140
Schenwalter 92, 99
Schertlin, Untervogt 91 ff., 117
Schiller, Caspar 194 ff.
Schiller, Friedrich 23, 94 ff., 117, 237, 272, 275
Schlosser, Hans 87
Schlotterbeck, Jos. 130
Schmid, Daniel 180
Schmid, Hans 66
Schmid, Johann Georg 194
Schmidhausen 267, 290
Schmidt 210
Schmied, Gottlob 266
Schmiedt, Hans Adam 90
Schmoller, Diakon 285, 295
Schnaufer, Schulmeister 268
Schneider, Jochen, Diakon 130
Schnepf, Reformator 69
Schmirring, Unterlehrer 287
Schöffler, Schulmeister 168, 275
Schöllkopf, Seckler 195 ff.
Schönemann 189
Schönleber, Ludwig, Priester 94
Schöntal 53, 122
Schöps, Benjamin 193
Scholl, Amalie 246
Scholl, Christian Friedrich 209, 237
Scholl, Dorothea 237, 241

Scholl, Leonore 237
Schorndorf 40, 77, 87, 144, 163, 176, 180, 270
Schreiber, Verwaltungsaktuar 263, 278, 283, 297
Schroll, Anna Margarete 155
Schroll, Georg, Ehrenreich 162
Schultheiß, Jeremias 94
Schwab, Gustav 22, 238
Schwäble, Weinschenk 210
Schwaderer, Ludwig Christian 256, 261 ff., 263, 293, 296 ff.
Schwaderer, Gottlieb 261
Schwaikheim 177
Schwandtner, Dr., Oberamtsarzt 18, 211, 246 ff., 248
Schwarz, Friedrich 197, 231, 233, 246
Schwieberdingen 94, 98, 176
Schuler, Sternwirt in Großbottwar 258
Schumann, Pfarrer 289
Seckenheim 52
Sedan 298
Seitz, Alexander 83 ff., 88 ff.
Senner, Wildemann-Wirt 160
Severus Meliddatus 15
Sicca Veneria 15 ff.
Siebersbach 118
Siegelhausen 14, 65, 203, 232, 305
Sigel, Robert 211, 233 ff., 251, 255 ff., 258, 268, 271, 276, 281, 284, 293, 295 ff.
Sigloch, Georg 94
Sigrist, Karl 13
Silcher, Friedrich 244
Simon, Schultheiß 46
Simlerin, Irmela 32, 47
Snider, Peter 46, 47
Spät, Vogt 91
Speidel, Heinrich Ludwig, Apotheker 197, 249
Spengler, Max 97, 99
Speth, Kaspar 69
Speyer 26, 30, 32, 55 – Bischof 69 – Bistum 65 — Landkapitel 65
Spittler, Luise 243
Spoun, Friedrich 226, 266, 268 ff.
Spoun, Imanuel 269
Stängle, Gottlieb 212, 269
Stängle, Johann 266
Stängle, Johann Jakob 268 ff.
Stängle, Melchior 266
Staudenmaier, Schulmeister 189 ff.
Steeb, Jakob, Geistlicher Verwalter 129
Steinheim 13, 16, 26, 28, 29, 64, 74, 94, 119 ff., 121 ff., 142, 153, 176, 222, 258 ff., 261, 265, 267, 272

Steinhofer, Joh. Chr. Bürgermeister 135
Steinhofer, Historiker 87
Sterzing 18
Stiegler 156
Stockmayer, Eugen 236
Stockmayer, Gustav, Oberamtmann 222, 233, 236, 282 ff.
Stolpp, Christian 241
Stolpp, Fischmeister 194
Stolpp, Johann 18, 154, 157
Straßburg 45, 253, 299
Strauß, David Friedrich 256
Strecker, Friedrich 229, 262
Studion, Simon 14, 17 ff., 20, 55
Stuttgart 20, 39, 40, 44, 50, 55, 63, 80, 82, 85, 105, 123, 139, 191, 230, 233 ff., 236, 253, 271, 301
Sulmona, Prinz von 106 ff.
Sulz, Grafen von 48
Sulzbach 147
Swiner, Ludwig 74

Talheim 288
Tamm 47, 51
Teck, von, Herzog 32 ff., 36 ff., 39, 74
Teck, von, Hermann, Herzog 36 ff., 38
Teck, von, Ludwig, Herzog 34
Theilacker, Tierarzt 249
Theurer, Gottfried 266
Thorwaldsen 238
Thumm, Jakob, Stadtpfleger 231, 268
Thumm, Ph. Ulrich 266
Thurn und Taxis, Fürsten 215, 229
Trautwein, Melchior, Bürgermeister 130
Tübingen 22, 82, 88, 113, 115, 129, 235, 240 ff., 243 ff.

Überlingen 45
Uhland, Joseph, Diakon 195
Uhland, Ludwig 198, 241
Ulm 44 ff., 84
Untergröningen 275
Untertürkheim 85
Urach 20, 40, 50, 103, 226

Vaihingen/Enz 83, 151, 175, 282
Vaihinger (Voginger) 117
Varnbühler, Minister 271
Veiel, Adolf, Rechtskonsulent, 197, 233, 236, 239, 253, 255 ff., 258 ff.
Veiel, J. G., Oberamtmann, 235 ff., 253
Veit, hl. 68
Veringer, Katharina, Gräfin 41

327

Vespasian 16
Vicus Murrensis 15 ff., 28
Villars, franz. Feldherr 174 ff.
Virlay, Hans 87
Vischerin, Beta 67
Visconti, Antonia 45, 47
Völter, Lux 81 ff., 87
Vogel, Jakob 269
Vogel, Johannes 266
Vordermayer, Christoph 210

Wächter, von, Carl Georg 235
Wächter, Friedrich Eberhard, Diakon 244
Wächter, Johann Eberhard, Oberamtmann 234
Wagner, Johann Heinrich 135
Waiblingen 40, 83, 154, 216, 271
Walheim 14, 27
Walram von Zweibrücken 66
Walther, Bischof von Speyer 30
Walther, Jakob 166, 266
Walz 217
Wangner, Friedrich 268
Weiler zum Stein 53, 128, 130, 267
Weinle 149
Weinsberg 91, 107
Weinsberg, von, Conrad 39
Weiß, Eigentümer der Stadtmühle 270
Weiß, Jakob, Gründer der Häldenmühle 269
Weiß, Landesbaumeister 139, 164
Weißenau 226
Weißlin, Hans 95
Weith, Schultheiß 266, 271 ff., 297 ff., 300
Welker, Hieronymus 87
Welzheim 15
Wendelin, hl. 266 ff.
Weder, von, General 299
Werner, Gustav 246, 289
Wetzlar 160
Weyhing, Chr. Fr., Landesbaumeister 182, 184

Wien 18, 133, 257
Wildbad 88
Wildberg 249
Wildermuth, David 240
Wildermuth, Ottilie 166, 168, 171, 209, 219, 223 ff., 232, 238, 240 ff., 244 ff., 249 ff.
Wilhelm, Herzog von Bayern 90
Wimpfen 31, 55, 129
Winnenden 65, 83, 154, 267, 271 ff.
Winter, Bechthold 135
Winter, Joh. Wilhelm 111, 164, 168
Winter, Melchior 157, 177
Winterbach 131
Wismar 160
Wittenberg 101, 113
Wittlingen 252
Wolfgang, hl. 68
Wolfschlugen 244
Wolfsölden 42, 47, 48, 53, 267
Woluoldesstete 26, 28
Wolwald (Woluald) 26 ff.
Wolter, Christian Friedrich, Apotheker 249
Wolter, Eberhard Ludwig, Apotheker 249
Wolter, Johann Heinrich, Apotheker 249
Worms, Bistum 65
Wucherer, Schultheiß 53
Wüstenbach 151
Wüstenhausen 51, 67, 69
Württemberg (Burg) 41
Württemberg, Grafen von
 Anna 48
 Eberhard I. 33, 36 ff., 39 ff.
 Eberhard II., der Greiner 41 ff.
 Eberhard III., der Milde 45, 47
 Ludwig 69
 Ulrich 47
 Ulrich IV. 41, 48
 Ulrich V., der Vielgeliebte 49 ff., 63, 69, 73, 77 ff., 108, 123

Württemberg, Herzoge von
 Carl Alexander 215
 Carl Eugen 183, 190
 Christoph 108 ff., 114 ff., 122 ff., 128, 139, 187, 286
 Eberhard I., im Bart 63 ff., 69
 Eberhard III. 182
 Eberhard Ludwig 142, 159, 174
 Friedrich I. 20, 61
 Friedrich Carl 139, 141
 Ludwig 20, 120, 126, 139 –
 Prinz 139, 141 ff.
 Ulrich 22, 73, 75, 77 ff., 90, 101 ff., 117, 187
Württemberg, Könige von
 Friedrich 218, 220, 235, 242, 243, 252, 287
 Karl 299
 Wilhelm I. 2, 188, 222, 235, 244, 252, 253, 254, 257, 292, 294
 Wilhelm II. 199
Würzburg (Bistum) 65
Wunder, Hans 94
Wunderlich, Alexander 155
Wunderlich, Anna Margareta 155
Wunderlich, Daniel 155
Wunderlich, Dietrich 135, 154 ff.
Wunderlich, Jakob, Untervogt 155
Wunderlich, Jochen 155
Wunnenstein 44, 91 ff., 99, 101, 276

Zähringer, Hochadelsgeschlecht 32
Zanker, Hermann, Bürgermeister 228
Zavelstein 141
Zeitter, Joh. Jakob 175
Zerweck, Alexander 100, 115
Ziegler, Schulmeister 168
Ziegler, Schultheiß 203
Zollern, Grafen 48
Zürich 88 ff., 160
Zweibrücken 66
Zwingli 89
Zwink, Ludwig 266